GUIDE
MICHELIN
GIDS

BELGIË | BELGIQUE
LUXEMBOURG

2019

MICHELIN

SOMMAIRE

Introduction

Consultez le guide MICHELIN sur :
www.Viamichelin.com
et écrivez-nous à :
guidemichelingids@michelin.com

CHER LECTEUR,

Nous avons le plaisir de vous présenter l'édition 2019 du guide MICHELIN Belgique et Luxembourg. Pour ce nouveau guide, nous avons placé la barre encore plus haut, afin de vous faire découvrir le meilleur du meilleur, parmi les restaurants, les hôtels et les maisons d'hôtes.

● *Les inspecteurs ont parcouru la Belgique et le Luxembourg tout au long de l'année pour dénicher les restaurants les plus savoureux, les hôtels les plus confortables et les maisons d'hôtes les plus charmantes, dans toutes les catégories de standing et de prix. Car la qualité constitue toujours le fil rouge de notre quête, et chacun des établissements sélectionnés offre une véritable expérience.*

● *Vous dégusterez un excellent repas dans tous les restaurants que nous recommandons. Nos étoiles ❀ – une, deux ou trois – couronnent les établissements exceptionnels, quel que soit le type de cuisine : de la plus belle tradition à la créativité la plus ébouriffante… L'excellence des produits, le savoir-faire du chef, l'originalité des recettes, la qualité de la prestation, à travers le repas et au cours des saisons : voilà qui définira toujours, au-delà des genres et des types de cuisine, les assiettes les plus délicieuses… Sans oublier le plaisir des gourmets !*

● *Et puisque l'on peut aussi se régaler sans penser forcément à sa bourse, il y a – fidèle compagnon des tables à partager entre amis ou en famille – le fameux Bib Gourmand ☺ : inégalable estampille des bonnes tables offrant un très bon rapport qualité-prix.*

● *Notre engagement est d'accorder une attention aux exigences et aux attentes de nos lecteurs, en matière de qualité mais aussi de budget. Aussi, nous attachons une grande importance à votre opinion concernant les adresses qui figurent dans notre sélection, afin de pouvoir l'enrichir en permanence, et de toujours mieux vous accompagner dans vos voyages.*

La Wallonie se distingue

● *Pas moins de trois restaurants brillent dans cette édition avec l'obtention d'une deuxième étoile : **La Paix** de David Martin à Anderlecht, **La Table de Maxime** de Maxime Collard à Our et **Ma Langue Sourit** de Cyril Molard à Oetrange. Trois chefs qui proposent aujourd'hui une expérience culinaire d'un très haut niveau.*

● *Cette année, c'est la Wallonie qui compte le plus grand nombre de nouvelles distinctions. Ainsi, trois restaurants sont couronnés d'une étoile pour la première fois : **La Plage d'Amée** à Jambes, **La Ligne Rouge** à Plancenoit et **Little Paris** à Waterloo. En plus du talent de leurs chefs, ces restaurants montrent un excellent rapport qualité-prix. On y passe un excellent moment, avec comme point commun la générosité : c'est une caractéristique des restaurants wallons, qui sont d'ailleurs en nombre dans les rangs des Bib Gourmand. De fait, avec dix nouveaux Bibs, la Wallonie est première de la classe dans cette sélection.*

● *En matière de nouvelles inscriptions au guide, la palme revient cependant à la région de Bruxelles-Capitale. Vingt restaurants et hôtels de la capitale viennent enrichir la sélection. Parmi eux, les six nouveaux Bib Gourmands – encore – démontrent à quel point ces établissements associant qualité et addition ajustée – en plus d'une ambiance agréable – sont très prisés à Bruxelles.*

Du panache au Luxembourg !

● *En Flandre, de jeunes chefs talentueux confirment leur talent. Philippe Heylen de **EED** à Louvain, Nathan Van Echelpoel de **Nathan** à Anvers et Tim Meuleneire de **FRANQ** à Anvers sont des noms à retenir. Ils nous ont impressionné par leur maîtrise de la cuisine moderne et vont à coup sûr encore faire parler d'eux.*

● *Avec le restaurant **Ma Langue Sourit**, le Grand-Duché de Luxembourg peut se targuer de posséder un deuxième restaurant deux étoiles. Mais ce n'est pas tout : **Le Jardin d'Anaïs**, à Luxembourg-Ville, fait aussi son entrée parmi les étoiles 2019, accompagné de trois nouveaux Bib Gourmands. Il y a du panache dans le monde de la gastronomie luxembourgeoise !*

● *La richesse de la sélection du guide MICHELIN 2019 est le reflet d'une gastronomie en pleine effervescence en Belgique et au Luxembourg. L'ambiance se fait peut-être plus décontractée, mais la qualité dans l'assiette reste une constante. Tout ce que recherchent nos inspecteurs… et vous !*

2019... LE PALMARÈS!
HET PALMARES!

ÉTOILES... STERREN... ❀

❀❀

● **Bruxelles *Brussel***

Anderlecht   **La Paix**

● **Wallonie *Wallonië***

Our   **La Table de Maxime**

● **Grand-Duché de Luxembourg**
Groothertogdom Luxemburg

Oetrange   **Ma Langue Sourit**

❀

● **Vlaanderen *Flandre***

Antwerpen   **FRANQ**

Antwerpen   **Nathan**

Leuven   **EED**

● **Wallonie *Wallonië***

Jambes   **La Plage d'Amée**

Plancenoit   **La Ligne Rouge**

Waterloo   **Little Paris**

● **Grand-Duché de Luxembourg**
Groothertogdom Luxemburg

Luxembourg   **Les Jardins d'Anaïs**

Et toutes les étoiles et tous les Bib Gourmand 2019
au début de chaque région !
En alle sterrenrestaurants en Bib Gourmand 2019
aan het begin van elke regio!

... & BIB GOURMAND

● **Bruxelles** *Brussel*

Anderlecht	**Appel Thaï**
Bruxelles	**Pré De Chez Nous**
Ganshoren	**Les Potes en Toques**
Ixelles	**Osteria Bolognese**
Saint-Gilles	**Tero**
Watermael-Boitsfort	**Bam's**

● **Vlaanderen** *Flandre*

Diksmuide	**Père et Mère**
Herenthout	**La Taperia**
Maasmechelen	**Magnific**

● **Wallonie** *Wallonië*

Arlon	**Zinc**
Aubel	**Le Bistro d'Ethan**
Charleroi	**La Manufacture Urbaine Côté Bistro**
Falmignoul	**CCnomie**
Habay-la-Neuve	**Les Plats Canailles de la Bleue Maison**
Han-sur-Lesse	**L'Ôthentique**
Lanaye	**L'Echappée Belle**
Marche-en-Famenne	**La Gloriette**
Profondeville	**Cœur de Bœuf**
Thorembais-Saint-Trond	**Kookin**

● **Grand-Duché de Luxembourg**
Groothertogdom Luxemburg

Bertrange	**L'Atelier du Windsor**
Luxembourg	**Brasserie des Jardins**
Luxembourg	**La Cantine du Châtelet**

Les tables étoilées 2019
De sterrenrestaurants

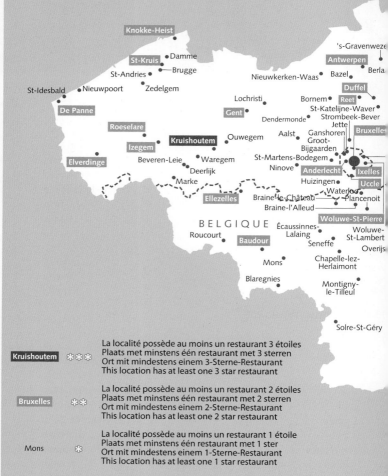

Knokke-Heist
's-Gravenweze
• Damme
St-Kruis
St-Andries • — Brugge
Antwerpen
Berla
St-Idesbald • Nieuwpoort Zedelgem
Nieuwkerken-Waas• Bazel
Duffel
Reet
Lochristi•
Bornem •
St-Katelijne-Waver
De Panne
Gent •
Strombeek-Bever
Dendermonde
Jette
Bruxelles
Roeselare
Ouwegem Aalst Ganshoren
Kruishoutem
Groot-
Izegem
Beveren-Leie • Waregem St-Martens-Bodegem Bijgaarden
Elverdinge
• Deerlijk Ninove Anderlecht Ixelles
Huizingen • Uccle
• Marke
Waterloo
Ellezelles
Braine-le-Château Plancenoit
Braine-l'Alleud
Woluwe-St-Pierre
BELGIQUE Écaussinnes- Woluwe-
Roucourt • Baudour Lalaing St-Lambert
Seneffe Overijs
Mons • Chapelle-lez-
Herlaimont
Blaregnies • Montigny-
le-Tilleul

• Solre-St-Géry

| Kruishoutem | ❋❋❋ | La localité possède au moins un restaurant 3 étoiles
Plaats met minstens één restaurant met 3 sterren
Ort mit mindestens einem 3-Sterne-Restaurant
This location has at least one 3 star restaurant |

| Bruxelles | ❋❋ | La localité possède au moins un restaurant 2 étoiles
Plaats met minstens één restaurant met 2 sterren
Ort mit mindestens einem 2-Sterne-Restaurant
This location has at least one 2 star restaurant |

| Mons | ❋ | La localité possède au moins un restaurant 1 étoile
Plaats met minstens één restaurant met 1 ster
Ort mit mindestens einem 1-Sterne-Restaurant
This location has at least one 1 star restaurant |

La couleur correspond à l'établissement le plus étoilé de la localité.

De kleur geeft het etablissement met de meeste sterren
aan in de betreffende plaats.

Die Farbe entspricht dem besten Sterne-Restaurant im Ort.

The colour corresponds to the establishment
with the most stars in this location.

Die Sterne-Restaurants
Starred establishments

Lichtaart
Geel
Lommel
Westerlo
Hulshout
Houthalen
Opglabbeek
Dilsen
Genk
Hasselt
Neerharen
Leuven
Heverlee
Tongeren
Jodoigne
St-Georges-sur-Meuse
Liège
Embourg
Liernu
Gembloux
Temploux
Soheit-Tinlot
Marchin
Waimes
Jambes
Wéris
Arbre
Sankt-Vith
Sorinnes
Marenne
Our
Fauvillers
GRAND-DUCHÉ DE LUXEMBOURG
Noirefontaine
Bourglinster
Luxembourg
Oetrange
Schouweiler
Roeser
Torgny
Frisange

Bib Gourmand 2019

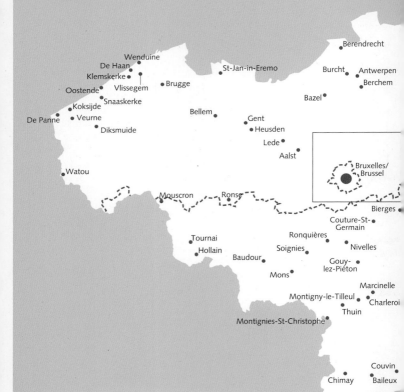

Berendrecht

Wenduine
De Haan
Klemskerke
Oostende
Koksijde
Snaaskerke
De Panne
Veurne
Diksmuide

St-Jan-in-Eremo

Burcht
Antwerpen
Berchem

Bazel

Vlissegem
Brugge

Bellem

Gent
Heusden
Lede
Aalst

Bruxelles/
Brussel

Watou

Mouscron
Ronse

Bierges

Couture-St-
Germain

Tournai
Hollain

Ronquières
Soignies

Nivelles

Baudour

Mons

Gouy-
lez-Piéton

Marcinelle
Montigny-le-Tilleul
Thuin

Charleroi

Montignies-St-Christophe

Couvin
Chimay
Baileux

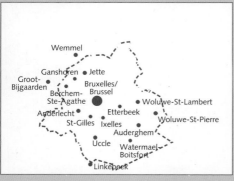

Wemmel

Ganshoren
Jette

Groot-
Bijgaarden
Berchem-
Ste-Agathe

Bruxelles/
Brussel

Woluwe-St-Lambert

Anderlecht

Etterbeek

Woluwe-St-Pierre

St-Gilles
Ixelles

Auderghem

Uccle
Watermael-
Boitsfort

Linkebeek

- Localités possédant au moins un établissement avec un Bib Gourmand.
  Plaatsen met minstens één Bib Gourmand-etablissement.
  Orte mit mindestens einem Bib Gourmand-Haus.
  Places with at least one Bib Gourmand establishment.

LES ENGAGEMENTS DU GUIDE MICHELIN

L'EXPÉRIENCE AU SERVICE DE LA QUALITÉ

Qu'il soit au Japon, aux Etats-Unis, en Chine ou en Europe, l'inspecteur du guide MICHELIN respecte exactement les mêmes critères pour évaluer la qualité d'une table ou d'un établissement hôtelier, et il applique les mêmes règles lors de ses visites. Car si le guide peut se prévaloir d'une notoriété mondiale, c'est notamment grâce à la constance de son engagement vis-à-vis de ses lecteurs. Un engagement dont nous voulons réaffirmer ici les principes :

La visite anonyme

Première règle d'or, les inspecteurs testent de façon anonyme et régulière les tables et les chambres, afin d'apprécier pleinement le niveau des prestations offertes à tout client. Ils paient donc leurs additions ; après quoi ils pourront révéler leur identité pour obtenir des renseignements supplémentaires. Le courrier des lecteurs nous fournit par ailleurs de précieux témoignages, autant d'informations qui sont prises en compte lors de l'élaboration de nos itinéraires de visites.

L'indépendance

Pour garder un point de vue parfaitement objectif – dans le seul intérêt du lecteur –, la sélection des établissements s'effectue en toute indépendance, et l'inscription des établissements dans le Guide est totalement gratuite. Les décisions sont discutées collégialement par les inspecteurs et le rédacteur en chef, et les plus hautes distinctions font l'objet d'un débat au niveau européen.

Nos étoiles – une ✿, deux ✿✿ ou trois ✿✿✿ – distinguent les cuisines les plus remarquables, quel que soit leur style : le choix des produits, la maîtrise des cuissons et des saveurs, la personnalité de la cuisine, la constance de la prestation et le bon rapport qualité-prix : voilà les critères qui, au-delà des genres et des types de cuisine, définissent les plus belles tables.

Le choix du meilleur

Loin de l'annuaire d'adresses, le Guide se concentre sur une sélection des meilleurs hôtels et restaurants, dans toutes les catégories de confort et

❀❀❀ TROIS ÉTOILES MICHELIN
Une cuisine unique. Vaut le voyage !

La signature d'un très grand chef ! Produits d'exception,
pureté et puissance des saveurs, équilibre des compositions :
la cuisine est ici portée au rang d'art. Les assiettes,
parfaitement abouties, s'érigent souvent en classiques.

❀❀ DEUX ÉTOILES MICHELIN
Une cuisine d'exception. Vaut le détour !

Les meilleurs produits magnifiés par le savoir-faire et
l'inspiration d'un chef de talent, qui signe, avec son équipe,
des assiettes subtiles et percutantes, parfois très originales.

❀ UNE ÉTOILE MICHELIN
Une cuisine d'une grande finesse. Vaut l'étape !

Des produits de première qualité, une finesse d'exécution
évidente, des saveurs marquées, une constance dans la
réalisation des plats.

☺ BIB GOURMAND
Nos meilleurs rapports qualité-prix.

Un moment de gourmandise à moins de 37 € : de bons produits
bien mis en valeur, une addition mesurée, une cuisine d'un
excellent rapport qualité-prix.

❍ L'ASSIETTE MICHELIN
Une cuisine de qualité.

Qualité des produits et tour de main du chef : un bon repas
tout simplement !

de prix. Un choix qui résulte de l'application rigoureuse d'une
même méthode par tous les inspecteurs, quel que soit le pays
où il œuvre.

Une mise à jour annuelle

Les informations pratiques, les classements et distinctions sont
tous revus et mis à jour chaque année, afin d'offrir l'information
la plus fiable.

L'homogénéité de la sélection

Les critères de classification sont identiques pour
tous les pays couverts par le guide MICHELIN.
A chaque culture sa cuisine, mais la qualité
se doit de rester un principe universel...

« L'aide à la mobilité » :
c'est la mission que
s'est donnée Michelin.

MODE D'EMPLOI...

COMMENT UTILISER LE GUIDE

Repérer la région

- ● Bruxelles
- ● Flandre
- ● Wallonie
- ● Gd-Duché de Luxembourg

RESTAURANTS

Les restaurants sont classés par qualité de cuisine :

Étoiles

- ❀❀❀ Une cuisine unique. Vaut le voyage !
- ❀❀ Une cuisine d'exception. Vaut le détour !
- ❀ Une cuisine d'une grande finesse. Vaut l'étape !

Bib Gourmand

- ☺ Nos meilleurs rapports qualité-prix.

L'Assiette

- ⅡO Une cuisine de qualité.

Dans chaque catégorie de qualité de cuisine, les établissements sont classés par standing (de XxXxX à X).

En rouge ? Nos plus belles adresses : du charme, du caractère, un supplément d'âme...

HÔTELS

Les hôtels sont classés par catégories de confort, de 🏨 à 🏠.
🏡 Maison d'hôtes.

En rouge ? Nos plus belles adresses.
Du charme, du caractère, un supplément d'âme...

Localiser l'établissement

Les établissements sont situés sur les plans de ville, et leurs coordonnées indiquées dans leur adresse.

Museum voor Schone Kunsten

BRUXELLES • BRUSSEL

Anderlecht
✉ 1070 – Atlas : **1**-A3

❀❀ **Comme chez soi** (Lion...
FRANÇAISE CRÉATIVE • ART...
Carte associant des spécialité...
velles créations de Lionel Rig...
tables en cuisine, où l'on voit...
→ Ragoût de homard à l'orien...
de chocolat amer et praliné,...
de cabernet.
FRANS CREATIEF • ART DEC...
een geslaagde mix van toppe...
experimenten van Lionel Rig...
keuken, waar men het team a...
Lunch 55€ – Menu 94 (dé...
Plan : B2z – *pl. Rouppe 23 – 6*...
21 décembre-5 janvier, 1ᵉʳ mai,...

☺ **SmoodS**
BELGE • BISTROT XX Charma...
sa bonne ambiance bistrotière...
sicole belge. Terrasse sur la p...
BELGISCHE • BISTRO Deze...
vanwege de gezellige bistros...
Belgische bierbrouwerijtradit...
Carte 35/52€
3 chambres – ♦61/106 €♦♦...
Plan : 9L1r – *quai aux Pierres*...
Fermé fin décembre-début jar...

🏠 **Bloom!** ❶
BUSINESS • DESIGN Cet hôt...
décoiffant. Lumineuses cham...
Salles de réunion, fitness, sau...
BUSINESS • DESIGN Dit tren...
design. Lichte arty kamers me...
en hamam.
24 chambres – ♦52/120 €...
Plan : 10M1a – *rue Royale 250*...
☺ **SmoodS** – voir la sélection

Mots-clés

Deux mots-clés pour identifier en un coup d'œil le type de cuisine (pour les restaurants), et le style (décor, ambiance...) de l'établissement.

(encart partiellement visible)

88 AK ⇔ 🛎

e institution bruxelloise née en 1926 !
les depuis 4 générations et les nou-
bistrot, déco Horta et tables confor-
pleine action.

es, artichaut et thym citronné. Velours
ettes torréfiées, caramel au vinaigre

en begrip in Brussel! De kaart biedt
eraties standhouden, aangevuld met
in Horta-stijl en prettige tafels in de
an zien.
/199€ – Carte 97/233€
www.commechezsoi.be – Fermé
ût, dimanche et lundi

AK 🛋 ⇔

ypiquement bruxellois apprécié pour
régionale honorant la tradition bras-

sselse staminee valt in de smaak
reekkeuken, een eerbetoon aan de
het plein.

12€ – ½ P
02 219 75 00 – Diner seulement –
és, samedi et dimanche

Ƚ 🖙 & 🕸 🅿

hype" fait sensation par son design
ée chacune d'une fresque moderne.

maakt furore door zijn sensationele
esco's. Vergaderzalen, fitness, sauna

⊊11 €

11 – www.hotelbloom.com
ts

Équipements & services

88	Carte des vins particulièrement intéresssante
🏠	Hôtel avec restaurant
🚗	Restaurant avec chambres
🔲 ≼	Au calme • Belle vue
🌳 🎾	Parc ou jardin • Court de tennis
🚲	Location de vélos
🛗	Ascenseur
👤	Aménagements pour personnes handicapées
AK	Air conditionné
🛋	Repas servi au jardin ou en terrasse
🐕̸	Accès interdit aux chiens
🏊 ▨	Piscine de plein air / couverte
💧	Spa
🕸 Ƚ	Sauna • Salle de remise en forme
🖙	Salles de conférences
⇔	Salons pour repas privés
🛎	Service voiturier (pourboire d'usage)
🅿 🚗	Parking • Garage dans l'hôtel
🚫	Cartes de paiement non acceptées
N	Nouvel établissement dans le guide

Prix

Restaurants

Lunch 18 €	Repas servi le midi et seulement en semaine
Menu 35/60 €	Prix mini/maxi des menus
Carte 20/35 €	Prix mini/maxi à la carte
🍷	Boisson comprise

Hôtels

⊊♦85/110 € ⊊♦♦120/150 €	Prix mini/maxi d'une chambre pour une et deux personne(s), petit-déjeuner compris
⊊10 €	Petit-déjeuner en sus
½ P	L'hôtel propose la demi-pension

LÉGENDE DES PLANS

- Hôtels
- Restaurants

Curiosités

Bâtiment intéressant	
Édifice religieux intéressant	

Bâtiment intéressant

Édifice religieux intéressant

Voirie

Autoroute • Double chaussée de type autoroutier

Echangeurs numérotés: complet, partiels

Grande voie de circulation

Rue réglementée ou impraticable

Rue piétonne

Parking

Tunnel

Gare et voie ferrée

Funiculaire

Téléphérique

Signes divers

Office de tourisme

Édifice religieux

Tour • Ruines • Moulin à vent

Jardin, parc, bois • Cimetière

Stade • Golf • Hippodrome

Piscine de plein air, couverte

Vue • Panorama

Monument • Fontaine

Port de plaisance

Phare

Aéroport

Station de métro

Gare routière

Tramway

Transport par bateau :
passagers et voitures, passagers seulement

Bureau principal de poste restante

Hôtel de ville • Université, grande école

INHOUD

Introductie

Hotels & restaurants 58

Raadpleeg de Michelingids op
www.Viamichelin.com
en schrijf ons naar:
guidemichelingids@michelin.com

BESTE LEZER,

We stellen met veel plezier editie 2019 voor van de MICHELIN gids voor België en Luxemburg. De lat wordt in deze nieuwe gids nog wat hoger gelegd om de beste restaurants, hotels en bed and breakfasts voor u te kunnen selecteren.

● De inspecteurs doorkruisten België en Luxemburg traditiegetrouw heel het jaar door om de fijnste restaurants te vinden, de comfortabelste hotels en de charmantste bed and breakfasts. En dat in uiteenlopende standing- en prijsklassen. Kwaliteit is de rode draad van deze selectie. In elk van de geselecteerde bedrijven beleeft men een ervaring.

● U eet uitstekend in alle restaurants die we aanraden. Onze sterren ❀ – één, twee of drie – bekronen de meest uitzonderlijke bedrijven, ongeacht het type keuken: van lekker traditioneel tot verrassend creatief …
De uitmuntendheid van de producten, de vakkennis van de chef, de originaliteit van de gerechten, de kwaliteit van de presentatie, tijdens de maaltijd en doorheen de seizoenen: dat is wat altijd en bij iedere keukenstijl de lekkerste borden definieert … en dus ook het plezier van de smulpapen!

● En omdat men ook moet kunnen genieten zonder al te veel aan zijn portemonnee te denken, is er de fameuze Bib Gourmand ☺ : de trouwe gezel aan tafels die met vrienden of familie gedeeld worden, het unieke waarmerk van lekkere adresjes met een uitstekende prijs-kwaliteitverhouding.

● Ons engagement is aandacht hebben voor de eisen en de verwachtingen van onze lezers, zowel op het gebied van kwaliteit als budget. We hechten dan ook veel belang aan uw mening over de adressen die in onze selectie staan, zodat we die voortdurend kunnen verrijken. En omdat we u steeds beter willen begeleiden op uw reizen.

Wallonië onderscheidt zich

● *Maar liefst drie restaurants worden in deze editie onder-scheiden met een tweede ster:* **La Paix** *van David Martin in Anderlecht,* **La Table de Maxime** *van Maxime Collard in Our en* **Ma Langue Sourit** *van Cyril Molard in Oetrange. Deze drie chefs bieden vandaag een culinaire ervaring van topniveau.*

● *Wallonië mag uitpakken met het grootste aantal nieuwe onderscheidingen. Zo worden er ook drie restaurants voor het eerst bekroond met een ster:* **La Plage d'Amée** *in Jambes,* **La Ligne Rouge** *in Plancenoit en* **Little Paris** *in Waterloo. Behalve het talent van de chefs valt ook op dat deze zaken een uitstekende prijs-kwaliteitverhouding bieden. Het is er zeer leuk tafelen, de generositeit is er gemeend. Het typeert Waalse restaurants, die traditiegetrouw ook zeer goed vertegenwoordigd zijn in de Bib Gourmand selectie. Met tien nieuwe Bibs is Wallonië ook voor die selectie de eerste van de klas.*

● *Wat de meeste nieuwe inschrijvingen betreft, spant het Brussels Hoofdstedelijk Gewest in deze editie de kroon. Maar liefst twintig restaurants en hotels uit de hoofdstad worden nieuw ingeschreven. De zes nieuwe Bib Gourmands tonen aan dat een uitstekende prijs-kwaliteitverhouding en een leuke ambiance ook in Brussel zeer gevraagd en geapprecieerd worden.*

Luxemburgse schwung

● In Vlaanderen maken talentvolle jonge chefs hun talent waar. *Philippe Heylen van **EED** in Leuven, Nathan Van Echelpoel van **Nathan** in Antwerpen en Tim Meuleneire van **FRANQ** in Antwerpen zijn namen om te onthouden. Ze verbaasden de inspecteurs met hun beheersing van de moderne keuken en zullen ongetwijfeld nog van zich laten spreken.*

● *Met Ma Langue Sourit heeft het Groothertogdom Luxemburg er een tweede restaurant met twee sterren bij. Maar daar blijft het niet bij. **Le Jardin d'Anaïs** uit Luxemburg stad mag zich sinds deze editie ook een sterrenrestaurant noemen. De drie nieuwe Bib Gourmands benadrukken de schwung die voelbaar is in de Luxemburgse restaurantwereld.*

● *De selectie van de MICHELIN gids 2019 bewijst dat de gastronomie in België en Luxemburg bruist. Het mag allemaal wat relaxter en meer ongedwongen zijn, maar de kwaliteit op het bord moet een constante zijn. En laat dat nu net zijn waar onze inspecteurs naar op zoek gaan.*

DE PRINCIPES VAN DE MICHELIN GIDS

ERVARING TEN DIENSTE VAN KWALITEIT!

Of ze nu in Japan, de Verenigde Staten, China of Europa zijn, de inspecteurs van de MICHELIN gids hanteren steeds dezelfde criteria om de kwaliteit van een maaltijd of een hotel te beoordelen, en volgen altijd dezelfde regels bij hun bezoeken. De Gids dankt zijn wereldfaam aan de constante kwaliteit waartoe MICHELIN zich ten opzichte van zijn lezers heeft verbonden. Dit engagement leggen wij vast in de volgende principes:

Anonieme inspectie

De eerste gouden regel: onze inspecteurs testen anoniem en regelmatig de restaurants en de hotels uit de selectie om zo goed mogelijk de kwaliteit in te schatten die de klant mag verwachten. De inspecteurs betalen dus altijd hun rekening. Daarna kunnen ze zich voor-stellen om nadere inlichtingen over het bedrijf in te winnen. Brieven en e-mails van lezers zijn voor ons ook een belangrijke bron van informatie.

Onafhankelijkheid

Om objectief te blijven – in het belang van de lezer – gebeurt de selectie van de hotels en restaurants in alle onafhankelijkheid en is een vermelding in de Gids volledig gratis. Alle beslissingen worden besproken door de inspecteurs en de hoofdinspecteur. Voor het toekennen van de hoogste onderscheidingen wordt op Europees niveau overlegd.

Onze sterren – een ❀, twee ❀❀ of drie ❀❀❀ – bekronen de meest uitzonderlijke restaurants, ongeacht de kookstijl. De uitmuntendheid van de producten, het beheersen van gaartijden en smaken, de persoonlijkheid van de keuken, de constantheid van de prestaties en de prijs-kwaliteitverhouding: dat is wat de mooiste tafels kenmerkt.

Selectie

De Gids is zoveel meer dan een adresboek. Hij biedt een selectie van de beste hotels en restaurants in elke prijsklasse en in elke kwaliteitscatego-rie, gemaakt op basis van een methode die door alle inspec-teurs even nauwkeurig wordt toegepast, ongeacht in welk land ze ook werken.

26

✿✿✿ DRIE MICHELIN STERREN
Unieke keuken. De reis waard!
De signatuur van een heel grote chef! Uitzonderlijke producten, pure en krachtige smaken, evenwichtige creaties. Hier wordt koken tot kunst verheven. Perfecte gerechten die vaak uitgroeien tot klassiekers.

✿✿ TWEE MICHELIN STERREN
Uitzonderlijke keuken. Een omweg waard!
De beste producten schitteren door het savoir-faire en de inspiratie van een chef boordevol talent. Samen met zijn keukenteam creëert hij zowel subtiele als rake smaken die origineel uit de hoek kunnen komen.

✿ ÉÉN MICHELIN STER
Verfijnde keuken. Zeker een bezoek waard!
Topproducten die met finesse bewerkt worden, uitgesproken smaken, gerechten die op een gelijkwaardig hoog niveau bereid worden.

🙂 BIB GOURMAND
Onze beste prijs-kwaliteitverhoudingen.
Smullen voor maximaal 37€. Uitstekende producten die tot hun recht komen in gerechten voor een heel aantrekkelijke prijs.

🍴 HET MICHELIN BORDJE:
Kwaliteitsvolle keuken.
Bereidingen met kwaliteitsproducten, een vakkundige chef. Gewoonweg lekker eten!

Jaarlijkse update
Ieder jaar worden alle praktische inlichtingen, classificaties en onderscheidingen herzien en eventueel aangepast om zo de meest betrouwbare en actuele informatie te kunnen bieden.

Eén selectieprocedure
De beoordelingscriteria zijn volledig gelijk voor alle landen waar de MICHELIN gids actief is. Iedere cultuur heeft zijn keuken, maar kwaliteit blijft ons universele streven.

"Bijdragen tot een betere mobiliteit" luidt dan ook de missie van Michelin.

NEDERLANDS

GEBRUIKSAANWIJZING

HOE DEZE GIDS TE GEBRUIKEN

Zoek de regio

- Brussel
- Vlaanderen
- Wallonië
- Groothertogdom Luxemburg

Restaurants

De restaurants zijn gerangschikt volgens de kwaliteit van hun keuken:

Sterren

❀❀❀ Unieke keuken. De reis waard!

❀❀ Uitzonderlijke keuken. Een omweg waard!

❀ Verfijnde keuken. Zeker een bezoek waard!

Bib Gourmand

☺ Onze beste prijs-kwaliteitverhoudingen

Bordje

⊕ Kwaliteitsvolle keuken.

In de verschillende kwaliteitscategorieën zijn de restaurants gerangschikt volgens hun standing van XxXxX tot X.

In het rood: Charme, karakter en een warm hart: dit zijn de mooiste adressen die wij u kunnen aanbevelen.

Hotels

Comfortcategorie: de hotels zijn gerangschikt volgens hun comfort van ⌂⌂⌂ tot ⌂.

⌂ Gastenkamers.

In het rood: Charme, karakter en een warm hart: dit zijn de mooiste adressen die wij u kunnen aanbevelen.

Lokaliseren van het bedrijf

Verwijzing naar de plattegrond, met coördinaten bij het adres.

BRUXELLES BRUSSEL

Anderlecht

✉ 1070 – Atlas : **1**-A3

❀❀ **Comme chez soi** (Lion

FRANÇAISE CRÉATIVE • **ART**
Carte associant des spécialité
velles créations de Lionel Rig
tables en cuisine, où l'on voit
→ Ragoût de homard à l'orient
de chocolat amer et praliné,
de cabernet.

FRANS CREATIEF • **ART DEC**
een geslaagde mix van toppe
experimenten van Lionel Rigo
keuken, waar men het team a
Lunch 55€ – Menu 94 (dé
Plan: B2z – pl. Rouppe 23 – 6
21 décembre-5 janvier, 1ᵉʳ mai,

☺ **SmoodS**

BELGE • **BISTROT** XX Charma
sa bonne ambiance bistrotièr
sicole belge. Terrasse sur la p
BELGISCHE • **BISTRO** Deze
vanwege de gezellige bistro
Belgische bierbrouwerijtradit
Carte 35/52€
3 chambres – ♦61/106 €♦
Plan: 9L1r – quai aux Pierres
Fermé fin décembre-début ja

⌂ **Bloom!** ☺

BUSINESS • **DESIGN** Cet hô
décoiffant. Lumineuses cham
Salles de réunion, fitness, sau
BUSINESS • **DESIGN** Dit tren
design. Lichte arty kamers m
en hamam.
24 chambres – ♦62/120 €
Plan: 10M1a – rue Royale 250
☺ SmoodS – voir la sélection

Kernwoorden

Twee kernwoorden geven een omschrijving van de keuken (voor restaurants) en decor of sfeer van het bedrijf.

Voorzieningen & diensten

🍷	Uitmuntende wijnkaart
🏠	Hotel met restaurant
⇆	Restaurant met kamers
⤸ ≤	Zeer rustig • Mooi zicht
🌳 🎾	Park of tuin • Tennisbaan
🚲	Verhuur van fietsen
🛗	Lift
♿	Bedrijf uitgerust voor rolstoelgebruikers
AC	Airconditioning
🍴	Maaltijden worden geserveerd in tuin of op terras
🐕	Honden worden niet toegelaten
🏊 🏊	Zwembad: openlucht of overdekt
SPA	Wellness centre
🧖 ⅃♨	Sauna • Fitness
✿	Salons voor apart diner
🛋	Vergaderzalen
🛎	Valet service (fooi gebruikelijk)
🅿 🚗	Parking • Garage
💳̸	Betaalkaarten worden niet aanvaard

• •

Ⓝ	Nieuw ingeschreven in de gids

• •

(Gedeeltelijk zichtbare linker kolom:)

🍷 AC ✿ 🛎

...e institution bruxelloise née en 1926 !
...les depuis 4 générations et les nou-
...bistrot, déco Horta et tables confor-
...oleine action.

...es, artichaut et thym citronné. Velours
...ettes torréfiées, caramel au vinaigre

AC 🍴 ✿

...een begrip in Brussel! De kaart biedt
...eraties standhouden, aangevuld met
... in Horta-stijl en prettige tafels in de
...an zien.

... /199€ – Carte 97/233€
...*www.commechezsoi.be – Fermé*
...*ût, dimanche et lundi*

AC 🍴 ✿

...ypiquement bruxellois apprécié pour
...régionale honorant la tradition bras-

...sselse staminee valt in de smaak
...reekkeuken, een eerbetoon aan de
...het plein.

...¿12€ – ½ P

...℡ 02 219 75 00 – Diner seulement –
...'és, samedi et dimanche

♨ ⇆ ♿ 🐕 🅿

..."hype" fait sensation par son design
...née chacune d'une fresque moderne.

...maakt furore door zijn sensationele
...esco's. Vergaderzalen, fitness, sauna

...▸ ☕11 €
...*11 – www.hotelbloom.com*
...ts

Prijs

Restaurants

Lunch 18 €	Menu alleen 's middags geserveerd op werkdagen
Menu 35/60 €	Prijs Min/Max van de menu's
Carte 20/35 €	Maaltijd a la carte (prijs Min/Max), zonder drank
🍷	Drank inbegrepen

Hotels

☕🛏 85/110 €	Prijs Min / Max voor
☕🛏🛏 120/150	1 kamer 1 en 2 pers, ontbijt inbegrepen
☕10 €	Prijs van het ontbijt
½ P	Hotel biedt half pension aan.

29

LEGENDA VAN DE PLATTEGRONDEN

Bezienswaardigheden

● Hotels
● Restaurants

Interessant gebouw
Interessant kerkelijk gebouw

Wegen

Autosnelweg, weg met gescheiden rijbanen.
❶ ❶ Genummerde knooppunten/aansluitingen: volledig, gedeeltelijk
Hoofdverkeersweg
Onbegaanbare straat of beperkt toegankelijk
Voetgangersgebied
🅿 Parkeerplaats
Tunnel
Station en spoorweg
Kabelspoor
Kabelbaan

Overige tekens

🛈 Informatie voor toeristen
Kerkelijk gebouw
Toren • Ruïne • Windmolen
Tuin, park, bos • Begraafplaats
Stadion • Golfterrein • Renbaan
Zwembad: openlucht, overdekt
Uitzicht • Panorama
Gedenkteken, standbeeld • Fontein
Jachthaven
Vuurtoren
✈ Luchthaven
Metrostation
Busstation
● Tramlijn
Vervoer per boot:
passagiers en auto's/uitsluitend passagiers
✉ Hoofdkantoor voor poste-restante
Stadhuis • Universiteit, hogeschool

30

INHALTSVERZEICHNIS

Einleitung

Hotels & Restaurants   58

Den Guide MICHELIN finden Sie auch im Internet unter:
www.Viamichelin.com
oder schreiben Sie uns eine E-mail:
guidemichelingids@michelin.com

LIEBE LESER,

Wir freuen uns, Ihnen die Ausgabe 2019 des Guide MICHELIN für Belgien und Luxemburg präsentieren zu dürfen. Wir haben die Latte in diesem neuen Führer noch höher gelegt, damit Sie die besten Restaurants, Hotels und Pensionen auswählen können.

● Das ganze Jahr über waren die Inspektoren in Belgien und Luxemburg unterwegs, um die besten Restaurants, die komfortabelsten Hotels und die charmantesten Pensionen in den verschiedenen Komfort- und Preiskategorien zu finden. Qualität ist der rote Faden dieser Selektion. Jedes der ausgewählten Häuser bietet eine echte Erfahrung.

● Ausgezeichnetes Essen erwartet Sie in allen Restaurants, die wir empfehlen, doch die außergewöhnlichen Adressen sind die mit Stern ❀ – einem, zwei oder drei. Von traditionell bis atemberaubend kreativ – ganz unabhängig vom Stil erwarten wir immer das Gleiche: beste Produktqualität, Know-how des Küchenchefs, Originalität der Gerichte, Qualität der Leistung sowie Beständigkeit auf Dauer und über die gesamte Speisekarte hinweg. So entstehen immer die köstlichsten Speisen, die die Gourmets erfreuen!

● Sich zu verwöhnen muss nicht unbedingt teuer sein, nicht einmal ein Essen mit der ganzen Familie oder mit Freunden – dafür sorgt ein treuer Verbündeter: der berühmte Bib Gourmand ☺, unsere unvergleichliche Auszeichnung für gutes Essen mit einem hervorragenden Preis-Leistungsverhältnis.

● Wir nehmen die Bedürfnisse und Erwartungen unserer Leser ernst, bei der Qualität genauso wie beim Budget, und legen großen Wert auf Ihre Meinung zu den Adressen in unserer Auswahl. So können wir sie immer weiter verbessern und Ihnen auf Ihren Reisen noch besser zur Seite stehen.

La Cantine du Châtelet

Wallonien sticht heraus

● *Gleich drei Restaurants wurden in dieser Ausgabe mit einem zweiten Stern ausgezeichnet: **La Paix** von David Martin in Anderlecht, **La Table de Maxime** von Maxime Collard in Our und **Ma Langue Sourit** von Cyril Molard in Oetrange. Diese drei Küchenchefs bieten heute eine kulinarische Erfahrung auf sehr hohem Niveau.*

● *Wallonien weist die größte Anzahl an neuen Auszeichnungen auf. So erhielten ebenfalls drei Restaurants zum ersten Mal einen Stern: **La Plage d'Amée** in Jambes, **La Ligne Rouge** in Plancenoit und **Little Paris** in Waterloo. Neben dem Talent ihrer Chefs bieten diese Restaurants auch ein hervorragendes Preis-Leistungsverhältnis. Man verbringt genussvolle Momente, und dabei gibt es immer eine Gemeinsamkeit: Großzügigkeit. Sie ist charakteristisch für die wallonischen Restaurants, die generell in der Auswahl des Bib Gourmand sehr gut vertreten sind. Mit zehn neuen Bibs ist Wallonien zugleich auch Klassenbester in dieser Selektion.*

● *Bei den Neuaufnahmen liegt in diesem Jahr die Region Brüssel-Hauptstadt vorne. Nicht weniger als 20 Restaurants und Hotels tauchen erstmals auf. Die sechs neuen Bib Gourmand-Adressen beweisen, dass Häuser mit gutem Preis-Leistungsverhältnis und angenehmer Atmosphäre in Brüssel sehr gefragt und sehr geschätzt sind.*

Neuer Schwung in der luxemburgischen Gastronomie

● In Flandern machen einige begabte junge Küchenchefs mit ihrem Talent auf sich aufmerksam. Philippe Heylen vom **EED** in Löwen, Nathan Van Echelpoel vom **Nathan** in Antwerpen und Tim Meuleneire vom **FRANQ** in Antwerpen sind Namen, die man sich merken muss. Sie haben die Inspektoren mit ihrer modernen Kochkunst beeindruckt und werden zweifellos noch von sich reden machen.

● Mit dem Ma Langue Sourit hat das Großherzogtum Luxemburg ein zweites Zwei-Sterne-Restaurant vorzuweisen. Aber das ist noch nicht alles. **Le Jardin d'Anaïs** in Luxemburg-Stadt wurde ebenfalls aufgenommen in die Kategorie der Sternerestaurants in dieser Auswahl. Die drei neuen Bib Gourmand-Adressen unterstreichen den Schwung, der in der luxemburgischen Gastronomiewelt herrscht.

● Die Auswahl des Guide MICHELIN 2019 beweist, dass die Gastronomie in Belgien und Luxemburg boomt. Die Atmosphäre kann auch ungezwungener sein, aber die Qualität auf dem Teller muss eine Konstante sein, und genau das ist es, was unsere Inspektoren suchen… Unsere Inspektoren und du!

Tero

DIE GRUNDSÄTZE DES GUIDE MICHELIN

ERFAHRUNG IM DIENSTE DER QUALITÄT

Ob in Japan, in den Vereinigten Staaten, in China oder in Europa, die Inspektoren des Guide MICHELIN respektieren weltweit exakt dieselben Kriterien, um die Qualität eines Restaurants oder eines Hotels zu überprüfen. Dass der Guide MICHELIN heute weltweit bekannt und geachtet ist, verdankt er der Beständigkeit seiner Kriterien und der Achtung gegenüber seinen Lesern. Diese Grundsätze möchten wir hier bekräftigen:

Der anonyme Besuch

Die oberste Regel. Die Inspektoren testen anonym und regelmässig die Restaurants und Hotels, um das Leistungsniveau in seiner Gesamtheit zu beurteilen. Sie bezahlen alle in Anspruch genommenen Leistungen und geben sich nur zu erkennen, um ergänzende Auskünfte zu erhalten. Die Zuschriften unserer Leser stellen darüber hinaus wertvolle Erfahrungsberichte für uns dar und wir benutzen diese Hinweise, um unsere Besuche vorzubereiten.

Die Unabhängigkeit

Um einen objektiven Standpunkt zu bewahren, der einzig und allein dem Interesse des Lesers dient, wird die Auswahl der Häuser in kompletter Unabhängigkeit erstellt. Die Empfehlung im Guide MICHELIN ist daher kostenlos. Die Entscheidungen werden vom Chefredakteur und seinen Inspektoren gemeinsam gefällt. Für die höchste Auszeichnung wird zusätzlich auf europäischer Ebene entschieden.

Die bemerkenswertesten Küchen sind die mit MICHELIN Stern – einem ❀, zwei ❀❀ oder drei ❀❀❀. Von traditionell bis innovativ, von schlicht bis aufwändig – ganz unabhängig vom Stil erwarten wir immer das Gleiche: beste Produktqualität, Know-how des Küchenchefs, Originalität der Gerichte sowie Beständigkeit auf Dauer und über die gesamte Speisekarte hinweg.

Die Auswahl der Besten

Der Guide MICHELIN ist weit davon entfernt, ein reines Adressbuch darzustellen, er konzentriert sich vielmehr auf eine Auswahl der besten Hotels und Restaurants in allen Komfort- und Preiskategorien. Eine einzigartige Auswahl, die auf ein und derselben Methode aller Inspektoren weltweit basiert.

✿✿✿ DREI MICHELIN STERNE
Eine einzigartige Küche – eine Reise wert!

Die Handschrift eines großartigen Küchenchefs! Erstklassige Produkte, Reinheit und Kraft der Aromen, Balance der Kompositionen: Hier wird die Küche zur Kunst erhoben. Perfekt zubereitete Gerichte, die nicht selten zu Klassikern werden – eine Reise wert!

✿✿ ZWEI MICHELIN STERNE
Eine Spitzenküche – einen Umweg wert!

Beste Produkte werden von einem talentierten Küchenchef und seinem Team mit Know-how und Inspiration in subtilen, markanten und mitunter neuartigen Speisen trefflich in Szene gesetzt – einen Umweg wert!

✿ EIN MICHELIN STERN
Eine Küche voller Finesse – einen Stopp wert!

Produkte von ausgesuchter Qualität, unverkennbare Finesse auf dem Teller, ausgeprägte Aromen, Beständigkeit in der Zubereitung – einen Stopp wert!

☺ BIB GOURMAND
Unser bestes Preis-Leistungs-Verhältnis.

Ein Maximum an Schlemmerei für bis 37€: gute Produkte, die schön zur Geltung gebracht werden, eine moderate Rechnung, eine Küche mit exzellentem Preis-Leistungs-Verhältnis.

⅛○ DER TELLER
Eine Küche mit guter Qualität.

Qualitätsprodukte, fachkundig zubereitet: einfach ein gutes Essen!

Die jährliche Aktualisierung

Alle praktischen Hinweise, alle Klassifizierungen und Auszeichnungen werden jährlich aktualisiert, um die genauestmögliche Information zu bieten.Die Einheitlichkeit der Auswahl.

Die Einheitlichkeit der Auswahl.

Die Kriterien für die Klassifizierung im Guide MICHELIN sind weltweit identisch. Jede Kultur hat ihren eigenen Küchenstil, aber gute Qualität muss der einheitliche Grundsatz bleiben.

Denn unser einziges Ziel ist es, Ihnen bei Ihren Reisen behilflich zu sein. Mobilität im Zeichen von Vergnügen und Sicherheit ist die Mission von Michelin.

HINWEISE ZUR BENUTZUNG

Die Region lokalisieren

- Brüssel
- Flandern
- Wallonie
- Großherzogtum Luxemburg

RESTAURANTS

Die Restaurants sind nach der Qualität ihrer Küche klassifiziert.

Sterne

- 🕸🕸🕸 Eine einzigartige Küche – eine Reise wert!
- 🕸🕸 Eine Spitzenküche – einen Umweg wert!
- 🕸 Eine Küche voller Finesse – einen Stopp wert!

Bib Gourmand

- 🕸 Unser bestes Preis-Leistungs-Verhältnis.

Der Teller

- ⊫○ Eine Küche von guter Qualität

In jeder Qualitätskategorie sind die Restaurants nach ihrem Komfort von 🕸🕸🕸🕸🕸 bis 🕸 sowie nach der Präferenz der Inspektoren klassifiziert.

Rot: unsere schönsten Adressen.

HOTELS

Komfortkategorien: Die Hotels sind nach ihrem Komfort von 🏠🏠🏠 bis zu 🏠 Häuschen klassifiziert.

In jeder Kategorie drückt die Reihenfolge eine weitere Rangordnung aus.

Rot: unsere schönsten Adressen.

Lage des Hauses

Markierung auf dem Stadtplan (Planquadrat und Koordinate).

Schlüsselwörter

Schlüsselwörter lassen auf den ersten Blick den Küchenstil (bei Restaurants) und das Ambiente eines Hauses erkennen.

Anderlecht

📩 1070 – Atlas : 1-A3

🕸🕸 **Comme chez soi** (Lion
FRANÇAISE CRÉATIVE • ART
Carte associant des spécialité
velles créations de Lionel Rig
tables en cuisine, où l'on voit
→ Ragoût de homard à l'orient
de chocolat amer et praliné,
de cabernet.
FRANS CREATIEF • ART DEC
een geslaagde mix van toppe
experimenten van Lionel Rigc
keuken, waar men het team a
Lunch 55€ – Menu 94 (dé
Plan : B2z – pl. Rouppe 23 – 6
21 décembre-5 janvier, 1er mai,

🕸 **SmoodS**
BELGE • BISTROT XX Charma
sa bonne ambiance bistrotièr
sicole belge. Terrasse sur la p
BELGISCHE • BISTRO Deze
vanwege de gezellige bistro
Belgische bierbrouwerijtradit
Carte 35/52€
3 chambres – †61/106 €†
Plan : 9L1r – quai aux Pierres
Fermé fin décembre-début ja

🏠 **Bloom!** N
BUSINESS • DESIGN Cet hô
décoiffant. Lumineuses cham
Salles de réunion, fitness, sau
BUSINESS • DESIGN Dit tren
design. Lichte arty kamers m
en hamam.
24 chambres – †62/120 €
Plan : 10M1a – rue Royale 250
🕸 SmoodS – voir la sélection

40

Einrichtungen & Service

🍇	Besonders interessante Weinkarte
🏠	Hotel mit Restaurant
⮂	Restaurant vermietet auch Zimmer
🌳 ⟨	Ruhige Lage • Schöne Aussicht
🌳 🎾	Park oder Garten • Tennisplatz
🚲	Fahrradverleih
⊟	Fahrstuhl
♿	Für Körperbehinderte leicht zugängliches Haus
AC	Klimaanlage
🍴	Terrasse mit Speisenservice
🐕	Hunde sind unerwünscht
🏊 🏊	Freibad oder Hallenbad
💧	Wellnessbereich
🔥 🏋	Sauna • Fitnessraum
⇔	Veranstaltungsraum
🔊	Konferenzraum
🚗	Restaurant mit Wagenmeister-Service (Trinkgeld üblich)
🅿 🚙	Parkplatz • Hotelgarage
⊄	Kreditkarten nicht akzeptiert
Ⓝ	Neu empfohlen im Guide MICHELIN

(Beispieltexte im Seitenrand:)

🍇 AC ⇔ 🚗

institution bruxelloise née en 1926 !
es depuis 4 générations et les nou-
istrot, déco Horta et tables confor-
eine action.

s, artichaut et thym citronné. Velours
tes torréfiées, caramel au vinaigre

en begrip in Brussel! De kaart biedt
raties standhouden, aangevuld met
in Horta-stijl en prettige tafels in de
n zien.

/199€ – Carte 97/233€
www.commechezsoi.be – Fermé
it, dimanche et lundi

AC 🍴 ⇔

piquement bruxellois apprécié pour
égionale honorant la tradition bras-

sselse staminee valt in de smaak
eekkeuken, een eerbetoon aan de
et plein.

12€ – ½ P
°02 219 75 00 – Diner seulement –
s, samedi et dimanche

🏋 🌳 ♿ 🐕 🅿

ype" fait sensation par son design
ée chacune d'une fresque moderne.

maakt furore door zijn sensationele
sco's. Vergaderzalen, fitness, sauna

⊡11 €
1 – www.hotelbloom.com
s

Preise

Restaurants

Lunch 18 €	Menü im Allgemeinen nur werkstags mittags serviert
Menu 35/60 €	Günstigstes Menü / teuerstes Menü
Carte 20/35 €	Mahlzeiten à la carte (Preis Min/Max), ohne Getränke
🍷	Getränke inbegriffen (Wein)

Hotels

⊡ 🛏 85/110 €	Mindest- und
⊡ 🛏🛏 120/150	Höchstpreis für Einzelzimmer und Doppelzimmer, inkl. Frühstück
⊡10 €	Preis des Frühstücks
½ P	Das Haus bietet auch Halbpension an

LEGENDE
DER STADTPLÄNE

Sehenswürdigkeiten

- Hotels
- Restaurants

Interessantes Gebäude

✛ ⌂ ◧ ✡   Interessantes Gotteshaus

Straßen

═══ ═══	Autobahn • Schnellstrasse
❶ ❶	Numerierte Ausfahrten
═══	Hauptverkehrsstrasse
≈≈≈≈≈	Gesperrte Strasse oder Strasse mit Verkehrsbeschränkungen
═══	Fussgängerzon Einbahnstrasse
🅿	Parkplatz
= = =	Tunnel
──✈──	Bahnhof und Bahnlinie
o–+–+–o	Standseilbahn
o–■–■–o	Luftseilbahn

Sonstige Zeichen

🛈	Informationsstelle
✛ ⌂ ◧ ✡	Gotteshaus
● ∴ 🛆	Turm • Ruine • Windmühle
▢ ͭ † ͭ	Garten, Park, Wäldchen • Friedhof
⬭ ⚑ 🏇	Stadion • Golfplatz • Pferderennbahn
⛴ 🏊	Freibad oder Hallenbad
◁ ☀	Aussicht • Rundblick
■ ◎	Denkmal • Brunnen
⚓	Jachthafen
⌁	Leuchtturm
✈	Flughafen
🚇	U-Bahnstation
🚌	Autobusbahnhof
○	Strassenbahn
⛴ ⛴	Schiffsverbindungen: Autofähre • Personenfähre
✉	Hauptpostamt (postlagernde Sendungen)
🏛 ⌂	Rathaus • Universität, Hochschule

CONTENTS

Introduction

Consult the MICHELIN guide at:
www.Viamichelin.com
and write to us at:
guidemichelingids@michelin.com

DEAR READER

We have great pleasure in introducing the 2019 edition of the Belgium and Luxembourg Michelin Guide. In this new guide we have raised the bar even higher in order to select the very best restaurants, hotels and bed and breakfasts for our readers.

● As usual, the inspectors spent the year travelling the length and breadth of Belgium and Luxembourg in their search for the best restaurants, the most comfortable hotels and the most charming B&Bs, all to suit different tastes and budgets. Quality is the hallmark of the properties selected, all of which offer their guests a very special experience.

● All of our recommended restaurants are chosen for their excellent food. Our ❀ stars – one, two or three – are awarded to the most outstanding restaurants, regardless of the type of cuisine they serve, which ranges from traditional to astonishingly creative. The excellence of the ingredients, the expertise of the chef, the originality of the dishes and the quality of the presentation, during the meal and throughout the seasons, are all qualities which characterise the finest dishes, irrespective of the type of cuisine on offer, ensuring that food-lovers continue to enjoy the best culinary experience possible!

● And because it's important to be able to enjoy your food without having to think too much about your wallet, there's also the famous Bib Gourmand ☺: the perfect guide for more relaxed dining with friends and family. This unique label highlights the best addresses offering excellent value for money.

● We are committed to paying attention to the expectations and demands of our readers, both in terms of quality and budget. Consequently, we attach a great deal of importance to your opinion of the addresses included in our guides. Your feedback allows us to improve our choices, ensuring that our guides continue to act as the perfect companion on your travels.

Wallonia distinguishes itself

● *Three restaurants have been awarded a second star in this edition: David Martin's* **La Paix** *in Anderlecht, Maxime Collard's* **La Table de Maxime** *in Our, and Cyril Molard's* **Ma Langue Sourit** *in Oetrange. These three chefs provide their guests with a culinary experience of the highest level.*

● *Wallonia boasts the most awards, including three restaurants that have been awarded their first star:* **La Plage d'Amée** *in Jambes,* **La Ligne Rouge** *in Plancenoit, and* **Little Paris** *in Waterloo. In addition to the talent and expertise of their respective chefs, it is worth noting that these restaurants also offer excellent value for money. They are typical Walloon restaurants, serving good food in a warm, welcoming ambience. Such addresses have always been well represented in the Bib Gourmand guide – and with ten new Bib's, Wallonia is top of the class!*

● *The Brussels-Capital region leads the way for the largest number of new entries in this year's edition, with twenty of its restaurants and hotels appearing in the guide for the first time. The six new Bib Gourmands show that excellent value for money and a pleasant ambience are much appreciated and in great demand in Brussels.*

A lively culinary scene in Luxembourg

● *In Flanders, talented young chefs such as Philippe Heylen at* **EED** *in Leuven, Nathan Van Echelpoel at* **Nathan** *in Antwerp, and Tim Meuleneire at* **FRANQ** *in Antwerp are all names to remember. Their mastery of contemporary cuisine surprised the inspectors and we are sure that we have not heard the last of them.*

● *The Grand Duchy of Luxembourg now has two 2-star restaurants (Ma Langue Sourit has just received its second star), while* **Le Jardin d'Anaïs** *in Luxembourg City has been awarded its first star. In addition, three new Bib Gourmands emphasise the development of the Luxembourg culinary scene.*

● *Our selection of restaurants in the 2019 Michelin Guide is proof of the dynamic and vibrant gastronomy on offer in Belgium and Luxembourg. It may be a little more relaxed and informal, but the quality on your plate has to be consistent, which is exactly what our inspectors are looking for... Inspectors and you!*

THE MICHELIN GUIDE'S COMMITMENTS

EXPERIENCED IN QUALITY!

Whether they are in Japan, the USA, China or Europe, our inspectors apply the same criteria to judge the quality of each and every hotel and restaurant that they visit. The Michelin guide commands a worldwide reputation thanks to the commitments we make to our readers – and we reiterate these below:

Anonymous inspections

Our inspectors make regular and anonymous visits to hotels and restaurants to gauge the quality of products and services offered to an ordinary customer. They settle their own bill and may then introduce themselves and ask for more information about the establishment. Our readers' comments are also a valuable source of information, which we can follow up with a visit of our own.

Independence

To remain totally objective for our readers, the selection is made with complete independence. Entry into the guide is free. All decisions are discussed with the Editor and our highest awards are considered at a European level.

Our famous one ✿, two ✿✿ and three ✿✿✿ stars identify establishments serving the highest quality cuisine – taking into account the quality of ingredients, the mastery of techniques and flavours, the levels of creativity and, of course, consistency.

Selection and choice

The guide offers a selection of the best hotels and restaurants in every category of comfort and price. This is only possible because all the inspectors rigorously apply the same methods.

❀❀❀ THREE MICHELIN STARS

Exceptional cuisine, worth a special journey!

Our highest award is given for the superlative cooking of chefs at the peak of their profession. The ingredients are exemplary, the cooking is elevated to an art form and their dishes are often destined to become classics.

❀❀ TWO MICHELIN STARS

Excellent cooking, worth a detour!

The personality and talent of the chef and their team is evident in the expertly crafted dishes, which are refined, inspired and sometimes original.

❀ ONE MICHELIN STAR

High quality cooking, worth a stop!

Using top quality ingredients, dishes with distinct flavours are carefully prepared to a consistently high standard.

☺ BIB GOURMAND

Good quality, good value cooking.

'Bibs' are awarded for simple yet skilful cooking for under £28 or €40.

⑩ THE MICHELIN PLATE

Good cooking

Fresh ingredients, carefully prepared: simply a good meal.

Annual updates

All the practical information, classifications and awards are revised and updated every year to give the most reliable information possible.

Consistency

The criteria for the classifications are the same in every country covered by the MICHELIN guide.

The sole intention
of Michelin is to make
your travels safe
and enjoyable.

SEEK AND SELECT...

HOW TO USE THIS GUIDE

Locating the region

- Brussels
- Flanders
- Wallonia
- Luxembourg

Restaurants

Restaurants are classified
by the quality of their cuisine:

Stars

❀❀❀ Exceptional cuisine,
worth a special journey!

❀❀ Excellent cooking, worth a detour!

❀ High quality cooking, worth a stop!

Bib Gourmand

🅐 Good quality, good value cooking.
Menu for less than 32 €, 36 € in Paris

The Assiette

🍽 Good cooking.

Within each cuisine category, restaurants are
listed by comfort, from XxXxX to X.

Red: Our most delightful places.

Hotels

Hotels are classified by categories of comfort,
from 🏨🏨🏨 to 🏠.

Red: Our most delightful places.

🏠 Other accommodation (guesthouses,
farmhouses and private homes).

Locating the establishment

Location and
coordinates on
the town plan,
with main sights.

Anderlecht
✉ 1070 – Atlas : **1**-A3

❀❀ **Comme chez soi** (Lion...
FRANÇAISE CRÉATIVE • ART...
Carte associant des spécialité...
velles créations de Lionel Rig...
tables en cuisine, où l'on voit...
→ Ragoût de homard à l'orient...
de chocolat amer et praliné,...
de cabernet.
FRANS CREATIEF • ART DEC...
een geslaagde mix van topper...
experimenten van Lionel Rigo...
keuken, waar men het team a...
Lunch 55€ – Menu 94 (déj...
Plan: B2z – pl. Rouppe 23 – ...
21 décembre-5 janvier, 1er mai,...

🅐 **SmoodS**
BELGE • BISTROT XX Charma...
sa bonne ambiance bistrotière...
sicole belge. Terrasse sur la pl...
BELGISCHE • BISTRO Deze...
vanwege de gezellige bistros...
Belgische bierbrouwerijtradit...
Carte 35/52€
3 chambres – ♦61/106 €♦♦...
Plan: 9L1r – quai aux Pierres...
Fermé fin décembre-début jan...

🏨🏨 **Bloom!** 🔘
BUSINESS • DESIGN Cet hôt...
décoiffant. Lumineuses cham...
Salles de réunion, fitness, sau...
BUSINESS • DESIGN Dit tren...
design. Lichte arty kamers me...
en hamam.
24 chambres – ♦62/120 €...
Plan: 10M1a – rue Royale 250...
🅐 **SmoodS** – voir la sélection

BRUXELLES • BRUSSEL

Key words

Each entry now comes
with two keywords,
making it quick and easy
to identify the type of
establishment and/or the
food that it serves.

Museum voor
Schone Kunsten

Facilities & services

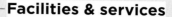

🏮	Particularly interesting wine list
🏠	Hotel with a restaurant
⇦	Restaurant with bedrooms
🕊	Peaceful establishment
≼	Great view
🌳 ✂	Garden or park • Tennis court
🚲	Cycle hire
⬆	Lift (elevator)
♿	Wheelchair access
AC	Air conditioning
🎍	Outside dining available
✗	No dogs allowed
⬆ ⬒	Swimming pool: outdoor or indoor
⬤	Wellness centre
🔁 ㎅	Sauna • Exercise room
🛋	Conference room
✧	Private dining room
🚗	Valet parking
P 🚗	Car park • Garage
⊠	Credit cards not accepted
⊠	Postal code

N	New establishment in the guide

(Left column — partial French / Dutch text bleeding in from facing page)

e institution bruxelloise née en 1926 !
les depuis 4 générations et les nou-
bistrot, déco Horta et tables confor-
pleine action.

es, artichaut et thym citronné. Velours
ettes torréfiées, caramel au vinaigre

🏮 AC ⇦ 🍴

een begrip in Brussel! De kaart biedt
eraties standhouden, aangevuld met
o in Horta-stijl en prettige tafels in de
an zien.

/199€ – Carte 97/233€
www.commechezsoi.be – Fermé
ût, dimanche et lundi

AC 🎍 ⇦

ypiquement bruxellois apprécié pour
régionale honorant la tradition bras-

sselse staminee valt in de smaak
reekkeuken, een eerbetoon aan de
et plein.

12€ – ½ P
02 219 75 00 – Diner seulement –
és, samedi et dimanche

㎅ 🌳 ♿ ✗ P

ype" fait sensation par son design
ée chacune d'une fresque moderne.

maakt furore door zijn sensationele
sco's. Vergaderzalen, fitness, sauna

⊠11 €

11 – www.hotelbloom.com
s

Prices

Restaurants

Lunch 18 €	Meal served at lunchtime on weekdays only
Menu 35/60 €	Fixed price menu. Lowest/highest price
Carte 20/35 €	À la carte menu. Lowest/highest price
🍷	Includes drinks (wine)

Hotels

⊠ 🕴 85/110 € ⊠ 🕴🕴 120/150 €	Lowest/highest price for single and double room, breakfast included
⊠ 10 €	Breakfast price where not included in rate.
½ P	Establishment also offering half board

TOWN PLAN KEY

● Hotels
● Restaurants

Sights

▬	Place of interest
✚ ⌂ ◧ ✡	Interesting place of worship

Road

═══ ═══	Motorway, dual carriageway
❶ ❶	Junction: complete, limited
═══	Main traffic artery
⌇⌇⌇⌇⌇	Unsuitable for traffic; street subject to restrictions
═══	Pedestrian street
Ⓟ	Car park
⊐⊐⊐	Tunnel
─⊛─	Station and railway
◦+++++◦	Funicular
◦–■–◦	Cable car, cable way

Various signs

🇮	Tourist Information Centre
✚ ⌂ ◧ ✡	Place of worship
● ⁂ ✶	Tower or mast • Ruins • Windmill
▬ ᵗᵗᵗ	Garden, park, wood • Cemetery
⬭ ⚑ 🐎	Stadium • Golf course • Racecourse
≋ ▨	Outdoor or indoor swimming pool
◂ ⁂	View • Panorama
■ ◉	Monument • Fountain
⚓	Pleasure boat harbour
⛫	Lighthouse
✈	Airport
◉	Underground station
🚌	Coach station
○	Tramway
⛴	Ferry services:
⛵ ⛵	passengers and cars, passengers only
✉	Main post office with poste restante
🏛	Town Hall • University, College

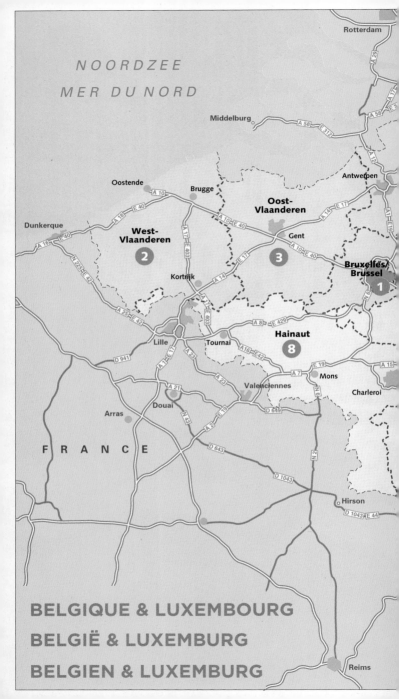

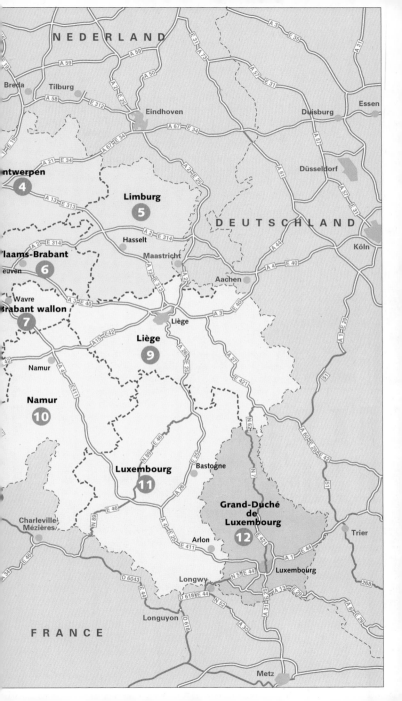

BELGIQUE
BELGIË

BRUXELLES
RÉGION CAPITALE

BRUSSEL
HOOFDSTEDELIJK GEWEST

Parler... *Praten*

La capitale est bilingue français et néerlandais, mais l'anglais est omniprésent !

In de tweetalige hoofdstad wordt Frans en Nederlands gesproken... al is er ondertussen evenveel Engels te horen!

Déguster... *Proeven*

Des rognons de veau à la bière, en passant par un Kha Nom Jeep épicé ou un tajine à l'agneau, Bruxelles est un lieu où le métissage culinaire est la règle !

Van traditionele kalfsniertjes met bier tot pittige Kha Nom Jeep en een lekkere tajine met lamsvlees: de Brusselse mengelmoes van culturen zorgt voor diverse eetmogelijkheden.

Profiter... Genieten

Pour une jolie promenade, déjeunez d'abord au marché aux poissons, chinez aux puces du quartier des Marolles, régalez-vous des pralines du Sablon et profitez d'une bière trappiste sur la Grand-Place.

Wandel even mee: na een lunch op de Vismarkt naar koopjes snuisteren in de Marollen, pralines- en antiekshoppen aan de Zavel en eindigen met een trappist op de Grote Markt.

J.-C. Amiel/hemis.fr

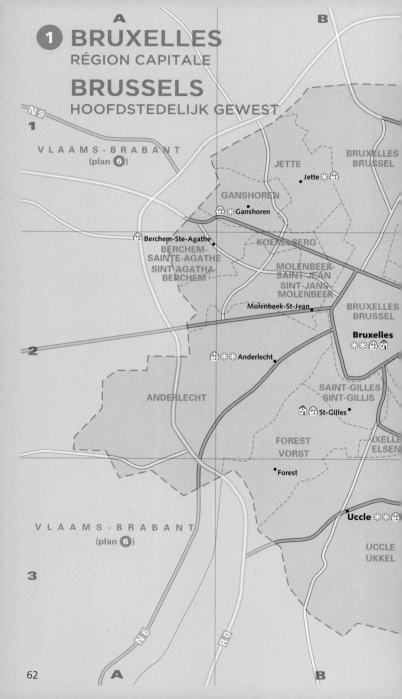

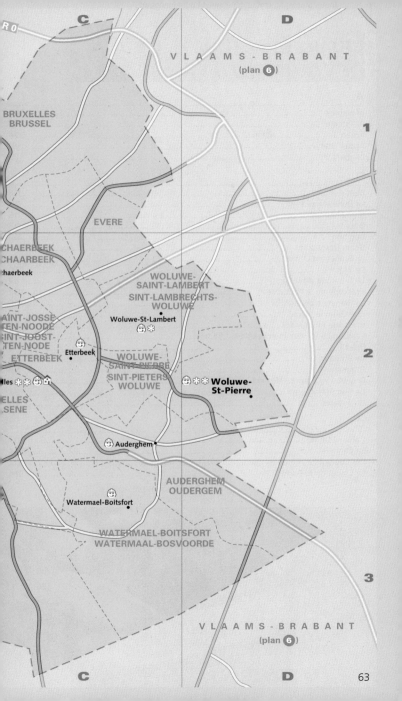

LES RESTAURANTS DE A À Z
RESTAURANTS VAN A TOT Z

Michelin

LES TABLES À NE PAS MANQUER
NIET TE MISSEN EETERVARINGEN

LES TABLES ÉTOILÉES
DE STERRENRESTAURANTS

Une cuisine d'exception. Vaut le détour !
Uitzonderlijke keuken. Een omweg waard!

Une cuisine d'une grande finesse. Vaut l'étape !
Verfijnde keuken. Zeker een bezoek waard!

Michelin

BIB GOURMAND 😊
Nos meilleurs rapports qualité-prix
Onze beste prijs-kwaliteitverhoudingen

DES TABLES... SELON VOS ENVIES !
ETEN ... NAAR UW GOESTING!

LES TABLES PAR TYPE DE CUISINE
TABELLEN PER TYPE KEUKEN

diane39/iStock

71

ShotShare/iStock

Cuisine française créative

Cuisine française moderne

Cuisine grecque

Cuisine indienne

Cuisine italienne

Cuisine japonaise

titoslack/iStock

TheCrimsonMonkey/iStock

RESTAURANTS OUVERTS SAMEDI ET DIMANCHE
RESTAURANTS OPEN OP ZATERDAG EN ZONDAG

ALLEKO/iStock

RESTAURANTS OUVERTS TARD LE SOIR (HEURE DE LA DERNIÈRE COMMANDE)
RESTAURANTS 'S AVONDS LAAT GEOPEND (UUR VAN LAATSTE BESTELLING)

LES HÔTELS DE A À Z
LOGIES

DES LIEUX DE SÉJOUR...
SELON VOS ENVIES !
OVERNACHTEN VOLGENS
UW WENS!

PALACES MYTHIQUES
MYTHISCHE LUXE HOTELS

DEMEURES DE CARACTÈRE
KARAKTERVOLLE PANDEN

HÔTELS DESIGN
DESIGN HOTELS

ANDERLECHT
Atlas n° **1**-B2

♢♢ **La Paix** (David Martin)

INFLUENCES ASIATIQUES · TENDANCE XX La Paix est une véritable institution à Bruxelles depuis 1892. À l'origine, bouchers et commerçants venaient y manger après leur journée de travail aux abattoirs d'Anderlecht, toujours situés en face du restaurant. La cuisine de brasserie a franchi un niveau supplémentaire avec l'arrivée de David Martin en cuisine. Il a élargi la réputation de ce restaurant de viandes et attiré de nombreux gastronomes dans ce quartier multiculturel de Bruxelles.

Mais l'histoire de La Paix ne s'arrête pas là. L'intérieur s'est transformé en restaurant chic, le nombre de tables s'est réduit et le plafond s'est agrémenté d'une remarquable nuée d'oiseaux en origami, tandis que le style du chef a lui aussi évolué. Aujourd'hui, sa cuisine met à l'honneur des recettes classiques, qu'il revisite avec finesse, et les raffinements de la cuisine japonaise. Les produits sont toujours d'une qualité exceptionnelle, locaux de préférence (légumes maison) et d'une fraîcheur extrême (le crabe royal norvégien sort du vivier). C'est ainsi que David Martin accompagne par exemple ses diverses préparations de porc d'un bouillon oriental, pour en relever les saveurs.

La Paix reste la garantie d'une expérience gustative exceptionnelle !

➙ Tartelette croustillante de pastrami de veau de lait de Corrèze et bulot. Bœuf confit en cocotte au vinaigre de kriek. Millefeuille inversé à la vanille bleue de la Réunion.

AZIATISCHE INVLOEDEN · TRENDY XX La Paix is al sinds 1892 een begrip in Brussel. Aanvankelijk waren het beenhouwers en handelaars die er iets kwamen eten na hun werk in de slachthuizen van Anderlecht, die nog steeds de overbuur zijn van het restaurant. De brasseriekeuken werd naar een hoger niveau getild toen David Martin de keuken overnam. Hij maakte van La Paix een vleesrestaurant met renommee en lokte al heel wat gastronomen naar deze multiculturele wijk van Brussel.

Maar daar stopte het niet voor La Paix. Het interieur veranderde naar dat van een stijlvol restaurant met minder tafels, het plafond werd opgeleukt met een opvallende zwerm origamivogels, en ook de stijl van de chef evolueerde. Hij neemt vandaag klassieke recepten met zijn typerende finesse onder handen, en verwerkt ook de verfijning van de Japanse keuken in zijn gerechten. De producten blijven uiteraard van topkwaliteit, bij voorkeur lokaal (zelfgekweekte groenten) en zo vers mogelijk (de Noorse koningskrab komt uit de tank). Zo combineert David Martin vandaag bijvoorbeeld zijn diverse bereidingen van varken met een oosterse bouillon, waarmee hij hun smaken extra power geeft. La Paix blijft een garantie voor een geweldige smaakervaring!

Menu 70/145 €

Plan: 6C4-a – *rue Ropsy-Chaudron 49 (face abattoirs)* ✉ *1070* – ☎ *02 523 09 58 – www.lapaix.eu – déjeuner seulement sauf vendredi – Fermé Noël-nouvel an, juillet, jours fériés, samedi et dimanche*

☺ **La Brouette**

CUISINE FRANÇAISE CRÉATIVE · CONVIVIAL XX Herman Dedapper vous accueille à bras ouverts dans son restaurant de quartier, enveloppé de couleurs chaleureuses et décoré de photos prises par le patron lui-même. Il est également un excellent sommelier, et n'hésite pas à partager sa passion avec ses hôtes. Le chef mise sur la qualité, avec une cuisine généreuse d'inspiration française.

FRANS CREATIEF · GEZELLIG XX Herman Dedapper ontvangt u met open armen in zijn buurtrestaurant, gehuld in warme kleuren en opgeleukt met foto's die de patron zelf heeft genomen. Hij is eveneens een uitstekende sommelier die graag zijn passie voor wijn met zijn gasten deelt. De chef zet hun kwaliteit extra in de verf met gulle, Frans geïnspireerde gerechten.

Lunch 28 € – Menu 37/59 € – Carte 51/66 €

Plan: 5B4-r – *boulevard Prince de Liège 61* ✉ *1070* – ☎ *02 522 51 69 – www.labrouette.be – Fermé 4 au 7 janvier, carnaval, 1 semaine Pâques, août, 22 septembre, mardi soir, samedi midi, dimanche soir et lundi*

Appel Thaï

CUISINE THAÏLANDAISE · BRASSERIE Ⅹ Appel Thaï profite pleinement de son bel écrin de verdure bruxellois. Tranquillité en terrasse ou atmosphère animée et décontractée à l'intérieur. Une adresse prisée pour découvrir les spécialités orientales. Des saveurs fraîches et intenses, un choix varié et une haute qualité constante.

THAIS · BRASSERIE Ⅹ Appel Thaï geniet ten volle van de mooie omgeving die deze groene uithoek van Brussel te bieden heeft. Wat een rustgevend terras! Binnen is de sfeer ongedwongen en levendig. Dit is dan ook een populaire plek om typische oosterse gerechten te ontdekken. Intense en frisse smaken komen hier heerlijk samen. De keuze is ruim, de kwaliteit steeds top!

Carte 23/58 €

Plan: 5A4-j – *rue du Pommier 439* ✉ *1070* – ✆ *02 527 97 89* – *www.appelthai.be* – *Fermé samedi midi et lundi*

Cinq

CUISINE FRANÇAISE MODERNE · CONTEMPORAIN ⅩⅩ Cinq raisons de réserver une table ici ? L'agréable décor, la modernité des combinaisons de produits dans l'assiette, la fraîcheur des ingrédients, le goût des préparations... et la carte des bières, plutôt imposante. Tout cela en vaut la peine !

FRANS MODERN · HEDENDAAGSE SFEER ⅩⅩ Vijf redenen waarom u hier een tafeltje moet reserveren? Het decor is aangenaam / de productcombinaties zijn lekker eigentijds / de ingrediënten zijn vers / de bereidingen zijn smaakvol / de bierkaart is interessant. De moeite!

Lunch 29 € – Menu 44/69 € – Carte 50/70 €

Plan: 5A5-h – *route de Lennik 361* ✉ *1070* – ✆ *02 522 96 41* – *www.resto-cinq.be* – *Fermé lundi soir, mardi soir, samedi midi et dimanche*

René

CUISINE BELGE · FAMILIAL Ⅹ Dans cette ancienne friterie populaire transformée en charmant bistro rétro, René nous fait remonter le temps vers une époque où la simplicité était de mise ! Moules, entrecôte ou potée, le tout accompagné d'une portion de frites : on se régale de cette cuisine gourmande et sans détours. Un délice !

BELGISCH · FAMILIAAL Ⅹ Bij René keert u even terug naar de tijd dat alles nog eenvoudig mocht zijn. Deze voormalige frituur is nu een oldfashioned bistro die charmeert. Traditionele Belgische gerechten schitteren hier in al hun eenvoud. Of u nu kiest voor mosselen, entrecote of stoofvlees: een portie frieten hoort erbij, en het smaakt!

Carte 27/58 €

Plan: 5B4-c – *place de la Résistance 14* ✉ *1070* – ✆ *02 523 28 76* – *Fermé dernière semaine de juin, juillet, lundi et mardi*

AUDERGHEM · OUDERGEM
Atlas n° **1**-C2

Maza'j

CUISINE LIBANAISE · CONVIVIAL ⅩⅩ Envie de partir à la découverte de nouveaux horizons culinaires ? Un tour chez Maza'j s'impose ! Ne vous fiez pas au décor contemporain, l'adresse cache un trésor de saveurs libanaises. La cuisine est même servie comme dans le pays: la table se partage les différents plats, en toute convivialité.

LIBANEES · GEZELLIG ⅩⅩ Zin om nieuwe culinaire horizonten te ontdekken? Hoog tijd om Maza'j te leren kennen! Hier ligt een schat van Libanese smaken voor u klaar. Het eten wordt er ook geserveerd op z'n Libanees: verschillende schotels worden per tafel gedeeld, met een gezellig moment van samenhorigheid tot gevolg.

Menu 35/60 € – Carte 33/53 €

Plan: 7G5-t – *boulevard du Souverain 145* ✉ *1160* – ✆ *02 675 55 10* – *www.mazaj.be* – *Fermé samedi midi et dimanche*

Villa Singha   AC

CUISINE THAÏLANDAISE · EXOTIQUE Le lion mythique Singha veille sur ce sympathique restaurant thaïlandais, où produits frais et saveurs authentiques sont au service de la tradition thaïlandaise. Un exemple ? Le Kha Nom Jeep, de délicieux raviolis vapeur au hachis de porc, une spécialité bien épicée ! Quant à l'accueil et le service, ils sont charmants.

THAIS · EXOTISCHE SFEER De mythische leeuw Singha waakt over dit sympathiek Thais restaurantje. Verse producten en authentieke smaken eren de Thaise traditie, zoals de Kha Nom Jeep (gestoomde ravioli met varkensgehakt): een specialiteit met pit.

Lunch 19 € – Menu 26/37 € – Carte 29/40 €

Plan: 7F5-x – *rue des Trois Ponts 22* ✉ *1160* – *℘ 02 675 67 34* – *www.singha.be* – *Fermé 24 décembre-5 janvier, juillet, jours fériés, samedi midi et dimanche*

Le Transvaal

CUISINE DU MARCHÉ · BISTRO Dans cette ancienne boucherie, la notion de bistrot de quartier retrouve ses lettres de noblesse. Le chef n'hésite pas à apporter une pointe d'originalité à ses assiettes (les entrées, en particulier) et son raffinement fait la différence. Le tout à des prix très raisonnables !

MARKTKEUKEN · BISTRO Leuke buurtbistro in een voormalige slagerij waar bistrogerechten onder handen worden genomen. De chef doet dat met een zekere originaliteit (vooral de entrees) en brengt zelfs wat verfijning in zijn bereidingen. En dat allemaal voor zeer redelijke prijzen!

Lunch 19 € – Carte 43/55 €

Plan: 8H5-d – *avenue Joseph Chaudron 40* ✉ *1160* – *℘ 02 660 95 76* – *www.letransvaal.be* – *Fermé lundi soir, mardi soir, samedi et dimanche*

BERCHEM-SAINTE-AGATHE · SINT-AGATHA-BERCHEM
Atlas n° **1**-A2

La Brasserie de la Gare   AC

CUISINE BELGE · BRASSERIE Pour une expérience typiquement bruxelloise, venez découvrir cet ancien café qui a conservé tout son charme rétro. Le chef honore la tradition avec une heureuse simplicité, et l'on se régale ainsi d'un succulent sanglier en saison ou d'un indémodable steak tartare frites... Il existe encore des certitudes dans la vie !

BELGISCH · BRASSERIE Wilt u van het echte Brussel proeven? Dan moet u in dit voormalige café zijn, dat zijn nostalgische charme heeft behouden. Ambiance verzekerd! De chef brengt eer aan de traditionele keuken: zonder gepruts maar o zo lekker. La Brasserie de la Gare bewijst dat er nog zekerheden zijn in het leven!

Menu 37 € – Carte 36/55 €

Plan: 1B2-s – *chaussée de Gand 1430* ✉ *1082* – *℘ 02 469 10 09* – *www.brasseriedelagare.be* – *Fermé samedi midi et dimanche*

LES BONS PLANS! *NIET TE MISSEN!*

Cul Sec, avec ses bons vins naturels. Kwint, d'où l'on profite d'une magnifique vue sur la ville. Le quartier Sainte-Catherine, pour manger du poisson chez La Belle Maraîchère et des tripes au Viva M'Boma.

Cul Sec, om lekkere natuurwijnen te degusteren. Kwint, voor het fantastisch zicht op de stad. De Sint-Katelijnewijk, waar men zowel kan smullen van vis bij La Belle Maraîchère als van orgaanvlees bij Viva M'Boma.

BRUXELLES · BRUSSEL

178 552 hab. – Atlas n° **1**-B2

Restaurants

✿✿ Sea Grill (Yves Mattagne)

POISSONS ET FRUITS DE MER · ÉLÉGANT XxxX Oubliez l'animation de la rue Neuve et de la Grand Place et pénétrez dans le Radisson Blu Royal Hotel. L'effervescence du centre-ville fait place à un lieu de confort entièrement dédié au bien-être. En matière de prouesses culinaires, Sea Grill est l'une des meilleures adresses de Bruxelles. La classe du restaurant est immédiatement perceptible dans les détails comme les œuvres d'art élégantes et les petits salons, qui offrent plus de discrétion aux clients qui le souhaitent. Un lieu qui ravit les hommes d'affaires comme les gastronomes.

Le chef Yves Mattagne régale ses hôtes avec des classiques sublimes qui transcendent les saveurs de la mer. Dès les mises en bouche, il parvient à surprendre avec des préparations visuellement sobres, mais dont chaque bouchée démontre sa capacité à créer de magnifiques harmonies de saveurs. Tout est préparé avec perfection, de la température idéale du sashimi à l'extrême fraîcheur du thon, en passant par un excellent jus de coquillages préparé comme une sauce au beurre blanc... On ne boude pas son plaisir de voir le personnel à l'œuvre avec la presse à homard, qu'il accompagne d'une délicieuse sauce béarnaise. Des préparations subtiles qui atteignent des sommets !

→ Langoustines cuites sur galet et flambées, émulsion de châtaigne, truffe et artichaut. Homard bleu breton à la presse. Fraises gariguette au poivron, crémeux à la pistache et gel vanillé.

VIS EN ZEEVRUCHTEN · ELEGANT XxxX Laat de drukte van de Nieuwstraat en de Grote Markt even achter en stap het Radisson Blu Royal Hotel binnen. U ruilt er het bruisende stadscentrum in voor een comfortabele locatie die toegewijd is aan genot. Voor culinaire hoogstandjes is Sea Grill een van de beste adressen van Brussel. De klasse van het restaurant valt meteen op. Het ligt hem in de details, zoals de stijlvolle kunstwerken en de aparte eethoekjes die de discretie bieden die sommige gasten verlangen. Zowel zakenmensen als smulpapen vinden hier een gepaste omgeving.

Chef Yves Mattagne verwent zijn gasten met sublieme klassiekers die de smaken van de zee naar absolute hoogtes tillen. Van bij de amuses slaagt hij er in te verbazen met bereidingen die ogenschijnlijk sober zijn, maar die bij elke hap aantonen dat de chef een geweldige smaakharmonie weet te vinden. De juiste temperatuur van sashimi, de fantastische versheid van tonijn of een geweldige jus van kokkels die als een witte botersaus is bereid ... Alles staat op punt. En wat is het leuk om de bediening aan het werk te zien met de kreeftenpers, waarmee een heerlijke bearnaise wordt bereid. De delicatessen die men bij Sea Grill krijgt voorgeschoteld zijn van topniveau!

Lunch 75 € – Menu 150/205 € – Carte 139/205 €

Plan: 9L2-a – *Hôtel Radisson Blu Royal, rue du Fossé aux Loups 47* ✉ *1000 – ☏ 02 212 08 00 – www.seagrill.be – Fermé 1er au 6 janvier, 8 au 14 avril, 30 mai-2 juin, 21 juillet-15 août, 1er au 3 novembre, jours fériés, samedi midi et dimanche*

ЯЯ **Comme Chez Soi** (Lionel Rigolet)　　　ЯЯ 🆔 ⇔ 🐟

CUISINE FRANÇAISE CRÉATIVE · ÉLÉGANT XXX Le Comme Chez Soi est un monument dans l'univers gastronomique belge. Fondé en 1926, c'était alors un café de quartier appelé « Chez Georges ». Il fut rebaptisé en raison des nombreux clients qui ne cessaient de répéter qu'ils s'y sentaient comme chez eux. Mais c'est lors du déménagement place Rouppe, en 1936, que le restaurant prit une tournure plus gastronomique. L'arrivée de Pierre Wynants l'emmena vers les sommets : trois étoiles pendant 27 ans. Aujourd'hui, avec deux étoiles, il appartient toujours à la fine fleur du monde de la gastronomie.

Cet établissement de luxe conserve une classe incontestable. Le joli décor en style Horta dégage beaucoup d'élégance et le service est raffiné, chacun est reçu avec tous les égards. C'est désormais Laurence et Lionel Rigolet qui poursuivent cette success story, de quatrième génération, en perpétuant des recettes vieilles de plusieurs décennies, comme la mousse de jambon d'Ardennes ou les filets de sole avec mousseline au Riesling et aux crevettes grises, toujours à la carte. Et les assiettes sont comme toujours généreuses ! Le chef apporte également sa touche de modernité, par exemple dans des compositions variées et des ingrédients exotiques. Le Comme Chez Soi reste une maison digne de confiance.

➜ Mi-cuit de rouget barbet, beurre au citron vert et sancho, légumes croquants au kalamansi. Filet et ris de veau au thym et farandole de primeurs champêtres. Croquant aux amandes, marmelade, sorbet framboise et gingembre.

FRANS CREATIEF · ELEGANT XXX Comme Chez Soi is een monument in de Belgische restaurantwereld. Het werd in 1926 nochtans als buurtcafé Chez Georges opgericht. Het veranderde van naam omdat gasten steeds herhaalden dat ze zich er thuis voelden en evolueerde naar een gastronomisch restaurant toen het in 1936 naar het Rouppeplein verhuisde. De intrede van Pierre Wynants bracht het echt naar de top: hij kookte er 27 jaar lang drie sterren. Vandaag behoort het met twee Michelin sterren nog steeds tot een select kransje toprestaurants.

De klasse van deze luxezaak blijft onbetwistbaar. Het prachtige interieur in Horta-stijl straalt elegantie uit en de bediening is stijlvol, hier wordt men ontvangen met alle egards. Het succesverhaal wordt vandaag voortgezet door Laurence en Lionel Rigolet, de vierde generatie. Ze doen dat met eerbied voor recepten die hier al decennialang meegaan. Zo staan klassiekers als mousse van Ardense ham of zeetongfilets met Rieslingmousseline en grijze garnalen er nog op de kaart. En de borden worden zelfs als vanouds bijgevuld! De chef geeft ook graag zijn moderne input aan gerechten, bijvoorbeeld door het gebruik van diverse structuren en exotischere ingrediënten. Comme Chez Soi blijft een huis van vertrouwen.

Lunch 65 € – Menu 99/241 € – Carte 94/377 €

Plan: 9K2-m – *place Rouppe 23* ✉ *1000 – ☏ 02 512 29 21 (réserver) – www.commechezsoi.be – Fermé 23 décembre-7 janvier, 5 et 6 mars, 9, 10, 16 et 17 avril, 21 juillet-19 août, 29 et 30 octobre, mardi midi, mercredi midi, dimanche et lundi*

Bozar Restaurant (Karen Torosyan)

CUISINE FRANÇAISE MODERNE • **TENDANCE** XX Le pâté en croûte du chef Torosyan, véritable star de la maison, caractérise sa cuisine : une interprétation raffinée de recettes traditionnelles. Ne vous attendez pas à des préparations inutilement compliquées, mais à des plats fins et généreux.

→ Rouget barbet laqué au citron confit, piment d'Espelette, fleur de courgette soufflée et jus bouillabaisse. Pigeon royal d'Anjou en croûte, foie gras d'oie et anguille fumée. Millefeuille à la vanille de Tahiti.

FRANS MODERN • **TRENDY** XX Elk museum heeft minstens één pronkstuk, dat geldt ook voor het geanimeerde restaurant van Bozar. De pâté en croûte van chef Torosyan is hier een echte must en typeert zijn keuken: een verfijnde interpretatie van traditionele recepten. Verwacht u niet aan onnodig ingewikkelde gerechten, wel aan fijn en zeer lekker eten.

Lunch 49 € – Menu 54/89 € – Carte 88/162 €

Plan: 9L2-g – *rue Baron Horta 3* ✉ *1000* – ✆ *02 503 00 00*
– *www.bozarrestaurant.be* – *Fermé semaine de Pâques, août, samedi midi, dimanche et lundi*

Alexandre

CUISINE MODERNE • **INTIME** XX Ce restaurant intime vous surprendra plus d'une fois. Dès la première mise en bouche, on est séduit par l'inventivité d'une cuisine savoureuse et cohérente. La patronne vous étonnera aussi avec d'excellents vins qui relèvent les plats.

MODERNE KEUKEN • **INTIEM** XX Bij het intieme Alexandre valt u van de ene verrassing in de andere. Van bij de eerste amuse wordt u verleid door de inventiviteit van de keuken. Het is niet alledaags wat op het bord komt, maar zeer mooi op smaak en samenhangend. De patronne verbaast dan weer met bijzondere wijnen die de gerechten optillen.

Lunch 45 € – Menu 65/130 €

Plan: 9K2-x – *rue du Midi 164* ✉ *1000* – ✆ *02 502 40 55*
– *www.restaurant-alexandre.be* – *Fermé première semaine janvier, dernière semaine août-première semaine septembre, mardi midi, samedi midi, dimanche et lundi*

Kwint

CUISINE CLASSIQUE • **BRASSERIE** X La sculpture étonnante de l'artiste Arne Quinze donne du cachet à cette élégante brasserie, où l'on sert une bonne cuisine actuelle, faisant la part belle à des produits de qualité. La vue sur la ville, depuis le Mont des Arts, est tout simplement magnifique... pour voir Bruxelles autrement !

KLASSIEKE KEUKEN • **BRASSERIE** X De opvallende sculptuur van kunstenaar Arne Quinze geeft cachet aan deze stijlvolle brasserie, de locatie aan de Kunstberg - met zicht op de stad - is gewoonweg fantastisch! Verwacht u ook aan eigentijdse gerechten waarin de kwaliteit van fijne producten voor zich spreekt. Bij Kwint geniet men van Brussel.

Lunch 22 € – Menu 29/46 € – Carte 36/62 €

Plan: 9L2-c – *Mont des Arts 1* ✉ *1000* – ✆ *02 505 95 95* – *www.kwintbrussels.com*
– *ouvert jusqu'à 23 h*

La Femme du Sommelier

CUISINE CLASSIQUE • **BAR À VIN** X Comme son nom le laisse imaginer, ce bistrot est emmené par un sommelier et son épouse. À lui le choix des bons vins ; à elle la préparation de plats classiques, qui tirent le meilleur de produits de grande qualité.

KLASSIEKE KEUKEN • **WIJNBAR** X Zoals de naam van deze sfeervolle wijnbistro doet vermoeden, selecteert de sommelier wijnen die uitstekend passen bij de klassieke gerechten van zijn vrouw. Zij haalt het beste uit kwaliteitsproducten dankzij eenvoudige, smakelijke bereidingen.

Menu 37 € – menu unique

Plan: 10M1-j – *rue de l'Association 9* ✉ *1000* – ✆ *0476 45 02 10* – *déjeuner seulement* – *Fermé samedi et dimanche*

BRUXELLES · BRUSSEL

Namaste 🅝

CUISINE INDIENNE · EXOTIQUE ✗ Près de la place Saint-Géry animée au cœur de Bruxelles, Namaste vous emmène dans une aventure indienne. Intérieur traditionnel coloré, des écrans diffusent les derniers classiques de Bollywood. Cuisine authentique et généreuse. L'endroit idéal pour goûter des délices épicés tels que le poulet tandoori ou un curry relevé !

INDISCH · EXOTISCHE SFEER ✗ Net naast het bruisende Sint-Goriksplein, hartje Brussel, neemt Namaste u op Indisch avontuur. Het interieur is er even typisch als kleurrijk, op de televisies ontdekt u de laatste Bollywoodklassiekers. De keuken is authentiek en genereus. Dit is dé plek voor kruidige lekkernijen als tandoori kip of een pittige curry!

Menu 25 € – Carte 28/41 €

Plan: 9L2-b – *rue Jules Van praet 30* ✉ *1000* – ☏ *02 513 07 11*
– *www.namastebrussel.be*

Samouraï

CUISINE JAPONAISE · INTIME ✗ Samouraï défend avec brio la cuisine japonaise depuis 1974. Une cuisine typique minutieuse, où le chef trouve toujours l'équilibre entre finesse et saveurs intenses. Une cuisine savoureuse qui a su rassembler ses véritables fans. Attention, Samouraï a déménagé en face, à côté du bar à ramen.

JAPANS · INTIEM ✗ Samouraï verdedigt al sinds 1974 de Japanse keuken met verve. De chef weet in zijn typische minutieuze bereidingen telkens de juiste balans te vinden tussen finesse en sterke smaken. Zijn smaakvolle keuken heeft dan ook al heel wat trouwe fans verzameld. Pas op: Samouraï is naar de overkant verhuisd, naast de ramen bar.

Lunch 27 € – Menu 69/110 € – Carte 59/75 €

Plan: 9L2-e – *rue du Fossé aux Loups 28* ✉ *1000* – ☏ *02 217 56 39*
– *www.samourai-bruxelles.be* – *Fermé 16 juillet-15 août, dimanche et lundi*

La Table de Mus

CUISINE MODERNE · CONVIVIAL ✗ Aussi expérimenté que charismatique, Mustafa Duran a plus d'un tour dans son sac : en plus de proposer de bons plats de chef, il entretient ici une ambiance franchement conviviale. Dans chaque assiette, quelques éléments originaux apportent du fun, du punch, du goût : décoiffant !

MODERNE KEUKEN · GEZELLIG ✗ De ervaren Mustafa Duran is een man met charisma, dat merkt u meteen. Hij zorgt ervoor dat u in een aangename sfeer kunt genieten van het lekkers dat de chef bereidt. In elk gerecht vindt u originele handelingen waarmee hij fun en punch toevoegt aan de smaken.

Menu 31/77 €

Plan: 9L2-m – *place de la Vieille Halle aux Blés 31* ✉ *1000* – ☏ *02 511 05 86*
– *www.latabledemus.be* – *Fermé première semaine de janvier, 1 semaine à Pâques, dernière semaine de juillet-2 premières semaines d'août, mercredi et dimanche*

Hotels

Métropole

GRAND LUXE · PERSONNALISÉ Véritable institution bruxelloise, ce somptueux hôtel, né en 1895, a su préserver son âme historique, tout en jouant la carte du luxe contemporain... Incontournable : la terrasse de la brasserie Café Métropole, l'une des plus célèbres de la capitale, sur la place de Brouckère !

GROTE LUXE · PERSOONLIJK CACHET Dit weelderig hotel is al sinds 1895 een referentie in Brussel. De authentieke ziel van het gebouw is bewaard gebleven en de luxeuze inkleding is mooi gemoderniseerd. Café Métropole serveert brasseriegerechten die u op een van de bekendste terrassen van de hoofdstad kunt eten, aan het De Brouckèreplein.

262 chambres ⌸ – 🛉125/489 € 🛉🛉125/519 € – 5 suites

Plan: 9L1-c – *place de Brouckère 31* ✉ *1000* – ☏ *02 217 23 00*
– *www.metropolehotel.com*

Le Plaza

PALACE · ÉLÉGANT Bâtisse de 1930 imitant le George V à Paris. Communs classiques, grandes chambres avenantes et superbe salle de théâtre baroque (réceptions et événements). Dans une salle somptueuse, sous un dôme avec un ciel en trompe-l'œil, vous apprécierez une cuisine française concoctée avec des produits d'excellente qualité.

PALACE · ELEGANT Gebouw uit 1930 dat is geïnspireerd op het George V-hotel in Parijs. Klassieke openbare ruimten, smaakvolle kamers en een barokke theaterzaal voor recepties en evenementen. Onder een koepel met een hemelse trompe-l'œil, in een weelderige eetzaal, krijgt u een Franse keuken geserveerd waarin het product centraal staat.

190 chambres ⬚ – †100/500 € ††100/500 € – 6 suites
Plan: 9L1-e – *boulevard Adolphe Max 118* ✉ *1000* – ✆ *02 278 01 00*
– *www.leplaza-brussels.be*

Radisson Blu Royal

LUXE · CONTEMPORAIN La grandeur au cœur de la capitale, avec ce bel hôtel aux influences Art déco. Les vestiges des anciennes fortifications de la ville protègent l'Atrium, l'un des restaurants de l'établissement... De l'élégance et du grand confort, jusque dans les chambres.

LUXE · EIGENTIJDS Grandeur in het hart van de hoofdstad: moderne zaak met art-deco-invloeden, prachtig atrium met glaskoepel en overblijfselen van de oude stadsmuur in restaurant Atrium. Kortom: u logeert hier in elegantie en in alle comfort. Brusselse pracht en praal!

269 chambres – †119/199 € ††119/199 € – ⬚ 22 € – 12 suites
Plan: 9L2-a – *rue du Fossé aux Loups 47* ✉ *1000* – ✆ *02 219 28 28* – *https://www.radissonblu.com/fr/royalhotel-brussels*

The Dominican

DEMEURE HISTORIQUE · ÉLÉGANT Cet ancien couvent dominicain derrière le théâtre de la Monnaie a été transformé en un hôtel luxueux et design, où le classicisme du bâtiment se marie à merveille au confort moderne et qui reste chaleureux, malgré sa grande taille. Ne manquez pas le loungebar pour un cocktail et la salle de boxe, pour vous défouler.

HISTORISCH PAND · ELEGANT Dit voormalig dominicanenklooster achter de Muntschouwburg is omgetoverd tot een luxueus designhotel. De klassieke eigenschappen van het gebouw gaan mooi samen met modern comfort, en hoewel dit een groot hotel is, is het er toch gezellig. Bezoek zeker de loungebar voor een goede cocktail, en de bokszaal om stoom af te laten.

147 chambres – †130/510 € ††130/510 € – ⬚ 27 € – 3 suites
Plan: 9L2-d – *rue Léopold 9* ✉ *1000* – ✆ *02 203 08 08* – *www.thedominican.be*

The Augustin 🆕

LUXE · ÉLÉGANT Chic et flashy, telle est la première impression que vous fera The Augustin. Un hôtel moderne orné de photos contemporaines, véritable havre de tranquillité en plein centre-ville. L'été, vous pourrez même prendre le petit-déjeuner sur l'agréable terrasse.

LUXE · ELEGANT Chic en flashy, dat is de eerste indruk die men van The Augustin krijgt. Eens voorbij de lobby ontdekt u een up-to-date hotel dat opgeleukt wordt met moderne foto's. En hoewel het hotel in het centrum van de stad ligt, geniet u hier van de nodige rust. 's Zomers kunt u zelfs ontbijten op het aangename buitenterras.

47 chambres – †110/200 € ††120/200 € – ⬚ 18 €
Plan: 9K2-w – *avenue de Stalingrad 25* ✉ *1000* – ✆ *02 548 98 38*
– *www.theaugustin.com*

Un important déjeuner d'affaires ou un dîner entre amis ?
Le symbole ⇄ vous signale les salons privés.

Pillows ☆ ⬆ ♿ AC ⚅ ⚗

LUXE · CONTEMPORAIN Le noir et blanc domine dans cette belle maison de maître située sur la place Rouppe, à quelques pas du centre-ville. Les chambres, chaleureuses, offrent toutes les facilités d'un bon hôtel.

LUXE · EIGENTIJDS Zwart en wit overheersen in dit fraaie herenhuis aan het Rouppeplein, dat op wandelafstand van het stadscentrum ligt. De kamers zijn sfeervol en bieden alle faciliteiten die u van een goed hotel mag verwachten.

43 chambres ⌒ – ♦180/240 € ♦♦200/260 €

Plan: 9K2-n – *place Rouppe 17* ✉ *1000* – ☎ *02 204 00 40*
– *www.pillowshotels.com/brussels/*

Quartier Grand-Place (Îlot Sacré)

Pré De Chez Nous ⓝ ⚗ ⬯

CUISINE BIO · SIMPLE ✗ Les produits bio locaux tiennent les premiers rôles dans ce restaurant urbain. Le chef porte une attention particulière aux légumes et propose toujours un choix végétarien. Il est adepte du " slow food ", qu'il prépare avec générosité. Une cuisine séduisante et une sélection de bières locales qui valent le détour !

BIO · EENVOUDIG ✗ Lekkere bioproducten van nabijgelegen velden, dat zijn de hoofdrolspelers in deze urban zaak. De chef heeft veel aandacht voor groenten en biedt altijd een vegetarische keuze aan. Hij is een aanhanger van slow food en toont aan dat eerlijk ook genereus kan zijn. Zijn keuken is interessant. Het lokale bieraanbod is eveneens de moeite!

Lunch 26 € – Menu 33/51 €

Plan: 9L2-p – *rue des Dominicains 19* ✉ *1000* – ☎ *02 833 37 37*
– *www.predecheznous.be* – *Fermé dimanche et lundi*

Bocconi ♿ AC ⬯ 🍴

CUISINE ITALIENNE · ÉLÉGANT ✗✗✗ Cet élégant restaurant italien est installé dans l'hôtel de luxe Amigo, voisin de la Grand-Place et de Manneken Pis. Carte italienne alléchante, avec par exemple un délicieux risotto.

ITALIAANS · ELEGANT ✗✗✗ Terwijl buiten de toeristenstroom tussen de Grote Markt en Manneken Pis pendelt, vindt u rust bij het stijlvolle Bocconi. Het restaurant is gevestigd in luxehotel Amigo en deelt die elegante sfeer. Op de kaart vindt u een aantrekkelijk aanbod Italiaanse klassiekers die met kunde worden bereid. Hier zit u bijvoorbeeld goed voor een lekkere risotto.

Lunch 20 € – Menu 55/90 € – Carte 64/88 €

Plan: 9L2-x – *Hôtel Amigo, rue de l'Amigo 1* ✉ *1000* – ☎ *02 547 47 15*
– *www.roccofortehotels.com*

Comptoir des Galeries 🍴 ⚗

CUISINE FRANÇAISE CLASSIQUE · BRASSERIE ✗✗ Un décor aux accents vintage pour cette brasserie contemporaine, où trône une peu commune et impressionnante presse à médailles ! Un lieu agréable pour déguster de savoureuses spécialités de brasserie, cuisinées avec des produits de qualité, ou tout simplement un bon verre de vin.

FRANS KLASSIEK · BRASSERIE ✗✗ De vintage look spreekt aan, maar dé eyecatcher van deze moderne bistro is de enorme antieke medaillepers. Dit is een leuke plek om te genieten van goede producten en smakelijke bistrospecialiteiten, of gewoon een lekker glas wijn.

Lunch 26 € – Menu 37 € – Carte 39/61 €

Plan: 9L2-s – *Hôtel des Galeries, Galerie du Roi 6* ✉ *1000* – ☎ *02 213 74 74*
– *www.comptoirdesgaleries.be* – *Fermé dimanche et lundi*

Cul Sec ⓝ ⚇ 🍴

CUISINE FRANÇAISE · BISTRO ✗ Si vous êtes tenté de faire cul sec avec les excellents vins français (avec un accent sur les vins naturels) servis ici, prenez plutôt le temps de les déguster, car la cuisine de bistro moderne est tout aussi originale et savoureuse ! Ce bar à vins tout proche de la Grand Place vous fera passer un bon moment.

FRANS · BISTRO X Je zou ze in één keer willen opdrinken, de uitstekende Franse wijnen (focus op natuurwijnen) die hier worden geserveerd. Maar doe het rustig aan, want ook de moderne bistrogerechten zijn leuk, origineel en lekker! Deze wijnbistro, net naast de Grote Markt, is een garantie voor een gezellig etentje.

Lunch 25 € – Menu 35/45 € – Carte 37/62 €

Plan: 9L2-k – *rue des Chapeliers 16* ✉ *1000* – ☏ *02 511 06 20* – *Fermé 29 juillet -12 août et dimanche*

ⅡO **De l'Ogenblik** 🏛 ⇦

CUISINE CLASSIQUE · BISTRO X Les habitués fréquentent assidûment cette table animée mettant à profit un ancien café, qui n'a rien perdu de son charme authentique depuis son ouverture en 1969. Mets classiques, plats de bistrot et belle variété de suggestions de saison.

KLASSIEKE KEUKEN · BISTRO X In een ogenblik zullen liefhebbers van traditie zich thuis voelen in dit voormalig café. Het opende zijn deuren in 1969 en heeft niets van zijn authentieke charme verloren. De chef weet maar al te goed hoe hij klassiek moet koken, en biedt maar vaste waardes ook regelmatig wisselende suggesties aan.

Menu 48/58 € – Carte 48/74 €

Plan: 9L2-p – *Galerie des Princes 1* ✉ *1000* – ☏ *02 511 61 51* – *www.ogenblik.be – ouvert jusqu'à minuit – Fermé 1er au 15 août, midis feriés et dimanche*

ⅡO **Scheltema** 🏛 ⇦

POISSONS ET FRUITS DE MER · BRASSERIE X Pénétrer chez Scheltema donne l'impression de remonter le temps. Le décor boisé rétro offre un cachet et une ambiance à cette brasserie. Cuisine classique aux accents belges, spécialisée dans les produits de la mer. Mais c'est l'incontournable gaufre de Bruxelles qui vous ramènera en enfance.

VIS EN ZEEVRUCHTEN · BRASSERIE X Binnenstappen bij Scheltema is even teruggaan in de tijd. Het houten retro-interieur geeft deze bruisende brasserie cachet, ambiance is hier vaste kost. De keuken is al even klassiek en op-en-top Belgisch, met een voorkeur voor lekkers uit de zee. Maar dé aanrader is de Brusselse wafel, die u even terugstuurt naar uw kindertijd.

Lunch 18 € – Menu 35 € – Carte 37/72 €

Plan: 9L2-p – *rue des Dominicains 7* ✉ *1000* – ☏ *02 512 20 84 – www.scheltema.be – Fermé dimanche*

🏨 **Amigo**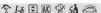

GRAND LUXE · PERSONNALISÉ Une véritable institution, qui compte parmi les meilleures adresses de Bruxelles ! Ses atouts ? Une situation centrale (derrière la Grand-Place), des chambres luxueuses, un service impeccable et un charme distingué. D'ailleurs, on croise parfois des hôtes célèbres.

GROTE LUXE · PERSOONLIJK CACHET De Amigo behoort tot het beste wat Brussel te bieden heeft, en is dan ook meer een instituut dan zomaar een hotel. Het dankt zijn faam aan zijn uiterst centrale ligging (achter de Grote Markt), onberispelijke service, chique kamers en statige uitstraling. Deze klassezaak mocht dan ook al heel wat bekende gasten ontvangen.

154 chambres – ♦199/660 € ♦♦199/660 € – ☕ 34 € – 19 suites

Plan: 9L2-x – *rue de l'Amigo 1* ✉ *1000* – ☏ *02 547 47 47* – *www.roccofortehotels.com*

Bocconi – Voir la sélection des restaurants

🏨 **Hilton Grand Place** Ⓝ 🏛 ⇦

LUXE · PERSONNALISÉ Devant la gare centrale, à quelques pas de la Grand Place et du Sablon, hôtel de luxe au cœur de Bruxelles. Hall cossu, plein d'élégance. Chambres modernes pimpantes. Les amateurs de douceurs ne manqueront pas le Godiva Café Chocolat !

LUXE · PERSOONLIJK CACHET Rechtover het Centraal Station, op een paar passen van de Grote Markt en de Zavel ... Kortom: dit luxehotel ligt in het hart van Brussel! U wordt er ontvangen in een werkelijk prachtige inkomhal, pure elegantie, en overnacht in een kamer waar de moderne gast van droomt. Voor zoetekauwen is het Godiva Café Chocolat een must!

223 chambres – ♦149/450 € ♦♦149/450 € – ☕ 29 € – 1 suite

Plan: 9L2-h – *Carrefour de l'Europe 3* ✉ *1000* – ☏ *02 548 42 11 – www.brusselsgrandplace.hilton.com*

🏨 Warwick ☆ 🎭 ⚕ ⬆ AC 🏋 🎿 🚗

LUXE · PERSONNALISÉ Un séjour passé dans cet hôtel de luxe est une expérience. Le centre-ville historique est tout près ; le confort et l'élégance sont le fil rouge de l'établissement, avec des chambres délicieusement british et un service excellent. En résumé : à recommander les yeux fermés.

LUXE · PERSOONLIJK CACHET Een verblijf in dit luxehotel mag men gerust als een ervaring omschrijven. Het historisch stadscentrum ligt om de hoek en het karakter van die omgeving is binnen ook te vinden. Comfort en stijl zijn hier de rode draad, de kamers hebben een Britse touch, en de service is uiteraard uitstekend. Mis zeker het dakterras niet!

260 chambres – 🛏134/700 € 🛏🛏134/700 € – 🍴24 € – 7 suites

Plan: 9L2-f – *rue Duquesnoy 5* ✉ *1000* – ✆ *02 505 55 55*
– *www.warwickhotels.com/brussels*

🏨 Le Dixseptième 🎿 🎭 ⚕ ⬆ AC 🏋

LUXE · GRAND LUXE Ancien hôtel particulier du 17e s. où l'ambassadeur d'Espagne eut ses quartiers. Salons cossus, jolie cour intérieure et vastes chambres pourvues de meubles de divers styles.

LUXE · GROTE LUXE Dit 17de-eeuwse herenhuis was vroeger de ambtswoning van de Spaanse ambassadeur. Weelderige lounge, mooie patio en ruime kamers met meubelen uit verschillende stijlperioden.

35 chambres 🍴 – 🛏120/320 € 🛏🛏200/380 € – 2 suites

Plan: 9L2-j – *rue de la Madeleine 25* ✉ *1000* – ✆ *02 517 17 17*
– *www.ledixseptieme.be*

🏨 Hôtel des Galeries ☆ ⬆ AC 🍽

LUXE · CONTEMPORAIN Un emplacement de choix pour cet hôtel-boutique, créé dans un édifice classique à l'angle de la rue des Bouchers et de la galerie du Roi. Son luxueux décor associe notes rétro et esprit contemporain, et le souci du détail se retrouve jusque dans les carreaux de céramique qui ornent les salles de bains. Un délicieux endroit pour un séjour à Bruxelles !

LUXE · EIGENTIJDS Van een toplocatie gesproken: dit boetiekhotel ligt op de hoek van de bruisende Beenhouwersstraat en de Koningsgalerij. Vintage en modern worden verenigd in het luxueuze interieur dat uit klassieke pand, met als rode draad mooie keramieken tegels in al de badkamers. Dit is een heerlijke plek om Brussel te ontdekken!

23 chambres – 🛏150/400 € 🛏🛏150/400 € – 🍴19 € – 3 suites

Plan: 9L2-s – *rue des Bouchers 38* ✉ *1000* – ✆ *02 213 74 70*
– *www.hoteldesgaleries.be*

Comptoir des Galeries – Voir la sélection des restaurants

Quartier Sainte-Catherine (Marché-aux-Poissons)

🍴 La Belle Maraîchère AC ⇔ 🅿

POISSONS ET FRUITS DE MER · CONVIVIAL ✕✕ Cet établissement convivial tenu en famille compte parmi les valeurs sûres du quartier. Salle au décor nostalgique attachant. Chef expert en sauces, pratiquant une goûteuse cuisine classico-traditionnelle où s'illustrent marée et gibier en saison. Jolis menus.

VIS EN ZEEVRUCHTEN · GEZELLIG ✕✕ Gezellig ouderwets familiebedrijf, een van de beste adresjes van de wijk. Nostalgisch interieur. Smakelijke klassieke keuken met heerlijke sauzen. Veel vis en wild op de kaart, lekkere menu's.

Menu 44/68 € – Carte 56/115 €

Plan: 9L1-k – *place Sainte-Catherine 11* ✉ *1000* – ✆ *02 512 97 59 (réservation conseillée)* – *www.labellemaraichere.com* – *Fermé 2 semaine carnaval, mi-juillet-début août, mercredi et jeudi*

🍴 Harvest 🆕 🍴

CUISINE FRANÇAISE MODERNE · CONTEMPORAIN ✕ Harvest sait comment séduire les gourmets bruxellois. Cela commence par une quête quotidienne des meilleurs produits (de préférence locaux), pour élaborer une cuisine pleine de fraîcheur et d'originalité, le tout avec des menus renouvelés régulièrement. Une recette gagnante.

FRANS MODERN · HEDENDAAGSE SFEER ⅹ Harvest weet hoe je Brusselse gourmands verleidt. Begin met dagelijks op zoek te gaan naar verse (bij voorkeur lokale) oogst, bereid er frisse gerechten mee waarin de chef zijn originaliteit laat spreken, en stel daar vervolgens een regelmatig wisselend menu mee samen. Een schot in de roos!

Lunch 19 € – Menu 39 €

Plan: 9L1-n – *place du Samedi 14* ✉ *1000* – ℰ *02 781 07 27*
– *www.harvestrestaurantbruxelles.be* – *Fermé 24 décembre-2 janvier, samedi midi et dimanche*

ⅱ◯ Henri

CUISINE FRANÇAISE MODERNE · CONVIVIAL ⅹ On est coude à coude, l'intérieur est simple mais convivial et le service est détendu : bienvenu chez Henri, un bel exemple d'un bistro décontracté. Sur l'assiette il n'y a pas de place pour des chichis, mais les goûts sont abondants. L'exécution moderne de mets de bistro séduit à chaque bouchée.

FRANS MODERN · GEZELLIG ⅹ De tafeltjes staan dicht bij elkaar, het interieur is eenvoudig maar gezellig en de bediening is lekker relaxed: welkom bij Henri, een typevoorbeeld van een ongedwongen bistro. Ook op het bord geen poespas, maar wel smaken in overvloed. De moderne uitvoering van bistrogerechten weet keer op keer te bekoren.

Carte 40/69 €

Plan: 9K1-j – *rue de Flandre 113* ✉ *1000* – ℰ *02 218 00 08* – *www.restohenri.be*
– *Fermé samedi et dimanche*

ⅱ◯ La Marée

POISSONS ET FRUITS DE MER · BISTRO ⅹ Un bistrot bruxellois pur jus, où la qualité des produits est une évidence. Madame Alves vous propose des poissons frais, préparés en toute simplicité : on se régale !

VIS EN ZEEVRUCHTEN · BISTRO ⅹ La Marée is een echte Brusselse bistro waar de kwaliteit van de producten voor zich spreekt. Mevrouw Alves laat u genieten van verse vis in klassiekers als vissoep, garnaalkroketten en sole meunière. Eerder eenvoudig bereid, maar o zo lekker!

Carte 27/78 €

Plan: 9K1-h – *rue de Flandre 99* ✉ *1000* – ℰ *02 511 00 40* – *www.lamaree-sa.com*
– *Fermé 25 décembre-9 janvier, 26 mars-10 avril, 30 octobre-7 novembre, dimanche et lundi*

ⅱ◯ Selecto

CUISINE FRANÇAISE MODERNE · CONVIVIAL ⅹ Au cœur du sympathique quartier Ste-Catherine, le Selecto porte haut les couleurs de la culture bistronomique ! On y déguste les spécialités du genre en toute décontraction. Une bonne adresse, où les prix restent doux.

FRANS MODERN · GEZELLIG ⅹ De Selecto, een schot in de roos in de drukbezochte Sint-Katelijnewijk. De ondertitel, 'le bistronomique', verklaart waarom: met z'n ongedwongen aanpak en eerlijke bistrokeuken is deze zaak helemaal *en vogue*. Interessant geprijsd bovendien.

Lunch 15 € – Menu 42 €

Plan: 9K1-h – *rue de Flandre 95* ✉ *1000* – ℰ *02 511 40 95* – *www.le-selecto.com*
– *Fermé fin décembre, dimanche et lundi*

ⅱ◯ Strofilia

CUISINE GRECQUE · BRANCHÉ ⅹ Un restaurant moderne, à l'ambiance légère... Surtout ne traînez pas sur le chemin : les délices de la Grèce vous attendent, autant dans le verre que dans l'assiette ! Le chef connaît ses classiques, mais sa cuisine se révèle en fait plutôt contemporaine.

GRIEKS · EIGENTIJDS ⅹ U komt een licht en modern restaurant binnen, indien gewenst schuift u door naar de rustieke eetzaal, maar zet u maar snel neer want de geneugten die Griekenland te bieden heeft wachten op u, zowel op het bord als in het glas! De chef kent zijn klassieke smaken, zelfs al is zijn keuken eerder eigentijds.

Lunch 19 € – Menu 47/59 € – Carte 30/43 €

Plan: 9K1-c – *rue du Marché aux Porcs 11* ✉ *1000* – ℰ *02 512 32 93*
– *www.strofilia.brussels* – *Fermé août, samedi midi et dimanche*

⫶○ **Le Vismet**

POISSONS ET FRUITS DE MER · TRADITIONNEL ⫶ Le Vismet (le nom bruxellois du marché aux poissons) est tout près de ce restaurant traditionnel, et cela se devine sans peine. L'ambiance est joviale, le service est typiquement bruxellois, et la cuisine est tout simplement bonne. Les produits de la mer sont les stars de la maison et amènent générosité et fraîcheur dans votre assiette.

VIS EN ZEEVRUCHTEN · TRADITIONEEL ⫶ De Vismarkt ligt om de hoek, maar komt in deze traditionele zaak helemaal tot leven. Hoe? De sfeer is joviaal, de bediening Brussels en het eten gewoonweg goed. Lekkers uit de zee is hier de specialiteit en komt met de nodige generositeit en fraîcheur op het bord. Een productkeuken zonder chichi.

Lunch 22 € – Menu 70 € 🍷 – Carte 46/74 €

Plan: 9L1-u – *place Sainte-Catherine 23 ✉ 1000 – ✆ 02 218 85 45 – www.levismet.be – Fermé août, dimanche et lundi*

⫶○ **Viva M'Boma**

CUISINE DU TERROIR · BISTRO ⫶ Cette élégante néocantine aux tables serrées et murs carrelés façon métro parisien attire les amateurs d'abats et de mets bruxellois oubliés (pis de vache, choesels, os à moelle, joue de bœuf). Un trip au pays de la tripe !

STREEKGEBONDEN · BISTRO ⫶ Dit eethuisje met tafeltjes dicht bij elkaar en muren met slagerijtegels trekt liefhebbers aan van orgaanvlees, zoals pens, uier, merg, choesels en andere vergeten Brusselse specialiteiten.

Carte 32/64 €

Plan: 9K1-b – *rue de Flandre 17 ✉ 1000 – ✆ 02 512 15 93 – www.vivamboma.be – Fermé première semaine de janvier, première semaine d'avril, 22 juillet-6 août et jours fériés*

Quartier des Sablons et Palais de Justice

❀ **senzanome** (Giovanni Bruno)

CUISINE ITALIENNE · DESIGN ⫶⫶⫶ Senzanome fait honneur à la riche tradition culinaire italienne, et particulièrement sicilienne. C'est un fait : le chef ne manque pas d'adresse ! La qualité des produits est sublimée à travers des préparations soigneuses et maîtrisées, où les saveurs se marient harmonieusement. Une adresse prestigieuse qui est en phase avec le quartier !

→ Émulsion de burrata, sorbet de tomate et huile au basilic. Saltimbocca de bar à la sauge et jambon San Daniele. Baba au limoncello et son caviar, crème de citron.

ITALIAANS · DESIGN ⫶⫶⫶ Senzanome doet de rijke Italiaanse kooktraditie alle eer aan. De kwaliteit van de ingrediënten wordt geaccentueerd door zorgvuldige bereidingen die één doel hebben: superbe smaken creëren. De authentieke keuken van chef Bruno heeft karakter. Dit prestigieus adres voelt zich helemaal thuis in de Zavelwijk!

Lunch 50 € – Menu 90/120 € – Carte 90/122 €

Plan: 9L3-u – *place du Petit Sablon 1 ✉ 1000 – ✆ 02 223 16 17 – www.senzanome.be – Fermé Noël-nouvel an, 1 semaine à Pâques, mi-juillet-mi-août, jours fériés, samedi midi et dimanche*

⊙ **JB**

CUISINE TRADITIONNELLE · CONVIVIAL ⫶⫶ Ce restaurant familial reste discret, même s'il se trouve près de la place Louise. Nombre de fidèles y ont d'ores et déjà pris leurs habitudes : qu'il s'agisse d'asperges à la flamande ou de ris de veau grillés, les saveurs sont marquées et le rapport qualité-prix séduisant.

TRADITIONELE KEUKEN · GEZELLIG ⫶⫶ Discreet familierestaurant dicht bij het Louizaplein. Hier eet u verrukkelijke menu's voor betaalbare prijzen, in een klassieke stijl die puur en eerlijk is. Denk maar aan asperges op Vlaamse wijze of gegrilde kalfszwezerik met bearnaisesaus. De talrijke habitués hebben JB alvast in de armen gesloten.

Menu 37/55 € – Carte 67/80 €

Plan: 9L3-f – *rue du Grand Cerf 24 ✉ 1000 – ✆ 02 512 04 84 – www.restaurantjb.com – Fermé 23 au 27 décembre, août, jours fériés, lundi midi, samedi midi et dimanche*

Les Petits Oignons

CUISINE CLASSIQUE • BRASSERIE On est bien sûr séduit par le décor intemporel et l'animation de cet établissement, mais aussi et surtout par ses délicieux plats de brasserie. Des produits de qualité, une cuisine soignée et réalisée sans chichi, une carte des vins permettant d'accompagner idéalement le repas : on est soigné... aux petits oignons !

KLASSIEKE KEUKEN • BRASSERIE Deze sfeervolle brasserie verleidt niet alleen met het innemende decor, maar ook met zijn keuken die volledig op de brasserielijn zit. Alles begint hier met kwaliteitsvolle producten, die verzorgd en zonder onnodige futiliteiten op het bord komen. De wijnselectie verzekert een heerlijke begeleiding.

Menu 37 € – Carte 40/60 €

Plan: 9L3-z – *rue de la Régence 25* ✉ *1000* – ℰ *02 511 76 15*
– *www.lespetitsoignons.be*
– *Fermé 24 et 25 décembre, 1er janvier et 22 avril*

L'Écailler du Palais Royal

POISSONS ET FRUITS DE MER • TRADITIONNEL Depuis 1967, cette institution luxueuse attire toujours du beau monde... La qualité du poisson et des crustacés, les spécialités de la maison, est bon. La cuisine de la mer aux préparations délicieusement riches dans un cadre somptueux.

VIS EN ZEEVRUCHTEN • TRADITIONEEL Dit charmant luxerestaurant is een instituut dat al sinds 1967 graag bezocht wordt door de beau monde. De kwaliteit van de vis en schaal- en schelpdieren, de specialiteiten van het huis, is goed. De chef accentueert hun smaken met lekkere bereidingen.

Lunch 60 € – Menu 125/225 € ▾ – Carte 77/180 €

Plan: 9L3-r – *rue Bodenbroek 18* ✉ *1000* – ℰ *02 512 87 51*
– *www.lecaillerdupalaisroyal.be*
– *Fermé 25 décembre-2 janvier et août*

El Impasse del Sablon ℕ

CUISINE ESPAGNOLE • ÉLÉGANT On résume trop souvent la cuisine espagnole aux tapas. Ce restaurant vous démontrera que les puissantes saveurs ibériques réservent aussi beaucoup de subtilité. Un jeu de textures et de saveurs minutieux qui vous séduira. Fortement conseillé !

SPAANS • ELEGANT De Spaanse keuken staat voor velen gelijk aan tapas, maar het is zoveel meer dan dat. In dit stijlvolle restaurant ontdekt u hoe krachtige Spaanse smaken ook subtiele finesse kunnen hebben. Het minutieuze samenspel van texturen en smaken bekoort en boeit. Een aanrader!

Menu 75 € – Carte 65/123 €

Plan: 9L3-r – *Hotel NH Collection Grand Sablon, rue Bodenbroek 2*
– ℰ *02 420 48 41 – www.elimpassedelsablon.com*
– *Fermé août, dimanche et lundi*

The Restaurant by Pierre Balthazar

CUISINE MODERNE • CHIC Trendy, lounge, voire sexy... autant de qualificatifs qui décrivent bien The Restaurant. Le chef Balthazar modifie sa carte toutes les semaines pour pouvoir exprimer sa créativité. Le résultat est une belle gamme de plats avec des ingrédients et des préparations issus du monde entier.

MODERNE KEUKEN • CHIC Trendy, loungy ... of gewoonweg sexy. Zo kan men The Restaurant gerust omschrijven, net als de keuken: chef Balthazar wijzigt zijn kaart wekelijks om zijn creativiteit de vrije loop te laten. Het resultaat is een aantrekkelijke waaier aan gerechten waarin ingrediënten en bereidingen uit heel de wereld samenspelen.

Lunch 35 € – Menu 59/69 € – Carte 60/68 €

Plan: 9L3-s – *The Hotel, boulevard de Waterloo 38* ✉ *1000* – ℰ *02 504 13 33*
– *www.therestaurant.be*
– *Fermé mi-juillet-mi-août, jours fériés, lundi midi, samedi midi et dimanche*

🍴○ Les Brigittines Aux Marches de la Chapelle   ⚙ 🏷

CUISINE TRADITIONNELLE · VINTAGE XX Le terme " Belle Époque " prend tout son sens dans cette brasserie Art Nouveau. On ne résiste pas au charme des lieux, ni à la cuisine du chef Myny, un vrai Bruxellois avec beaucoup de personnalité, qui propose une cuisine traditionnelle royale. Un délice !

TRADITIONELE KEUKEN · VINTAGE XX Om te achterhalen waar de belle époque zijn naam vandaan heeft, moet u zeker een bezoekje brengen aan deze art-nouveaubrasserie. U zult smelten voor de charme van de plek, en voor de keuken van chef Myny. Hij is een rasechte Brusselaar met persoonlijkheid en vertaalt dat naar royale traditionele gerechten. Smakelijk!

Lunch 35 € – Menu 55/75 € – Carte 45/67 €

Plan: 9L3-e – *place de la Chapelle 5* ✉ *1000* – 𝒞 *02 512 68 91*
– www.lesbrigittines.com – Fermé samedi midi et dimanche

🍴○ Hispania   AC 🚫 🚗

CUISINE ESPAGNOLE · BRASSERIE XX Hispania est chic et contemporain, mais en toute décontraction, comme la cuisine espagnole qu'il met à l'honneur. On y déguste tapas et plats créés par un chef espagnol étoilé. Un choix attrayant et des saveurs typiques, qui vous transporteront dans la péninsule.

SPAANS · BRASSERIE XX Hispania is chic en contemporain, maar tegelijkertijd ook ongedwongen. Dat verwacht je ook wel van een restaurant dat de Spaanse eetgewoonten huldigt. U zit hier goed voor lekkere tapas en gerechten die een Spaanse sterrenchef heeft gecreëerd. De mooie keuze en typische smaken laten u even wegdromen naar España.

Carte 38/69 €

Plan: 9L3-r – *Hotel NH Collection Grand Sablon, rue Bodenbroek 2* ✉ *1000*
– 𝒞 02 512 91 32 – www.hispaniabrussels.com

🍴○ Lola   AC

CUISINE MÉDITERRANÉENNE · BRASSERIE XX Lola est une brasserie conviviale dans le quartier du Sablon, où il fait bon s'installer, à table ou au comptoir, pour un repas agréable... et délicieux ! Carte variée, toujours à base de produits frais. Une valeur sûre depuis 1994.

MEDITERRAAN · BRASSERIE XX Lola is een bevallige brasserie die populair is in de Zavelwijk. Hoe kan het ook anders: het is er gezellig tafelen, een lunch aan de bar is zeer aangenaam. En het is lekker! De kaart is ruim en gevarieerd, maar wees er maar zeker van dat de kwaliteit van het product hier steeds voorop staat. Een vaste waarde sinds 1994!

Carte 43/70 €

Plan: 9L3-x – *place du Grand Sablon 33* ✉ *1000* – 𝒞 *02 514 24 60*
– www.restolola.be – ouvert jusqu'à 23 h – Fermé soirs 24 et 31 décembre et deux semaines en août

🍴○ Le Rabassier

CUISINE CLASSIQUE · ÉLÉGANT XX Noire ou blanche, de janvier à décembre: la truffe est la star de ce restaurant de poche élégant. Le chef sait extraire toutes les qualités de produits nobles, qu'il accompagne de vins Français. Demandez les menus attractifs, la patronne, charmante, les présentera avec plaisir.

KLASSIEKE KEUKEN · ELEGANT XX Zwart of wit, van januari tot december: de truffel is de ster van dit stijlvol restaurantje. De chef weet hoe je het beste uit dergelijke topproducten haalt, verwerkt ze mooi gedoseerd in klassieke gerechten en begeleidt ze met Franse wijnen. Vraag naar de aantrekkelijke menu's, de charmante gastvrouw stelt ze graag voor.

Menu 68/155 €

Plan: 9L2-v – *rue de Rollebeek 23* ✉ *1000* – 𝒞 *02 502 04 00*
– www.lerabassier.be – dîner seulement – Fermé 2 dernières semaines d'août , 2 premières semaines de janvier et dimanche

⁺‖○ Au Vieux Saint Martin 🌳

CUISINE BELGE • BRASSERIE XX L'ambiance particulière du quartier des Sablons se retrouve dans la déco (peintures colorées), mais surtout sur la terrasse ! Cette brasserie est toujours animée, signe d'un succès qui ne se dément pas. Ce n'est pas une surprise : les généreuses spécialités bruxelloises et autres plats soignés autour de l'œuf sont un vrai régal...

BELGISCH • BRASSERIE XX Kleurrijke schilderijen halen de ambiance van de Zavelwijk naar binnen, maar het terras is dé plek om die echt op te snuiven. Door zijn succes hangt er altijd een gezellige drukte in deze brasserie. De genereuze Brusselse specialiteiten en verzorgde gerechten met eieren als basis zijn dan ook om van te smullen!

Carte 42/82 €

Plan: 9L3-x – *place du Grand Sablon 38 ✉ 1000 – ☏ 02 512 64 76*
– www.auvieuxsaintmartin.be – ouvert jusqu'à minuit – Fermé 24 et 31 décembre

⁺‖○ Brasserie Ploegmans

CUISINE BELGE • TRADITIONNEL X Pénétrez dans cet ancien café pour vous immerger dans l'ambiance populaire du quartier des Marolles. Tout, du décor à la carte, respire la tradition bruxelloise. Croquettes au fromage, steak-frites ou vol-au-vent : on se régale !

BELGISCH • TRADITIONEEL X De ambiance van volkswijk de Marollen voelen en proeven, daarvoor moet u in dit voormalig café zijn. Het interieur is al even traditioneel Brussels als de kaart. Of u nu kaaskroketten, een steak-friet of vol-au-vent kiest; het zal smaken!

Lunch 14 € – Menu 23/28 € – Carte 33/55 €

Plan: 9L3-b – *rue Haute 148 ✉ 1000 – ☏ 02 503 21 24 – www.ploegmans.be*
– Fermé fin décembre-début janvier, 1er au 16 juillet, jours fériés, dimanche soir et lundi

⁺‖○ Genco

CUISINE ITALIENNE • TRADITIONNEL X On est accueilli dans ce restaurant italien comme un ami de longue date ; on se régale ensuite des plats du chef, connu pour sa générosité et l'impeccable classicisme de ses assiettes. On comprend mieux pourquoi Genco est une adresse bien-aimée de ses clients !

ITALIAANS • TRADITIONEEL X U wordt hier verwelkomd alsof men u al jaren kent, het bewijs van de warmte die in deze Italiaanse zaak heerst. De chef is gekend om zijn uitbundige, typisch klassieke smaken, en dat maakt van Genco een zeer geliefd adresje.

Carte 31/67 €

Plan: 9L3-t – *rue Joseph Stevens 28 ✉ 1000 – ☏ 02 511 34 44 – Fermé 21 juillet au 21 août, dimanche soir et lundi*

⁺‖○ Les Larmes du Tigre 🌳 ✿

CUISINE THAÏLANDAISE • EXOTIQUE X Un vrai voyage gustatif ! Depuis plus de trente ans, on sert ici une authentique cuisine thaïlandaise, et le rapport prix-plaisir est excellent. Buffet midi et soir le dimanche.

THAIS • EXOTISCHE SFEER X Sawadee krup! Intussen al meer dan dertig jaar kunt u hier terecht voor een authentieke keuken die met zijn sterke prijs-plezierverhouding een (Thaise) glimlach op uw gezicht tovert. Buffet op zondagmiddag en -avond.

Lunch 17 € 🍷 – Menu 36 € 🍷/45 € – Carte 37/48 €

Plan: 9L3-k – *rue de Wynants 21 ✉ 1000 – ☏ 02 512 18 77*
– www.leslarmesdutigre.be – Fermé samedi midi et lundi

Le symbole 🐦 vous garantit des nuits au calme : juste le chant des oiseaux au petit matin…

ⓘ○ San Sablon

CUISINE CRÉATIVE · BISTRO ✗ Le quartier des Sablons est cosmopolite : pas de surprise, les ingrédients du San Sablon le sont aussi. Belle harmonie de goûts, servis dans des bols surprenants. Le décor, original et décontracté, convient parfaitement au restaurant.

CREATIEF · BISTRO ✗ Zo kosmopolitisch de Zavelwijk is, zo internationaal zijn de ingrediënten die hier samenkomen in kommetjes. Keer op keer vormen ze een lekkere smaakharmonie waarin de bouillon het geheel mooi optilt. Het originele, relaxte decor past San als gegoten.

Lunch 28 € – Menu 65 € – menu unique

Plan: 9L3-y – *rue Joseph Stevens 12* ✉ *1000* – ℰ *02 512 42 12* – *www.sansablon.be*
– Fermé fin décembre-début janvier, une semaine à Pâques, deux semaines en août, dimanche et lundi

🏨 The Hotel   ✗ ⟨ 🛋 ⌨ 🔇 ♿ 🅰🄲 🛎 🚘

URBAIN · DESIGN Profitez de la vue imprenable sur Bruxelles et, dans ce quartier préservé, laissez-vous séduire par les charmes cachés de la métropole... L'établissement est aussi idéal si l'on souhaite explorer les boutiques de l'avenue Louise. Avis aux accros du shopping !

STADSHOTEL · DESIGN Kijk uit over de eigenzinnige skyline van Brussel en laat u verleiden door de verborgen charme van deze metropool. Shopaholics vinden in dit hotel ook een comfortabele uitvalsbasis om in de boetieks van de Louizalaan te gaan shoppen.

420 chambres ⌫ – 🛏180/350 € 🛏🛏180/350 € – 5 suites

Plan: 9L3-s – *boulevard de Waterloo 38* ✉ *1000* – ℰ *02 504 11 11*
– www.thehotel.be

The Restaurant by Pierre Balthazar – Voir la sélection des restaurants

🏨 NH Collection Grand Sablon ⓝ   ✗ 🛋 ⌨ ♿ 🅰🄲 🛎 🐾 🚘

HÔTEL DE CHAÎNE · CLASSIQUE Hôtel bien situé, dans le quartier vivant du Sablon, avec ses antiquaires et chocolatiers prestigieux. Idéal pour découvrir la ville en toute sérénité. Tout est réuni pour vous offrir la tranquillité, y compris le confort moderne des chambres.

KETENHOTEL · KLASSIEK De levendige Zavelwijk, met zijn antiquairs en goede chocoladewinkels, strekt zich uit rond dit fraaie hotel. Het is dus een uitstekende uitvalsbasis om de stad te ontdekken, vooral omdat binnen dan weer een serene sfeer hangt. Alles wordt in functie van rust gesteld, modern comfort in de kamers incluis.

192 chambres – 🛏106/450 € 🛏🛏124/450 € – ⌫ 25 € – 1 suite

Plan: 9L3-r – *rue Bodenbroek 2* ✉ *1000* – ℰ *02 518 11 00* – *www.nh-hotels.com*
Hispania • El Impasse del Sablon – Voir la sélection des restaurants

Quartier Atomium
(Centenaire - Laeken - Neder-Over-Heembeek)

😊 Brasserie de l'Expo   🛖

POISSONS ET FRUITS DE MER · BRASSERIE ✗ Le souvenir de l'Expo 58 plane toujours sur cette jolie brasserie rétro qui fait face au Heysel. Dès l'entrée, le bar à fruits de mer ne laisse aucun doute : ici, la fraîcheur et la qualité sont de mise ! Le fait est que le chef témoigne d'un vrai savoir-faire. La cuisine de brasserie sous son meilleur jour !

VIS EN ZEEVRUCHTEN · BRASSERIE ✗ Expo 58 straalt doorheen het rood getinte interieur van deze brasserie, rechtover de Heizel. De mooie zeevruchtenbar aan de ingang geeft aan dat hier met kwaliteit wordt gewerkt, en hoe! De chef legt zijn ziel in zijn werk en levert het bewijs dat ook een brasseriekeuken fantastisch kan zijn.

Lunch 17 € – Menu 37 € – Carte 41/57 €

Plan: 2D2-h – *avenue Houba de Strooper 188* ✉ *1020* – ℰ *02 476 99 70*
– www.brasseriedelexpo.be – Fermé soirs des 24 et 31 décembre

METRO

YOUR SUCCESS IS OUR BUSINESS

YOUR SUCCESS IS OUR BUSINESS

WIJ WERKEN NIET VOOR METRO

WIJ WERKEN VOOR HET SUCCES VAN MILJOENEN GROTE EN KLEINE ONDERNEMERS, OVERAL TER WERELD.

NOUS NE TRAVAILLONS PAS POUR METR

NOUS TRAVAILLONS POUR DES MILLIONS DE COMMERÇANTS INDÉPENDANTS, PARTOUT DANS LE MONDE.

METRO

YOUR SUCCESS IS OUR BUSINESS

ETTERBEEK ET QUARTIER DE L'EUROPE ·
ETTERBEEK EN EUROPESE WIJK

Atlas n° **1**-C2

Park Side

CUISINE MODERNE · TENDANCE XX Les anglophones comprendront tout de suite l'enseigne : l'établissement borde le parc du Cinquantenaire. Une belle situation pour un décor qui séduit tout autant : chic, moderne et très design – le lustre principal attire notamment les regards ! À la carte, des spécialités de brasserie "new style".

MODERNE KEUKEN · TRENDY XX De grandeur van het imposante Jubelpark straalt af op deze knappe luxebrasserie, waar de impressionante moderne luster een echte blikvanger is. Het mooie aanbod traditionele gerechten steunt op kwaliteit: zowel wat het assaisoneren betreft als de productkeuze. Gewoon rechttoe rechtaan lekker!

Menu 37/55 € – Carte 39/61 €

Plan: 10N3-f – *avenue de la Joyeuse Entrée 24* ✉ *1040* – ☎ *02 238 08 08 – www.restoparkside.be – Fermé 3 semaines en août, jours fériés, samedi et dimanche*

Le Buone Maniere

CUISINE ITALIENNE · TRADITIONNEL XX Maurizio Zizza connaît les bonnes manières. Dans sa maison de maître au décor élégant, avec une belle terrasse, il n'hésite pas à venir à votre table présenter ses plats authentiques. Des préparations simples et efficaces, parfois surprenantes, nous emmènent en voyage vers le Sud.

ITALIAANS · TRADITIONEEL XX Maurizio Zizza weet wat van goede manieren af. In zijn stijlvol ingericht herenhuis, dat over een aangenaam terras beschikt, komt hij graag zelf aan tafel om de authentieke gerechten te presenteren. De doeltreffendheid van ogenschijnlijk eenvoudige bereidingen verbaast keer op keer, de zuiderse smaken nemen u mee op reis.

Lunch 42 € – Menu 50/95 € – Carte 65/93 €

Plan: 7F4-b – *avenue de Tervueren 59* ✉ *1040* – ☎ *02 762 61 05 – www.buonemaniere.be – Fermé 23 décembre-3 janvier, 5 août-5 septembre, samedi midi et dimanche*

Le Monde est Petit

CUISINE FRANÇAISE CRÉATIVE · CONVIVIAL XX Un établissement bigrement sympathique, situé entre Montgomery et le Cinquantenaire. Ici c'est le marché qui s'impose sur votre assiette. Le chef prépare les produits du jour dans des préparations bien pensées et aux influences du monde, tel la clientèle qui s'y régale.

FRANS CREATIEF · GEZELLIG XX Dit sympathiek zaakje, mooi gelegen tussen Montgomery en het Jubelpark, laat de markt bepalen wat op uw bord komt. De chef verwerkt al dat lekkers in weldoordachte bereidingen die al even internationaal zijn als het publiek dat hier zo graag komt tafelen.

Lunch 28 € – Carte 55/76 €

Plan: 7F4-a – *rue des Bataves 65* ✉ *1040* – ☎ *02 732 44 34 – www.lemondeestpetit.be – Fermé fin décembre-début janvier, première semaine de Pâques, dernière semaine de juillet-2 premières semaines d'août, jours fériés, samedi et dimanche*

Stirwen

CUISINE FRANÇAISE MODERNE · BOURGEOIS XX Ce restaurant de renom, joliment rénové, est aujourd'hui mené par un duo ambitieux. David assure un excellent service, tandis que François-Xavier revisite la cuisine traditionnelle française avec créativité, à base de produits de premier choix : sole de Noirmoutier, agneau de Lozère, veau de lait de Corrèze...

FRANS MODERN · BURGERLIJK XX Een jong, ambitieus duo staat aan het roer van dit bekende restaurant, dat een mooie opfrissingsbeurt heeft gekregen. David zorgt voor de fijne bediening terwijl François-Xavier de Franse traditionele keuken met enige creativiteit onder handen neemt. De producten die hij daarvoor selecteert zijn top!

Lunch 40 € – Menu 60/85 € – Carte 62/97 €

Plan: 10N3-a – *chaussée Saint-Pierre 15* ✉ *1040* – ☎ *02 640 85 41 – www.stirwen.be – Fermé 24 au 26 décembre, 1ᵉʳ au 4 janvier, 1ᵉʳ juin, août, jours fériés, samedi et dimanche*

BRUXELLES · BRUSSEL

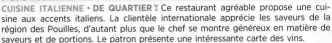

BRUXELLES · BRUSSEL

⽥○ **Foro Romano** ⟺

CUISINE ITALIENNE · DE QUARTIER ✗ Ce restaurant agréable propose une cuisine aux accents italiens. La clientèle internationale apprécie les saveurs de la région des Pouilles, d'autant plus que le chef se montre généreux en matière de saveurs et de portions. Le patron présente une intéressante carte des vins.

ITALIAANS · BUURTRESTAURANT ✗ Bij het gezellige Foro Romano eet men op zijn Italiaans. Het internationale publiek laat zich de gerechten uit de regio van Puglia graag smaken, temeer omdat de chef zich genereus toont met zijn smaken en porties. De patron pakt uit met een interessante wijnkaart.

Carte 35/51 €

Plan: 10M2-a – *rue Joseph II 19* ✉ *1000* – ☎ *02 280 29 76* – *www.fororomano.be* – *Fermé jours fériés, samedi et dimanche*

⽥○ **Origine** ⓝ

CUISINE FRANÇAISE MODERNE · BISTRO ✗ Créatures folles et colorées, plantes... Origine a su choisir son décor aux accents ludiques dans le restaurant moderne de Xavier Lizen, qui fait preuve d'une grande maturité malgré son jeune âge. Le menu renouvelé chaque mois témoigne de son inspiration internationale et de son originalité, tandis que les saveurs confirment nos espérances.

FRANS MODERN · BISTRO ✗ Kleurrijke en gekke wezentjes, planten ... Origine weet zijn interieur wel te kiezen! Het vormt een leuk accent in de moderne zaak van Xavier Lizen, die ondanks zijn jonge leeftijd heel wat maturiteit uitstraalt. Zijn maandelijks wisselend menu toont zijn wereldse inspiratie en originaliteit, de smaken maken de verwachtingen waar.

Lunch 15 € – Menu 38 € – Carte env. 35 €

Plan: 10N3-e – *rue Général Leman 36* ✉ *1040* – ☎ *02 256 68 93* – *www.origine-restaurant.be* – *Fermé dernière semaine décembre-première semaine de janvier, 1 semaine à Pâques, 15 juillet-15 août, 28 octobre-3 novembre, samedi midi, dimanche et lundi*

🏠 **Aloft** 🛗 🏢 🔥 🅰🅲 🔥

BUSINESS · FONCTIONNEL À deux pas des institutions européennes, un hôtel aménagé dans un esprit loft. Les chambres y sont spacieuses, confortables et fonctionnelles. De quoi séduire clientèle d'affaires et fonctionnaires.

BUSINESS · FUNCTIONEEL Een speelse loftstijl heerst in dit hotel, en dat is helemaal naar de zin van het veeleisende cliëntèle van de omliggende instellingen. Vele gasten hier leven volgens het principe 'tijd is geld' en stellen de *grab-and-gocorner* op prijs.

150 chambres – 🛏89/249 € 🛏🛏89/249 € – ⬜ 15 €

Plan: 10N3-c – *place Jean Rey 3* ✉ *1040* – ☎ *02 800 08 88* – *www.aloftbrussels.com*

FOREST · VORST
Atlas n° **1**-B3

⽥○ **Brugmann** 🏮 🔥 🍽 ⟺ 🛋

CUISINE MODERNE · ÉLÉGANT ✗✗✗ L'élégance est omniprésente chez Brugmann. L'intérieur est orné de belles œuvres d'art moderne, la terrasse à l'arrière est superbe. Le chef s'y connaît aussi en matière de style, avec une cuisine et des associations aussi modernes que le décor ! Un restaurant qui ne manque pas de classe.

MODERNE KEUKEN · ELEGANT ✗✗✗ Elegantie is de maatstaf bij Brugmann. Dat geldt zowel voor het interieur, dat wordt opgefleurd door mooie moderne kunstwerken, als het prachtige terras achteraan. Zelfs de manier waarop de chef zijn producten volgens de moderne normen bereidt en combineert, heeft stijl. Een restaurant met klasse.

Lunch 24 € – Menu 49/85 € – Carte 66/91 €

Plan: 11Q2-e – *avenue Brugmann 52* ✉ *1190* – ☎ *02 880 55 54* – *www.brugmann.com* – *Fermé 1er au 16 janvier, samedi midi et lundi*

GANSHOREN
Atlas n° **1**-B1

❀ **San Daniele** (Franco Spinelli)   🍴 🅰🅲 ⌀ ✦

CUISINE ITALIENNE · INTIME 🗙🗙🗙 Bienvenue chez la famille Spinelli, qui fait de San Daniele une valeur sûre depuis... 1983 ! Le décor, rafraîchi, ne manque pas de style, et la cuisine respecte à la lettre la tradition culinaire italienne. Un exemple : ce bar en croûte de sel fumant découpé à table... délicieux ! La profondeur de goût, voilà la marque de fabrique de la maison.

➔ Tartare, vitello et émulsion de thon rouge au foie gras, citron confit, céleri vert et câpre de Pantelleria. Bar de ligne et ragoût de fèves, carottes confites et mousse de céleri. Composition d'ananas, crème brûlée à la réglisse et mascarpone, sorbet à l'orange sanguine.

ITALIAANS · INTIEM 🗙🗙🗙 Welkom bij de familie Spinelli, die van San Daniele al sinds 1983 een vaste waarde maakt. Het decor is opgefrist en heeft heel wat flair, de keuken houdt de Italiaanse traditie in eer. Zoals de rokende zeebaars in zoutkorst die aan tafel wordt gefileerd ... Heerlijk! De diepgang van de smaken, dat is hier het handelsmerk.

Lunch 50 € – Menu 110 € – Carte 62/95 €

Plan: 1B3-c – *avenue Charles-Quint 6* ✉ *1083* – ✆ *02 426 79 23*
– *www.san-daniele.be* – *Fermé 1 semaine à Pâques, mi-juillet-mi-août, jours fériés, dimanche et lundi*

☺ **Les Potes en Toque**   🍴

CUISINE CLASSIQUE · RUSTIQUE 🗙 Au cœur d'un quartier résidentiel, cette fermette rénovée dégage toujours quelque chose d'irrémédiablement rustique. Surprenant ! Service sympathique. Quant à la cuisine, elle est bien rôdée : on sert de bons classiques de brasserie, et avec générosité.

KLASSIEKE KEUKEN · RUSTIEK 🗙 Een gerenoveerde fermette (17de eeuw) in een residentiële buurt? Opmerkelijk! De lijn wordt binnen doorgetrokken met een rustieke uitstraling en een sympathieke bediening die alles nog wat gezelliger maakt. De brasserieklassiekers als mosselen en americain-friet zijn al even hartverwarmend, hun typische generositeit bewijst hier hun sterkte. Top!

Lunch 16 € – Menu 37 € – Carte 38/53 €

Plan: 2C2-d – *drève du Château 71* ✉ *1083* – ✆ *02 428 37 37*
– *www.lespotesentoque.be* – *Fermé 24 et 31 décembre*

🍴○ **Bruneau by Maxime Maziers** Ⓝ   🍴 🅰🅲 ✦ 🍽

CUISINE FRANÇAISE MODERNE · ÉLÉGANT 🗙🗙🗙 L'influence de Jean-Pierre Bruneau dans le monde de la gastronomie n'est plus à démontrer. Ses signatures, comme le carpaccio de langoustines et le tournedos Rossini font partie du patrimoine culinaire belge. Son ancien second, le talentueux Maxime Maziers, poursuit cette aventure. La carte est donc traditionnelle, mais Maziers y apporte sa touche de modernité.

FRANS MODERN · ELEGANT 🗙🗙🗙 Jean-Pierre Bruneau heeft de gastronomie jarenlang beïnvloed. Signatuurgerechten als carpaccio van langoustines en tournedos Rossini behoren toch het Belgisch culinair erfgoed. Zijn voormalige souschef, de talentvolle Maxime Maziers, zet die rijke geschiedenis verder. De kaart is dus als vanouds, maar Maziers zet ze stilaan naar zijn moderne hand.

Lunch 55 € – Menu 95 € – Carte 77/164 €

Plan: 2C3-g – *avenue Broustin 73* ✉ *1083* – ✆ *02 421 70 70* – *www.bruneau.be*
– *Fermé 25 décembre-5 janvier, 2 premières semaines d'août, mardi et mercredi*

StockFood/hemis.fr

LES BONS PLANS! *NIET TE MISSEN!*

Hôtel Le Berger, pour une nuitée dans une atmosphère sensuelle. Kamo, pour son délicieux lunch de sushis. Le quartier du Châtelain, son animation et ses bonnes adresses cosmopolites.

Hotel Le Berger, waar men overnacht in een zwoele ambiance. Kamo, voor zijn heerlijke sushilunch. De bruisende buurt rond het Kasteleinplein, met zijn uitstekende kosmopolitische adresjes.

IXELLES ET QUARTIER LOUISE ·
ELSENE EN LOUIZAWIJK

Atlas n° **1**-C2

Restaurants

❀❀ **La Villa in the Sky** (Alexandre Dionisio)   ⸝ ≼ 🏠 🍽 🥢

CUISINE CRÉATIVE · DESIGN ✕✕ Entrez dans l'IT Tower sur l'avenue Louise, où la réceptionniste vous accompagne jusqu'au 23e étage, avant de monter encore deux étages par l'escalier. Voilà, vous êtes arrivé. Et vous ne serez pas déçu : la vue sur Bruxelles à plus de 120 mètres de hauteur est à couper le souffle ! Quant à la structure de verre au décor design dans laquelle vous vous attablerez, elle vous permettra de déguster votre repas tout en admirant la vue sur Bruxelles.

L'expérience est bel et bien extraordinaire, et s'enrichit encore dès le chef Alexandre Dionisio déploie ses talents. Il a appris le métier dans quelques-uns des meilleurs restaurants de la capitale, avant de trouver son propre style. Sa cuisine ludique témoigne d'une technique infaillible et d'une créativité judicieuse. Il donne par exemple à un produit de première qualité tel que la langoustine une telle consistance qu'elle se mange à la cuillère, rehaussée d'épices asiatiques et de citron. Un festin de saveurs à base de produits de première qualité, accompagné d'excellents vins.

→ Raviole ouverte à la joue de bœuf, foie gras et parmesan. Coquelet et pommade de pomme de terre, morilles et cromesquis de maïs, écume au vin jaune. Fraises et granité au wasabi, crémeux à la vanille.

CREATIEF · DESIGN ✕✕ U stapt de IT-toren op de Louizalaan binnen, wordt ontvangen door een receptioniste die met u naar de 23e verdieping gaat, en na nog eens twee verdiepingen trappen lopen bent u eindelijk aangekomen. De trip naar boven wordt ter plaatse meer dan beloond: het zicht dat u hier op meer dan 120 meter hoogte hebt over Brussel, is gewoonweg verbluffend! En dankzij de design ingerichte glazen box waarin u tafelt, kunt u heel het etentje lang genieten van de Brusselse skyline.

U leest het: hier beleeft men een bijzondere ervaring, en die wordt alleen maar mooier eens chef Alexandre Dionisio zijn talent etaleert. Hij heeft het vak geleerd bij sommige van de beste restaurants van de hoofdstad en heeft vandaag zijn eigen stijl gevonden. Zijn keuken is speels en toont aan dat hij een onfeilbare techniek heeft. Zijn creativiteit is to-the-point. Een topproduct als langoustine geeft hij bijvoorbeeld net genoeg vettigheid door er een crème op te lepelen, Aziatische kruiden en een citroentoets geven het geheel pep. Met slechts enkele topproducten wordt hier een memorabel smaakfestijn gecreëerd, begeleid door hemelse wijnen.

Lunch 135 € ♀ – Menu 165/210 €

Plan: 12R2-b – *avenue Louise 480 (25ème étage)* ✉ *1050* – ☎ *02 644 69 14 (réservation indispensable) – www.lavillainthesky.be – Fermé 22 décembre-2 janvier, 24 mars-1er avril, 28 au 29 mai, 4 au 26 août, samedi midi, dimanche et lundi*

La Truffe Noire

CUISINE ITALIENNE · ÉLÉGANT XXX Dans ce restaurant au charme nostalgique orné d'œuvres d'art et de beaucoup de violet, vous admirerez le patron charismatique préparer un carpaccio de bœuf. Une scène qui se répète chaque jour et qui démontre son amour de la cuisine classique. Les plats se révèlent tous délicieux, avec en vedette la truffe.

→ Risotto à la Piémontaise. Saint-Pierre farci aux truffes, cuit à la vapeur et son nectar truffé. Truffe au chocolat en cage de sucre filé.

ITALIAANS · ELEGANT XXX U zit in een restaurant dat nostalgische klasse uitstraalt, omgeven door kunstwerken en heel wat paars, en ziet hoe de charismatische patron een rundercarpaccio afwerkt. Deze scene speelt zich hier dagelijks af en toont aan dat klassieke bereidingen naar waarde worden geschat. De gerechten zijn dan ook heerlijk, met de truffel als geliefde smaakmaker.

Menu 85 € ♀/225 € – Carte 84/169 €

Plan: 12S2-x – *boulevard de la Cambre 12* ✉ *1000* – ☎ *02 640 44 22 – www.truffenoire.com – Fermé Noël-nouvel an, 1 semaine à Pâques, 2 premières semaines d'août, lundi midi, samedi midi et dimanche*

La Villa Emily

CUISINE MÉDITERRANÉENNE · ÉLÉGANT XX Ce petit bijou combine élégamment atmosphère de boudoir, design subtil et lustre monumental... Magnifique ! Dans l'assiette, l'équilibre est aussi au rendez-vous : le produit principal est accompagné de sauces raffinées et de garnitures qui vont droit au but. Le classicisme dans toute sa splendeur.

→ Langoustines rôties, pomme verte et crumble au lard. Turbot rôti, petits pois et fèves des marais, jus des arêtes. Crémeux au yuzu, financier à la verveine et sorbet citron.

MEDITERRAAN · ELEGANT XX Dit juweeltje combineert intieme elegantie en een boudoirsfeer, subtiel design en een monumentale luster. Prachtig! Evenwicht vindt u ook op het bord: het hoofdproduct is van topkwaliteit en wordt bijgestaan door geraffineerde sauzen en garnituren die iets bijdragen. Hier geniet u van klassieke smaken al hun glorie.

Lunch 54 € – Menu 108/125 € – Carte 86/114 €

Plan: 12R2-d – *rue de l'Abbaye 4* ✉ *1000* – ☎ *02 318 18 58 – www.lavillaemily.be – Fermé 25 et 30 décembre-7 janvier, 3 au 11 mars, 30 mai-3 juin, 4 au 19 août, 1er au 4 novembre, samedi midi, dimanche et lundi*

Kamo (Tomoyasu Kamo)

CUISINE JAPONAISE · BRANCHÉ X Du bois, un grand comptoir, des cuisines ouvertes : le décor est planté ! Kamo joue résolument la carte tokyoïte. La carte, elle, magnifie toujours et encore des produits d'une fraîcheur remarquable, révélés à travers les réalisations aussi pures qu'équilibrées. Chaque bouchée est une découverte, chaque plat tout un souvenir...

→ Tataki de canard et flan japonais. Tempura de ris de veau et bouillon dashi. Glace au yaourt, gelée de yuzu et fruits rouges.

JAPANS · EIGENTIJDS X De houten decoraccenten en de bar aan de keuken geven Kamo een Tokio-touch. De uitmuntende fraîcheur van de producten wordt benadrukt door eenvoudige bereidingen, met opmerkelijke smaken als resultaat. Elke hap is een ontdekking, elk gerecht een mooie herinnering. Kamo staat voor puur en eerlijk.

Lunch 25 € – Menu 50/70 € – Carte 68/92 €

Plan: 11Q2-s – *chaussée de Waterloo 550a* ✉ *1050* – ☎ *02 648 78 48 (réservation indispensable) – www.restaurant-kamo.be – Fermé jours fériés, samedi et dimanche*

Brasserie de la Patinoire

CUISINE FRANÇAISE CLASSIQUE · BRASSERIE XX Vous recherchez une adresse qui a de la classe ? Réservez vite une table dans cette brasserie version « luxe » : charme quelque peu britannique, ambiance cordiale et sophistiquée à la fois, terrasse donnant sur le bois de la Cambre... Dans l'assiette, le chef revisite de beaux classiques de brasserie avec entrain et générosité.

FRANS KLASSIEK · BRASSERIE XX Wilt u lekker eten in een stijlvolle setting? Boek dan snel een tafel in deze aangename luxebrasserie, die ook beschikt over een prachtig terras met zicht op het Ter Kamerenbos. De chef weet de klassieke smaken van brasseriegerechten mooi tot uiting te brengen dankzij de generositeit van zijn bereidingen.

Lunch 17 € – Menu 37 € – Carte 36/59 €

Plan: 12R3-h – chemin du Gymnase 1 ⊠ 1000 – ℰ 02 649 70 02
– www.brasseriedelapatinoire.be – ouvert jusqu'à 23 h 30

Maison du Luxembourg

CUISINE RÉGIONALE · CONVIVIAL XX La gastronomie du terroir luxembourgeois a trouvé sa place à Bruxelles. Ce restaurant contemporain propose une cuisine classique joliment présentée, à base de produits issus de la province wallonne du Luxembourg. La fraîcheur des ingrédients est exemplaire et les accompagnements de légumes sont très séduisants. Une vraie publicité pour la région !

REGIONAAL · GEZELLIG XX De Luxemburgse terroirkeuken heeft zijn weg gevonden naar Brussel. In deze eigentijdse zaak worden producten van de Waalse provincie verwerkt in klassieke, mooi gepresenteerde gerechten. De fraîcheur van de ingrediënten is voorbeeldig, de groentegarnituren zijn een meerwaarde. Dit is reclame voor Luxemburg!

Lunch 26 € ♀ – Menu 37 € – Carte 47/72 €

Plan: 10M3-c – rue du Luxembourg 37 ⊠ 1050 – ℰ 02 511 99 95
– www.maisonduluxembourg.be – Fermé 22 décembre-7 janvier, 31 juillet-26 août, jours fériés, vendredi soir, samedi et dimanche

Toucan

CUISINE MODERNE · BISTRO XX Ce Toucan a tout l'air d'une bonne vieille brasserie, mais qu'on ne s'y trompe pas : il y a de la modernité dans les touches design de son plumage ! L'ambiance est l'un des points forts de cet endroit, de même que son service très fluide ; le chef utilise des produits de grande qualité, comme il se doit, et se montre généreux sur les portions proposées.

MODERNE KEUKEN · BISTRO XX Het sfeervolle nest van Toucan heeft alles weg van een typische brasserie, maar dan wel een moderne versie met designtoetsen. Ambiance is hier vaste kost en de bediening verloopt lekker vlot. De chef bereidt kwaliteitsproducten zoals het hoort en doet dat met de nodige generositeit, zowel qua smaken als portionering.

Lunch 20 € – Menu 37 € – Carte 41/67 €

Plan: 11Q2-b – avenue Louis Lepoutre 1 ⊠ 1050 – ℰ 02 345 30 17 (réservation conseillée) – www.toucanbrasserie.com – ouvert jusqu'à 23 h – Fermé soirs des 24 et 31 décembre

Saint Boniface

CUISINE DU SUD-OUEST · BISTRO X Petites tables quadrillées jouant sur la proximité, décor d'affiches et de boîtes à biscuits... Ce bistrot est vraiment sympathique ! Venez découvrir les spécialités basques, lyonnaises et du sud-ouest de la France, toujours populaires à Bruxelles. Une cuisine traditionnelle généreuse et délicieuse !

KEUKEN VAN ZUIDWEST-FRANKRIJK · BISTRO X Tafeltjes met geruite tafelkleden die dicht bij elkaar staan, overal waar je kijkt affiches en koekendozen ... wat een gezellige bistro! Hier ontdekt u specialiteiten uit het Baskenland, Lyon en het zuidwesten van Frankrijk die nog amper te vinden zijn in Brussel. Wat kan de genereuze, traditionele keuken toch lekker zijn!

Lunch 26 € – Menu 37 € – Carte 39/55 €

Plan: 10M3-g – rue Saint-Boniface 9 ⊠ 1050 – ℰ 02 511 53 66
– www.saintboniface.be – Fermé 3 premières semaines de septembre, jours fériés, samedi midi, dimanche et lundi

Maru

CUISINE CORÉENNE • **ÉPURÉ** X Si vous salivez déjà à l'idée de déguster un beau pajeon frit croquant ou un tangsuyuk aigre-doux, n'hésitez-pas : poussez la porte de ce restaurant coréen "urbain", où la fraîcheur des ingrédients n'a d'égale que l'authenticité des préparations. De plus, la carte des vins réserve de belles surprises...

KOREAANS • **MINIMALISTISCH** X Loopt het water u al in de mond bij de gedachte aan een mooi krokant gebakken pajeon of een lekkere zuurzoete tangsuyuk? Dan moet u bij deze "urban" Koreaan zijn, waar authentieke bereidingen fond hebben en ingrediënten vers zijn. De wijnkaart? Verrassend goed!

Lunch 18 € - Carte 31/81 €

Plan: 11Q2-a - *chaussée de Waterloo 510 ✉ 1050 - ✆ 02 346 11 11 - Fermé fin décembre-début janvier, 15 juillet-15 août et lundi*

Osteria Bolognese

CUISINE ITALIENNE • **SIMPLE** X Giacomo s'est donné pour mission de corriger l'image des spaghetti à la bolognaise. Il faut le souligner : son excellente tagliatelle al ragù vaut le détour ! Tous les produits viennent d'Emilie-Romagne et emplissent l'assiette de saveurs. Cette sympathique osteria vous fera découvrir le vrai visage de Bologne.

ITALIAANS • **EENVOUDIG** X Giacomo maakt er een erezaak van het beeld van de spaghetti bolognaise te corrigeren. En het moet gezegd worden: zijn heerlijke tagliatelle al ragù, dat is pas de real deal! Al de producten komen hier uit Emilia-Romagna en schitteren in authentieke bereidingen boordevol smaak. In deze gezellige osteria ontdekt u waar Bologna echt voor staat.

Carte 32/45 €

Plan: 10M3-h - *rue de la Paix 49 ✉ 1050 - ✆ 02 608 51 54 - www.osteriabolognese.be - Fermé fin décembre-debut janvier, août, samedi, dimanche et lundi*

Louise 345 (N)

CUISINE CRÉATIVE • **LUXE** XXX Au 345 de l'avenue Louise, cette maison de maître de 1873 vous fera pénétrer dans un monde de luxe. En haut, 4 superbes chambres, en bas un splendide restaurant au décor de marbre et d'éléments Art déco. L'élégance se retrouve dans la subtile cuisine de la chef Arpin, aux saveurs exquises.

CREATIEF • **LUXE** XXX Bel aan bij het statig herenhuis (1873) op de Louizalaan nummer 345 en betreed een wereld van luxe. Boven zijn er 4 prachtkamers, beneden huist dit exclusief restaurant dat onder meer bekleed is met marmer en art-deco-elementen. Elegantie typeert ook de fijne keuken van chef Arpin, die zeer subtiel kookt. Zelfs de smaken zijn hier gedistingeerd!

Lunch 42 € - Menu 65/110 € - Carte 62/89 €

4 chambres - †175/235 € ††175/235 € - ☕ 25 € - ½ P

Plan: 12R2-g - *avenue Louise 345 ✉ 1050 - ✆ 02 644 48 87 (réservation indispensable) - www.louise345.com - Fermé dernière semaine de juillet-première semaine d'août, samedi midi, dimanche et lundi*

Odette en Ville

CUISINE FRANÇAISE CRÉATIVE • **BRANCHÉ** XX Odette est une adresse bien connue pour l'ambiance tendance de sa maison de maître et le décor contemporain, mais aussi pour ses chambres luxueuses. L'établissement se trouve dans un quartier branché, et la carte s'en ressent : spécialités internationales et goûteuses.

FRANS CREATIEF • **EIGENTIJDS** XX Odette is een welgekend adres voor de trendy sfeer die in haar herenhuis hangt en het contemporaine interieur, net als voor de luxueuze designkamers. Het ligt in een hippe buurt en dat merk je aan de kaart: de gerechten zijn internationaal en met hun tijd mee, maar vooral: zeer smaakvol!

Lunch 28 € - Menu 35 € - Carte 36/76 €

7 chambres - †220/380 € ††220/380 € - ☕ 25 €

Plan: 12R1-d - *rue du Châtelain 25 ✉ 1050 - ✆ 02 640 26 26 - www.odetteenville.be - ouvert jusqu'à 23 h 30 - Fermé 24 et 25 décembre, 1er au 7 janvier, 28 juillet-20 août, dimanche et lundi*

Rouge Tomate

CUISINE CRÉATIVE · BRANCHÉ XX Laissez derrière vous le vacarme de l'avenue Louise et entrez dans cette maison de maître élégante et moderne, qui dispose notamment d'une belle terrasse sur l'arrière et d'un bar à cocktails à l'étage. On retrouve cette harmonie dans l'assiette, avec les plats créatifs et équilibrés d'un jeune chef qui n'a pas froid aux yeux.

CREATIEF · EIGENTIJDS XX Laat de drukke Louizalaan achter u en kom tot rust in dit knappe herenhuis. Binnen is het stijlvol en modern ingericht, achteraan is er een heerlijk terras en op het verdiep een cocktailbar. Harmonie vindt u ook op het bord, want de jonge chef tekent voor uitgebalanceerde, creatieve gerechten die niet blozen om smaak.

Lunch 35 € ♀ – Menu 55/75 € – Carte 49/88 €

Plan: 12R1-c – *avenue Louise 190* ✉ *1050* – ☎ *02 647 70 44*
– *www.rougetomate.be* – *Fermé jours fériés, samedi midi et dimanche*

Amen

CUISINE DU MARCHÉ · CONVIVIAL XX Chef doublement étoilé Pascal Devalkeneer (Le Chalet de la Forêt) a du nez pour la qualité. Tout, ici, est maîtrisé : la préparation contemporaine, l'intensification des goûts, l'alternance des textures. Ainsi soit la gourmandise, amen !

MARKTKEUKEN · GEZELLIG XX Echt genieten, begint bij de kwaliteit van de producten. Sterrenchef Pascal Devalkeneer (Le Chalet de la Forêt) heeft er een neus voor. De eigentijdse bereiding, de intensivering van de smaken, de afwisseling van texturen; neem uw tijd om te degusteren. Neem uw tijd in deze lichte, sobere zaak. Amen.

Lunch 27 € – Menu 54 € – Carte 50/79 €

Plan: 11Q2-k – *rue Franz Merjay 165* ✉ *1050* – ☎ *02 217 10 19*
– *www.amen.restaurant* – *Fermé dimanche et lundi*

La Canne en Ville 🖼

CUISINE DU MARCHÉ · FAMILIAL X Restaurant de quartier convivial aménagé depuis 1983 dans une ancienne boucherie, comme l'attestent des pans de carrelage préservés et certains éléments du décor. C'est un chef talentueux qui œuvre désormais en cuisine. Kevin Lejeune fut pendant dix ans second à La Paix et vole à présent de ses propres ailes.

MARKTKEUKEN · FAMILIAAL X La Canne en Ville is al sinds 1983 een gezellig buurtrestaurant. De betegelde wanden en decorstukken die aan het slagerijverleden van dit pand herinneren, geven het een zeker cachet. Met Kevin Lejeune staat vandaag een talentvolle chef aan het roer. Hij was tien jaar lang souschef bij La Paix en gaat hier nu zijn eigen weg.

Lunch 43 € – Menu 56/66 € – Carte 64/84 €

Plan: 11Q2-q – *rue de la Réforme 22* ✉ *1050* – ☎ *02 347 29 26*
– *www.lacanneenville.be* – *Fermé 24 décembre-13 janvier, 8 au 14 avril,
19 août-1 septembre, samedi midi, dimanche et lundi*

Chou

CUISINE DU MARCHÉ · INTIME X Près du quartier européen, le chef Akandar prépare une cuisine dans l'air du temps, goûteuse et équilibrée. Pas étonnant que de nombreux fonctionnaires des institutions en aient fait leur cantine !

MARKTKEUKEN · INTIEM X Dicht bij de Europese wijk ligt dit intiem adres, waar een chef achter het fornuis staat die lekker eigentijds kan koken, met sterke smaken die mooi in evenwicht zijn. Logisch dus dat dit de chouchou is van vele Eurocraten.

Lunch 23 € – Menu 45 € – Carte 43/53 €

Plan: 10M3-w – *place de Londres 4* ✉ *1050* – ☎ *02 502 22 32*
– *www.restaurantchou.eu* – *Fermé fin décembre-début janvier, 3 premières
semaines d'août, samedi et dimanche*

ⅡO Classico

CUISINE CLASSIQUE · BRANCHÉ X Produits de qualité, plats dans l'air du temps, ambiance conviviale, belle offre de vins bio : voilà quelques-uns des ingrédients qui font le succès de ce Classico, qui a effectivement tout d'un classique. Une réussite amplement méritée.

KLASSIEKE KEUKEN · EIGENTIJDS X Klassieke smaken in gerechten die met hun tijd mee zijn, dat mag u in deze urban bistro verwachten. De combinatie van goede producten, een mooi aanbod bio-wijnen en een hippe ambiance maakt hier echt wel een toppertje van.

Lunch 14 € – Carte 35/55 €

Plan: 11Q2-r – *rue Américaine 124* ⊠ *1050* – ℰ *02 537 90 39*
– *www.classico-la-brasserie.com – ouvert jusqu'à 23 h – Fermé dimanche et lundi*

ⅡO Humus x Hortense

CUISINE CRÉATIVE · VINTAGE X Quand la fraîcheur des légumes et l'inventivité d'un chef se rencontrent, il se passe forcément quelque chose de spécial ! Loin des sentiers battus, on se laisse surprendre par ses préparations, attractives et variées, à accompagner d'un bon cocktail adapté. Pendant ce temps, au plafond, les anges vous observent en silence...

CREATIEF · VINTAGE X Wanneer de kracht van groenten en de inventiviteit van een chef samenkomen, zorgt dat voor een knal. Hier dus geen platgetreden paden, maar verleidelijke gerechten die u smaken laten ontdekken en verrassen. En dan zeker in combinatie met aangepaste cocktails! Kijk zeker eens naar het plafond, de engeltjes zijn prachtig.

Lunch 26 € – Menu 46/54 € – menu unique

Plan: 12R1-q – *rue de Vergnies 2* ⊠ *1050* – ℰ *0474 65 37 06 (réservation conseillée) – www.humusrestaurant.be – Fermé 3 premières semaines de septembre, dimanche et lundi*

ⅡO Nonbe Daigaku

CUISINE JAPONAISE · ÉPURÉ X Si vous cherchez une savoureuse cuisine japonaise à Bruxelles, rendez-vous dans ce restaurant qui respire la simplicité. Le chef expérimenté maîtrise la subtilité et les nuances caractéristiques de la cuisine de son pays. Vous le verrez à l'œuvre derrière le bar à sushi, avec dynamisme et précision, en train de créer une délicieuse variété de saveurs et de textures.

JAPANS · MINIMALISTISCH X Wie lekker Japans wil eten in Brussel, komt snel uit bij deze eenvoudige zaak. Hier kookt een zeer ervaren chef die de subtiliteit en nuances beheerst die de keuken van zijn thuisland typeren. U ziet hem aan het werk achter de sushibar, gedreven en precies, om een heerlijke afwisseling van smaken en texturen te creëren.

Lunch 20 € – Carte 45/123 €

Plan: 12S2-a – *avenue Adolphe Buyl 31* ⊠ *1050* – ℰ *02 649 21 49 (réservation conseillée le soir) – Fermé 25 décembre-4 janvier, 1 semaine Pâques, 21 juillet-15 août, dimanche et lundi*

ⅡO La Quincaillerie   🛋 Ⓐ🅚 ♿ 🅿

CUISINE CLASSIQUE · BRASSERIE X Cette brasserie-écailler est un incontournable. Logée dans une ancienne quincaillerie (1903), son décor Art nouveau à lui seul mérite la visite. Un décor de choix, entre commodes authentiques et étagères murales, pour déguster une délicieuse version des classiques de la cuisine franco-belge.

KLASSIEKE KEUKEN · BRASSERIE X Deze levendige brasserie met oesterbar is een must-do. Het is ondergebracht in een voormalige ijzerwinkel (1903) waarvan het art-nouveaudecor op zich al een bezoek waard is! U eet er in een prachtige omgeving, tussen authentieke ladenkasten en wandrekken, en smult van Frans/Belgische klassiekers die rechtuit lekker zijn.

Lunch 18 € – Menu 36/48 € – Carte 40/74 €

Plan: 11Q1-2-z – *rue du Page 45* ⊠ *1050* – ℰ *02 533 98 33 – www.quincaillerie.be – Fermé dimanche midi*

Racines

CUISINE ITALIENNE · TRATTORIA X Francesco et Ugo ne cherchent pas à dissimuler leurs racines italiennes. L'un d'eux s'installe à table avec vous pour présenter la carte, avant de vous faire déguster les délices typiques de leur pays natal, travaillés et originaux. La carte des vins, dont beaucoup de vins bio dynamiques, compte quelques découvertes.

ITALIAANS · TRATTORIA X Francesco en Ugo kunnen hun Italiaanse roots niet verstoppen. Een van hen zet zich met u aan tafel om de kaart voor te stellen en vervolgens laten ze u smullen van de typische lekkernijen van hun thuisland, soms met originaliteit bereid maar altijd bewerkt. De wijnkaart, met veel biowijnen, telt een paar pareltjes.

Lunch 36 € – Menu 58/90 € – Carte 46/80 €

Plan: 12R1-j – *chaussée d'Ixelles 353* ✉ *1050* – ✆ *02 642 95 90*
– www.racinesbruxelles.com – Fermé 21 juillet-15 août, samedi midi et dimanche

Ricciocapriccio

CUISINE ITALIENNE · BISTRO X Charmant " ristorante " un peu caché dans le quartier du Châtelain. L'ardoise propose une offre alléchante de cuisine italienne que le chef réinterprète subtilement. Il travaille surtout les poissons et les fruits de mer (spécialités d'oursins et de calamars) qu'il orne de saveurs méridionales.

ITALIAANS · BISTRO X Ietwat verborgen in de Kasteleinwijk vindt u dit gezellige ristorante. Op het krijtbord prijkt een aanlokkelijk aanbod Italiaanse gerechten, die de chef naar zijn hand zet met subtiele twists. Hij werkt vooral met vis en zeevruchten (zee-egel en inktvis zijn de specialiteiten) en pakt uit met rijke zuiderse smaken.

Lunch 18 € – Menu 55/75 € – Carte 42/64 €

Plan: 11Q1-j – *rue Américaine 90* ✉ *1050* – ✆ *02 852 39 69 (réservation conseillée)*
– www.ricciocapriccio.be – Fermé dernière 2 semaines d'août, samedi midi, dimanche et lundi.

Toucan sur Mer

POISSONS ET FRUITS DE MER · BISTRO X En matière de fraîcheur, les poissons et fruits de mer du Toucan sur Mer n'ont rien à envier aux adresses de la côte. Et nul doute que les amateurs de saveurs iodées seront conquis par ce sympathique bistrot.

VIS EN ZEEVRUCHTEN · BISTRO X De uitmuntende vis en zeevruchten van Toucan sur Mer hoeven qua smaak en versheid niet onder te doen voor wat u aan de kust krijgt. Een sympathieke bistro die gegarandeerd uw hart zal stelen.

Lunch 20 € – Carte 46/62 €

Plan: 11Q2-b – *avenue Louis Lepoutre 17* ✉ *1050* – ✆ *02 340 07 40 (réservation conseillée) – www.toucanbrasserie.com – Fermé soirs des 24 et 31 décembre*

Le Tournant

CUISINE DU MARCHÉ · BISTRO X Le chef de ce restaurant de quartier est un ancien producteur de cinéma, et s'y connaît donc en matière de scénario. Le décor est planté dans une ambiance conviviale, avec une carte des vins variée et une cuisine de bistrot authentique pour tous les goûts. Mais le premier rôle revient aux plats mijotés variés regorgeant d'une viande extra-tendre.

MARKTKEUKEN · BISTRO X De chef van dit los buurtrestaurantje is een voormalige cinemaproducent en weet dus maar al te goed wat een goed scenario inhoudt. Hier is dat een gezellige sfeer, een ruime wijnkaart en pure bistrogerechten die bij iedereen in de smaak vallen. Maar de hoofdrolspelers, dat zijn de diverse stoofpotjes gevuld met boterzacht vlees.

Lunch 19 € – Menu 35/39 € – Carte 39/55 €

Plan: 10M3-b – *chaussée de Wavre 168* ✉ *1050* – ✆ *02 502 61 65*
– www.restaurantletournant.com – dîner seulement sauf jeudi et vendredi – Fermé 22 juillet-18 août, dimanche et lundi

Hotels

Steigenberger Wiltcher's

HÔTEL DE CHAÎNE · CLASSIQUE Ce grand hôtel de luxe incarne le prestige de l'avenue Louise adjacente. Le service est élégant et toujours attentif. Chambres spacieuses au décor soigné. Les professionnels apprécieront la grande capacité conférencière, tandis que les touristes profiteront du joli wellness et du salon à cigares.

KETENHOTEL · KLASSIEK Dit grootse luxehotel belichaamt de exclusiviteit van de aangrenzende Louizalaan. De bediening is elegant en staat altijd voor de gasten klaar, slapen doet men in zeer ruime art-decorkamers. Werkers zullen de grote conferentiecapaciteit appreciëren, terwijl vrijetijdsgasten kunnen genieten van de fraaie wellness en de sigaarlounge.

267 chambres – 🛏179/599 € 🛏🛏179/599 € – 🍽 35 € – 15 suites

Plan: 11Q1-f – *avenue Louise 71* ✉ *1050* – ✆ *02 542 42 42* – *www.wiltchers.com*

Stanhope

GRAND LUXE · ÉLÉGANT Revivez les fastes de l'époque victorienne dans cet hôtel particulier "very British", mettant diverses catégories de chambres à votre disposition. Superbes suites et duplex. Les habitués du restaurant cossu ne boudent pas leur plaisir ; le menu du jour est très apprécié.

GROTE LUXE · ELEGANT Ervaar de luister van de Victoriaanse tijd in dit patriciërshuis dat "very British" is. Kamers in verschillende categorieën, waaronder prachtige suites en split-level. In het restaurant staan Franse smaken op het menu. Vooral rond lunchtijd lokt het heel wat volk van het nabijgelegen Europese kwartier.

125 chambres – 🛏99/475 € 🛏🛏124/500 € – 🍽 33 € – 9 suites

Plan: 10M3-v – *rue du Commerce 9* ✉ *1000* – ✆ *02 506 91 11*
– *www.thonhotels.com/stanhope*

Bristol Stephanie

LUXE · PERSONNALISÉ Cet hôtel de luxe est l'endroit rêvé pour s'évader dans la tranquillité. Emplacement de choix sur l'avenue Louise et chambres spacieuses à la décoration rétro-moderne. Le plaisir est total, tout comme à la brasserie. Et pour une évasion (presque) totale, vous pourrez essayer une escape room.

LUXE · PERSOONLIJK CACHET Dit luxehotel is een uitgelezen plek om tot rust te komen. U geniet er van een uitstekende locatie aan de Louizalaan en ruime kamers die retro-modern zijn ingekleed. Het is er aangenaam toeven, net als in de brasserie. En om even echt te (proberen) ontsnappen, kunt u om de hoek eens een escape room uitproberen.

142 chambres – 🛏130/350 € 🛏🛏140/360 € – 🍽 29 € – 2 suites

Plan: 11Q1-g – *avenue Louise 91* ✉ *1050* – ✆ *02 543 33 11*
– *www.thonhotels.com/bristolstephanie*

Le Berger - Jardin Secret 🆕

TRADITIONNEL · PERSONNALISÉ Fondé en 1933, le Berger était à l'origine un lieu de rendez-vous pour des liaisons secrètes. Il a été conçu de telle façon que les hôtes ne puissent pas se rencontrer, grâce à un ingénieux système d'ascenseurs. L'atmosphère sensuelle de l'époque est restée et offre une expérience unique. Pour une touche plus moderne, le Jardin Secret contigu est parfait.

TRADITIONEEL · PERSOONLIJK CACHET Le Berger werd in 1933 opgericht als een plek waar geheime liefdesrelaties werden ontbloot. Het is zo ontworpen dat gasten elkaar niet konden ontmoeten dankzij een ingenieus liftensysteem. De zwoele sfeer van toen hangt hier nog en creëert een bijzondere ervaring. Hebt u het liever moderner? Dan is het aanpalende Jardin Secret ideaal.

101 chambres – 🛏50/150 € 🛏🛏60/180 € – 🍽 14 €

Plan: 9L3-w – *rue du Berger 24* ✉ *1050* – ✆ *02 510 83 40* – *www.lebergerhotel.be*

Made in Louise

MAISON DE MAÎTRE · CONTEMPORAIN La grande maison de maître vous accueille dans des espaces conviviaux ; vous découvrez ensuite une chambre confortable, au look rétro, dans laquelle vous profitez d'un repos bien mérité. Un hôtel charmant, tout à fait en phase avec son quartier !

HERENHUIS · EIGENTIJDS De grandeur van het herenhuis verwelkomt u, de gezelligheid van de openbare ruimtes begeleidt u naar uw kamer en het comfort en de retro-look van de kamers bieden u een heerlijk verblijf. Dit charmante hotel is gemaakt voor de chique Louizawijk.

48 chambres – †69/199 € ††79/229 € – ⌑ 15 €

Plan: 11Q1-n – *rue Veydt 40 ⌂ 1050 – ☎ 02 537 40 33*
– *www.madeinlouise.com*

Zoom

BOUTIQUE HÔTEL · VINTAGE Ce boutique-hôtel zoome sur la photographie ! Dans toutes les chambres, l'intérieur vintage est agrémenté d'une photo de Bruxelles, et le chaleureux lobby est également dans ce thème. Belle variété de bières à déguster au bar.

BOETIEKHOTEL · VINTAGE Dit gezellig boetiekhotel zoomt in op fotografie. Elke kamer beschikt naast een knap vintage-interieur over een eigen foto van Brussel en ook in de sfeervolle lobby kunt u niet naast de link met de hotelnaam kijken. Het mooie aanbod bieren dat u hier kunt proeven, is eveneens een plaatje waard.

37 chambres – †75/500 € ††95/520 € – ⌑ 15 €

Plan: 11Q1-p – *rue de la Concorde 59 ⌂ 1000 – ☎ 02 515 00 60*
– *www.zoomhotel.be*

JETTE

Atlas n° **1**-B1

✿ Wine in the City (Eddy Münster)

CUISINE CRÉATIVE · BAR À VIN ✕ Dans ce restaurant-cave à vins, au milieu des bouteilles, se découvre une petite cuisine où le chef, enthousiaste et créatif, saura vous surprendre. Les produits sont de qualité, les goûts harmonieux... et les vins (naturellement !) délicieux.

→ Thon rouge au chou-rave en pickles, coriandre, noix de cajou et bouillon de dashi. Pigeon rôti aux textures de chou, salsifis, champignons persillés et purée de pomme de terre au beurre salé. Structures de fraise et rhubarbe, limonade à la verveine, shiso rouge et biscuit au spéculoos.

CREATIEF · WIJNBAR ✕ In deze wijnwinkel/restaurant, te midden van de flessen, staat een keukentje waar een creatieve chef u zal verrassen met zijn ingevingen. Hij houdt zich niet aan één kookstijl, maar weet telkens de juiste bewerking te kiezen om met kwaliteitsproducten een fijne smaakharmonie te creëren. De wijnen zijn – uiteraard – top!

Lunch 45 € – Menu 60/90 €

Plan: 2C2-b – *place Reine Astrid 34 ⌂ 1090 – ☎ 02 420 09 20 (réservation indispensable)*
– *www.wineinthecity.be – déjeuner seulement sauf vendredi et samedi – Fermé première semaine de janvier, dimanche, lundi et mardi*

French Kiss

VIANDES · CONVIVIAL ✕ Envie d'une belle grillade, d'un bon vin et d'une ambiance sympa ? Rejoignez alors la foule des habitués du French Kiss ! Cette maison animée vous reçoit en toute décontraction dans un cadre sobre. Traditionnelle, touffue et variée, la carte séduit par ses petits prix, et la même générosité est de mise dans le menu.

VLEES · GEZELLIG X Zin in een lekkere grillade, een goed glas wijn en een gezellige ambiance? Schuif dan aan tussen de vele stamgasten in deze levendige zaak, waar u relaxt wordt ontvangen in een sober decor. Traditionele, uitgebreide en gevarieerde kaart, maar ook verleidelijk vanwege de kleine prijzen. Het menu is al even betaalbaar.

Menu 29/37 € – Carte 38/65 €

Plan: 2C2-f – *rue Léopold I 470* ✉ *1090 –* ✆ *02 425 22 93*
– www.restaurantfrenchkiss.com – Fermé 24 décembre-1er janvier, 24 juillet-14 août et lundi

MOLENBEEK-SAINT-JEAN · SINT-JANS-MOLENBEEK
Atlas n° **1**-B2

ⅱ○ Zebrano

CUISINE TRADITIONNELLE · TENDANCE X Le stock de bières de la brasserie Whitbread a fait place à ce bistrot animé, de style loft. L'offre, toujours variée, consiste en une cuisine aux saveurs traditionnelles, avec des présentations plutôt modernes. Une bien sympathique adresse !

TRADITIONELE KEUKEN · TRENDY X De voorraad bier van brouwerij Whitbread heeft plaats gemaakt voor deze bruisende bistro in loftstijl. Het aanbod is er nog steeds ruim, maar dan wel van gerechten die traditioneel smaken en eigentijds ogen. Een sympathiek adresje.

Lunch 15 € – Menu 37 € – Carte 22/63 €

Plan: 2D3-m – *rue de Rotterdam 47* ✉ *1080 –* ✆ *02 424 21 31 – www.zebrano.be*
– Fermé jours fériés, samedi midi et dimanche

LES BONS PLANS! *NIET TE MISSEN!*

La Buvette, pour un lunch à plusieurs plats dont la réputation n'est plus à faire. Une balade le long des maisons Art Nouveau du quartier. Colonel, qui fait le bonheur des carnivores. Mamy Louise, et son tea-room tendance.

La Buvette, waar men na een wandeling langs art-nouveauhuizen kan genieten van de gereputeerde meergangenlunch. Colonel, dat vleeseters doet likkebaarden bij zoveel keuze. Mamy Louise, en zijn hippe tearoom.

SAINT-GILLES · SINT-GILLIS

Atlas n° **1**-B2

Restaurants

😊 Tero 🆕   🏮 ⚙

CUISINE BIO · CONVIVIAL XX Chez Tero, le respect du produit est au cœur d'une démarche axée sur la durabilité. Les légumes, les herbes aromatiques, et même les porcs et les vaches proviennent de leur ferme. Les chefs y apportent beaucoup de finesse pour concocter une cuisine légère (principalement végétarienne) aux saveurs généreuses et séduisantes. Le tout dans un joli décor naturel.

BIO · GEZELLIG XX Bij Tero staat het respect voor het product centraal, duurzaamheid is er geen loos begrip. Zo komen groenten, kruiden en zelfs varkens en koeien van eigen boerderij. De chefs gaan er weldoordacht mee aan de slag. De gerechten zijn licht (meestal vegetarisch) en interessant, de smaken zijn uitbundig. Het natuurlijke decor vormt een mooie omgeving.

Carte 22/42 €

Plan: 11Q1-v – *rue Saint Bernard 1* ✉ *1060* – ✆ *02 347 79 46*
– www.tero-restaurant.com – Fermé samedi midi, dimanche et lundi

🍴 I Trulli   🎐 🏮 🅰🅲 ⚙

CUISINE ITALIENNE · CONVIVIAL XXX Ce beau restaurant réaménagé est un morceau d'Italie du Sud au cœur de Saint-Gilles, et cela depuis 1986 ! Une valeur sûre, donc, qui propose de bons produits, des préparations faites avec savoir-faire et de délicieux vins pour couronner le tout. Le buffet d'antipasti vaut vraiment la peine.

ITALIAANS · GEZELLIG XXX Een Zuid-Italiaans rustpunt in Sint-Gillis, daar staat dit mooi heringerichte restaurant al sinds 1986 voor garant. Van deze vaste waarde mag u goede producten verwachten, bereidingen die met vakmanschap zijn bereid en wijnen die dat allemaal mooi begeleiden. Het antipastibuffet is echt wel de moeite.

Lunch 19 € – Carte 48/81 €

Plan: 9L3-q – *rue Jourdan 18* ✉ *1060* – ✆ *02 537 79 30 – Fermé fin décembre, 11 au 31 juillet, lundi soir et dimanche*

ⅠⓄ Colonel

VIANDES · BRASSERIE ✗✗ De belles pièces de viande vous accueillent à l'entrée de cette brasserie, qui ne cache pas ses penchants. Vous serez émerveillé par la qualité des charcuteries, les cuissons parfaites et les frites avec leurs délicieuses sauces. Un paradis pour les carnivores !

VLEES · BRASSERIE ✗✗ Mooie stukken vlees verwelkomen u bij de ingang van deze brasserie en maken duidelijk waar het hier om draait. Toch wordt u verbaasd: de kwaliteit van de gerijpte vleessoorten is formidabel, de cuissons zijn perfect en de begeleidende frieten en sauzen gewoonweg heerlijk. Colonel is een walhalla voor vleeseters!

Lunch 24 € – Carte 48/75 €

Plan: 9L3-v – *rue Jean Stas 24* ✉ *1060* – ✆ *02 538 57 36*
– *www.colonelbrussels.com* – *Fermé dimanche et lundi*

ⅠⓄ Dolce Amaro

CUISINE ITALIENNE · TENDANCE ✗✗ Le dynamique Dolce Amaro est devenu en quelques années une valeur sûre. Rien de surprenant, on y sert une fine cuisine italienne pleine de caractère, savoureuse et authentique. Le genre de restaurant où l'on souhaiterait manger tous les jours !

ITALIAANS · TRENDY ✗✗ Het bruisende Dolce Amaro is op een paar jaar tijd uitgegroeid tot een vaste waarde. Dat mag eigenlijk niet verbazen, want in deze zwierige zaak geniet men echt op z'n Italiaans. Op het bord dus geen gepruts, maar smaken die authentiek zijn, eerlijk en verfijnd. Dit is het soort restaurant waar men elke dag zou willen eten!

Lunch 18 € – Carte 49/58 €

Plan: 11Q1-z – *chaussée de Charleroi 115* ✉ *1060* – ✆ *02 538 17 00*
– *www.dolceamaro.be* – *Fermé samedi midi et dimanche*

ⅠⓄ La Buvette

CUISINE MODERNE · BISTRO ✗ Dans cette ancienne boucherie transformée en restaurant, le décor est tout simple. Ici, pas de nappes amidonnées ou de fauteuils moelleux, mais du mobilier en Formica. De toute évidence, l'essentiel est dans l'assiette ! On s'y régale d'une goûteuse cuisine dans l'air du temps. Une bien sympathique Buvette.

MODERNE KEUKEN · BISTRO ✗ Enthousiaste foodies vatten de eigenheid van La Buvette samen als *betaalbare bistronomie.* Hier geen gesteven tafellakens maar rudimentaire tafels en stoelen, de smaak primeert. Een keuken met karakter!

Menu 49/64 €

Plan: 11P1-x – *chaussée d'Alsemberg 108* ✉ *1060* – ✆ *02 534 13 03*
– *www.la-buvette.be* – *dîner seulement* – *Fermé dimanche et lundi*

ⅠⓄ Mamy Louise

CUISINE CLASSIQUE · BRASSERIE ✗ Dans une rue piétonne, taverne-restaurant avenante présentant une carte touche-à-tout : recettes de grand-mère, plats de bistrot, salades, tartines et suggestions actualisées. L'après-midi, Mamy Louise est un tea-room.

KLASSIEKE KEUKEN · BRASSERIE ✗ Gezellig taverne-restaurant in een voetgangersstraat. De kaart biedt voor elk wat wils: bistrogerechten, salades, sandwiches en suggesties van de dag. In de namiddag is Mamy Louise een tearoom.

Carte 42/59 €

Plan: 9L3-j – *rue Jean Stas 12* ✉ *1060* – ✆ *02 534 25 02* – *www.mamylouise.be*
– *déjeuner seulement* – *Fermé dimanche*

Se régaler sans se ruiner ? Repérez les Bib Gourmand 🅐. Ils vous aideront à dénicher les bonnes tables sachant marier cuisine de qualité et prix ajustés !

Hotels

🏨 Pullman Midi ✿ 🏠 ♨ 🔄 ⚑ AC 🛗

URBAIN · CONTEMPORAIN À peine débarqué de la gare du Midi, on pénètre dans cet hôtel comme dans un autre monde. Décor tendance et confort moderne s'allient au design et à l'élégance des chambres ; on peut aussi s'y arrêter pour une heure, le temps de déguster un bon repas...

STADSHOTEL · EIGENTIJDS Stap vanuit het Zuidstation rechtstreeks dit prachtige hotel binnen, waar u een andere wereld ontdekt. De uitstraling is fashionable en in de kamers gaat alle moderne comfort hand in hand met design en elegantie. U vindt hier ook een trendy plek om te genieten van een glas wijn en/of een maaltijd.

237 chambres – 🛏95/399 € 🛏🛏95/399 € – ⌷ 26 € – 2 suites – ½ P
Plan: 9K3-d – *place Victor Horta 1* ✉ *1060* – ☎ *02 528 98 00*
– *www.pullmanhotels.com/7431*

🏨 Manos Premier ✿ 🍴 🏠 ♨ 🔄 AC 🧺 ♻ 🛎 soir 🚗

HÔTEL PARTICULIER · ÉLÉGANT Une fois la porte franchie, les bruits de la chaussée font place à la tranquillité, dans cet hôtel élégant, logé dans une maison de maître particulière du 19e s. au riche mobilier Louis XV et XVI. On s'offre une bouffée d'oxygène dans le joli jardin, avant de profiter d'un cadre raffiné et d'une cuisine d'inspiration française chez Kolya.

STADSPALEIS · ELEGANT Voor de deur heerst de drukte van een steenweg, maar in dit elegant hotel regeert de rust. Het huist in een 19de-eeuws herenhuis en ademt romantiek, de weelderige inrichting met Louis XV- en Louis XVI-meubilair is prachtig. In de mooie stadstuin komt u op adem, alvorens bij Kolya te genieten van een verfijnd kader en Frans geïnspireerde gerechten.

47 chambres ⌷ – 🛏399/499 € 🛏🛏399/499 € – 3 suites
Plan: 11Q1-w – *chaussée de Charleroi 102* ✉ *1060* – ☎ *02 537 96 82*
– *www.manoshotel.com*

🏨 JAM 🆕 ✿ ⚒ 🔄 ♻

URBAIN · VINTAGE Ce bâtiment scolaire que tant d'élèves ont jadis trouvé ennuyeux s'est mû en hôtel tout confort branché et urbain. Les matériaux bruts comme le béton et les briques apparentes créent une atmosphère particulière. La salle de jeu et le " rooftop bar " sont remarquables, mais l'attention se porte naturellement sur la piscine au 5e étage, à 28 ° toute l'année !

STADSHOTEL · VINTAGE Het schoolgebouw dat leerlingen vroeger zo saai vonden, is vandaag een hip en urban hotel. Ruwe materialen zoals beton en blote bakstenen muren zorgen voor een bijzondere sfeer. Al geniet u hier uiteraard van alle comfort. De game room en rooftopbar zijn top, maar dé eyecatcher is het zwembad op het 5de verdiep. Het is heel het jaar 28 graden warm!

74 chambres – 🛏90/180 € 🛏🛏90/180 € – ⌷ 15 €
Plan: 11Q1-t – *chaussée de Charleroi 132* ✉ *1060* – ☎ *02 537 17 87*
– *www.jamhotel.be*

SCHAERBEEK · SCHAARBEEK
Atlas n° **1**-C2

🍴 Les Caprices d'Harmony ⟳

CUISINE CLASSIQUE · BISTRO X Ce petit restaurant de quartier vous offre un vaste choix de plats traditionnels. Le patron utilise de bons produits frais et les cuisine avec goût ; quant aux prix, ils sont bien doux.

KLASSIEKE KEUKEN · BISTRO X In dit buurtrestaurantje moet u zijn voor een ruime keuze aan traditionele gerechten. De patron weet dat je daarvoor met verse producten moet werken en kookt ze op smaak. De prijzen? Die zijn lekker zacht.

Lunch 16 € – Carte 27/44 €

Plan: 7F4-x – *rue du Noyer 236* ✉ *1030 –* ✆ *02 733 14 02*
– *www.lescapricesdharmony.be – Fermé jours fériés, lundi soir, samedi midi et dimanche*

🍴○ La Cueva de Castilla - Al-Matbakh

CUISINE DU MONDE · CONVIVIAL X Un concept remarquable: dans le même restaurant, vous avez le choix entre deux cartes différentes qui vous font découvrir une synthèse savoureuse des spécialités du Maghreb et du Liban, et des préparations qui démontrent à quel point la cuisine espagnole est savoureuse et généreuse. Un voyage vers le sud !

WERELDKEUKEN · GEZELLIG X Een opmerkelijk concept: in eenzelfde restaurant hebt u de keuze uit 2 uiteenlopende kaarten. De ene biedt een smaakvol en gepeperd overzicht van specialiteiten uit de Maghreb en Libanon, de andere verzamelt gerechten die bewijzen hoe genereus en smaakvol de Spaanse keuken wel is. Zin in een trip naar het zuiden?

Lunch 25 € – Menu 45/65 € – Carte 46/60 €

Plan: 3E3-e – *place Colignon 8* ✉ *1030 –* ✆ *02 241 81 80*
– *www.cuevadecastilla.be – Fermé 15 au 30 août, samedi midi et dimanche*

LES BONS PLANS! *NIET TE MISSEN!*

Le Petit Pont, pour un bon repas traditionnel dans un décor nostalgique. Blue Elephant, qui propose un délicieux buffet thaï le dimanche. Caffè Al Dente, pour ses pâtes à l'osteria et son vin à la bottega et sa boutique.

Le Petit Pont, voor een lekker etentje in een nostalgisch decor. Blue Elephant, dat op zondag een heerlijk Thais buffet aanbiedt. Caffè Al Dente, met zijn pasta in de osteria en wijn in de bottega met boetiek.

UCCLE · UKKEL

Atlas n° **1**-B3

Restaurants

❀❀ **Le Chalet de la Forêt** (Pascal Devalkeneer) ⚅ 🏠 ♿ **P**

CUISINE CRÉATIVE · ÉLÉGANT XxxX Le chalet de Pascal Devalkeneer embrasse la nature qui environne le restaurant. Dans le voisinage de la forêt de Soignes, il bénéficie d'un emplacement de choix, dont vous pourrez profiter pleinement sur la terrasse. L'intérieur allie classe et élégance, avec un service impeccable. Et ce n'est pas tout. Le chef Devalkeneer franchit encore une étape avec une cuisine très personnelle. L'équilibre subtil entre tradition et créativité, finesse et générosité, est tout simplement fantastique. Les accompagnements variés, de toutes formes et de toutes tailles, lui permettent d'enrichir et de sublimer les saveurs d'un plat traditionnel tel que, par exemple, la sole. Soyez-en assuré : vous passerez un moment délicieux.

Il est à souligner que le Chalet de la Forêt ne ménage pas ses efforts pour satisfaire ses hôtes. En cuisine, la brigade est impressionnante et travaille à base des meilleurs produits. Le chef a aménagé son propre potager pour garantir la qualité de ses légumes et aromates. C'est par ce genre de détail que Pascal Devalkeneer a su imprimer sa touche personnelle et qu'il surprend chaque jour ses hôtes.

➜ Tartare d'huîtres 'Regis Borde' au caviar osciètre et fleurs de brocoli en parmentier. Agneau de l'Aveyron sur la braise, gratin et salpicon de rognon aux amandes salées. Miel de nos ruches, yaourt fermier et gel citron-miel.

CREATIEF · ELEGANT XxxX De chalet van Pascal Devalkeneer omarmt de natuur die het restaurant omringt. Als buur van het Zoniënwoud geniet het van een prachtige locatie, waar u op het terras ten volle van kunt genieten. Binnen worden elegantie en klasse verenigd, de attente bediening is feilloos. En daar stopt het niet. Chef Devalkeneer gaat nog een stapje verder met een keuken die een eigen identiteit heeft. De zorgvuldige combinatie van klassiek en creatief, van fijn en genereus, is geweldig. Met uiteenlopende garnituren, in verschillende vormen en maten, weet hij bijvoorbeeld de smaken van een klassiek gerecht als zeetong te verrijken en spanning te creëren. Wees maar zeker: hier wacht u een intens moment van genot.

Het moet gezegd worden dat Le Chalet de la Forêt geen moeite spaart om u een ervaring te bezorgen. De keukenbrigade is indrukwekkend en kan met de beste producten werken. De chef ziet zelfs een eigen moestuin aanleggen om de kwaliteit van zijn groenten en kruiden te kunnen garanderen. Het zijn dergelijke zaken die Pascal Devalkeneer helpen om zijn eigen stijl op het bord te brengen en zijn gasten elke dag opnieuw te verbazen.

Lunch 64 € – Menu 145/185 € – Carte 143/178 €

Plan: 7E6-a – *drève de Lorraine 43* ✉ *1180* – ℰ *02 374 54 16*
– *www.lechaletdelaforet.be* – *Fermé dernière semaine de décembre-première semaine de janvier, samedi et dimanche*

La Villa Lorraine　　　　　🐘 🏠 AC ﹪ ⇄ 🥓 P

CUISINE CRÉATIVE · **ÉLÉGANT** XxxX Cette grande dame de la gastronomie bruxelloise est, depuis 1953, un lieu plébiscité par les gourmets de tout poil. Le décor, tout en luxe distingué, inspire déjà le respect ; il y a même une belle terrasse ! Et que dire de la cuisine... Pleine de goût, classique avec des touches actuelles, elle va à l'essentiel.

→ Couteaux de mer au beurre d'algues et sauce au vin jaune. Volaille de Bresse, butternut, crémeux de betterave et truffe noir. Le café : crémeux au café blanc, biscuit nougatine, dulce de leche et glace au café.

CREATIEF · **ELEGANT** XxxX Grande dame van de Brusselse gastronomie die sinds 1953 een pleisterplaats is voor fijnproevers. Die grandeur vindt u in het interieur: luxe, charme en een schitterend terras! De gerechten sluiten daar uitstekend bij aan. Het zijn actuele versies van de klassieke keuken, teruggebracht tot de essentie: kwaliteit en smaak.

Lunch 56 € – Menu 98/140 € – Carte 99/156 €

Plan: 6E6-w – *avenue du Vivier d'Oie 75* ✉ *1000* – ℰ *02 374 31 63*
– *www.villalorraine.be* – *Fermé 25 décembre, 1ᵉʳ au 8 janvier, 3 au 11 mars, 4 au 19 août, dimanche et lundi*

🍴 La Brasserie de la Villa – Voir la sélection des restaurants

Le Pigeon Noir (Henri De Mol)　　　　　🏠

CUISINE DU TERROIR · **BISTRO** X Il règne ici une authentique atmosphère de café de village, chaleureuse et conviviale : un vrai petit nid, d'autant plus plaisant qu'on y propose une généreuse cuisine traditionnelle. Et si la simplicité prévaut dans les assiettes, c'est qu'elles cultivent l'essentiel : nulles fioritures, mais du goût ! Un conseil : essayez le pigeon, il est succulent...

→ Ravioles de langoustines "Chef Basso". Salmis de pigeonneau à la sauge. Crémet de Beersel.

STREEKGEBONDEN · **BISTRO** X De uitstraling van een authentiek dorpscafé en de joviale sfeer maken van deze bistro een warm nest. Het is een aangename plek om te genieten van een bourgondische keuken die bewijst dat eenvoud siert: kwaliteitsproducten worden zonder pretentie bereid, maar met o zo veel smaak! Een tip: kies de duif, hij is succulent!

Lunch 33 € – Carte 42/73 €

Plan: 6CD6-a – *rue Geleytsbeek 2* ✉ *1180* – ℰ *02 375 23 74 (réservation conseillée)* – *www.lepigeonnoir.be* – *Fermé fin décembre-début janvier, 29 juillet-18 août, jours fériés, samedi et dimanche*

La Brasserie de la Villa　　　　　🐘 🏠 AC ﹪ 🥓 P

CUISINE CLASSIQUE · **ÉLÉGANT** XX La version "brasserie" de La Villa Lorraine, entre les murs même de ce restaurant célèbre. On s'imprègne ici de l'élégance des lieux, tout en profitant de prix plus mesurés. Au menu : les classiques du genre de la brasserie.

KLASSIEKE KEUKEN · **ELEGANT** XX Met deze brasserie wil men een nieuwe generatie verleiden. Het moederbedrijf waarmee het pand wordt gedeeld, La Villa Lorraine, is een begrip; deze plek mag dan ook een tikkeltje ondeugend *instapmodel* genoemd worden.

Menu 37 € – Carte 52/79 €

Plan: 6E6-w – *avenue du Vivier d'Oie 75* ✉ *1000* – ℰ *02 374 31 63*
– *www.villalorraine.be* – *Fermé 25 décembre, 1ᵉʳ au 8 janvier, 3 au 11 mars, 4 au 19 août et dimanche*

La Branche d'Olivier 🛖 🍽

CUISINE CLASSIQUE · BISTRO 🍴 Les habitants du quartier aiment se retrouver dans ce bistrot typé au décor d'estaminet (vieux carrelage, banquettes en cuir, boiseries patinées) qui sert une cuisine du marché simple, goûteuse, et à prix doux. Ajoutez-y un service attentionné, et vous comprendrez qu'il s'agit là d'un véritable appeau à gourmands !

KLASSIEKE KEUKEN · BISTRO 🍴 Oude tegelvloer, lederen banken, gepatineerd houtwerk: hier eet u in een karakteristiek bistrodecor. De buurtbewoners zijn vaste klanten, met reden: klassieke bistrogerechten worden met vakkennis bereid, en dat voor zachte prijzen! Reken daarbij een aandachtige bediening en u krijgt een zaak die in de smaak valt bij gourmands.

Lunch 16 € – Menu 35 € – Carte 38/71 €

Plan: 6C6-b – *rue Engeland 172* ⊠ *1180 –* ☏ *02 374 47 05*
– www.labranchedolivier.be – ouvert jusqu'à 23 h – Fermé samedi midi et dimanche

Brinz'l 🍴 🍷 🎍

CUISINE FRANÇAISE MODERNE · CONTEMPORAIN 🍴🍴 Si Brinzelle (le terme créole pour l'aubergine) rappelle ses racines mauritaniennes, la chef tient fermement à la cuisine française ! Son expérience dans plusieurs restaurants étoilés a fait d'elle une excellente technicienne ; ses préparations, savoureuses et bien pensées, mettent en avant la qualité du produit avant tout.

FRANS MODERN · HEDENDAAGSE SFEER 🍴🍴 Brinzelle (Creools voor aubergine) verwijst dan wel naar de Mauritiaanse roots van de chef, toch houdt ze vast aan de Franse keuken. Ze heeft al een mooi sterrenparcours achter de rug en maakt goed gebruik van die ervaring. De kwaliteit van het product staat hier centraal, de bereidingen zijn weldoordacht en lekker.

Lunch 49 € – Menu 65/95 € – Carte 60/98 €

Plan: 11P2-v – *rue des Carmélites 93* ⊠ *1180 –* ☏ *02 218 23 32*
– www.brinzl.be – Fermé mardi midi, mercredi midi, samedi midi, dimanche et lundi

Le Passage 🛖 🅿

CUISINE CLASSIQUE · COSY 🍴🍴 Nos attentes sont élevées lorsqu'on se rend dans ce restaurant : normal, le chef est réputé pour ses préparations très personnelles, entre tradition et idées modernes. Des goûts robustes pour une cuisine qui a du punch !

KLASSIEKE KEUKEN · KNUS 🍴🍴 Een passage in dit klassiek restaurant gaat gepaard met bepaalde verwachtingen. De chef staat er namelijk voor bekend traditionele recepten op zijn eigen manier te bereiden en graag gebruik te maken van modernere ingevingen. Hij brengt robuuste smaken op het bord die raak zijn.

Lunch 35 € – Menu 55/75 € – Carte 46/79 €

Plan: 6D6-q – *avenue Jean et Pierre Carsoel 17* ⊠ *1180 –* ☏ *02 374 66 94*
– www.lepassage.be – Fermé 2 semaines en juillet, samedi midi, dimanche et jours fériés

Blue Elephant 🆎 🍽 🅿

CUISINE THAÏLANDAISE · EXOTIQUE 🍴 Blue Elephant vous transporte dans un voyage exotique. Dans un décor thaïlandais bleuté, on déguste une délicieuse cuisine traditionnelle, sublimée par la finesse de Mme Thongsuk et de ses épices envoûtantes. Ne manquez pas le buffet, le dimanche.

THAIS · EXOTISCHE SFEER 🍴 Blue Elephant trakteert u op een exotische reis. U stapt er een typisch Thais decor binnen waar blauw de boventoon voert, alvorens te smullen van een lekkere traditionele keuken. De finesse van mevrouw Thongsuk voegt iets extra toe, u wordt ongetwijfeld warm van haar pittige bereidingen. Het buffet op zondag is een aanrader!

Menu 40/65 € – Carte 42/65 €

Plan: 6E6-j – *chaussée de Waterloo 1120* ⊠ *1180 –* ☏ *02 374 49 62*
– www.blueelephant.com – dîner seulement sauf dimanche midi
– Fermé 24 décembre, 1er et 2 janvier

Caffè Al Dente

CUISINE ITALIENNE · CONVIVIAL Dans un décor chic, orné de marbre, Caffè Al Dente vous réserve la chaleur et l'authenticité de l'Italie. Le chef maîtrise bien son sujet et travaille d'excellents produits. Vins tout aussi excellents. Ne manquez pas la boutique attenante.

ITALIAANS · GEZELLIG Marmeren afwerking? Caffè Al Dente is een chique plek geworden! U geniet er in alle gezelligheid van pure Italiaanse smaken. De chef heeft de traditionele bereidingen goed in de vingers en werkt met prachtige producten. En wat dan gezegd van de wijnen … Een topselectie! Stap dus zeker ook de aanleunende winkel binnen.

Carte 39/56 €

Plan: 11P3-c – *rue du Doyenné 87* ✉ *1180* – ✆ *02 343 45 23*
– *www.caffealdente.com* – *Fermé dimanche et lundi*

Les Deux Frères

CUISINE MODERNE · COSY Prenez place dans un décor à la fois romantique et chaleureux ou, par beau temps, sur l'une des deux jolies terrasses. Choisissez ensuite dans une carte parmi de nombreux plats traditionnels actualisés… Un vrai plaisir !

MODERNE KEUKEN · KNUS U zit in een decor dat romantisch en warm is, of bij goed weer op een van de twee mooie terrassen, en hebt de keuze uit rijke traditionele gerechten die eigentijds worden bereid. Dat wordt genieten …

Lunch 17 € – Menu 35/59 € – Carte 31/64 €

Plan: 6C6-e – *avenue Vanderaey 2 (hauteur 812 de la chaussée d'Alsemberg)* ✉ *1180* – ✆ *02 376 76 06*
– *www.les2freres.be* – *Fermé samedi midi et dimanche*

Koyzina Authentica

CUISINE GRECQUE · MÉDITERRANÉEN Non, la cuisine grecque ne se cantonne pas au gyros et au souvlaki : la preuve dans ce restaurant très convivial – voire un peu encombré. Les plats traditionnels sont remis au goût du jour, avec un respect absolu des saveurs authentiques.

GRIEKS · MEDITERRANE SFEER De Griekse keuken beperkt zich niet tot gyros en souvlaki, dat wordt hier nogmaals bewezen. In deze gezellige, ietwat rommelige zaak worden traditionele gerechten in een nieuw jasje gestoken, met respect voor de authentieke smaken van de mama.

Lunch 18 € – Menu 37 € – Carte 30/47 €

Plan: 11P3-u – *avenue Brugmann 519* ✉ *1180* – ✆ *02 346 14 38*
– *www.koyzinaauthentica.be* – *Fermé dimanche et lundi*

Les Papilles

CUISINE TRADITIONNELLE · BAR À VIN Vos propres papilles vont apprécier cette adresse des plus sympathiques, avec une terrasse à l'arrière. Et pour cause, on s'y régale d'une bonne cuisine française généreuse, à base d'excellents produits. Vous pouvez même choisir une bouteille directement sur les rayonnages. Ambiance conviviale.

TRADITIONELE KEUKEN · WIJNBAR Wijnliefhebbers, uw papillen worden verwend in deze gezellige zaak, die ook beschikt over een terras achteraan. U mag hier namelijk zelf een fles kiezen uit het prachtige assortiment van de wijnbar! De chef zorgt er met zijn genereuze Franse gerechten en uitstekende producten voor dat het bord probleemloos volgt. Top!

Lunch 22 € – Menu 39 € – Carte 41/62 €

Plan: 12R3-e – *chaussée de Waterloo 782* ✉ *1180* – ✆ *02 374 69 66*
– *www.lespapilles.mobi* – *Fermé jours fériés, lundi soir et dimanche*

 Si vous recherchez un hébergement particulièrement agréable pour un séjour de charme, préférez les établissements signalés en rouge : 🏠…🏨.

ⅱ○ Le Petit Pont 🅝   🛋 🆎 🔁

CUISINE TRADITIONNELLE · BISTRO X Un petit pont donne accès à cette table bistrotière au cadre nostalgique distrayant : fer forgé, murs en briques, vieux postes de radio... Carte de brasserie bien fournie. Une cuisine traditionnelle généreuse dont on ne se lasse pas.

TRADITIONELE KEUKEN · BISTRO X Het bruggetje naar deze bistro oversteken, dat is even terugkeren in de tijd. De bakstenen muren, het ijzerwerk en de antieke radio's maken dat Le Petit Pont nostalgische charme uitstraalt. De ruime brasseriekaart is al even aantrekkelijk, de generositeit van deze traditionele toppers pleziert keer op keer!

Lunch 14 € – Menu 37 € – Carte 34/60 €

Plan: 11P3-m – *rue du Doyenné 114 ⌕ 1180 – ☎ 02 346 49 49*
– *www.lepetitpont.be*
– *Fermé soirs des 24 et 31 décembre*

ⅱ○ Ventre Saint Gris   🛋 🆎 🔁

CUISINE FRANÇAISE CRÉATIVE · BRASSERIE X Ventre Saint-Gris ! Voilà certainement ce qu'aurait crié Henri IV en découvrant cette jolie brasserie moderne, et sa non moins belle terrasse. L'enthousiasme est aussi de mise une fois à table, avec son choix de plats traditionnels pleins de saveurs et de bons vins au verre.

FRANS CREATIEF · BRASSERIE X Een bewijs dat er nog zekerheden zijn: de aantrekkelijke keuze van traditionele, smaakvolle gerechten en de mooie wijnen (ook per glas) zorgen hier keer op keer voor voldoening. Een bezoek aan deze mooie brasserie – met knap terras – ontlokt spontaan een vreugdevloek: Ventre Saint Gris!

Lunch 19 € – Menu 37 € – Carte 42/64 €

Plan: 6D6-u – *rue Basse 10 ⌕ 1180 – ☎ 02 375 27 55*
– *www.ventresaintgris.com*
– *Fermé fin décembre-début janvier, 2 semaines en août, mercredi midi et lundi*

WATERMAEL-BOITSFORT · WATERMAAL-BOSVOORDE
Atlas n° **1**-C3

😊 Bam's   🛋 🔁

CUISINE FRANÇAISE · DE QUARTIER X Une chouette ambiance, un bon repas, voilà tout ce qu'on demande à un restaurant de quartier. Si c'est ce que vous cherchez, Bam's est l'endroit idéal, avec sa cuisine originale qui ne trahit jamais les saveurs classiques, toujours sans prétention et pleine de goût. Belle variété de plats. On passe toujours un bon moment.

FRANS · BUURTRESTAURANT X Op zoek naar lekker eten en een toffe ambiance? Dan is dit sympathiek buurtrestaurant een absolute aanrader. De keuken is er pretentieloos en durft origineel uit de hoek te komen, zonder de klassieke smaken te bruuskeren. De variatie van gerechten is hier zeer interessant. Een etentje bij Bam's, dat is altijd een goed plan!

Lunch 19 € – Menu 35 € – Carte 42/59 €

Plan: 7G6-z – *place Andrée Payfa-Fosseprez 9 (déménagement prévu, avenue des Archiducs 58) ⌕ 1170 – ☎ 02 660 22 94*
– *www.bams.brussels*
– *Fermé samedi et dimanche*

Question de standing : n'attendez pas le même service dans un X ou un 🏠 que dans un XXXXX ou un 🏛🏛🏛.

BRUXELLES · BRUSSEL

⬤ Le Coriandre

CUISINE CRÉATIVE · INTIME XX Le nom de ce restaurant intime est une indication. Le chef aime s'inspirer de l'Asie pour élaborer une subtile cuisine contemporaine. Des saveurs intenses avec un bon rapport qualité-prix. On propose même des cours de cuisine le samedi matin.

CREATIEF · INTIEM XX De naam van dit intiem restaurant mag u als een indicatie zien. De chef laat zich graag door Azië inspireren en verwerkt dat subtiel in eigentijdse bereidingen. Smaak is hier koning, en dat maakt de prijs-kwaliteitverhouding des te aangenamer. Op zaterdagochtend kunt u uw techniek komen verfijnen tijdens kooklessen.

Lunch 30 € – Menu 55/70 € – Carte 52/82 €

Plan: 7G6-n – *rue Middelbourg 21* ✉ *1170* – ☏ *02 672 45 65*
– *www.lecoriandre.be* – *Fermé fin décembre, semaine de Pâques, 21 juillet-15 août, samedi midi, dimanche et lundi*

⬤ Au Grand Forestier

CUISINE BELGE · CONTEMPORAIN XX Comme le diable, le luxe est dans les détails : cette agréable brasserie en est la preuve ! Accueil cordial, service personnalisé : tout est fait pour que l'on s'y sente bien. Même soin du détail en cuisine, avec des pièces de viande cuites avec précision et accompagnées de jus savoureux... ici, même les goûts se trouvent en abondance.

BELGISCH · HEDENDAAGSE SFEER XX Luxe zit hem in de details, dat weten ze maar al te goed in deze aangename brasserie. Een verwelkoming bij het binnenkomen en een persoonlijke bediening, bijvoorbeeld. Maar ook de juiste cuisson van een mooi stuk vlees en de gulheid van een lekkere saus is belangrijk. Zelfs de smaken zijn hier in overvloed.

Carte 38/71 €

Plan: 7G6-j – *avenue du Grand Forestier 2* ✉ *1170* – ☏ *02 672 57 79*
– *www.augrandforestier.be* – *ouvert jusqu'à 23 h* – *Fermé 24 et 31 décembre soir et dimanche soir*

WOLUWE-SAINT-LAMBERT ·
SINT-LAMBRECHTS-WOLUWE

Atlas n° **1**-C2

❀ Da Mimmo

⬡ 🏠 AC 🚫

CUISINE ITALIENNE · COSY XXX Cet élégant restaurant italien ne parle qu'une langue : celle des bons produits ! Ne vous attendez pas à des assiettes complexes et sophistiquées ; celles-ci font au contraire profession de précision, révélant des saveurs franches et généreuses. La cuisine italienne sous son meilleur jour... et de surcroît accompagnée de très beaux vins !

→ Cru de seriole à la violette, crème tiède de poireau. Ris de veau, langoustine et truffe en parfaite harmonie. Raviole d'ananas au fromage blanc et carvi, sorbet à la coriandre.

ITALIAANS · KNUS XXX Deze elegante Italiaan laat de kwaliteit van het product voor zich spreken. Verwacht hier dus geen onnodige liflafjes, maar precieze bereidingen die uw smaakpapillen amuseren met genereuze smaken. De delicieuze Italiaanse keuken toont zich hier van zijn beste kant en wordt gecombineerd met lekkere wijnen.

Lunch 45 € – Menu 85/145 €

Plan: 7G4-b – *avenue du Roi Chevalier 24* ✉ *1200* – ☏ *02 771 58 60*
– *www.da-mimmo.be* – *Fermé fin décembre-début janvier, 20 juillet-10 août, samedi midi et dimanche*

Un important déjeuner d'affaires ou un dîner entre amis ?
Le symbole ✿ vous signale les salons privés.

De Maurice à Olivier `AC`

CUISINE CLASSIQUE · VINTAGE 𝕏 De père en fils, le flambeau est passé de Maurice à Olivier. Son style culinaire ? La tradition française enrichie d'influences méridionales, le tout joliment cuisiné... Détail amusant : la maison fait aussi marchand de journaux – une association originale.

KLASSIEKE KEUKEN · VINTAGE 𝕏 De fakkel werd hier doorgegeven van vader op zoon, de Maurice à Olivier. Zijn kookstijl is Frans van inborst en er schemert ook wat zuiderse zon in door. Wie hier overigens alleen een hapje komt eten, kan zich in de krantenwinkel die aan deze zaak verbonden is van wat leesvoer voorzien.

Lunch 22 € – Menu 37/55 € – Carte 40/62 €

Plan: 7G4-f – *chaussée de Roodebeek 246 (dans l'arrière-salle d'un marchand de journaux)* ✉ *1200* – ✆ *02 771 33 98*
– *www.demauriceaolivier.be* – *Fermé 8 au 24 avril, 22 juillet-22 août, lundi soir et dimanche*

Al Piccolo Ⓝ

CUISINE ITALIENNE · CONVIVIAL 𝕏 Restaurant sympathique, où un couple partage sa longue expérience. Le soin avec lequel ils concoctent une cuisine italienne authentique transparaît dans les détails. Sans excès, mais avec des saveurs traditionnelles toujours généreuses. Cela vaut également pour la sélection de vins.

ITALIAANS · GEZELLIG 𝕏 Sympathiek restaurant waar een koppel hun ruime ervaring laat spreken. De zorg waarmee authentieke Italiaanse gerechten worden bereid, blijkt uit de details. Niets is teveel, maar de typische smaken zijn wel zeer genereus. En die omschrijving geldt zeker ook voor het selectieve wijnaanbod.

Lunch 18 € – Carte 45/77 €

Plan: 8H4-c – *rue Voot 20* ✉ *1200* – ✆ *02 770 05 55*
– *www.alpiccolo.net* – *Fermé samedi midi et dimanche*

Le Brasero `AC`

GRILLADES · BRASSERIE 𝕏 Des photos du carnaval de Venise égaient ce restaurant de style moderne, mais son véritable atout réside dans l'assiette. Le chef connaît ses classiques et propose une offre attrayante de viandes grillées au feu de bois. Le Brasero est une valeur sûre, depuis 1995 déjà !

GRILLGERECHTEN · BRASSERIE 𝕏 Foto's van het carnaval van Venetië brengen amusement in deze modern gerestylede zaak, maar het zijn de gerechten die hier voor vuurwerk zorgen. De chef kent zijn klassiekers en pakt graag uit met een aantrekkelijk aanbod op houtskool gegrild vlees. Le Brasero is een vaste waarde, en dat al sinds 1995!

Lunch 22 € – Menu 30/40 € – Carte 35/55 €

Plan: 7G4-e – *avenue des Cerisiers 166* ✉ *1200* – ✆ *02 772 63 94*
– *www.brasero.eu* – *Fermé 23 décembre-1er janvier, samedi midi et lundi*

Le Coq en Pâte `AC`

CUISINE ITALIENNE · DE QUARTIER 𝕏 La famille Bacchetta régale depuis 1972. On y déguste une savoureuse cuisine italienne en toute décontraction. Le savoir-faire du chef-patron est indiscutable, il le démontre avec une cuisine créative aux accents méridionaux.

ITALIAANS · BUURTRESTAURANT 𝕏 De familie Bacchetta heeft sinds 1972 een trouwe aanhang verzameld. Dit is dan ook een ongedwongen plek om lekker Italiaans te eten. De knowhow van de chef-patron is ontegensprekelijk, dat toont hij aan met zijn creatieve aanpak van zuiderse gerechten.

Lunch 18 € – Menu 35/55 € 🍷 – Carte 36/48 €

Plan: 7G4-x – *Tomberg 259* ✉ *1200* – ✆ *02 762 19 71*
– *www.lecoqenpate.be* – *Fermé lundi*

Le Nénuphar

CUISINE VIETNAMIENNE · DE QUARTIER X Dans ce restaurant vietnamien de quartier au décor sobre, la cuisine se transmet de père en fils. Les plats traditionnels sont mis au goût du jour, avec une place prépondérante pour le poisson. Une excellente adresse pour déguster une savoureuse cuisine asiatique.

VIETNAMEES · BUURTRESTAURANT X De traditionele Vietnamese keuken is in dit sober heringerichte buurtrestaurant van vader op zoon doorgegeven. De typische bereidingen worden er vandaag lichtjes geüpdatet, met een belangrijke rol voor vis. Een fijn adres voor een lekker Aziatisch etentje.

Lunch 16 € – Menu 29/35 € – Carte 36/50 €

Plan: 8H4-v – *chaussée de Roodebeek 76* ⊠ *1200* – ☎ *02 770 08 88*
– *www.lenenuphar.be*
– *Fermé 15 août-15 septembre, samedi midi et lundi*

Un important déjeuner d'affaires ou un dîner entre amis ?
Le symbole ⇄ vous signale les salons privés.

WOLUWE-SAINT-PIERRE · SINT-PIETERS-WOLUWE
Atlas n° **1**-D2

✿✿ **bon bon** (Christophe Hardiquest)

CUISINE CRÉATIVE · ÉLÉGANT XxxX Christophe Hardiquest vous invite à l'aventure. Le décor contemporain de son élégante villa forme un cadre idéal pour s'immerger dans sa cuisine personnelle. Des œuvres d'arts subtiles lui donnent un cachet dans une ambiance intime. Ce restaurant a de la classe. Dans la cuisine ouverte, le chef et son équipe jouent un ballet discret, comme il aime le dire, pour le plus grand plaisir des hôtes.

Dans sa quête d'harmonies, le chef se pare des meilleurs produits, d'inventivité et d'un bel équilibre de saveurs. Il sait y mettre son cachet avec beaucoup de finesse. En dynamisant, par exemple, les saveurs salées qu'il parsème de citron finement râpé, ou en intensifiant une sauce riche qu'il associe à une glace du même parfum. Il n'hésite pas à réinterpréter les recettes traditionnelles bruxelloises avec créativité et en composant des plats stratifiés en différentes couches et qui surprennent malgré leurs saveurs illustres. Avis à tous les gourmets !

→ Navet cuit en croûte de "craquelin". Pigeon à la liégeoise. Feuilletine croquante équateur, sorbet noisette et cacao whisky.

CREATIEF · ELEGANT XxxX Christophe Hardiquest neemt u mee op avontuur. Het contemporaine decor van zijn statige villa vormt een prachtige omgeving om zich onder te dompelen in zijn persoonlijke keuken. Het is er intiem, subtiele kunstwerken geven het eigenheid. Dit restaurant heeft klasse. De chef vindt u in de volledig open keuken, waarin hij en zijn team een discreet ballet aanbieden, zoals hij het graag omschrijft. Een ballet waar men als gast maar al te graag van geniet.

De zoektocht van chef Hardiquest naar harmonieën is bestrooid met superieure producten, inventieve bereidingen en smaken die mooi in evenwicht zijn. Met finesse weet hij zijn stempel te drukken. Zilte smaken geeft hij bijvoorbeeld pep door er een limoen lichtjes over te raspen, een rijke saus geeft hij diepgang door er ijs mee te combineren waarin dezelfde smaken zitten verwerkt. De chef aarzelt niet om traditionele Brusselse recepten met creativiteit te herinterpreteren, waardoor hij gerechten samenstelt die meer gelaagd zijn en ondanks hun gekende smaken weten te verrassen. Snoepers, bij bon bon moet u zijn!

Lunch 75 € – Menu 185/240 € – Carte 146/230 €

Plan: 8H5-q – ⊠ *1150* – ☎ *02 346 66 15*
– *www.bonbon.restaurant* – *Fermé 22 décembre-7 janvier,*
6 au 22 avril, 20 juillet-12 août, jours fériés, samedi, dimanche et lundi

Les Deux Maisons ⊕ 🍴 AC

CUISINE FRANÇAISE CLASSIQUE · CLASSIQUE XX Ces 2 élégantes maisons jumelles tiennent le haut du pavé sur le terrain de la gastronomie woluwéenne depuis 1985 ! Pierre Demartin laisse s'épanouir en cuisine les fruits d'un savoir-faire éprouvé, mis au service d'excellents produits. L'assiette ne ment pas : raffinement et saveurs sont au rendez-vous. Le menu "tradition" est très recommandable.

FRANS KLASSIEK · KLASSIEK XX Twee onopvallende huizen zijn samengesmolten tot dit elegante restaurant, waar de klassiek geschoolde Pierre Demartin sinds 1985 achter het fornuis staat. Met zijn ervaring en vakmanschap vermengt hij topproducten en weet hij geraffineerde smaken te creëren. Het menu Tradition is daar een prachtig voorbeeld van, een absolute aanrader!

Lunch 21 € – Menu 37/60 € – Carte 53/84 €

Plan: 8J4-e – *Val des Seigneurs 81* ✉ *1150* – ℰ *02 771 14 47*
– *www.deuxmaisons.be*
– *Fermé fin décembre, 1 semaine à Pâques, 3 premières semaines d'août, jours fériés, dimanche et lundi*

Le Mucha ⊕ 🍴 ⇔

CUISINE CLASSIQUE · DE QUARTIER X Le décor du Mucha évoque les brasseries parisiennes des années 1900. L'endroit se révèle très sympathique pour apprécier une cuisine française de tradition, dont la carte présente un large éventail de recettes incontournables (avec aussi quelques spécialités italiennes).

KLASSIEKE KEUKEN · BUURTRESTAURANT X Bij Le Mucha lijkt het wel of u een Parijse bistro uit de jaren 1900 bent binnengestapt, de hartelijke bediening van de garçons incluis. In deze sympathieke zaak moet u zijn om te genieten van een traditionele keuken, genereus en lekker. Keuze hebt u hier alvast zat, want de menukaart is zeer uitgebreid.

Lunch 20 € – Menu 37 € – Carte 40/63 €

Plan: 8H5-r – *avenue Jules Du Jardin 23* ✉ *1150* – ℰ *02 770 24 14*
– *www.lemucha.be*
– *Fermé dernière semaine d'août-première semaine de septembre, dimanche soir et lundi*

⫶○ l'Auberg'in 🍴 ⇔ P

VIANDES · RUSTIQUE XX Non, vous ne rêvez pas : cette fermette se trouve bien en pleine ville ! Cadre rustique et convivial, avec une cheminée, comme il se doit, où le patron grille les viandes. Cuisine traditionnelle gorgée de saveurs, aussi réjouissante que l'atmosphère.

VLEES · RUSTIEK XX Nee, u vergist zich niet: dit boerderijtje bevindt zich wel degelijk midden in de stad! Het rustieke decor is gezellig, en uiteraard kan een open haard hier niet ontbreken. Opmerkelijk: de patron gebruikt het ook als grill. Al dat lekkers schittert in traditionele gerechten die al even hartverwarmend zijn als de omgeving.

Lunch 28 € – Menu 44 € – Carte 49/55 €

Plan: 8H4-h – *rue au Bois 198* ✉ *1150* – ℰ *02 770 68 85*
– *www.laubergin.be* – *Fermé Noël-nouvel an, jours fériés, samedi midi et dimanche*

⫶○ Sanzaru ⇔

CUISINE PÉRUVIENNE · BRANCHÉ XX Derrière la jolie façade Art nouveau, on découvre ce plaisant restaurant aux peintures murales colorées, qui vous emmènera dans d'étonnantes découvertes. Cuisines japonaise et péruvienne, plus connue sous le nom de cuisine Nikkei. Un tourbillon de saveurs passionnantes, et un vrai " must ", tout comme le bar à cocktails à l'étage.

PERUAANS · EIGENTIJDS XX Achter de mooie art-nouveaufaçade ontdekt u dit luchtig restaurant dat opgeleukt is met kleurrijke muurtekeningen. U zit er goed voor een verbazende ontdekkingstocht. De Japans-Peruaanse gerechten, beter bekend als de Nikkei keuken, zorgen voor een wervelwind van opwindende smaken. Een must, net als de cocktailbar op het verdiep!

Lunch 25 € – Carte 47/70 €

Plan: 8G4-g – *avenue de Tervueren 292* ✉ *1150* – ☎ *02 773 00 80*
– *www.sanzaru.be*
– *Fermé 22 juillet-7 août, dimanche et lundi*

Jules & Charles   ❀ 🍴

CUISINE FRANÇAISE · BISTRO X Ce bistrot urbain et convivial est à l'image du quartier qui l'accueille. La cuisine ne s'embarrasse pas de fioritures et va à l'essentiel, avec une belle variété de goûts méditerranéens. Elle se révèle même assez... sexy. Mais c'est peut-être le vin qui parle !

FRANS · BISTRO X Deze sfeervolle stadsbistro past de omliggende wijk als gegoten. De keuken is niet onnodig gecompliceerd, maar wel rijk aan mediterrane topsmaken. Het heeft zelfs iets sexy ... Al zullen de (uitstekende) wijnen daar ook voor iets tussen zitten.

Lunch 19 € – Carte 33/57 €

Plan: 8H4-p – *avenue Charles Thielemans 46* ✉ *1150* – ☎ *02 779 88 84*
– *www.julesetcharles.com*
– *Fermé jours fériés, lundi midi, samedi et dimanche*

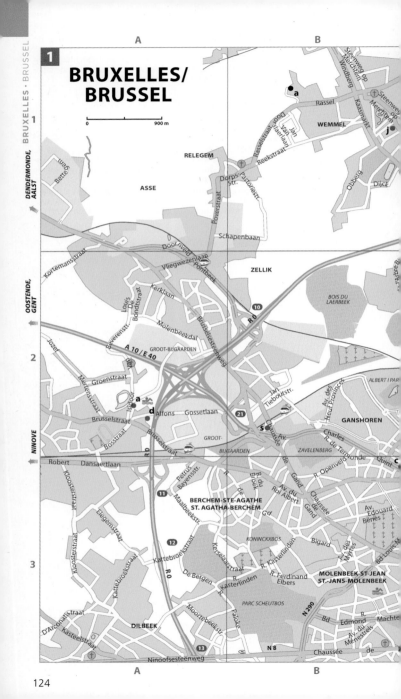

C | **D** | **E**

ANTWERPEN, ST. NIKLAAS

R 0

GRIMBERGEN

STROMBEEK-BEVER

Maalbeek

R 0

A 12

7a

n Bogemansstr.

8

P

Chaussée Romaine

u

Roi Baudouin

Av. de l'Arbre Ballon

Av. Joseph De Heyn

Av. Jean Palfyn

h

Demeure abbatiale de Dieleghem

R. Bonaventure

JETTE

R. Dupré

R. Eugène Toussaint

Chaussée de Wemmel

b f

Av. de Jette

sacré cœur

g

KOEKELBERG

Ossegehm

Etangs Noirs

Gare de l'Ouest

P

Palais du Centenaire

Heysel

Stade Roi Baudouin

Houba Brugmann

Stuyvenbergh

Bd de Smet de Naeyer

Musée du Réverbère

Musée René-Magritte

Léopold

Charles Woeste

R. Firmin Lechardier

Pannenhuis

m

Belgica

Simonis

Pantheon

Herfollers

Ribaucourt

Piers

Quatre-Vents

Ransfort

q

FORUMPARK

PARC D'OSSEGHEM

1

Av. de l'Atomium

Av. de Meysse

Madrid

PARK VAN LAKEN

Av. des Robiniers

R. des Horticulteurs

N.-D. de Laeken

Bockstael

Bd Emile Bockstael

R. Marie-Christine

LAEKEN

Av. du Port

Bd Emile Bockstael

Pk.ard

Q. de Willebroeck

Gare du Nord

BEGUINAGE

Q. des Charbonnages

Q. de Laeken

Bd Roi Albert II

Bd Emile Jacqmain

Bd Adolphe Max

a

Musées d'Extrême-Orient

Tour japonaise

Serres royales

Château royal

Chaussée de Vilvorde

Chaussée des Usines

R. Max Roos

e

STROMBEEK-BEVER

ST-JOSSE-TEN-NOODE/ST.-JOOST-TEN-NODE

Av. de la Reine

R. Verte

R. des Palais

R. Gallait

R. des Ailes

Stephenson

Bd Lambermont

Av. de l'Héliport

R. de Aerschot

R. de la Poste

Chaussée de Haecht

R. Royale

R. de la Poste

R. du Méridien

Av. Paul Deschanel

Av. Rogier

R. des Coteaux

R. Josaphat

R. Portaels

2

3

C | **D** | **E**

125

3

E ← F G

R 0

GRIMBERGEN

⑦

Sint-Annalaan
Devoerlaan
Keelstraat

Albert I-Laan
Belgiëlaan

Park

Drie

Fonteinen

Medialaan

R 0

Steebbaan
Indringingsweg

STROMBEEK-BEVER

Steenstraat

⑥

Av. de

Chaussée de Vilvorde

Haren

Av. de

R. de Ransbeek

Av. de Vilvorde

a

Av. Mutsaard

Av. de la Sarriette

Av. de Versailles

R. de Beyeghem

R. du Craetvelt

R. de Ransbeek

Chaussée de Vilvorde

Av. ■ **Musées d'Extrême-Orient**

NEDER-OVER-HEEMBEEK

R. de Heembeek

Av. des Croix de Guerre

Faines

R. des

HAREN

Av. ○ **Tour japonaise**

Croix Van

Warande

plein

Serres royales

du Praet

R. des Croix de Guerre

Av. des Croix de Guerre

Chaussée de Vilvorde

Av. de Vilvorde

R. de Verdun

R. des Jardins Potagers

Châtea royal

2

Q.

des Usines

Av. de Vilvorde

CANAL DE WILLEBROEK

Av. de Vilvorde

des

Av. Zénobe Gramme

R. Stroobants

Houtweg

Chaussée de Haecht

R. du

R. Max Roos

Av. Princesse Elisabeth

R. Helmet

EVERE

R. Wilfried Van Perck

R. du Corbeau

R. Edouard Dekoster

R. de

Av. Louis Bertrand

Stephenson

Av. Eugène Demolder

Chaussée de

R. Di Elie Lamborte

R. Chaussée Adolphe Marbotin

Godfroid Guffens

Godfroid Kurth

Tilleul

Av. Léopold III

Av. Constant Permeke

Fernand Léger

R. des Palais

R. Gallait

R. de Aerschot

e

R. Gallait

Av. Voltaire

Lambermont

SCHAERBEEK/ SCHAARBEEK

Bd Gal.

Av. Léopold III

R. de Genève

R. de Zaventem

Masui
Progrès
R. des Palais

Q.

Av. Princesse Elisabeth

Josaphat

R. Josaphat

Rogier

Av. Rogier

Coteaux

Av. des Glaces

Lambermont

Bd Gal.

Av. Léopold III

P

3

R. de la Poste
R. Royale
R. du Méridien
R. Potagère

Chaussée de Haecht

Av. Paul Deschanel

Av. Dailly

Av. Eisenhower

Av. Chazal

R. au Bois

Av. Ernest Cambier

Av. Wahis

Chaussée de

Av. Henry Dunant

Av. des Pléiades

ST-JOSSE-TEN-NOODE/ST-JOOST-TEN-NODE

R. Louvain

Chaussée

R. Eugène Plasky

R. Colonel Bourg

Av. Jacques Georgin

Av. Crečron

Commu

E ← F G

126

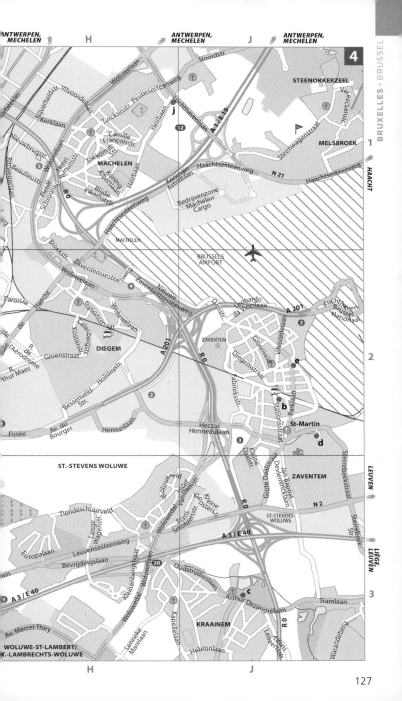

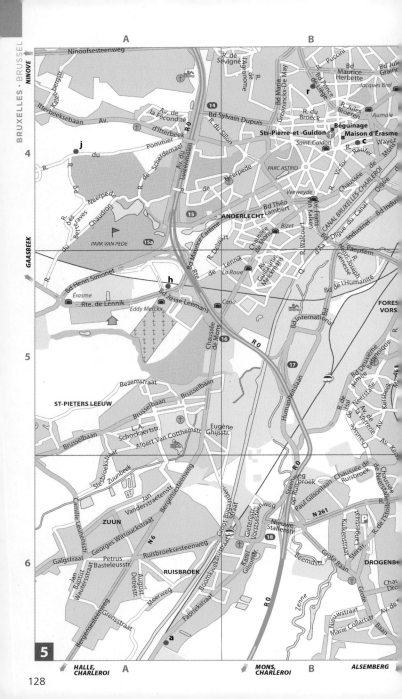

GAASBEEK

Ninoofsesteenweg

R. de Sévigné

R. de l'Agronome

Av. de la Fécondité

R. du Sillon

Bd Sylvain Dupuis

R. d'Itterbeek

Itterbeeksebaan

Kgks Bergstr

Av. du Pommier

Av. du Scheidemael

R. de Scheidemael

R. de Meerpede

Av. du Luizenhaan

14

R. de Sévigné

R. Puccini

Bd Maurice Herbette

R. Prince de Liège

Bd Maria Groeninckx-De May

r

Jacques Brel

R. Jules Broeren

Aumale

Bd Jules Grainc

Béguinage

Sts-Pierre-et-Guidon

Saint-Guidon

Maison d'Érasme

c

Wayez

de Mons

R. Rautter

PARC ASTRID

R. Victor

Chaussée de CHARLEROI

Digue

R. du Broeck

j

4

R. des Betteraves

Chaudron

Meerpede

R. de Meerpede

Veeweyde

ANDERLECHT

Bd Théo Lambert

W. Frans van Kalken

15

Bizet

CANAL BRUXELLES CANAL

Bd Digue du Canal

R. Joseph Genesse

d'Aa

Paepsem

R. Industriel

R. Indust

PARK VAN PEDE

15a

Bd Maurice Carême

R. Delwart

Chaussée de Mons

Lennik

La Roue

Av. Guillaume Melckmans

Ceria

Bd de l'Humanité

Bd Henri Simonet

Érasme

h

Rte. de Lennik

Bd Josse Leemans

Eddy Merckx

Chaussée de Mons

16

R0

Bd International

FOREST VORST

17

Humanitéitslaan

Bd Deuxième Armée Britannique

R. de Hal

Av. de la Verrerie

Av. de la

Kersbeek

ST-PIETERS LEEUW

Bezemstraat

Brusselstraat

Brusselbaan

Schockaertstr.

LA

Albert Van Cotthemstr.

Eugène Ghijsstr.

Brusselbaan

Sleesbroekstraat

Zuunbeek

Jan Vanderstraetenstr.

Bergensesteenweg

Groot-Bijgaarden

Weg

Steenweg op Ruisbroek

naar broek

Paul Gilsonlaan

Chaussée de Ruisbroek

Chaussée de Neerstalle

N 261

R. de l'Étoile

DROGENB

Kuikenstraat

ZUUN

Camille Leunensstr.

Georges Wittouckstraat

Petrus Basteleusstr.

Gieterijstr.

Vorststr.

Nieuwe Stallenstr.

18

Beemdstr.

Grote Baan

Chat Dro

Galgstraat

Jan Baptist Wauterstraat

August Defestr.

Meerweg

RUISBROEK

Boomkwekerijstraat

Karel Gilsonstr.

Zenne

Nieuwstraat

Marie Collartstr.

Baan

Bergensesteenweg

Grensstraat

Fabriekstraat

a

R0

N 6

5

HALLE, CHARLEROI

A

MONS, CHARLEROI

B

ALSEMBERG

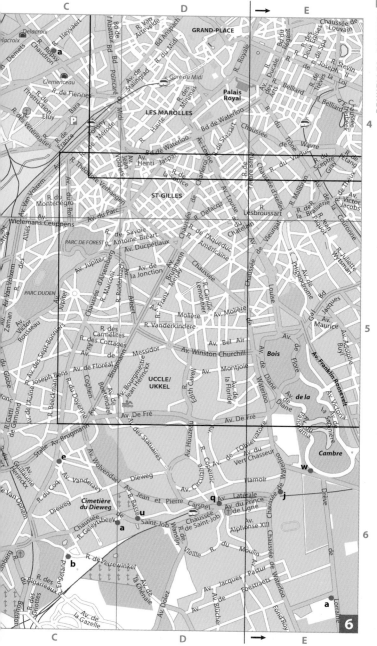

E · F · G

4

R. Royale
R. Ducale
R. de la Loi
R. de la Régent
R. des Deux Églises
R. de Spa
R. Stevin
R. Joseph II
R. de la Loi
R. de Pascale
R. De Pascale
Belliard
R. Charles Quint
R. du Noyer
Av. d'Eugène
Av. de la
R. des Confédérés
R. du Noyer
Diamant
Bd Auguste Reyers
18
Roodebeek
Chaussée de Roodebeek
Av. Herbert Hoover
Av. des Cerisiers
Av. de Mai
Av. Georges Henri
x
e
Rond-point Schuman
R. Franklin
Georges Henri
Bd Auguste Reyers
Av. Georges Henri
Gibraumont Av.
Victor Gilsoul
Av. A. J. Slegers
b
x
Tomt
MUSÉE DU CINQUANTENAIRE
Mérode
Av. de Tervueren
R. du Duc
Brand Whitlock
J. Charlotte
de
la
R. Franço
b
a
Av. des Nerviens
R. Hap
Montgomery
Av. de
g
R. du Bé
Palais Stoclet
R. des Théeuz
Chaussée de Wavre
R. de l'Étang
R. du Sceptre
R. Louis
R. Louis Hap
R. de la Chasse
R. St-Michel
Thiefry
ETTERBEEK
R. Gén. Leman
Boileau
R. du Bémel
Mostinck
Parc d'
Woluw

5

Chaussée de Vleurgat
Chaussée d'Ixelles
Av. Louise
Av. Louise
R. Jean Paquot
R. Juliette Wytsman
R. Emile Banning
R. de Bèco
R. Elise
R. Général Gratry
Av. de la Couronne
Av. de la Couronne
Av. Nouvelle
Chaussée de Wavre
Haerne
Cabanis
Chaussée
de Bd du Triomphe
Jacques
Petillon
Université Libre de Bruxelles
Hankar
Dréve de Nivelles
Av. du Chant d'Oiseau
Av. des Cormorans
Av. des Paradiers
Av. des Traquets
Av. du Kouter
Av. Valduc
Chaussée
Bd des Invalides
Av. Henri De Brouckère
x
DELTA
R. Jules Cockx
Bd des Invalides
t
Bois
Av. Maurice
Av. Adolphe Buyl
R. Arnaud Fraiteur
Bd du Triomphe
Bd Jules Cockx
Beaulieu
Av. de Beaulieu
Av. Louis Dehoux
R. de la Vignette
Av. Gustave Demey
Demey
Herm Debr
de la
Av. de Flore
Av. Victoria
Av. Victoria
Av. Franklin Roosevelt
Av. du Pesage
R. des Pêcheries
Av. Léopold Wiener
Av. des Archiducs
Av. des Cailles
Av. du Graal

6

Av. Louise
Av. de Diane
Av. de Waterloo
Av. De Fré
Av. N. de l'Observatoire
R. des Méniers
R. des Épicéas
Dries
Av. Adolphe Buyl
Av. du Derby
Franklin Roosevelt
R. du Pesage
Av. de la Sapinière
Cambre
de la
w
j
Av. Hamoir
Av. Latérale
Chaussée de Waterloo
FondRoy
Dréve
de
Av. de Boisfort
Av. de la Forêt
Av. des Coccinelles
Av. Émile Van Becelaere
WATERMAEL-BOITSFORT
Av. de la Faucannerie
Av. Charle Albe
z
n
WATERMAAL-BOSVOO
Chaussée de La Hulpe
Dréve du Duc
Av. Delleur
Dréve des Tumuli
Parc Tournai-Solvay
Av. de la Forestterie
a
Lorraine
Av. Wellington
Chaussée de Waterloo

7

E · F · G

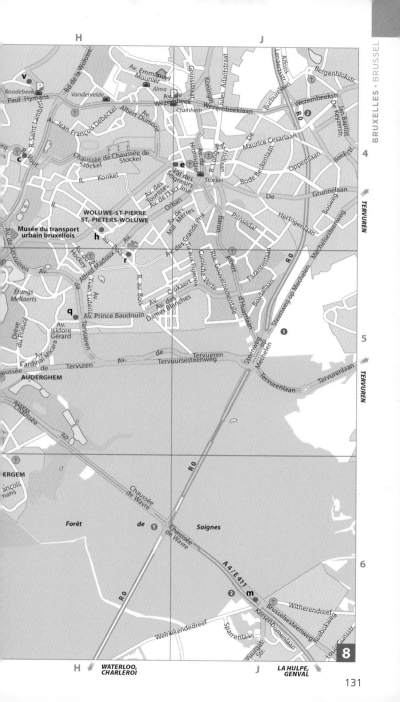

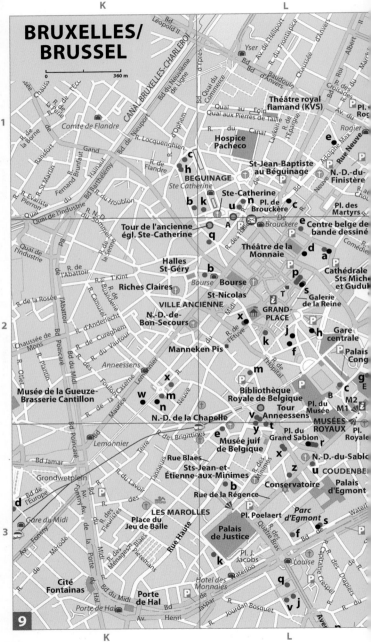

BRUXELLES/
BRUSSEL

0 ____ 360 m

K

L

Bd. Léopold II

CANAL BRUXELLES-CHARLEROI

Bd du Neuvième
de Ligne

Av. de l'Héliport

Chaussée d'Anvers

R. du Frontispice

Yser

Bd d'Ypres

R. Albert

Roi

Pl. des Croisades

1

sée Chaus...

Chaus...

R. de l'Écu

R. de
la Borne

Comte de Flandre

R. de
l'Écu...

Ransfort

R. St-Martin

Fernand Brunfaut

R. Évariste
Pierron

Gand

Hanaut

R. du
Barthélémy

Bd du Houblon

R. Locquenghien

R. de
Flandre

R. d'Ophem

BÉGUINAGE

Ste Catherine

Quai au
Quai aux Pierres de Taille

Bd d'Anvers

Baudouin

Quai du Commerce

R. du Canal

**Théâtre royal
flamand (KVS)**

**Hospice
Pacheco**

**St-Jean-Baptiste
au Béguinage**

Av. du
Rogier

Adolphe Max

Rue Neuve

Pl.
du Roc

e

**N.-D.-du-
Finistère**

R. de
Chou...

Pl. des
Martyrs

c

h

Ste-Catherine

b

k

n

u

Pl. de
Brouckère

c

Neuve

**Tour de l'ancienne
égl. Ste-Catherine**

q

A

De Brouckère

R. des Plats

e

**Centre belge de
bande dessinée**

Comédie

**Théâtre de la
Monnaie**

d

a

Quai de
l'Industrie

Quai de
l'Industrie

R. N.-D.
du Sommeil

R. N.-D.
du...

**Halles
St-Géry**

Riches Claires

VILLE ANCIENNE

**N.-D.-de-
Bon-Secours**

b

Bourse

Bourse

St-Nicolas

Midi

p

**Cathédrale
Sts Mich.
et Gudu...**

T

s

**Galerie
de la Reine**

R. de l'Abattoir

R. de la Rosée

R. de l'Abattoir

Bd du Midi

R. T'Kint

R. de Buanderie

R. Camusel

R. d'Anderlecht

R. de Cureghem

R. du Vautour

Bd Poincaré

x

**GRAND-
PLACE**

2

Chaussée de
Mons

R. Otlet

R. Plantin

Anneessens

**Musée de la Gueuze-
Brasserie Cantillon**

Foulons

Bd du Midi

R. de la Caserne

Lemmens

R. de la Caserne

R. Maurice

Manneken Pis

x

w

m

n

Neuve

m

R. de
l'Étuve

k

j

f

h

**Gare
centrale**

**Palais
Cong**

R. de
l'Hôpital

g

**Bibliothèque
Royale de Belgique**

**Tour
Anneessens**

Pl. du
Musée

B

c

M2

E

M1

**MUSÉES
ROYAUX**

Pl.
Royale

N.-D. de la Chapelle

v

y

t

Pl. du
Grand Sablon

r

Bd Jamar

Lemonnier

R. des Brigittines

Terre

R. des Brigittines

**Musée juif
de Belgique**

e

b

x

N.-D.-du-Sablo...

z

u

COUDENBE...

Grondwetplein

Bd de
l'Europe

Av. de
Fonsny

Av. de
Fonsny

Rue Blaes

R. du Lavoir

R. des Minimes

**Sts-Jean-et-
Étienne-aux-Minimes**

Rue de la Régence

Conservatoire

**Palais
d'Egmont**

d

**Gare
du Midi**

R. Métibo...

Bd du Midi

R. de la Porte

R. des Fleuristes

LES MAROLLES

**Place du
Jeu de Balle**

Rue Haute

Pl. Poelaert

Quatre Bras

R. des...

*Parc
d'Egmont*

Water...

s

f

3

R. des Ménages

Blaes

Pieremans

**Palais
de Justice**

Pl. J.
Jacobs

Bd de Waterloo

**Cité
Fontainas**

R. Métibo...

Bd du Midi

**Porte
de Hal**

Porte de Hal

Bd...

Av. Henri...

*Hôtel des
Monnaies*

Gaspar

R. Jourdan

Bosquet

Louise

q

k

v

j

Av...

R. des Drapiers

Capitaine Crespel

K

L

9

Tour Noire	A
Palais Charles de Lorraine	B
Palais des Beaux-Arts / BOZAR	E
Musée BELvue	K
Musée Magritte	M1
Musée des Instruments de Musique (MIM)	M2
Théâtre-musée de marionnettes de Toone	T

Halles de Schaerbeek

Ste-Marie

R. Royale

Le Botanique

Botanique

Hôtel Astoria

Colonne du Congrès

ST-JOSSE-TEN-NOODE/
ST.-JOOST-TEN-NODE

PARLEMENT

Madou

Chaussée de Louvain

Palais de la Nation

Musée Charlier

Parc

Avenue Palmerston

Square Marie-Louise

Square Ambiorix

Parc de Bruxelles

Arts-Loi

Berlaymont

des ais

alais yal

Maelbeek

Schuman

Résidence Palace

Rd-Pt Schuman

Trône

Montoyer

INSTITUTIONS

EUROPÉENNES

Place du Luxembourg

Parc Léopold

Place Jourdan

St-Boniface

Musée Wiertz

MUSÉUM DES SCIENCES NATURELLES

Chaussée de Wavre

Pl. F. Cocq

M

N

P Q

Av. Henri Jaspar

Av. Fonsny

R. de Mérode

Gérard
Gheeraerts Chaussée de Forest

R. de Danemark

Théodore

Fernand
Bernier

R. de Serbie

R. du
Monténégro

R. de Crickx

R. de
Bosnie de

la Perche

R. du
Monténégro

Av. du Roi

Av. du Canada

Croissant

Chaussée

R. Tell Guillaume

R. Jean Robie

Av. des
Villas

R. Antoine

Garibaldi

Chaussée d'Alsemberg

R. Jean Volders

de Waterloo

Dethy

Fort

Parc

de

Adolphe
Demeur

Savoie

d'Albanie

Bréart

R. de la Victoire

d'Andenne

Verhaegen

Jourdain

Parvis de Saint-Gilles

R. de Parme

R. de l'Hôtel
des Monnaies

Horta

Chaussée

Saint-Bernard

R. de Waterloo

Ducpétiaux

**ST-GILLES
ST.GILLIS**

R. de la Croix de Pierre

R. de Neufchâtel

de

Victoire

d'Irlande

d'Espagne

Chaussée

R. de la Source

v

z

w

t

**Sainte-
Trinité**

**Musée
Horta**

Africaine

R. du Tabellion

Berckmans

Avenue

Charleroi

P

g

R. Blanc

n

R. de Flo

Veydt

sim

j

z

Albert

Av.

Av. René Maria Henriette

Av. Besme

Jupiter

Besme

Av. Gabriel Fauré

Jupiter

Av. R. Timmermans

Marconi

Rodenbach

Av. Albert

R. du Zodiaque

R. Henri
Wafelaerts

Av. de la Jonction

Brugmann

Brugmann

Franz Merjay Chaussée de Waterloo

R. de la Réforme

e

Darwin

q

b

**Pl. de
l'Altitude 100**

Av. Victor
Rousseau

Av. Everard

Av.

Molière

Av. Albert

Molière

k

Berkendael

Av. Molière

Av. Louis Lepoutre

R. Mignot Delstanche

R. Joseph Stallaert

R. Alphonse Renard

R. Camille Lemonnier

Av. Molière

R. G. Lotz

Av. Maréchal
Joffre

Meyerbeer

Vanderkindere

Av. des
Sept Bonniers

R. Emile Regard

R. des Carmélites

Vanderkindere

Jean-Baptiste
Meunier

R. Vanderkindere

R. Marianne

Edith

Gabrielle

v

R. de Cottages

des

Av. Coghen

Av. de Messidor

Av. des Ormeaux

Av. Brugmann

Av. Winston Churchill

Av. de Messidor

Errera

Av.

Winstor

Mozart

Roosendael

Chaussée d'Alsemberg

Floréal

Av. de Watin

Château

Av. Brugmann

Av. de Messidor

Sukkelweg

Av. Montjoie

Cavell

Cavell

Av. Brunard

**Musée
David et Alice
van Buuren**

Léo

R. Roberts

Jones

Edith

Chaussée d'Alsemberg

R. Verhulst

P

m u

c

Av. Brugmann

Av. Bourgmestre Jean Herinckx

Boetendael

**Av. de
l'Echevinage**

Av. De Fré

Av. du

Av. des
Statuaires

Manoir

**UCCLE
UKKEL**

Zeecrabbe

*PARIDAENS
DOMEIN
GROESELENBERG*

Groeselenberg

Av. De Fré

Langeve

Av. de Sumatra

1

2

3

11

P Q

BRUXELLES/ BRUSSEL

0   400 m

R   S

Pl. F. Cocq

Musée dIxelles

Place Eugène Flagey

Lesbroussart

Avenue Louise

Av. Victor Jacobs

Av. de Gerlache

Musée Constantin Meunier

l'Abbaye

Abbaye Notre-Dame-de-la-Cambre

ABDIJ TER KAMEREN

Bd de la Cambre

Av. Lloyd George

Université Libre de Bruxelles

Bois

de

la

Cambre

Bois de la Cambre

Villa Empain

Av. Roosevelt

Av. de la Clairière

Av. De Fré

R   S

12

135

VLAANDEREN
FLANDRE

Praten... *Parler*

Nederlands is de voertaal in het noorden van het land en iedere streek heeft zijn eigen kenmerkend Vlaams dialect.

Dans le nord du pays, la langue véhiculaire est le néerlandais, mais chaque région utilise son propre dialecte flamand.

Proeven... *Déguster*

In deze gastronomische topregio vindt men zowel pareltjes van creativiteit als restaurants met traditionele lekkernijen als paling in 't groen en garnaalkroketten.

Ici, les gastronomes sont rois ! On se régale autant de plats modernes et créatifs que de mets célébrant la tradition, comme l'anguille au vert ou les croquettes aux crevettes.

Genieten... *Profiter*

De charme ontdekken van de historische steden Brugge en Gent, flaneren langs de modewinkels in Antwerpen en Hasselt, en lekker relaxen aan de Belgische kust.

Découvrir le charme de Bruges et Gand, où résonne l'histoire, faire du shopping dans les boutiques de mode d'Anvers et de Hasselt, se prélasser sur les plages de la côte belge.

De Ha

Klemske

Breder

Oostende

Middelkerke

Snaaskerke

A 10

A 18

Westende

Eerne

N 34

Nieuwpoort

St-Idesbald

Oostduinkerke

De Panne

Koksijde

Adinkerke

Veurne

Stuivekenskerke

A 18

E 40

A 16 — E 40

Diksmuide

N 35

Alveringem

Zarren

Lo-Reninge

IJzer

N 369

N 8

Elverdinge

Watou

Poperinge

Ieper

FRANCE

Zillebeke

A 25 — E 42

Reningelst

N 38

Kemmel

N 331

HAINAUT
(plan ⑧)

D 37

D 916

D 642

Hazebrouck

A 25

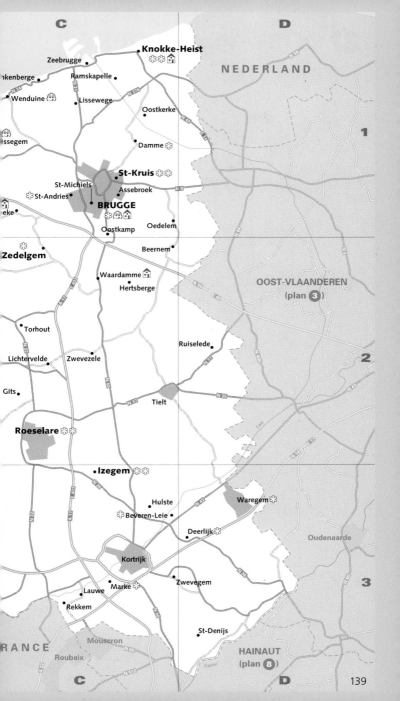

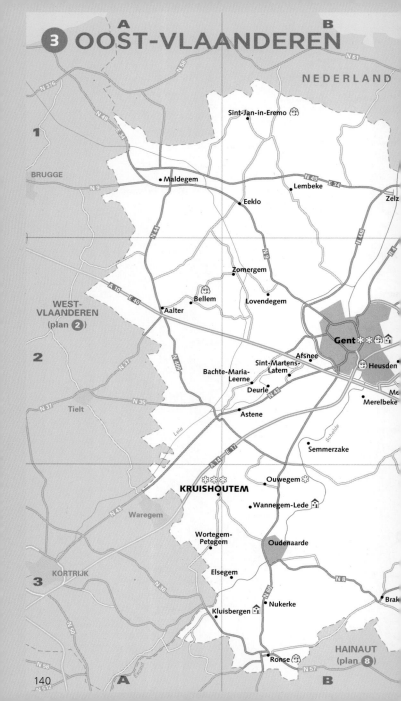

NEDERLAND

Sint-Jan-in-Eremo

1

BRUGGE

Maldegem

Lembeke

Zelz

Eeklo

N 49　E 34

Zomergem

WEST-VLAANDEREN
(plan ❷)

Bellem

Lovendegem

Aalter

Gent ✳✳✳🏠

Afsnee

2

Sint-Martens-Latem

Heusden

Bachte-Maria-Leerne

Me

Tielt

Deurle

Merelbeke

Astene

Semmerzake

Ouwegem ✿

KRUISHOUTEM ✿✿✿

Waregem

Wannegem-Lede 🏠

Wortegem-Petegem

Oudenaarde

3

KORTRIJK

Elsegem

Nukerke

Brak

Kluisbergen 🏠

HAINAUT
(plan ❽)

Ronse 😊

A　　　　　**B**

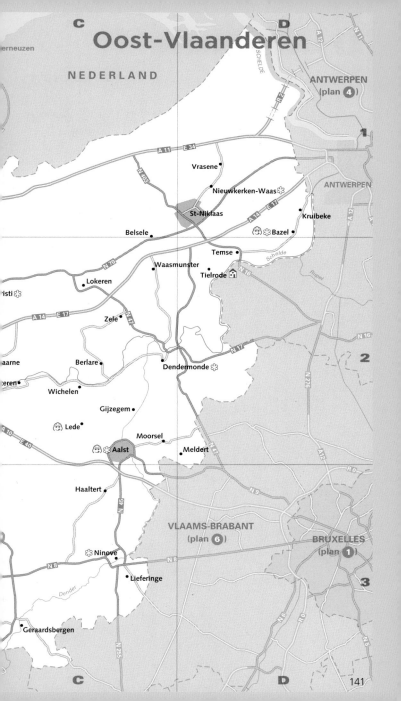

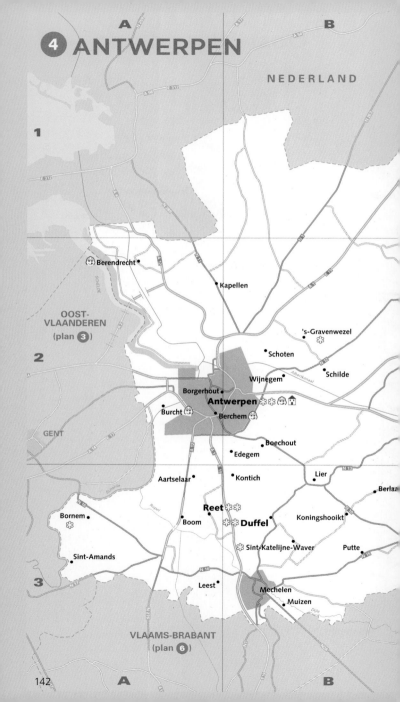

NEDERLAND

1

OOST-
VLAANDEREN
(plan ③)

2

GENT

Berendrecht

Kapellen

's-Gravenwezel

Schoten

Wijnegem

Schilde

Borgerhout

Antwerpen

Burcht

Berchem

Boechout

Edegem

Lier

Aartselaar

Kontich

Berlaa

Bornem

Reet

Boom

Duffel

Koningshooikt

Putte

Sint-Amands

Sint-Katelijne-Waver

3

Leest

Mechelen

Muizen

VLAAMS-BRABANT
(plan ⑥)

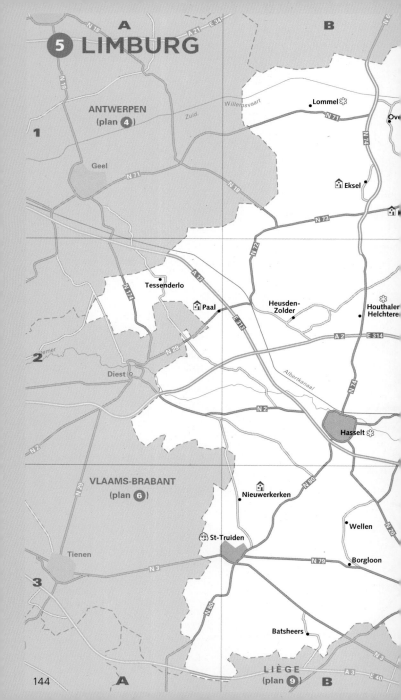

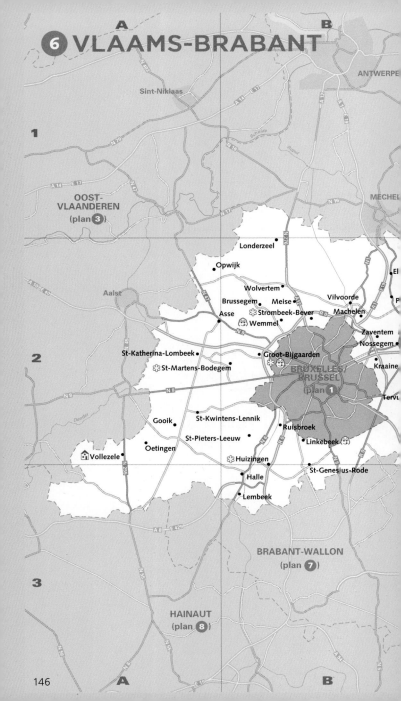

6 VLAAMS-BRABANT

ANTWERPE

Sint-Niklaas

1

OOST-
VLAANDEREN
(plan 3)

MECHEL

Aalst

Londerzeel

Opwijk

Wolvertem

Brussegem • Meise

Asse • Strombeek-Bever

Wemmel

Vilvoorde

Machelen

El

P

2

St-Katherina-Lombeek •

St-Martens-Bodegem

Zaventem

Nossegem

Groot-Bijgaarden

BRUXELLES/
BRUSSEL
(plan 1)

Kraaine

Tervu

Gooik •

St-Kwintens-Lennik

St-Pieters-Leeuw

Ruisbroek

Linkebeek

Oetingen •

Vollezele •

Huizingen

Halle

St-Genesius-Rode

Lembeek •

BRABANT-WALLON
(plan 7)

3

HAINAUT
(plan 8)

A   B

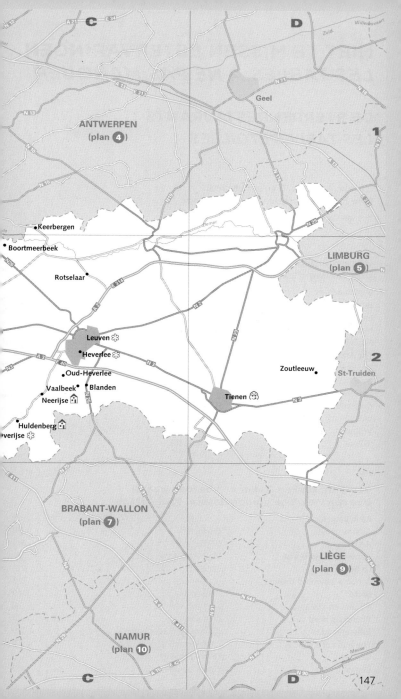

NIET TE MISSEN EETERVARINGEN
LES TABLES À NE PAS MANQUER

DE STERRENRESTAURANTS
LES TABLES ÉTOILÉES

Unieke keuken. De reis waard!
Une cuisine unique. Vaut le voyage !

Uitzonderlijke keuken. Een omweg waard!
Une cuisine d'exception. Vaut le détour !

Verfijnde keuken. Zeker een bezoek waard!
Une cuisine d'une grande finesse. Vaut l'étape !

PaulGrecaud/iStock

BIB GOURMAND 😊
Onze beste prijs-kwaliteitverhoudingen
Nos meilleurs rapports qualité-prix

PamelaJoeMcFarlane/iStock

ETEN ... NAAR UW GOESTING!
DES TABLES... SELON VOS ENVIES !

VASTE WAARDEN
VALEURS SÛRES

kajakiki/iStock

OOK VOOR WIJNLIEFHEBBERS
POUR LES AMATEURS DE BONS VINS

ROMANTISCH TAFELEN
TABLES ROMANTIQUES

OUDE CAFÉS
ESTAMINETS D'ANTAN

Adam Calaitzis/iStock

DE AANGENAAMSTE TERRASSEN
LES BELLES TERRASSES

MET ZICHT OP ZEE
VUE SUR MER

BIO EN GROENTEN
BIO ET LÉGUMES

LEKKERE MOSSELEN MET FRIET
UN BON MOULES-FRITES !

VOOR EEN CÔTE À L'OS
POUR UNE CÔTE À L'OS

TheCrimsonMonkey/iStock

PALING IN 'T GROEN
L'ANGUILLE AU VERT

TAPAS-STIJL
BARS À TAPAS

OVERNACHTEN VOLGENS UW WENS!
DES LIEUX DE SÉJOUR...
SELON VOS ENVIES !

HISTORISCHE PANDEN
DEMEURES HISTORIQUES

ROMANTISCHE HOTELS
HÔTELS ROMANTIQUES

kazoka30/iStock

RUSTIG GELEGEN *AU CALME*

DE MOOISTE WELLNESSCENTRA
LES MEILLEURS WELLNESS ET SPA

B. Helgason/Fotolia.com

⁂ Kelderman   🛱 🅰🅒 ⇦⇨ 🅿

TRADITIONELE KEUKEN · CHIC XxX U belt aan bij een villa, wordt verwelkomd door de maître en betreedt een elegant restaurant met expressieve kunstwerken en een mooie tuin. Wauw! De gerechten, die men in halve porties kan nemen, benadrukken de kwaliteit en pure smaken van topproducten (bij voorkeur vis). Hier eert men de precisie en nuances van de klassieke keuken.

→ Gebakken langoustines met lamsoor en zeekraal, nantuasaus. Op het vel gebakken zeebaars met artisjok, zoete ui, wafelaardappeltjes en barigoulesaus. Structuren van aardbeien met plattekaas, yoghurt en crème surprise.

CUISINE TRADITIONNELLE · CHIC XxX Sonnez à la porte de l'imposante villa, le maître vous accueille et vous installe dans un intérieur élégant, décoré d'œuvres d'art et entouré d'un beau jardin. Les mets, également servis en demi-portions, donnent le meilleur de produits de grande fraîcheur (en particulier le poisson). Une version précise et toute en nuances de la cuisine classique.

Lunch 60 € – Menu 90/98 € – Carte 89/155 €

Parklaan 4 – ℰ 053 77 61 25
– www.visrestaurant-kelderman.be – Gesloten 24 december-2 januari, carnaval, 26 augustus-16 september, zondag en maandag

⁂ 't Overhamme (Patrick Bogaert)   🕸 🛱 🅰🅒 🍷 ⇦⇨ 🅿

MODERNE KEUKEN · ELEGANT XxX 't Overhamme is sinds 1991 een geliefd adres bij fijnproevers. Een gouden muur en design behang zorgen voor leuke accenten in het moderne interieur, het terras bij de sierlijke tuin is heerlijk. Chef Bogaert staat garant voor constante kwaliteit, elegantie en verfijning. De bereidingen zijn modern, de smaken klassiek. De wijnkelder is geweldig!

→ Ceviche van vlaswijting met komkommer, selder, couscous en gazpacho. Tweemaal lam met artisjok, aubergine, spek en ui. Bessen met yoghurt, hibiscus en ijzerkruid.

CUISINE MODERNE · ÉLÉGANT XxX 't Overhamme est un haut-lieu de la gastronomie depuis 1991. Un mur doré et un papier peint design égaient l'intérieur moderne et la terrasse dans le joli jardin est très agréable. Le chef Bogaert veille à maintenir un haut niveau de qualité, d'élégance et de raffinement. Cuisine moderne aux saveurs traditionnelles. Excellente cave à vins !

Lunch 45 € – Menu 75/85 € – Carte 62/93 € – een enkel menu in het weekend

Brusselsesteenweg 163 (Zuidoost: 2 km via N 9) – ℰ 053 77 85 99
– www.toverhamme.be – Gesloten 1 week in januari, 1 tot 9 april, half juli-half augustus, zaterdagmiddag, zondagavond, maandag en dinsdag

⊛ Borse van Amsterdam   🛱 ⇦⇨

KLASSIEKE KEUKEN · GEZELLIG XX In de *Bourse*, zoals de Aalstenaars deze zaak noemen, komt al jarenlang een trouw publiek. Het is een monument dat elegant met de stad mee ouder is geworden en een uitgelezen uitzicht biedt op de Grote Markt. Hier komt u voor een authentieke keuken die oprecht plezier doet, waar tot de kroketjes toe alles huisgemaakt is.

CUISINE CLASSIQUE · CONVIVIAL XX Pour les Alostois, c'est tout simplement "la Bourse", un rendez-vous bien connu des amateurs de bonne cuisine classique, au cœur même de la cité, dans une bâtisse historique de la Grand'Place ! Tout est fait maison, même les croquettes. Le tout à prix doux.

Menu 37 € – Carte 37/68 €

Grote Markt 26 – ℰ 053 21 15 81
– www.borsevanamsterdam.be – Gesloten 27 februari-14 maart, 24 juli-15 augustus, zondagavond, woensdag en donderdag

VLAANDEREN · FLANDRE

ⅱ○ Cul'eau 🅽

KLASSIEKE KEUKEN · BRASSERIE ✗✗ Cul'eau biedt net dat tikkeltje meer dan de klassieke brasserie. Dat begint al met de kwaliteit van het interieur, dat mooi modern is, en de loungebar ernaast. De ervaren chef zet op zijn beurt de versheid van zijn producten in de verf en durft wel eens met klassieke smaken en combinaties te spelen. Een keuken met pep!

CUISINE CLASSIQUE · BRASSERIE ✗✗ Cul'eau est une brasserie classique, mais avec ce petit supplément d'âme. Tout commence par la qualité du décor moderne et son bar lounge. Le chef expérimenté y ajoute la qualité de ses produits et n'hésite pas à jouer avec les saveurs et les associations classiques. Une cuisine tonique !

Lunch 24 € – Menu 48/52 € – Carte 52/92 €

Gentsesteenweg 177 – ☎ 053 21 18 79 – www.culeau.be – Gesloten maandagavond, dinsdagavond, woensdagavond en zaterdagmiddag

ⅱ○ L'Histoire 32

CREATIEF · EIGENTIJDS ✗✗ Chef Jason Spinoy en gastvrouw Laurence Menten schrijven hun eigen verhaal in dit karaktervol restaurant, dat een zekere charme uistraalt. Een verhaal dat is gebaseerd op creativiteit, waarin gespeeld wordt met structuren en smaken, en is samengevat in één enkel menu.

CUISINE CRÉATIVE · BRANCHÉ ✗✗ Le chef, Jason Spinoy, et la patronne, Laurence Menten, écrivent au quotidien une belle histoire dans ce restaurant charmant. Une histoire de créativité, un jeu avec les structures et le goût, parfaitement résumé dans un menu unique.

Lunch 45 € – Menu 55/65 €

Molenstraat 52 – ☎ 0475 49 09 94 – www.lhistoire32.be – Gesloten 1 tot 10 juli, 1 tot 16 oktober, zaterdagmiddag, zondag, maandag en dinsdag

AALTER

Oost-Vlaanderen – ✉ 9880 – Atlas n° **3**-A2

ⅱ○ Calla's   🛏 🏠 ⊘ ⊹

MODERNE KEUKEN · EIGENTIJDS ✗✗ Er hangt een art-decosfeer in deze fraaie notariswoning (1930), die ook nog eens beschikt over een mooie tuin. Een jong koppel bezorgt u hier een goed moment: Lien met een attente bediening, Niels met zijn originele aanpak van klassieke bereidingen.

CUISINE MODERNE · BRANCHÉ ✗✗ Dans un joli jardin, une élégante maison de notaire des années 1930, dont l'atmosphère porte l'empreinte du style Art déco. Aux commandes: un jeune couple qui saura vous faire passer un bon moment, Lien avec son service attentif et Niels avec sa cuisine classique mâtinée d'originalité.

Lunch 27 € – Menu 41 € ♈/51 € – Carte 58/79 €

Stationsstraat 250 – ☎ 09 328 52 09 – www.restaurant-callas.be – Gesloten zaterdagmiddag, zondagavond, maandag en dinsdag

ⅱ○ 't Vijfde Seizoen   🏠 ⅋ ⊹

MODERNE KEUKEN · EIGENTIJDS ✗✗ Broes Tavernier sublimeert de lekkerste producten uit de vier seizoenen dankzij bereidingen die weldoordacht zijn, soms apart, en telkens weer boeien. Zijn keuken is technisch hoogstaand en creatief. Ook het terras van deze sfeervolle zaak is fantastisch (midden in de stad!), en om de hoek vindt u hun traiteurszaakje.

CUISINE MODERNE · BRANCHÉ ✗✗ Vous n'appréciez sans doute ni le froid glacial de l'hiver, ni la grisaille automnale. Ici, pourtant, chaque saison a ses délices : Broes Tavernier propose une cuisine créative, d'une haute technicité. Enfin, la terrasse (au beau milieu de la ville !) est tout simplement superbe et, au coin, vous trouverez le service traiteur.

Lunch 31 € – Menu 47/69 € – Carte 59/86 €

Stationsstraat 9 – ☎ 09 351 74 60 – www.tvijfdeseizoen.com – Gesloten woensdag, donderdag en zondag

‖◯ Woestyne   🏠 ♿ 🍴 ♻ 🅿

CREATIEF · EIGENTIJDS ✕✕ Authentieke hoeve, eigentijds interieur, subtiele naaktfoto's. Moeten we er nog bij zeggen dat Woestyne een resoluut moderne zaak is? Het enthousiasme van de jonge eigenaars vindt u ook op het bord. De creatieve chef gebruikt veel ingrediënten en weet hun uiteenlopende smaken mooi te laten harmoniëren.

CUISINE CRÉATIVE · BRANCHÉ ✕✕ Ferme authentique, intérieur contemporain, photos de nus : est-il besoin de préciser que Woestyne est un restaurant résolument moderne ? L'enthousiasme des jeunes propriétaires se retrouve également dans l'assiette : avec beaucoup d'ingrédients différents, le chef compose des assiettes goûteuses et harmonieuses.

Lunch 35 € – Menu 60/72 € – Carte 64/88 €

Watermolenstraat 4 (voor GPS: Urselweg 33) – 𝒞 09 335 27 78
– www.woestyne.be – Gesloten eind december-begin januari, feestdagen,
zaterdagmiddag, zondag en maandag

🏠 Het Eycken Huys   🏡 🦴 🛏 🚲 🍴 🅿

FAMILIAAL · EIGENTIJDS Een rustige privaatweg tussen de velden leidt u naar deze oude boerderij, waar alles draait rond genieten van de rust. De stilte is hier heerlijk! Eikenhout vindt u overal terug in het interieur, ook in de 3 familiekamers op de eerste verdieping.

FAMILIAL · CONTEMPORAIN Un chemin privé, très paisible entre les champs, mène à cette belle villa, où tout est fait pour profiter du calme. Nul doute, ici, le silence est d'or ! Les chênes s'invitent aussi dans le décor intérieur, notamment dans les trois chambres familiales du premier étage.

8 kamers – 🛉75/85 € 🛉🛉78/88 € – 🖵 10 € – ½ P

Beekstraat 5 – 𝒞 0496 23 69 20
– www.heteyckenhuys.be

AARTSELAAR
Antwerpen – ✉ 2630 – Atlas n° **4**-A3

‖◯ Hana   🅰🅲 ♻

JAPANS · EENVOUDIG ✕ Goede wijn behoeft geen krans, net zoals de authentieke keuken bij deze Japanner ook in het simpele interieur prima kan overtuigen. En dat al sinds 1987! Teppanyaki-formule voor groepen op aanvraag.

CUISINE JAPONAISE · SIMPLE ✕ Petit resto traditionnel japonais connu depuis 1987 au bord de l'autoroute A12. Formule teppanyaki (table de cuisson) pour petit groupe, sur réservation.

Lunch 15 € – Menu 30/55 € – Carte 30/72 €

Antwerpsesteenweg 116 – 𝒞 03 877 08 95
– www.hanajapansrest.weebly.com – Gesloten juli, zaterdagmiddag,
zondagmiddag, dinsdag en feestdagen

🏠 Kasteel Solhof   🦴 🛏 ▣ 🍴 🧖 🅿

LUXE · KLASSIEK Deze imposante patriciërswoning (1550) ligt op een toplocatie: u geniet er zowel van de rustige omgeving van een park als van de nabijheid van Antwerpen. De klassieke charme van het interieur en de ruime kamers wordt benadrukt door de schilderijen die er hangen. Zakenmensen zijn vaste gasten bij Kasteel Solhof.

LUXE · CLASSIQUE Tout près d'Anvers, cette demeure imposante et chargée d'histoire (1550) est entourée d'un parc : un vrai havre de calme… À l'intérieur, les chambres spacieuses et classieuses sont ornées de peintures. Avec tout cela, Kasteel Solhof fait le bonheur des clients d'affaires… mais pas seulement.

24 kamers – 🛉99/169 € 🛉🛉109/199 € – 🖵 20 €

Baron Van Ertbornstraat 120 – 𝒞 03 877 30 00
– www.solhof.be – Gesloten kerstvakantie en eerste 2 weken augustus

ADINKERKE

West-Vlaanderen – ⊠ 8660 – De Panne – Atlas n° **2**-A2

 Ara Dune

BOETIEKHOTEL · PLATTELANDS Rust bieden de omliggende polders en duinen, die u in volle glorie kunt aanschouwen op het dakterras. Charme vindt u in de kamers die de cottagestijl gemeen hebben, maar telkens met verschillende accenten. Houdt u van wat u ziet? Dan koopt u het toch gewoon in de interieurwinkel.

BOUTIQUE HÔTEL · À LA CAMPAGNE Observables depuis la terrasse, les polders et les dunes avoisinants insufflent une belle tranquillité à ces lieux. Les chambres de type " cottage " ne manquent pas de charme, chacune à sa manière.

32 kamers – ♦99/165 € ♦♦99/165 € – ☲ 13 € – ½ P

Duinhoekstraat 164 – ☏ 058 62 01 01 – www.ara-hotel.be

AFSNEE

Oost-Vlaanderen – ⊠ 9051 – Gent – Atlas n° **3**-B2

 Nenuphar

BELGISCH · GEZELLIG ⅹ Nenuphar is een restaurant met kunstgevoel: moderne schilderijen en sculpturen sieren het strakke interieur, het terras aan de Leie is werkelijk schilderachtig! Dankzij de aanlegsteiger kunt u hier trouwens ook met de boot terecht. De met zorg en behendigheid bereide Belgische klassiekers maken de tocht helemaal waard!

CUISINE BELGE · CONVIVIAL ⅹ Ce restaurant a la fibre artistique : des tableaux et sculptures modernes et décorent l'élégant intérieur... La terrasse pittoresque est installée tout au bord de la Lys (il y a même un quai d'embarquement); on y déguste classiques belges, préparés avec soin et savoir-faire.

Carte 46/73 €

Afsneedorp 28 – ☏ 09 221 22 32 – www.restaurant-nenuphar.be

ALVERINGEM

West-Vlaanderen – ⊠ 8690 – Atlas n° **2**-A2

 Oeren Plage

FAMILIAAL · PLATTELANDS Vertoeven uw kinderen graag in de droomwereld van prinsessen of Harry Potter? Dan is deze knap ingerichte hoeve een ideale plek om even te ontsnappen. Terwijl zij wegdromen in hun eigen kamer, kunt u genieten van de kalme polders rond u. Of gewoon even de knappe collectie Michelingidsen doorbladeren in de woonkamer.

FAMILIAL · À LA CAMPAGNE Si vos enfants rêvent d'un séjour dans le monde enchanté des princesses ou de Harry Potter, alors emmenez-les dans cette ferme joliment décorée : ils feront sûrement de beaux rêves dans leur propre chambre, tandis que vous profiterez du calme des polders. Vous pourrez même feuilleter la belle collection de guides Michelin dans la salle de séjour.

4 kamers ☲ – ♦95/150 € ♦♦95/160 €

Vaartstraat 45 (Noordoost: 4 km via N 319) – ☏ 058 41 49 76
– www.oerenplage.com – Gesloten 10 januari-28 februari

NIET TE MISSEN! *LES BONS PLANS!*

RAS, voor het prachtig zicht op de Schelde. Het Gebaar, waar men de beste desserts van het land degusteert. Bar Burbure op het Zuid, om te genieten van een lekkere cocktail en het toffe terras.

RAS et sa vue superbe sur l'Escaut. Het Gebaar, où l'on déguste les meilleurs desserts du pays. Bar Burbure dans le quartier Zuid, pour profiter d'un bon cocktail et de la terrasse très agréable.

C. Lucas Abreu/age fotostock

ANTWERPEN · ANVERS

Antwerpen – ✉ 2000 – 517 042 inw. – Atlas n° **4**-B2

Historisch Centrum

✿ **'t Fornuis** (Johan Segers)   & ⌀ ⇔

KLASSIEKE KEUKEN · ROMANTISCH XxX Johan Segers beheerst de klassieke keuken tot op het bot én tot op de graat. Deze vaste waarde in de Belgische gastronomie sluit geen compromissen en gaat voluit voor dagverse producten. U krijgt bij hem dus geen kaart maar wel suggesties van de dag, stuk voor stuk hommages aan de klassieke keuken.

➜ Wulken met champignons, kalfsballetjes en amandelen. In olijfolie gebakken inktvisjes met kruiden en groenten. Pannacotta met karamel.

CUISINE CLASSIQUE · ROMANTIQUE XxX Johan Segers pourrait recevoir le titre de maître ès cuisine classique ! Sa table s'impose comme une valeur sûre de la gastronomie belge, sans aucun compromis sur la qualité – et en particulier la fraîcheur des ingrédients. Pas de carte, mais des suggestions du jour qui sont autant d'hommages à la tradition.

Carte 75/120 €

Plattegrond: E2-c – *Reyndersstraat 24* – ✆ *03 233 62 70*
– *Gesloten 22 juli-18 augustus, kerstvakantie, feestdagen, zaterdag en zondag*

✿ **FRANQ**   🛏 ⇔

MODERNE KEUKEN · ELEGANT XxX De ambitie van FRANQ wordt van bij het moment dat u dit herenhuis binnenstapt duidelijk. Het is elegant en getuigt van discrete luxe, het is een prachtomgeving om te genieten van hun vooruitstrevende klassieke keuken. De chef pakt uit met heerlijke sauzen en precieze cuissons, en toont zijn modern kantje met fijne nuances.

➜ Ravioli met langoustines, tomaat en mozzarella. Geglaceerde grietbot met jus van kokkels, crème van zoete pepers en boulangère-aardappel. Parfait van pistache zoals een Norvegiènne.

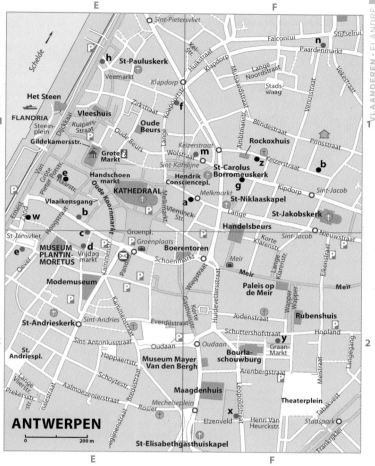

ANTWERPEN

CUISINE MODERNE · ÉLÉGANT XxX Dès que l'on pénètre dans cette maison de maître, l'ambition de FRANQ s'affiche clairement. Empreints d'élégance et d'un luxe discret, les lieux se prêtent à merveille à une cuisine classique créative. Sauces savoureuses, précision des cuissons, le chef démontre son penchant pour la modernité avec de subtiles nuances.

Lunch 35 € – Menu 65/80 € – Carte 71/97 €

Plattegrond: F1-g – Hotel FRANQ, Kipdorp 10 – 𝄞 03 555 31 80
– www.hotelfranq.com – Gesloten 14 tot 22 april, 14 tot 28 juli, zaterdagmiddag en zondag

Bij ieder ❀ restaurant worden drie gerechten vermeld, waarmee een beeld wordt gegeven van de kookstijl van het huis.
Deze gerechten staan niet altijd op de kaart, maar ruimen af en toe plaats voor smakelijke recepten van het moment.

Koninklijk Museum voor Schone Kunsten ... M5

A   B

Londenbrug
Londen

Julius
Vuylstekelaan

Charles De
Costerlaan

v

BONAPARTE
DOK

h

MAS

WILLEMDOK

Thonetlaan

Victor Hugostr.

LINKEROEVER

Waaslandtunnel

m   x

Felixhuis

Brouwersvliet

Ernest
Claes Laat

Emile
Verhaerenlaan

a

Hessenhuis

Falconrui   Stirst

August Van
Cauwelaertlaan

Louis
Franynlaan

Halewijnlaan

Klapdorp

Paardet

1

Blancefloerlaan

F. Van Eeden

Keizerstraat
Kipdorp

Hanegraefstr.

Blancefloerlaan
Paul van
Ostaijenlaan

Sint-Annatunnel
(voor voetgangers)

Kathedraal

St-Jacobskerk

Galgenweellaan

Pluvierstraat

Meir

Beatrijslaan

SCHELDE

r

Hoplan

Huis van
Roosmalen

Zuiderpershuis
M HKA

w

Fotomuseum

w

Marnixplaats

a

STADSPARK

2

x   a   c

Schilderss   De Vlierst

p

e

Britse Lei

Britse Lei

Gillisplaats

z

M5

Graaf van
Hoornestr.

Amerikalei

Justitiestraat

Lambermontplaats

ZUID

Amerikalei

Anselmostraat

Molenstraat

Sint-Jozefstr.

Pacificatiestr.

Bolivarplaats

Amerikalei

Paleisstraat

Solvijnsstraat

De Bomstr.

Nieuw
Gerechtshof

t

Mechelsesteenweg

S   A 112

Bredenodestraat

Balansstr.

Lange
Haantjesstr.

Pyckestraat

Ballaarstraat

Schoonbekestraat

Lange

Harmoniestr.

R 1 / E 34

Singel

Balanstraat

Lange

Van

Lozanastraat

KONING
ALBERT
PARK

Generaal
Armstrongweg

Brusselstraat

Moons-
str.

Durletstr.

Karel

Emiel Vloorsstr.

Kolonel

Montignystraat

Erzestraat

Arthur Goemaerelei

Markgravelei

n

Kardina
Mercie

3

Steenweg

Silvertopstr.

Denijst.

Jan
Volhardingstr.

Eric Sasselaan

y

e

Generaal Lemanstr.

d

KIELPARK

Kielpark

A 112

Camille Huysmansiaan

Jan Van Rijswijcklaan

Gerard
Le Grellelaan

Oornstr.

Desguinlei

Sint-Bernardse

Lumburgstraat

De Bruta

Vogelzanglaan

R 1 / E 34

Pietenburg
Abdijstraat

5a

BRUXELLES/BRUSSEL   A   B   MECHELEN,
BRUXELLES/BRUSSEL

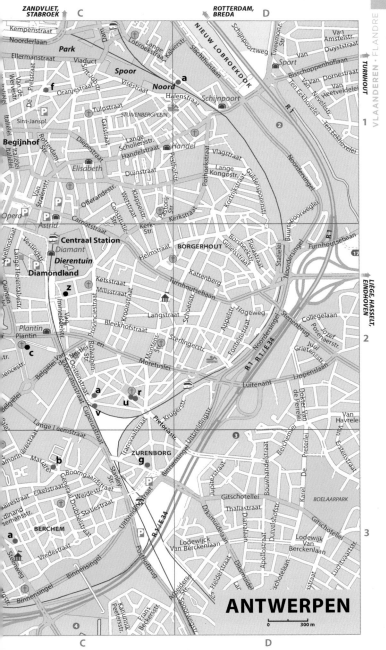

ANTWERPEN

Het Gebaar (Roger van Damme)

CREATIEF · KNUS XX Patissier Roger van Damme heeft met zijn peperkoeken huisje aan de botanische tuin een passende thuis gevonden voor zijn elegante kookstijl. Zijn toverformule? Luxueuze gerechten met minutieus uitgevoerde garnituren en topdesserts. Doorlopend open tot 18 uur, maar reserveren is aangeraden want het is hier altijd gezellig druk.

→ Carpaccio van rund met peperknollenkaas, ganzenlever en pecorinocrème. Gegrilde tarbot met aardappelpuree, lauwwarme groenten en mosseltjesescabeche. Gekarameliseerde appel met yuzu, basilicum, krokant bladerdeeg en chocolademousse.

CUISINE CRÉATIVE · COSY XX Près du jardin botanique, la bâtisse a la silhouette d'une maison et pain d'épice ! Le cadre était prédestiné pour cet ancien pâtissier qu'est Roger van Damme. La minutie et l'élégance de ses réalisations témoigne de cette première vocation – les desserts restant évidemment exquis. Une belle adresse, ouverte au déjeuner jusqu'à 18h et très courue.

Carte 70/123 €

Plattegrond: F2-x – *Leopoldstraat 24* – *C 03 232 37 10 (reserveren noodzakelijk)* – *www.hetgebaar.be* – *alleen lunch* – *Gesloten zaterdag, zondag en feestdagen*

Nathan (Nathan Van Echelpoel)

FRANS MODERN · EIGENTIJDS XX Nathan Van Echelpoel balanceert met veel talent tussen klassiek en modern. In zijn puur, Scandinavisch aandoend restaurant toont hij zijn kennis van de klassieke waarden: topproducten, beheerste generositeit en cuissons die kloppen tot in de details. Met originele presentaties en meer gedurfde combinaties zet hij het klassieke naar zijn hand.

→ Krokante langoustines met mangochutney en schuimige bisque. Gebraden duif met spitskool en peulvruchten. Kiwi met crémeux van chocolade, structuren van hazelnoot en vanilleroomijs.

CUISINE FRANÇAISE MODERNE · BRANCHÉ XX Nathan Van Echelpoel jongle avec talent entre classicisme et modernité. Dans son restaurant au décor scandinave minimaliste, il démontre sa connaissance des valeurs classiques : des produits de première qualité, une générosité et des cuissons maîtrisées jusqu'au moindre détail. Un classicisme qu'il n'hésite pas à accommoder à sa façon, avec des présentations originales et des combinaisons audacieuses.

Lunch 28 € – Menu 48/68 € – Carte 59/105 €

Plattegrond: E1-f – *Lange Koepoortstraat 13* – *C 03 284 28 13* – *www.restaurant-nathan.be* – *Gesloten dinsdagmiddag, zaterdagmiddag, zondag en maandag*

Bij Lam & Yin (Lap Yee Lam)

CHINEES · MINIMALISTISCH X Bij Lam & Yin is een enigszins atypische Aziatische zaak: geen duizelingwekkende hoeveelheid gerechten, geen lampions, ... Maar de Kantonese keuken komt er wel in zijn fijnste vorm op het bord. Hier primeren versheid en originaliteit, de smaken zijn raak! In Gangbei, hun wijnbar, kunt u onder meer authentieke sakes proeven.

→ Stoommandje met dimsum. Gestoomde zeebaars met gember en pijpajuin. Gebakken lam met szechuanpeper.

CUISINE CHINOISE · ÉPURÉ X Bij Lam & Yin est un restaurant asiatique pour le moins atypique : ici, pas de carte longue comme la Grande Muraille, pas de lampions... mais une cuisine cantonaise d'une grande finesse. Fraîcheur et originalité sont au rendez-vous, sans oublier ces saveurs qui vont droit au but ! Sakés authentiques au Gangbei.

Carte 55/77 €

Plattegrond: E1-b – *Reynderstraat 17* – *C 03 232 88 38 (reserveren noodzakelijk)* – *lam-en-yin.be* – *alleen diner* – *Gesloten 23 december-8 januari, 1 tot 17 april, maandag, dinsdag en woensdag*

The Butcher's son (Bert-Jan Michielsen)

TRADITIONELE KEUKEN · EIGENTIJDS X Hippe zaak in stadsbrouwerij De Koninck waar chique en urban mooi in elkaar vloeien. De slagerij achter glas verraadt dat vlees hier de hoofdrol speelt. De chef bereidt het eerder traditioneel en versterkt die sterke smaken met heerlijke, bewerkte garnituren. Die brengen het geheel in balans en volmaken het rijke smakenpalet.

→ Lauwe kalfskop met tartaarsaus en hersenen. Filet pur met ganzenlever en ossenstaart. Frambozentaart met lemon curd.

CUISINE TRADITIONNELLE · BRANCHÉ X Au sein de la brasserie De Koninck, le chic et l'urbain s'assemblent à merveille. Les pièces de boucherie, en vitrine, montrent bien que la viande joue ici les premiers rôles : elle est préparée de façon traditionnelle par le chef, qui l'accompagne de garnitures soignées. L'équilibre des saveurs est au rendez-vous.

Lunch 30 € – Carte 53/90 €

Plattegrond: B3-u – *Boomgaardstraat 1* ✉ *2018* – ☏ *03 230 16 38*
– *www.thebutcherson.be* – *Gesloten eind december, 2 weken in juli, zaterdag en zondag*

Brasserie Dock's

VIS EN ZEEVRUCHTEN · TRENDY X Deze luxebrasserie is sinds 1994 uitgegroeid tot een hotspot op de trendy Antwerpse dokken. Het scheepsinterieur lijkt wel ontsproten aan het brein van Jules Verne! Eigen hoeveproducten (o.a. Bressekip en Bayeux scharrelvarkens) en verse zeevruchten (de oesters zijn top) zijn de ingrediënten van uw heerlijke ervaring.

POISSONS ET FRUITS DE MER · TENDANCE X Depuis 1994, cette brasserie de luxe est un incontournable du quartier des docks. Très branché par excellence. Le décor n'est pas sans évoquer l'univers de Jules Verne ! L'établissement régale de bons produits maison (poulet de Bresse, par exemple) et de fruits de mer savoureux (les huîtres sont top) : les ingrédients d'une expérience délicieuse.

Lunch 18 € – Menu 30/48 € – Carte 48/77 €

Plattegrond: E1-h – *Jordaenskaai 7* – ☏ *03 226 63 30*
– *www.docks.be* – *Gesloten 25 en 31 december, feestdagen en zondag*

InVINcible

MODERNE KEUKEN · EIGENTIJDS X Een lekkere wijn uit de indrukwekkende selectie bij een Frans gerecht dat de chef feilloos bereidt, van een onoverwinnelijke combinatie gesproken! De kaart is klein, maar de keuze is moeilijk omdat de chef elke bereiding naar zijn hand zet en smaken prachtig verweeft. Tip: een plaats aan de eettoog maakt uw etentje echt af!

CUISINE MODERNE · BRANCHÉ X Un vin savoureux parmi une sélection impressionnante accompagne une cuisine française parfaitement exécutée, voilà une combinaison inVINcible ! Une carte réduite, mais le choix est difficile, car le chef apporte sa touche à chaque plat et y mêlant habilement les saveurs. Un conseil : pour une expérience authentique, choisissez une place au comptoir !

Lunch 25 € ☂ – Menu 37 € – Carte 41/66 €

Plattegrond: E1-e – *Haarstraat 9* – ☏ *03 231 32 07*
– *www.invincible.be* – *Gesloten 14 tot 20 januari, feestdagen, zaterdag en zondag*

Graanmarkt 13

BIO · MINIMALISTISCH XX Seppe Nobels bewijst dat groenten veel meer zijn dan bordvulling. Hij verwerkt ze in krachtige, hedendaagse bereidingen en laat zien hoe divers en lekker je er mee kunt koken. In zijn trendy zaak is het telkens uitkijken naar de lichte combinaties die hij heeft bedacht.

CUISINE BIO · ÉPURÉ XX Fini, le temps où les légumes ne faisaient que de la figuration dans l'assiette : Seppe Nobels prouve ici qu'on peut leur faire jouer les premiers rôles. Avec virtuosité et adresse, il les incorpore dans des préparations contemporaines aux saveurs puissantes. A chaque fois, c'est une nouvelle découverte !

Lunch 35 € – Menu 45 € – een enkel menu

Plattegrond: F2-y – *Graanmarkt 13* – ☏ *03 337 79 91*
– *www.graanmarkt13.com* – *Gesloten zondag*

🕄🔾 **Het Nieuwe Palinghuis**

VIS EN ZEEVRUCHTEN · GEZELLIG 🗙🗙 Paling is koning in dit visrestaurant, maar in het seizoen is de oosterscheldekreeft er keizer. Ook in de authentieke eetzaal zet het water de toon met nostalgische foto's van de zeevaart en Antwerpen.

POISSONS ET FRUITS DE MER · CONVIVIAL 🗙🗙 L'anguille est reine dans ce restaurant de poisson, elle n'est détrônée que par le homard de l'Escaut en saison. Salle à manger avec véranda, agrémentée de marines et de photos anciennes d'Anvers. Tous les plaisirs de la mer du Nord...

Menu 44/172 € – Carte 63/171 €

Plattegrond: E2-e – *Sint-Jansvliet 14* – ✆ *03 231 74 45*
– *www.hetnieuwepalinghuis.be* – *Gesloten juni, vrijdag, maandag en dinsdag*

🕄🔾 **RAS** 🔾 🏠 🔄

MODERNE KEUKEN · ELEGANT 🗙🗙 De nieuwe look van het Zuiderterras is top. Dankzij de vele glaspartijen hebt u zowat overal zicht op de Schelde en houtskooltekeningen van Rinus Van de Velde geven het strakke interieur een arty sfeer. Op de modern gedresseerde borden komen gerechten die puur en klassiek smaken.

CUISINE MODERNE · ÉLÉGANT 🗙🗙 Top, le nouveau look du Zuiderterras ! La majorité des tables profitent de baies vitrées offrant une jolie vue sur l'Escaut. Les dessins au charbon de bois de Rinus Van de Velde donnent à l'intérieur un cachet très arty ; si les assiettes sont dressées à la façon moderne, les recettes sont dans une veine plutôt classique.

Carte 44/74 €

Plattegrond: B1-r – *Ernest Van Dijckkaai 37* – ✆ *03 234 12 75* – *www.ras.today*
– *Gesloten 24 december*

🕄🔾 **Ko'uzi** 🏠 🥢

JAPANS · MINIMALISTISCH 🗙 De lijn van het minimalistische designdecor wordt bij Ko'uzi doorgetrokken in de keuken. Naast klassieke sushi en sashimi kunt u hier ook kiezen voor creatieve variaties. Lekker, net als de thee die u ter plekke kunt kopen. En laat ons de sushicursussen van chef Kawada niet vergeten, die zeer populair zijn.

CUISINE JAPONAISE · ÉPURÉ 🗙 Un décor design et minimaliste... à l'image des assiettes ! Aux côtés des classiques sushis et sashimis, celles-ci révèlent de belles variations créatives. Un délice, tout comme le thé que l'on peut acheter sur place. Et n'oublions pas les cours de sushi de la chef Kawada, qui rencontrent un grand succès.

Carte 25/62 €

Plattegrond: B2-a – *Leopoldplaats 12* – ✆ *03 232 24 88* – *www.kouzi.be*
– *Gesloten 2 weken in augustus, feestdagen, zondag, maandag en na 20.00 u.*

🕄🔾 **Sōma** 🄽 🥢

MODERNE KEUKEN · INTIEM 🗙 Sōma is intiem en sereen, een bijzondere ervaring. U lijkt wel in de huiskamer van Adriana en Frederic te zitten, terwijl zij koken en aan tafel komen. Als was u een oude vriend presenteren ze hun keuken, waarin haar Belgisch/Griekse en zijn Frans/Colombiaanse roots subtiel aanwezig zijn. Het is interessant, fijn en elegant. Een keuken met gevoel.

CUISINE MODERNE · INTIME 🗙 Sōma c'est une expérience d'intimité et de sérénité. On se sent bien chez Adriana et Frederic, qui n'hésitent pas à quitter leur cuisine pour vous présenter de manière conviviale, elle, ses influences belgo-grecques, lui, son inspiration franco-colombienne. Une cuisine personnelle, raffinée et élégante.

Lunch 35 € – Carte ong. 65 €

Plattegrond: F1-m – *Wolstraat 33* – ✆ *03 290 04 03* – *www.soma.restaurant*
– *Gesloten maandag, dinsdag, woensdag en na 20.30 u.*

🏛 **De Witte Lelie** 🌊 ⊡ 🄰🄲 🦮 🚗

HISTORISCH · PERSOONLIJK CACHET Qua elegantie en klasse hoeft De Witte Lelie niet voor zijn naam onder te doen. Een persoonlijk onthaal en oog voor detail maken uw verblijf in dit historische pand tot een bijzonder aangename belevenis. De rustige patio is een echte troef.

HISTORIQUE · PERSONNALISÉ De Witte Lelie ne semble pas devoir faillir à sa réputation en matière de raffinement. Voilà bien un établissement historique, où le séjour est des plus agréables : murs du 17e s., décors raffinés jusqu'aux détails et calme précieux en centre-ville...

10 kamers – ♦255/355 € ♦♦295/395 € – ⌷ 30 € – 1 suite

Plattegrond: F1-z – *Keizerstraat 16* – ☎ *03 226 19 66* – *www.dewittelelie.be*

 FRANQ 🆕   ⚐ ⌸ ⊡ AC ❋ 🛁 🚗

STADSPALEIS · EIGENTIJDS U ervaart de drukte van het Antwerpse stadscentrum, stapt een monumentaal pand binnen (18de eeuw), en meteen valt al de stress van uw schouders. De prachtige lobby, waar het witte marmer en de zuilen opvallen, zet hier meteen de toon. In dit boetiekhotel is luxe de regel. De contemporaine elegantie staat dit karaktervol gebouw als gegoten!

HÔTEL PARTICULIER · CONTEMPORAIN Après avoir goûté à l'animation du centre-ville d'Anvers, entrez dans cet édifice monumental (18e s.) pour évacuer instantanément tout stress. Joli hall où le marbre blanc et les piliers donnent le ton. Hôtel-boutique où règne le luxe. L'élégance contemporaine sied comme un gant à ce bâtiment plein de caractère.

38 kamers – ♦154/384 € ♦♦174/404 € – ⌷ 20 € – 2 suites

Plattegrond: F1-g – *Kipdorp 10* – ☎ *03 555 31 80* – *www.hotelfranq.com*

❀ **FRANQ** – Zie restaurantselectie

 Gulde Schoen 🆕   ⚐ ⊡ & AC ❋

HISTORISCH PAND · HISTORISCH Geschiedenis opsnuiven kan in het omringende stadscentrum, maar evengoed in deze eeuwenoude gebouwen. Hun historische charme komt mooi tot uiting dankzij het fashionable, eclectische decor. U geniet hier van pure luxe, van de butlerservice tot marmer in de badkamers. Het oog voor detail geeft dit chique suitehotel cachet.

DEMEURE HISTORIQUE · HISTORIQUE Le centre-ville d'Anvers tout proche regorge d'histoire, et c'est aussi le cas de cet édifice ancien. Son charme historique est mis en valeur par un décor éclectique branché. Profitez du luxe à l'état pur, du service de majordome au marbre de la salle de bain. Une attention au moindre détail qui offre un beau cachet à cet hôtel chic.

8 kamers – ♦296/765 € ♦♦296/765 € – ⌷ 27 €

Melkmarkt 37 – ☎ *03 280 00 30* – *www.guldeschoen.be*

 Julien   🆂🅿🅰 🔆 ⊡ AC 🛁

LUXE · GROTE LUXE Verborgen achter de koetspoort vindt u het juweeltje Julien. Het plaatje klopt helemaal: toegewijd personeel, gezellige sfeer, verfijnd interieur en parels van kamers in Scandinavisch design. Spa en intieme sauna. Wie, zoals hier, vanop het dakterras de kathedraal kan bewonderen, ervaart ten volle de vibe van 't stad!

LUXE · GRAND LUXE Une véritable perle dissimulée derrière une porte cochère : accueil prévenant, atmosphère intime, et des chambres de style scandinave très raffinées. Ne manquez pas le spa aménagé dans les caves du 16e s. Du toit-terrasse, vue époustouflante sur la cathédrale.

21 kamers – ♦179/359 € ♦♦179/359 € – ⌷ 25 €

Plattegrond: F1-a – *Korte Nieuwstraat 24* – ☎ *03 229 06 00* – *www.hotel-julien.com*

 Les Nuits   ⊡ AC ❋

LUXE · GEZELLIG De donkere kleuren van de nacht schakeren in dit boetiekhotel mooi met lichtere tinten. Het strak, design interieur is uitgevoerd in kwaliteitsmaterialen en straalt charme uit. Een hip adres in het hart van deze trendy stad!

LUXE · COSY Les couleurs sombres de la nuit anversoise se marient à merveille aux teintes claires de cet hôtel de caractère. L'intérieur, design et élégant, paré de matériaux nobles, dégage beaucoup de charme. Une bonne adresse au cœur d'une ville tendance !

22 kamers – ♦149/179 € ♦♦149/179 € – ⌷ 23 €

Plattegrond: F2-b – *Lange Gasthuisstraat 12* – ☎ *03 225 02 04* – *www.hotellesnuits.be*

⌂ 't Sandt ⊞ 🅰🅲 🐾 🚗

LUXE · KLASSIEK Wie maar niet genoeg kan krijgen van de historische charme van de binnenstad, vindt hier een geslaagde voortzetting. Een fraaie rococogevel en sfeervolle kamers geven karakter aan uw verblijf in de buurt van de kaden van de Schelde. 't Sandt beschikt ook over conferentiefaciliteiten.

LUXE · CLASSIQUE Si le centre historique vous a charmé, vous en trouverez ici un beau prolongement. À proximité des quais de l'Escaut, derrière une jolie façade rococo, on découvre une villégiature de caractère, mêlant fraîcheur et élégance... Salles de conférence.

29 kamers 🛏 – 🛏169/249 € 🛏🛏189/269 € – 2 suites

Plattegrond: E1-w – *Zand 17* – ☎ *03 232 93 90*
– *www.hotel-sandt.be*

⌂ Matelote 🍽

HISTORISCH · HEDENDAAGS Men zou het niet meteen verwachten, maar dit hotel bewijst dat een monumentaal pand uit de 16de eeuw en een modern/ design decor zeer mooi samengaan. Al de kamers hebben karakter en zijn minimalistisch ingericht. En dat allemaal in het hart van de stad ...

HISTORIQUE · CONTEMPORAIN Contre toute attente, cet hôtel réalise le mariage parfait entre une architecture monumentale du 16e s. et un décor moderne et design. Les chambres ont du caractère et sont décorées de façon minimaliste. Et tout ça au cœur de la ville...

10 kamers 🛏 – 🛏85/190 € 🛏🛏85/190 €

Plattegrond: E1-e – *Haarstraat 11a* – ☎ *03 201 88 00*
– *www.hotel-matelote.be*

Centraal Station - Stadspark - Zurenborg

❀❀ The Jane (Nick Bril) 🐾 ♿ 🅰🅲 🍽 ⇦ 🅿

CREATIEF · TRENDY ✗✗✗ The Jane is een uniek restaurant in de Benelux. Deze moderne foodtempel bevindt zich namelijk in een imposante kapel (het kruis brandt nog op de voorgevel!). Het elegant designinterieur is prachtig, de massieve luster en de gebrandschilderde ramen zijn echte eyecatchers. U kijkt zich hier de ogen uit! Maar de meeste aandacht krijgt de keuken, op de plaats van het altaar, die volledig achter glas is. Het is indrukwekkend om het goed geoliede keukenteam aan het werk te zien, en dat geldt eigenlijk voor heel de bediening. 'Bent u er klaar voor' vraagt men bij binnenkomst. En of!

Chef Nick Bril zet al van bij de hapjes de toon: uw smaakpapillen worden op reis genomen naar Zuid-Amerika, naar Azië, naar ... De zevende hemel! De borden zijn zeer bewerkt en verrassen met opmerkelijke combinaties en bereidingswijzen. Het (top)product wordt telkens aangevuld met garnituren die uiteenlopende sensaties geven. Alles is gedetailleerd, elke hap is interessant. En met een fijne jus geeft de chef graag een finishing touch aan een gerecht. Deze wervelwind van smaken is het resultaat van een samenwerking met Sergio Herman, de welbekende mede-eigenaar, die mee het menu samenstelt. Wat een ervaring!

→ Langoustines met eekhoorntjesbrood en courgetten. Paling met dashi en boerenkool. BBQ-appel met kaneel, chocolade, hazelnoot en koffie.

CUISINE CRÉATIVE · TENDANCE ✗✗✗ The Jane est un restaurant unique au Benelux. Ce temple moderne de la gastronomie est précisément situé dans une imposante chapelle (la croix trône encore sur la façade !). L'intérieur design est superbe et élégant, on a tout de suite le regard attiré par le lustre massif et les vitraux. Mais c'est sur la cuisine que se portera toute votre attention, dressée à la place de l'autel et entourée de verre. On ne se lasse pas d'observer l'équipe en cuisine, bien huilée, tout comme le service. Si vous êtes prêt pour l'aventure, c'est parti !

Le chef Nick Bril donne le ton dès les mises en bouche : il emmène vos papilles dans un voyage en Amérique du sud, en Asie, au... septième ciel ! Les plats sont extrêmement soignés et surprennent par de remarquables combinaisons et modes de préparation. Les (excellents) produits sont toujours parés d'accompagnements qui suscitent de multiples sensations. Tout est détaillé, chaque bouchée est captivante, tandis que le chef met la touche finale avec une sauce subtile. Ce tourbillon de saveurs est le résultat d'une collaboration avec Sergio Herman, le célèbre copropriétaire, qui aide à composer le menu. Quelle expérience !

Menu 145/165 € – een enkel menu

Plattegrond: C3-b – *Paradeplein 1 (hoek Boomgaardstraat/Marialei)* ✉ *2018 – ✆ 03 808 44 65 (reserveren noodzakelijk) – www.thejaneantwerp.com – Gesloten 23 december-3 januari, eind maart-begin april, eind juni-begin juli, eind september-begin oktober, zondag en maandag*

🏵️ **Dôme** (Frédéric Chabbert)

FRANS KLASSIEK · **ELEGANT** XX Het blijft impressionant, eten onder de koepel van dit klasserestaurant. Frédéric Chabbert laat hier vandaag zijn rijke ervaring spreken (o.a. in Hongkong). Hij is een klassieke chef die wel eens gebruik maakt van vergeten technieken. Enkele topproducten en zijn savoir-faire volstaan om u een rijke eetervaring te bezorgen.

→ Tartaar van langoustines met pomelo, rauwe ganzenlever en limoen. Op houtskool gebraden lamszadel, aardappelaligot en jus met bonekruid. Chocoladetaart met notenpraliné en zout.

CUISINE FRANÇAISE CLASSIQUE · **ÉLÉGANT** XX Manger sous le dôme de cet élégant restaurant : l'expérience est mémorable ! Fort du savoir-faire acquis au fil des années (à Hong Kong, notamment), Frédéric Chabbert propose une cuisine d'un beau classicisme, et utilise même des techniques oubliées... Produits de qualité, richesse des saveurs : un moment à part.

Lunch 40 € – Menu 88 € – Carte 77/101 €

Plattegrond: C2-v – *Grote Hondstraat 2* ✉ *2018 – ✆ 03 239 90 03 – www.domeweb.be – Gesloten 23 december-8 januari, zondag en maandag*

😊 **Schnitzel**

KLASSIEKE KEUKEN · **BUURTRESTAURANT** X Hou het simpel, maar doe het wel goed. Dat is het idee achter deze eigenzinnige zaak, waar u de keuze hebt uit kleine gerechtjes die in het midden van de tafel worden gezet. De diverse ingrediënten (zoals zelfgemaakte charcuterie en beuling) worden goed afgewogen, mooi op smaak gebracht en smaken telkens naar meer!

CUISINE CLASSIQUE · **DE QUARTIER** X Restez simple, mais faites-le bien : voici la philosophie de ces lieux. Le chef met à profit son expérience pour préparer de délicieuses charcuteries et du beuling, une sorte de boudin noir. Il les intègre dans des plats à partager à plusieurs. Bon et spontané !

Carte 28/35 €

Plattegrond: F1-n – *Paardenmarkt 53 – ✆ 03 256 63 86 – www.schnitzelantwerpen.be – alleen diner – Gesloten zaterdag en zondag*

🍴 **Ardent**

MODERNE KEUKEN · **MINIMALISTISCH** XX Vurigheid is een kwaliteit die goede chefs gemeen hebben. Ook Wouter Van Steenwinkel, die in zijn eerder sober restaurant een staaltje van kan kunnen geeft. Verwacht u aan gerechten die weldoordacht en evenwichtig zijn, waarin smaken mooi worden verweven.

CUISINE MODERNE · **ÉPURÉ** XX La passion est peut-être la première qualité des grands chefs. Wouter Van Steenwinkel ne déroge pas à la règle, dans ce restaurant plutôt sobre où il nous donne un aperçu de ses talents. Attendez-vous à une cuisine bien pensée et bien équilibrée, où les saveurs s'harmonisent à merveille.

Lunch 29 € – Menu 49/79 € – Carte 57/76 €

Plattegrond: C2-u – *Dageraadplaats 3* ✉ *2018 – ✆ 03 336 32 99 – www.resto-ardent.be – Gesloten zaterdagmiddag, maandag en dinsdag*

VLAANDEREN · FLANDRE

॥○ Bar(t)-à-vin

KLASSIEKE KEUKEN · BISTRO ☆ Kleurrijke muurtegels en vleeshaken herinneren aan het verleden van deze ex-slagerij en creëren een aparte sfeer. Dit is een gezellige plek om te smullen van Franse klassiekers. Het aanbod wijzigt regelmatig, maar een topper als steak tartaar staat vast op de kaart. In overleg met Bart vindt u een wijntje naar uw smaak.

CUISINE CLASSIQUE · BISTRO ☆ Des tuiles colorées et des crochets à viande rappellent le passé de cette ancienne boucherie à l'ambiance particulière. L'endroit, très convivial, permet de déguster des classiques français. L'offre change régulièrement, mais certains incontournables (steak tartare, par exemple) sont toujours présents à la carte. Avec l'aide de Bart, vous trouverez un vin adapté à votre goût.

Carte 45/55 €

Plattegrond: D1-a – *Lange Slachterijstraat 3* ✉ *2060* – ☏ *0474 94 17 86* – *www.bartavin.be* – *Gesloten 15 juli-15 augustus, feestdagen, zaterdag, zondag en na 20.30 u.*

॥○ Cuichine

CHINEES · GEZELLIG ☆ De finesse van de Franse cuisine wordt in deze intieme zaak gekoppeld aan typische Chinese smaken. De chef volgt Kantonese recepten die hij voornamelijk met lokale producten bereidt. De lunch is hier een topper.

CUISINE CHINOISE · CONVIVIAL ☆ Deux amis d'enfance, fils de restaurateurs, ont créé cette " Cuichine " avec l'envie d'y proposer les plats qu'ils dégustaient à la maison. Les recettes cantonaises y sont bien réalisées, sans fioritures, tout en fraîcheur et finesse. De plus, les prix à la carte restent doux et le déjeuner est un incontournable !

Lunch 23 € – Menu 40 € – Carte 44/62 €

Plattegrond: C2-r – *Draakstraat 13* ✉ *2018* – ☏ *0485 02 05 37* – *www.cuichine.be* – *Gesloten 24, 25 en 31 december, 1 en 2 januari, 8 tot 15 april, eerste 2 weken september, zaterdagmiddag, zondag en maandag*

॥○ Dôme Sur Mer

VIS EN ZEEVRUCHTEN · BISTRO ☆ Aquariums die u het gevoel geven in een schip te zitten? Van een trendy visbistro gesproken ... Hier eet u vis en schaaldieren die uitblinken door hun fraîcheur. De gerechten zijn puur, recht voor de raap en worden regelmatig op de plancha bereid. Het brood en de desserts komen dan weer van de eigen artisanale bakker. Lekker!

POISSONS ET FRUITS DE MER · BISTRO ☆ Des aquariums qui donnent l'impression d'être dans un navire donnent le ton : ce bistrot " trendy " est dédié à la mer. Poissons et crustacés y débordent de fraîcheur ; pureté et simplicité sont les maîtres-mots de cette cuisine souvent préparée à la plancha. De plus, le pain et les desserts sont faits maison : un délice !

Carte 42/82 €

Plattegrond: C2-a – *Arendstraat 1* ✉ *2018* – ☏ *03 281 74 33* – *www.domeweb.be* – *Gesloten 23 december-8 januari, zaterdagmiddag*

॥○ Pazzo

MODERNE KEUKEN · GEZELLIG ☆ Wie de immer sympathieke chef Ingrid Neven al eens bezig heeft gezien, herkent wellicht haar sprankelende persoonlijkheid in haar kookstijl. De gerechten in deze joviale bistro aan de haven zijn fris en vaak mediterraans of Aziatisch geïnspireerd, de begeleidende wijnen zijn heerlijk.

CUISINE MODERNE · CONVIVIAL ☆ Il suffit de voir Ingrid Neven à l'œuvre pour saisir la personnalité de sa cuisine : rayonnante et empathique. Sa carte, inspirée notamment par la Méditerranée et l'Asie, s'accompagne d'excellents vins. Escale conseillée dans ce charmant bistrot proche du port !

Lunch 24 € – Carte 45/84 €

Plattegrond: B1-a – *Oude Leeuwenrui 12* – ☏ *03 232 86 82* – *www.pazzo.be* – *Gesloten eind december-begin januari, zaterdag en zondag*

ⅠⅠ◯ Yamayu Santatsu 〔AC〕〔⌖〕〔⌖〕

JAPANS · EENVOUDIG ⅩSushi en 't Stad: a match made in heaven. Liefhebbers van dit hippe Japanse fingerfood komen hier aan hun trekken dankzij de mooie producten die bewerkt worden volgens de regels van de kunst. Een plaats aan de bar geeft u zicht op de ijverige chef.

CUISINE JAPONAISE · SIMPLE ⅩVous êtes aux anges quand vous dégustez des sushis ? Cette adresse est pour vous, car on n'y travaille que de beaux produits et ce, dans les règles de l'art. On peut voir le patron œuvrer et s'installant directement au bar.

Lunch 16 € – Menu 23/45 € – Carte 29/55 €

Plattegrond: B1-e – *Ossenmarkt 19* – ℰ *03 234 09 49*
– *www.santatsu.be* – *Gesloten zondagmiddag en maandag*

🏙 Lindner 〔⌖〕〔⌖〕〔⌖〕〔⌖〕〔⌖〕〔AC〕〔⌖〕〔⌖〕〔⌖〕

STADSHOTEL · HEDENDAAGS Dit frisse en enigszins futuristische hotel heeft zich slim genesteld in het vernieuwde stationskwartier: een goede uitvalsbasis voor zowel zaken als plezier. Ruime kamers.

URBAIN · CONTEMPORAIN Dans un immeuble futuriste au sein du quartier rénové de la gare, cet hôtel éminemment contemporain, aux chambres spacieuses, satisfera la clientèle d'affaires comme les touristes épris de modernité.

173 kamers – †109/219 € ††129/249 € – ⌷ 23 € – 4 suites

Plattegrond: C2-z – *Lange Kievitstraat 125* ✉ *2018* – ℰ *03 227 77 00*
– *www.lindnerhotels.be*

🏠 Le Tissu 〔⌖〕〔⌖〕〔⌖〕〔⌖〕〔P〕

LUXE · PERSOONLIJK CACHET Een en al sfeer en verfijnde smaak in dit licht nostalgische herenhuis. Geen wonder, de bezielers zijn dan ook interieurarchitecten wier voorliefde voor wandtextiel zowel in het pand als de naam ervan zichtbaar is. De goede locatie is een troef.

LUXE · PERSONNALISÉ Cette maison de maître distille un joli je-ne-sais-quoi de nostalgie et de raffinement... Vous ne serez pas surpris d'apprendre qu'elle est tenue par un couple d'architectes d'intérieur amoureux des textiles ! Situation avantageuse pour découvrir la ville.

12 kamers – †119/499 € ††119/499 € – ⌷ 17 €

Plattegrond: C2-c – *Brialmontlei 2* ✉ *2018* – ℰ *03 281 67 70*
– *www.le-tissu.be*

Eilandje - Dam

🕸🕸 't Zilte (Viki Geunes) 〔⌖〕〔⌖〕〔⌖〕〔⌖〕

CREATIEF · DESIGN ⅩⅩⅩⅩ Adembenemend. Beter kunnen we het zicht niet omschrijven waar 't Zilte van geniet. U zit hier op de bovenste verdieping van het Museum aan de Stroom en kijkt uit over heel de stad! Een bezoekje aan het terras is dus een absolute aanrader. Het stijlvolle design van het interieur vormt de gepaste omgeving om van dit spektakel te genieten. Spektakel dat u ook op uw bord vindt.

De keuken van Viki Geunes is speels en zeer detaillistisch. Hij noemt zichzelf graag een food designer, en terecht! De diversiteit van texturen en smaken die hij weet te bundelen is heerlijk, hij trakteert zijn gasten op een wervelwind van internationale ingrediënten. Zijn oog voor precisie komt mooi tot uiting in de desserts, waarmee hij aantoont hoe technisch onderlegd hij wel is. De intense smaken van yuzu en sesam gaan bijvoorbeeld uitstekend samen met chocolade, een marshmallow van zoethout en ijs op basis van sake. Lekker! De sommelier speelt goed in op de stijl van de chef en toont durf met zijn keuzes. De associaties zijn soms opmerkelijk, maar wel steeds geslaagd. Kortom: 't Zilte, dat is creativiteit degusteren met Antwerpen aan uw voeten!

→ Toro tonijn en noordzeekrab met kombu en koolrabi. Wagyu met aubergine, gepofte ui, artisjok en miso. Geitenyoghurt met zuring, ananas en sorbet van cedraat.

CUISINE CRÉATIVE · DESIGN XxxX Époustouflant ! Il n'y a pas d'autres mots pour qualifier la vue sur toute la ville qu'offre ce restaurant, situé au dernier étage du Museum aan de Stroom. Une visite en terrasse est donc fortement conseillée ! L'intérieur design élégant constitue le décor idéal pour profiter de ce spectacle. Un spectacle qui se poursuit dans l'assiette.

La cuisine de Viki Geunes est ludique et extrêmement détaillée. Il se définit comme un « food designer » et c'est exactement cela. La variété de textures et de saveurs qu'il parvient à associer est un régal. Il vous emmène dans un festival de produits du monde. Sa précision extrême se reflète à merveille dans les desserts, où il démontre sa virtuosité technique. Les saveurs intenses du yuzu et du sésame se marient à merveille au chocolat, un marshmallow à la réglisse et une glace sur une base au saké. Un régal ! Le sommelier s'accorde parfaitement au style du chef et n'hésite pas à proposer des choix audacieux. Les associations sont quelquefois remarquables et toujours réussies. Bref : une dégustation créative avec Anvers à vos pieds !

Lunch 68 € – Menu 135/185 € – Carte 160/193 €

Plattegrond: B1-h – *Hanzestedenplaats 5 (9de verdieping van het MAS)*
– ✆ *03 283 40 40*
– *www.tzilte.be – Gesloten kerstvakantie, 1 week met Pasen, 2 weken in juli, herfstvakantie, zaterdag, zondag en na 20.30 u.*

🏵 **Bistrot du Nord** (Michael Rewers)

TRADITIONELE KEUKEN · BURGERLIJK XX In deze authentieke bistro ontdekt u waarom bepaalde gerechten tot de traditie behoren. De chef is een vakman, dat proeft u aan de kwaliteit van de producten, die hier benadrukt wordt door precieze bereidingen. Hij werkt graag met orgaanvlees, maar wat u ook kiest: het gaat hier om smaak, zonder gezever.

→ Zuurkool met buikspek en gerookte paling. Fazant Brabançonne. Bladerdeeg met crème chibouste en bosvruchten.

CUISINE TRADITIONNELLE · BOURGEOIS XX Une vraie leçon de tradition ! Le chef, en véritable artisan, met en valeur ses produits avec des préparations au cordeau. Il avoue un léger faible pour les tripes, mais pas d'inquiétude : quelquesoit votre choix, vous verrez que le goût règne ici en maître.

Carte 51/102 €

Plattegrond: C1-f – *Lange Dijkstraat 36* ✉ *2060* – ✆ *03 233 45 49*
– *www.bistrotdunord.be – Gesloten 24 december-3 januari, feestdagen, woensdag, zaterdag en zondag*

🍴○ **Lux**

FRANS MODERN · CHIC XxX Luxe bij Lux: alleen al voor de sexy setting en het terras met uitzicht op het MAS zou u erheen gaan. Daarenboven heeft deze voormalige rederij ook culinair heel wat in haar mars, met een Franse kaart en cocktails in de loungebar.

CUISINE FRANÇAISE MODERNE · CHIC XxX Lux aime le luxe. Le cadre de style classique – le bâtiment abritait autrefois une compagnie maritime – et la terrasse face au bassin portuaire se révèlent très séduisants ! Mais l'adresse sait aussi y faire en matière culinaire (carte française) et... de cocktails, côté lounge-bar.

Lunch 35 € – Menu 60/85 € – Carte 72/93 €

Plattegrond: B1-c – *Adriaan Brouwerstraat 13* – ✆ *03 233 30 30*
– *www.luxantwerp.com*
– *Gesloten 1 januari, 23 juli-6 augustus, 's middags op feestdagen, zaterdagmiddag, zondag en maandag*

 Een goede tip: neem een lunchmenu, vaak erg scherp geprijsd.

⸮O Marcel   🛖 🍸 🛗

FRANS KLASSIEK · **BRASSERIE** 𝕏𝕏 Bienvenue bij Marcel, een retrobrasserie waar een vleugje francofolie doorwaait. Het culinaire repertoire van de chef verraadt dat hij de vertrouwde keuken naar waarde weet te schatten, maar met jeugdige inspiratie doordrenkt. Het resultaat? Een frisse kookstijl, sterk in zijn categorie. Terras met uitzicht op het MAS.

CUISINE FRANÇAISE CLASSIQUE · **BRASSERIE** 𝕏𝕏 Bienvenue chez Marcel, un bistrot rétro où souffle un vent de francophilie. Le répertoire culinaire mêle respect des traditions et touches de modernité. Résultat : une cuisine bien trempée, excellente dans son genre ! Terrasse avec vue sur le MAS.

Lunch 25 € – Menu 40/69 € – Carte 51/87 €

Plattegrond: B1-x – *Van Schoonbekeplein 13* – ℰ *03 336 33 02*
– *www.restaurantmarcel.be* – *Gesloten eind december en zondag*

⸮O Món   🛖 🍸

VLEES · **BRASSERIE** 𝕏𝕏 De sculptuur van een stierenkop toont meteen wat de specialiteit is van deze hippe brasserie: vlees. Meer bepaald Limousinvlees van eigen kweek, dat in de Josper houtskooloven wordt bereid. De chef houdt de cuissons goed in het oog en zijn garnituren voegen dat tikkeltje extra toe.

VIANDES · **BRASSERIE** 𝕏𝕏 La sculpture représentant une tête de taureau annonce immédiatement la couleur : ici, c'est la viande qu'on chérit ! Ou, plus exactement, un élevage propre de viande limousine, que l'on prépare dans le foyer à charbon Josper... Les cuissons et les accompagnements font mouche : on se régale !

Carte 34/63 €

Plattegrond: B1-m – *Sint-Aldegondiskaai 30* – ℰ *03 345 67 89*
– *www.monantwerp.com*

⸮O Het Pomphuis   ⬱ 🛖 🍸 🛗 🅿

MODERNE KEUKEN · **VINTAGE** 𝕏𝕏 Dit monumentaal pomphuis diende jarenlang om het droogdok leeg te pompen, maar kreeg in 2002 een nieuwe bestemming. Het werd omgetoverd tot een prachtige luxebrasserie met een terras dat uitkijkt op het havengebeuren. De gerechten – weldoordacht, modern en bewerkt – doen deze chique locatie alle eer aan!

CUISINE MODERNE · **VINTAGE** 𝕏𝕏 Cette ancienne station de pompage monumentale s'est transformée en 2002 en une superbe brasserie de luxe avec une terrasse surplombant le port. Si le lieu vaut le coup d'œil, la cuisine séduit également par son esprit contemporain et son raffinement.

Lunch 32 € – Menu 54 € – Carte 62/82 €

Siberiastraat ✉ *2030* – ℰ *03 770 86 25*
– *www.hetpomphuis.be* – *Gesloten 24 december, 1 januari en zaterdagmiddag*

⸮O U Antwerp   ⬱ ⊞

MODERNE KEUKEN · **EIGENTIJDS** 𝕏𝕏 U bevindt zich op een charmante plek aan het Eilandje, U eet in een strak restaurant (open van 's ochtends tot 's avonds) waar de aantrekkelijke, moderne kaart is samengesteld door sterrenchef Viki Geunes, en uiteindelijk slaapt U in een kamer die een zachte overnachting verzekert. Een zaak om U tegen te zeggen!

CUISINE MODERNE · **BRANCHÉ** 𝕏𝕏 On se donne rendez-vous dans ce lieu charmant du quartier de l'Eilandje, on se régale dans un restaurant contemporain, dont le chef Viki Geunes de 't Zilte (deux étoiles) constitue la carte, moderne et attractive, et finalement on passe la nuit dans une chambre confortable, pour une nuit tout en douceur. Un bon moment assuré !

Lunch 32 € – Menu 55/65 € – Carte 48/85 €

15 kamers – ♟165/225 € ♟♟165/225 € – ⌒ 19 €

Plattegrond: B1-v – *Nassaustraat 42* – ℰ *03 201 90 70*
– *www.u-eatsleep.be*

Zuid

✿ Kommilfoo (Olivier de Vinck de Winnezeele) 🅰🄲 ⌀ 🅿

CREATIEF · KNUS ✗✗✗ Kommilfoo is chic en ongedwongen, een restaurant waar u geniet van creativiteit. De gerechten zijn tegelijk speels en doordacht, de chef kookt to the point en slaagt erin contrasterende smaken evenwichtig samen te brengen. De geit uit de Pyreneeën, de specialiteit van het huis, is het hele jaar door beschikbaar.

→ Taco en carpaccio van langoustines met frisse rode quinoa, bisque en waterkers. Krokant gebakken kalfszwezerik met knolseldercrème, geglaceerde raapjes en kruidige kalfsjus. Crémeux met vanille, aardbeienroomijs, gemarineerde aardbeien en litchisap.

CUISINE CRÉATIVE · COSY ✗✗✗ Chic et décontracté, Kommilfoo permet de découvrir la patte créative et personnelle d'un chef passionné. Les plats sont à la fois ludiques et recherchés, jouant sur l'harmonie et le contraste des goûts. La chèvre des Pyrénées, spécialité de la maison, est proposée toute l'année.

Lunch 40 € – Menu 70/85 € – Carte 80/114 €

Plattegrond: A2-w – *Vlaamse Kaai 17* – ✆ *03 237 30 00 – www.restaurantkommilfoo.be – Gesloten 25 december, eerste 3 weken van juli, zaterdagmiddag, zondag en maandag*

✿ The Glorious ✿ ⟵ 🏠 🅰🄲

FRANS MODERN · WIJNBAR ✗✗ Van art deco tot imitatiekroko, en van barok tot boudoirstijl: het eclectische interieur zal u ongetwijfeld inspireren. De sommelier staat klaar met een gerenommeerde wijnselectie en chef Johan verleidt met een keuken die klassiekers naar een hoog culinair niveau tilt. Een glorieus avontuur, tot in de originele kamers toe.

→ Millefeuille met langoustines, brunoise van gele en groene courgette en nantuasaus. Gebraden duif met gebakken eendenlever, primeurgroenten en jus met geplette jeneverbessen. Vanilleroomijs met warme chocoladesaus en krokante chocolade.

CUISINE FRANÇAISE MODERNE · BAR À VIN ✗✗ Ce restaurant distille une atmosphère rare : effets de styles (Art déco, baroque, etc.), de matières et de couleurs (cuivre, marbre polychrome, etc.). Une réussite ! Le sommelier vous réserve une sélection de vins de renom, tandis que Johan, le chef, honore les classiques avec brio. Original, tout comme les chambres !

Lunch 43 € – Menu 65 € – Carte 78/108 €

3 kamers – 🛏135/175 € 🛏🛏135/175 €

Plattegrond: A2-a – *De Burburestraat 4a* – ✆ *03 237 06 13 – www.theglorious.be – Gesloten 24, 25 en 26 december, 1 en 2 januari, 16 tot 24 april, 16 tot 29 juli, zondag en maandag*

☺ Bún

VIETNAMEES · GEZELLIG ✗ Bent u klaar om even weg te dromen? Authentieke smaken defileren in deze hippe zaak in gerechten die één voor één aantrekkelijk ogen. Wat is het moeilijk kiezen! De chef brengt het oosten en het westen samen door de nodige verfijning in typische straatgerechten te verwerken. Bij Bún wordt het smullen!

CUISINE VIETNAMIENNE · CONVIVIAL ✗ Au-delà du décor agréable, c'est bel et bien l'assiette qui vous emmène en voyage ! Les saveurs authentiques se succèdent dans des plats alléchants : difficile de faire un choix. Le chef fait la synthèse entre orient et occident. Une cuisine délicieuse, pour un succès bien mérité !

Carte 28/37 €

Plattegrond: B2-w – *Volkstraat 43* – ✆ *03 235 85 89 (reserveren noodzakelijk) – www.bunantwerp.be – Gesloten 9 tot 13 januari, 17 tot 28 april, 17 tot 21 juli, 2 tot 6 oktober, zondag en maandag*

☺ Ciro's 🏠 🅰🄲

BELGISCH · BUURTRESTAURANT ✗ Eten bij Ciro's, dat is even terugkeren naar het Antwerpen van vroeger. Het interieur is er nostalgisch, de ambiance volks met een eten traditioneel Belgisch. Toppers van het huis zijn de vol-au-vent deluxe en de kalfsniertjes à l'ancienne. Reserveren is aan te raden en loont absoluut de moeite.

CUISINE BELGE · DE QUARTIER 🗶 La décoration nostalgique, l'ambiance populaire, la cuisine belge traditionnelle : un repas chez Ciro's, c'est la garantie de se replonger dans le passé anversois. Le vol-au-vent deluxe et les rognons de veau à l'ancienne sont les vedettes des lieux. Réservez, vous ne le regretterez pas !

Lunch 19 € – Carte 37/69 €

Plattegrond: B2-p – *Amerikalei 6* ✉ *2018* – ☎ *03 238 11 47*
– *www.ciros.be*
– *Gesloten juli, zaterdagmiddag en maandag*

😊 5 Flavors Mmei

CHINEES · EENVOUDIG 🗶 Wat eenvoudig lijkt verrast door zijn subtiliteit. Welgekende smaken proeven anders door de nuances. U leest het: in deze eenvoudig ingerichte zaak krijgt u een Chinese keuken voorgeschoteld die het verschil maakt door het gebruik van verse ingrediënten en huisgemaakte bereidingen. Proef zeker van de authentieke dimsum.

CUISINE CHINOISE · SIMPLE 🗶 Les choses les plus familières, les plus évidentes, nous réservent parfois de très belles surprises. Ce restaurant en est un bon exemple : son chef rend hommage à la tradition chinoise avec des préparations fraîches et parfois surprenantes, qui démentent beaucoup de préjugés sur la cuisine de son pays natal. Surtout, ne manquez pas les dimsum.

Lunch 16 € 🍷 – Menu 30/80 € – Carte 23/50 €

Plattegrond: B2-w – *Volkstraat 37* – ☎ *03 281 30 37*
– *www.5flavors.be*
– *Gesloten maandag en dinsdag*

🍴 Minerva ⌴AC⌴

KLASSIEKE KEUKEN · ELEGANT 🗶🗶 Daar waar vroeger luxewagens van Minerva werden hersteld, vindt u nu een goed geolied restaurant met een vleugje nostalgie. In dit klassieke huis worden gerechten volgens traditionele recepten bereid en gebeuren de versnijdingen nog aan tafel. Kwaliteit komt hier nog steeds op de eerste plaats.

CUISINE CLASSIQUE · ÉLÉGANT 🗶🗶 Minerva, la mythique marque automobile de luxe belge... Les ateliers de réparation de la compagnie se trouvaient ici même. Aujourd'hui, en lieu et place, un restaurant à la mécanique bien huilée ! On retrouve même dans la cuisine la fiabilité et l'inspiration classique qui faisaient la griffe du constructeur.

Lunch 38 € – Menu 65 € – Carte 66/116 €

Plattegrond: B3-e – *Hotel Firean, Karel Oomsstraat 36* ✉ *2018* – ☎ *03 216 00 55* (reserveren aanbevolen)
– *www.restaurantminerva.be*
– *Gesloten 24 december-10 januari, 16 juli-16 augustus, feestdagen, zaterdag en zondag*

🍴 Ferrier 30 🍽⌴AC⌴↔

ITALIAANS · DESIGN 🗶🗶 De beste Italiaan van het Zuid? Dat is wellicht Ferrier 30, waar de carni en pesci extra lekker smaken dankzij de wijnen die de eigenaar uit Italië haalt. Lasagne al ragù, tagliolini con prosciutto: alles smaakt even puur (en) Italiaans als het klinkt.

CUISINE ITALIENNE · DESIGN 🗶🗶 Le meilleur italien du Zuid ? Sans doute, car au Ferrier 30, viandes, poissons et pâtes (lasagne al ragu, taglioni con prosciutto...) ont le goût authentique de l'Italie ! Le tout sublimé par les vins que le propriétaire rapporte spécialement de la Botte...

Menu 55/75 € – Carte 51/75 €

Plattegrond: A2-c – *Leopold de Waelplaats 30* – ☎ *03 216 50 62*
– *www.ferrier-30.be*
– *open tot 23.00 u. – Gesloten woensdag*

Het Gerecht

MARKTKEUKEN · KNUS XX Een persoonlijke aanpak, dat typeert Het Gerecht. Terwijl Peggy u verzorgt met een goede bediening laat Wim u genieten van zijn kunde. De foto's die het elegante interieur opfleuren komen van zijn hand, net als de gerechten: Frans geïnspireerd en lichtjes creatief, seizoengebonden en mooi op smaak. De lunch is de moeite!

CUISINE DU MARCHÉ · COSY XX Un restaurant qui a de la personnalité. Peggy vous choie avec son service attentionné et Wim vous fait profiter de son savoir-faire. Les photos qui décorent les murs sont de sa main, comme la cuisine créative d'inspiration française, qui suit les saveurs des saisons. Le lunch est très intéressant !

Lunch 30 € – Menu 56/68 € – Carte 52/80 € – een enkel menu in het weekend

Plattegrond: B2-e – *Amerikalei 20* – ☎ *03 248 79 28*
– *www.hetgerecht.be* – *Gesloten 22 december-7 januari, 8 tot 22 april, 14 juli-5 augustus, woensdagavond, zaterdagmiddag, zondag en maandag*

l'Amitié

MODERNE KEUKEN · TRENDY X U ervaart eigenlijk geen vriendschap, maar pure liefde in deze volledig hernieuwde bistro, waar een vis een opvallende rol speelt. Het eigentijdse huwelijk tussen kwaliteitsproducten is hier namelijk heerlijk. Kleine bordjes zonder onnodige poespas, maar die inzetten op smaak.

CUISINE MODERNE · TENDANCE X Ce n'est pas seulement de l'amitié, mais bien de l'amour que nous ressentons et arrivant dans ce bistrot totalement rénové, où un poisson joue un rôle surprenant. Les produits de qualité, travaillés à la mode contemporaine et servis en forme de petits plats, sont un régal.

Lunch 30 € – Carte 28/48 €

Plattegrond: A2-x – *Vlaamse Kaai 43* – ☎ *03 257 50 05*
– *www.lamitie.net* – *Gesloten 29 december-3 januari, zaterdag en zondag*

Visbistro Mojo

VIS EN ZEEVRUCHTEN · BISTRO X De verse vis en zeevruchten die u in de counter ziet liggen, zetten hier meteen de toon. Chef Johan en zus Nuria willen betaalbare kwaliteit bieden, en daar slagen ze voortreffelijk in met hun traditionele keuken zonder poespas. Bij Mojo eet u simpelweg zeer goed!

POISSONS ET FRUITS DE MER · BISTRO X Le poisson frais et les fruits de mer sont en évidence au comptoir : n'ayez aucun doute sur ce qui vous attend ! Le chef Johan et sa sœur, Nuria, ont l'ambition de proposer de la qualité à prix abordables. C'est de la tradition sans chichis, c'est tout simplement bon : pari réussi.

Lunch 21 € – Menu 33 € – Carte 39/53 €

Plattegrond: B2-p – *Kasteelpleinstraat 56* – ☎ *03 237 49 00*
– *www.visbistro-mojo.be* – *Gesloten zaterdagmiddag, zondag en maandag*

Firean

LUXE · PERSOONLIJK CACHET De familie Iserbyt maakt er een erezaak van om hun sfeervolle hotel piekfijn te onderhouden en gasten uiterst attent te ontvangen. Met evenveel zorg bekommeren ze zich om het charmante art-deco-interieur, dat de warmte van weleer uitstraalt.

LUXE · PERSONNALISÉ La famille Iserbyt préserve scrupuleusement l'âme traditionnelle et chaleureuse de son établissement : le style Art déco domine dans les chambres, l'entretien est impeccable, et l'accueil prévenant – une question d'honneur !

9 kamers – †158/175 € – ††158/235 € – ☕ 18 €

Plattegrond: B3-n – *Karel Oomsstraat 6* ✉ *2018* – ☎ *03 237 02 60*
– *www.hotelfirean.com* – *Gesloten 24 december-10 januari en 16 juli-16 augustus*

Minerva – Zie restaurantselectie

🏨 JVR 108

HISTORISCH PAND · KLASSIEK Nummer 108 van de statige Jan Van Rijswijcklaan is een pareltje. In dit oude herenhuis (1920) wordt de charme van antieke meubelen prachtig aangevuld met modern comfort. Het is een zeer warme plek met kamers die eveneens luxe uitstralen. Wat is het een plezier om tot rust te komen in een marmeren badkamer ...

DEMEURE HISTORIQUE · CLASSIQUE Le numéro 108 de l'imposante avenue Jan Van Rijswijck est une petite perle. Dans cette vieille maison de maitre (1920), le charme de meubles antiques est joliment complété par tout le confort moderne. Les chambres, tout aussi chaleureuses, respirent également le luxe. Quel plaisir de se détendre dans une superbe salle de bain en marbre...

3 kamers – 🛏140/190 € 🛏140/190 € – ⌑ 19 €

Plattegrond: B3-y – *Jan Van Rijswijcklaan 108* – ☎ *0478 01 01 01*
- *www.jvr108.be*
- *Gesloten eind december*

🏨 Koto

FAMILIAAL · PERSOONLIJK CACHET Een kamer met Marokkaanse tegeltjes, een badkamer met behang van giraffenhuid, een bad met zicht op een Indische boog ... Bij het verleidelijke Koto nemen de kamers u op reis naar Marokko, Afrika, Indië en Azië; telkens met een persoonlijke touch van de eigenaars. Het verwarmd zwembad in de tuin? Heerlijk.

FAMILIAL · PERSONNALISÉ Une chambre avec des tuiles marocaines, une salle de bains aux murs parés de girafes, un bain avec une vue sur un arc indien.... Les chambres vous emmènent en voyage au Maroc, en Afrique, en Inde et en Asie ; chacune d'entre elles porte la « patte » des propriétaires. Quant à la piscine chauffée dans le jardin, c'est un pur régal.

4 kamers ⌑ – 🛏170 € 🛏250 €

Plattegrond: B2-t – *Miraeusstraat 27* – ☎ *0474 53 14 44*
- *www.koto-antwerp.be*
- *Gesloten 31 maart-15 april*

AS
Limburg – ✉ 3665 – Atlas n° **5**-C2

🍽 Mardaga

MODERNE KEUKEN · GEZELLIG XxX Het chique interieur van dit familiale hotel-restaurant zorgt voor een zeer aangename sfeer. U degusteert er eigentijdse gerechten in een gedistingeerde eetzaal of op het mooie terras aan het park. De kamers zijn gerieflijk en hebben een persoonlijke touch.

CUISINE MODERNE · CONVIVIAL XxX Hôtellerie familiale au décor chic. Cuisine du moment servie dans un cadre distingué ou sur la belle terrasse profitant d'un parc. Confortables chambres personnalisées.

Lunch 45 € – Menu 55 € – Carte 71/100 €

18 kamers – 🛏99/200 € 🛏125/275 € – ⌑ 25 € – ½ P

Stationsstraat 121 – ☎ *089 65 62 65*
- *www.hotelmardaga.be*
- *Gesloten 7 tot 29 juli, zaterdagmiddag, zondag en maandag*

 De grote steden hebben plattegronden waarop hotels en restaurants gesitueerd zijn. Gebruik hun coördinaten (vb : Plattegrond: 12BMe) om ze makkelijk te vinden.

ASSE
Vlaams-Brabant – ✉ 1730 – Atlas n° **6**-A2

🕮○ Made in Italy

ITALIAANS · BRASSERIE Ⅹ Italië, familie en lekker eten horen bij elkaar. De familie Del Grosso levert het bewijs: de mama en zoon Raffaele staan in de keuken en de andere gezinsleden zorgen voor de goede bediening. Italiaanse klassiekers krijgen een Belgisch tintje, maar met oog voor traditie. Delizioso!

CUISINE ITALIENNE · BRASSERIE Ⅹ Italie, famille et bonne cuisine, trois éléments indissociables ! La famille Del Grosso en fournit la preuve: la mère et son fils Raffaele sont aux fourneaux, tandis que le reste de la famille assure un excellent service. Au menu: les classiques italiens revisités à la sauce belge, mais fidèles aux traditions. Delizioso !

Lunch 25 € – Menu 45/89 € – Carte 51/124 €

Markt 6a – 𝒞 02 452 69 00 – www.restaurant-madeinitaly.com – Gesloten maandag en dinsdag

ASSEBROEK
West-Vlaanderen – ✉ 8310 – Brugge – Atlas n° **4**-C1

🏡 't Wit Huys

LANDHUIS · ROMANTISCH 't Wit Huys is meer dan een B&B. Dit voormalig jachtpaviljoen (1820) is ook het visitekaartje van gastvrouw Katrien, die interieurarchitecte is. In de sfeer van rust en sereniteit herkent u haar handelsmerk: discrete kleuren, verstild design, tijdloosheid.

MAISON DE CAMPAGNE · ROMANTIQUE 't Wit Huys n'est pas seulement un B&B, cet ancien pavillon de chasse (1820) est aussi une véritable carte de visite pour Katrien, maîtresse des lieux et architecte d'intérieur. Toute la demeure porte sa griffe : une ambiance empreinte de calme et de sérénité, un design apaisant et intemporel, des tons sobres...

3 kamers ⌸ – ♦160/185 € ♦♦160/185 €

Plattegrond: B3-a – *Kleine Kerkhofstraat 133 (hoek Irisstraat) – 𝒞 0476 29 40 41 – www.withuys.eu*

ASTENE
Oost-Vlaanderen – ✉ 9800 – Deinze – Atlas n° **3**-B2

🕮○ Gasthof Halifax

GRILLGERECHTEN · GEZELLIG ⅩⅩ De Leie ontvouwt al zijn troeven op het idyllische terras van Gasthof Halifax. Wauw! Ook binnen geniet men van een mooie, stijlvolle omgeving. De kaart is eerder klassiek en telt heel wat troeven. Zo pakken ze hier terecht uit met hun lekkere garnaalkroketten, gegrilde côte à l'os en paling in 't groen.

GRILLADES · CONVIVIAL ⅩⅩ La Lys déploie tous ses charmes sur la terrasse idyllique de Gasthof Halifax. L'intérieur ne manque pas non plus de charme. Carte plutôt classique, avec quelques joyaux, comme les croquettes de crevettes, la côte à l'os grillée et l'anguille au vert.

Lunch 65 € ♈ – Menu 59/69 € – Carte 53/141 €

Emiel Clauslaan 143 – 𝒞 09 282 31 02 – www.gasthofhalifax.be – Gesloten 24, 25 en 31 december en 1 januari

🕮○ Au Bain Marie

TRADITIONELE KEUKEN · ELEGANT ⅩⅩ Deze mooie villa uit de jaren 1930, een combinatie van art nouveau en Bauhaus, is een realisatie van architect Henri Van de Velde. Het interieur is mooi gerestyled, het is moderner geworden, zonder aan de authenticiteit te raken. Het terras aan de rivier is heerlijk om het defilé van seizoenproducten te degusteren.

CUISINE TRADITIONNELLE · ÉLÉGANT XX Belle villa des années 1930 conçue par l'architecte belge Van de Velde qui maria les styles Art nouveau et Bauhaus. Intérieur joliment relooké au goût du jour, mais sans dénaturer l'authenticité. La terrasse au bord de la rivière est le lieu idéal pour déguster un défilé de produits de saison.

Lunch 20 € – Menu 44 € – Carte 45/84 €

Emiel Clauslaan 141 – ℰ 09 222 48 65 – www.aubainmarie.be – Gesloten paasvakantie, laatste 2 weken juli, zondagavond, dinsdagavond en woensdag

BACHTE-MARIA-LEERNE

Oost-Vlaanderen – ✉ 9800 – Deinze – Atlas n° **3**-B2

🏮 **Bachtekerke** 🆕

FRANS MODERN · EIGENTIJDS XX Bachtekerke is chic en gezellig, maar valt vooral op door zijn verborgen parel. Het terras vlak aan de Leie, waar men zich op een eiland waant, is werkelijk een droomlocatie! En alsof dat nog niet genoeg is, toont de chef zich genereus met een uitgebreide kaart en zeer rijke smaken. Hier eet u uw buikje helemaal rond!

CUISINE FRANÇAISE MODERNE · BRANCHÉ XX Bachtekerke est chic et agréable, mais il se démarque surtout par un véritable joyau caché : sa terrasse au bord de la Lys, qui donne l'impression de se trouver sur une île. Et si cela ne suffit pas, le chef fait preuve de générosité avec une carte variée et de riches saveurs. Les gourmets seront aussi ravis que les gourmands.

Lunch 27 € – Carte 58/81 €

Bachtekerkestraat 9 – ℰ 09 273 53 00 (reserveren aanbevolen) – www.bachtekerke.be – Gesloten zaterdagmiddag en woensdag

BATSHEERS

Limburg – ✉ 3870 – Heers – Atlas n° **5**-B3

🏠 **Marsnil**

HERBERG · KLASSIEK Logeren bij Marsnil is een echte hoeve-ervaring. Deze boerderij van rode steen (1799) heeft zijn rustieke karakter mooi bewaard, de familiale service is al even hartverwarmend. Zowel het oog als uw smaakpapillen genieten hier van de Haspengouwse natuur. Dankzij de eigen groentetuin en wijngaard werkt de chef met kwaliteit.

AUBERGE · CLASSIQUE Une ferme en briques rouges de 1799 qui a conservé tout son caractère champêtre, avec un service familial chaleureux. Les plaisirs de la nature hesbignonne réjouiront autant vos yeux que vos palais. Gage de qualité, au restaurant, on retrouve les légumes du jardin et du vin du propre vignoble.

10 kamers ⌑ – †55 € ††75 € – ½ P

Batsheersstraat 35 – ℰ 011 48 51 77 – www.domeinmarsnil.be – Gesloten 24 en 25 december

BAZEL

Oost-Vlaanderen – ✉ 9150 – Kruibeke – Atlas n° **3**-D1

❀ **Hofke van Bazel** (Kris Van Roy)

MARKTKEUKEN · ROMANTISCH XxX Twee mooie herenhuizen, gehuld in een landelijk romantisch decor, vormen samen dit hof van genot. De chef bewerkt de klassieke keuken met creativiteit en werkt graag met zelfgekweekte groenten. Hier leven smaken in harmonie, dat bewijzen de heerlijke vegetarische bereidingen. Een must-do, net als de prachtsuites!

→ Langoustines met asperges, weidekringzwam en jus van de schaal met Thaise bieslook. Texels lam met tuinboontjes, biet en lamskerrie met gado gado. Citroen en rabarber met steranijs, tonkaboon en basilicumsorbetijs.

CUISINE DU MARCHÉ · ROMANTIQUE XxX Ah, le charme des vieilles maisons de maître, avec leur cadre à l'ancienne, élégant et romantique... mais attention : nous sommes ici avant tout dans un lieu de gourmandise ! Le chef travaille sur des bases classiques avec une pointe de créativité, et aime travailler avec des légumes de son jardin. Ici, les goûts vivent en harmonie, les délicieux plats végétariens en sont la preuve. À essayer, tout comme les belles suites !

Lunch 37 € – Menu 59/84 € – Carte 74/119 €

3 kamers – †179/189 € ††179/189 € – ⌑ 22 €

Koningin Astridplein 11 – ℰ 03 744 11 40 – www.hofkevanbazel.be – Gesloten zaterdagmiddag, maandag en dinsdag

185

Trattoria Bazalia

ITALIAANS · ROMANTISCH ⅋ Boven het Hofke van Bazel maakt zijn charmante Italiaanse zus u het hof. Ze doet dat met haar romantische decor, zwierige bediening en authentieke keuken. De prima donna's zijn producten uit Puglia die schitteren in verzorgde gerechten. Leuke plus: in het keuzemenu is er altijd een vegetarische optie.

CUISINE ITALIENNE · ROMANTIQUE ⅋ On ne résiste pas au décor romantique de cette trattoria, à son service animé et à sa cuisine pleine d'authenticité. Au premier rang, des produits en provenance directe des Pouilles, que le chef sait mettre en valeur à travers des assiettes très soignées... À noter: la formule comprend toujours un choix végétarien.

Menu 37 € – Carte 45/68 €

Koningin Astridplein 11 (1ste verdieping) – ℰ 03 744 29 40 (reserveren noodzakelijk)
– www.bazalia.be – Gesloten zaterdagmiddag, maandag en dinsdag

BEERNEM
West-Vlaanderen – ✉ 8730 – Atlas n° **2**-C2

d'Afspanning

MODERNE KEUKEN · BISTRO ⅋⅋ d'Afspanning noemt zich graag een bistro-resto: toegankelijk als een bistro maar keurig als een restaurant. De kaart en het pand zijn evenzeer een toonbeeld van een geslaagd huwelijk. De chef combineert klassiekers met moderne gerechten en de impressionante glazen uitbouw harmonieert prachtig met het klassieke huis.

CUISINE MODERNE · BISTRO ⅋⅋ d'Afspanning aime se définir comme un "bistro-resto" : la décontraction d'un bistro d'un côté, la qualité d'un restaurant de l'autre. Le mariage est réussi ! Mention spéciale pour le cadre, qui mêle vieux murs, aménagement design et extension tout en verre façon loft...

Lunch 27 € – Menu 43 € – Carte 46/71 €

Bloemendalestraat 2 – ℰ 050 68 38 87
– www.afspanning.be – Gesloten zondag en maandag

BELLEM
Oost-Vlaanderen – ✉ 9881 – Aalter – Atlas n° **3**-A2

Den Duyventooren

FRANS MODERN · GEZELLIG ⅋⅋ In deze eeuwenoude kasteelhoeve schuilen tegenwoordig felgekleurde muren en hedendaagse schilderijen. Een modern decor dus, dat zich uitstekend leent tot het proeven van klassieke gerechtjes met een vernieuwende toets. Het maandelijkse keuzemenu valt erg in de smaak, reserveer dus tijdig!

CUISINE FRANÇAISE MODERNE · CONVIVIAL ⅋⅋ Dans ce manoir (dont l'existence est déjà attestée à la fin du 18e s.) règnent les couleurs vives, les lignes pures et les toiles contemporaines ; un décor qui se prête parfaitement à la cuisine concoctée par la propriétaire. Avec habileté, cette dernière parsème de détails inventifs des préparations aux bases classiques. Réservation recommandée.

Menu 37 € – Carte 43/75 €

Bellemdorpweg 68 – ℰ 09 371 97 23
– www.denduyventooren.be – Gesloten paasvakantie, laatste 2 weken augustus, zaterdagmiddag, maandagavond, dinsdag en woensdag

Bell Amuse

MODERNE KEUKEN · FAMILIAAL ⅋⅋ Jan en Ellen hebben dit voormalige dorpscafé een likje moderniteit gegeven. Een aangename plek waar amusement centraal staat: van amuse tot dessert zorgt de chef voor gerechten die platgetreden paden vermijden. Hij durft wel eens met minder voor de hand liggende producten te koken en brengt ze heerlijk op smaak.

CUISINE MODERNE · **FAMILIAL** XX Jan et Ellen ont su faire entrer dans la modernité cet ancien café de village en brique. La carte est à l'unisson, et cultive un côté ludique... qui amuse: le chef aime sortir des sentiers battus, en proposant des associations plutôt inhabituelles. Ses réalisations jouent la carte du naturel et du goût !

Lunch 22 € – Menu 39 € – Carte 50/60 €

Bellemdorpweg 12 – ℰ 09 374 31 03 – www.bell-amuse.be – Gesloten zaterdagmiddag, zondag, woensdag en donderdag

BELSELE

Oost-Vlaanderen – ✉ 9111 – Sint-Niklaas – Atlas n° **3**-C1

🕪○ **Le Cirque**

CREATIEF · **MINIMALISTISCH** XX Ga zitten en geniet van het spektakel. Dit restaurant is elegant en mooi afgewerkt, maar het echte schouwspel vindt u op uw bord. De chef heeft de modernste kooktechnieken onder de knie en speelt graag met texturen, structuren en kleuren. Het menu Le Cirque mag u zeker niet missen!

CUISINE CRÉATIVE · **ÉPURÉ** XX Approchez, mesdames et messieurs, prenez place, venez admirer le spectacle ! Le restaurant est élégant et joliment conçu, mais le clou du spectacle est... dans l'assiette: vous apprécierez ces jeux de textures, de structures et de couleurs, élaborés par un chef qui raffole des techniques de cuisson modernes. Le menu Le Cirque est très intéressant !

Lunch 30 € – Menu 41/65 € ♟ – Carte 57/85 € – een enkel menu op zaterdagavond

Nieuwe Baan 88b (N 70) – ℰ 03 296 02 02 – www.lecirque.be – Gesloten 2 tot 9 januari, 22 juli-9 augustus, zaterdagmiddag, dinsdag en woensdag

BERCHEM

Antwerpen – ✉ 2600 – Antwerpen – Atlas n° **4**-A2

Zie plattegrond Antwerpen

😳 **De Troubadour**

MODERNE KEUKEN · **EIGENTIJDS** XX Met flair en humor onthaalt John Verbeeck, de flamboyante baas, zijn gasten. Fijnproevers verdringen zich al sinds 1990 in dit populaire restaurant, dat fraai is gerestyled met een vleugje retro. De creatieve chef kookt met oog voor de seizoenen en is altijd in voor iets nieuws, steeds met pure smaken als leidraad.

CUISINE MODERNE · **BRANCHÉ** XX Johan Verbeeck, volubile et sympathique, accueille ses clients avec flair et humour. Cette table populaire, joliment rafraîchie dans un style rétro, fait courir les gastronomes depuis 1990 ! Le chef cuisine au plus proche des saisons, et ses assiettes n'oublient jamais l'essentiel : le vrai goût des choses.

Lunch 26 € – Menu 37/47 €

Plattegrond: C3-a – *Driekoningenstraat 72 – ℰ 03 239 39 16 – www.detroubadour.be – Gesloten eerste 3 weken augustus, zondag en maandag*

🕪○ **Liang's Garden**

CHINEES · **TRADITIONEEL** XX Dit restaurant is erg in trek bij de kenners bij uitstek, de Chinezen zelf. Een goede reden dus om hier met de stokjes aan de slag te gaan. De kaart laat u alle hoeken van China ontdekken: Kanton (dimsum), Peking (gelakte eend) en Sichuan (fondue). Het menu "van grootmoeder" is een aanrader!

CUISINE CHINOISE · **TRADITIONNEL** XX Ce restaurant est très prisé des Chinois eux-mêmes, ce qui dit tout de sa qualité ! La carte permet d'explorer les grandes gastronomies du "pays-continent" : Canton et ses dim-sum, Pékin et son canard laqué, et le Sichuan et ses fondues. Le menu "Grand-mère" est un incontournable.

Lunch 27 € – Menu 36/72 € – Carte 29/85 €

Plattegrond: B3-d – *Generaal Lemanstraat 54 – ℰ 03 237 22 22 – www.liangsgarden.eu – Gesloten 8 juli-4 augustus en zondag*

ⅠⅠO **Sail & Anchor**

MODERN BRITS · VINTAGE X Michael Yates schippert tussen de moderne en typisch Britse keuken. Deze Engelse chef maakt dankbaar gebruik van Belgische kwaliteitsproducten en gaat er creatief mee aan de slag. Zijn keuken is speels en verfrissend, intrigerend maar ook hartverwarmend. De sympathieke gastvrouw Marijke past deze urban zaak als gegoten.

CUISINE ANGLAISE MODERNE · VINTAGE X Michael Yates navigue entre la modernité et les traditions de la cuisine britannique. Ce chef anglais aime travailler des produits belges de qualité avec beaucoup de créativité. Une cuisine ludique et rafraîchissante, intrigante mais réjouissante. La sympathique Marijke est dans son élément pour vous accueillir dans ce restaurant urbain.

Menu 70/135 € 🍷 – een enkel menu

Plattegrond: C3-g – *Guldenvliesstraat 60* – 𝒞 *03 430 40 04*
– *www.sailandanchor.be* – *alleen diner behalve zondagmiddag* – *Gesloten zondagavond, maandag en dinsdag*

BERENDRECHT

Antwerpen – ✉ 2040 – Antwerpen – Atlas n° **4**-A2

☺ **Reigershof**   🅰🅲 ⇔

FRANS CREATIEF · ROMANTISCH XXX Deze voormalige smidse is resoluut gerestyled en heeft een modern interieur gekregen. In de exquise menu's van de patron gaan klassieke en creatieve kookkunst hand in hand, de kaaswagen is ronduit geweldig! Wie achteraf een luchtje wil scheppen, kan een wandeling maken in het naburige bos, waar een reigerkolonie huist.

CUISINE FRANÇAISE CRÉATIVE · ROMANTIQUE XXX Pour une escapade au nord du port d'Anvers, dans un village de polder... Cette ancienne forge fait des étincelles : dans un décor soigné, on déguste une cuisine contemporaine appétissante – avec un fabuleux plateau de fromages. Une colonie de hérons niche dans la forêt voisine : la balade digestive est toute trouvée !

Lunch 30 € – Menu 35/70 € – Carte 59/80 €

Reigersbosdreef 2 – 𝒞 *03 568 96 91*
– *www.hetreigershof.be* – *Gesloten 24 december-9 januari, 3 tot 21 juli, zaterdagmiddag, zondagavond, maandag en dinsdag*

BERLAAR

Antwerpen – ✉ 2590 – Atlas n° **4**-B3

✿ **Het Land** (Steven Bes)   🏠 🎖 ⇔ 🅿

MEDITERRAAN · KNUS XX Het Land van Steven Bes is er een van puur plezier. U wordt ontvangen in een warm decor waarin de schoonheid van de tuin uitblinkt, en geniet van een klassieke keuken met hier en daar mediterrane invloeden. Geen liflafjes, maar bereidingen waarin de beheerste afwisseling van smaken voor spanning zorgt. Lekker!

→ Oosterscheldekreeft met gewokte asperges, citroengras en gember. Krokante kalfszwezerik en buikspek met doperwtjes en morieljes. Gegrilde tarbot met noordzeegarnalen en lamsoor. Madeleine met aardbeien, abrikoos en verse kruiden.

CUISINE MÉDITERRANÉENNE · COSY XX Bienvenue dans le pays (het land, en néerlandais) de Steven Bes ! C'est ici le royaume du plaisir, comme en témoignent le décor chaleureux, le beau jardin, et surtout la jolie cuisine classique du chef, parsemée de touches méditerranéennes... Rien de superflu ici, mais des préparations dans lesquelles l'alternance des goûts crée une tension bien maîtrisée. C'est tout bon.

Lunch 43 € – Menu 51/74 € – Carte 67/112 €

– 𝒞 *03 488 22 56 (reserveren noodzakelijk)*
– *www.hetland.be* – *Gesloten eerste week januari, eerste week paasvakantie, laatste 2 weken augustus, woensdagmiddag, zaterdagmiddag, zondag en maandag*

BERLARE

Oost-Vlaanderen – ⌧ 9290 – Atlas n° **3**-C2

🍴○ **Lijsterbes**   🛱 ⅍ ⇔ **P**

MODERNE KEUKEN · **EIGENTIJDS** ⅩⅩ De natuurlijke smaak van een product oppeppen met creativiteit, daar streeft chef Van Der Bruggen naar. Hij doet dat in gerechten die u zowel kunt delen als helemaal alleen kunt verorberen. Stijlvol en relaxed, dat is de Lijsterbes.

CUISINE MODERNE · **BRANCHÉ** ⅩⅩ Le chef Van Der Bruggen cherche à dynamiser la saveur du produit et y insufflant sa créativité. Les plats peuvent être partagés ou dégustés individuellement. Le tout dans une ambiance élégante et décontractée : on s'y sent bien !

Lunch 29 € – Menu 47/85 € – Carte 61/114 €

Donklaan 155 (aan het Donkmeer, Noordwest: 4 km) – ℰ 09 367 82 29
– www.lijsterbes.be
– Gesloten woensdagmiddag, zaterdagmiddag, zondagavond en maandag

BEVEREN-LEIE

West-Vlaanderen – ⌧ 8791 – Waregem – Atlas n° **2**-C3

❀ **Castor** (Maarten Bouckaert)   🛱 ⅍ ⅍

FRANS MODERN · **DESIGN** ⅩⅩ Castor straalt jeugdig enthousiasme uit, en dat geldt niet enkel voor het moderne, strakke kader. Hier kookt namelijk een chef die technisch onderlegd is, die het klassieke raffinement weet te combineren met moderne ideeën en associaties. Hij benadrukt de topkwaliteit van de producten en overtuigt met zijn smaken.

→ Navarin van lamsnek met hazelnoot, snijboontjes en dooierzwam. Anjouduifje met spitskool, eendenlever en mimolettekaas. Dame Blanche 'all the way'.

CUISINE FRANÇAISE MODERNE · **DESIGN** ⅩⅩ Castor dégage une sorte d'enthousiasme juvénile, qui ne se limite pas à son cadre contemporain. En cuisine, on trouve un chef très doué techniquement, qui sait combiner le raffinement classique et les associations modernes, et faisant toujours honneur au produit. Convaincant !

Lunch 43 € – Menu 54/96 € – Carte 78/115 €

Kortrijkseweg 164 – ℰ 056 19 01 21
– www.cas-tor.be – Gesloten 30 december-10 januari, 21 april-1 mei, 4 tot 27 augustus, 3 tot 11 november, zaterdagmiddag, zondag en maandag

BILZEN

Limburg – ⌧ 3740 – Atlas n° **5**-C3

🍴○ **De Verleiding**   🛱 ⒶⒸ ⅍

MODERNE KEUKEN · **TRENDY** ⅩⅩ De benedenverdieping is ingenomen door de bakkerij en de lunchroom, op het eerste verdiep vindt u dit modern ingerichte restaurant. U zult er moeilijk kunnen weerstaan aan de mooi ogende gerechten, die al even smakelijk zijn als ze eruitzien. De chef stemt zijn gerechten af op de seizoenen en doet alles om u te plezieren.

CUISINE MODERNE · **TENDANCE** ⅩⅩ Au rez-de-chaussée, on trouve la boulangerie et le lunch room, tandis qu'au premier étage se situe le restaurant. Impossible de résister aux plats, aussi attractifs pour l'œil que pour le palais. Le chef cuisine au gré des saisons, et fait tout pour vous séduire... Mission accomplie.

Lunch 30 € – Menu 46 € – Carte 61/93 €

Klokkestraat 19 – ℰ 089 41 14 22
– www.huizebriers.be – alleen diner behalve zondag – Gesloten 14 tot 22 januari, 22 tot 30 april, 12 tot 27 augustus, zondagavond, maandag en dinsdag

BLANDEN

Vlaams-Brabant – ✉ 3052 – Oud-Heverlee – Atlas n° **6**-C2

⫟○ **Meerdael**   🏠 🍽 **P**

TRADITIONELE KEUKEN · ELEGANT XxX Laat u na een wandeling in het Meerdaalwoud verwennen in dit elegant restaurant, waar het interieur charme uitstraalt. Jean-Marc Cosyns schotelt een klassieke keuken voor, zijn vrouw Ann zorgt voor de vlotte bediening.

CUISINE TRADITIONNELLE · ÉLÉGANT XxX Après une promenade au bois de Meerdaal, faites-vous dorloter dans cet élégant restaurant au décor charmant. Jean-Marc Cosyns concocte une délicieuse cuisine classique, tandis que son épouse Ann assure le service avec brio.

Menu 74 € – Carte 64/100 €

Naamsesteenweg 90 – 𝒞 016 40 24 02 – www.meerdael.be – Gesloten eind december-begin januari, 1 week Pasen, 3 weken augustus, zaterdagmiddag, zondag en maandag

BLANKENBERGE

West-Vlaanderen – ✉ 8370 – Atlas n° **2**-C1

⫟○ **Cabo**   ⇐ 🏠 ⇔

MODERNE KEUKEN · BRASSERIE XX De toplocatie in de haven van Blankenberge, het minimalistische designinterieur, de tapasbar op het verdiep ... Cabo is een zaak met allure! Behalve het zicht geniet u hier ook van een goed draaiende, moderne keuken die steunt op verse producten.

CUISINE MODERNE · BRASSERIE XX Un emplacement de choix sur le port de Blankenberge, un décor design, un bar à tapas à l'étage... Ce Cabo a de l'allure ! Dans l'assiette, une cuisine moderne et variée, où le produit frais est roi.

Lunch 35 € – Menu 49/120 € 🍷 – Carte 52/77 €

Wenduinse Steenweg 1 – 𝒞 050 41 27 59 – www.cabo-clubrestaurant.be – Gesloten woensdag en donderdag

⫟○ **Philippe Nuyens**

FRANS MODERN · FAMILIAAL XX De sobere klasse van dit restaurant past de keuken van Philippe Nuyens als gegoten. Hij kan terugkijken op een rijke ervaring en heeft de klassieke keuken stevig onder knie. De frisse update die hij daar aan geeft, geeft de smaken wat extra pep. Een leuk adresje op een paar passen van de zeedijk.

CUISINE FRANÇAISE MODERNE · FAMILIAL XX La classe sobre de ce restaurant sied comme un gant à la cuisine de Philippe Nuyens. Il peut s'appuyer sur une riche expérience et une grande maîtrise de la cuisine classique, qu'il met au goût du jour et dynamise avec beaucoup de fraîcheur. Une belle adresse à quelques pas de la digue.

Menu 48/85 €

J. de Troozlaan 78 – 𝒞 050 41 36 32 – www.philippenuyens.be – Gesloten een week januari, een week maart, half juni-begin juli, half september-begin oktober, dinsdag, woensdag en na 20.30 u.

⫟○ **Griffioen**

VIS EN ZEEVRUCHTEN · RUSTIEK X De alomtegenwoordige kunstwerken – creaties van de patron – maken van deze familiezaak een bijzondere plek. U geniet er van al het lekkers uit de zee, zoals een rijkelijk gegarneerde bouillabaisse. De prijs van de kreeft is haast onklopbaar!

POISSONS ET FRUITS DE MER · RUSTIQUE X Les œuvres d'art omniprésentes – les propres créations du patron ! – donnent à cet établissement un cachet bien à lui... Sa spécialité, ce sont les recettes de la mer, avec notamment une bouillabaisse copieusement garnie. Et le prix du homard défie toute concurrence...

Lunch 26 € – Menu 37/60 € – Carte 53/69 €

Kerkstraat 163 – 𝒞 050 41 34 05 – www.griffioen.be – Gesloten 1 tot 26 januari, dinsdag, woensdag en donderdag

🏨 Aazaert   🏖 🖥 🌐 🐾 ♨ 🅿 ♿ 🍽 🧖 🚗

SPA EN WELLNESS · HEDENDAAGS Wilt u graag centraal logeren in een hedendaags hotel dat mooi up-to-date is, en houdt u bovendien van wellness? Dan is Aazaert wat u zoekt! De uitgebreide wellnessfaciliteiten zijn tijdens de dag vrij toegankelijk en kunnen 's avonds afgehuurd worden. Restaurant Starckx biedt dan weer een hartverwarmende Franse keuken.

SPA ET BIEN-ÊTRE · CONTEMPORAIN À la recherche d'un hôtel contemporain très central, avec en plus un espace bien-être ? Vous êtes à la bonne adresse ! À noter : le wellness est librement accessible en journée, et peut être loué le soir. Le restaurant Starckx propose également une cuisine française conviviale.

58 kamers ☲ – 🛏135/168 € 🛏🛏145/180 €
Hoogstraat 25 – ☏ 050 41 15 99
– www.aazaert.be

🏨 Helios   ≼ 🐾 🅿 🚗

TRADITIONEEL · DESIGN Bij het binnenstappen van Helios lijkt men zich nog steeds op het strand te bevinden dankzij het zandkleurige interieur met blauwe accenten. Zeer geslaagd! De kamers bieden eveneens alle moderne comfort en verzekeren een rustige overnachting. Om volledig te relaxen, kan men in de wellness en op het dakterras terecht.

TRADITIONNEL · DESIGN La plage se prolonge jusqu'à l'intérieur de cet hôtel, grâce au décor couleur sable, accentué de nuances bleues. Très réussi ! Les chambres offrent tout le confort moderne pour une tranquillité garantie. Espace de relaxation et terrasse-solarium perchée sur le toit.

50 kamers ☲ – 🛏70/125 € 🛏🛏90/150 €
Zeedijk 92 – ☏ 050 42 90 20
– www.hotelhelios.be – Gesloten 7 tot 31 januari

🏨 Riant Séjour   ≼ 🐾 🅿 🅿 🚗

FAMILIAAL · HEDENDAAGS Alle kamers van dit strandhotel zijn ruim bemeten en bieden een prachtig onbelemmerd uitzicht op de pier en de zee. Mooi! De knappe wellness en de kleine fitnessruimte verdienen zeker een bezoekje.

FAMILIAL · CONTEMPORAIN Toutes les chambres de cet hôtel de plage sont de bonnes dimensions et offrent une vue dégagée sur la jetée et sur la mer. Wellness et petite installation de remise en forme.

30 kamers ☲ – 🛏135/265 € 🛏🛏135/265 €
Zeedijk 188 – ☏ 050 43 27 00 – www.riantsejour.be
– Gesloten 5 november-9 februari

BOECHOUT
Antwerpen – ✉ 2530 – Atlas n° **4**-B2

🍽 De Schone van Boskoop

FRANS MODERN · DESIGN 🟡🟡 Chef Keersmaekers komt graag in de moderne, artistieke zaal om aan tafel de suggesties voor te stellen. Zijn liefde voor terroirproducten en groenten is onmiskenbaar en typeert zijn keuken. Hij is zeer onderlegd in het klassieke werk en weet telkens de pure smaak van het product te versterken.

CUISINE FRANÇAISE MODERNE · DESIGN 🟡🟡 Le chef Keersmaekers aime venir en salle, dévoiler son amour pour les produits de terroir et les légumes. Il manie le classicisme avec modernité, sublimant les produits d'une touche essentielle.

Lunch 35 € – Menu 49/115 € – Carte 86/126 €
Appelkantstraat 10 – ☏ 03 454 19 31
– www.deschonevanboskoop.be – Gesloten 1 week kerstvakantie, 1 week Pasen, 3 weken augustus, dinsdagmiddag, zondag en maandag

VLAANDEREN · FLANDRE

⫶◯ Jacqueline

MARKTKEUKEN · BUURTRESTAURANT ✗ Deze voormalige slagerij is genoemd naar de grootmoeder van Evelien Swiers, die hier samen met haar vriend alles alleen doet. Ze brengt natuurlijke gerechten op het bord waarin de groenten het hoofdproduct mooi aanvullen. Puur en eerlijk, zoals het hoort.

CUISINE DU MARCHÉ · DE QUARTIER ✗ Cette ancienne boucherie porte le nom de la grand-mère d'Evelien Swiers, qui gère son restaurant toute seule avec son compagnon. Elle présente une cuisine naturelle qui met le produit principal en valeur grâce aux légumes. Simple et honnête, comme il se doit.

Lunch 30 € – Menu 40/65 € – een enkel menu

Van Colenstraat 8 – 𝒞 03 284 30 33 (reserveren aanbevolen)
– www.restaurantjacqueline.be – Gesloten woensdagmiddag, donderdagmiddag, zaterdagmiddag, maandag, dinsdag en na 20.30 u.

BOOM
Antwerpen – ✉ 2850 – Atlas n° **6**-C2

⌂ Domus

BUSINESS · DESIGN Door een familie gerund designhotel, dat ooit een klooster was, in een drukke winkelstraat. Heerlijke zelfgemaakte broodjes bij het ontbijt. Mooie tuin om uit te rusten.

BUSINESS · DESIGN Exploité en famille dans une rue commerçante, cet hôtel design tire parti d'une maison de maître au passé de cloître. Viennoiseries maison au petit-déjeuner. Jardin de repos.

13 kamers ⌑ – 👤105/145 € 👤👤120/160 €
Antwerpsestraat 15 – 𝒞 03 440 90 00
– www.hoteldomus.be – Gesloten eind december

BOORTMEERBEEK
Vlaams-Brabant – ✉ 3190 – Atlas n° **4**-C1

⫶◯ Silo's

TRADITIONELE KEUKEN · TRENDY ✗✗ Silo's is een levendige zaak waar alles op wieltjes loopt. Deze voormalige mouterij is imposant, maar dankzij een knusse en trendy inrichting is het hier aangenaam eten. Op het bord komen traditionele gerechten die met zorg zijn bereid en rechtdoorzee zijn: op basis van goede producten en vol krachtige smaken.

CUISINE TRADITIONNELLE · TENDANCE ✗✗ Cette ancienne malterie est imposante, sans être écrasante : son décor élégant et moderne et fait un lieu agréable. La cuisine, traditionnelle et soignée, va droit au but et nous permet de faire le plein de saveurs !

Lunch 32 € – Carte 45/86 €

Leuvensesteenweg 350 – 𝒞 015 51 11 11 (reserveren noodzakelijk)
– www.silos.be – Gesloten eind december, laatste 3 weken juli, zaterdagmiddag en zondag

BORGERHOUT
Antwerpen – ✉ 2140 – Antwerpen – Atlas n° **4**-A2

Zie plattegrond Antwerpen

⫶◯ Atelier Maple ⓝ

CREATIEF · BURGERLIJK ✗✗ Authentieke elementen geven dit charmant art-nouveaupand een aangename intimiteit. Wat is die glazen koepel prachtig! De keuken van chef Thynes is bewerkt en kosmopolitisch, Indonesische invloeden zijn hier nooit ver weg. De smaken zijn zeer genuanceerd, soms wat complex, maar de balans wordt nooit uit het oog verloren.

CUISINE CRÉATIVE · BOURGEOIS XX Les éléments authentiques offrent une belle intimité à ce charmant édifice Art Nouveau. Joli dôme en verre ! La cuisine du chef Thynes est travaillée et cosmopolite et les influences indonésiennes ne sont jamais très loin. Belles nuances de saveurs parfois complexes, mais sans jamais perdre l'équilibre.

Lunch 33 € – Menu 45 € – Carte 67/82 €

Karel De Preterlei 210 – ☏ 03 295 80 90

– www.ateliermaple.be – Gesloten zaterdagmiddag, zondag, maandag en na 20.30 u.

BORGLOON
Limburg – ✉ 3840 – Atlas n° **5**-B3

 Pracha

FAMILIAAL · FUNCTIONEEL Moderne villa om relaxed te "cocoonen". Wellness, beautycenter (de eigenares is schoonheidsspecialiste), lounge in de serre en rust-gevende tuin met waterpartij.

FAMILIAL · FONCTIONNEL Villa moderne vous conviant à un séjour "cocooning" dans une ambiance relax. Wellness, beauty center (patronne esthéticienne), salon-véranda, jardin de repos avec pièce d'eau.

7 kamers ☑ – †85/95 € ††100/110 €

Kogelstraat 3 – ☏ 012 74 20 74

– www.pracha.be – Gesloten 24, 25 en 31 december-1 januari

 De Verborgen Parel

LUXE · ELEGANT Dit B&B biedt meer dan knappe kamers in een Limburgse groene long. De belangrijkste troef? Een uitgebreide wellness, met hamam, bin-nenzwembad en meer. De sauna is erg in trek en moet afzonderlijk gereser-veerd worden.

LUXE · ÉLÉGANT Une maison d'hôtes qui, outre de jolies chambres, vous pro-pose un vaste espace bien-être dont un hammam et une piscine intérieure. Le sauna, très sollicité, doit être réservé séparément.

8 kamers ☑ – †114/134 € ††114/134 €

Hoenshovenstraat 5 (in Hoepertingen, West: 5 km via N 79) – ☏ 0477 05 94 80
– www.deverborgenparel.be

BORNEM
Antwerpen – ✉ 2880 – Atlas n° **4**-A3

 Eyckerhof (Ferdy Debecker)

FRANS MODERN · HERBERG XXX Ferdy en Ann begonnen in 1987 met hun lande-lijk gelegen restaurant en maakten er een topper van. De decoratie in Flamant-stijl is elegant, het terras is even prachtig. Op het bord defileren de beste produc-ten van het seizoen in geraffineerde gerechten. De chef kent zijn klassieke sau-zen, al komt hij ook modern uit de hoek.

→ Langoustines met ganzenlever en bospaddenstoelen. Bresseduif met truffel. Parfait van chocolade.

CUISINE FRANÇAISE MODERNE · AUBERGE XXX Depuis 1987, année de l'ouver-ture de leur restaurant rural, Ferdy et Ann en ont fait un grand nom. La décoration de style Flamant est d'une élégance rare, et la terrasse n'est pas en reste. Dans l'assiette, on trouve les meilleurs produits de la saison, travaillés avec raffinement par le chef, qui est un maître des sauces classi-ques.

Lunch 43 € – Menu 65 € ▼/79 € – Carte 91/110 €

Spuistraat 21 (in Eikevliet, Zuidoost: 4 km) – ☏ 03 889 07 18 (reserveren noodzakelijk) – www.eyckerhof.be – Gesloten 2 en
3 januari, 29 januari-2 februari, 26 tot 30 maart, 16 tot
31 juli, 3 tot 7 september, zaterdagmiddag, zondag en maandag

⫟○ Biestro H-eat

MODERNE KEUKEN • BISTRO ✗ Hippe bistro waar de mozaïeken vloer en de sfeerverlichting voor een leuke vibe zorgen, net als de relaxte bediening. De chefs laten in hun open keuken zien hoe ze met veel zorg werken en klassieke recepten naar hun hand zetten, al koken ze ook graag Aziatisch en oriëntaals. Het moet vooral lekker zijn, en genereus.

CUISINE MODERNE • BISTRO ✗ Dans ce bistrot branché, le sol et mosaïques et la lumière d'ambiance créent une vibration particulière... sans oublier le service, tout en décontraction. Dans leur cuisine ouverte, les chefs revisitent les recettes classiques, avec quelques touches asiatiques et orientales. Le goût et la générosité avant tout !

Lunch 15 € – Menu 37 € – Carte 37/54 €

Hingenesteenweg 48 – ☎ 03 501 30 01 (reserveren aanbevolen) – www.h-eat.be – Gesloten eind december, maandag en zondag

BRAKEL
Oost-Vlaanderen – ✉ 9660 – Atlas n° **03G**-B3

⫟○ De Vijf Seizoenen

FRANS MODERN • ELEGANT ✗✗ Groenten vers van het veld, kruiden geplukt in de Vlaamse Ardennen, vis uit duurzame vangst, ... In dit elegant restaurant kiest men voor kwaliteit. De creatieve bewerking van de producten en de aandacht voor groenten zorgt voor variatie en smaak. Hier geniet u van puurheid en duurzaamheid.

CUISINE FRANÇAISE MODERNE • ÉLÉGANT ✗✗ Des légumes frais des champs, des herbes cueillies dans les Ardennes flamandes, du poisson (presque) frétillant ... Ce restaurant élégant a choisi la qualité. Le traitement créatif des produits et l'attention accordée aux légumes laissent rêveurs. Cette aventure gastronomique devrait être remboursée par la sécurité sociale.

Lunch 32 € – Menu 45/65 € – Carte 67/74 €

Kasteelstraat 5 – ☎ 055 42 84 48 – www.devijfseizoenen.be – Gesloten 8 tot 19 april, 15 tot 28 juli, maandag en dinsdag

BREDENE
West-Vlaanderen – ✉ 8450 – Atlas n° **2**-B1

⫟○ Le Homard et la Moule

VIS EN ZEEVRUCHTEN • EIGENTIJDS ✗✗ Chef Deschagt trekt wekelijks naar de duinen en de golfbrekers om er zeewier en kruiden te plukken. Hij verwerkt hun smaken subtiel in gerechten waarvoor hij vooral werkt met vis en zeevruchten (van topkwaliteit!). Met welgemikte creativiteit creëert hij gerechten boordevol smaak. Het kreeftenmenu en de all-informules zijn absolute aanraders!

POISSONS ET FRUITS DE MER • BRANCHÉ ✗✗ Le chef Deschagt parcourt chaque semaine les dunes et les brise-lames pour cueillir les algues et herbes dont les saveurs subtiles relèveront sa cuisine, axée sur le poisson et les fruits de mer (de grande qualité). Une cuisine savoureuse et pleine de créativité. Ne manquez pas le menu de homard et les formules " all-in ".

Lunch 39 € – Menu 55/90 €

Duinenstraat 325 – ☎ 0475 56 63 39 – www.lehomardetlamoule.be – Gesloten donderdagavond, zondagavond, maandag, dinsdag en na 20.00 u.

NIET TE MISSEN! *LES BONS PLANS!*

Rock-Fort, een lieveling van de Bruggelingen voor zijn lekkere tapas. Café De Garre, ideaal om na een boottocht te genieten van een streekbier, in het smalste straatje van Brugge. Prinsenhof, voor een romantische overnachting.

Rock-Fort, dont les tapas font l'unanimité auprès des Brugeois. Café De Garre, dans la plus petite ruelle de Bruges, pour déguster une bière locale après une balade en bateau. Prinsenhof, et son ambiance romantique.

BRUGGE · BRUGES

West-Vlaanderen – ⊠ 8000 – 118 053 inw. – Atlas n° **2**-C1

Restaurants

🕸 **Den Gouden Harynck** (Philippe Serruys)　　　　🕸 ⇔ **P**

CREATIEF · ROMANTISCH ✗✗✗ U kunt de warmte van historisch Brugge haast proeven in dit elegant restaurant. De chef heeft een neus voor uitmuntende producten en wijnen, en heeft de klassieke keuken goed in de vingers. Al durft hij ook creatief uit de hoek te komen, zo bewijzen onder meer Aziatische invloeden. In het B&B kunt u lekker nagenieten.

→ Noordzeekrab met mousse van avocado. Gebakken grietbot met kruidenkorst en krokante groentjes. Creatie van aardbeien, mascarpone en sorbet van appel en basilicum.

CUISINE CRÉATIVE · ROMANTIQUE ✗✗✗ La cave de Philippe Serruys est le fruit de longues années de sélection. Un travail de fond également à l'œuvre en cuisine, où s'exprime une belle fidélité au classicisme. Mais le chef sait aussi se montrer créateur, et puisant par exemple des influences du côté de l'Asie. Chambres agréables pour prolonger cette plaisante étape.

Lunch 45 € – Menu 80/95 € – Carte 101/163 €

Plattegrond: C2-w – *Groeninge 25* – ☏ *050 33 76 37* – *www.goudenharynck.be* – *Gesloten 5 tot 16 maart, 16 juli-2 augustus, 5 tot 9 november, feestdagen, zaterdagmiddag, zondag en maandag*

🕸 **Zet'Joe by Geert Van Hecke**　　　　🕸

FRANS CREATIEF · KNUS ✗✗ Geert Van Hecke is een brok passie die het koken niet kan laten. Bij Zet'Joe lijkt u bij hem thuis binnen te stappen, het warme decor en de schilderijen zetten meteen de toon. Hij etaleert zijn vakkennis en kunde om topproducten te sublimeren. Hier eet u klassiek, met intense smaken, en ontdekt u de kracht van echte sauzen. Zet u, en geniet.

→ Langoustines met gekonfijte aubergine, ganzenlever en algeninfusie. Gebraden duif, de pootjes gekonfijt, morteauworst en rode rijst. Creatie van chocolade.

CUISINE FRANÇAISE CRÉATIVE · COSY ✗✗ Geert Van Hecke est un authentique passionné, qui ne vit que pour la cuisine. Au Zet'Joe, on est comme chez lui ; il nous fait profiter de son expérience et de son savoir-faire, qui lui permettent de sublimer des produits de grande qualité. Les mets sont classiques, aux saveurs intenses, avec notamment de remarquables sauces.

Lunch 57 € – Menu 84/136 € – Carte 120/168 €

Plattegrond: D1-q – *Langestraat 11* – ☏ *050 33 82 59* – *www.zetjoe.be* – *Gesloten eerste 2 weken januari, eerste 3 weken juli, eerste week september, zondag en maandag*

BRUGGE

0   200 m

A   DUDZELE   B   SLUIS KNOKKE,

DE HAAN, OOSTENDE

NIEWPOORT, GISTEL

KORTRIJK

Jacob van Arteveldstr.
Jacob van Maerlantstr.
Cornelis Everaertstr.
Jules Praetstr.
Patrickkaweg
Vaartstraat
Sint-Pieterszuidstr.
Slachthuisstr.
Ronsaardbekestraat
Graaf de Moelenaerelaan
Louis de Potterstr.
Komvest
Dudzeelse Steenweg
Sint-Jozefsstraat
Koolkerkse
Damse Vaart-Zuid
Manderstr.
Zuidervaartje
Kolenkaai
Leopold I-Laan
IJ-Laan
Sint-Pieterskaai
Sint Pieterskaai
Emile Cousindro
Gouden Handel Kaai
Ronsaardbekestraat
Fort
Komvest
Werfstraat
Kolenkaai
Koningin Elisabethlaan
Vlamingdam
g
O.-L.-Vrouw ter Potterie - Hospitaalmuseum
Koeleweimolen
Peterseliestraat
Nieuwe Papegaai
b
x
Ezelpoort
Klaverstraat
Lauwerstraat
Groenestr.
Oude Zak
Annuntiatenstraat
Langerei
Potterierei
St-Gillis
Schuttersgilde St-Sebastiaan
ST-KRUIS
Engels Klooster
Hugo Verriest-str.
Guido Gezellemuseum
Bonne Chieremolen
Volkskundemuseum
Jeruzalemkerk
St-Anna
Kantcentrum
G
Peperstraat
c
f
s
Kruispoort
Grauwwerkersstraat
Verversdijk
Molenstr.
Verbrand Nieuwland
Ganzestr.
Buiten Kazernevest
Altebijstraat
1
Gulden-Vlieslaan
Hoefijzerlaan
Lange
Buiten Smedenvest
Guido Gezellelaan
c
Prinsenhof
Markt (Grand-Place)
Hoogstr.
Predikherenstr.
Vulderstraat
Bilkske
2
Burg
BELFORT-HALLEN
Wollestr.
Waalsestr.
Coupure
Buiten Kazernevest
Nijverheidsstraat
Langestr.
2
f
x
i
Dijver
Mariastr.
Steenhouwersdijk
Schaarstraat
Gentpoort
Buiten Boninvest
Hauwer Str.
Oezepurstr.
Coezepurstr.
O.-L.-Vrouwekerk
Buiten Gentpoortvest
Blekerijstraat
e
Hendrik Conscencelaan
P
ST-JANSHOSPITAAL (MEMLING MUSEUM)
Gentweg
Generaal Lemanlaan
Katelijnestraat
Oostmeers
Westmeers
Oude Gentweg
Vestingstraat
Wagnerstraat
Daverlostr.
Begijnhuisje
Koning Albert I Laan
P
Buiten Begijnenvest
Katelijnevest
Gentpoortvest
Rubenslaan
Gulden-Peerden-Str.
P
i
P
Chantrellestr.
Vaartdijkstraat
Buiten Katelijnevest
Barièredreef
4
Vrijheidstraat
Wachterstraat
Sint-Katarinastraat
Weidestraat
Rozenstraat
Begonlastraat
Tulpenstraat
3
Koning Albert I Laan
Spoorwegstraat

A   B

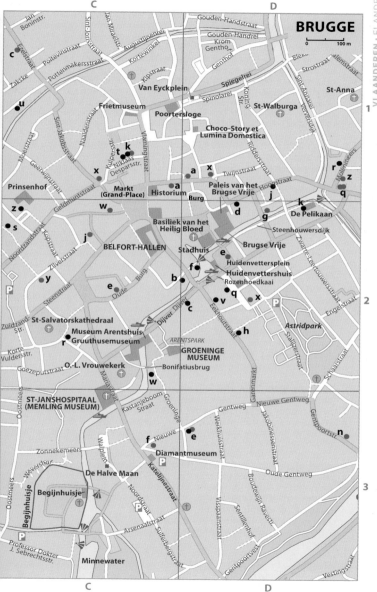

BRUGGE

0   100 m

C

Jan Boninstr.
Sint-Jorisstraat
Jan Miraelstr.
Augustijnenrei
Korte winkel
Poitevinstraat
Pottenmakersstraat
Kipstraat
Zakske
Naaldenstraat
Spinolarei
Van Eyckplein
Spiegelrei
Koningstraat
St-Walburga
Frietmuseum
Poortersloge
Choco-Story et
Lumina Domestica
Sint-Jakobsstraat
Vlamingstraat
Moerstraat
Geerwijnstraat
t **k**
Kuiperstr.
Niklaas
Desparsstr.
x
Prinsenhof
z
s
Noordzandstraat
Geldmuntstraat
Sint-Amandsstr.
Markt
(Grand-Place)
a **a**
Historium
Burg
w
Riddersstraat
Twijnstraat
x
Paleis van het
Brugse Vrije
Hoogstraat
j
d
g
k
De Pelikaan
Steenhouwersdijk
Brugse Vrije
Basiliek van het
Heilig Bloed
Zilverstraat
j
BELFORT-HALLEN
Stadhuis
y
Kopstraat
Steenstraat
Oude Burg
e
f
b
e
Huidenvettersplein
Huidenvettershuis
Rozenhoedkaai
q
c
v
x
Dijver
Ezelstraat
h
Astridpark
St-Salvatorskathedraal
Zuidzand-Str.
Museum Arentshuis
r
Gruuthusemuseum
ARENTSPARK
GROENINGE
MUSEUM
Korte Vulderstr.
Goezeputstraat
O.-L. Vrouwekerk
Bonifatiusbrug
Mariastraat
w
Gentmarkt
Stalijzerstraat
Schaalstraat
ST-JANSHOSPITAAL
(MEMLING MUSEUM)
Oostmeers
Kastanjeboom
Straat
Groeninge
Gentweg
Nieuwe Gentweg
Werkhuisstraat
Gentpoortstr.
n
f
Nieuwe
e
Diamantmuseum
Katelijnestraat
Oude Gentweg
Boudewijn Ravesti
Zonnekemeers
Walplein
Noordstraat
De Halve Maan
Wevershof
Begijnhuisje
Begijnhuisje
Arsenaalstraat
Sulferbergstraat
Visspaanstraat
Sentillenhof
Gentpoortvest
Professor Dokter
J. Sebrechtsstr.
Minnewater
Vestingstraat

St-Anna

r **z**
q

C   **D**

1

2

3

Gouden-Handstraat
Gouden-Handrei
Krom
Genthof
Strostraat
Blekestraat

c
u
x

🔆 Sans Cravate (Henk Van Oudenhove)

FRANS CREATIEF · GEZELLIG ✗✗ U stapt een geanimeerde zaak binnen die eigentijds is ingericht, maar pas op! U zit in de laagdrempelige Hubert Gastrobar, waar men geniet van een lekkere productkeuken. Voor bewerkte klassieke topgerechten, lekkere sauzen en bereidingen van de rotisserie moet u achteraan zijn, in het lumineuze Sans Cravate.

→ Langoustine met erwtjes en bouillon van tomaat en oregano. Geroosterde tarbot met slahart, inktvis en zwarte olijf. Crêpe normande.

CUISINE FRANÇAISE CRÉATIVE · CONVIVIAL ✗✗ Deux établissements distincts dans cette maison très appréciée à Bruges : l'Hubert Gastrobar, d'un côté, avec sa jolie cuisine de produits à partager ; le Sans Cravate, à l'arrière, pour déguster des plats plus classiques et de haut niveau, de bonnes sauces et des préparations issues de la rôtisserie. Dans les deux cas, un vrai plaisir.

Lunch 45 € – Menu 69/108 € – Carte 85/123 € – een enkel menu op zaterdagavond

Plattegrond: B2-c – *Langestraat 159 – ☏ 050 67 83 10 (reserveren aanbevolen)*
– www.sanscravate.be
– Gesloten 2 en 9 tot 17 januari, 13 maart, 24 april-2 mei, 2 weken in juli, zaterdagmiddag, zondag en maandag

🔆 Assiette Blanche

FRANS CREATIEF · GEZELLIG ✗✗ Dit is een rasechte Bib Gourmand! In deze warme bistro is de muur bekleed met donkere lambrisering en hangt er altijd heel wat gezelligheid. De chef combineert de krachtige smaken van de klassieke keuken met modernere variaties en texturen, zijn weldoordachte bereidingen hebben als doel smaken te versterken.

CUISINE FRANÇAISE CRÉATIVE · CONVIVIAL ✗✗ Les murs de ce bistrot chaleureux sont habillés de boiseries foncées et l'ambiance y est toujours conviviale. Le chef combine les puissantes saveurs de la cuisine classique à des variations de textures hypermodernes, pour un résultat vraiment convaincant : le goût en sort gagnant à tous les coups !

Lunch 25 € – Menu 37/65 € – Carte 59/80 €

Plattegrond: D1-a – *Philipstockstraat 23 – ☏ 050 34 00 94*
– www.assietteblanche.be – Gesloten dinsdag en woensdag

🔆 Kok au Vin

CREATIEF · GEZELLIG ✗ Warme bistro met glazen voorgevel waar Jürgen Aerts bewijst dat de creatieve keuken niet ingewikkeld hoeft te zijn. Hij houdt het eenvoudig, maar zorgt er wel voor dat de smaken en texturen mooi samengaan. Lokale en biologische groenten worden daar uitvoerig voor gebruikt, net als de gesloten houtskooloven Mibrasa.

CUISINE CRÉATIVE · CONVIVIAL ✗ Un bistrot chaleureux, reconnaissable à sa façade vitrée, dans lequel Jürgen Aerts montre qu'en cuisine, créativité ne rime pas forcément avec complexité. Ici, les goûts et textures se marient à merveille, en toute simplicité ; les légumes bio et locaux sont à la fête, tout comme le Mibrasa, le four à charbon de bois très apprécié par le chef...

Lunch 20 € – Menu 37/60 € – Carte 37/74 €

Plattegrond: C1-c – *Ezelstraat 21 – ☏ 050 33 95 21*
– www.kok-au-vin.be – Gesloten laatste week juli-eerste week augustus, zondag en maandag

🔆 Refter

VLAAMS · EIGENTIJDS ✗ De kleurrijke mozaïek aan de open keuken brengt leven in het moderne bistro-interieur van deze Refter. U geniet er van een aantrekkelijk aanbod pretentieloze gerechten die resoluut om smaak draaien, zonder omwegen. De chefs brengen een keuken vol sterke smaken, waarin een klassieke basis duidelijk aanwezig is.

CUISINE FLAMANDE · BRANCHÉ ✗ La mosaïque éclatante qui entoure la cuisine ouverte donne un coup de fouet au décor bistrotier de ce Refter (réfectoire en néerlandais). On y profite d'une offre attractive de plats sans prétention, qui célèbrent le goût sans détours.

Lunch 20 € – Menu 37 € – Carte 48/95 €

4 kamers ⌂ – ♦200/260 € ♦♦200/260 €

Plattegrond: D1-z – *Molenmeers 2* – ℰ *050 44 49 00*
– *www.bistrorefter.com*
– *Gesloten 2 weken in januari, 2 weken in juli, 1 week in september, zondag en maandag*

Tou.Gou

MARKTKEUKEN · HEDENDAAGSE SFEER ✗ Jade en Thibault noemen hun gezellige, trendy ingerichte zaak een fijnproeverij, en terecht! De producten, rechtstreeks uit Frankrijk (vooral Lyon) geïmporteerd, zijn top en worden zonder teveel poespas bewerkt. Af en toe met wereldse invloeden, altijd hoog op smaak. Dankzij de traiteurdienst kunt u er ook thuis van smullen.

CUISINE DU MARCHÉ · CONTEMPORAIN ✗ L'établissement convivial de Jade et de Thibault est un vrai appeau à gourmands. Les produits sont directement importés de France (surtout de Lyon) et sont préparés sans trop de fioritures. Quelques influences internationales parsèment des assiettes toujours bien relevées. Et grâce au service traiteur, vous pouvez même les déguster à la maison.

Carte 34/56 €

Plattegrond: A2-f – *Smedenstraat 47* – ℰ *050 70 58 02 (reserveren noodzakelijk)*
– *www.tougou.be* – *alleen lunch* – *Gesloten zondag*

Le Mystique

CREATIEF · INTIEM ✗✗✗ Een etentje bij Le Mystique begint met het bewonderen van het opulente decor dat historische grandeur ademt. Een toonbeeld van elegantie! Zo klassiek de omgeving is, zo origineel is de keuken. De jonge chef is een creatieveling die producten uit diverse eetculturen bewerkt, verbindt en in lekkere gerechten verwerkt.

CUISINE CRÉATIVE · INTIME ✗✗✗ Un dîner au Mystique, ça commence toujours par un coup d'œil admiratif au décor : l'opulence, l'élégance, l'histoire sont au rendez-vous. Quant à la cuisine, elle se révèle plutôt originale, le chef utilisant volontiers des produits venus d'ailleurs. Résultat : un délice !

Menu 79/115 € – Carte 79/144 €

Plattegrond: C1-k – *Hotel Heritage, N. Desparsstraat 11* – ℰ *050 44 44 45*
– *www.lemystique.be* – *alleen diner*
– *Gesloten 16 tot 24 januari, 17 juli-8 augustus, 6 tot 21 november, zondag en maandag*

Patrick Devos

FRANS MODERN · INTIEM ✗✗✗ Patrick Devos is al sinds zijn jeugd gebeten door zijn vak en dat voelt u aan de ernst waarmee dit statige restaurant wordt gerund. Hij wil u graag laten meegenieten van zijn passie voor innovatief koken en interessante wijn-spijscombinaties.

CUISINE FRANÇAISE MODERNE · INTIME ✗✗✗ Patrick Devos aime son métier depuis le plus jeune âge et le sérieux avec lequel il conduit sa table prouve comme sa passion est intacte. Sa cuisine est pleine de recherche, avec de jolis mariages avec les vins. Une demeure élégante.

Lunch 35 € – Menu 40/85 € – Carte 85/120 €

Plattegrond: C2-y – *Zilverstraat 41* – ℰ *050 33 55 66*
– *www.patrickdevos.be*
– *Gesloten 8 tot 12 april, 22 juli-9 augustus, 26 tot 30 december, woensdagavond, zaterdagmiddag en zondag*

⅋○ Bonte B.

FRANS CREATIEF · BISTRO XX Hout en design hebben de bovenhand in dit huiselijk restaurant. Chef Bonte komt regelmatig zelf in de zaal om zijn moderne creaties op tafel te zetten. Hij is terecht fier op de verfijnde bereidingen waarvoor hij graag wereldse smaken gebruikt. Dit is bistronomie zoals het hoort te zijn!

CUISINE FRANÇAISE CRÉATIVE · BISTRO XX Honneur au bois et au design dans ce restaurant plaisant. Le chef Bonte vient souvent en salle pour présenter ses créations, tout en raffinement, dans lesquelles il mêle des goûts venus des quatre coins du monde. La bistronomie dans ce qu'elle a de meilleur : il peut être fier de lui !

Lunch 28 € – Menu 58/76 € – Carte 55/79 €

Plattegrond: A2-x – *Dweersstraat 12* – ✆ *050 34 83 43 (reserveren aanbevolen)* – *www.bonteb.be* – *Gesloten zondag en maandag*

⅋○ Brasserie Grand Cru   🛆 🅿

TRADITIONELE KEUKEN · RUSTIEK XX De rood/wit geruite tafellopers en het rustieke decor verraden het meteen: hier eet u lekker traditioneel. In de open keuken ziet u hoe de chefs onder meer de rotisserie gebruiken om no-nonsense gerechten te bereiden. Ze laten u smullen van rijkelijke, ouderwetse gerechten zoals kalfsniertjes en zeetong meunière.

CUISINE TRADITIONNELLE · RUSTIQUE XX Nappes à carreaux, décor rustique et recettes traditionnelles, avec cuisine ouverte sur la rôtisserie. Tel est le programme de cette brasserie. Au menu, notamment, rognons de veau et sole meunière.

Carte 50/122 €

Plattegrond: B1-g – *Noorweegsekaai 5* – ✆ *050 73 75 96* – *www.brasseriegrandcru.be* – *Gesloten zaterdag en zondag*

⅋○ Cantine Copine   🛆 🅿

MARKTKEUKEN · HEDENDAAGSE SFEER XX Karen Keygnaert heeft haar gezellige zaak ondergebracht in een voormalige borstelfabriek, de brute bakstenen muren herinneren aan dat industriële verleden. U wordt er ontvangen als een copain of copine en smult van mooie producten die al hun smaken prijsgeven. De creatieve touch van de chef maakt ze net wat boeiender.

CUISINE DU MARCHÉ · CONTEMPORAIN XX Les murs bruts, en briques, du nouveau restaurant convivial de Karen Keygnaert (le chef a fermé son restaurant étoilé cette année pour ouvrir cette formule plus simple) se souviennent de leur passé industriel. On vous y accueille en ami, en « copine », pour y déguster de beaux produits, travaillés avec créativité.

Lunch 30 € – Carte 60/72 €

Steenkaai 34/s – ✆ *0470 97 04 55* – *www.cantinecopine.be* – *Gesloten zaterdagmiddag, donderdagavond, zondag en maandag*

⅋○ Den Heerd   🖨 🛆 🆎

KLASSIEKE KEUKEN · TRENDY XX Zoek zeker eens de tuin van hotel Montanus op. Daar vindt u dit moderne restaurant waar glas een voorname rol speelt, en een mooi terras. Op het bord komen aantrekkelijke productcombinaties die helemaal met hun tijd mee zijn.

CUISINE CLASSIQUE · TENDANCE XX Offrez-vous une visite au jardin de l'hôtel Montanus ! Vous y découvrirez ce restaurant moderne où le verre domine, avec une belle terrasse. L'assiette propose des combinaisons alléchantes et bien actuelles.

Lunch 25 € – Menu 50 € – Carte 50/87 €

Plattegrond: D3-e – *Hotel Montanus, Nieuwe Gentweg 78* – ✆ *050 35 44 00* – *www.denheerd.be* – *Gesloten woensdag en zondag*

🍽️ **Franco Belge**

FRANS MODERN · EIGENTIJDS XX Jeugdvrienden Dries en Tomas hebben hun talent gebundeld in deze trendy zaak, die over een mooie open keuken en een heerlijk terras beschikt. Ze serveren een keuken met respect voor de traditie en het product, die eigentijds wordt gebracht en aandacht heeft voor groenten. Generositeit is hier geen loos woord!

CUISINE FRANÇAISE MODERNE · BRANCHÉ XX Amis de jeunesse et désormais complices et gourmandise : à la barre de cet établissement tendance, doté d'une belle terrasse, Dries et Tomas proposent une cuisine respectueuse de la tradition et du produit, agrémentée de touches contemporaines, où les légumes jouent un rôle crucial. La générosité est au rendez-vous !

Lunch 30 € – Carte 55/87 €

Plattegrond: B2-f – *Langestraat 109 – ✆ 050 69 56 48*
– www.restaurantfrancobelge.be – Gesloten eerste week januari, zondag en maandag

🍽️ **Guillaume**

AZIATISCHE INVLOEDEN · TRENDY XX Restaurant Guillaume, naar het Franse koosnaampje voor patron Wim, vindt u in een knus huisje. De keuken lijkt op de patron: joviaal en genereus. U proeft in zijn gerechten een Bourgondische toets en Aziatische invloeden, in aantrekkelijk geprijsde menuformules.

INFLUENCES ASIATIQUES · TENDANCE XX De son surnom Wim (d'où "Guillaume" en français), le patron a une bien sympathique maison et surtout une âme joviale et généreuse. Et sa cuisine lui ressemble ! À noter : la formule lunch est intéressante.

Lunch 33 € – Menu 42/72 € – Carte 63/79 €

Plattegrond: A2-c – *Korte Lane 20 – ✆ 050 34 46 05 – www.guillaume2000.be*
– Gesloten eerste 2 weken augustus, zaterdagmiddag, maandag, dinsdag en na 20.30 u.

🍽️ **De Mangerie**

WERELDKEUKEN · TRENDY XX Kristof Deprez deelt met veel plezier zijn passie voor Azië. Bij De Mangerie krijgt u dan ook meteen een vakantiegevoel, en dat is niet enkel aan het gezellige interieur te danken. De finesse waarmee bereidingen van bij ons en oosterse invloeden worden gecombineerd, zorgt voor smaken die mooi in balans zijn. Lekker!

CUISINE DU MONDE · TENDANCE XX Kristof Deprez aime partager sa passion pour l'Asie. Dès que vous passerez la porte de cette Mangerie, un sentiment de vacances va s'emparer de vous... Le chef combine des préparations bien de chez nous et des influences orientales, créant un bel équilibre de saveurs.

Lunch 28 € – Menu 35/57 €

Plattegrond: C2-e – *Oude Burg 20 – ✆ 050 33 93 36 – www.mangerie.com*
– Gesloten paasvakantie, zaterdagmiddag, zondag en maandag

🍽️ **Tanuki**

JAPANS · TRADITIONEEL XX Ivan Verhelle dompelt zijn gasten al sinds 1989 onder in Japanse sferen. Zowel de bediening als het decor zijn authentiek, dankzij de open keuken ziet u hoe er met topproducten zoals verse wasabi wordt gewerkt. De chef zorgt voor showcooking aan de teppanyaki en biedt ook een typische theeceremonie (op afspraak) aan.

CUISINE JAPONAISE · TRADITIONNEL XX Depuis 1989, Ivan Verhelle plonge ses clients dans une inimitable atmosphère japonaise. Service et décor sont plus vrais que nature ; grâce à la cuisine ouverte, vous serez témoins de la préparation de jolis produits, comme le wasabi frais. Le chef cuisine au teppanyaki et vous gratifie même d'une cérémonie du thé (sur rendez-vous).

Lunch 29 € – Menu 85/122 € 🍷 – Carte 62/122 €

Plattegrond: C3-f – *Oude Gentweg 1 – ✆ 050 34 75 12 – www.tanuki.be – Gesloten krokusvakantie, twee weken in juli, herfstvakantie, maandag en dinsdag*

🍴 Lieven

MARKTKEUKEN · TRENDY 🍴 Eten bij Lieven Vynck is genieten van topproducten, zonder tierlantijntjes. Geen drukke bereidingen dus, maar pure smaken die mooi tot hun recht komen. Kies gerust voor de lunch om deze leuke, trendy zaak te ontdekken. Het is de moeite!

CUISINE DU MARCHÉ · TENDANCE 🍴 En un clin d'œil, Lieven s'est imposé comme une véritable institution à Bruges. On comprend aisément pourquoi ! La cuisine épouse les dernières tendances, en se concentrant sur l'essentiel : le produit dans son authenticité. Un conseil : optez pour le lunch, une excellente introduction à cet établissement jovial et trendy. Hautement recommandable !

Lunch 30 € – Carte 53/74 €

Plattegrond: D1-x – *Philipstockstraat 45* – ☎ *050 68 09 75* – *www.etenbijlieven.be* – *Gesloten zondag en maandag*

🍴 Brasserie Raymond

BURGERKEUKEN · BRASSERIE 🍴 Op 50 meter van de Grote Markt ligt deze vaste waarde. Raymond is een brasserie pur sang: houten lambrisering en rode bankjetten ontbreken hier dus niet, net als een leuke ambiance en typische klassiekers. Of het nu de steak tartaar of de vol-au-vent is, de bereiding is als vanouds en de herkenbare smaken bekoren bij elke hap.

CUISINE BOURGEOISE · BRASSERIE 🍴 A 50 mètres de la Grand-Place, on trouve cette valeur sûre. Raymond est une brasserie pur-sang : boiseries et banquettes rouges sont naturellement de la partie, tout comme l'ambiance et les vrais classiques. Que ce soit le steak tartare ou le vol-au-vent, les préparations sont à l'ancienne et chaque bouchée est un régal.

Lunch 19 € – Menu 40/45 € – Carte 40/84 €

Plattegrond: C1-x – *Eiermarkt 5* – ☎ *050 33 78 48* – *www.brasserie-raymond.be* – *Gesloten laatste week van juli-eerste week van augustus en zondag*

🍴 Bruut

MODERNE KEUKEN · MINIMALISTISCH 🍴 Bruut is het interieur van dit karaktervolle pand, waar overbodige opsmuk niet aanwezig is. Op het bord echter geen bruutheid. Vers en lokaal staan hier centraal, de chef legt met zijn moderne aanpak van traditie emotie in de gerechten. Hij weegt alles bijzonder goed af en creëert telkens een rijk smakenpalet.

CUISINE MODERNE · ÉPURÉ 🍴 Brut, comme le décor de ce bâtiment de caractère, dénué de toute ornementation superflue. Quel contraste avec l'assiette, où dominent les produits frais et locaux ! Une version moderne et précise de la tradition qui ne manque pas de susciter l'émotion.

Lunch 30 € – Menu 69 € – een enkel menu

Plattegrond: D2-g – *Meestraat 9* – ☎ *050 69 55 09* – *www.bistrobruut.be* – *Gesloten eind december, 1 week Pasen, laatste week juli-eerste 2 weken augustus, feestdagen, zaterdag en zondag*

🍴 Goesepitte 43 🆕

MARKTKEUKEN · ELEGANT 🍴 In de Goezeputstraat 43 krijgt u zowaar een junglefeeling, moswand en aapjes inclus! Het contemporaine decor is de moeite en wordt nog wat aangenamer als u de lekkernijen ontdekt die chef Supply graag in de Mibrasa houtskooloven bereidt. Zijn keuken is boeiend, lekker, en geeft groentegarnituren telkens iets extra. De crêpe normande is een must!

CUISINE DU MARCHÉ · ÉLÉGANT 🍴 Une atmosphère de jungle, avec un mur de mousse et des petits singes... un décor contemporain qui vaut le détour, mais qui n'est qu'un avant-goût des délices concoctés par le chef Supply dans le four à charbon Mibrasa. Une cuisine fascinante et savoureuse, qui sublime les légumes. Ne manquez pas la crêpe normande !

Lunch 29 € – Carte 55/77 €

Goezeputstraat 43 – ☎ *050 66 02 23* – *www.goesepitte43.be* – *Gesloten 24 december 's avonds, 25 december, 31 december-1 januari, 27 maart-3 april, 30 juni-17 juli, 2 tot 9 oktober, zondag en woensdag*

ꭙⵔ Den Gouden Karpel   🕼 AC

VIS EN ZEEVRUCHTEN · BISTRO 🕽 De specialiteit van het huis? Vis, uiteraard! Dat kan ook niet anders als u weet dat deze moderne bistro afhangt van de aangrenzende viswinkel (met fishbar, voor een lichte lunch) die al 3 generaties door dezelfde vissersfamilie wordt uitgebaat, en dat de Vismarkt vlakbij is. Hier kunt u rekenen op puurheid, versheid en generositeit.

POISSONS ET FRUITS DE MER · BISTRO 🕽 La spécialité des lieux ? Le poisson ! Comment pourrait-il en être autrement lorsque l'on sait que l'affaire dépend de la poissonnerie attenante (avec son fishbar, pour un lunch léger), tenue par la même famille depuis trois générations, et que le marché au poisson est à deux pas ? La fraîcheur est évidemment au rendez-vous, comme la générosité !

Carte 50/87 €

Plattegrond: D2-e – *Huidenvettersplein 4 – ✆ 050 33 34 94*
– www.dengoudenkarpel.be – Gesloten 2 weken in juni, 2 weken in november, dinsdagmiddag en zondagavond behalve juli en augustus en maandag

ꭙⵔ Komtuveu

MODERNE KEUKEN · KNUS 🕽 De open gashaard laat een vleugje romantiek waaien door het intieme Komtuveu, maar het zijn de moderne gerechtjes in de kommetjes die u zullen veroveren. De jonge chef speelt met smaken en texturen, zoekt naar de juiste balans, en toont daar zijn vakkennis mee aan.

CUISINE MODERNE · COSY 🕽 La cheminée ouverte donne un air de romantisme à Komtuveu, mais ce qui retient surtout l'attention, ce sont ces préparations modernes, servies dans des bols. Le jeune chef joue avec les saveurs et les textures, à la recherche du bon équilibre, et fait preuve d'un certain savoir-faire.

Lunch 24 € – Menu 42/60 € – Carte 56/74 €

Plattegrond: D3-n – *Gentpoortstraat 51 – ✆ 0495 62 53 29 (beperkt aantal zitplaatsen, reserveren) – www.komtuveu.com – Gesloten zaterdagmiddag, dinsdag en woensdag*

ꭙⵔ Nous   🕼 AC

FRANS CREATIEF · TRENDY 🕽 Het is in een van de smalste straatjes van het stadscentrum dat chef Olivier met hart en ziel werkt om mensen samen te brengen rond lekker eten. Zijn restaurant is trendy, er hangt een gezellige vibe. Hij serveert er pure gerechten zonder liflafjes, met invloeden uit heel de wereld en kruiden die smaken tot leven wekken.

CUISINE FRANÇAISE CRÉATIVE · TENDANCE 🕽 C'est dans une des plus petites rues du centre-ville que le chef Olivier travaille avec cœur et âme pour rassembler des gens autour de bons plats. Son restaurant est tendance, l'ambiance conviviale. Il sert des mets purs, sans chichis, riches d'influences du monde entier, et agrémentés d'herbes qui vitalisent les goûts.

Lunch 20 € – Menu 37/49 € – Carte 36/50 €

Plattegrond: C2-j – *Kleine Sint-Amandsstraat 12 – ✆ 050 34 43 20*
– www.restonous.be – Gesloten dinsdag, woensdag en donderdag

ꭙⵔ Quatre Mains   🕼

KLASSIEKE KEUKEN · TAPASBAR 🕽 Chef Olivier en gastvrouw Leen steken hun handen uit de mouwen om u te verwennen. In deze moderne bistro (mooi terras achteraan!) deelt u tapas in flinke porties, die zowel à la carte als in een aantrekkelijk keuzemenu worden aangeboden. Een gezellige formule om te genieten van smakelijke bistrogerechten en lekkere wijn.

CUISINE CLASSIQUE · BAR À TAPAS 🕽 Olivier, le chef, et Leen, l'hôtesse, font tout pour vous gâter. Dans ce bistro moderne (belle terrasse à l'arrière !) on partage de belles portions de tapas, qui peuvent être choisis à la carte ou dans le beau menu avec choix. Une formule sympathique pour déguster des mets de bistrots, assortis de bons vins.

Menu 38 € – Carte 40/54 €

Plattegrond: C1-a – *Philipstockstraat 8 – ✆ 050 33 56 50 – www.4mains.com*
– Gesloten 24, 25 en 31 december,1 januari, laatste twee weken augustus, zondag en maandag

203

VLAANDEREN · FLANDRE

iO Rock-Fort

MODERNE KEUKEN · EIGENTIJDS X Hermes Vanliefde en Peter Laloo: het duo achter deze frisse zaak klinkt dan wel als intimistische poëzie, hun ongekunstelde keuken is er een van pure rock-'n-roll. De energie en begeestering spat van de borden; dat vraagt om een bisnummer!

CUISINE MODERNE · BRANCHÉ X Hermes Vanliefde et Peter Laloo : un duo aux accents de poésie intimiste, pour une cuisine efficace et... complètement rock'n'-roll. L'assiette déborde d'énergie et d'enthousiasme : un rappel s'impose !

Menu 55 € – Carte 45/79 €

Plattegrond: D1-q – *Langestraat 15 – ℰ 050 33 41 13*
– www.rock-fort.be – Gesloten eind december-begin januari, 1 week paasvakantie, 3 weken in juli, woensdagmiddag, zaterdag en zondag

Hotels

🏰 Dukes' Palace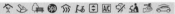

PALACE · GROTE LUXE U wilt de historische charme van Brugge niet alleen zien, maar echt beleven? Dan is dit prestigieuze, luxueuze hotel uw gedroomde uitvalsbasis. Er werd zelfs geschiedenis geschreven: Filips de Goede stichtte hier de orde van het Gulden Vlies. Het chique restaurant is een goed adres voor Belgische klassiekers en modernere seizoenssuggesties.

PALACE · GRAND LUXE Pour qui souhaite non seulement contempler les charmes de Bruges, mais en faire l'expérience... Cette superbe demeure patricienne plonge ses racines dans l'histoire de la cité : Philippe le Bon y a fondé l'ordre de la Toison d'Or en 1430. Décors d'un classicisme achevé, œuvres d'art, etc. Dans le restaurant chic, vous dégustez des classiques belges.

109 kamers ⌑ – 🛉149/449 € 🛉🛉159/479 € – 1 suite

Plattegrond: C2-z – *Prinsenhof 8 – ℰ 050 44 78 88*
– www.hoteldukespalace.com

🏰 Van Cleef

GROTE LUXE · ELEGANT Bel aan, betreed de charmante inkomsthal en ontdek de luxe die de Van Cleef te bieden heeft. De ervaren patron heeft dit karakterhotel kleinschalig gehouden om een persoonlijke aanpak te kunnen bieden. Hier moet u enkel aan genieten denken. Zoals smullen van een à la carte ontbijt, op het terras aan de reien. Geweldig!

GRAND LUXE · ÉLÉGANT Sonnez, entrez dans le hall, et savourez le charme incomparable de Van Cleef. Cet hôtel de caractère est à dimension humaine, et offre une expérience personnelle à chacun. Une seule chose à faire ici : profiter ! Prenez votre petit-déjeuner à la carte sur la terrasse, au bord du canal... Fantastique.

17 kamers – 🛉250/400 € 🛉🛉250/400 € – ⌑17 €

Plattegrond: D1-r – *Molenmeers 11 – ℰ 050 34 64 14*
– www.hotelvancleef.com

🏰 Grand Hotel Casselbergh

HISTORISCH · GROTE LUXE Casselbergh heeft de titel 'grand hotel' dubbel en dik verdiend en is een van de toppers in het Brugse hotelaanbod. Het is een stadspaleis met charme, gevestigd in een beschermd pand en gedecoreerd in een klassieke stijl. Hebt u al ooit van wellness of een work-out genoten in een middeleeuwse kelder? Hier is uw kans!

HISTORIQUE · GRAND LUXE Ce charmant palais classique – et classé – mérite largement son titre de "Grand Hotel" : il demeure l'un des fleurons de l'hôtellerie brugeoise, au chic indémodable. Avez-vous déjà profité d'un espace bien-être (avec fitness) dans une cave médiévale ? C'est le moment ou jamais !

118 kamers ⌑ – 🛉128/248 € 🛉🛉128/248 €

Plattegrond: D2-d – *Hoogstraat 6 – ℰ 050 44 65 00*
– www.grandhotelcasselbergh.com

Heritage 🎾 🐾 🏠 🗟 🖢 🔲 AC 🛇 🚗

LUXE · ELEGANT Spitstechnologie en 19de-eeuwse charme gaan hand in hand bij dit karaktervol hotel. Uw kamer mag dan wel klassiek ingericht zijn, er ligt naast de vintage telefoon ook een iPad klaar om uw trip mee uit te stippelen. Klim zeker ook eens naar het dak, want het ietwat verborgen terras biedt een prachtig zicht op het belfort!

LUXE · ÉLÉGANT Les hautes technologies et le charme du 19e s. s'accordent à merveille dans cet hôtel de caractère. Chaque chambre, d'allure classique, dispose d'un téléphone vintage et d'un iPad, comme un clin d'œil à la modernité qui file. La terrasse posée sur le toit offre une magnifique vue sur le beffroi.

22 kamers – ♦185/275 € ♦♦245/385 € – ⌂ 29 €

Plattegrond: C1-k – *N. Desparsstraat 11 – 𝒞 050 44 44 44*
– *www.hotel-heritage.com*

Le Mystique – Zie restaurantselectie

De Orangerie 🐾 🗟 🖢 ᴑ AC 🚗

LUXE · KLASSIEK Sta op, kijk uit het raam, en zie het water van de Brugse reien uitnodigend blinken. Vertrek daarna meteen op ontdekking; vanuit dit voormalige klooster kunt u bijna rechtstreeks in een rondvaartbootje stappen. Alsof dat nog niet genoeg is, verleidt dit hotel u bovendien met zijn knusse kamers en klassieke charme.

LUXE · CLASSIQUE Certaines chambres offrent une vue magique : au petit matin, les canaux étincellent sous le soleil levant... Pour partir à leur découverte, rien de plus simple : on peut embarquer depuis la terrasse de l'établissement, posée à fleur d'eau – un atout rare. Ce bâtiment du 15e s., au charme classique, est une valeur sûre.

20 kamers – ♦135/385 € ♦♦135/385 € – ⌂ 25 €

Plattegrond: C2-b – *Kartuizerinnenstraat 10 – 𝒞 050 34 16 49*
– *www.hotelorangerie.be – Gesloten 7 tot 25 januari*

De Tuilerieën 🖥 🏠 🗟 AC 🛋 🅿

LUXE · HISTORISCH U verwennen en uw verblijf tot in de puntjes verzorgen, dát is de ambitie van het team achter De Tuilerieën. Deze zaak heeft er ook alles voor in huis: de ligging, langs een schilderachtige gracht in het hart van de stad, modern comfort in een statig klassiek interieur en echte Brugse gastvrijheid.

LUXE · HISTORIQUE Œuvrer pour le bien-être des clients et soigner le moindre détail, telle est l'ambition de cet établissement. Au registre de ses agréments : des décors d'un élégant classicisme, un sens de l'hospitalité typiquement brugeois, et une belle situation, sur un canal pittoresque à deux pas du centre-ville.

45 kamers – ♦169/415 € ♦♦169/415 € – ⌂ 25 € – 3 suites

Plattegrond: D2-c – *Dijver 7 – 𝒞 050 34 36 91*
– *www.hoteltuilerieen.com*

The Peellaert 🏠 🗟 🖢 ᴑ AC 🛇 🛋 🅿

HISTORISCH · EIGENTIJDS In de herenhuizen waar vroeger baron de Peellaert vertoefde, mogen nu hotelgasten zich even een aristocratische stedeling wanen. Net als in grote broer Grand Hotel Casselbergh vindt u hier statige elegantie en een wellness in de keldergewelven.

HISTORIQUE · CONTEMPORAIN Derrière une belle façade néoclassique, une noble demeure – ancienne résidence du baron de Peellaert –, où l'on joue les aristocrates du 19e s. : enfilade de salons, décors d'une grande élégance, ambiance feutrée...

50 kamers ⌂ – ♦125/350 € ♦♦125/350 €

Plattegrond: D1-j – *Hoogstraat 20 – 𝒞 050 33 78 89*
– *www.thepeellaert.com*

VLAANDEREN · FLANDRE

The Pand 🔲 🅰🅲 ✂ 🚗

LUXE · GEZELLIG The Pand is de term 'boetiekhotel' meer dan waard. Het ademt een discrete luxe uit met zijn romantische inrichting, zorgvuldig uitgezochte antieke stukken en prettige details zoals het eitje dat naar uw wens wordt gebakken op het AGA-fornuis.

LUXE · COSY Dans une maison du 18e s., un véritable boutique-hôtel, au décor très étudié comme il se doit : luxe discret (nombreux objets d'art) et... mille et un détails qui rendent le séjour charmant. Ainsi, au petit-déjeuner, l'on choisit "sur mesure" la cuisson de son œuf sur le fourneau en fonte.

26 kamers – 🛏149/265 € 🛏🛏149/265 € – ⛟ 25 €

Plattegrond: D2-q – *Pandreitje 16* – ☏ *050 34 06 66* – *www.pandhotel.com*

De Castillon 🚲 🔲 ♿ 🅰🅲 🅿

HISTORISCH · PAND · ROMANTISCH Dit familiehotel huist in een 17de-eeuws pand dat niets van zijn karakter heeft verloren en luxe als norm heeft. U ontbijt er onder de gewelven, geniet in de salon van de art-decosfeer en afwerking in bladgoud, en overnacht in een uitermate warme kamer met heel wat stoffen meubilair. Service komt hier op de eerste plaats.

DEMEURE HISTORIQUE · ROMANTIQUE Cet hôtel familial et luxueux se trouve dans un bâtiment du 17e s. qui n'a rien perdu de son caractère. On y déjeune sous les voûtes, on profite au salon de l'ambiance Art déco et des finitions en or plaqué ; on passe la nuit dans des chambres chaleureuses ornées avec beaucoup de meubles et tissu. Service impeccable.

20 kamers – 🛏150/380 € 🛏🛏150/450 € – ⛟ 25 €

Plattegrond: C2-r – *Heilige Geeststraat 1* – ☏ *050 34 30 01* – *www.castillion.be*

Prinsenhof 🔲 🅰🅲 🏋 🚗

LUXE · PERSOONLIJK CACHET Het Prinsenhof, dat is een vleugje romantiek, een portie luxe en elke kamer zijn eigen persoonlijkheid. Doe hierbij nog de warme ontvangst en alle ingrediënten zijn aanwezig voor een prinsheerlijk verblijf in de stad van de 'Brugse zotten'.

LUXE · PERSONNALISÉ Le Prinsenhof, c'est une touche de romantisme, un soupçon de luxe et une dose de classicisme inspiré. Ajoutez-y un accueil chaleureux, et tous les ingrédients sont réunis pour un séjour de charme dans la "Venise du Nord" !

24 kamers – 🛏162/362 € 🛏🛏162/362 € – ⛟ 25 €

Plattegrond: C2-s – *Ontvangersstraat 9* – ☏ *050 34 26 90* – *www.prinsenhof.com*

Relais Bourgondisch Cruyce 🔲 🅰🅲 ✂ 🚗

HISTORISCH · ROMANTISCH Verpozen bij een schilderij van Appel, ontbijten met zilveren bestek, 's namiddags smullen van high tea en genieten van een somptueus decor: het kan allemaal in dit luxueuze hotel. De kamers zijn eerder klein, maar wel een en al elegantie en klasse. En dan dat uniek zicht op de grachten ... Brugser dan hier vindt u niet!

HISTORIQUE · ROMANTIQUE Se reposer aux côtés d'un tableau de Appel, prendre le petit-déjeuner avec des couverts en argent, déguster un high tea l'après-midi et profiter d'un sompteux décor : tout cela est possible dans ce luxueux hôtel ! Les chambres sont assez petites, mais pleines de classe et d'élégance. Et que dire de la jolie vue sur les canaux... 100 % brugeois !

16 kamers – 🛏185/360 € 🛏🛏185/360 € – ⛟ 19 €

Plattegrond: D2-f – *Wollestraat 41* – ☏ *050 33 79 26*
– *www.relaisbourgondischcruyce.be* – *Gesloten eerste 3 weken januari*

Montanus 🏋 🛏 🔲 ♿ 🏋

HISTORISCH · GEZELLIG Uw groene vingers beginnen ongetwijfeld te kriebelen als u verblijft in één van de tuinkamers, van waar u de waterpartij hoort klateren en de appelbomen in bloei kunt zien. Montanus is een comfortabel hotel met cachet!

HISTORIQUE · COSY Votre main verte vous démangera certainement si vous logez dans l'une des chambres donnant sur le jardin, où chuchote une fontaine et fleurissent des pommiers au printemps... Du cachet et du confort en ces lieux !

24 kamers – †95/149 € ††95/149 € – ☑ 18 € – ½ P

Plattegrond: D3-e – *Nieuwe Gentweg 78* – *ℰ 050 33 11 76*
– *www.montanus.be*

Den Heerd – Zie restaurantselectie

 ## Ter Duinen

FAMILIAAL · KLASSIEK Zweert u bij een goed ontbijt? Dan zal dat van Ter Duinen u vast bekoren. Samen met de parkeermogelijkheden, de rustige ligging en het mooie uitzicht op het water is het een van de troeven van het huis.

FAMILIAL · CLASSIQUE Les amateurs de bons petits déjeuners seront séduits par Ter Duinen. C'est l'un des points forts de la maison, et en plus d'une situation au calme, d'une jolie vue sur un canal et de nombreuses possibilités de parking.

20 kamers ☑ – †105/199 € ††129/199 €

Plattegrond: B1-x – *Langerei 52* – *ℰ 050 33 04 37*
– *www.terduinenhotel.eu* – *Gesloten 6 januari-2 februari, 30 juni-12 juli en 10 tot 19 november*

 ## Albert I

FAMILIAAL · KLASSIEK Dit klassieke hotelletje ligt vlak bij de actie: op enkele passen van het Concertgebouw en de cafeetjes op 't Zand, en op 10 minuutjes stappen van de Markt. Met zo'n ligging zal uw hele gezin zich geen moment vervelen.

FAMILIAL · CLASSIQUE Au cœur de l'action ! Tout près du Concertgebouw (le grand auditorium de la ville) et des cafés du Zand, et à 10mn à pied de la Grand-Place, cet établissement conviendra notamment aux familles. Un bon petit hôtel classique.

13 kamers ☑ – †80/120 € ††80/160 €

Plattegrond: A3-e – *Koning Albert I-laan 2* – *ℰ 050 34 09 30*
– *www.hotelalbert1.be* – *Gesloten 23 tot 28 december en 3 tot 12 juli*

 ## Marcel

FAMILIAAL · HEDENDAAGS Marcel onderscheidt zich met zijn urban aanpak. Het moderne interieur heeft karakter en in de (eerder kleine) kamers zijn grote wandfoto's van typische gebouwen eyecatchers. De Brugse gastvrijheid is, ook in het café, uiteraard van de partij.

FAMILIAL · CONTEMPORAIN Ce qui caractérise Marcel, c'est d'abord son approche " urbaine ". L'intérieur moderne ne manque pas de caractère et des photos géantes de curiosités architecturales ornent les murs et les plafonds des chambres (assez compactes). L'hospitalité brugeoise se retrouve jusqu'au café.

24 kamers ☑ – †90/135 € ††95/145 €

Plattegrond: C1-t – *Niklaas Desparsstraat 9* – *ℰ 050 33 55 02*
– *www.hotelmarcel.be* – *Gesloten van zondag tot vrijdag in januari en van zondag tot donderdag in februari*

 ## Bonifacius

HISTORISCH · KLASSIEK Het panoramische dakterras met uitzicht op de gracht, de sublieme romantische kamers, het heerlijke ontbijt in een prachtige authentieke setting ... de middeleeuwse charme van Brugge is hier bijna tastbaar! Genieten van luxe kan ook in de suites van B&B The Canalside House, iets verderop.

HISTORIQUE · CLASSIQUE La terrasse panoramique, sur le toit, qui domine le canal voisin, les superbes chambres pleines de romantisme, le délicieux petit-déjeuner au doux parfum d'authenticité... Ce lieu incarne à merveille le charme médiéval de Bruges. Et pour une autre expérience du luxe, direction le Canalside House, un peu plus loin.

3 kamers ☑ – †155/305 € ††180/330 €

Plattegrond: C2-w – *Groeninge 4* – *ℰ 050 49 00 49* – *www.bonifacius.be*

VLAANDEREN · FLANDRE

Casa Romantico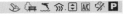

LUXE · HEDENDAAGS Zwemmen in het water, relaxen in de jacuzzi of zweten in de sauna? Zomer of winter, Casa Romantico kan u altijd bekoren. Op de verfijnde kamers is het in elk seizoen even heerlijk wegdromen.

LUXE · CONTEMPORAIN Sauna chaud, jacuzzi bouillonnant, piscine extérieure: cette maison est dédiée au bien-être des sens, et toutes saisons ! Les chambres, cosy et raffinées, sont bien celles d'une "Casa Romantico"...

3 kamers 🖙 – ♦175/220 € ♦♦220 €

Plattegrond: D2-h – *Eekhoutstraat 37* – ☎ *050 67 80 93*
– *www.casa-romantico.be*

Maison Le Dragon

LUXE · PERSOONLIJK CACHET De pracht van dit geklasseerd pand met unieke gouden draak op het dak wordt binnen verlengd: hier draait alles om authenticiteit en klasse, zonder daarbij de gezelligheid te vergeten. Een blik op het chique salon met antieke rococo muurschilderingen volstaat om ondergedompeld te worden in de persoonlijkheid van dit B&B.

LUXE · PERSONNALISÉ Bâtiment classé, reconnaissable au dragon et or qui orne son toit, qui fait forte impression à l'extérieur comme à l'intérieur. Dans le salon très chic, avec sa décoration rococo, authenticité et convivialité font ici bon ménage : ce B&B a de la personnalité.

2 kamers 🖙 – ♦160/220 € ♦♦180/240 € – 1 suite

Plattegrond: D2-v – *Eekhoutstraat 5* – ☎ *050 72 06 54*
– *www.maisonledragon.be*

The Secret Garden

LUXE · ROMANTISCH Dit romantisch B&B langs de reien moet u ontdekken. Van het verwarmd zwembad en de jacuzzi in de binnentuin tot de gouden kranen en de champagne bij het ontbijt: dit is echte luxe, pure verwennerij. De kamers stralen rust uit, het behangpapier met fazantenmotief combineert mooi met het dakgebinte. In één woord: wauw!

LUXE · ROMANTIQUE Ce B&B romantique, au bord des canaux, vaut vraiment une visite. Piscine chauffée, jacuzzi au jardin, robinets dorés, champagne au déjeuner... Pas de doute, vous allez être dorloté ! Les chambres, très tranquilles, se parent de motifs naturalistes et de boiseries apparentes.

3 kamers 🖙 – ♦275/310 € ♦♦275/310 €

Plattegrond: D2-k – *Groenerei 12* – ☎ *050 73 33 10*
– *www.secretgarden-suites.com*

La Suite Sans Cravate

LUXE · DESIGN Rechtover Sans Cravate heeft het sterrenrestaurant drie kamers ingericht. U geniet er van luxe in designstijl, van een persoonlijke aanpak en 's ochtends van een ontbijt dat wordt verzorgd door de gastvrouw. Heerlijk!

LUXE · DESIGN Ces trois chambres sont situées juste en face du restaurant étoilé Sans Cravate. Vous y goûterez un luxe design et très personnel et, le matin, un petit-déjeuner préparé par la patronne. Délicieux !

4 kamers 🖙 – ♦180/250 € ♦♦180/250 € – ½ P

Plattegrond: B2-c – *Langestraat 126* – ☎ *050 67 83 10* – *www.lasuite-bb.com*
– *Gesloten 2 en 9 tot 17 januari,13 maart, 24 april-2 mei, 2 weken in juli, zondag en maandag*

❀ **Sans Cravate** – Zie restaurantselectie

Huis Koning

FAMILIAAL · ROMANTISCH Begroet worden met de prachtige glimlach van mevrouw Koning en vervolgens smullen van huisbereide lekkernijen tijdens een ontbijt op het terras, vlak aan de reien ... Wat een ervaring! En u hebt dan net heerlijk overnacht in een historisch pand (17de eeuw) waar charme en luxe elkaar vinden. Een rustpunt in hartje Brugge!

FAMILIAL · ROMANTIQUE Être accueilli par le sourire magnifique de madame Koning, puis déguster de délicieux plats faits maison pendant le petit-déjeuner sur la terrasse, qui donne sur le canal... Quelle expérience ! Et dire qu'avant ça, vous aurez déjà profité d'une nuit romantique dans un bâtiment historique (17ème s.), où luxe et charme se retrouvent...

4 kamers ⌷ – †110/170 € ††110/170 €

Plattegrond: C1-u – *Oude Zak 25* – ☏ *0476 25 08 12* – *www.huiskoning.be*

BRUSSEGEM

Vlaams-Brabant – ✉ 1785 – Merchtem – Atlas n° **6**-B2

🍴○ **Brasserie Clash**

KLASSIEKE KEUKEN · HERBERG ✕✕ Verwacht hier geen confrontatie, maar een sfeervolle zaak waar alles net zeer vlot loopt. Of het nu voor een snelle lunch of een uitgebreid diner is, u wordt op uw wenken bediend. De keuken is eerlijk en zonder franjes, met een voorkeur voor kwaliteitsvlees. En daar voegt de chef graag een pittige clash Azië aan toe.

CUISINE CLASSIQUE · AUBERGE ✕✕ Ne vous attendez pas à une confrontation, mais plutôt à une brasserie pleine de caractère et bien huilée. Que ce soit pour un déjeuner rapide ou un dîner complet, chacun trouve son bonheur. Cuisine savoureuse et sans chichis, qui met en valeur les viandes de qualité, que le chef aime agrémenter de touches asiatiques.

Lunch 30 € – Carte 47/115 €

Nieuwelaan 127 – ☏ *02 569 05 90* – *www.restoclash.be* – *Gesloten maandag en dinsdag*

BURCHT

Antwerpen – ✉ 2070 – Zwijndrecht – Atlas n° **4**-A2

😊 **Chef's Table** 🍴 AⒸ

FRANS CREATIEF · DESIGN ✕✕ De nieuwe locatie van Chef's Table is prachtig, zeer comfortabel en trendy. Ze beschikken zelfs over een eigen groente- en kruidentuin om de kwaliteit nog meer op te krikken. Dankzij televisies ziet u live hoe chef Dimitri zijn creativiteit vertaalt naar bewerkte gerechten, hij heeft finesse en verrast graag. De wijnen zijn al even spectaculair!

CUISINE FRANÇAISE CRÉATIVE · DESIGN ✕✕ La nouvelle adresse de Chef's Table est agréable et très confortable. Grâce à son propre potager, on y gagne encore un peu plus en qualité. Des écrans permettent d'observer Dimitri à l'œuvre en direct. Sa cuisine est créative, subtile et surprenante. Les vins sont tout aussi spectaculaires !

Menu 37/75 € – Carte 50/75 €

Kaaiplein 1 – ☏ *0476 29 85 68* – *www.chefstable.be* – *Gesloten laatste 2 weken maart, 2 weken in september, dinsdag en woensdag*

DAMME

West-Vlaanderen – ✉ 8340 – Atlas n° **2**-C1

❀ **De Zuidkant** (Patrick van Hoorn) 🍴 ☼

MODERNE KEUKEN · ROMANTISCH ✕✕ De Zuidkant ontvouwt meteen al zijn troeven: terwijl u het romantische decor en de gezellige open haard aanschouwt, begeleidt de charmante gastvrouw u naar uw plaats. Vanuit de open keuken komen ondertussen heerlijke aroma's. De finesse van de chef is onbetwistbaar, dat zet hij met een weloverwogen dosis originaliteit in de verf.

→ Noordzeekrab met variatie van tomaat en basilicum. Gebraden duif met morieljes, tuinbonen en doperwten. Creatie van cheesecake en aardbeien.

CUISINE MODERNE · ROMANTIQUE ✕✕ De Zuidkant dévoile immédiatement ses atouts : tandis que vous admirez le décor romantique et le chaleureux feu ouvert, la charmante maîtresse des lieux vous accompagne vers votre table. De la cuisine ouverte se dégagent des arômes exquis. La finesse du chef est incontestable, il le démontre avec une dose d'originalité parfaitement pesée.

Lunch 39 € – Menu 57/85 € – Carte 68/98 €

Jacob van Maerlantstraat 6 – ☏ *050 37 16 76* – *www.restaurantdezuidkant.be* – *Gesloten dinsdag, woensdag en donderdag*

DEERLIJK

West-Vlaanderen – ⊠ 8540 – Atlas n° **2**-D3

⚜ Marcus (Gilles Joye) 🛋 🅰🅲 ⌾ ⇆ 🅿

CREATIEF · ELEGANT XxX Bij het elegante Marcus wordt u verwend van begin tot einde. De joviale patronne stelt u meteen op uw gemak en laat u rustig genieten van de creatieve lekkernijen die chef Joye bereidt. Hij komt wel eens speels uit de hoek en maakt dat elk ingrediënt de smaakbeleving versterkt. Het all-inmenu (enkel in de week) is top!

→ Heilbot met handgerolde couscous, kokos en citroengras. Gebakken eend met pistache, artisjok en tuinboontjes. Structuren van zwarte bes, abrikoos en sorbet van mojito.

CUISINE CRÉATIVE · ÉLÉGANT XxX Cet élégant restaurant vous ravira du début à la fin. La patronne enjouée vous met directement à l'aise. Côté fourneaux, Gilles Joye se révèle un chef créatif, travaillant des produits de qualité avec précision. Sa cuisine est tout en équilibre : chaque ingrédient apporte sa pierre à l'édifice des saveurs. Le menu tout-compris (en semaine) est à conseiller.

Lunch 66 € 🍷 – Menu 88/98 € – Carte 100/151 €

Kleine Klijtstraat 30 (in de Belgiek, Oost: 3 km) – ℰ 0473 65 07 73 – www.restaurantmarcus.be – Gesloten 23 tot 30 december, 1 tot 7 januari, 7 tot 31 juli, zaterdagmiddag, zondag, maandag en na 20.30 u.

🏠 Blue Woods ⚄ ⌁ ⟰ ℉ ⊡ 🅰🅲 ⌾ ⇆ ⛛ 🅿

BUSINESS · DESIGN Het valt meteen op dat bij Blue Woods voor kwaliteit wordt gekozen: heel het hotel is lekker cosy, de sauna en het zwembad op het dak zijn heerlijk en de service is uitmuntend. Blauw vormt hier de leidraad en kleurt ook Blue Origin, de bistro waar u terecht kunt voor een up-to-date keuken.

BUSINESS · DESIGN Nul doute, cet établissement a fait de la qualité son mot d'ordre: le confort y est omniprésent, le sauna et la piscine sur le toit sont superbes, et le service est impeccable. Le bleu, véritable leitmotiv des lieux, colore aussi Blue Origin, le bistrot, qui propose une cuisine actuelle.

18 kamers ⊡ – ♦109/159 € ♦♦129/199 €

Stationsstraat 230 – ℰ 056 78 27 72 – www.bluewoodshotel.be – Gesloten 21 juli-11 augustus

DENDERMONDE

Oost-Vlaanderen – ⊠ 9200 – Atlas n° **3**-C2

⚜ 't Truffeltje (Paul Mariën) 🛋 ⌾ ⇆

FRANS MODERN · KLASSIEK XxX 't Truffeltje is een huis van vertrouwen. Het decor en de aanpak zijn eerder klassiek, maar de gastvrouw en de gerechten zorgen voor schwung. Chef Mariën verdedigt sinds 1992 zijn ster met een hoogstaande Franse keuken. Hij verwerkt daar wel eens exotische invloeden in en doet dat met evenwicht, genereus en delicieus.

→ Dimsum met prei en langoustine, emulsie van truffel. Gegrilde tarbot met basilicummousseline en ratatouille. Appelbol met een kaneelstokje, groeneappelsorbet en calvadossabayon.

CUISINE FRANÇAISE MODERNE · CLASSIQUE XxX 't Truffeltje est une maison de confiance, qui a su maintenir son étoile depuis 1992 ! Si le décor est de facture plutôt classique, le service et les préparations culinaires apportent du peps à l'ensemble. Le chef propose une cuisine française de la haute volée, généreuse et bien équilibrée, qu'il agrémente d'influences exotiques.

Lunch 40 € – Menu 75/90 € – Carte 87/100 €

Bogaerdstraat 20 – ℰ 052 22 45 90 – www.truffeltje.be – Gesloten week na Pasen, 22 juli-20 augustus, zaterdagmiddag, zondagavond, maandag en dinsdag

🍴 Appelsveer 🛋 ♿ ⇆ 🅿

MODERNE KEUKEN · RUSTIEK XX Na een fietstocht langs de Schelde is Appelsveer een godsgeschenk. De iPad-wijnkaart in uw linkerhand en met uw rechterhand proeven van de hapjes, als het kan op het zalige terras op het Dendermondse platteland... en dan moet u nog aan de hoogstaande hedendaagse gerechten beginnen, maar ook nog de gastenkamers ontdekken!

CUISINE MODERNE · **RUSTIQUE** XX À l'occasion d'une balade à vélo le long de l'Escaut, Appelsveer se présente comme une agréable aubaine ! En terrasse, on profite de la campagne, la carte des vins sur iPad dans la main gauche, quelques amuse-bouches picorés de la main droite... avant de déguster une cuisine contemporaine, et de profiter des chambres d'hôtes.

Lunch 28 € – Menu 40 € – Carte 25/75 €

Hoofdstraat 175 (in Appels, West: 6 km) – ℰ 052 55 44 90
– www.appelsveer.be
– Gesloten 25 december, 1 januari, krokusvakantie, drie weken in juli,
herfstvakantie, zondagavond, dinsdag en woensdag

Kokarde

MARKTKEUKEN · **ELEGANT** XX De Markt ligt aan de voordeur, de Dender vloeit langs het achterliggende terras en tussenin staat dit gerenoveerde herenhuis waar modern en elegant mooi samengaan. Een prachtlocatie die de chef inspireert tot frisse, eigentijdse gerechten die een boost krijgen dankzij de versheid van de producten.

CUISINE DU MARCHÉ · **ÉLÉGANT** XX Le Markt d'un côté, la Dendre de l'autre ; entre les deux, une maison de maître conjuguant éléments d'époque (cheminées en marbre), inspiration néobaroque et minimalisme moderne. La splendeur des lieux inspire au chef une cuisine contemporaine, qui tire le meilleur de bons produits frais.

Lunch 30 € – Menu 45/56 € – Carte 52/76 €

Grote Markt 10 – ℰ 052 52 05 80
– www.kokarde.be
– Gesloten 8 tot 14 januari, 13 tot 23 maart, 18 tot 24 juni, 11 tot 28 september,
zaterdagmiddag, zondagavond en maandag

Da Vinci

MODERNE KEUKEN · **MINIMALISTISCH** XX Het knappe moderne decor is voornamelijk in zilveren tinten gehuld, maar Da Vinci is allesbehalve een grijze muis. De eigentijdse aanpak van verse producten is top, de mooie smaken zijn raak. Opgelet: hier wordt enkel met menu's gewerkt.

CUISINE MODERNE · **ÉPURÉ** XX On découvre ici un élégant décor moderne dans lequel les teintes argentées dominent ; dans l'assiette, d'excellents produits et une cuisine actuelle riche en saveurs. Attention : l'offre se limite à deux menus.

Lunch 28 € – Menu 32/100 € – een enkel menu op zaterdagavond

Koning Albertstraat 29 (in Sint-Gillis, Zuidoost: 1 km) – ℰ 0475 92 58 35
– www.davincirestaurant.be
– Gesloten woensdagmiddag, zaterdagmiddag, maandag en dinsdag

Cosy Cottage

FAMILIAAL · **GEZELLIG** Karaktervol en knus B&B dat uitkijkt op de Schelde. Kamers in cottage stijl, dependance met 1 studio en 2 kamers vlakbij. Rustieke zaal met open haard. Tuin met toegang tot de rivier.

FAMILIAL · **COSY** Cette maison d'hôtes, familiale et chaleureuse, a beaucoup de caractère : intérieur rustique, cheminée, chambres d'esprit cottage. Dépendance avec 1 studio et 2 chambres tout près. Jardin ouvert sur l'Escaut.

6 kamers ⬡ – ♦90/105 € ♦♦95/125 €

Eegene 38 (in Oudegem, Zuidwest, 7 km) – ℰ 0475 46 13 93
– www.cosycottage.be
– Gesloten januari

 Mooi weer ? Laten we buiten op het terras eten: ⌂.

DEURLE
Oost-Vlaanderen – ⊠ 9831 – Sint-Martens-Latem – Atlas n° **3**-B2

⁑○ **Deboeveries** ⏝ ⇄ 🅿

MODERNE KEUKEN · ELEGANT XX Het zijn voornamelijk eigentijdse gerechten die hier op de kaart staan, maar de klassiek gebakken tong is de specialiteit. Ook het all-inmenu is een topper van het huis, dat na een opfrissing warmte en elegantie uitstraalt. Het mooie tuinterras blijft een vaste waarde.

CUISINE MODERNE · ÉLÉGANT XX Les plats actuels occupent la majeure partie de la carte de Deboeveries, mais n'oublions pas le grand classique de la maison : la sole meunière. Le menu « All-in » est un autre grand succès de ce restaurant chaleureux, dont le décor a récemment bénéficié d'un rafraîchissement. Et, dans le jardin, la terrasse reste une valeur sûre...

Lunch 29 € – Menu 49/92 € 🍷 – Carte 48/73 €

Lijnstraat 2 (via N 43) – 𝒞 09 282 33 91 – www.deboeveries.be – Gesloten zaterdagmiddag, dinsdagavond, woensdag en donderdag

⁑○ **The Green** ⏝ 🆈 🕳 ⇄ 🅿

TRADITIONELE KEUKEN · BRASSERIE X Moderne brasserie met een vaste clientèle en chique ambiance. Lekker Relaxmenu met keuze, voordelige lunch, wijn per glas, goede service en patio.

CUISINE TRADITIONNELLE · BRASSERIE X La belle clientèle locale a fait de cette brasserie moderne sa cantine de luxe. Bon menu "relax" avec choix, lunch à prix sympa, sélection de vins au verre, service soigné, cour-terrasse et atmosphère BCBG.

Menu 45 € – Carte 43/85 €

Hotel Auberge du Pêcheur, Pontstraat 41 – 𝒞 09 282 31 44
– www.auberge-du-pecheur.be – Gesloten 24 december

🏠 **Auberge du Pêcheur** ⚑ ≺ 🛏 🚲 🔼 🆈 🕳 🛁 🅿

BUSINESS · KLASSIEK Weelderige neoklassieke villa aan de Leie. De kamers zijn knap gerenoveerd en comfortabel. Vergaderzalen, prachtig terras en schitterende tuin.

BUSINESS · CLASSIQUE Ensemble cossu au passé de guinguette de pêcheurs. Chambres joliment rafraîchis et douillettes, salles de réunions et jardin face à la Lys, qui a inspiré bien des peintres. Ponton d'amarrage privé.

32 kamers ⌷ – †80/150 € ††100/180 € – 1 suite

Pontstraat 41 – 𝒞 09 282 31 44 – www.auberge-du-pecheur.be – Gesloten 25 december

The Green – Zie restaurantselectie

DIKSMUIDE
West-Vlaanderen – ⊠ 8600 – Atlas n° **2**-B2

🊠 **Père et Mère** 🆕

KLASSIEKE KEUKEN · BISTRO X Papa Frans en Mama Ria kunnen het koken niet laten en hebben naast de bakkerij, traiteur en feestzalen van hun zonen deze gezellige bistro geopend. U geniet er van klassiekers die men vandaag nog weinig vindt, zoals konijn met pruimen en varkenswangetjes met trappistbier. Lekker, genereus ... Grootmoeders keuken op zijn best!

CUISINE CLASSIQUE · BISTRO X Le père, Frans, et la mère, Ria, ne pouvaient pas se passer de cuisiner. C'est pourquoi ils ont ouvert, aux côtés de la boulangerie, du traiteur et des salles de fêtes de leurs fils, ce bistro chaleureux. On y trouve des classiques de plus en plus rares de nos jours, comme le lapin aux pruneaux ou les joues de porc à la bière trappiste. Délicieux, généreux... La cuisine de grand-mère comme on l'aime !

Lunch 19 € – Menu 37/47 € – Carte 45/77 €

Grote Markt 43 – 𝒞 0473 59 00 58 – www.pere-et-mere.be – alleen lunch behalve vrijdag en zaterdag – Gesloten maandag en dinsdag

⅋○ Notarishuys

MARKTKEUKEN • ROMANTISCH ✕✕ Op zoek naar een romantisch adres in de Westhoek? Breng dan zeker een bezoek aan dit licht en modern restaurant, dat wat Scandinavisch aanvoelt. Chef Boussemaere weet traditie en vernieuwing hier te combineren in smaakvolle, bewerkte gerechten.

CUISINE DU MARCHÉ • ROMANTIQUE ✕✕ En quête d'un lieu romantique pour un repas en toute intimité lors d'un séjour dans le Westhoek ? Ne cherchez plus ; ce restaurant contemporain, qui anime un esprit scandinave, est l'adresse idéale. Aux fourneaux, un chef évoluant entre tradition et modernité.

Lunch 18 € – Carte 41/66 €

Hotel Pure, Koning Albertstraat 39 – ℰ 051 50 03 35
– www.notarishuys.be
– Gesloten kerstvakantie, 1 week in april, laatste week augustus-eerste week september, woensdagavond, zondag en maandag

🏠 Pure

LUXE • MINIMALISTISCH Pure hotel, dat is een grote kubus waarin minimalisme, comfort en luxe hand in hand gaan. Een prachtige locatie waarbij een uitstekende service hoort, van de vriendelijke ontvangst tot het lekkere ontbijt toe.

LUXE • ÉPURÉ L'hôtel Pure ? Un grand cube qui associe minimalisme, confort et luxe. Le service proposé se révèle impeccable, de l'accueil, chaleureux, jusqu'au petit-déjeuner, délicieux.

4 kamers – ♗85/150 € ♗♗120/170 € – ☷ 15 € – ½ P

Koning Albertstraat 39 – ℰ 051 50 03 35
– www.notarishuys.be
– Gesloten kerstvakantie, 1 week in april en laatste week augustus-eerste week september

Notarishuys – Zie restaurantselectie

🏠 De Groote Waere

FAMILIAAL • HEDENDAAGS Een dagje cruisen op de Vespa (te huur) door de Westhoek? Het kan bij De Groote Waere, een rustig B&B waar u de edelherten kunt zien grazen in de weide. De kamers zijn er o zo comfortabel en de prijzen zeer scherp.

FAMILIAL • CONTEMPORAIN Explorer le Westhoek en vespa (à la location), c'est possible avec cette maison d'hôtes qui offre l'occasion d'un séjour des plus paisibles, au milieu des champs – où pâture un élevage de cerfs... Les chambres se révèlent très confortables et les tarifs des plus intéressants.

6 kamers ☷ – ♗60 € ♗♗80 €

Vladslostraat 21 (in Vladslo, Oost: 9 km) – ℰ 0477 24 19 38
– www.degrootewaere.be

🏠 't Withuis

LUXE • HEDENDAAGS Wat is het toch leuk te ontwaken in ruime, heerlijk comfortabele kamers. Stap vervolgens door de mooie binnentuin naar het monumentale pand waar de retro-ontbijtruimte en de salons zich bevinden. 't Withuis is een pracht van een B&B!

LUXE • CONTEMPORAIN Quel plaisir de se réveiller dans une belle chambre, spacieuse et confortable. Traversez ensuite le joli jardin central pour rejoindre le bâtiment imposant qui abrite l'espace petit-déjeuner et plusieurs salons. Un magnifique B&B !

12 kamers ☷ – ♗90/110 € ♗♗120/135 €

Grote Markt 33 – ℰ 051 50 69 55
– www.withuisdiksmuide.be
– Gesloten laatste 3 weken januari en 17 tot 23 september

DILSEN-STOKKEM

Limburg – ✉ 3650 – Atlas n° **5**-C2

🌸 Hostellerie Vivendum (Alex Clevers)　　🏮⟲🏠 AC 🍴⟳ P

MODERNE KEUKEN · KNUS XX De zachte modernisering van deze 18de-eeuwse pastorie heeft niets weggenomen van de karaktertrekken van het huis. Het is een elegante plek waar chef Clevers een verfijnde keuken levert: smaken die zowel subtiel als uitbundig zijn, details die het verschil maken. De mooie kamers zorgen voor een perfecte afsluiter.

→ Ceviche van koningsvis met artisjok, zuringgranité en gefermenteerde asperges. Oosterscheldekreeft met mango, koriander en rode kerrie. Crème van sinaasappel met bittere chocolade, zwarte olijvencrunch en droproomijs.

CUISINE MODERNE · COSY XX La modernisation et douceur de ce presbytère du 18e s. n'a rien ôté du caractère de la maison. Le chef Clevers y propose une cuisine raffinée, aux saveurs aussi subtiles qu'abondantes, avec une précision de tous les instants ! Chambres agréables, pour poursuivre la soirée en douceur.

Lunch 43 € – Menu 80/100 € – Carte 75/108 €

5 kamers 🛏 – 🛆90/120 € 🛆🛆120/175 € – ½ P

Vissersstraat 2 (in Dilsen) – ☎ 089 36 07 90 – www.restaurant-vivendum.com
– Gesloten 2 tot 19 september, zaterdagmiddag, woensdag en donderdag

🙂 De Poorterij　　🛋 🍴

BIO · FAMILIAAL XX Natuur op uw bord, zo luidt de terechte slagzin van deze verzorgde zaak. Rudi Peters is een chef die veel van zijn groenten en kruiden zelf kweekt, en hen een hoofdrol geeft in zijn keuken. Ze komen in alle vormen en texturen op het bord, zijn goed afgekruid, en vullen het hoofdproduct steeds mooi aan met hun pure smaken.

CUISINE BIO · FAMILIAL XX La nature dans votre assiette : voici la devise de cet élégant établissement, qui a le mérite de tenir ses promesses ! Rudi Peters, le chef, cultive lui-même une bonne partie de ses légumes et herbes, à qui il donne le rôle principal en cuisine. On les retrouve sous les nombreuses formes et textures dans les assiettes, accompagnant idéalement le produit principal.

Menu 37/125 € 🍷

Langstraat 10 – ☎ 089 20 34 94 – www.depoorterij.be – alleen diner behalve zondag – Gesloten dinsdag, woensdag en na 20.00 u.

🏠 De Maretak　　🍴 🛋 ⨷ 🌐 🎱 🚲 ⛓ 🍴 P

HERBERG · FUNCTIONEEL Knus hotelletje waar iedereen (vanaf 16 jaar) welkom is om even te ontsnappen. De kleurrijke kamers verzekeren een comfortabele overnachting en in de wellness ontdoet u zich van al uw stress. De mooie omgeving is eveneens een uitstekende rustbrenger.

AUBERGE · FONCTIONNEL Un hôtel cosy où tout le monde (à partir de 16 ans) est le bienvenu pour un moment de détente. Les chambres, colorées, assurent une nuit confortable, et l'espace bien-être vous permettra de chasser le stress. Sans oublier le bel environnement !

6 kamers 🛏 – 🛆65/85 € 🛆🛆80/100 € – ½ P

Watermolenstraat 20 (in Dilsen) – ☎ 089 75 78 38 – www.hotelmaretak.be

DUFFEL

Antwerpen – ✉ 2570 – Atlas n° **4**-B3

🌸🌸 Nuance (Thierry Theys)　　🏮 AC 🍴

CREATIEF · ELEGANT XxX Thierry Theys is een rijzende ster van de Belgische gastronomie. Ondanks zijn jonge leeftijd klinkt zijn naam als een klok en wordt hij al sinds 2011 onderscheiden met twee Michelin sterren. De constante drang om beter te doen, is zijn succesrecept. Zo werd het volledige interieur gerestyled om de gasten nog meer comfort te bieden. Elegantie en design vloeien er in elkaar, de moderne Parijse sfeer die wordt beoogd bekoord. Nuance is een prachtzaak!

Chef Theys heeft een persoonlijke keuken, dat zult u meteen merken. Tijdens zijn zoektocht naar evenwicht ontdekt u zoet en zout, fris en zuur, zacht en krokant, heerlijk en … fenomenaal! Het verfijnde en technisch hoogstaande samenspel van smaken en texturen is ongemeen boeiend. Ganzenlever en rode biet verwerkt en combineert hij bijvoorbeeld in verschillende vormen, van terrine tot makaron, waarmee hij een prachtige balans van smaken creëert. De sommelier weet die zelfs extra in de verf te zetten met opmerkelijke wijnontdekkingen. Nuance, dat is rechtuit genieten!

→ Langoustines met crispy porc en bouillon van rijst. Tarbot met groene kerrie en kokosnoot. Chocolade met kersenbloesem en sesam.

CUISINE CRÉATIVE · ÉLÉGANT XxX Thierry Theys est une étoile montante de la gastronomie belge. Malgré son jeune âge, il s'est déjà fait un nom et fut récompensé par deux étoiles Michelin en 2011 déjà. La recette de son succès ? Une volonté permanente de progresser. Ainsi, l'intérieur a été complètement restylé pour offrir encore davantage de confort. Élégance et design se marient pour créer une atmosphère parisienne moderne, toute en nuances.

La cuisine du chef Theys est personnelle, c'est incontestable. Dans sa quête de l'équilibre, il vous fait découvrir le salé et le doux, le frais et l'acide, le tendre et le croquant, le délicieux et le… phénoménal ! Il combine les saveurs et les textures de façon extraordinaire avec subtilité et un haut niveau de technicité. Il marie par exemple le foie gras d'oie et la betterave rouge sous différentes formes, de la terrine au macaron, en créant une subtile harmonie de saveurs. Le sommelier y ajoute sa touche avec des découvertes remarquables. Un plaisir tout en nuances !

Lunch 65 € – Menu 125/170 € – Carte 155/245 €

Kiliaanstraat 8 – ☏ 015 63 42 65 (reserveren noodzakelijk) – www.resto-nuance.be – Gesloten 24 december-7 januari, 8 tot 15 april, laatste 2 weken van juli-eerste week van augustus, zaterdagmiddag, dinsdag en woensdag

EDEGEM

Antwerpen – ✉ 2650 – Atlas n° **4**-B2

⍼○ **La Rosa** 🏠 🕸 ⇄

MARKTKEUKEN · BRASSERIE XX La Rosa heeft zich een Scandinavische look aangemeten, lekker strak en met veel hout. Op de (korte) kaart vindt u gerechten die eveneens to the point zijn: op basis van verse producten die met veel smaak worden bereid.

CUISINE DU MARCHÉ · BRASSERIE XX Un look scandinave sans fioritures, dans lequel le bois domine : voilà à quoi ressemble ce Rosa ! La carte, resserrée, ne se perd pas en fioritures ; les bons produits frais sont à l'honneur dans des assiettes goûteuses qui vont à l'essentiel.

Lunch 39 € – Menu 49/72 € – Carte 49/79 €

Mechelsesteenweg 398 – ☏ 03 454 37 25 – www.larosa.be – Gesloten 24 december-3 januari, feestdagen, zaterdagmiddag en zondag

EEKLO

Oost-Vlaanderen – ✉ 9900 – Atlas n° **3**-B1

⍼○ **La Maryse** 🅝

FRANS · INTIEM XX La Maryse laat u genieten van een eigentijdse keuken in een gezellige sfeer. De chef kookt zonder pretentie en heeft steeds oog voor fraîcheur. Het is de rode draad tussen een leuke variatie van smaken. Probeer een tafel op het terrasje in de kleine stadstuin te pakken te krijgen, het is de moeite!

CUISINE FRANÇAISE · INTIME XX Une cuisine contemporaine dans une atmosphère conviviale. Un chef sans prétention, toujours attentif à la fraîcheur, véritable fil rouge d'une cuisine aux saveurs variées. Les tables en terrasse dans le petit parc valent le détour !

Lunch 25 € – Menu 49/72 € – Carte 58/78 €

Stationsstraat 69 – ☏ 09 279 92 25 – www.lamaryse.be – Gesloten zondag en maandag

EERNEGEM

West-Vlaanderen – ✉ 8480 – Ichtegem – Atlas n° **6**-B2

⁎○ Cousteau ⓝ

MARKTKEUKEN · ELEGANT ✗ Duik eens binnen bij Guy en Julie en laat u verleiden. Hun statige woning geniet ten volle van de mooie tuin, achteraan is er een leuk terras. Ze doen hier alles met twee en zorgen voor een persoonlijke service. Chef Guy wil niets weten van liflafjes, met een paar smaakvol bereide ingrediënten creëert hij fijne gerechten.

CUISINE DU MARCHÉ · ÉLÉGANT ✗ Laissez-vous séduire par l'élégante demeure de Guy et Julie, ainsi que par son joli jardin et sa terrasse agréable. À eux deux, ils sont au four et au moulin pour vous offrir un service attentif. En cuisine, Guy sait tirer toute la finesse et les saveurs des produits et toute simplicité.

Lunch 30 € – Menu 46/55 € – Carte 54/79 €

Oostendsesteenweg 230 – ℰ 059 25 01 84 – www.cousteau.be – Gesloten zondagavond, dinsdag en woensdag

EKSEL

Limburg – ✉ 3941 – Hechtel-Eksel – Atlas n° **5**-B1

🏠 De Paenhoeve

HISTORISCH · PERSOONLIJK CACHET Wat is het heerlijk om te ontbijten met een prachtig zicht op de natuur! De rust en kalmte van de omgeving dringt als het ware binnen in dit karaktervol B&B. De vernieuwde wellness verdient eveneens alle lof: het is tot in de puntjes verzorgd en ook hier kijkt u uit op de mooie omliggende velden.

HISTORIQUE · PERSONNALISÉ Quel plaisir de déjeuner avec une magnifique vue sur la nature ! Le calme de l'environnement pénètre pour ainsi dire dans ce B&B caractéristique. L'espace bien-être, rénové, mérite également tous les éloges : il est très soigné et offre, lui aussi, une belle vue sur les champs.

3 kamers ⌖ – ⅋80/105 € ⅋⅋105/130 €

Weverstraat 48 – ℰ 0477 21 86 76 – www.depaenhoeve.be

ELEWIJT

Vlaams-Brabant – ✉ 1982 – Zemst – Atlas n° **6**-B2

⁎○ Kasteel Diependael

MODERNE KEUKEN · TRENDY ✗✗✗ Bij Kasteel Diependael geniet men eerst en vooral van de omgeving: de elegantie van dit landhuis is prachtig, het zicht dat het terras en de veranda bieden op de tuin is heerlijk! De chef brengt hier een creatieve keuken die bewerkt is, divers en goed.

CUISINE MODERNE · TENDANCE ✗✗✗ Au Kasteel Diependael, on profite tout d'abord de l'environnement : un manoir d'une élégance rare, une terrasse et une véranda offrant une vue formidable sur le jardin... sans oublier la cuisine créative et bien travaillée du chef.

Lunch 50 € – Menu 85/95 € – Carte 72/96 €

*Tervuursesteenweg 511 – ℰ 015 61 17 71 – www.kasteeldiependael.be
– Gesloten 8 tot 17 januari, 25 juli-23 augustus, 29 oktober-3 november, zaterdagmiddag, zondagavond en maandag*

ELSEGEM

Oost-Vlaanderen – ✉ 9790 – Wortegem-Petegem – Atlas n° **03G**-B3

⁎○ Plein 25

TRADITIONELE KEUKEN · GEZELLIG ✗✗ Een ervaren koppel aan het roer van een charmant restaurant? Bij Plein 25 bent u in goede handen. De chef koopt goede producten aan, heeft de traditionele keuken in de vingers en weet hoe hij die smakelijk moet brengen. Een festijn!

CUISINE TRADITIONNELLE · **CONVIVIAL** XX Un couple expérimenté à la barre d'un restaurant charmant : vous êtes entre de bonnes mains. Le chef sélectionne de bons produits et maîtrise les secrets de la cuisine traditionnelle. Résultat : un festin de saveurs !

Lunch 35 € – Carte 48/78 €

Elsegemplein 25 – 🕾 056 60 25 25 – www.plein25.be – Gesloten eind december, laatste week juli-eerste 2 weken augustus, feestdagen, donderdagmiddag, zondag en woensdag

 Au Mazet ⟨ 🛏 🅰🅲 🛇 🅿

SPA EN WELLNESS · **PLATTELANDS** Deze landelijk gelegen vierkantshoeve is volledig gehuld in een charmante, Provençaalse sfeer (uiteraard met petanque-piste ...). Uw kamerkeuze zal vooral afhangen van het soort wellnessbadkamer dat u wenst: met infrarood sauna, hamam of bubbelbad? Wat u ook kiest, hier komt u heerlijk tot rust.

SPA ET BIEN-ÊTRE · **À LA CAMPAGNE** Cette ferme campagnarde carrée distille une charmante ambiance provençale : on y trouve même un terrain de pétanque... Vous choisirez ici votre chambre en fonction de la salle de bains que vous préférez : avec sauna infrarouge, hammam, ou bain à bulles ? Qu'importe votre choix : le délassement est au programme.

3 kamers ⌧ – �110/135 € ♟♟110/135 €

Boskant 17 – 🕾 0486 64 01 41 – www.aumazet.com – Gesloten eind december

ELVERDINGE

West-Vlaanderen – ✉ 8906 – Ieper – Atlas n° **2**-B3

🕸🕸 **Hostellerie St-Nicolas** (Franky en Michael Vanderhaeghe) 🛏 ♿ 🅰🅲

CREATIEF · **ELEGANT** XXX Elverdinge staat voor fijnproevers syno- 🛇 ⇆ 🅿
niem met gastronomisch genieten op torenhoog niveau. Hostellerie St-Nicolas verdiende in 2003 zijn eerste Michelin ster en kreeg er amper drie jaar later al een tweede bij. Eten in een restaurant van dat niveau is een unieke belevenis, stellen ze zelf, en die weten ze ook te bieden. Daarom werd deze prachtige villa begin 2018 volledig gerenoveerd. Ze bieden gasten ook kamers aan in hun prachtig hotelletje iets verderop.

Chef Franky Vanderhaeghe en zijn zoon Michael delen hier hun passie voor producten uit de streek. Of het nu varkens of hoppescheuten van om de hoek zijn, ze kiezen de mooiste exemplaren uit om hun gasten te overtuigen. Het raffinement waarmee ze dat doen is opmerkelijk. De sauzen, jus en mousselines tonen hun vakmanschap, heerlijk zijn ze! Telkens weer zorgen ze ervoor dat de smaken in evenwicht zijn. Deze chefs bezitten het talent klassieke recepten modern uit te voeren.

→ Gebakken en gelakt buikspek met nieroogkreeftjes, spitskool en jus van dashi. Tarbot op de graat gebakken met jonge groenten, king krab en kruidenmousse-line. Creatie rondom citrus.

CUISINE CRÉATIVE · **ÉLÉGANT** XXX Pour les connaisseurs, Elverdinge est synonyme de gastronomie de haut niveau. En 2003, l'Hostellerie St-Nicolas a obtenu sa première étoile Michelin, puis une seconde à peine trois ans plus tard. Un repas dans un restaurant de cette classe est la promesse de vivre une expérience unique, et cette promesse est tenue ! La villa a été rénovée de fond en comble début 2018. Des chambres sont également proposées dans le joli petit hôtel, situé à quelques encablures.

Le chef Franky Vanderhaeghe et son fils Michael partagent la passion pour les produits de la région. Qu'il s'agisse de porc ou de jets de houblon, ils choisissent toujours les plus belles pièces pour convaincre leurs hôtes, avec un raffinement remarquable. Les sauces, jus et mousselines démontrent leur savoir-faire, un régal ! Les saveurs s'équilibrent toujours à merveille. Grâce à leur talent, ils parviennent à moderniser les recettes classiques.

Lunch 52 € – Menu 70/125 € – Carte 100/150 € – een enkel menu in het weekend

Hotel Nicolas, Veurnseweg 532 (aan N 8) – 🕾 057 20 06 22 – www.hostellerie-stnicolas.com – Gesloten 1 tot 10 januari, 16 tot 23 april, 6 tot 22 augustus, zondag en maandag

VLAANDEREN · FLANDRE

🏠 Nicolas 🕊 🛏 ♿ ✍ 🅿

LUXE · HEDENDAAGS Een fantastisch etentje bij Hostellerie St-Nicolas gevolgd door een overnachting in deze strakke villa, die met stijl en design is ingericht, en 's morgens een heerlijk ontbijt ... Als dat geen droomverblijf is!

LUXE · CONTEMPORAIN Un délicieux repas à l'Hostellerie St-Nicolas, suivi d'une nuit dans cette élégante villa, décorée avec style et design, et enfin un petit-déjeuner délicieux... Voilà les ingrédients d'un séjour de rêve !

6 kamers – 🛏90/130 € 🛏🛏110/150 € – 🍽 20 €

Veurnseweg 510 (aan N 8) – ✆ 057 20 06 22 – www.hotel-nicolas.com

🌸🌸 **Hostellerie St-Nicolas** – Zie restaurantselectie

GEEL

Antwerpen – ✉ 2440 – Atlas n° **4**-C2

🌸 La Belle (Peter Vangenechten) 🆎 ✍ 🅿

FRANS CREATIEF · TRENDY ✕✕ Dwarsbalken ondersteunen het puntdak van deze voormalige boerderij, waar de stijlvolle inkleding een intieme sfeer creëert. Mooi! De all-informule is een aantrekkelijke manier om de precisie en beheersing van chef Vangenechten te ontdekken. Zijn creaties zijn verfijnd en worden versterkt door heerlijke sauzen.

→ Zeeduivel met aubergine en salie, praline van olijfolie. Gegrilde griet met hazelnoot, gebakken asperges en saffraan. Dacquoise van aardbei met yoghurt en gefermenteerde pompoenpit.

CUISINE FRANÇAISE CRÉATIVE · TENDANCE ✕✕ Une ancienne ferme qui n'a pas volé son nom : ambiance intime, décor élégant, poutres apparentes... La formule tout compris est intéressante pour découvrir la précision et la maîtrise du chef Vangenechten. Ses créations son raffinées, et rehaussées par les délicieuses sauces. Aucun doute : cette Belle saura vous séduire !

Lunch 45 € – Menu 75/105 € – Carte 85/135 €

Bel 162 (Oost: 6 km) – ✆ 014 70 84 51 – www.la-belle.be
– Gesloten 29 juli-14 augustus, zaterdagmiddag, dinsdag en woensdag

🍴 De Cuylhoeve 🕊 ✍ ♿ 🅿

FRANS MODERN · ELEGANT ✕✕✕ Chef Bart is op het bord iets creatiever dan het klassieke interieur doet vermoeden, maar in allebei vindt u een kenmerkende elegantie terug. Hij kookt genereus en werkt graag met edele producten. Zijn champagnekaart is ronduit indrukwekkend, de all-informules zijn zeer populair.

CUISINE FRANÇAISE MODERNE · ÉLÉGANT ✕✕✕ Ce restaurant, avec son intérieur classique, cache bien son jeu : aux fourneaux, le chef Bart fait œuvre de créativité ! Il cuisine les produits nobles avec générosité et talent ; sa carte de champagnes est tout bonnement superbe, et les formules all-in sont un véritable succès.

Menu 41/85 € – Carte 92/157 €

Hollandsebaan 7 (in Winkelomheide, Zuid: 2 km) – ✆ 014 58 57 35
– www.cuylhoeve.be – Gesloten zaterdagmiddag, zondag, woensdag en na 20.30 u.

🏠 Roosendaelhof 🕊 🛏 ♿ 🏋 🅿

HISTORISCH · PERSOONLIJK CACHET Karakteristiek pand (17de eeuw) in het centrum van Geel, aan de rand van een park met slotgracht. Ontbijt en congressen in een mooie zaal met oud cachet. Romantische kamers.

HISTORIQUE · PERSONNALISÉ Bâtisse de caractère (17e s.) au centre de Geel, en lisière d'un parc communal avec douves. Breakfast et séminaires dans une belle salle au cachet ancien. Chambres romantiques.

17 kamers 🍽 – 🛏100/130 € 🛏🛏120/150 € – 2 suites

Stationsstraat 50 – ✆ 014 56 50 50 – www.roosendaelhof.be – Gesloten 24 december-1 januari

VLAANDEREN · FLANDRE

❄ **De Kristalijn**   🕸 ⊰ ♿ ஐ **P**

MODERNE KEUKEN · **ELEGANT** ✗✗✗ Dat het oog ook wat wil, daar hoeft u ze bij De Kristalijn niet van te overtuigen: dit futuristische gebouw is zo geconcipieerd dat de bedrijvigheid van de keuken en de kalmte van de natuur van overal te zien zijn. Doe hierbij een chic interieur en hedendaagse gerechten van hoog niveau en u krijgt een heuse place to be. Deze zaak glinstert als nooit tevoren!

→ Ceasarslaatje met koningskrab en hoevekip, ansjovis en parmezaan. Anjouduif met zandwortel, houmous, dadels en rode ui. Beignet van chocolade en mascarpone, krokant melkvel en duindoornbes.

CUISINE MODERNE · **ÉLÉGANT** ✗✗✗ Vrai plaisir des yeux, ce bâtiment futuriste a été conçu de manière à ce que l'on puisse observer de partout les cuisines et la nature environnante. Ajoutez-y un décor élégant et des mets contemporains de haut niveau, et vous obtiendrez... un spectacle total. Une belle maison et cristallin!

Lunch 50 € – Menu 60/95 € – Carte 91/122 €

Hotel Stiemerheide, Wiemesmeerstraat 105 (bij het Spiegelven, Oost: 5 km)
– ☎ 089 35 58 28 – www.dekristalijn.be – Gesloten 25 december-7 januari, 9 tot
15 april, 28 mei-3 juni, 2 tot 19 augustus, 29 oktober-4 november,
zaterdagmiddag, zondag en maandag

🍴○ **Gusto**   ♿ 🄰🄺 ⇔

MARKTKEUKEN · **DESIGN** ✗✗ Net als het hotel waar Gusto bij hoort, is het op-entop design. Het is een hippe plek waar u de creaties proeft van een chef die klassieke smaken verwerkt in eigentijdse bereidingen. Leuk is dat men bij de lunch voor een vaste prijs uit de kaart kan kiezen.

CUISINE DU MARCHÉ · **DESIGN** ✗✗ Tout comme l'hôtel auquel il appartient, Gusto est garanti 100% design ! Dans ce lieu branché à souhait, on découvre les préparations d'une chef à cheval entre la tradition et la modernité. Et pour le déjeuner ? Un menu choix à prix fixe.

Lunch 29 € – Menu 42/75 € – Carte 45/76 €

Hotel Carbon, Europalaan 38 – ☎ 089 32 29 29 – www.gustocarbon.be – Gesloten
zaterdagmiddag

🍴○ **Brasserie The Thrill**   🛖 ♿ **P**

GRILLGERECHTEN · **BRASSERIE** ✗ Een lekker stuk kwaliteitsrundvlees dat ligt te bakken op de grote, centraal gelegen grillhaard: daarvoor komt u hierheen. De hertengewaden aan de muur passen goed bij de countrystijl van deze zaak, net naast de Limburghal. Opwindend!

GRILLADES · **BRASSERIE** ✗ Au centre du restaurant, dans une cheminée-grill, une magnifique pièce de boeuf cuit au-dessus des braises, tandis qu'autour de vous, au mur, des trophées de chasse semblent vous toiser... C'est une véritable plongée dans une ambiance country qui nous est proposée ici, à deux pas du Limburghal. Excitant !

Menu 44 € – Carte 48/80 €

Jaarbeurslaan 4 – ☎ 089 30 70 30 – www.thethrill.be
– Gesloten 19 augustus-4 september, zaterdagmiddag, maandag en dinsdag

🏠 **Carbon**   🍸 ⇚ 🆂🅿🄰 🕸 ☎ ☐ 🄰🄺 🧖

LUXE · **DESIGN** De naam Carbon verwijst naar de mijngeschiedenis van Genk, net als de zwarte kleur die hier alom aanwezig is. De kamers zijn ingericht in een minimalistische stijl, maar met een maximum aan ruimte en comfort. Dit is dé referentie in Genk wat design betreft! Op de bovenste verdieping is een heerlijke city spa.

LUXE · **DESIGN** Le nom Carbon, associé à la couleur noire, omniprésente dans l'hôtel, font référence au passé minier de Genk. Les chambres sont décorées dans un style minimaliste, avec un maximum d'espace et de confort. À Genk, cet hôtel est la référence en matière de design ! Joli spa à l'étage supérieur.

60 kamers – 🛏102/179 € 🛏🛏102/179 € – 🍽 19 €

Europalaan 38 – ☎ 089 32 29 20 – www.carbonhotel.be

Gusto – Zie restaurantselectie

🏠 Stiemerheide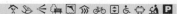

LUXE · HEDENDAAGS Deze grote cottage, bij een golfbaan, ontvangt u in alle rust. Moderne kamers, cosy salons en goede voorzieningen om te vergaderen en te ontspannen. Mooi, groot zwembad. Het ontbijt is een traktatie.

LUXE · CONTEMPORAIN Ce vaste cottage ouvert sur un golf vous accueille en toute sérénité. Chambres modernes, petit-déjeuner festif, salons cosy et bons équipements pour se réunir et décompresser.

66 kamers – ♦95/150 € ♦♦125 € – ☐ 22 € – 4 suites – ½ P

Wiemesmeerstraat 105 (bij het Spiegelven, Oost: 5 km) – 𝒞 089 35 58 28
– www.stiemerheide.be

❀ **De Kristalijn** – Zie restaurantselectie

🏠 La Mine Colline

FAMILIAAL · GEZELLIG De drukte van Genk en C-Mine is vlakbij, maar de heuvel waar deze voormalige ingenieurswoning van de mijn van Winterslag (1919) op ligt, zorgt voor een rustgevende omgeving. Het is er zeer gezellig logeren, in ruime kamers, en met de persoonlijke aanpak van eigenaresse Gretel als grote troef.

FAMILIAL · COSY L'agitation de Genk et de C-Mine se trouve à deux pas, mais la colline qui accueille cette ancienne maison d'ingénieur de la mine de Winterslag (1919) offre aux chambres tout le calme nécessaire au repos. A la moindre question, Gretel, la patronne, saura vous satisfaire.

3 kamers ☐ – ♦100/140 € ♦♦120/150 €

Oostlaan 35 – 𝒞 0478 64 26 63 – www.laminecolline.be

J. Larrea/age fotostock

GENT · GAND

Oost-Vlaanderen – ✉ 9000 – 257 029 inw. – Atlas n° **3**-B2

Restaurants

✿✿ **Vrijmoed** (Michaël Vrijmoed)

CREATIEF · EIGENTIJDS ✕✕ Michaël Vrijmoed is uitgegroeid tot een ronkende naam in de Belgische gastronomie. Met leermeesters als Guy Van Cauteren ('t Laurierblad) en Peter Goossens (Hof van Cleve), waarvan hij jarenlang souschef was, werd hem al snel een mooie toekomst voorspeld. Die verwachtingen maakt hij helemaal waar in het restaurant dat zijn naam draagt. Op amper vijf jaar tijd werd hij er onderscheiden met twee Michelin sterren! Het moet dan ook gezegd worden: in zijn contemporain chique herenhuis degusteert u de keuken van een chef met persoonlijkheid.

Chef Vrijmoed gebruikt graag groenten om zijn creativiteit te uiten en heeft zelfs een menu dat volledig aan groenten gewijd is. Zijn keuken is gericht op het delicaat in elkaar laten vloeien van complexe en verfijnde smaken. Die durven te contrasteren, maar zijn steeds in balans. Gefermenteerde paprika in een terrine verwerken voor wat zoetigheid en dat combineren met een vinaigrette met violette mosterd om aciditeit toe te voegen, of komkommer in een dessert verwerken om fraîcheur te brengen? Met dergelijke subtiele bereidingen zet Michaël Vrijmoed gerechten naar zijn hand. Hij legt zijn ziel op het bord en neemt u mee op een delicieus avontuur.

→ Terrine van varkensstaart met gefermenteerde paprika en mosterd. Geglaceerde tarbot met zeesla en yuzu. IJs van stilton, amandel en vinaigrette van vin jaune.

CUISINE CRÉATIVE · BRANCHÉ ✕✕ Michaël Vrijmoed est devenu l'un des grands noms de la gastronomie belge. Avec pour maîtres Guy Van Cauteren ('t Laurierblad) et Peter Goossens (Hof van Cleve), dont il a été le second pendant plusieurs années, il était promis à un bel avenir. Il a confirmé ces attentes dans un restaurant qui porte son nom. À peine cinq ans lui ont suffi pour obtenir deux étoiles Michelin ! Il faut le souligner : on déguste, dans sa maison de maître élégante, la cuisine d'un chef qui a de la personnalité.

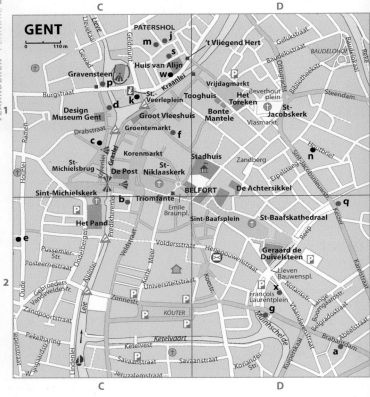

Le chef Vrijmoed aime laisser libre cours à sa créativité avec des légumes, auxquels un menu est même entièrement consacré. Sa cuisine mêle avec délicatesse
les saveurs complexes et subtiles, sans craindre les contrastes, mais toujours dans
un parfait équilibre. Une terrine au paprika fermenté pour plus de douceur, com-
binée à une vinaigrette à la moutarde de violette pour ajouter de l'acidité, ou un
concombre qui s'invite dans un dessert pour lui apporter plus de fraîcheur ? Ce
ne sont que quelques exemples de la subtilité toute personnelle de Michaël Vrijmoed. Il met tout son cœur à l'ouvrage pour vous emmener dans une délicieuse
aventure.

Lunch 55 € – Menu 72/104 € – Carte 100/122 €

Plattegrond: 3D2-x – *Vlaanderenstraat 22 – ℰ 0477 75 74 82 (reserveren
noodzakelijk) – www.vrijmoed.be – Gesloten maandagmiddag, zaterdag en zondag*

❀ **Horseele**   🆂 ⅋ ⇔ 🅿

FRANS CREATIEF · TRENDY XxX De sterren van AA Gent lopen niet enkel op het
veld, ook op de vierde verdieping van hun voetbalstadion zit er een. In een
prachtig vernieuwd restaurant, zowel intiem als geraffineerd en loungy, pakt
ervaren chef Danny Horseele uit met gerechten vol verfijning en creativiteit. Zijn
keuken is persoonlijk en heeft punch.

→ Slaatje van langoustines met frisse toetsen. Tarbot met seizoengebonden
groenten. Crêpe normande.

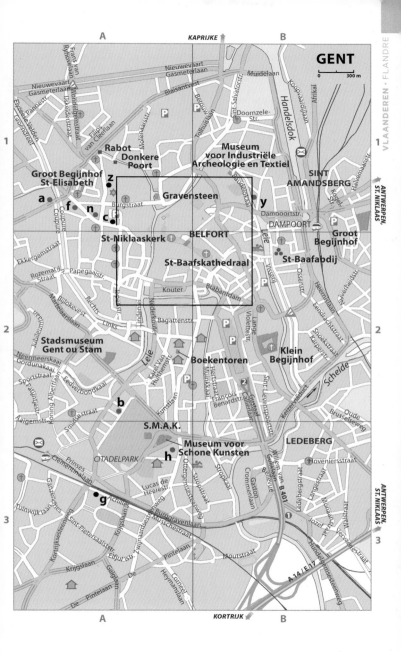

GENT

VLAANDEREN · FLANDRE

0 300 m

KAPRIJKE

A B

Frans van Ryhovelaan
Nieuwevaart
Gasmeterlaan

Nieuwevaart
Gasmeterlaan

Elizabeth Wandelingsstraat
Uskeldestraat
Gropenstr
Pannestr

Muidelaan

Handelsdok

Koopvaardijlaan

Afrikal

Blaisantvest

Wondelgemstraat

Molenaarsstr

van Cleelaan

Tollhuisstr.

St.-Salvatorstr

Doornzele-
Str.

P P

Berouw

1 **Rabot**
Donkere
Poort

Museum
voor Industriële
Archeologie en Textiel

**SINT
AMANDSBERG**

1

✉

Hailemanstr

Koevei-str.

Hailemanstr

**Groot Begijnhof
St-Elisabeth**

z
•

Gravensteen

y
•

Dampoortstr.

ANTWERPEN,
ST. NIKLAAS

a
•

f
•

n
•

Burgstraat

Coupure
Coupure

c
•

P

DAMPOORT

P

St.-Niklaaskerk ✝

BELFORT

Lieve

**Groot
Begijnhof**

Ekkergemstraat

✝
St-Baafskathedraal

Visserij

St-Baafabdij

Rozemari?
Straat

Papegaaistr.

Rechts

Ossestr.

Heernlaan

Lendrichstraat

Snoekstraat

Kalperstr.

Bilokevest
Martelaarslaan

Links

Kouter

Brabantdam

2 Jubileumlaan

Bagattenstr.

P

Lange
Violettestr.

2

**Stadsmuseum
Gent ou Stam**

Lieve

Kaai van Hultemstr

P

✝ **Klein
Begijnhof**

Schelde

Neermeerskaai
Gordunakaai

Sint-Lievenspoortstr

Oude
Brusselseweg

Sportstraat
Pattijnstr
Koning Albertlaan

Eedverbondkaal

Boekentoren

Herlstraat
Muinkkaai

François
Benardstraat

Gustaaf
Callierlaan

Keizersv   ..

Aaigemstr

Smidse traat

b
•

Kunstlaan

②

S.M.A.K.

LEDEBERG

✉

**Museum voor
Schone Kunsten**

Willem van B 401

Hoveniersstraat

Ledebergstraat

ANTWERPEN,
ST. NIKLAAS

Prinses
Clementinalaan

CITADELPARK

Lucas de
Heerestr.

h
•

Ottergemsesteenweg

Stropkaai

Gaston
Crommenlaan

Bellevue

Langestraat

Moniakastr.

Ganzendrf

Achille

Krijgslaan

Musschestraat

Snel   Burggravenlaan

Jozef..

Trensstraat

Verviersstraat

3 Tuinwijklaan
Kortrijksesteenweg
Sint-Pietersaalststr

g
•

De Zwijnaardse   str

Elfjul str.

Pintelaan

Moutstraat

①

A 14 / E17

Hundelgemsesteenweg

3

Krijgslaan
Galglaan

De   Pintelaan

Cornel
Heymanslaan

A B

KORTRIJK

223

CUISINE FRANÇAISE CRÉATIVE · **TENDANCE** 𝕏𝕏 Au club de football de la Gantoise, les stars sont autant sur le terrain qu'en tribune. Au quatrième étage du stade se trouve ce restaurant agréable, au décor lounge d'une grande élégance. Danny Horseele, chef expérimenté, séduit les palais des gourmets par son raffinement et sa créativité. Une cuisine avec du punch !

Lunch 95 € ☂ – Menu 135 € ☂/165 € ☂ – Carte 95/185 € – een enkel menu op zaterdagavond

Plattegrond: 1 – *Ottergemsesteenweg-Zuid 808a (Ghelamco Arena, ingang H, Zuidoost: 6 km)* – ☎ 09 330 23 20
– *www.restauranthorseele.be*
– *Gesloten zaterdagmiddag, zondag, maandag en dagen van thuismatchen*

⌘ **Jan Van den Bon** ⌘

FRANS CREATIEF · **KLASSIEK** 𝕏𝕏 Kunstliefhebbers kunnen in Gent hun artistieke en gastronomische honger stillen op een paar honderd meter van elkaar. Dicht bij de musea voor schone en moderne kunsten zal Jan Van den Bon voor een vrij barokke keuken met Frans geïnspireerde gerechten die opvallen door de hoeveelheid producten, hun kleur en presentatie.

→ Langoustines met asperges en spinazie, zachte biscuit en marjolein. Lamsfilet met spitskool en crosnes, navarin met thijm. Roze pompelmoes met gegrilde amandel, bladerdeeg en spekulaassausje.

CUISINE FRANÇAISE CRÉATIVE · **CLASSIQUE** 𝕏𝕏 Savourez de véritables œuvres d'art dans cette maison de maître face au parc du musée d'Art contemporain! Outre la présentation, les plats préparés avec grande finesse surprennent également par leurs combinaisons de saveurs.

Lunch 49 € – Menu 76/98 € – Carte 108/118 €

Plattegrond: 2A2-b – *Koning Leopold II-laan 43* – ☎ 09 221 90 85
– *www.janvandenbon.be*
– *Gesloten eind december-begin januari, 14 juli-7 augustus, zaterdagmiddag, zondag, maandag en feestdagen*

⌘ **Chambre Séparée** (Kobe Desramaults) ⌘

CREATIEF · **HEDENDAAGSE SFEER** 𝕏𝕏 1 menu, een 20-tal gerechtjes, 3 uur aan tafel en dat enkel alleen, met 2 of met 4. De regels zijn strikt, maar u ervaart hier wel een echte smaakbeleving! Gezeten aan de toog, met zicht op de spectaculaire keuken, smult u van topingrediënten die vaak net uit de houtoven komen. Puur, verrassend, intens; een opmerkelijke harmonie van smaken!

→ Meloen met ijzerkruid. Op houtskool gegaarde makreel met bonenmiso en radijs. Pompoenspaghetti met botermelk en blauwe kaas.

CUISINE CRÉATIVE · **CONTEMPORAIN** 𝕏𝕏 Un seul menu, une vingtaine de plats, trois heures à table, uniquement pour 1, 2 ou 4 personnes... Les règles sont strictes, mais c'est le prix d'une expérience pas comme les autres ! Assis au comptoir, avec vue sur la spectaculaire cuisine, on déguste de beaux produits tous droits sortis du four à bois. Pur, surprenant, intense : l'harmonie, tout simplement.

Menu 230 € – een enkel surprise menu

Plattegrond: D2-q – *Keizer Karelstraat 1 (reserveren noodzakelijk)*
– *www.chambreseparee.be* – *alleen diner*
– *Gesloten zondag, maandag en dinsdag*

⌘ **OAK** (Marcelo Ballardin)

WERELDKEUKEN · **TRENDY** 𝕏 Marcelo Ballardin is een chef die zeer detaillistisch werkt. Hij stelt bordjes samen waarin elk element juist en verfijnd bereid is, de smaakassociaties zijn verbazend en telkens mooi in balans. Het zijn ware smaakbommetjes die op zijn voor u het weet (neem zeker vier gangen). OAK neemt uw smaakpapillen op wereldreis!

→ Tartaar van rund met sushirijst en ceviche van markeel. Heilbot met koolrabi en komkommer, pittig chilisausje. Bereidingen van rabarber met vanille en frambozen.

CUISINE DU MONDE • TENDANCE ✗ Marcelo Ballardin a le sens du détail : chez lui, chaque élément est travaillé avec finesse et raffinement. Ses plats, présentés en petites portions, révèlent des associations de saveurs surprenantes et harmonieuses – un conseil, optez pour quatre services au moins pour être rassasiés. Chez OAK, vos papilles s'apprêtent à voyager autour du monde...

Lunch 39 € – Menu 80/95 € – een enkel menu

Plattegrond: A1-f – *Hoogstraat 167/001* – ☏ *09 353 90 50 (reserveren noodzakelijk) – www.oakgent.be – Gesloten zaterdagavond, zondag, maandag en na 20.30 u.*

✿ Publiek (Olly Ceulenaere)

MODERNE KEUKEN • BISTRO ✗ Publiek is een bistro in loftstijl waar Olly Ceulenaere echte vedetten van de producten maakt. Hun fraîcheur is uitmuntend en dat speelt de chef mooi uit in eerder eenvoudige bereidingen die fantastisch smaken, soms zelfs verrassend. Pas op: de lunchkaart verschilt van de avondkaart, maar beide zijn zacht geprijsd. Straf!

→ Mooie meid, komkommer en BBQ spinazie. Duif uit Steenvoorde met rode biet en nieuwe aardappel. Tartelette met room en cacao.

CUISINE MODERNE • BISTRO ✗ Un bistro de style "loft" signé Olly Ceulenaere, qui transforme ses produits en vrais vedettes. Leur fraîcheur est remarquable et le chef les utilise dans des préparations plutôt simples qui sont en même temps fantastiques, voire souvent surprenantes. Attention : la carte du déjeuner est différente de celle du soir, avec des prix imbattables dans les deux cas.

Lunch 35 € – Menu 66 € – Carte ong. 71 € – eenvoudige lunchkaart

Plattegrond: 2B1-y – *Ham 39* – ☏ *09 330 04 86 (reserveren noodzakelijk) – www.publiekgent.be – Gesloten 24 december-1 januari, 25 maart-1 april, 21 juli-12 augustus, 28 oktober-4 november, zaterdagmiddag, zondag en maandag*

☺ Bodo

TRADITIONELE KEUKEN • TRENDY ✗ De soberheid van het Scandinavisch aandoend interieur typeert ook de keuken van Bodo. De chef brengt traditionele gerechten op het bord die zonder poespas en boordevol smaak zijn bereid. Wat is het geweldig om te beginnen met een lekkere rillette en vervolgens te smullen van heerlijke vis ... Bodo, jouw eenvoud siert je!

CUISINE TRADITIONNELLE • TENDANCE ✗ La sobriété de l'intérieur scandinave n'est pas sans rappeler la cuisine. Les plats, de facture traditionnelle, sont préparés sans chichis, dans le souci permanent du goût. Quel bonheur de commencer avec une bonne rillette, puis de déguster un délicieux poisson accompagné de purée... Bodo, ta simplicité t'honore !

Menu 37 € – Carte 35/50 €

Plattegrond: C1-p – *Burgstraat 2* – ☏ *09 256 29 00 – www.bodo.gent – Gesloten maandagmiddag, zaterdag en zondag*

⬡ Karel De Stoute

FRANS MODERN • EIGENTIJDS ✗✗ Het karakter van het Patershol dringt dankzij grote zwart-wit foto's binnen in deze sobere, moderne zaak. U wordt er opgewacht door Lien, de charmante gastvrouw, en chef Thomas. Hij concentreert zijn creativiteit in één enkel menu waarin hij zorg, frisheid en smaak samenbrengt. Een keuken met ambitie.

CUISINE FRANÇAISE MODERNE • BRANCHÉ ✗✗ Le quartier du Patershol, l'un des plus fameux de la ville de Gand, s'invite dans le décor de cet établissement par le biais d'imposantes photos en noir et blanc. Lien, la maîtresse de maison, se révèle charmante ; quant à Thomas, le chef, il concentre sa créativité dans un menu soigné, plein de fraîcheur et de goût. Une cuisine qui a du caractère.

Lunch 30 € – Menu 50/75 € – een enkel menu

Plattegrond: C1-j – *Vrouwebroerstraat 2* – ☏ *09 224 17 35 – www.restkareldestoute.be – Gesloten zaterdagmiddag, zondag en na 20.30 u.*

Naturell

MARKTKEUKEN · MINIMALISTISCH ✕✕ Niet alleen de houten interieurelementen zorgen voor een naturelle sfeer, ook de smaakbeleving: de op groenten gebaseerde keuken van chef Lootens onderscheidt zich met veel fraîcheur en smaak. Tijdens het belevingsmenu (enkel 's avonds) worden werkelijk al uw zintuigen bespeeld. Wat een ervaring!

CUISINE DU MARCHÉ · ÉPURÉ ✕✕ On se sent comme enveloppé dans le décor... Naturell de ce restaurant, avec ses éléments boisés, et l'on profite à plein de ce moment gustatif : la cuisine, basée sur les légumes du chef Lootens, se distingue par sa fraîcheur et ses saveurs. Le soir, le menu " expérience " est un véritable appel à tous les sens !

Lunch 35 € – Menu 65/85 €

Plattegrond: 3C1-d – *Jan Breydelstraat 10* – *6ᵒ 09 279 07 08*
– www.naturell-gent.be – *Gesloten laatste 2 weken december, laatste week juli-eerste week augustus, dinsdagmiddag, woensdagmiddag, zondag, maandag en na 20.30 u.*

Souvenir 🔵

CREATIEF · BISTRO ✕✕ De keuken van Vilhjalmur Sigurdarson is zeer persoonlijk. Het steunt op de pure smaken van duurzame producten en legt de nadruk op groenten. Hij beheerst het moderne spel van texturen en smaken, het is bij momenten verrassend hoe hij onverwachte combinaties in balans brengt. Deze ervaring zal u niet snel vergeten!

CUISINE CRÉATIVE · BISTRO ✕✕ La cuisine de Vilhjalmur Sigurdarson est très personnelle. Elle s'appuie sur les saveurs authentiques de produits durables, avec un accent sur les légumes. Il maîtrise l'équilibre moderne entre textures et saveurs, et n'hésite pas à surprendre avec des combinaisons inattendues qu'il rend harmonieuses. Une expérience que vous n'oublierez pas de sitôt !

Lunch 35 € – Menu 75/95 € – Carte 62/94 €

Plattegrond: 3F2-a – *Brabantdam 134* – *6ᵒ 09 335 60 73* – *www.souvenir.gent*
– Gesloten woensdagmiddag, zaterdag en zondag

volta. 🔵 🔵 🔵

MODERNE KEUKEN · TRENDY ✕✕ Dit is een huis met drive en dat voel je. In dit voormalige elektriciteitsstation ziet u de brigade in de weer in de open keuken. Ze bereiden er eerlijke gerechten gebaseerd op topproducten, het liefst à la minute.

CUISINE MODERNE · TENDANCE ✕✕ Dans cette ancienne centrale électrique, le courant passe bien entre la clientèle et l'équipe à l'œuvre aux fourneaux ! Au menu : des recettes dans l'air du temps, avec des produits de qualité pour la plupart préparés minute.

Lunch 29 € – Menu 72/84 € – Carte 61/93 €

Plattegrond: 2A1-a – *Nieuwe Wandeling 2b* – *6ᵒ 09 324 05 00*
– www.voltagent.be – *Gesloten 22 december-2 januari, 13 juli-7 augustus, maandagmiddag, zaterdag en zondag*

a food affair

AZIATISCH · EIGENTIJDS ✕ Een chef die naar Azië reist, ervaringen opdoet en die met zijn gasten wilt delen. Het heerlijke resultaat daarvan ontdekt u in deze gezellige zaak. Thaise en Vietnamese gerechten krijgen hier de nodige verfijning dankzij de precieze bereidingen en de kwaliteit van de producten.

CUISINE ASIATIQUE · BRANCHÉ ✕ Le programme est prometteur : le chef, qui a voyagé dans toute l'Asie, fait ici partager à ses clients ses belles découvertes. Les plats thaïs et vietnamiens sont magnifiés grâce à des préparations précises, où la qualité des produits est toujours au top.

Menu 44 € – Carte 37/66 €

Plattegrond: A1-n – *Hoogstraat 58* – *6ᵒ 09 224 18 05* – *www.afoodaffair.be*
– alleen diner – *Gesloten zondag en maandag*

ⓘ○ Amatsu

JAPANS · **EXOTISCHE SFEER** ॑ Amatsu, dat is de beste Japanner van Gent. In dit sober restaurant wachten u namelijk authentieke smaken die met gevoel worden bereid. U kunt zien hoe de patron heerlijke sushi maakt in zijn open keuken, waarvoor hij ook graag met minder bekende vissen werkt. De bijhorende sake-suggesties zijn al even interessant.

CUISINE JAPONAISE · **EXOTIQUE** ॑ Amatsu, c'est le meilleur japonais de Gand. Authentique cuisine nippone servie dans un cadre zen. On peut admirer le patron à l'œuvre dans sa cuisine ouverte avec les sushis ou des poissons moins connus. Intéressantes suggestions de saké et accompagnement.

Menu 33/65 € – Carte 31/65 €

Plattegrond: 3C1-f – *Hoogpoort 29* – ☏ *09 224 47 06* – *www.amatsu.be* – *alleen diner* – *Gesloten zondag en maandag*

ⓘ○ Le Baan Thaï

THAIS · **GEZELLIG** ॑ Dit Thaise restaurant ligt verscholen op de binnenplaats van een groep patriciërshuizen. De uitgebreide kaart is typerend voor dit soort restaurants.

CUISINE THAÏLANDAISE · **CONVIVIAL** ॑ Restaurant thaïlandais dissimulé dans la cour intérieure d'un ensemble de maisons patriciennes. La carte, typique du genre, est bien détaillée, et offre un choix étendu.

Menu 35/43 € – Carte 33/55 €

Plattegrond: 3C1-s – *Corduwaniersstraat 57* – ☏ *09 233 21 41* – *www.lebaanthai.be* – *alleen diner behalve zondag* – *Gesloten eerste week januari, laatste week juli, zondagavond en maandag*

ⓘ○ Pakhuis

TRADITIONELE KEUKEN · **BRASSERIE** ॑ Dit monumentale pakhuis met mooie mezzanine en koepel is in neoretrostijl omgetoverd tot een brasserie-oesterbar. De menu's zijn een succes door de productkeuze en de deskundigheid van de chef, die heel het jaar door oesters van constante kwaliteit in huis heeft.

CUISINE TRADITIONNELLE · **BRASSERIE** ॑ Une belle mezzanine et une coupole couronnent cet entrepôt monumental reconverti en brasserie-écailler néo-rétro. Les menus remportent un succès justifié par le choix des produits et le savoir-faire du chef pour les accommoder. Huîtres de qualité constante toute l'année.

Menu 29/49 € – Carte 39/82 €

Plattegrond: 3C2-b – *Schuurkenstraat 4* – ☏ *09 223 55 55* – *www.pakhuis.be* – *open tot 23.00 u.* – *Gesloten 17 juli-2 augustus, middag op feestdagen en zondag*

ⓘ○ Patyntje

VLAAMS · **BRASSERIE** ॑ Gezellige villa in koloniale stijl waar het terras – aan de Leie – een absolute aanrader is. De sterkhouders zijn hier gerechten als vol-au-vent, Vlaamse stoverij en zeetong. Kortom: de Vlaamse keuken, zoals het hoort.

CUISINE FLAMANDE · **BRASSERIE** ॑ Élégante villa de style colonial bordée par la Lys, avec notamment une superbe terrasse... Parmi les valeurs sûres, le vol-au-vent, les carbonades et la sole. En un mot, le meilleur de la cuisine flamande !

Lunch 22 € – Menu 85 € – Carte 42/69 €

Plattegrond: 1 – *Gordunakaai 91* – ☏ *09 222 32 73* – *www.patyntje.be*

ⓘ○ Roots

CREATIEF · **HEDENDAAGSE SFEER** ॑ Hippe zaak waar de creativiteit van de chef voor zich spreekt. Hij heeft een boontje voor groenten en weet ook met vegetarische bereidingen mooie smaaknuances te creëren. Ze worden zelfs in desserts verwerkt, en dat is verrassend lekker!

CUISINE CRÉATIVE · **CONTEMPORAIN** ॑ Dans cet établissement branché, la créativité du chef parle pour lui ! Il a un penchant certain pour les légumes, et ses préparations végétariennes cultivent de belles nuances gustatives. Il utilise même la verdure en dessert, ce qui nous réserve de belles surprises.

Lunch 28 € – Menu 55 € – *een enkel menu*

Plattegrond: C1-m – *Vrouwebroersstraat 5* – ☏ *09 310 67 73 (reserveren noodzakelijk voor het diner)* – *www.rootsgent.be* – *Gesloten woensdagavond, zaterdag, zondag en na 20.30 u.*

San Gent 🅝

MODERNE KEUKEN · TRENDY 𝕏 Een kom, een bestek en de signatuur van top-chef Sang Hoon Degeimbre. Dat mag u verwachten in deze industriële/moderne zaak. San werkt graag met groenten en natuurlijke smaken, vergisting en fermentatie typeren zijn lichte keuken. Hij geeft gekende smaken een eigen draai. Hier komt de wereld op uw bord!

CUISINE MODERNE · TENDANCE 𝕏 Un bol, une cuillère et la signature du chef réputé Sang Hoon Degeimbre. Derrière le décor industriel moderne, San privilégie les légumes et les saveurs naturelles, avec une cuisine légère typée par la fermentation, pour découvrir les saveurs sous un nouveau jour. Le monde dans votre assiette !

Lunch 35 € – Menu 65 € – een enkel menu

Plattegrond: 3D2-g – *Brabantdam 50* – ✆ *09 245 42 37* – *www.sangent.be*
– *Gesloten 25 december-8 januari, zondag en maandag*

VOS

CREATIEF · TAPASBAR 𝕏 Van een trendy zaak gesproken: vooraan is er een koffiebar waar u de keuze hebt uit uitstekende bonen, achteraan een sfeervol restaurantje om smakelijke gerechtjes te delen. De chefs komen graag in de zaal om uit te leggen welke creatieve lekkernij ze serveren, waarin regelmatig Aziatische invloeden aanwezig zijn.

CUISINE CRÉATIVE · BAR À TAPAS 𝕏 Une affaire tout à fait tendance ! Devant, le bar à café avec son choix pléthorique, derrière le restaurant animé où l'on partage de bons petits plats. Les chefs passent volontiers en salle pour expliquer leurs créations, souvent parsemées d'influences asiatiques.

Lunch 25 € – Menu 50 € – Carte 40/80 €

Plattegrond: A3-h – *Zwijnaardsesteenweg 6* – ✆ *09 398 81 09* – *www.vos.gent*
– *Gesloten feestdagen, zondag en maandag*

Hotels

Ghent Marriott

LUXE · DESIGN De prachtige designhal van dit moderne luxehotel is helemaal van glas, terwijl de achterkant bestaat uit een rij oude gevels. Kamers, junior suites en suites. Trendy loungebar. Aangenaam restaurant in een van de 16de-eeuwse koopmanshuizen aan de kade van de Leie.

LUXE · DESIGN Le hall de ce palace moderne s'abrite sous une superbe verrière design, tandis qu'une rangée de façades anciennes forme l'arrière. Chambres, junior suites et suites. Lounge-bar "in". Table agréable aménagée dans l'une des maisons de marchands (16es.) donnant sur le quai de la Lys.

150 kamers – 🛏139/999 € 🛏🛏139/999 € – ☲ 25 € – 3 suites

Plattegrond: 3C1-c – *Korenlei 10 (ingang via Drabstraat)* – ✆ *09 233 93 93*
– *www.marriottghent.com*

Harmony

LUXE · EIGENTIJDS De harmonie tussen deze karaktervolle herenhuizen en de Patersholwijk valt op, het evenwicht tussen de charme en het comfort van de kamers verleidt, en het verwarmd buitenzwembad verbaast. Dit professionele hotel is een topadres!

LUXE · CONTEMPORAIN L'harmonie entre ces maisons de maître de caractère et le quartier du Patershol saute aux yeux, mais ce n'est pas tout : les chambres sont charmantes et confortables, la piscine extérieure chauffée surprend... Top !

40 kamers ☲ – 🛏144/179 € 🛏🛏159/194 €

Plattegrond: 3C1-w – *Kraanlei 37* – ✆ *09 324 26 80* – *www.hotel-harmony.be*

Grand Hotel Reylof

LUXE · EIGENTIJDS Dit Grand Hotel vlakbij het historisch centrum laat de statigheid van de herenhuizen van vroeger herleven, al geniet men hier toch vooral van contemporaine luxe. Dankzij de recente restyling heeft het zelfs een extra kwaliteitsboost gekregen! In het restaurant worden eigentijdse productcombinaties in bewerkte, mooi ogende gerechten geserveerd.

LUXE · CONTEMPORAIN Cet hôtel proche du centre historique fait renaître l'élégance des anciennes maisons de maître, dans un luxe contemporain. La rénovation récente a même réussi à rehausser encore la qualité ! Le restaurant propose une cuisine fine et alléchante, avec des combinaisons de produits contemporaines.

157 kamers – †180/250 € ††180/250 € – ☑ 25 €

Plattegrond: 2A1-c - *Hoogstraat 36* - ℰ *09 235 40 70*
- *www.pillowshotels.com/ghent*

VLAANDEREN · FLANDRE

🏠 Ganda

HERENHUIS · PERSOONLIJK CACHET Een herenhuis uit de achttiende eeuw is de stijlvolle basis van dit hotel, dat verder beantwoordt aan al de wensen van de moderne gast. De zorgen van de charmante gastvrouw en het knappe dakterras maken het plaatje af. Wat is luxe toch heerlijk …

MAISON DE MAÎTRE · PERSONNALISÉ Cet hôtel est installé dans une maison de maître du 18e s., qui a été aménagée de façon à satisfaire toutes les exigences de confort moderne. La patronne est aux petits soins et la belle terrasse, sur le toit, complète cette belle histoire. Un vrai délice.

8 kamers – †130/295 € ††130/295 € – ☑ 16 €

Plattegrond: D1-n - *Houtbriel 18* - ℰ *09 330 20 22*
- *www.gandaroomsandsuites.be*

🏠 Astoria

FAMILIAAL · KLASSIEK Dit volledig gerenoveerde hotel, gelegen in het Gentse kunstenkwartier, behoort tot één van de weinige familiaal gerunde hotels in Gent. Ontbijt in de wintertuin of 's zomers op het terras.

FAMILIAL · CLASSIQUE Charmante maison de maître du Quartier d'Art, abritant un hôtel familial. Le petit déjeuner (buffet) est servi dans la véranda ou au jardin, près d'un joli bassin zen.

27 kamers ☑ – †79/144 € ††89/159 €

Plattegrond: 2A3-g - *Achilles Musschestraat 39* - ℰ *09 222 84 13*
- *www.astoria.be*

🏠 Verhaegen

HISTORISCH · LUXE Dit 18de-eeuwse herenhuis in Franse stijl is een geslaagde mix van het behouden antieke decor en moderne kunst. De salons, kamers en fraai begroeide binnenplaats zijn echte juweeltjes!

HISTORIQUE · LUXE Somptueux hôtel particulier à la française (18e s.) agrémenté d'œuvres contemporaines. Lustres en cristal, cheminées en marbre et trumeaux, magnifique jardin… Un bijou !

5 kamers – †185/215 € ††185/215 € – ☑ 20 €

Plattegrond: 3C2-e - *Oude Houtlei 110* - ℰ *09 265 07 60*
- *www.hotelverhaegen.be* - *Gesloten 6 tot 25 januari en 21 juli-13 augustus*

🏠 De Waterzooi

HISTORISCH · GEZELLIG Logeren met zicht op het Gravensteen, in nostalgische suites die mooi tot hun recht komen op een middeleeuws pleintje … Hoe charmant! En om uw Gentse ervaring compleet te maken, kan u een privé-rondvaart boeken met de gastheer als kapitein. Bij Waterzooi Lodge, rechtover het B&B, kan men terecht voor een langer verblijf.

HISTORIQUE · COSY Un séjour avec vue sur le Gravensteen, dans des suites nostalgiques agréablement situées sur une placette médiévale… Quel charme ! Et pour compléter votre expérience gantoise, vous pourrez réserver une promenade privée en bateau avec pour capitaine le patron. Juste à côté du B&B, le Waterzooi Lodge vous accueillera pour un séjour plus long.

3 kamers – †150/180 € ††150/180 € – ☑ 13 €

Plattegrond: 3C1-k - *Sint-Veerleplein 2* - ℰ *0475 43 61 11* - *www.dewaterzooi.be*
- *Gesloten eind december en 15 juli-15 augustus*

Atlas

FAMILIAAL · HEEL APART Herenhuis uit 1865 met vier mooie kamers in verschillende stijlen: Europees (Toscaans), Amerikaans (fifties), Aziatisch en Afrikaans. Klassieke eetzaal met art-decomeubilair.

FAMILIAL · INSOLITE En cette maison bourgeoise (1865), les chambres invitent à voyager dans le temps et dans l'espace : "Toscane", "Fifties", "Afrique" et "Asie". Mobilier Art déco dans la salle à manger.

4 kamers ⌂ – †69/89 € ††84/104 €

Plattegrond: 2A1-z – *Rabotstraat 40* – ℰ *0473 27 93 09* – *www.atlasbenb.be* – *Gesloten 22 december-1 januari*

GERAARDSBERGEN
Oost-Vlaanderen – ✉ 9500 – Atlas n° **3**-C3

't Grof Zout

MODERNE KEUKEN · TRENDY XX Restaurant in een mooi pand buiten het centrum, gerund door een echtpaar. Modern interieur, bloemrijke patio en een menu op basis van dagverse producten.

CUISINE MODERNE · TENDANCE XX Jolie maison de maître gentiment tenue en couple, à l'écart du centre-ville. Intérieur actuel et frais, ou patio fleuri, pour faire connaissance avec un bon menu du marché.

Menu 40/63 € – Carte 58/72 €

Gasthuisstraat 20 – ℰ *054 42 35 46* – *www.grofzout.be* – *Gesloten 1 week met Pasen, laatste 2 weken van augustus-eerste week van september, zaterdagmiddag, zondagavond, maandag en dinsdag*

GIERLE
Antwerpen – ✉ 2275 – Lille – Atlas n° **04D**-C2

Au Comptoir

MARKTKEUKEN · EIGENTIJDS X Achter de comptoir van deze moderne bistro ziet u de brigade aan het werk, voor de comptoir smult u van het resultaat. U kunt er kiezen uit gerechten die klassieke technieken met een eigentijdse aanpak combineren, en steeds smaakvol en gul zijn. De liefde van de chef voor vis is een grote troef!

CUISINE DU MARCHÉ · BRANCHÉ X Derrière le comptoir de ce bistrot moderne, admirez la brigade au travail aux fourneaux ; devant le comptoir, dégustez le résultat ! Les préparations du chef Menten combinent des techniques classiques avec une approche contemporaine, et se révèlent toujours généreux et pleins de goût. Son amour pour le poisson est un véritable atout !

Menu 37/59 €

Turnhoutsebaan 72 – ℰ *014 74 85 05 (reserveren noodzakelijk voor het diner)* – *www.aucomptoir.be* – *Gesloten zaterdagmiddag, dinsdag en woensdag*

GIJZEGEM
Oost-Vlaanderen – ✉ 9308 – Aalst – Atlas n° **03D**-C2

Pacht 26

MARKTKEUKEN · HEDENDAAGSE SFEER XX Een chef die er op staat om zijn producten op de vroegmarkt te gaan halen? Dat wijst op passie, en dat proeft u ook aan de creatieve manier waarop hij de producten en smaken combineert. Lekker eigentijds, net als het aangename decor.

CUISINE DU MARCHÉ · CONTEMPORAIN XX Un chef qui tient particulièrement à aller chercher ses produits au marché chaque matin : voilà ce qu'on appelle un passionné. Vous aurez la confirmation de cette passion dans la façon créative qu'il a de combiner les produits et les goûts. Le tout dans un décor agréable !

Lunch 36 € – Menu 48 €

Pachthofstraat 26 – ℰ *0499 73 60 27* – *www.pacht26.be* – *Gesloten laatste 3 weken augustus, zaterdagmiddag, zondagavond, dinsdag, woensdag en na 20.30 u.*

GITS

West-Vlaanderen – ✉ 8830 – Hooglede – Atlas n° **2**-C2

✵○ **Bistro 't Verschil**

TRADITIONELE KEUKEN · RUSTIEK ✗✗ Er heerst een prettige sfeer in deze zaak met een rustieke uitstraling, waar de gastvrouw haar gasten met een brede glimlach bedient. De chef kookt met goede producten en heeft een verfijnde stijl. Dit enthousiaste koppel maakt 't verschil!

CUISINE TRADITIONNELLE · RUSTIQUE ✗✗ Une atmosphère très agréable règne dans cet établissement d'aspect rustique, où la patronne vous sert avec le sourire. Plats très soignés à base de bons produits. Ce couple enthousiaste fait la différence (verschil en néerlandais)!

Lunch 30 € – Menu 55 € – Carte 47/95 €

Bruggesteenweg 42 – ✆ 051 43 67 20 – www.bistrotverschil.be – Gesloten eerste week januari, eerste week mei, laatste 2 weken juli, zaterdagmiddag, dinsdag en woensdag

GOOIK

Vlaams-Brabant – ✉ 1755 – Atlas n° **6**-A2

✵○ **Popelier**

VLEES · EIGENTIJDS ✗✗ Deze knap gerenoveerde brouwerij gaat mooi op in het omliggende groene Pajottenland. U geniet er van gerijpte vleessoorten die worden bijgestaan door vers geklopte sauzen. Ook de visliefhebbers worden op hun wenken bediend. Hoe dan ook: alles is vers, genereus en lekker!

VIANDES · BRANCHÉ ✗✗ Cette brasserie joliment rénovée se marie à merveille avec le poumon vert du Pajottenland qui l'entoure. Vous y dégusterez de belles viandes maturées, accompagnées de sauces préparées minute ; que les amateurs de poisson se rassurent, ils seront également de la partie. La fraîcheur, la générosité et le goût sont toujours au rendez-vous !

Lunch 30 € – Carte 42/103 €

Populierenstraat 8 – ✆ 0477 18 19 51 – www.restaurantpopelier.be – Gesloten eind december, zaterdagmiddag, dinsdag en woensdag

⌂ **Het hof van Petronilla**   

HERBERG · GEZELLIG Boerderij in hartje Pajottenland, waarvan de schuren tot sfeervolle gastenkamers zijn verbouwd. Kamers met een mineraal thema: robijn, amethist, topaas, enz. Goed onthaal.

AUBERGE · COSY En plein Pajottenland, domaine agricole dont les ex-granges se sont recyclées en maison d'hôte de caractère. Chambres à thème "minéral" : ruby, améthyste, topaze... Bon accueil.

6 kamers ⌸ – ✦75 € ✦✦100/120 €

Lindestraat 15 – ✆ 054 56 78 39 – www.hethofvanpetronilla.be

's-GRAVENVOEREN · FOURON-LE-COMTE

Limburg – ✉ 3798 – Voeren – Atlas n° **5**-D3

⌂ **De Kommel**

FAMILIAAL · KLASSIEK Dit hotel-restaurant ligt op een heuvel en kijkt prachtig uit over het nabijgelegen dorp. Eigenaars Wendy en Paul houden niet van stilzitten en zijn voortdurend in de weer om hun zaak nog beter te maken.

FAMILIAL · CLASSIQUE Juché sur une colline, cet hôtel-restaurant offre une belle vue sur le village voisin. Toutes les chambres ont été rénovées. Belle salle à manger classique aux accents contemporains, avec terrasse panoramique.

17 kamers ⌸ – ✦75/85 € ✦✦85/110 € – ½ P

Kommel 1 – ✆ 04 381 01 85 – www.dekommel.be – Gesloten 1 tot 25 januari

's-GRAVENWEZEL
Antwerpen – ⌧ 2970 – Schilde – Atlas n° **4**-B2

❀ dEssensi (Karl Ave)   🕥 ⭐ 🍽 🛎

FRANS MODERN · TRENDY XX De façade van deze mooie villa verraadt het meteen: hier huist een stijlvol restaurant, met achteraan een prachtige tuin en een heerlijk terras! De chef, die verrast dan weer liever. Hij neemt topproducten met creativiteit onder handen, al gaat hij steeds uit van een klassieke basis. Het vormt een evenwichtig samenspel, met smaak als essentie.

→ Oosterscheldekreeft met asperges en gerookte mousseline. Herefordentrecote 'Dry Aged' met sjalot, ponzu en radijs. Bretoens zanddeegje met aardbeien, yoghurt en zoete paprika.

CUISINE FRANÇAISE MODERNE · TENDANCE XX La séduisante façade de cette belle villa nous a mis la puce à l'oreille… à juste à titre ! Elle cache un restaurant plein de style, avec un joli jardin et une terrasse agréable sur l'arrière. Le chef aime surprendre : il utilise toute sa créativité pour travailler de beaux produits, avec une base classique. C'est harmonieux et équilibré : en un mot, délicieux !

Lunch 48 € – Menu 70 € – Carte 79/103 €

Kerkstraat 20 – ☎ 03 644 47 45 – www.dessensi.be
– Gesloten 23 december-7 januari , 9 tot 16 april, 16 juli-6 augustus,
29 oktober-5 november, zaterdagmiddag, zondag, maandag en na 20.30 u.

GRIMBERGEN
Vlaams Brabant – ⌧ 1850

🍴 Lammekeshoeve 🆕   🐾 🕥 🅿

FRANS MODERN · GEZELLIG XX Lammekeshoeve is een ongedwongen restaurant, waar het sfeervolle interieur aantoont dat het met zorg wordt geleid. Het terras in de tuin is heerlijk bij mooi weer. De keuze tussen klassiekers en modernere suggesties zorgt voor leuke kopbrekers. Want wat u ook kiest, weet dat u van elk bordje zal smullen.

CUISINE FRANÇAISE MODERNE · COSY XX Restaurant à l'ambiance décontractée, et très bien tenu, à l'image du décor chaleureux. La terrasse au jardin est exquise par beau temps. Le choix entre les plats classiques ou les suggestions plus modernes est un casse-tête amusant, car ils sont tous plus savoureux les uns que les autres.

Lunch 20 € – Carte 48/72 €

Veldkantstraat 100 – ☎ 02 270 92 76 – www.lammekeshoeve.be
– Gesloten woensdag

GROBBENDONK
Antwerpen – ⌧ 2280 – Atlas n° **4**-C2

🏠 't Hemelryck   🐾 ♿ 🏧 🍽 🛁 🅿

TRADITIONEEL · PERSOONLIJK CACHET Een platanendreef leidt naar deze charmante villa met een romantische inrichting in Engelse stijl, een creatie van Tilly Cambré. Verzorgd ontbijtbuffet.

TRADITIONNEL · PERSONNALISÉ Villa charmante accessible par une allée de platanes. Communs et chambres aux décors "romantico-british" signés Tilly Cambré. Buffet matinal bien soigné.

7 kamers ⌧ – ♦99/129 € ♦♦135/160 €

Floris Primsstraat 50 – ☎ 014 51 81 18 – www.themelryck.be – Gesloten 1 week januari

GROOT-BIJGAARDEN
Vlaams-Brabant – ⌧ 1702 – Dilbeek – Atlas n° **6**-B2

Zie plattegrond Brussel

VLAANDEREN · FLANDRE

❀ **Michel** (Robert Van Landeghem) 🛜 AC ⇔ **P**

FRANS MODERN · DESIGN XxX Het elegante interieur van Michel is een aangename omgeving om te genieten van een heerlijke maaltijd. De chef beheerst de
kunst om diepgaande smaken te creëren en fond te brengen in zijn gerechten.
Hij combineert de klassieke generositeit met moderne tintelingen. Dit is een huis
van vertrouwen!
→ Beekriddervis en kleine inktvisjes met ricotta, gnocchi en gepickelde groenten.
Lamsrug en -schouder met spitskool, tapenade en red leicesterkaas. Creatie van
chocolade met quinoa en kalamansi.

CUISINE FRANÇAISE MODERNE · DESIGN XxX L'intérieur élégant de Michel forme
un cadre agréable pour déguster un repas délicieux. Le chef maîtrise son sujet ; il
convoque de belles saveurs dans une cuisine qui ne manque pas de caractère,
dans laquelle le classicisme est traversé de frémissements plus modernes. Une
maison de confiance !

Lunch 40 € – Menu 48/87 € – Carte ong. 90 €

Plattegrond: 1A2-d – *Gossellaan 31* – ℰ*02 466 65 91* – *www.restaurant-michel.be*
*– Gesloten 1 tot 15 januari, 16 tot 20 april, 16 juli-3 augustus, feestdagen, zondag
en maandag*

❀ **Brasserie Bijgaarden** 🛜 ⇔ **P**

KLASSIEKE KEUKEN · TRENDY XX Dit huis heeft een rijke culinaire geschiedenis.
U vindt er nu een trendy brasserie waar u in de eetzaal nog de grandeur van
vroeger herkent. De traditionele kaart is democratisch geprijsd en biedt ook een
aantrekkelijk menu. Ruim terras.

CUISINE CLASSIQUE · TENDANCE XX Une véritable institution que cette brasserie
très courue, au décor chic et discret... À la carte, toutes les spécialités du genre,
aux prix mesurés (intéressante formule). Grande terrasse face à la verdure.

Lunch 18 € – Menu 34/44 € – Carte 37/67 €

Plattegrond: 1A2-a – *Isidoor Van Beverenstraat 20* – ℰ*02 464 20 90*
– www.brasseriebijgaarden.be – Gesloten 24 en 31 december en zaterdagmiddag

HAALTERT
Oost-Vlaanderen – ✉ 9450 – Atlas n° **3**-C3

🍴○ **Apriori** 🛜 AC 🚫

CREATIEF · EIGENTIJDS XxX Kristof Coppens is een chef die zijn creativiteit de
vrije loop laat. Hij schuwt geen moeite om internationale producten te bewerken,
te verrijken en te laten samenspelen. De smaken kunnen zeker ook klassiek zijn,
zolang ze maar passen in de geest van zijn creatie.

CUISINE CRÉATIVE · BRANCHÉ XxX Kristof Coppens laisse libre cours à sa créativité. Il fait beaucoup d'efforts pour travailler des produits venus des quatre coins
du globe, pour les enrichir et les combiner.

Menu 45/77 € – Carte 66/150 €

Sint-Goriksplein 19 – ℰ*053 83 89 54* – *www.a-priori.be* – *Gesloten 1 week met
Kerst, 1 week met Pasen, zaterdagmiddag, zondag en maandag*

NIET TE MISSEN! *LES BONS PLANS!*

Markt XI, een vaste waarde die nog steeds ambitieus is. Auberge des Rois-Beach, voor zijn Anglo-Normandische stijl die zo typisch is aan De Haan en zijn heerlijk terras op de dijk voor een glas bier of een ijsje.

Markt XI, une valeur sûre qui reste ambitieuse. L'Auberge des Rois-Beach, pour son style anglo-normand typique de De Haan, et sa superbe terrasse sur la digue où l'on savoure une bonne bière et une coupe de glace.

De HAAN

West-Vlaanderen – ✉ 8420 – Atlas n° **2**-B1

Restaurants

🏵 Casanova   ≤ 🛱

FRANS MODERN · GEZELLIG 𝕏𝕏 Deze Casanova maakt lekkerbekken het hof met zijn fijne keuken, waar de schatten van zee en polder een zuiderse toets krijgen. Of u nu voor een klassieker of iets moderns kiest, de borden zijn sowieso gul en kwaliteitsvol. Het prachtige zicht op zee zal u helemaal veroveren.

CUISINE FRANÇAISE MODERNE · CONVIVIAL 𝕏𝕏 Casanova a l'art et la manière de satisfaire... les gourmets et les gourmands ! De l'intemporelle sole meunière cuisinée dans les règles de l'art au menu du marché, il vous concocte des plats bien copieux avec un mot d'ordre : fraîcheur et qualité.

Lunch 28 € – Menu 37 € – Carte 49/80 €

Plattegrond: A1-s – *Zeedijk 15* – ℰ *059 23 45 55*
– www.casanova-dehaan.com – Gesloten woensdag en donderdag

🍽️ L'Espérance   ✛

MARKTKEUKEN · GEZELLIG 𝕏𝕏 Achter de mooie gevel uit 1903 huist een knus restaurant. De chef vindt u in de open keuken, het menu van de dag wordt mondeling voorgesteld. Verwacht u hier aan smakelijke gerechten, kraakverse ingrediënten en scherpe prijzen.

CUISINE DU MARCHÉ · CONVIVIAL 𝕏𝕏 Derrière la belle façade de 1903, ce sympathique restaurant propose une délicieuse cuisine à base d'ingrédients ultra-frais et à prix doux. Le menu du jour est présenté oralement.

Menu 39/51 € – een enkel menu

Plattegrond: A2-q – *Driftweg 1* – ℰ *059 32 69 00*
– Gesloten 7 tot 26 januari, 24 juni-6 juli, dinsdag, woensdag en na 20.30 u.

🍽️ Markt XI   🛱 🅰🅺 🍸

MODERNE KEUKEN · INTIEM 𝕏𝕏 Benny en Katrijn zijn een koppel met ambitie. Dat voelt u zodra u hun huiskamerrestaurant binnenstapt. De vrolijke patronne staat altijd klaar voor haar gasten en zorgt voor gepaste wijnassociaties, de chef pakt uit met moderne gerechten die het verschil maken met hun fraîcheur en finesse. Dit is nu al een vaste waarde!

234

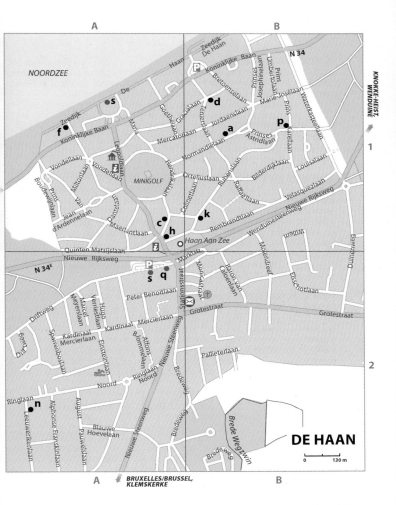

CUISINE MODERNE · INTIME XX Benny et Katrijn forment un couple ambitieux. On le ressent immédiatement en pénétrant dans leur restaurant. La patronne joviale est toujours attentive à ses clients et vous conseillera des associations mets-vins. Le chef propose une cuisine moderne où les maîtres-mots sont " fraîcheur " et " finesse ". Une valeur sûre !

Lunch 42 € - Menu 69/85 €

Plattegrond: A2-s – *Driftweg 11* – ✆ *059 43 44 44 (beperkt aantal zitplaatsen, reserveren)* – *www.markt11.be* – *Gesloten dinsdagmiddag, zondag, maandag en na 20.30 u.*

Een lekkere maaltijd voor een scherpe prijs? Ga op zoek naar de Bib Gourmand ⊛. Ze onderscheiden restaurants met een sterke prijs-kwaliteitverhouding.

Hotels

Manoir Carpe Diem

LUXE · PERSOONLIJK CACHET Het bekende gezegde "pluk de dag" is gemakkelijk in praktijk te brengen in deze mooie villa op een duin bij de Noordzee. Prachtige kamers, salons en tuin. Heerlijk ontbijt en stijlvolle ontvangst.

LUXE · PERSONNALISÉ Mettez en pratique la fameuse maxime horacienne in cette villa au charme balnéaire posée sur sa dune. Chambres, salons et jardin ravissants, délicieux petits-déjeuners, accueil et service très distingués.

12 kamers ☐ – ♥165/190 € ♥♥180/195 € – 5 suites

Plattegrond: B1-p – *Prins Karellaan 12* – ☎ *059 23 32 20*
– *www.manoircarpediem.com* – *Gesloten januari*

Auberge des Rois-Beach H.

TRADITIONEEL · ELEGANT Het zicht op zee dat de meeste kamers bieden, mag zeker als royaal omschreven worden. Dit karaktervol hotel straalt een aangename nostalgische charme uit. Het terras op de dijk moet u zeker eens uitproberen!

TRADITIONNEL · ÉLÉGANT La vue sur la mer offerte par la plupart des chambres est sans doute digne de rois ! Cet hôtel de caractère dégage un charme nostalgique. Ne manquez pas la terrasse sur la digue...

20 kamers ☐ – ♥130/205 € ♥♥150/215 € – 2 suites

Plattegrond: A1-f – *Zeedijk 1* – ☎ *059 23 30 18* – *www.beachhotel.be*
– *Gesloten 5 januari-28 maart*

Grand Hotel Belle Vue

FAMILIAAL · HISTORISCH Monumentaal hotel in Anglo-Normandische stijl uit 1910, dat als een echt instituut een plekje heeft veroverd in de harten van alle inwoners van De Haan. De kamers zijn gerenoveerd in een eigentijdse stijl. Actuele gerechten geserveerd in de eetzaal in bistrostijl of op het beschutte terras.

FAMILIAL · HISTORIQUE Une véritable institution locale que cet établissement de style anglo-normand (1910). Esprit balnéaire proche du front de mer, sur la terrasse ; confort et quiétude dans les chambres, rénovées dans un style contemporain sobre et feutré...

32 kamers ☐ – ♥95/120 € ♥♥125/200 € – 3 suites – ½ P

Plattegrond: A1-h – *Koninklijk Plein 5* – ☎ *059 23 34 39* – *www.hotelbellevue.be*
– *Gesloten 11 november-21 december*

Duinhof

LUXE · ELEGANT Warm, gastvrij en gezellig: dit rustig gelegen bakstenen gebouw bij een 18de-eeuwse boerderij ontbreekt het niet aan charme. Tuin met zwembad. Sauna en vergaderruimte.

LUXE · ÉLÉGANT Chaleur, sens de l'accueil et chambres cosy : elle ne manque pas de charme, cette paisible bâtisse en briques prolongeant une ferme du 18e s. Piscine au jardin. Sauna et salle de réunions.

12 kamers ☐ – ♥130/170 € ♥♥150/190 € – 3 suites

Plattegrond: A2-n – *Leeuwerikenlaan 23* – ☎ *059 24 20 20* – *www.duinhof.be*

Rubens

FAMILIAAL · EIGENTIJDS Deze mooie villa in een rustige woonwijk wordt door een familie gerund. Goede, opgeknapte kamers voor een zacht prijsje, aangename ontbijtzaal, terras en zwembad. Opmerkelijke troef: in de tuin staat een sauna in de vorm van een ton.

FAMILIAL · CONTEMPORAIN Une jolie villa dans un secteur résidentiel. Ici, on travaille en famille ! Les chambres sont confortables et fraîches, à prix doux ; on peut aussi profiter de la terrasse, de la piscine et de l'étonnant sauna... en forme de tonneau au milieu du jardin.

10 kamers ☐ – ♥100/200 € ♥♥100/200 € – 1 suite

Plattegrond: B1-k – *Rubenslaan 3* – ☎ *059 24 22 00* – *www.hotel-rubens.be*

Alizee

HERENHUIS · GEZELLIG Mooie oude badvilla, waar men nog gevoel voor gast-vrijheid heeft. Kamers in zacht beige en lichtgrijs. Ontbijt in de serre of op het terras. Tuin met zwembad en sauna.

MAISON DE MAÎTRE · COSY Belle villa balnéaire rétro où l'on a le sens de l'accueil. Chambres aux douces teintes beiges et gris clair. Petit-déj' en véranda ou en terrasse. Piscine et sauna au jardin.

10 kamers ☲ – ♦100/135 € ♦♦130/145 € – 1 suite

Plattegrond: B1-d – *Tollenslaan 1* – ✆ *059 23 34 75*
– *www.hotelalizee.be* – *Gesloten 15 oktober-13 februari*

Bonne Auberge

BOETIEKHOTEL · PERSOONLIJK CACHET Al gehoord van het woord "rebelman-tique"? Wat hiermee wordt bedoeld, kunt u ervaren in dit hotel. Het brengt namelijk graag een rebelse aanpak samen met een romantisch verblijf (en vice versa), met iPod-aansluitingen die uw kamer doen swingen.

BOUTIQUE HÔTEL · PERSONNALISÉ Cette jolie villa Belle Époque se veut "rebel-mantique"... à la fois rebelle et romantique ! Cheminées, portes et pavages anciens distillent un authentique cachet ; l'aménagement contemporain soigné et inspiré (jusqu'aux prises iPod dans les chambres) crée une vraie atmosphère bohème ! L'esprit d'une époque.

12 kamers ☲ – ♦85/135 € ♦♦100/175 €

Plattegrond: A1-c – *Maria-Hendrikalaan 10* – ✆ *059 23 31 61*
– *www.hotelbonneauberge.be* – *Gesloten 10 januari-7 februari en 15 november-15 december*

Het Zonnehuis

LUXE · ROMANTISCH Engels landhuis voor een rustig verblijf in een Britse ambiance, "so cosy". Kamers met een persoonlijke touch, verzorgd ontbijt en kunstig gesnoeide tuin met zwembad.

LUXE · ROMANTIQUE Tranquillité et ambiance britannique très "cosy" en cette jolie villa plagiant un manoir anglais. Chambres personnalisées, breakfast soigné, piscine et buis taillés au jardin.

5 kamers ☲ – ♦125/175 € ♦♦125/175 €

Plattegrond: B1-a – *Normandiëlaan 18* – ✆ *0475 71 98 65* – *www.zonnehuis.eu*

HALLE

Vlaams-Brabant – ✉ 1500 – Atlas n° **6**-B3

 Les Eleveurs

KLASSIEKE KEUKEN · WIJNBAR ✕✕ Sinds 1897 heeft de familie De Brouwer deze zaak in handen, die zijn naam dankt aan het verleden als trefpunt van paarden-fokkers. Het is vandaag een fris restaurant waar u van bistronomie geniet, op basis van lokale producten. Sommelier Andy De Brouwer pakt uit met voortreffe-lijk wijnadvies. De kamers? Comfortabel!

CUISINE CLASSIQUE · BAR À VIN ✕✕ Cette auberge, où les éleveurs de chevaux avaient leurs habitudes, est tenue par la famille De Brouwer depuis 1897. C'est un bel endroit pour déguster une cuisine bistronomique basée sur les bons pro-duits locaux. Le patron, Andy De Brouwer, tient les rênes de la cave et de la degustation. Chambres confortables.

Lunch 30 € – Menu 37/78 € – Carte 45/118 €

16 kamers ☲ – ♦105/145 € ♦♦125/165 €

Suikerkaai 1a – ✆ *02 361 13 40*
– *www.les-eleveurs.be*
– *Gesloten zaterdagmiddag, zondag en maandag*

‖○ De Kaai 🏠

VIS EN ZEEVRUCHTEN · FAMILIAAL ✗ De inrichting van deze familiezaak is modern, maar laat ons duidelijk zijn: hier wordt de traditionele keuken volgens de regels van de kunst gekookt. Chef Devreker werkt met kwaliteitsproducten, voornamelijk uit de zee, die hij dankzij vakkundige bereidingen laat schitteren in al hun puurheid.

POISSONS ET FRUITS DE MER · FAMILIAL ✗ Un établissement familial à la décoration moderne, et une cuisine dans les règles de l'art. Le chef, Christian Devreker, mise sur des ingrédients de qualité – avec une prédilection pour les produits de la mer –, et sait, avec grand savoir-faire, les révéler dans leur pureté.

Lunch 26 € – Menu 37 € – Carte 47/66 €

Suikerkaai 12 – 𝒞 02 380 18 44 – www.restaurantdekaai.be – Gesloten dinsdag en woensdag

‖○ 't Kriekske 🏠

BELGISCH · BISTRO ✗ In de rust van het Hallerbos wordt u hartelijk ontvangen in een eenvoudig maar gezellig pand. De keuken is degelijk en smaakvol: traditioneel en vooral uitgesproken Belgisch. Probeer als dessert eens de ingemaakte kersen met vanille-ijs, maar opgepast voor de tanden: de kersen zijn niet ontpit!

CUISINE BELGE · BISTRO ✗ Dans la tranquillité de la forêt halloise, cet édifice simple mais charmant réserve un accueil chaleureux. La carte est traditionnelle, bien tournée et... résolument belge ! En dessert, laissez-vous tenter par les cerises marinées (avec glace vanille), mais attention aux dents : elles ne sont pas dénoyautées !

Carte 29/60 €

Kapittel 10 (Zuidoost: 7 km richting Hallerbos) – 𝒞 02 380 14 21
– www.restaurant-tkriekske.be – Gesloten 23 december-17 januari, maandag en dinsdag

HAMONT-ACHEL
Limburg – ✉ 3930 – Atlas n° **5**-C1

‖○ Food Emotions 🍽 ⇔

FRANS MODERN · BISTRO ✗ Het moderne gebouw en de felle kleuren vallen op, maar de eyecatcher is het concept: dit is een plek waar u topproducten kunt degusteren en kopen, en ook nog eens heerlijk kunt lunchen. De chef heeft de kwaliteitsingrediënten dus voor het rapen en maakt daar goed gebruik van. Een culinaire ontdekkingstocht!

CUISINE FRANÇAISE MODERNE · BISTRO ✗ On est frappé par ce bâtiment moderne et ses couleurs vives, mais la vraie curiosité est dans le concept: il est possible d'acheter et de déguster des produits de qualité, et de déjeuner. Le chef les sélectionne avec soin et sait en faire bon usage. Food Emotions, c'est un terrain d'exploration culinaire !

Lunch 33 € – Menu 37/43 €

Bosstraat 160 (in Hamont) – 𝒞 011 91 65 57 – www.foodemotions.be – alleen lunch – Gesloten zondag en maandag

🏠 Koeckhofs 🍽 ⬆ AC 🛁

BUSINESS · EIGENTIJDS Wilt u ontdekken waarom het pittoreske Achel zo wordt geprezen? Dan is dit stijlvol hotel een uitstekende uitvalsbasis. U logeert er in ruime kamers die zeer aangenaam zijn, het restaurant is al even eigentijds. Seizoengebonden en lokaal zijn hier geen loze woorden, maar vormen de basis van borden vol lekkers.

BUSINESS · CONTEMPORAIN Vous voulez découvrir pourquoi le village pittoresque d'Achel est si prisé ? Dans ce cas, cet hôtel élégant sera le point de départ idéal. Vous logerez dans des chambres spacieuses et très agréables et profiterez d'un restaurant contemporain. Une véritable cuisine de saison qui fait la part belle aux spécialités locales, pour un festival de saveurs.

16 kamers 🛏 – 🛉90 € 🛉🛉120 €

Michielsplein 4 (in Achel) – 𝒞 011 64 31 81 – www.koeckhofs.be – Gesloten 1 tot 10 januari en zondag

Photononstop

HASSELT

Limburg – ✉ 3500 – 76 685 inw. – Atlas n° **5**-B2

Restaurants

❀ **JER** (Wim Schildermans)   ❀ 🏠 AC 🍽 ♨

MODERNE KEUKEN · CHIC XxX Just Eat Right, volgens Wim Schildermans: eerste-klasproducten die op een creatieve manier onder handen worden genomen en deel uitmaken van evenwichtige combinaties. Verwacht u aan zorgvuldig uitgebalanceerde smaken en verrassing! In deze stijlvolle zaak beleeft u een zalige ervaring, en eet u … gewoonweg zeer goed.

→ Coquilles met krieltjes. Wilde eend met knolselderij en boterraapjes. Structuren van appel en ananas, cannelloni met plattekaas en vanille.

CUISINE MODERNE · CHIC XxX « Just Eat Right », tel est le credo de Wim Schildermans. Voilà un chef qui sait s'emparer de produits bien choisis et créer des associations originales, mais toujours équilibrées. Préparez-vous à des saveurs bien balancées... et à être surpris ! Bref, ce restaurant élégant invite à une expérience délicieuse, autour d'un repas « tout simplement très bon ».

Lunch 42 € – Menu 46/88 € – Carte 77/124 €

Plattegrond: B1-x – *Persoonstraat 16 – ☎ 011 26 26 47 – www.jer.be – Gesloten zaterdagmiddag, maandag en dinsdag*

❀ **De Vork van Luc Bellings**   🏠 AC **P**

CREATIEF · INTIEM XX Luc Bellings heeft zijn restaurant verhuisd naar een kleinere setting, het is intiemer geworden, maar hij houdt wel vast aan zijn kenmerkende kookstijl. Hij durft te combineren, zoekt naar ingrediënten die elkaar aanvullen en weet telkens de juiste smaakbalans te vinden. Hier wordt u verrukt, zo zit de vork in de steel.

→ Slaatje met kreeft, meloen en munt. Gebraden anjouduif met structuren van bloemkool en een portsausje. Dessert met yoghurt, rood fruit en kokos.

CUISINE CRÉATIVE · INTIME XX Dans un lieu plus intime, plus petit, Luc Bellings continue de proposer une cuisine bien à lui. Combiner, chercher des ingrédients qui se complètent, trouver le juste équilibre gustatif : voici le talent du chef. L'occasion de tester votre coup de fourchette (vork, en néerlandais).

Lunch 50 € – Menu 90/130 € – Carte 102/119 €

Luikersteenweg 366 – ☎ 011 22 84 88 – www.lucbellings.be – Gesloten dinsdagmiddag, donderdagmiddag, zaterdagmiddag, zondag, maandag, feestdagen en na 20.30 u.

239

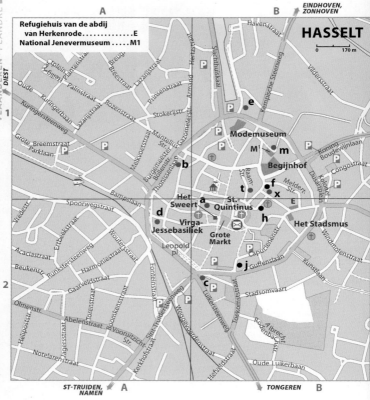

Refugiehuis van de abdij
van Herkenrode............E
National Jenevermuseum M1

EINDHOVEN,
ZONHOVEN

HASSELT

0   170 m

DIEST

A   B

ST-TRUIDEN,
NAMEN   A

TONGEREN   B

🍴○ **Figaro**   🎐 ≼ 🏠 ⇔ 🅿

MODERNE KEUKEN · ELEGANT XxxX Deze villa is een lust voor het oog: stijlvolle
modern-klassieke zalen, mooie tuln en romantisch terras. De kaart gaat van traditie naar avant-garde. Goede wijnen en prima service.

CUISINE MODERNE · ÉLÉGANT XxxX Jardin bichonné, élégantes salles classico-
modernes, terrasse romantique, accueil impeccable : cette villa est pétrie de
charme ! Carte entre tradition et avant-garde. Vins choisis.

Lunch 42 € – Menu 65 € – Carte 70/83 €

Mombeekdreef 38 – ℰ 011 27 25 56

– www.figaro.be

*– Gesloten 24 december-3 januari, 1 tot 20 augustus, zaterdagmiddag, maandag
en woensdag*

🍴○ **'t Kleine Genoegen**   🅰🅲 🍴 ⇔

KLASSIEKE KEUKEN · TRENDY XX Begin met een lekker aperitief bij het aanleunende Bubbles alvorens deze fraaie, helder ingerichte patriciërswoning (1652)
op te zoeken. Geniet vervolgens van de fijne gerechten die de chef zorgvuldig
bereidt, en besluit zeker met een dessert. De ijsbereidingen moet u uitproberen!

Your art collection will get jealous.

The difference is **Gaggenau**.

Grand architecture demands grand interior pieces.
Your wine climate cabinet, much like your collection,
speaks to who you are. Every Gaggenau piece is
distinctively designed, crafted from exceptional
materials, offers professional performance, and has
done so since 1683.

Make a statement: gaggenau.com

GAGGENAU

CUISINE CLASSIQUE • **TENDANCE** XX Commencez par un apéritif au Bubbles, le bar attenant, avant d'entrer dans cette maison de maître lumineuse, datant de 1652. Régalez-vous ensuite des plats raffinés préparés avec soin par le chef, en particulier au dessert : les glaces sont la spécialité de la maison.

Lunch 35 € – Menu 48 € – Carte 41/72 €

Plattegrond: B1-t – *Raamstraat 3 – ℰ 011 22 57 03 – www.kleinegenoegen.be* – *Gesloten woensdagmiddag, zondagmiddag, maandag en dinsdag*

De Kwizien

FRANS CREATIEF • **ELEGANT** XX Creativiteit is hier het ordewoord. De jonge chef zet de huisstijl voort en brengt een keuken van harmoniërende smaken in meticuleus uitgevoerde composities, hedendaags met klassieke inslag. De charmante gastvrouw legt u in de watten.

CUISINE FRANÇAISE CRÉATIVE • **ÉLÉGANT** XX Qu'on se le dise : dans ces murs, la créativité est le mot d'ordre ! Le jeune chef poursuit dans le style de la maison, avec une cuisine à la fois moderne et d'inspiration classique, aux saveurs harmonieuses. De plus, le plaisir du repas est décuplé par le charmant accueil de l'hôtesse des lieux...

Lunch 34 € – Menu 47/97 € – Carte 74/96 €

Plattegrond: B1-m – *Jeneverplein 1 – ℰ 011 24 23 44 – www.dekwizien.be* – *Gesloten zaterdagmiddag, dinsdag en woensdag*

Ogst

FRANS MODERN • **MINIMALISTISCH** XX Moderne soberheid, zo omschrijf je Ogst het best. Zowel het interieur als de pure kookstijl van de chef. Dat uit zich in lichte gerechten die met verse oogst en oog voor detail zijn bereid. Smakelijk en fris. De twee gedreven mannen achter dit restaurant oogsten dan ook terecht veel lof.

CUISINE FRANÇAISE MODERNE • **ÉPURÉ** XX Sobre modernité, voilà qui décrit bien Ogst, tant pour son intérieur que pour la cuisine toute en élégance du chef. Légèreté et fraîcheur vont de pair, avec une attention au détail et de belles saveurs. Les deux hommes motivés qui tiennent ce restaurant méritent bien des éloges !

Lunch 35 € – Menu 52/72 € – Carte 62/71 €

Plattegrond: A2-d – *Ridder Portmansstraat 4 – ℰ 011 41 38 13 – www.ogst.be* – *Gesloten 2 tot 9 januari, 9 tot 16 april, 6 tot 21 augustus, 29 oktober-6 november, feestdagen, zaterdagmiddag, zondag en maandag*

Taratata

MODERNE KEUKEN • **TRENDY** XX De hippe, industriële uitstraling van Taratata oogt mooi en past perfect bij de keuken die chef Christoph en zijn souschef Tom voor ogen hebben. Elk (seizoengebonden) product is bij hen een smaakmaker en wordt fris gecombineerd, elk bord is een verleiding.

CUISINE MODERNE • **TENDANCE** XX L'intérieur industriel et branché du Taratata colle parfaitement à la cuisine de Christoph et Tom, respectivement chef et sous-chef des lieux. Chaque plat est une ode à la saison, grâce à des produits bien mis en valeur. Laissez-vous tenter !

Lunch 35 € – Menu 47/77 €

Plattegrond: B1-e – *Kempische Kaai 7c 0.01 – ℰ 011 23 47 67 – www.taratata.be* – *Gesloten woensdag, donderdag, zondag en na 20.30 u.*

6 zinnen

FRANS MODERN • **TRENDY** XX Jan en Karoline hechten er veel belang aan dat u zich op uw gemak voelt in hun strak ingeklede herenhuis. Uw zintuigen worden hier aan het feest gezet, daar moet u van genieten. De chef verenigt al zijn creativiteit in één menu om u een fijne smaakbeleving te bezorgen. Hij houdt het puur, al kruidt hij graag pittig.

CUISINE FRANÇAISE MODERNE • **TENDANCE** XX Jan et Karoline font tout pour que leurs clients se sentent bien dans leur maison de maître au décor contemporain. Ici, on fête les zinnen (« sens » en néerlandais). Le chef offre créativité et expérience gustative raffinée. Sa cuisine est pure, même s'il aime bien tout épicer !

Lunch 35 € – Menu 52/62 € – een enkel menu

Plattegrond: B2-c – *Luikersteenweg 6 – ℰ 011 33 47 34 (reserveren aanbevolen)* – *www.restaurant6zinnen.be – alleen diner behalve vrijdag en zondag – Gesloten eerste 2 weken januari, laatste 2 weken september, maandag, dinsdag en na 20.30 u.*

✦○ Osteria Moretti

MODERNE KEUKEN · GEZELLIG ✗ In de sympathieke osteria van Tiana en Alexander geniet u overdag van lekkere focaccia's en een dagschotel, 's avonds laten de chefs u smullen van moderne gerechtjes met Italiaanse invloeden. De fraîcheur is fantastisch, de afwerking tot in de puntjes verzorgd en de smaakbeleving heerlijk. Dit is een toppertje!

CUISINE MODERNE · CONVIVIAL ✗ En journée, Tiana et Alexander vous servent une excellente focaccia ou le plat du jour, dans leur osteria ; le soir, les chefs composent pour vous des plats plus élaborés, aux influences italiennes bien prononcées. La fraîcheur est au rendez-vous, les assiettes sont peaufinées jusqu'au moindre détail : on passe un bon moment gustatif. Au top !

Menu 51/59 € – eenvoudige lunchkaart

Plattegrond: B2-a – *Aldestraat 20* – ✆ *0470 42 97 70 (reserveren noodzakelijk) – www.osteriamoretti.be – Gesloten maandagavond, dinsdag, woensdag, feestdagen en na 19.30 u.*

✦○ In de Zwaan   🏠 ♿ 🅿

KLASSIEKE KEUKEN · TRENDY ✗ Gereputeerde taverne die is uitgegroeid tot een populaire en moderne brasserie, waar nog steeds een cafésfeer hangt. U kunt hier naar hartenlust kiezen uit een goedgevulde kaart met klassiekers. Eenvoudig en lekker.

CUISINE CLASSIQUE · TENDANCE ✗ Grand succès pour cette brasserie moderne et populaire, où règne une ambiance chaleureuse. On retrouve de nombreux classiques à la carte, où simplicité et saveurs font bon ménage !

Carte 37/63 €

Kiezelstraat 136 (in Godsheide, Oost: 5 km via N 702) – ✆ *011 23 32 66 – www.zwaan-hasselt.be – Gesloten 22 tot 30 juli, zaterdagmiddag, maandag en dinsdag*

✦○ Rosch   🏠 🍴

FRANS CREATIEF · TRENDY ✗ Een cosy zaak met een leuk stadsterras? Glenn en Nicole weten van aanpakken, dit dynamische duo heeft dan ook ervaring opgedaan in toprestaurants. De chef slaagt er telkens in om met een paar producten ware smaakbommen te creëren! Het samenspel van smaken is top, de gerechten zijn af. En dan die heerlijke desserts ...

CUISINE FRANÇAISE CRÉATIVE · TENDANCE ✗ Glenn et Nicole ont de l'expérience dans les restaurants étoilés, et savent comment s'y prendre pour vous séduire. Le chef réalise des plats savoureux avec quelques produits seulement, en respectant toujours l'harmonie des saveurs. Surtout, ne manquez pas les délicieux desserts...

Lunch 25 € – Carte 50/68 €

Plattegrond: A1-b – *Dorpstraat 34* – ✆ *011 18 27 93 – www.rosch.be – Gesloten maandagmiddag, zaterdag, zondag en na 20.00 u.*

Hotels

🏨 Hassotel   ☆ 🖥 🆔 🍴 🛠

BUSINESS · DESIGN Of u nu op zakenreis bent of van een weekendje Hasselt geniet, Hassotel is een aanrader. Het gebouw is gehuld in uitgepuurd design, de kamers zijn zeer comfortabel en de penthousesuites – met privéterras – kijken uit op de stad.

BUSINESS · DESIGN Très confortable et tout autant contemporain (mobilier design, tons blancs, photographies de mode, etc.), cet établissement se prête à un voyage d'affaires comme à un week-end urbain. Le must : les " penthouses " avec terrasse privée dominant les toits de la ville...

35 kamers 🛏 – 🛉90/185 € 🛉🛉110/205 €

Plattegrond: B2-j – *St-Jozefsstraat 2* – ✆ *011 23 06 55 – www.hassotel.be*

De Groene Hendrickx

HISTORISCH · VINTAGE Deze oude jeneverstokerij is trots op wat Limburg te bieden heeft: de trendy themakamers zijn een eerbetoon aan Hendrik van Veldeke, jenever en andere toeristische troeven. Een geslaagde mix van ouderwetse charme en modern design.

HISTORIQUE · VINTAGE Cette ancienne distillerie est fière d'offrir ce que le Limbourg a de mieux : les chambres, design et branchées, rendent hommage à Hendrik van Veldeke, au genièvre et aux autres attraits touristiques de la région. Un mariage réussi de charme suranné et des dernières tendances.

22 kamers ☲ – †95/185 € ††115/195 €

Plattegrond: B1-f – *Zuivelmarkt 25* – ✆ *011 28 82 10*
– www.lodge-hotels.be – Gesloten 24 en 25 december

't Hemelhuys

FAMILIAAL · GEZELLIG Ann en Liesbeth brengen de charme en de warmte van de Provence naar het hart van de stad Hasselt. Warme kleuren, oude meubels, … Cosy! Via de mooie stadstuin komt u bij de drie nieuwe kamers in bohemian stijl en het kapsalon.

FAMILIAL · COSY Ann et Liesbeth prouvent que l'hospitalité limbourgeoise et la chaleur provençale peuvent se marier à merveille. Tuiles et terre cuite, meubles anciens, couleurs chaudes... le charme du Midi au cœur de Hasselt ! Il y a même un salon de coiffure...

8 kamers ☲ – †90/120 € ††115/130 €

Plattegrond: B2-h – *Hemelrijk 15* – ✆ *011 35 13 75*
– www.hemelhuys.be

HERENTALS

Antwerpen – ✉ 2200 – Atlas n° **4**-C2

't Ganzennest

KLASSIEKE KEUKEN · HERBERG Amateurs van ganzenlever, in dit gezellige nest (met mooi tuinterras) moet u zijn: de lekkernij staat hier heel het jaar door in allerlei bereidingen op de kaart. Liever geen foie gras? Dan kiest u toch gewoon een ander traditioneel gerecht.

CUISINE CLASSIQUE · AUBERGE Amateurs de foie gras, rendez-vous dans ce nid douillet (avec terrasse-jardin sympa) : la délicatesse est présente toute l'année, dans différents plats. Et si vous n'aimez pas le foie gras, vous n'aurez qu'à faire votre choix parmi les autres plats traditionnels.

Lunch 22 € – Menu 29 € – Carte 39/71 €

Watervoort 68 (richting Lille: 3 km, daarna rechtsaf) – ✆ *014 21 64 56*
– www.ganzennest.be
– Gesloten 24 juli-9 augustus, zaterdagmiddag, maandag en dinsdag

Karmel

HISTORISCH · HEDENDAAGS Geen gestrengheid meer maar comfortabele luxe in dit voormalige karmelietessenklooster. De geest van vroeger waart hier nog altijd rond dankzij de respectvolle restauratie die oud en nieuw succesvol verenigt. Centraal gelegen op de Grote Markt.

HISTORIQUE · CONTEMPORAIN Quand la sobriété et l'épure contemporaines rencontrent l'esprit monastique... Cet hôtel original a été créé dans un ancien couvent de carmélites ! Minimal mais chic – avec des clins d'œil à l'histoire sacrée –, le décor séduit les tenants d'une nouvelle religion... les branchés ! Situation centrale sur la Grand-Place.

27 kamers ☲ – †110 € ††130 €

Grote Markt 39 – ✆ *014 28 60 20*
– www.hotelkarmel.be

HERENTHOUT

Antwerpen – ✉ 2270 - Atlas n° **4**-C2

😊 La Taperia ❶

SPAANS · TAPASBAR ⅹ Jarenlang kookte Peter Cambré voor profwielrenners en (inter)nationale topartiesten, vandaag kan iedereen van zijn kookkunsten genieten in deze warme zaak. De fascinatie die hij tijdens zijn reizen ontwikkelde voor de Spaanse tapascultuur, komt er in zijn puurste vorm tot uiting. Zowel authentieke smaken als Vlaamse twisten maken hier bordjes vol plezier.

CUISINE ESPAGNOLE · BAR À TAPAS ⅹ Peter Cambré cuisine depuis des années pour les cyclistes professionnels et les grands artistes (inter)nationaux. Désormais, tout le monde peut profiter de ses talents culinaires dans ce restaurant chaleureux. La fascination qu'il a développée au cours de ses voyages pour la culture espagnole des tapas, trouve ici son expression la plus pure. Tant les saveurs authentiques que les réinterprétations flamandes emplissent l'assiette de bonheur.

Menu 25/32 €

Nijlense Steenweg 12 – 𝒞 0468 15 77 96
– www.lataperia.be – alleen diner – Gesloten dinsdag en woensdag

HERTSBERGE

West-Vlaanderen – ✉ 8020 – Oostkamp – Atlas n° **2**-C2

Ⅰ○ Schatteman

MODERNE KEUKEN · ELEGANT ⅩⅩ Te midden de bossen van Hertsberge duikt deze witte villa op. Moderne kunstwerken geven het klassieke interieur kleur, de open wijnkelder in de salon springt in het oog. U wordt er in de watten gelegd door Marieke, de joviale gastvrouw, en chef Gregory. Zijn eigentijdse keuken kan verrassen, maar bruuskeert niet. Verfijning, daar draait het om.

CUISINE MODERNE · ÉLÉGANT ⅩⅩ Villa blanche, nichée au milieu des bois de Hertsberge. Les tableaux modernes colorent l'intérieur classique, tandis que le regard est attiré vers la cave à vin ouverte du salon. La joviale Marieke en salle et Grégory en cuisine sont aux petits soins. Une cuisine au goût du jour qui surprend parfois, sans jamais brusquer. Un raffinement sur toute la ligne.

Lunch 75 € 🍷 – Menu 45/89 €

Kruisstraat 13 – 𝒞 050 27 80 51
– www.restaurantschatteman.be – Gesloten 23 december-6 januari,
18 tot 22 april, 18 juli-5 augustus, 31 oktober-4 november, maandagavond,
dinsdag en woensdag

HEUSDEN

Oost-Vlaanderen – ✉ 9070 – Destelbergen – Atlas n° **3**-B2

😊 Rooselaer

GRILLGERECHTEN · FAMILIAAL ⅩⅩ De familie Ringoir-Leus heeft dit stijlvol landhuis – met mooie orangerie en tuinterras – sinds 1977 uitgebouwd tot een vaste waarde. Chef Ringoir verwent u met eigentijdse gerechten waarin krachtige klassieke smaken met zorg worden verwerkt. Kreeft en grillgerechten zijn de smakelijke specialiteiten van het huis.

GRILLADES · FAMILIAL ⅩⅩ La famille Ringoir-Leus travaille depuis 1977 dans ce manoir élégant – avec sa belle verrière et sa terrasse au jardin –, et en a fait une valeur sûre. Le chef vous gâte avec des préparations contemporaines ayant une vraie puissance gustative. Le homard et les grillades sont les spécialités de la maison.

Lunch 25 € – Menu 37/72 € – Carte 50/92 €

Plattegrond: 1 – *Berenbosdreef 18 (via R4, afrit 5) – 𝒞 09 231 55 13*
– www.rooselaer.be – Gesloten donderdagmiddag, dinsdagavond en woensdag

HEUSDEN-ZOLDER

Limburg – ⊠ 3550 – Atlas n° **5**-B2

⅄◯ **Laurus**   ⌂ ♻ ⌨ **P**

MARKTKEUKEN · KNUS ※※ Deze voormalige graanschuur is mooi opgefrist, met het behoud van oude stijlelementen. De chef werkt graag met Belgische producten voor zijn traditionele gerechten, die hij regelmatig op zijn Oklahoma BBQ bereidt. Hebt u ondanks de gulle porties nog honger? Dan vult de lieflijke gastvrouw uw bord met plezier bij.

CUISINE DU MARCHÉ · COSY ※※ Une ancienne grange joliment restaurée, qui a su conserver le charme de l'ancien. On y mange une cuisine traditionnelle et copieuse, qui fait la part belle aux produits belges, souvent préparés sur un barbecue Oklahoma. Et si vous n'êtes pas encore rassasié, la charmante patronne vous resservira !

Menu 47/57 € – Carte 66/114 €

Stationsstraat 67 (in Zolder) – 𝒞 011 53 11 14 – www.restaurantlaurus.be – Gesloten laatste 2 weken augustus, zaterdagmiddag, dinsdag en woensdag

HEVERLEE

Vlaams-Brabant – ⊠ 3001 – Leuven – Atlas n° **6**-C2

Zie plattegrond Leuven

✾ **Arenberg** (Lieven Demeestere)   ⊗ ⪪ ⌂ ⅋ **P**

KLASSIEKE KEUKEN · ELEGANT ※※※ Reserveer in deze verbouwde boerderij een tafel bij de grote ramen van de oranjerie of op het mooie terras bij de siertuin. De bediening is goed, de wijnkelder ruim gesorteerd en de klassieke keuken wordt bereid zoals het moet. De dessertkar, met heerlijke chocoladebonbons, is de kers op de taart.

→ Gebraiseerde varkensnek met lichtzuur slaatje en ganzenleverkrullen, graanmosterddressing. Tarbot van de grill met aardappelmousseline, handgepelde garnalen, groene groenten en blanke boter. Perzik Melba : gepocheerde perzik met structuren van framboos, sorbet van perzik en rozemarijn.

CUISINE CLASSIQUE · ÉLÉGANT ※※※ Réservez votre table près des grandes baies de l'orangerie ou sur la belle terrasse tournée vers le jardin... Ce n'est pas le moindre agrément offert par cette table, où l'on savoure en effet une cuisine maîtrisée et savoureuse, au classicisme renouvelé. Mentions spéciales pour la carte des vins, la qualité du service et le choix de desserts chocolatés...

Lunch 50 € – Menu 59/135 € – Carte 59/115 €

Kapeldreef 46 – 𝒞 016 22 47 75 – www.restaurantarenberg.be – Gesloten 26 december, 1 en 2 januari, 15 tot 31 januari, 16 tot 24 april, 20 augustus-14 september, woensdagavond, zondag, maandag en na 20.30 u.

✾ **Couvert couvert** (Laurent en Vincent Folmer)   ⊗ ⪪ ⌂ ⅋ ♻ **P**

CREATIEF · DESIGN ※※※ Couvert couvert, dat is een designinterieur, een modern terras en een attente bediening. Maar vooral: het werk van de broers Folmer, die smaken laten harmoniëren en voor een keuken zorgen die fijn en creatief is. Dit is een zekerheid voor een heerlijke maaltijd in een goede ambiance!

→ Oesters met komkommer en mierikswortel. Parelhoen gebraden in wijnblad, hanekam, polenta en eekhoorntjesbrood. Chaud-froid met chocolade en roomijs van gezouten boterkaramel.

CUISINE CRÉATIVE · DESIGN ※※※ Couvert couvert, c'est d'abord une ambiance : intérieur design, terrasse moderne tournée vers les prés, service aux petits oignons. Mais c'est aussi et surtout une cuisine créative, composée en tandem par deux frères passionnés. Textures harmonieuses, audace des saveurs... une valeur sûre !

Lunch 48 € – Menu 85/125 € – Carte 97/135 €

St-Jansbergsesteenweg 171 – 𝒞 016 29 69 79 – www.couvertcouvert.be – Gesloten 1 tot 10 januari, 8 tot 23 april, 6 tot 20 augustus, feestdagen, zondag en maandag

‼️⭕ **Het land aan de Overkant**   🐴 🍴 🏠 🆔 🕸️ ➡️

MODERNE KEUKEN • ELEGANT XxX Fijnproevers kunnen hier terecht in een mooie ronde eetzaal, met aardetinten interieur en omringd door kunst, of op het terras aan de tuinzijde. Eerlijke smaken, lokale producten en uitgelezen wijnen.

CUISINE MODERNE • ÉLÉGANT XxX Sobriété et élégance dans cette rotonde aux lignes très contemporaines, doublée d'une jolie terrasse côté jardin. Au menu : une jolie palette de saveurs, de produits locaux et de vins choisis.

Lunch 32 € – Menu 68/98 € – Carte ong. 80 €

Plattegrond: D3-b – *Léon Schreursvest 85* – 📞 *016 22 61 81*
– *www.hetlandaandeoverkant.be* – *Gesloten 8 tot 15 april, zaterdagmiddag, dinsdagmiddag, zondag en maandag*

HOESELT
Limburg – ✉️ 3730 – Atlas n° **5**-C3

🏡 **De Vrijheerlyckheid**   🐚 🍴 🏠 🚲 🕸️ 🅿️ 🛏️

LANDHUIS • TRADITIONEEL Wie Haspengouw zegt, zegt fruitbomen: in dit B&B slaapt u te midden van de boomgaarden en ervaart u de streek dan ook ten volle. Voor wie na een lange wandeling even heerlijk wil relaxeren, is er de gratis sauna, hamam en jacuzzi.

MAISON DE CAMPAGNE • TRADITIONNEL Qui dit Hesbaye dit arbres fruitiers. Dans cette maison d'hôtes au beau milieu des vergers, vous profiterez pleinement de la région. Et pour vous détendre après une balade dans les environs, rien de tel que le sauna, le hammam et le jacuzzi, en libre accès !

4 kamers 🛏️ – 🛏️80/90 € 🛏️🛏️120/130 €

Vrijhernstraat 33 – 📞 *012 21 51 76* – *www.devrijheerlyckheid.be*

HOOGSTRATEN
Antwerpen – ✉️ 2320 – Atlas n° **4**-C1

😊 **Signatuur**   🍴 🕸️

MODERNE KEUKEN • BISTRO X Volle smaken en een fantastische prijs-kwaliteit-verhouding, daarmee drukt chef Bart zijn stempel. Hij barst van de ideeën en weet die te verwerken in fijne moderne gerechten, al zet hij ook klassieke kost op de kaart. In deze voormalige rijkswachtkazerne eet men crimineel lekker!

CUISINE MODERNE • BISTRO X Des goûts puissants, un rapport qualité-prix formidable : voilà comment le chef Bart marque son empreinte ! Fourmillant d'idées neuves, il les élabore avec finesse et maîtrise, mais sait aussi nous régaler de préparations plus classiques. Autant de plaisir, ce serait presque criminel !

Lunch 30 € – Menu 42/62 € – Carte 32/42 €

Vrijheid 208/2 – 📞 *03 501 37 01 (reserveren aanbevolen)* – *www.resto-signatuur.be*
– *Gesloten woensdagmiddag, zaterdagmiddag, maandag en dinsdag*

‼️⭕ **Noordland**   🍴 ♿ 🆔 🕸️ 🅿️

TRADITIONELE KEUKEN • ELEGANT XxX In dit karakteristiek pand, met een fraai terras aan de tuinzijde, gaat het er klassiek aan toe. Dat geldt uiteraard voor de gerechten en de smaken, maar ook voor sommige attenties. Zo worden verschillende versnijdingen in de zaal gedaan, en wordt uw hoofdgerecht nog een keertje bijgevuld. Heerlijke generositeit ...

CUISINE TRADITIONNELLE • ÉLÉGANT XxX Avec sa belle terrasse côté jardin, cette demeure respire véritablement le classicisme... Idem dans l'assiette, où les goûts et les couleurs sont travaillés subtilement. On apprécie certaines attentions, comme ces découpes faites en salle ou la repasse du plat principal. Quelle générosité !

Lunch 50 € – Menu 72 € – Carte 48/77 €

Lodewijk De Konincklaan 276 – 📞 *03 314 53 40* – *www.noordland.be* – *Gesloten 18 februari-7 maart, 2 tot 18 september, dinsdag en woensdag behalve op feestdagen*

🍴 Maison Thirion

FRANS KLASSIEK · FAMILIAAL 𝕏 Het huis van voormalig burgemeester Thirion heeft niets van zijn karakter verloren. U vindt er vandaag een bistro waar goed werk wordt geleverd. De kaart is mooi klassiek (het vlees is hier een sterk punt) en alles is huisgemaakt.

CUISINE FRANÇAISE CLASSIQUE · FAMILIAL 𝕏 La maison de l'ancien bourgmestre Thirion n'a rien perdu de son caractère ; on y trouve aujourd'hui un bistro soigné. Belle carte classique (avec la viande en vedette) dans laquelle tout est fait maison.

Lunch 33 € – Menu 43/60 € – Carte 47/66 €

Gelmelstraat 6 – ☎ 03 411 20 45

– www.maison-thirion.be – Gesloten zaterdagmiddag, maandag en na 20.30 u.

HOUTHALEN-HELCHTEREN

Limburg – ✉ 3530 – Atlas n° **5**-B2

✿ Innesto (Koen Verjans) 🔄 🛋 ⬆ ⬇ 🔶 AC 🎽 P

CREATIEF · DESIGN 𝕏𝕏 Koen Verjans brengt schwung in dit prestigieus adres. Het klassieke decor, strak en chic, toont de klasse van dit restaurant aan. De chef heeft oog voor fraîcheur en werkt graag met luxeproducten, die hij in de verf zet met technisch sterke bereidingen. Zijn creativiteit staat ten dienste van het product. De kamers vervolledigen dit mooie avontuur.

➜ Steak tartaar met king krab, jonge tomaten en zure room. Tarbot met jonge groentjes en verveine. Dessert van chocolade, noten, blauwe bes en pistache.

CUISINE CRÉATIVE · DESIGN 𝕏𝕏 Koen Verjans propose une cuisine pleine de panache dans ce restaurant prestigieux au décor classique et élégant. Il met l'accent sur la fraîcheur et privilégie les produits de luxe, qu'il sublime par sa maîtrise technique. Sa créativité est au service du produit. Les chambres offrent une nuitée toute aussi agréable.

Lunch 40 € – Menu 75/105 € – Carte 69/123 €

10 kamers – 🛏109 € 🛏🛏109 € – 🍽 20 €

Grote Baan 9 (in Houthalen) – ☎ 011 52 55 25

– www.innesto.be – Gesloten 26 december-8 januari, 16 juli-6 augustus, zaterdagmiddag, zondag, maandag en na 20.30 u.

HUIZINGEN

Vlaams-Brabant – ✉ 1654 – Beersel – Atlas n° **6**-B2

✿ Terborght (Lesley De Vlieger) AC 🔄 P

CREATIEF · INTIEM 𝕏𝕏 Een Vlaams trapgevelpand van rode baksteen (1617) herbergt dit elegante restaurant. Chef De Vlieger gebruikt hier moderne technieken om verfijning op het bord te brengen. Hij gaat naar de essentie, smaak!, en heeft daar niet noodzakelijk zware sauzen voor nodig. De mooie, gedetailleerde borden lossen de verwachtingen in.

➜ Oosterscheldekreeft met groene asperges, aardpeer, morieljes en ibericoham. Anjouduif met rode kool, rode biet en gebakken eendenlever. Chocolade en dulce de leche met koffie en nougat.

CUISINE CRÉATIVE · INTIME 𝕏𝕏 Une belle demeure flamande et briques rouges (1617) sert d'écrin à ce restaurant élégant. Le chef De Vlieger démontre ici son talent pour réaliser des préparations modernes et raffinées. Il se focalise sur l'essentiel (le goût !) à l'image de ses sauces, joliment travaillées. Au final, de belles assiettes tout à fait à la hauteur de nos attentes.

Lunch 44 € – Menu 58/149 €

Oud Dorp 16 – ☎ 02 380 10 10

– www.terborght.be – Gesloten 1 tot 10 januari, 25 juli-15 augustus, zaterdagmiddag, zondagavond, dinsdag en woensdag

HULDENBERG
Vlaams-Brabant – ✉ 3040 – Atlas n° **6**-C2

🏠 Park7   ⮜ 🚃 🕭 🚲 🍴 ♨ 🅿

BOETIEKHOTEL • PERSOONLIJK CACHET Het privé-Kasteelpark van de grafe-lijke familie de Limburg Stirum ontvouwt hier al zijn pracht. Dit is pas een B&B met een view! Deze 17de-eeuwse papiermolen heeft bepaalde trekken behouden, zoals mooie houten steunbalken, en dat is aangevuld met een stijlvolle inkleding die alle comfort verzekert. Heerlijke luxe ...

BOUTIQUE HÔTEL • PERSONNALISÉ Le parc privé du château de famille comtal de Limburg Stirum se dévoile ici dans toute sa splendeur. Voilà un B&B avec vue ! Si ce moulin à papier du 17e s. a conservé ses poutres et bois d'origine, l'intérieur élégant offre tout le confort nécessaire. Le luxe, sans en rajouter.

7 kamers ⌺ – 🛉135/160 € 🛉🛉135/160 €

Kasteelpark 7 – 𝒞 0488 40 15 77 – www.park7.be – Gesloten 24 december-2 januari , 21 juli-5 augustus en zondag

HULSHOUT
Antwerpen – ✉ 2235 – Atlas n° **4**-C3

🏵 Hof Ter Hulst (Johan Schroven)   🍴 🅿

KLASSIEKE KEUKEN • HERBERG 𝒳𝒳 Zowel het interieur als de gerechten verra-den dat de chef traditie naar waarde weet te schatten. In deze mooie Kempense boerderij bereidt hij voor u klassieke gerechten met fond, harmonieus en rijk van smaak. De menuformules zijn zeer interessant.

→ Langoustines met artisjok, avocado en eendenlever. Tarbot met doperwtjes en kreeftenbearnaise. Creatie met aardbei, violet en yoghurt.

CUISINE CLASSIQUE • AUBERGE 𝒳𝒳 Le chef sait cultiver les traditions, et temoi-gnent le charmant décor de cette ferme campinoise et... l'assiette ! Plats classi-ques savoureux, préparés avec justesse ; menus très attractifs.

Lunch 40 € – Menu 47/70 € – Carte 70/114 €

Kerkstraat 19 – 𝒞 015 25 34 40 – www.hòfterhulst.be – Gesloten eerste 2 weken januari, eind juli-begin augustus, zaterdagmiddag, maandag en dinsdag

HULSTE
West-Vlaanderen – ✉ 8531 – Harelbeke – Atlas n° **2**-C3

🍽 De Muizelmolen   🍴 🆎 🍴 🅿

FRANS MODERN • RUSTIEK 𝒳𝒳 Eten onder de wieken van een authentieke wind-molen, het heeft wel iets! Het terras van deze gezellige familiezaak is dan ook terecht een geliefde plek. De chef kookt klassiek en gebruikt daarvoor ook wel moderne technieken. Verwacht echter geen poespas, maar product, genereus en boordevol smaak.

CUISINE FRANÇAISE MODERNE • RUSTIQUE 𝒳𝒳 Venez vous attabler sous les ailes de cet authentique moulin à vent. La terrasse de ce restaurant familial est très agréable elle aussi. Le chef propose une cuisine traditionnelle rehaussée de techniques modernes. Ici, pas de chichis, mais les saveurs généreuses d'excel-lents produits.

Menu 45/75 €

Muizelstraat 150 – 𝒞 056 66 62 06 – www.muizelmolen.be – Gesloten 15 tot 30 augustus, zondagavond, maandagavond, dinsdag, woensdag en na 20.30 u.

IEPER
West-Vlaanderen – ✉ 8900 – Atlas n° **2**-B3

🍽 Découverte ⓝ   ⮜ 🍴 🍽

MARKTKEUKEN • ELEGANT 𝒳𝒳 U zit op het terras van een elegant restaurant met moderne looks, langs de muur van de vesten, en kunt in de verte de Last Post horen ... Een bijzondere ervaring! De chef geeft klassieke recepten een verleide-lijke update en heeft een leuke wijnkaart samengesteld. Dankzij de gastenkamers kan u Ieper ten volle ontdekken.

CUISINE DU MARCHÉ · ÉLÉGANT XX Prenez place à la terrasse d'un élégant restaurant aux allures modernes, le long des remparts, en écoutant au loin le son du " Last Post "... Une belle expérience ! Le chef adapte habilement au goût du jour les recettes classiques, qu'il accompagne d'un excellent choix de vins. Les chambres d'hôtes vous permettront de découvrir pleinement Ypres.

Lunch 30 € – Menu 45/70 € – Carte 56/76 €

2 kamers ☲ – ♦140 € ♦♦140 €

Lange Torhoutstraat 22 – ℰ 057 48 92 48

– www.decouverte-ieper.be – Gesloten zaterdagmiddag, dinsdag, woensdag en na 20.30 u.

 Ariane 🐾 🦮 🚲 ⊡ AC 🍴 ⇄ 🧖 **P**

FAMILIAAL · GEZELLIG De lichte, eigentijdse uitstraling van de lobby is een mooie voorbode van wat u hier mag verwachten: moderne kamers die alle comfort aanbieden. De gratis parking is hier, vlak bij het stadscentrum, een grote troef. Net als de oranjerie en het terras – met waterpartij – waar het restaurant graag mee uitpakt.

FAMILIAL · COSY Ensemble moderne avec un parking privé qui se révèle fort utile en plein centre-ville. Accueil de qualité, chambres confortables et modernes. Restaurant au goût du jour complété par une orangerie et une jolie terrasse avec pièce d'eau.

62 kamers ☲ – ♦99/159 € ♦♦99/179 € – ½ P

Slachthuisstraat 58 – ℰ 057 21 82 18

– www.ariane.be – Gesloten 21 december-6 januari

 Albion ⊡ 🦽 🍴 **P**

FAMILIAAL · EIGENTIJDS Dit familiehotel is een uitstekende plek om Ieper te ontdekken. Begin met de Menenpoort die vlakbij is, en eindig na een bezoek aan de bezienswaardigheden van de stad met een rustgevende overnachting in een piekfijn onderhouden kamer. De parking, nog zo'n pluspunt, bereikt u via de achterliggende straat.

FAMILIAL · CONTEMPORAIN Cet hôtel familial est un excellent endroit pour découvrir Ypres. Commencez par la Porte de Menin, toute proche, et terminez par une visite des curiosités de la ville avec un séjour paisible dans une chambre impeccable. Le petit plus : le parking, accessible par la rue adjacente.

32 kamers ☲ – ♦89/122 € ♦♦99/173 €

Sint-Jacobsstraat 28 – ℰ 057 20 02 20

– www.albionhotel.be – Gesloten 23 december-6 januari

🏠 **Main Street** 🦮 AC 🍴

LUXE · PERSOONLIJK CACHET Main Street, dat is pure charme. Vintage-elementen geven de cosy kamers cachet, degene op het gelijkvloers hebben zelfs een terrasje. En dan die luxebadkamers: wat is het heerlijk om vanuit een bubbelbad tv te kijken en van champagne te nippen (gratis minibar)! Het rijkelijke ontbijt, onder een prachtige glazen koepel, is al even verleidelijk ...

LUXE · PERSONNALISÉ Difficile de ne pas tomber sous le charme de cet hôtel ! Les éléments rétro offrent un cachet aux chambres cosy (celles du rez-de-chaussée disposent même d'une terrasse), prolongées par des salles de bains de luxe : quel plaisir de regarder la télé ou de siroter un champagne dans un jacuzzi (minibar gratuit) ! Le petit-déjeuner, sous une jolie coupole de verre, est un véritable festin !

6 kamers ☲ – ♦160/200 € ♦♦160/250 €

Rijselsestraat 136 – ℰ 057 46 96 33

– www.mainstreet-hotel.be – Gesloten 18 januari-7 februari

🏠 Demi Lune

LANDHUIS · EIGENTIJDS Gastheer Peter is een echte Ieperling en verwelkomt u met open armen. Net als het statige pand is de inkomsthal imposant, de kamers zijn opvallend kleurrijk en modern. De grote tuin leent zich uitstekend voor een BBQ. Een voorbeeld B&B!

MAISON DE CAMPAGNE · CONTEMPORAIN Peter, Yprois jusqu'au bout des ongles, accueille sa clientèle à bras ouverts ! Son établissement est un modèle de chambre d'hôtes, avec son superbe hall d'entrée – au moins aussi impressionnant que le bâtiment lui-même –, ses chambres modernes et colorées, et son jardin idéal pour les barbecues.

6 kamers 🛏 – 🛇70/99 € 🛇🛇82/113 €

Diksmuidestraat 97 – 𝒞 0474 29 15 91

– www.demi-lune.be

🏠 La Porte Cochère

HERENHUIS · ROMANTISCH Achter La Porte Cochère, de koetspoort, schuilt een charmant herenhuis waar de tijd een beetje heeft stilgestaan; classicistisch van stijl, romantisch qua sfeer. Wie zin heeft in een dagje luieren, kan zich nestelen op het overdekte terras.

MAISON DE MAÎTRE · ROMANTIQUE Derrière une porte cochère se cache cette charmante maison de maître où le temps semble s'être arrêté : bel alliage d'esprit classique et d'ambiance romantique. Si une envie de farniente vous prend, profitez donc de l'agréable terrasse couverte...

3 kamers 🛏 – 🛇98 € 🛇🛇118 €

Patersstraat 22 – 𝒞 0477 37 95 05

– www.laportecochere.com

IZEGEM

West-Vlaanderen – ✉ 8870 – Atlas n° **2**-C3

🌼🌼 La Durée (Angelo Rosseel)

CREATIEF · MINIMALISTISCH ✕✕✕ Bij La Durée beleeft u de tijd van uw leven. Al van bij het eerste moment dat u in aanraking komt met de stijlvolle bediening, wordt u gecharmeerd. De aandacht voor de gast is gemeend. Het sobere designinterieur toont dan weer aan dat klasse hem in de details zit. Het moet niet schreeuwerig zijn om op te vallen. Dat beseft chef Angelo Rosseel maar al te goed.

Subtiliteit typeert namelijk zijn keuken. Hij is een chef met veel gevoel: technische feeling om zijn inventieve ideeën naar topcreaties te vertalen, maar ook de feeling om producten elkaar te laten versterken. Wat eenvoudig lijkt, wijst net op zijn talent. Neem nu een gerecht als asperges / grijze garnalen / ei. Een klassieke combinatie, maar die zet hij naar zijn hand door precies gegaarde asperges te combineren met rauwe lamellen ervan en traag gegaard eigeel. Aromatische kruiden en een mousseline met vlierbloesem verbinden alle ingrediënten om een prachtig geheel te creëren. De gerechten zijn dan wel bewerkt, toch weet chef Rosseel de pure smaken van zijn producten te respecteren. Zijn keuken brengt de seizoenen als het ware tot leven!

Om gasten nog beter comfort te kunnen bieden, wordt er een designpaviljoen gebouwd op de parking. La Durée blijft tijdens de werken gewoon open.

→ Kort gebakken langoustines met asperges en pompelmoes. Gebakken kalfszwezerik met artisjok, ruccola en jus van dashi. Combinatie van kersen, chocolade en vlierbloesem.

CUISINE CRÉATIVE · ÉPURÉ ✕✕✕ Chez La Durée, vous passerez un moment inoubliable. Vous serez charmé dès les premiers instants grâce au service raffiné et extrêmement attentif. L'intérieur design tout en sobriété révèle son élégance dans les détails. Pas besoin de tape à l'œil pour faire impression, le chef Angelo Rosseel le démontre à merveille.

Sa cuisine se caractérise par sa subtilité et son savoir-faire : une technique instinctive lui permet de traduire ses idées en créations sublimes, mais aussi l'instinct de combiner des produits qui s'enrichissent mutuellement. Une simplicité apparente, qui est le fruit d'un grand talent. Prenez par exemple les asperges avec des crevettes grises et un œuf. Une combinaison classique, mais qu'il accommode sa façon avec une cuisson parfaite des asperges, associées à des lamelles d'asperges crues et un jaune d'œuf cuit lentement. Des herbes aromatiques et une mousseline avec des fleurs de sureau lient à merveille tous les ingrédients dans un ensemble harmonieux. Une cuisine travaillée, mais où le chef Rosseel sait conserver la pureté des saveurs de ses produits, tout en suivant les saisons !

Un pavillon design sera élevé sur le parking pour offrir encore plus de confort, mais La Durée reste ouverte pendant les travaux.

Lunch 65 € – Menu 105/150 € – Carte 129/232 €

Leenstraat 28 – ☏ 051 31 00 31

– www.laduree.be – Gesloten 25 december-2 januari, zaterdagmiddag, zondag en maandag

ᴵᴼ **Retro**   🛋 🅰🅒 ⇄

MARKTKEUKEN · **ELEGANT** ✕✕ Pauwen en eenden die voorbij wandelen terwijl u vertoeft in de prachtige tuin met vijver, ondertussen genietend van een geslaagde mix van hedendaagse en klassieke bereidingen ... Wat is het heerlijk tafelen in deze romantische villa! De kreeftenbereidingen zijn, net als het allinmenu trouwens, top!

CUISINE DU MARCHÉ · **ÉLÉGANT** ✕✕ Les paons et les canards défilent au jardin où l'on mange en été au bord d'une pièce d'eau. Un mariage réussi entre classique et contemporain. Cette villa romantique vous fera passer un agréable moment. Ne manquez pas les spécialités de homard, ou le menu all-in.

Lunch 30 € ♟ – Menu 37/85 € – Carte 51/84 €

Meensestraat 159 – ☏ 051 30 03 06

– www.restaurantretro.be – Gesloten 26 december, 2 tot 4 januari, 25 februari-4 maart, 17 tot 24 juni, 2 tot 20 september, zaterdagmiddag, zondagavond, maandag en na 20.30 u.

ᴵᴼ **De Smaak**   🛋 ⇄

FRANS CREATIEF · **TRENDY** ✕✕ In dit herenhuis in het centrum van de stad is alles een kwestie van smaak: het uitgepuurde decor getuigt van goede smaak, de keuken is helemaal au goût du jour met een voorliefde voor eenvoudige producten zoals konijn en vis. Smakelijk!

CUISINE FRANÇAISE CRÉATIVE · **TENDANCE** ✕✕ Dans cette maison de maître du centre-ville, tout est une affaire de goût : goût pour l'épure dans la décoration et pour une cuisine tendance utilisant des produits simples (lapin, poisson...).

Lunch 24 € – Menu 43 € – Carte 48/64 €

Gentsestraat 27 – ☏ 051 32 14 75

– www.desmaak.be – Gesloten dinsdagavond, zaterdagmiddag en woensdag

ᴵᴼ **Villared**   🛋 ⅋

MODERNE KEUKEN · **TRENDY** ✕ Vraagt u zich af wat een moderne art-decostijl moet voorstellen? Spring dan zeker eens binnen bij het modieuze Villared, dat wordt opgefleurd door opvallend flamingobehang. De chef zet er diverse invloeden in, van lokaal tot zuiders, om een aantrekkelijk aanbod gerechten samen te stellen. Het keuzemenu is de moeite!

CUISINE MODERNE · **TENDANCE** ✕ Le style Art déco de Villared séduit, autant que ce papier peint élégamment paré de flamants ! Dans cet intérieur agréable, le chef combine plusieurs influences, du terroir à la cuisine du Sud : une réussite. Formule au choix très attrayante.

Lunch 24 € – Menu 39/52 € – Carte 41/84 €

Leenstraat 51 – ☏ 051 30 38 58

– www.villared.be – Gesloten kerstvakantie, 2 weken in juli, zaterdagmiddag, zondag en maandag

VLAANDEREN · FLANDRE

🏨 Parkhotel

BUSINESS · EIGENTIJDS Sober gebouw in een moderne wijk aan de rand van de stad. Openbare ruimten in eigentijdse stijl, net als de functionele kamers. Het hotel is prima onderhouden.

BUSINESS · CONTEMPORAIN Immeuble contemporain dans un quartier un peu excentré. Chambres fonctionnelles à la décoration épurée.

50 kamers ☒ – ♥85/135 € ♥♥95/145 €

Papestraat 3 – ℰ 051 33 78 20 – www.parkhotel-izegem.be – Gesloten 22 december-2 januari

JABBEKE
West-Vlaanderen – ⊠ 8490 – Atlas n° **2**-C1

🏨 Loverlij

LANDHUIS · ROMANTISCH 2 hectaren tuin met meer dan duizend soorten rozen, kamers als uit een Engels romantisch landhuis en een zalig ontbijt: dit B&B dicht bij de E40 is duidelijk het werk van een romantische ziel met een groot hart (en een nog grotere glimlach).

MAISON DE CAMPAGNE · ROMANTIQUE Deux hectares de jardin abritant plus de mille variétés de roses, des chambres dignes d'un véritable cottage anglais et un excellent petit-déjeuner : ce B&B voisin de l'autoroute E40 est de toute évidence l'œuvre d'une âme romantique au grand cœur (et au sourire encore plus grand).

4 kamers ☒ – ♥110/150 € ♥♥110/150 €

Oude Gistelsteenweg 8 (in Snellegem, Oost: 3 km) – ℰ 050 39 01 49 – www.loverlij.be

KAPELLEN
Antwerpen – ⊠ 2950 – Atlas n° **4**-A2

🍴 Rascasse

MODERNE KEUKEN · MINIMALISTISCH 🕱🕱 Erwin Denys is een geweldige ambassadeur van zijn streek, de Noordzee en de Oosterschelde. Net als het mooie interieur is zijn kookstijl modern, de uitmuntende kwaliteit van de kraakverse vis en lokale producten die hij daarvoor gebruikt springt in het oog. Dit is een chef die niets minder dan het beste wilt.

CUISINE MODERNE · ÉPURÉ 🕱🕱 Erwin Denys est un magnifique ambassadeur de sa région, la mer du Nord et l'Escaut oriental. A l'image du décor, sa cuisine est résolument moderne ; l'extrême qualité du poisson et des produits locaux utilisés saute aux yeux. Une exigence qui fait mouche !

Lunch 35 € – Menu 50/70 € – Carte 62/79 €

Kalmthoutsesteenweg 121 (N122 - 5 km richting Essen) – ℰ 03 297 94 29 – www.restaurantrascasse.be – Gesloten 25 december-9 januari, 7 tot 22 april, 14 juli-5 augustus, zaterdagmiddag, zondag, maandag en na 20.30 u.

KASTERLEE
Antwerpen – ⊠ 2460 – Atlas n° **4**-C2

🍴 De Watermolen

KLASSIEKE KEUKEN · ELEGANT 🕱🕱 Bij De Watermolen geniet u van de klassieke keuken zoals het hoort te zijn. De chef is een kei in het roken van vlees en vis, en kookt met generositeit. U zit hier dus goed voor bereidingen als een terrine van ganzenlever en gerookte zalm. De elegantie van het interieur en het terras aan de waterkant vormen een perfecte match.

CUISINE CLASSIQUE · ÉLÉGANT 🕱🕱 Au Watermolen, on déguste une cuisine classique réalisée dans les règles de l'art. Le chef se montre généreux, et n'a pas son pareil pour fumer la viande et le poisson. Son adresse se montre donc tout indiquée pour déguster une terrine de foie gras ou du saumon, à l'intérieur ou sur la terrasse au bord de l'eau...

Lunch 34 € – Menu 63/115 € – Carte 60/121 €

Hotel De Watermolen, Houtum 61 (via Geelsebaan) – ℰ 014 85 23 74 – www.watermolen.be – Gesloten 26 december-11 januari en 19 augustus-6 september

⅋○ Potiron   🏠 AC ⅋ ⇔ P

MARKTKEUKEN · KNUS ✕✕ Het ambitieuze koppel achter deze zaak gaat voluit voor vakmanschap, en dat proeft u. Het ijs smaakt er artisanaal, de zalm huisgerookt en in de groenten proeft u de liefde waarmee ze geteeld werden in de eigen groentetuin (te bezoeken op afspraak). Met het vegetarische menu geniet u des te meer van hun krachtige smaken.

CUISINE DU MARCHÉ · COSY ✕✕ Aux commandes du Potiron ? Un couple soucieux de bien faire et témoignant d'un vrai savoir-faire. La glace est artisanale, le saumon est fumé sur place et les légumes sont cultivés avec amour dans le potager (visite sur rendez-vous)! Le menu végétarien est idéal pour découvrir leurs saveurs.

Lunch 30 € – Menu 42 € – Carte 51/87 €

Geelsebaan 73 – 𝒞 014 85 04 25
– www.potiron.be – Gesloten 15 tot 30 juli, woensdag en donderdag

⅋○ KAN10   🏠 P

WERELDKEUKEN · VINTAGE ✕ De diversiteit van de wereldkeuken kleurt de kaart van dit leuk urban restaurant. U smult hier zowel van oosterse dimsum als Europese flammenkuchen, telkens doorspekt met hun typische smaken. Het sharingmenu is zeer populair om op avontuur te gaan en te genieten van de wereldse variatie.

CUISINE DU MONDE · VINTAGE ✕ La diversité de la cuisine mondiale anime la carte de ce restaurant urbain. On y déguste dim sum, spécialités orientales, flammenkuchen, etc. Sympathique menu à partager, très populaire parmi les habitués.

Lunch 25 € – Menu 38/44 € – Carte 44/56 €

Geelsebaan 85a – 𝒞 014 74 65 98
– www.kan10.be – Gesloten zaterdagmiddag, dinsdag en woensdag

🏠 De Watermolen   🌳 🦢 🛏 🚲 ⅋ 🦮 P

TRADITIONEEL · KLASSIEK Deze oude watermolen, aan een lieflijk riviertje, wordt al sinds 1957 uitgebaat door de familie Biermans. De kamers zijn onberispelijk en worden regelmatig opgefrist, de groene omgeving is een speeltuin voor fietsers en wandelaars. In de verjongde brasserie eet u lekker klassiek, voor zachte prijzen.

TRADITIONNEL · CLASSIQUE Cet ancien moulin à eau, au bord d'une rivière bucolique, est géré depuis 1957 par la famille Biermans. Les chambres sont impeccablement tenues et régulièrement rénovées, la campagne autour est idéal pour cyclistes et promeneurs. Sans oublier la brasserie, qui propose de bonnes recettes classiques à prix doux.

18 kamers – 🛇119/129 € 🛇🛇119/129 € – 🍵 21 € – ½ P

Houtum 61 (via Geelsebaan) – 𝒞 014 85 23 74
– www.watermolen.be – Gesloten 26 december-11 januari
en 19 augustus-6 september

De Watermolen – Zie restaurantselectie

🏠 Noah   🛏 AC ⅋ 🦮 P

TRADITIONEEL · HEDENDAAGS Ga aan boord van deze ark en beleef een heerlijke nachtrust in uw elegante kamer. Het hele hotel straalt een zengevoel uit en is prettig gelegen aan de rand van een bos.

TRADITIONNEL · CONTEMPORAIN Embarquez sur cette arche et partez pour une nuit agréable... Les chambres sont élégantes et inspirent un vrai sentiment de quiétude. La situation de l'établissement, à l'orée du bois, n'y est pas pour rien.

10 kamers – 🛇125 € 🛇🛇125 € – 🍵 15 €

Lichtaartsebaan 51 – 𝒞 014 21 10 46
– www.noahhotel.be

Wilt u een feestje organiseren of een maaltijd met zakenrelaties?
Kijk dan naar de restaurants met het symbool ⇔.

KEERBERGEN

Vlaams-Brabant – ⊠ 3140 – Atlas n° **6**-C1

⫶◯ **Maison Belge**   ⛱ ⅏ ⇆ 🅿

BELGISCH · EIGENTIJDS ⅄ Subtiele retro-elementen geven deze moderne brasserie een zeer aangename uitstraling, het terras is al even knap. De chef weet hoe Belgische gerechten en echte klassiekers moeten smaken, al is haar keuken ook redelijk licht. Vers, verzorgd en lekker.

CUISINE BELGE · BRANCHÉ ⅄ De subtils éléments rétro donnent à cette brasserie moderne un air très agréable... et la terrasse est toute aussi belle. La chef nous régale de grands classiques, belges notamment, qu'elle décline avec ce qu'il faut de légèreté. Frais, soigné et bon.

Carte 47/65 €

Haachtsebaan 150 – ☎ 015 68 10 67 – www.maisonbelge.be – Gesloten zaterdagmiddag en dinsdag

KEMMEL

West-Vlaanderen – ⊠ 8956 – Heuvelland – Atlas n° **2**-B3

⫶◯ **Hostellerie Kemmelberg**   ⇆ 🦢 ⋖ ⛱ ⅏ ⇆ 🅿

MODERNE KEUKEN · ELEGANT ⅄⅄⅄ Wat een adembenemend uitzicht hebt u hier, op de top van de Kemmelberg! Ook het elegante interieur, met prachtige lambrisering, maakt hier een echt juweeltje van. Het inspireert de chef tot gerechten die blijk geven van enthousiasme en creativiteit. De kamers zijn rustig en knus, sommige met balkon en weids uitzicht.

CUISINE MODERNE · ÉLÉGANT ⅄⅄⅄ Juché sur le mont Kemmel, l'établissement offre une vue superbe ! Le décor intérieur, avec ses belles boiseries, est à l'unisson de cet environnement, et l'ensemble paraît une véritable source d'inspiration pour le chef, qui signe une cuisine pleine d'enthousiasme et de créativité. Chambres calmes et confortables, certaines avec balcon panoramique.

Lunch 40 € – Menu 60/89 € – Carte 68/89 €

23 kamers ☲ – †94/159 € ††104/169 € – ½ P

Kemmelbergweg 34 – ☎ 057 45 21 60 – www.kemmelberg.be – Gesloten maandag en dinsdag

⫶◯ **In de Zon**   ⛱ ⅏ 🅿

TRADITIONELE KEUKEN · GEZELLIG ⅄ In de zon genieten van het terras is hier een must. Het zicht reikt tot in Frankrijk! Het karaktervolle interieur toont dat de patron graag rommelmarkten afschuimt. Dit is een zaak met een ziel, en geliefd in de wielerwereld (de patron is een ex-renner). De keuken is al even Vlaams als rijk. Rillettes, paling in 't groen, karnemelkstampers, ... Top!

CUISINE TRADITIONNELLE · CONVIVIAL ⅄ On profite du soleil à la terrasse de ce sympathique restaurant avec vue sur la France. L'intérieur montre le goût du patron pour les marchés aux puces et le cyclisme (lui-même est un ancien cycliste). L'esprit flandrien dans toute son authenticité. Rillettes, anguille au vert, purée au lait battu... Excellent !

Lunch 22 € – Menu 51 € – Carte 39/60 €

Dikkebusstraat 80 (in De Klijte, Noordwest: 5 km) – ☎ 057 21 26 26 – www.indezon.be – Gesloten donderdagavond, zaterdagmiddag, maandag en dinsdag

KLEMSKERKE

West-Vlaanderen – ⊠ 8420 – De Haan – Atlas n° **2**-B1

🙂 **De Kruidenmolen**   ⛱ 🅿

MODERNE KEUKEN · BISTRO ⅄ Rondom de rustgevende polders, binnenin een cosy zaak waar alles om smaak draait. Deze knap gerenoveerde molenaarswoning is een prachtbestemming! In de keuken staat een chef met een eigen visie. Alles begint bij de topkwaliteit van het product, waar hij vervolgens een creatieve draai aan geeft. De gerechten zijn doordacht, genereus, en ... lekker!

CUISINE MODERNE · BISTRO ✗ Au beau milieu du calme des polders, cet ex-logis de meunier joliment rénové dégage une atmosphère cosy. Le chef sait ce qu'il veut : des produits de qualité, auxquels il apporte sa touche de créativité. Une cuisine soignée, généreuse et... savoureuse !

Lunch 29 € – Menu 37/51 € – Carte 47/62 €

Dorpsstraat 1 – ℰ 059 23 51 78 – www.kruidenmolen.be – Gesloten vrijdagmiddag, zaterdagmiddag, woensdag en donderdag

KLUISBERGEN

Oost-Vlaanderen – ✉ 9690 – Atlas n° **3**-A3

ⵏⵔ **La Sablière**

TRADITIONELE KEUKEN · KLASSIEK ✗✗ La Sablière is bourgondisch. Dat gaat van het sierlijke interieur tot de gerechten die u krijgt voorgeschoteld. De vrouw des huizes brengt de typische gulheid en rijke smaken van de traditionele keuken op het bord, en doet dat met goede producten.

CUISINE TRADITIONNELLE · CLASSIQUE ✗✗ Un décor soigné, une cuisine classique : aucun doute, la Sablière cultive la tradition ! Aux fourneaux, la maîtresse de maison utilise de très bons produits pour concevoir des assiettes goûteuses et généreuses.

Menu 75/100 € – Carte 40/82 €

Hotel La Sablière, Bergstraat 40 (op de Kluisberg) – ℰ 055 38 95 64
– www.lasabliere.be – Gesloten december, 4 tot
8 maart, 26 augustus-6 september, dinsdagmiddag, zaterdagmiddag en vrijdag

ⵏⵔ **Auberge l'Entrecôte**

VLEES · RUSTIEK ✗✗ Als de naam u nog niet helemaal had overtuigd, dan doet de bronzen stier op het parkeerterrein dat wel: hier bent u aan het juiste adres voor een lekker stuk vlees. In deze voormalige scheepvaardersherberg, aan de oevers van de Schelde, vindt u zowel in het restaurant als op de kamers charme en gezelligheid.

VIANDES · RUSTIQUE ✗✗ Si le nom ne vous a pas encore mis la puce à l'oreille, le taureau en bronze du parking vous le rappellera : les carnivores sont ici à bonne adresse ! Cette ancienne auberge de marins, située sur les bords de l'Escaut, est pétrie de charme, depuis son restaurant jusqu'à ses confortables chambres.

Carte 51/68 €

10 kamers ⌂ – �♂105/130 € ♂♀105/130 €

Pontstraat 61 (in Berchem) – ℰ 055 20 80 69 – www.auberge-lentrecote.be
– Gesloten vrijdagmiddag, dinsdag, woensdag en donderdag behalve feestdagen

🏠 **La Sablière**

LUXE · PERSOONLIJK CACHET Boven op de Kluisberg is er een hotel dat warmte en stijl uitstraalt. Het gebruik van bourgondische steen en antieke meubelen dragen daar toe bij, maar ook het vriendelijk onthaal van de familie Desimpel is een grote troef. En dan die mooie omgeving ... Wat is La Sablière een heerlijk hotel.

LUXE · PERSONNALISÉ Au sommet du mont de l'Enclus, cet hôtel respire la chaleur et l'élégance. Il dispose d'atouts de taille : l'utilisation de la pierre de Bourgogne, le choix des meubles antiques, mais aussi l'accueil chaleureux de la famille Desimpel... Quant à l'environnement, il laisse bouche bée. Un magnifique hôtel !

14 kamers ⌂ – ♂125/190 € ♂♀160/240 € – ½ P

Bergstraat 40 (op de Kluisberg) – ℰ 055 38 95 64 – www.lasabliere.be
– Gesloten december, 4 tot 8 maart en 26 augustus-6 september
La Sablière – Zie restaurantselectie

NIET TE MISSEN! *LES BONS PLANS!*

Lugano, met zijn champagnebar en aangenaam terras. The Pharmacy, om van een lekkere cocktail te genieten op een 'verborgen' plek. Bristol, een vaste waarde waar klassiek en modern elkaar ontmoeten.

Lugano, avec son bar à champagne et sa terrasse animée. The Pharmacy, pour déguster un cocktail dans un lieu 'caché'. Bristol, une valeur sûre où les classiques de la côte belge sont à l'honneur !

KNOKKE-HEIST

West-Vlaanderen – ✉ 8300 – Atlas n° **2**-C1

Knokke

🕸 **Cuines,33** (Edwin Menue)

CREATIEF · **TRENDY** ⅩⅩ Het jonge team heeft een keuken met een eigen identiteit: kosmopolitisch, hedendaags en conceptueel. Dat vertaalt zich in precieze gerechten met subtiele garnituren in uitgekiende creaties. De culinaire tapas zorgen voor een feest in uw mond. Van dit restaurant zal u ongetwijfeld nog horen!

→ Zeeduivel en king krab met avocado, artisjok en schaaldierenjus. Lam met zwarte knoflook en olijven, courgettebloem en kerriejus. Dessert met aardbei, rabarber, magnolia-azijn en pink fizz granité.

CUISINE CRÉATIVE · **TENDANCE** ⅩⅩ Conceptuel, contemporain et cosmopolite : tel est ce restaurant plein d'allant. Dans l'assiette, on découvre de véritables créations, alliant recherche, précision et subtilité. Et la carte de tapas est aussi un vrai régal. Cet établissement n'a pas fini de faire parler de lui !

Lunch 46 € – Menu 82 €

Plattegrond: D2-a – *Smedenstraat 33 – ☎ 050 60 60 69 (reserveren aanbevolen) – www.cuines33.be – Gesloten 23 december-6 januari, woensdag, donderdag, zondag en na 20.30 u.*

🍴 **Il Trionfo**

ITALIAANS · **ELEGANT** ⅩⅩⅩ Chic en elegant, zo kan je Il Trionfo gerust omschrijven. U geniet er steeds van een familiale aanpak en smaakvolle Italiaanse gerechten, die met goede producten worden bereid. De wijnkeuze is ook absoluut de moeite.

CUISINE ITALIENNE · **ÉLÉGANT** ⅩⅩⅩ Quelle adresse raffinée et élégante ! L'ambiance familiale est toujours de mise, ainsi que la délicieuse cuisine italienne qui est la marque de fabrique de la maison. La carte des vins vaut le détour.

Lunch 32 € – Menu 62 € – Carte 50/88 €

Plattegrond: C1-g – *P. Parmentierlaan 203 – ☎ 050 60 40 80 – www.iltrionfo.be – Gesloten 20 tot 31 december, 1 week paasvakantie, eerste 2 weken juli, laatste week september, donderdagmiddag, dinsdag en woensdag*

⇡○ Bel-Étage   AC

MARKTKEUKEN · INTIEM ✕✕ Fabrice Vuillemin is de hoofdrolspeler van deze intieme Bel-Étage: hij zorgt hier zowel voor de ontvangst, de bediening als de keuken! Neem dus rustig de tijd om te zien hoe hij verse marktaanvoer bereidt op zijn Molteni, en uiteraard om te proeven van de mooie variatie klassieke smaken die hij creëert.

CUISINE DU MARCHÉ · INTIME ✕✕ Fabrice Vuillemin joue le premier rôle dans ce Bel-Étage intime : il s'occupe de la réception, du service et de la cuisine ! Prenez votre temps et observez-le concocter l'offre fraîche du marché sur son Molteni, et dégustez la belle variation de goûts classiques qu'il a créé.

Menu 57/77 € – Carte 60/134 €

Plattegrond: D2-d – *Guldenvliesstraat 13* – ☏ *050 62 77 33*
– *www.restaurantbeletage.be* – *alleen diner beperkt aantal zitplaatsen, reserveren*
– *Gesloten 1 week januari, 1 week juni, 1 week oktober en woensdag*

⇡○ Bistrotheek Billiau   ⎕ AC

MODERNE KEUKEN · BISTRO ✕✕ "Every day dining" is de leuze van deze trendy bistro. Wat dat inhoudt? Verzorgde gerechten die steunen op kwaliteitsproducten en uitstekende garnituren, met een tikkeltje creativiteit. Maar ook nog: korte, krachtige kaart en goede wijnen.

CUISINE MODERNE · BISTRO ✕✕ Every day dining: voilà la promesse de ce bistrot branché. On y déguste des préparations créatives et soignées, réalisées avec des produits d'excellente qualité, et accompagnées de savoureuses garnitures. La carte, courte mais alléchante, est complétée par des vins triés sur le volet...

Lunch 35 € – Menu 50/68 € – Carte 62/112 €

Plattegrond: D1-z – *Dumortierlaan 73* – ☏ *050 69 43 94*
– *www.bistrotheekbilliau.be* – *Gesloten 2 weken in maart, 2 weken in juni,*
2 weken in oktober, 2 weken in december, dinsdag en woensdag

⇡○ Charl's   ⇦ ⇏ ⎕ AC P

TRADITIONELE KEUKEN · TRENDY ✕✕ Charl's is een moderne brasserie met Knokse schwung. Het is een geliefd adresje om te komen genieten van uitstekende producten en traditionele gerechten, die de chef zijn eigen draai geeft met inventieve bewerkingen. Charl's pakt ook uit met een terras aan de mooie tuin en comfortabele kamers bovenaan.

CUISINE TRADITIONNELLE · TENDANCE ✕✕ Une brasserie moderne, dont l'ambiance est tout à fait dans l'esprit de Knokke : voilà ce qu'est Charl's ! Le chef apporte une légère touche inventive à de bons plats traditionnels ; on en profite sur la terrasse, au bord d'un beau jardin, avant d'aller passer une bonne nuit dans l'une des chambres très confortables de l'étage.

Menu 45 € – Carte 47/91 €

3 kamers ⌑ – ♦120/185 € ♦♦135/200 €

Kalvekeetdijk 137 (in Westkapelle, Zuid: 3 km) – ☏ *050 60 80 23* – *www.charls.be*
– *Gesloten maandag en dinsdag behalve feestdagen*

⇡○ La Croisette   AC ⇔

FRANS KLASSIEK · FAMILIAAL ✕✕ Of het nu in Cannes of in Knokke is, de Croisette is een absolute must. Dit mooi opgefriste restaurant verovert al sinds 1983 de harten in de kustgemeente. Hoe? Het verschaft de plezieren en gulheid van de traditionele Franse keuken voor een fantastische prijs-kwaliteitverhouding. Smaken paraderen hier als vanouds!

CUISINE FRANÇAISE CLASSIQUE · FAMILIAL ✕✕ Que ce soit à Cannes ou à Knokke, la Croisette est un must. Ce restaurant joliment rafraîchi séduit les habitants de la station balnéaire depuis 1983. Comment ? C'est simple : il offre tous les plaisirs et la générosité de la cuisine française, pour un rapport qualité-prix remarquable. Ici, les goûts paradent encore à l'ancienne.

Lunch 30 € – Menu 41/50 € – Carte 56/62 €

Plattegrond: D1-q – *Van Bunnenplein 24* – ☏ *050 61 28 39* – *Gesloten*
maandagavond, dinsdag en woensdag

HEIST
DUINBERGEN
ALBERTSTRAND

0   240 m

WESTKAPELLE,
SLUIS

BRUGGE,
GENT

Natiënlaan

NOORDZEE

ALBERTSTRAND

Julius Sabbelaan
Bayardlaan
Koninginlaan
Paul Parmentierlaan
Sportlaan
Lispannenlaan
Meerlaan
Elizabethlaan
Zegemeer
Meerlaan
Eeuwfeestlaan
Vredelaan
Arcadelaan
Acacialaan
Aster str.
Knokkestraat
Knokkestraat
Zeedijk-Albertstrand
Jozef Nellenslaan
Elizabethlaan

Put van
De Cloedt

Duinenwater
Camille
Pissarrodreef
Nieuwstr.
Ludovic
Ludwiglaan

DUINBERGEN

Bergdreef
Duinedreef
Duinbergenlaan
Zeegrasstr.
Pastuurdijk
Elizabethlaan
Knokkestraat

Zeedijk-Heist

N 359

Elizabethlaan
Parkstraat
Westkapellestraat
Heistersstraat
Krommedijk
Smidstr.

HEIST

Graaf d'Ursellaan
Knokkestraat
Noordstr.
Kursaalstraat
Emanuel
Hielstr.
Hendrik
Consciencestr.
Polderstraat
Onderwijsstraat
Westkapellestraat
Noorddijk
Breedstr.
Heulebr.

Zeedijk-Heist
Dr. Zeedijk-Heist
Dhoornlaan
Hermans-lybertstraat
De Vrietestr.
Heistlaan
Hof van Heist

N 300

BLANKENBERGE,
ZEEBRUGGE

BRUGGE

BLANKENBERGE,
ZEEBRUGGE

BRUGGE

KNOKKE
HET ZOUTE

0 — 240 m

KNOKKE

HET ZOUTE

OOSTHOEK

⅊○ Escabèche   A/C

FRANS CREATIEF • TRENDY XX Escabèche is een alom gewaardeerd adres. Daar zit de joviale aanpak van de gastvrouw voor iets tussen, die het interieur zo nog wat meer warmte geeft. Maar het is vooral de kwaliteit die op het bord komt die overtuigt: de producten zijn top, net als de fijne manier waarop de chef Franse en wereldse bereidingen combineert.

CUISINE FRANÇAISE CRÉATIVE • TENDANCE XX Escabèche est une adresse très appréciée. L'approche joviale de la patronne joue un grand rôle, ce qui donne encore plus de chaleur à l'intérieur. Mais c'est surtout la qualité qu'on trouve sur l'assiette qui convainc : les produits sont de haut niveau, tout comme le raffinement avec lequel le chef combine des préparations françaises et mondiales.

Lunch 32 € – Menu 60/80 € – Carte 72/104 €

Plattegrond: D1-d – *Dumortierlaan 9* – ℰ 050 60 76 50
– *www.escabeche.be* – *Gesloten krokusvakantie, eind juni-begin juli, eind november-begin december, dinsdag en woensdag*

⅊○ Gellius   Ⓝ

ITALIAANS • KNUS XX De witte Vespa scooter valt meteen op, maar het is vooral de retrolook die hier bekoort. De tegeltjes op de grond, de vele bruintinten, het intieme licht, ... Gezellig! De keuken is traditioneel genereus. Bioproducten, verse pasta en hier en daar een moderne techniek worden met kunde verenigd in gerechten boordevol smaak.

CUISINE ITALIENNE • COSY XX La Vespa blanche attire immédiatement l'attention, mais c'est surtout le look rétro qui séduit. Carrelages, tons bruns, lumière intime... Superbe ! La cuisine est traditionnelle et généreuse. Les produits bio, les pâtes fraîches et quelques techniques modernes sont réunis dans des plats débordant de saveur.

Menu 51/77 € – Carte ong. 70 €

Plattegrond: C2-h – *Maurice Lippensplein 26* – ℰ 0471 08 23 28
– *www.gellius-knokke.com* – *alleen diner behalve zaterdag en zondag* – *Gesloten 7 tot 16 januari, 17 tot 28 juni, 8 tot 17 oktober, maandag en dinsdag*

⅊○ De Savoye   🖢 A/C

VIS EN ZEEVRUCHTEN • GEZELLIG XX Menu's op de stroom van de getijden en moderne inrichting met maritieme accenten, waaronder afbeeldingen van vissen. Kabeljauw, tarbot en paling zijn de specialiteiten van het huis.

POISSONS ET FRUITS DE MER • CONVIVIAL XX On célèbre ici les produits de la mer, aussi bien sur la carte que dans la décoration. Parmi les spécialités : homard, turbot sauce hollandaise ou anguilles au vert.

Lunch 25 € – Menu 60 € – Carte 45/111 €

Plattegrond: D1-v – *Dumortierlaan 18* – ℰ 050 62 23 61 – *www.desavoye.be*
– *Gesloten woensdag en donderdag*

⅊○ Bistro J.E.T.T.   A/C

MODERNE KEUKEN • GEZELLIG X Een strak interieur in zwart en wit waar gezelligheid hangt, en in de open keuken een ambitieuze chef die zijn creatieve inspiraties weet te doseren en alle ingrediënten vakkundig laat samengaan. De fijne eetervaring die u hier beleeft, maakt de leuze van J.E.T.T. helemaal waar: Just Enjoying Time Together.

CUISINE MODERNE • CONVIVIAL X Un intérieur en noir et blanc aussi moderne que convivial, un chef ambitieux qui arrive à doser le respect de la tradition et sa propre créativité, et qui manipule les ingrédients avec savoir-faire : au final, une expérience agréable qui correspond à J.E.T.T., la promesse de la maison : « Just Enjoying Time Together ».

Lunch 25 € – Menu 53 € – Carte 65/76 €

Dorpsstraat 113 (in Westkapelle, Zuid: 3 km) – ℰ 0479 46 73 27
– *www.bistro-jett.be* – *Gesloten op zondag en maandag*

Boo Raan 🅝

THAIS · EIGENTIJDS ✖ Boo Raan ligt ietwat buiten het centrum, maar is een warme aanrader voor een gezellig etentje. Zoals de traditie het wil, eet u er met vork en lepel, en wordt alles gedeeld. De chef bereidt authentieke gerechten met kunde. Ze doet dat à la minute, met beheerste pittigheid en volle smaken. Een topper!

CUISINE THAÏLANDAISE · BRANCHÉ ✖ Un restaurant situé un peu en dehors du centre, mais vivement conseillé pour déguster un repas agréable. Comme le veut la tradition, vous mangerez avec une fourchette et une cuillère et tout se partage. La chef prépare une cuisine authentique avec savoir-faire. Tout est préparé à la minute, épicé avec beaucoup de maîtrise et toujours savoureux. A ne pas manquer !

Menu 66/110 € – Carte 51/115 €

Edward Verheyestraat 7 – ☎ 0476 30 30 48 (reserveren noodzakelijk)
– www.booraan.be – alleen diner – Gesloten maandag en dinsdag

Más Brasa

GRILLGERECHTEN · EIGENTIJDS ✖ De vistoog en het homarium staan centraal in deze trendy zaak. U proeft die topproducten in bereidingen die zowel de Catalaanse, Zuid-Amerikaanse als Aziatische toer opgaan. Het is fris, werelds, lekker! Op de grill vindt u dan weer mooie stukken vlees, de ananassen aan het spit zijn heerlijk. Más Brasa onderlijnt de kracht van het product!

GRILLADES · BRANCHÉ ✖ Le comptoir à poissons et le homarium occupent une place centrale dans ce restaurant trendy. Des produits de grande qualité que vous dégusterez à la mode catalane, sud-américaine ou asiatique. Frais, international et délicieux ! Au grill, vous trouverez de belles pièces de viande, les ananas à la broche sont un délice. La puissance des produits !

Lunch 30 € – Menu 65 € – Carte 58/94 €

Plattegrond: D2-g – *Smedenstraat 57 – ☎ 050 61 00 61*
– www.brasagrill.be – Gesloten woensdag, donderdag en zondag

Open Fire

FRANS KLASSIEK · FAMILIAAL ✖ Dat je met liefde mooie dingen kan bereiken, merkt u in deze vriendelijke moderne bistro. Een koppel staat hier in voor een vriendelijke ontvangst en lekkere klassieke gerechten zoals u ze aan de kust verwacht.

CUISINE FRANÇAISE CLASSIQUE · FAMILIAL ✖ L'amour peut produire des merveilles, vous le constaterez dans ce sympathique bistrot contemporain. La patronne y assure un accueil chaleureux, qui sied bien à la cuisine, naviguant entre tradition et... produits de la mer.

Lunch 26 € – Menu 42 € – Carte 50/80 €

Plattegrond: D1-n – *Zeedijk 658 – ☎ 050 60 17 26*
– www.openfire.be – Gesloten dinsdag van september tot juni en maandag

Van Bunnen

FAMILIAAL · HEDENDAAGS Het is in een art-decopand dat u dit comfortabel hotelletje vindt. De kamers zijn strak ingericht en goed onderhouden, dankzij het lekkere ontbijt kan uw dag niet meer stuk. Dit is een ideale basis om Knokke-Heist te verkennen!

FAMILIAL · CONTEMPORAIN C'est dans une maison Art déco que l'on trouve ce petit hôtel confortable. Les chambres sont modernes et bien entretenues ; le bon petit-déjeuner vous assure de bien commencer votre journée. Un pied à terre idéal pour découvrir Knokke-Heist.

18 kamers ⌑ – †115/160 € ††115/175 €

Plattegrond: D1-u – *Van Bunnenlaan 50 – ☎ 050 62 93 63*
– www.hotelvanbunnen.be – Gesloten in de week van november tot februari behalve de schoolvakanties

VLAANDEREN · FLANDRE

The Bunkers 🅝   🦞 ⬅ ☒ 🏠 ♨ 🆔 🅰🅲 ✂🍴

LUXE · NATUUR Bunkers uit de 2 wereldoorlogen en de polders, dat fantastische zicht begeleidt u doorheen uw verblijf in dit luxe-B&B. Zelfs tot in het binnenzwembad! Beton, strak design en grote raampartijen maken van dit pareltje een unieke plek. Dankzij de eigen producten bij het ontbijt en de beschikbare keuken geniet men ten volle van deze prachtige omgeving.

LUXE · NATURE Vous admirerez les bunkers des 2 guerres mondiales, ainsi que les polders, lors de votre séjour dans ce B&B de luxe, avec piscine. Élégant décor design, paré de béton et de larges fenêtres. Les produits maison du petit-déjeuner et la cuisine à disposition vous feront profiter pleinement de cet environnement agréable.

5 kamers ⬚ – 🛆215/350 € 🛆🛆215/350 €

Burkeldijk 18 (in de Oosthoek, Oost: 6 km) – ☎ 0476 70 72 73
– www.thebunkers.be

Albertstrand

🍴 Cédric   🅰🅲 ⬄

FRANS CREATIEF · CHIC ✕✕✕ Cédric Poncelet heeft zijn restaurant prachtig vernieuwd. Het interieur is chic en warm, met hier en daar gouden kleuraccenten, en heeft allure dankzij de open wijnkast. De keuken blijft een vaste waarde, met toppers als de heerlijke koningskrab. De chef kookt creatief en laat de pure smaak van het product primeren.

CUISINE FRANÇAISE CRÉATIVE · CHIC ✕✕✕ Cédric Poncelet a superbement rénové son restaurant : le décor est chic et chaleureux, aux accents dorés subtils, avec une armoire à vins qui a de l'allure. La cuisine est à l'avenant, avec des produits top comme le délicieux crabe royal. De la créativité, une mise en avant du produit dans sa pureté : on est séduit.

Lunch 25 € – Menu 45/65 € – Carte 53/144 €

Plattegrond: C1-b – *Koningslaan 230a – ☎ 050 60 77 95*
– www.restaurant-cedric.be – Gesloten maandag en dinsdag behalve feestdagen

🍴 Esmeralda   🌳 🅰🅲

KLASSIEKE KEUKEN · ELEGANT ✕✕✕ Dit stijlvol restaurant ligt naast het casino, maar hier moet u niet zijn voor een gokje. Dit is namelijk een betrouwbaar adres, en dat al sinds 1975! Dat rijk verleden kleurt ook de kaart, die lekker klassiek is. Hier geniet u vooral van lekkernijen uit de zee, met de zeebaars in zoutkorst als specialiteit.

CUISINE CLASSIQUE · ÉLÉGANT ✕✕✕ Ce restaurant élégant, situé à côté du casino, est une adresse de confiance, depuis 1975 ! Sa longue et riche histoire se lit sur la carte, très classique, et savoureuse, à l'instar de produits de la mer, et du bar en croûte de sel, une institution de la maison !

Lunch 36 € – Menu 75 € – Carte 81/121 €

Plattegrond: C1-p – *Jozef Nellenslaan 161 – ☎ 050 60 33 66*
– www.restaurantesmeralda.be – Gesloten 23 december-23 januari,
29 juni-9 juli, 18 september-1 oktober, zondagavond, behalve schoolvakanties en feestdagen, maandag en dinsdag

🍴 Lispanne   🅰🅲

TRADITIONELE KEUKEN · KLASSIEK ✕✕ Al sinds 1976 staat dezelfde familie hier aan het roer. Het zal u dus niet verbazen dat deze moderne zaak heel wat habitués telt. Zij komen voor de gezelligheid, de professionele bediening en de eerder klassieke kaart. De zwezeriken zijn de heerlijke specialiteiten van het huis.

CUISINE TRADITIONNELLE · CLASSIQUE ✕✕ La même famille est à l'œuvre depuis 1976 dans cet établissement. Il n'est donc pas surprenant d'y retrouver de nombreux habitués, séduits par l'ambiance, le service impeccable et la carte, plutôt classique. Ne manquez pas la spécialité de la maison : les ris de veau.

Lunch 26 € – Menu 46 € – Carte 51/76 €

Plattegrond: C1-z – *Jozef Nellenslaan 201 – ☎ 050 60 05 93 – www.lispanne.be*
– Gesloten 24 december-15 januari, 12 tot 22 maart, 18 juni-5 juli,
24 september-10 oktober, dinsdag en woensdag

La Réserve

GROTE LUXE · ELEGANT La Réserve is een grande dame die vandaag een nieuw hoofdstuk toevoegt aan haar glorieuze geschiedenis. De grootse lobby toont meteen aan dat luxe hier de norm is, en dan moet u uw kamer nog ontdekken! De wellness en het zwembad op de bovenste verdieping, met zicht op het Zegemeer, zijn werkelijk de kersen op de taart.

GRAND LUXE · ÉLÉGANT Cette dame d'un âge vénérable ajoute un nouveau chapitre à son histoire déjà glorieuse. Dès le grandiose lobby, vous devinerez que le luxe est ici la norme, et cela vaut aussi pour les chambres. Cerise(s) sur le gâteau : l'espace bien-être et la piscine à l'étage supérieur, avec vue sur le Zegemeer...

104 kamers – ♦235/495 € ♦♦235/495 € – ☕28 € – 2 suites

Plattegrond: C1-x – *Elizabetlaan 160* – ✆ *050 61 06 06*
– *www.la-reserve.be*

Binnenhof

TRADITIONEEL · AAN ZEE Op amper vijftig meter van het strand ligt dit aangenaam hotel. Alle kamers hebben er een persoonlijke touch, de meeste zelfs een eigen terras. Maar dé troef is het royale ontbijt, waar u met wat geluk van kunt smullen op het zonovergoten terras.

TRADITIONNEL · BORD DE MER Restaurant agréable à seulement cinquante mètres de la plage. Toutes les chambres disposent d'une touche personnelle, la plupart avec terrasse. Mais le grand atout est le déjeuner royal, et avec un peu de chance, vous profiterez de la terrasse ensoleillée.

25 kamers ☕ – ♦95/200 € ♦♦115/220 €

Plattegrond: C1-n – *Jozef Nellenslaan 156* – ✆ *050 62 55 51*
– *www.binnenhof.be* – *Gesloten 5 tot 15 december*

Atlanta

TRADITIONEEL · GEZELLIG Betrouwbaar adres voor een gezinsvakantie aan het strand. Moderne gemeenschappelijke ruimten, prettige kamers (op de eerste verdieping allemaal met balkon) en ontbijt tot een laat tijdstip. 's Middags (kleine kaart) en 's avonds (één enkel menu) kunnen de hotelgasten genieten van de klassieke keuken.

TRADITIONNEL · COSY Parfait pour un séjour balnéaire en famille. Communs modernes, chambres avenantes (avec balcon pour celles du 1er étage) et petit-déjeuner jusqu'à une heure tardive. Au restaurant, choix classique adapté aux attentes de la clientèle résidente (carte réduite le midi et menu unique le soir).

33 kamers ☕ – ♦100/110 € ♦♦120/140 € – ½ P

Plattegrond: C1-k – *Jozef Nellenslaan 162* – ✆ *050 60 55 00*
– *www.atlantaknokke.be* – *Gesloten 2 tot 22 februari*

Happinesst

FAMILIAAL · EIGENTIJDS Is het moderne interieur wat te wit voor u? Geen probleem, want met de led-lampjes kunt u uw kamer de kleur geven die u wilt. Hebt u nog vragen? Dan kunt u terecht bij de ervaren uitbaters, die weten hoe je gasten in de watten legt.

FAMILIAL · CONTEMPORAIN Si vous trouvez l'intérieur moderne trop blanc, ne vous inquiétez pas, car des lampes LED vous permettront de choisir la couleur de votre chambre. Vous avez d'autres questions ? N'hésitez pas à vous adresser aux propriétaires expérimentés, qui savent comment choyer leurs hôtes.

7 kamers ☕ – ♦105/120 € ♦♦120/160 €

Plattegrond: C1-j – *Elisabethlaan 185* – ✆ *050 73 38 37*
– *www.happinesst.be*

 Een goede tip: neem een lunchmenu, vaak erg scherp geprijsd.

VLAANDEREN · FLANDRE

Het Zoute

⊪○ Bistro L'Échiquier

MARKTKEUKEN · BRASSERIE ✕✕ In deze moderne luxebistro krijgt u alle pionnen in handen om te smullen voor een aantrekkelijke prijs. De gepassioneerde chef werkt met topleveranciers en staat op de versheid van zijn producten. Hij is genereus, zowel qua portionering als smaken, en bereidt gerechten die niet te ingewikkeld maar vooral lekker zijn.

CUISINE DU MARCHÉ · BRASSERIE ✕✕ Dans ce bistrot de luxe moderne, on vous offre tous les éléments pour bien manger à un prix attractif. Le chef est un passionné qui travaille avec d'excellents fournisseurs, et qui ne transige pas sur la fraîcheur des produits. Il est généreux, autant en portions qu'en goûts, et prépare de très bons plats sans artifices inutiles.

Lunch 21 € – Menu 42 € – Carte 50/99 €

Plattegrond: D1-y – Elizabetlaan 6 – 𝒞 050 60 88 82 – www.bistro-lechiquier.be
– Gesloten maandagavond behalve schoolvakanties, dinsdag en woensdag

⊪○ Le Bistro de la Mer

VIS EN ZEEVRUCHTEN · KNUS ✕ De zwarte façade van deze bistro heeft iets mysterieus, en dat wordt binnen doorgetrokken. Het donkere interieur creëert een intieme ambiance waarin het gezellig tafelen is. Op het bord geen poespas, maar Frans/Belgische lekkernijen met hun typische rijke smaken.

POISSONS ET FRUITS DE MER · COSY ✕ La façade noire de ce bistro a quelque chose de mystérieux... une atmosphère particulière que l'on retrouve à l'intérieur. Dans l'assiette, pas de chichis, mais des spécialités franco-belges généreuses et savoureuses.

Lunch 40 € 𝟳 – Carte 48/78 €

Plattegrond: F2-a – Oosthoekplein 2 – 𝒞 050 62 86 98 – www.lebistrodelamer.be
– Gesloten eind december-begin januari, eind juni-begin juli, dinsdag en woensdag

🏨 Manoir du Dragon

GROTE LUXE · PERSOONLIJK CACHET Chic en romantisch landhuis tussen het groen, naast een golfterrein. Kamers en suites met veel glamour, allen voorzien van balkon of terras. Royaal ontbijtbuffet en gedistingeerd onthaal.

GRAND LUXE · PERSONNALISÉ Atmosphère romantique, accueil distingué et théâtre de verdure pour ce manoir huppé contigu à un golf. Chambres et suites "glamour", toutes dotées d'un balcon ou d'une terrasse. Fastueux buffet matinal.

10 kamers ⌖ – 🛏285/345 € 🛏🛏285/345 € – 6 suites

Plattegrond: D2-w – Albertlaan 73 – 𝒞 050 63 05 80 – www.manoirdudragon.be
– Gesloten 12 november-22 december

🏨 Lebeau

LANDHUIS · ROMANTISCH Bij Lebeau geniet u zowel van de rust van de natuur als de nabijheid van Knokke. Het interieur is gezellig en heeft iets romantisch, het is gewoonweg zeer aangenaam. Ook de artisanale producten bij het ontbijt zullen in de smaak vallen, net als de exclusieve sigaren, champagnes en wijnen die u hier kunt degusteren.

MAISON DE CAMPAGNE · ROMANTIQUE Chez Lebeau, on profite autant du calme de la nature que de la proximité de Knokke. L'intérieur est cosy, avec quelque chose de romantique : un endroit bien agréable pour passer la nuit. Produits artisanaux au petit-déjeuner ; champagnes et vins exclusifs, ainsi qu'une sélection de cigares pour les amateurs.

26 kamers ⌖ – 🛏120/180 € 🛏🛏185/250 €

Plattegrond: E1-c – Zoutelaan 175 – 𝒞 050 61 16 14 – www.lebeauhotelzoute.be

🏨 Lugano

TRADITIONEEL · KLASSIEK Lugano is al sinds 1939 een begrip in het hart van Het Zoute. De locatie vlak bij het strand en de knusse kamers die men bereikt via smalle gangen zijn uiteraard het roemen waard, maar dé troef is het overdekte terras. U kunt er heel het jaar door de sfeer van de chique badstad opsnuiven, uiteraard met een lekker drankje.

TRADITIONNEL · CLASSIQUE Lugano est presque un monument au cœur du Zoute, et ceci depuis 1939 ! Une situation proche de la plage, des chambres douillettes qu'on rejoint par de petits couloirs, mais surtout une grande terrasse couverte... l'ensemble mérite bien des éloges. De janvier à décembre, on profite de l'ambiance de cette ville balnéaire huppée, un bon verre de rosé à la main.

23 kamers – ♦140/165 € ♦♦140/240 € – ⌂ 20 €

Plattegrond: D1-s – *Villapad 14* – ✆ *050 63 05 30* – *www.hotellugano.be* – *Gesloten 8 januari-24 februari*

 ## Villa Verdi

LANDHUIS · GEZELLIG Het voelt als thuiskomen, logeren in deze karaktervolle cottage. U wordt ontvangen door een charmante gastvrouw en geniet van een cosy sfeertje en een uitstekende locatie, vlak bij de zee en het centrum.

MAISON DE CAMPAGNE · COSY On se sent chez soi dans ce cottage de caractère, où l'on est accueilli par une charmante maîtresse de maison, dans une ambiance délicieusement cosy. Idéalement situé près de la mer et du centre.

8 kamers ⌂ – ♦120/140 € ♦♦150/180 €

Plattegrond: D1-y – *Elizabetlaan 8* – ✆ *050 62 35 72* – *www.hotelvillaverdi.be*

Heist - ✉ 8301

❀❀ **Bartholomeus** (Bart Desmidt)

MODERNE KEUKEN · ELEGANT XXX Tussen de winkeltjes en restaurants aan de dijk van Knokke-Heist springt opeens de zwarte uitbouw van Bartholomeus in het oog. De stijlvolle aanblik wordt binnen bevestigd: de elegantie van het restaurant is subtiel, moderne kunstwerken geven het cachet. Men voelt zich er meteen thuis dankzij de attente bediening van de gastvrouw en haar team. Zelfs chef Bart Desmidt komt er af en toe langs de tafels. Men heeft hier plezier in het verblijden van gasten, dat voel je.

Bart Desmidt is een chef die weet wat hij wil en dat ook uitvoert. Hij houdt vast aan zijn klassieke basis, maar ontwikkelde met zijn creativiteit een eigen stijl. Enkele topingrediënten op het bord volstaan. Een tartare van Wagyu-rund combineert hij bijvoorbeeld met Gillardeau-oester en een poeder van limoen, en dat alles in een krokant gesuikerd omhulsel. Lekker, tot u alles samen proeft. Wauw! De samenspelende smaken laten uw smaakpapillen tintelen van plezier.

Chef Desmidt weet de generositeit van delicate smaken boven te halen. De kwaliteit van de smaakassociaties blijkt ook uit de heerlijke wijnsuggesties. Associeer Bartholmeus dus gerust met een smaakervaring van de bovenste plank!

→ Langoustines met rabarber, selderij en groene peper. Zeeduivel met courgette, artisjok en salie. Babelutte 'aan zee'.

CUISINE MODERNE · ÉLÉGANT XXX Entre les boutiques et les restaurants de la digue à Knokke-Heist, on remarque immédiatement la devanture noire de Batholomeus. L'impression d'élégance qui s'en dégage se confirme à l'intérieur : une décoration subtile, accentuée par des œuvres modernes. Le service attentif de la maîtresse de maison et de son équipe vous met d'emblée à l'aise. Même le chef Bart Desmidt se promène parfois lui-même en salle. Le plaisir de réjouir ses hôtes est évident.

Bart Desmidt sait ce qu'il veut et il a les moyens de ses ambitions. Il tient à ses fondements classiques, mais développe son propre style grâce à sa créativité. Quelques ingrédients de grande qualité suffisent dans l'assiette. Il associe par exemple, un tartare de bœuf wagyu à une huître Gillardeau et une poudre de citron, le tout dans une enveloppe sucrée croquante, qui forment un ensemble exquis ! Un jeu de saveurs qui réjouira votre palais.

Le chef Desmidt parvient à sublimer la générosité de saveurs délicates. La qualité des associations de saveurs se retrouve également dans les suggestions de vins. Faites confiance à Bartholomeus pour vous faire vivre une expérience de dégustation de haut vol !

Lunch 55 € – Menu 90/155 € – Carte 128/271 €

Plattegrond: A1-e – *Zeedijk 267* – ✆ *050 51 75 76* – *www.restaurantbartholomeus.be* – *Gesloten kerstvakantie, krokusvakantie, twee weken in juli, twee weken in september, herfstvakantie, dinsdag, woensdag, donderdag en na 20.30 u.*

ⅠⅠ◯ Bristol ⟨ AC ⍫

MARKTKEUKEN · BRASSERIE XX Chique brasserie die in 1927 begon als hotel. De kaart heeft twee kanten: suggesties van het moment en standaardgerechten van de Belgische kust. Licht interieur in neoretrostijl.

CUISINE DU MARCHÉ · BRASSERIE XX Brasserie sélecte dont l'origine remonte à 1927 : c'était alors un hôtel. Carte à deux volets : suggestions du moment et standards de la côte belge. Cadre néo-rétro bien clair.

Lunch 30 € – Carte 54/95 €

Plattegrond: A1-2-a – *Zeedijk 291* – ☎ *050 51 21 12*
– www.brasseriebristol.be
– Gesloten maandagavond en dinsdagavond behalve schoolvakanties, vrijdagmiddag, woensdag en donderdag

🏠 Residentie De Laurier ☆ ⬍ AC

LUXE · HEDENDAAGS Romantisch, barok, Afrikaans, … Elke kamer heeft een andere sfeer, maar goed comfort en ruimte zijn overal aanwezig. Met de zee vlakbij en een kitchenette in elke kamer is deze familiezaak ideaal voor een langer verblijf aan de kust. Ga zeker ook eens aan tafel bij De Waterlijn, voor lekkere creatieve gerechten met mediterrane invloeden.

LUXE · CONTEMPORAIN Romantique, baroque, africain : chaque chambre, confortable et spacieuse, distille une atmosphère personnelle. La mer est toute proche, et chaque chambre dispose d'une kitchenette. Les mets au Waterlijn sont créatifs et parsemés de touches méditerranéennes. Cet hôtel familial est un établissement idéal pour ceux qui désirent s'attarder sur la côte.

15 kamers – 🛏105/150 € 🛏🛏105/150 € – 🍽 20 €

Plattegrond: A2-d – *Vlamingstraat 45* – ☎ *050 51 10 51*
– www.laulierknokke.be

Duinbergen – ✉ 8301

❀ Sel Gris (Frederik Deceuninck) ⟨ AC

CREATIEF · ELEGANT XXX Sober en modern restaurant aan de zeedijk, waar een jonge chef-kok pure en verfijnde gerechten bereidt. Bepaald exquise producten worden subtiel in verschillende bereidingen verwerkt. Mooi menu Essentie en Smaken.

→ Terrine van ganzenlever met gekaramelliseerde appeltjes. Gepocheerde tarbot met groene kruiden, spinazie en jus van oester en champagne. Makaron met rood fruit.

CUISINE CRÉATIVE · ÉLÉGANT XXX En front de mer, un refuge gourmand sobre et moderne, où un jeune chef pratique une cuisine à la fois épurée et sophistiquée. Certaines recettes présentent plusieurs variations délicates autour d'un même produit d'excellence. Beau menu "Essence et Saveurs".

Lunch 42 € – Menu 72/102 € – Carte 120/160 €

Plattegrond: B1-a – *Zeedijk 314* – ☎ *050 51 49 37*
– www.restaurantselgris.be
– Gesloten 7 tot 17 januari, 18 maart-4 april, 17 tot 27 juni, 7 tot 24 oktober, woensdag en donderdag

KOKSIJDE

West-Vlaanderen – ✉ 8670 – Atlas n° **2**-A2

☺ De Huifkar AC

TRADITIONELE KEUKEN · VINTAGE X Het homarium aan de inkom van dit modern/vintage restaurant maakt meteen duidelijk wat de specialiteit van De Huifkar is (de bereiding met citroenboter is top!). Vis is hier uiteraard koning, maar ook vleeseters komen aan hun trekken, en dan zeker tijdens het wildseizoen. Genereus, smaakvol, … Wat is de traditionele keuken toch lekker!

CUISINE TRADITIONNELLE • **VINTAGE** ✗ Le homarium à l'entrée de ce restaurant rétro-moderne affiche clairement sa spécialité (ne manquez pas la version au beurre citronné). Le menu du marché est une valeur sûre, qui plaira tant aux amateurs de poissons qu'aux carnivores (notamment en période de chasse). Généreux, savoureux, frais... les plaisirs de la cuisine traditionnelle.

Lunch 20 € – Menu 30/37 € – Carte 43/76 €

Koninklijke Baan 142 – ☎ 058 51 16 68

– www.dehuifkar.be

– Gesloten 21 januari-12 februari, 13 tot 24 mei, 7 tot 18 oktober, zondagavond van november tot april, woensdag en donderdag

🍴 **Mondieu** 🅝   ← 🏡 🎝 ⇆ 🅿

MARKTKEUKEN • **ELEGANT** ✗✗ Mijn god, wat is het terras met zicht op de polders prachtig! Het pure, lumineuze interieur van dit voormalige klooster bekoort evenzeer. Het is een ongedwongen plek waar de ervaren Ian Wittevrongel zich amuseert. Hij werkt enkel à la carte en toont zijn vakkennis met straffe smaken. Geen poespas, maar (top)product!

CUISINE DU MARCHÉ • **ÉLÉGANT** ✗✗ Mon dieu, que la terrasse avec vue sur les polders est délicieuse ! L'intérieur lumineux de cet ancien cloître est très séduisant. Restaurant décontracté où Ian Wittevrongel s'amuse en laissant parler son expérience. Il travaille uniquement à la carte et montre son savoir-faire avec des saveurs puissantes. Pas de chichis, mais des produits de qualité !

Carte 48/108 €

Ten Bogaerdelaan 10 – ☎ 058 62 00 00

– www.mondieu.eu – Gesloten 2 weken in februari, eind augustus-begin september, 3 weken december, maandagavond, dinsdagavond, woensdag en donderdag

🍴 **De Kelle**   🏡 🎝

VIS EN ZEEVRUCHTEN • **ELEGANT** ✗✗ Leuk restaurant met een weelderige patio, waar de chef-kok zijn kruiden plukt. Als kind van de streek legt hij het accent natuurlijk op de zee, maar groenten worden niet vergeten.

POISSONS ET FRUITS DE MER • **ÉLÉGANT** ✗✗ Resto sympa doté d'un joli patio inondé de verdure, où le chef cueille herbes et condiments. Et digne enfant du pays, il favorise naturellement la marée, mais aussi les légumes.

Lunch 34 € – Menu 40/75 € – Carte 63/92 €

Zeelaan 265 – ☎ 058 51 18 55

– www.dekelle.be

– Gesloten eerste week januari, laatste week juni-eerste week juli, zondagavond, maandagavond en dinsdag

🍴 **Nils** 🅝   ← 🏡 ⊡ 🎝

MODERNE KEUKEN • **FAMILIAAL** ✗✗ Nils is alles wat je van een modern restaurant verwacht. Het interieur is er puur, de gastvrouw charmant en de chef een man met talent. Zijn aanpak is creatief en dat vertaalt zich naar bewerkte gerechten. Het spel der texturen is interessant en versterkt de diverse smaaknuances. Een overnachting in hotel Carnac is een leuke afsluiter.

CUISINE MODERNE • **FAMILIAL** ✗✗ Nils a tous les atouts d'un restaurant moderne. Intérieur sobre, service charmant et chef talentueux. Sa cuisine est créative et recherchée. Le beau jeu de textures souligne les nuances de saveurs variées. Une nuit à l'hôtel Carnac complètera agréablement l'expérience.

Lunch 30 € – Menu 49/64 € – Carte 58/95 €

12 kamers ⌂ – 🛏90/110 € 🛏🛏90/125 €

Koninklijke Baan 62 – ☎ 058 51 27 63

– www.carnac-nils.be – Gesloten zondag en maandag

🍴 Willem Hiele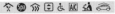

MODERNE KEUKEN · RUSTIEK XX Willem Hiele heeft zijn ouderlijk (vissers)huis omgevormd tot een prachtzaak. De open haard en houten balken aan het lage plafond versterken de romantische sfeer, hier komt men thuis. Vuur, natuur en lokale producten zijn vitaal in de keuken van Hiele. Hij creëert een geweldige smaakdiversiteit, heerlijk verrassend!

CUISINE MODERNE · RUSTIQUE XX Willem Hiele a transformé la demeure parentale (une maison de pêcheurs) en un magnifique établissement. La cheminée et les poutres en bois au plafond créent une ambiance romantique, si bien que l'on se sent à la maison. Le feu, la nature et les produits locaux sont aussi présents dans la cuisine de Hiele, qui varie les goûts et nous surprend souvent !

Menu 58/95 € – een enkel surprise menu

Pylyserlaan 138 – 𝒞 058 59 62 21 (reserveren noodzakelijk)
– www.willemhiele.be – Gesloten 3 weken in februari, 2 weken in juni, 2 weken in oktober, zondagavond, maandag, dinsdag, woensdag en na 20.30 u.

🏨 Casino

LUXE · DESIGN Als u in Casino verblijft, zal het u aan niets ontbreken. Dit centrale hotel is geschoeid op de leest van de moderne veeleisende gast (beschikt ook over familiekamers), die wanneer het weer te wensen over laat het strand inruilt voor de wellness (te reserveren). In Mozart geniet u van een symfonie van marktproducten waarin vis vaak een solo verzorgt.

LUXE · DESIGN Tapis ! Si vous logez dans ce Casino, ne misez pas sur l'absence de confort... Rien n'y manque (quelques chambres familiales) et, si le soleil joue à la roulette russe, vous pourrez échanger la plage contre l'espace bien-être (sur réservation). Au Mozart, une symphonie de produits du marché vous attend – parmi lesquels le poisson chante de beaux solos.

40 kamers ⌷ – †90/200 € ††90/200 €
Maurice Blieckstraat 4 – 𝒞 058 51 41 51
– www.casinohotel.be – Gesloten 8 januari-8 februari

🏠 Apostroff

FAMILIAAL · KLASSIEK Apostroff denkt aan iedereen: volwassenen vermaken zich in de lounge met biljart, de kinderen kunnen zich uitleven op de tafelspelen in de kelder. Ligweide, ontbijtterras, mooi zwembad met glazen overkapping en tuin.

FAMILIAL · CLASSIQUE Bâtisse moderne et son extension vitrée abritant un lounge avec snooker. Grandes chambres, fitness, spa, belle piscine à verrière et jardin.

47 kamers ⌷ – †85/145 € ††90/169 €
Lejeunelaan 38 – 𝒞 058 52 06 09
– www.apostroff.be

KONINGSHOOIKT
Antwerpen – ✉ 2500 – Lier – Atlas n° **7**-B3

🏠 Domus Silva

LANDHUIS · GEZELLIG "Lierke Plezierke" laat zich maar al te graag ontdekken vanuit deze voormalige boerderij: overdag geniet u van de sfeer in de stad, 's avonds trekt u zich terug op uw ruime kamer, midden in de rust van het platteland.

MAISON DE CAMPAGNE · COSY Depuis cette ancienne ferme transformée en maison d'hôtes, vous pourrez explorer la sympathique ville de Lierre et revenir profiter, le soir, de la tranquillité de la campagne. Spacieuses chambres.

3 kamers ⌷ – †105/125 € ††120/140 €
Bossen 16 – 𝒞 0479 37 98 32
– www.domussilva.be – Gesloten 1 tot 15 september

Antwerpen – ⊠ 2550 – Atlas n° **4**-B3

‖○ **Bistro Vintage**   🍴 AC ⌘ **P**

MODERNE KEUKEN • MINIMALISTISCH ✗✗ Vintage boerenbuiten, wat is dat? Een landelijk gelegen boerderij renoveren tot een blitse zaak met een clean interieur. Maar ook: de klassieke keuken pimpen met originaliteit, spannende smaken creë-ren, strak dresseren en een selectie gerijpt rundsvlees aanbieden die de moeite waard is … Een bistro vol nuances.

CUISINE MODERNE • **ÉPURÉ** ✗✗ Ce bistrot "rétro-rustique" prend ses aises dans une ferme rurale, rénovée avec juste ce qu'il faut d'originalité... Un décor en cohé-rence totale avec l'assiette: on y découvre des plats classiques débordant de saveurs et élégamment présentés, et l'on profite d'une belle sélection de charcu-teries. Délicieuses nuances !

Lunch 32 € – Menu 45/68 € – Carte 64/95 €

Rijkerooistraat 14 – 𝒞 03 337 09 43 – www.bistrovintage.be
– Gesloten 23 december-4 januari, zaterdagmiddag en maandag

NIET TE MISSEN! *LES BONS PLANS!*

Damier, de oudste herberg van België, waar men vandaag in stijl kan overnachten. Brasserie César, voor zijn lekkere mosselen. Va et Vient, vanwege zijn verrassende combinaties en een aangenaam terras aan de Leie.

Damier, la plus vieille auberge de Belgique, un endroit qui a du style !
Brasserie César, pour ses bonnes moules. Va et Vient, où l'on profite autant de combinaisons surprenantes que de l'agréable terrasse au bord de la Lys.

KORTRIJK

West-Vlaanderen – ⊠ 8500 – Atlas n° **2**-C3

Restaurants

ⵏⵔ Oud Walle ⛺

MARKTKEUKEN · ELEGANT XxX Oud Walle is een pareltje! De marmeren trap, het mooie parket, de elegante inkleding: dit is een herenhuis met karakter. De chef brengt een moderne keuken, bij voorkeur met het beste van de streek en het seizoen.

CUISINE DU MARCHÉ · ÉLÉGANT XxX Oud Walle est une petite perle ! Le chef propose une cuisine moderne privilégiant les meilleurs produits de la région, au plus près des saisons. Quant au cadre de cette maison de maître, il ne manque pas de caractère: escalier de marbre, joli parquet, décoration élégante...

Lunch 41 € – Menu 54/69 € – Carte 69/98 €

Plattegrond: A2-b – *Koning Albertstraat 4 – 𝒞 056 22 65 53 – www.oudwalle.be – Gesloten 9 tot 13 januari, 14 tot 31 juli, zaterdagmiddag, woensdag en zondag*

ⵏⵔ St. Christophe ⛺ 🅐🅒 🍽 ⟷

FRANS CREATIEF · ELEGANT XxX Een herenhuis in de ware zin van het woord: klassieke inrichting, hoge plafonds, zachte donkerbruine tinten ... verbluffend mooi! De chef hecht veel aandacht aan de kwaliteit van de producten en brengt ze op smaak in actuele bereidingen. Een tip: het keuzemenu is zeer interessant.

CUISINE FRANÇAISE CRÉATIVE · ÉLÉGANT XxX Cette maison de maître a vraiment tout pour plaire : décor classique, hauts plafonds, tons bruns pastel... Magnifique ! Le chef accorde une attention particulière à la qualité des produits, et compose une savoureuse cuisine moderne qui ne laisse pas indifférent.

Lunch 34 € – Menu 37/120 € – Carte 58/171 €

Plattegrond: B2-m – *Minister Tacklaan 5 – 𝒞 056 20 03 37 – www.stchristophe.be – Gesloten 2 weken in augustus, dinsdagavond, zondagavond en maandag*

ⵏⵔ Messeyne ⛺ 🅐🅒 ⟷ 🅿

CREATIEF · LUXE Xx Kortrijkzanen kennen dit intiem restaurant maar al te goed, en komen er graag tot rust op het terras in de achterliggende stadstuin. Al komen ze vooral genieten van de smakelijke versie van de hedendaagse Franse keuken die er zonder pretentie wordt bereid.

KORTRIJK

CUISINE CRÉATIVE · LUXE XX Les Courtraisiens connaissent bien ce restaurant intimiste, et viennent se détendre à la terrasse dans le parc jardin attenant. Ils viennent profiter d'une cuisine française au goût du jour, savoureuse et sans prétention.
Lunch 38 € – Menu 55 € – Carte 47/154 €

Plattegrond: B1-t – *Hotel Messeyne, Groeningestraat 17* – ℰ *056 21 21 66*
– *www.messeyne.com* – *Gesloten 21 december-1 januari, 3 tot 18 augustus,*
zaterdag en zondag

⅞◯ **A.ROMA** ◐ 🛋 🍽 ♿

ITALIAANS · TRENDY X Deze zuiderse enclave achter de Grote Markt is een gezellige plek om even weg te dromen. Het prachtige binnenterras versterkt dat vakantiegevoel, net als de heerlijke aroma's die uit de keuken komen. De autodidactische chef heeft een passie voor de pure Italiaanse keuken en bereidt typische gerechten met gevoel.

CUISINE ITALIENNE · TENDANCE X Cette enclave méridionale à l'arrière de la Grand Place est le lieu idéal pour s'évader. La jolie terrasse intérieure accentue cet esprit de vacances, tout comme les arômes délicieux qui s'échappent de la cuisine. Le chef autodidacte est passionné de cuisine italienne authentique et concocte une cuisine traditionnelle avec doigté.
Lunch 18 € – Carte 37/56 €

Plattegrond: B1-a – *Kapittelstraat 7* – ℰ *0470 20 64 91* – *www.a-roma.be* – *alleen lunch* – *Gesloten zondag en maandag*

ⅈ○ Brasserie César   🌤 A/C

TRADITIONELE KEUKEN · BRASSERIE ✗ Trek het rode gordijn dat voor de deur hangt open en ontdek deze moderne brasserie, die verleidt met zijn ontspannen ambiance. Het terras met zicht op het Belfort is een troef, net als de goed-geluimde bediening. En de typische brasseriekost die wordt geserveerd? Daar kunnen we kort over zijn: gewoonweg zeer lekker!

CUISINE TRADITIONNELLE · BRASSERIE ✗ Tirez le rideau rouge pour pénétrer dans cette brasserie moderne, qui séduit par son ambiance décontractée. La terrasse tournée vers le beffroi et le service cordial sont autant d'atouts. Quant à la cuisine typique de brasserie, elle se résume en un mot : délicieuse !

Lunch 20 € – Carte 49/78 €

Plattegrond: B2-f – *Grote Markt 2* – ☏ *056 22 22 60* – *www.cesarkortrijk.be* – *Gesloten 21 juli-15 augustus, dinsdagavond en zondag*

ⅈ○ Taste and Colours Ⓝ   🌤 ✍

MODERNE KEUKEN · MINIMALISTISCH ✗ Kunstwerken geven dit smaakvol inge-richte restaurant kleur, het terras aan de moestuin is top. Maar het is de volledig open keuken die de aandacht trekt. Chef Decock kookt voor u, en doet dat met soms onbekende groenten en kruiden. Hij zet ze voorop in gerechten die zeer puur zijn. Zijn creativiteit is goed gekruid, daar valt niet over te twisten.

CUISINE MODERNE · ÉPURÉ ✗ Restaurant au joli décor coloré par des œuvres d'art, avec une superbe terrasse au jardin. Mais c'est la cuisine entièrement ouverte qui joue les vedettes. Le chef Decock y est à l'œuvre, avec quelques légumes et herbes aromatiques méconnus, qu'il met en valeur dans une cuisine toute en pureté et avec une belle créativité.

Menu 64/75 € – een enkel menu

Plattegrond: B2-c – *Groeningelaan 22* – ☏ *056 40 40 40 (reserveren noodzakelijk)* – *www.tasteandcolours.com* – *alleen diner behalve eerste vrijdag van de maand* – *Gesloten 11 tot 21 maart, 22 juli-1 augustus, zondag, maandag en na 20 u.*

ⅈ○ Va et Vient   🕸 🌤 🔄

MARKTKEUKEN · EIGENTIJDS ✗ De ruwe muren, het open plafond, de sobere inkleding, het aangenaam stadsterras ... Va et Vient is op en top urban. De chef laat de natuurlijke smaken primeren, verrast soms met zijn combinaties, maar weet het samenspel van ingrediënten keer op keer te laten harmoniëren. Bij het gaan denkt u vast en zeker: hier kom ik terug.

CUISINE DU MARCHÉ · BRANCHÉ ✗ Murs bruts, plafond ouvert, décor sobre, ter-rasse agréable... Le cadre est résolument urbain. Le chef laisse parler le naturel des produits qu'il utilise, avec quelques combinaisons surprenantes mais toujours harmonieuses. De quoi nous donner envie d'y revenir.

Lunch 35 € – Menu 55/75 € – een enkel menu

Plattegrond: B1-h – *Handboogstraat 20* – ☏ *056 20 45 17* – *www.vaetvient.be* – *Gesloten kerstvakantie, zaterdagmiddag, zondag en maandag*

Hotels

🏨 Damier   🍳 🖃 ♿ A/C 🔄 🛋 🅿

HISTORISCH · KLASSIEK Achter de fraaie rococogevel van Damier huist een his-torisch pand dat sinds 1398 een rijke geschiedenis heeft verzameld. Dat voelt u ook, zowel in de klassieke kamers (met zicht op het belfort) als in de moderne kamers aan de zijkant. Het eigentijdse restaurant en cocktailbar Sprezza zijn dan weer ideaal om lekker te eten en te drinken.

HISTORIQUE · CLASSIQUE Bâtiment de caractère chargé d'histoire (1398) à la façade rococo. On le ressent aussi dans les chambres classiques (avec vue sur le beffroi) ainsi que dans les chambres modernes sur le côté. Le restaurant moderne et le bar à cocktails Sprezza sont idéals pour passer un bon moment.

65 kamers 🖴 – 🛏105/125 € 🛏🛏120/180 € – 1 suite

Plattegrond: A2-g – *Grote Markt 41* – ☏ *056 22 15 47* – *www.hoteldamier.be* – *Gesloten 24 december-1 januari en 21 juli-7 augustus*

Messeyne

LUXE · ELEGANT Dit sfeervolle hotel is gevestigd in een met zorg gerenoveerde patriciërswoning, oude draaitrap (voor de durvers!) incluis. De kamers zijn modern met authentieke elementen, zoals het zichtbare dakgebinte, en voor een langer verblijf zijn er studio's. Liefhebbers van sigaren en whisky moeten de art-decobar zeker opzoeken.

LUXE · ÉLÉGANT Cet hôtel animé est logé dans une ancienne demeure patricienne rénovée, avec son ancien escalier en colimaçon (pour les plus audacieux !). Les chambres, modernes, se parent d'éléments historiques, comme les poutres apparentes, et quelques studios sont disponibles pour les longs séjours. Joli bar Art déco pour les amateurs de cigares et de la whisky.

29 kamers ☑ – ♥125/250 € ♥♥140/350 € – 3 suites

Plattegrond: B1-t – *Groeningestraat 17 – 𝒞 056 21 21 66*
– www.messeyne.com – Gesloten 21 december-1 januari en 3 tot 18 augustus
Messeyne – Zie restaurantselectie

🏠 Dharma

FAMILIAAL · ELEGANT Dharma is een oosters religieus concept, in het gelijknamige Kortrijkse B&B vindt u deze esoterische sfeer een beetje terug. Op de kamers hangt een vleugje mysterieus exotisme, de rest van het B&B straalt de deftigheid uit van een herenhuis.

FAMILIAL · ÉLÉGANT Dharma... Ce concept central des religions orientales convoque avec lui mystère, exotisme, ésotérisme, etc. Autant d'images incarnées dans ce B&B : une ancienne maison de maître où le syncrétisme se fait élégance et ambiance infiniment feutrée.

3 kamers – ♥80/105 € ♥♥105/115 € – ☑ 15 €

Plattegrond: B1-f – *Groeningestraat 18 – 𝒞 0477 28 50 74*
– www.bedandbreakfast-dharma.be

KRAAINEM

Vlaams-Brabant – ✉ 1950 – Atlas n° **6**-B2

Zie plattegrond Brussel

🍴 Maxime Colin

FRANS CREATIEF · ROMANTISCH ✕✕ Eten bij chef Colin, dat begint met het kader te bewonderen: het restaurant is genesteld in de tuinen van kasteel Jourdain, is romantisch ingericht en heeft een mooi terras naast de vijver. Vervolgens laat hij u genieten van zijn moderne kookstijl, waarin goede producten in verschillende vormen en texturen samenspelen.

CUISINE FRANÇAISE CRÉATIVE · ROMANTIQUE ✕✕ Chez le chef Colin, avant de dîner, on admire le cadre. Installé dans les jardins du château Jourdain, le restaurant offre un intérieur romantique et dispose d'une belle terrasse près de l'étang. Quant à la cuisine, moderne, elle agrémente de bons produits et variant les formes et les textures.

Lunch 40 € – Menu 62/98 € – een enkel menu

Plattegrond: 4J3-c – *Pastoorkesweg 1 – 𝒞 02 720 63 46*
– www.maximecolin.be – Gesloten 5 tot
10 maart, 28 juli-12 augustus, 29 oktober-3 november, zondag en maandag

---

 De grote steden hebben plattegronden waarop hotels en restaurants gesitueerd zijn. Gebruik hun coördinaten (vb : Plattegrond: 12BMe) om ze makkelijk te vinden.

273

KRUIBEKE

Oost-Vlaanderen – ✉ 9150 – Atlas n° **3**-D1

⊩○ **De Ceder** ⃰⃰ 🛏 🅰️ 🍽 ♿ 🅿️

MODERNE KEUKEN · ELEGANT XxX De Ceder is al ruim 40 jaar een vaste waarde. Frederick en Katrijn zorgden ervoor dat het helemaal mee is met zijn tijd, dat geldt zowel voor het decor als de kaart. De chef laat de seizoenen bepalen wat op uw bord komt en laat die topproducten tot hun recht komen met minutieuze bereidingen. De wijnkaart is een pareltje!

CUISINE MODERNE · ÉLÉGANT XxX Voilà plus de 40 ans que De Ceder est une valeur sûre. Frederick et Katrijn en ont fait un établissement bien dans l'air du temps, tant au niveau du décor que de la carte. Les saisons dictent au chef la composition de la carte ; les produits sont de bonne qualité et les préparations sont minutieuses. Enfin, la carte des vins est un vrai petit bijou !

Lunch 33 € – Menu 42/74 € – Carte 57/81 €

B&B Ceder 10, Molenstraat 1 – ☎ 03 774 30 52 – www.restaurantdeceder.be
– Gesloten 1 tot 10 januari, 7 tot 16 april, 20 juli-12 augustus, 28 oktober-5 november, zaterdagmiddag, zondag en maandag

🏠 **Ceder 10** ♔ 🍽 🅿️

FAMILIAAL · DESIGN Logeren in een B&B die op en top modern is, 's ochtends smullen van verse streekproducten en later lekker eten in het aangrenzende moederhuis. Eens u van die ervaring hebt geproefd, zal dit ook van u een geliefd adresje worden.

FAMILIAL · DESIGN Loger dans un B&B tout à fait moderne, déguster de bons produits frais de la région au petit-déjeuner, se régaler ensuite dans la maison-mère voisine… Une fois que vous aurez goûté de cette expérience, cela deviendra sans doute votre adresse préférée.

5 kamers 🛏 – †100/125 € ††120/140 €

Molenstraat 1 – ☎ 03 774 30 52 – www.restaurantdeceder.be – Gesloten zondag en maandag

De Ceder – Zie restaurantselectie

KRUISHOUTEM

Oost-Vlaanderen – ✉ 9770 – Kruisem – Atlas n° **3**-A3

✿✿✿ **Hof van Cleve** (Peter Goossens) ⃰⃰ ⟨ 🛏 🍽 ♿ 🅿️

CREATIEF · GEZELLIG XxX Een bezoek aan Hof van Cleve is een totaalbelevenis. U bereikt de fermette van Peter en Lieve Goossens na een ritje langs de mooie Vlaamse Ardennen. Zodra u toekomt, ervaart u dat luxe hem in de details zit. De kunstwerken aan de muren en de elegante service tonen de klasse van dit restaurant. En alsof het nog niet genoeg is, overdondert chef Goossens u meteen met delicieuze hapjes. De manier waarop hij absolute topproducten sublimeert, wekt emoties op die men enkel bij de wereldtop kan ervaren.

De technische beheersing van Peter Goossens is indrukwekkend. Hij is een klassieke chef, maar voegt probleemloos innovatieve technieken toe aan zijn keuken. Neem nu de gegrilde tarbot, een klassieker van het huis. De kwaliteit van dit product is uitzonderlijk, de manier waarop garnituren als gesauteerde artisjokken en spinazie het versterken is indrukwekkend. En dan die fluweelzachte puree van bouillabaisse, waarvan de finesse de perfectie benadert … Een moment van puur genot! Hof van Cleve, dat al sinds 2005 wordt onderscheiden met drie Michelin sterren, is terecht een reisbestemming voor foodies!

→ Oosterscheldekreeft met daslook, bloemkool en Oud Brugge kaas. Melkkalf uit Lozère met doperwtjes, spitskool en morieljes. Mariguette-aardbei met rabarber, mascarpone en gezouten citroen.

CUISINE CRÉATIVE · CONVIVIAL XxX Une visite au Hof van Cleve constitue une expérience totale. C'est après une petite traversée des jolies Ardennes flamandes que l'on arrive à la fermette de Peter et Lieve Goossens. Dès l'arrivée, le luxe est présent jusque dans les moindres détails. Les œuvres d'art aux murs et l'élégance du service dénotent la classe de ce restaurant. Et si cela ne suffisait pas, le chef

Goossens vous éblouira par ses délicieux amuse-gueules. Sa capacité à sublimer des produits exceptionnels éveille des émotions uniques, dont seuls les plus grands sont capables.

La maîtrise technique de Peter Goossens est impressionnante. Il prône une cuisine classique, mais il y ajoute des nouvelles techniques qui coulent de source. Prenez le turbot grillé, un classique de la maison, d'une qualité exceptionnelle, intensifié magnifiquement par des accompagnements tels que des épinards et artichauts sautés. Ou cette purée veloutée de bouillabaisse dont la finesse frise la perfection... Un moment de pur bonheur ! Distingué par trois étoiles Michelin depuis 2005, Hof van Cleve est la destination par excellence de tous les gastronomes.

Lunch 265 € 🍷 – Menu 365 € 🍷/435 € – Carte 225/400 €

Riemegemstraat 1 (vlak bij N 459, autosnelweg E 17, afrit 6) – ☏ 09 383 58 48 – www.hofvancleve.com – Gesloten eind december-begin januari, eerste week april, laatste week juli- eerste 2 weken augustus, eerste week november, dinsdagmiddag, zondag, maandag en na 20.00 u.

🍽️ Vinto

FRANS CREATIEF · EIGENTIJDS 𝕏 Rauw maar toch verfijnd. Puur. Modern. Zo kan je het best de keuken van Vinto omschrijven. De chef gaat niet te ver in zijn creativiteit en laat zich leiden door sterke smaken. Dat u bij het hoofdgerecht uw side dishes kunt kiezen, is een leuke plus. En wat dan gezegd van de uitzonderlijke wijnen ...

CUISINE FRANÇAISE CRÉATIVE · BRANCHÉ 𝕏 Brut, mais en même temps raffiné. Pur et moderne à la fois. Voilà ce qui décrit bien la cuisine de Vinto. Guidé par quelques goûts dominants, le chef sait contenir sa créativité. On apprécie beaucoup les « side dishes » qui accompagnent les plats, ainsi que les vins, remarquablement choisis.

Lunch 29 € – Menu 41/75 € – Carte 51/73 €

Hoogstraat 7 – ☏ 09 222 95 35 (reserveren aanbevolen) – www.vin-to.be – Gesloten 23 tot 30 april, 23 juli-6 augustus, 29 oktober-5 november, 24 december-7 januari, zondag en maandag

🏚️ Lozerkasteel

HISTORISCH PAND · TRADITIONEEL Het is in de bijgebouwen van het kasteel dat u dit knappe B&B vindt. Authentieke elementen, klassieke inspiraties en modern comfort worden er mooi verweven. En dat allemaal met een prachtig zicht op het park en de vijver.

DEMEURE HISTORIQUE · TRADITIONNEL Ce B&B est installé dans les dépendances du château de Lozer. Décoration d'époque et confort moderne y sont joliment combinés ; on profite aussi d'une magnifique vue sur le parc et sur l'étang.

4 kamers – 🛏140 € 🛏🛏140/190 € – ⌂ 18 € – 2 suites

Kasteelstraat 36 – ☏ 09 383 50 27 – www.lozerkasteel.be

LAARNE

Oost-Vlaanderen – ✉ 9270 – Atlas n° **3**-C2

🏚️ 't Groene Genoegen

FAMILIAAL · PLATTELANDS Familiale, knusse B&B in een landelijke omgeving met kamers in charmante cottage stijl. Aangelegde tuin en sauna in de kelder die individueel te huren is.

FAMILIAL · À LA CAMPAGNE Véritable havre de verdure, cette maison d'hôtes familiale propose des chambres reposantes. Grand jardin, sauna et espace de relaxation.

4 kamers ⌂ – 🛏77/85 € 🛏🛏99/110 €

Termstraat 43 – ☏ 09 366 66 16 – www.groenegenoegen.be

LANKLAAR
Limburg – ⊠ 3650 – Dilsen-Stokkem – Atlas n° **5**-C2

⊩○ Hostellerie La Feuille d'Or ⟋ 🐌 🛋 🏠 🚲 🍽 ♻ 🅿

FRANS MODERN · KNUS XX Eten smaakt nog zo lekker als het gepaard gaat met een saus van romantiek. Hiervoor bent u in deze herberg, verstopt in het bos, aan het goede adres. De keuken van chef Jan Martens heeft geen fraaie verpakking nodig om te kunnen overtuigen: wie zijn nieuwe Franse keuken proeft, beseft al snel dat deze man kan koken!

CUISINE FRANÇAISE MODERNE · COSY XX Envie d'un repas savoureux teinté de romantisme ? Vous êtes à la bonne adresse ! Dans cette auberge au milieu des bois, le talentueux chef, Jan Martens, réalise une nouvelle cuisine française, savoureuse et raffinée... Chambres agréables pour compléter ce séjour au calme.

Menu 38/78 € – Carte 60/74 €

6 kamers ⊒ – 🛉90 € 🛉🛉130 €

Hoeveweg 145 (West: 7 km via N 75) – ☎ 089 65 97 12
– *www.lafeuilledor.be* – *alleen diner behalve zondag* – *Gesloten eerste 2 weken van januari, bouwverlof, maandag en dinsdag*

LAUWE
West-Vlaanderen – ⊠ 8930 – Menen – Atlas n° **2**-C3

⊩○ Culinair ⟋ 🏠 🛋 🆀 ♻ 🅿

CREATIEF · ELEGANT XXX Het elegante interieur en de charmante ontvangst laten het al raden: hier wacht u een stijlvolle culinaire ervaring. Dankzij een tv-scherm krijgt u er te zien hoe de chefs moderne technieken toepassen om klassieke bereidingen persoonlijkheid te geven. De wil om de gast te plezieren, vindt men ook in het op-en-top moderne B&B Culinair.

CUISINE CRÉATIVE · ÉLÉGANT XXX L'intérieur élégant et l'accueil charmant laissent supposer une expérience culinaire soignée. Un écran permet d'observer le chef à l'œuvre avec ses techniques modernes pour apporter sa touche personnelle à une cuisine classique. On retrouve la même envie de choyer ses hôtes dans le B&B moderne Culinair.

Lunch 42 € – Menu 63/95 € – Carte 70/84 €

3 kamers – 🛉135/155 € 🛉🛉145/165 € – ⊒ 15 € – ½ P

B&B Culinair, Dronckaertstraat 508 – ☎ 056 42 67 33
– *www.restaurantculinair.be* – *Gesloten 2 tot 10 januari, 10 tot 18 april, 21 augustus-5 september, zaterdagmiddag, zondagavond, maandag en dinsdag*

LEDE
Oost-Vlaanderen – ⊠ 9340 – Atlas n° **3**-C2

⊛ Het Verschil 🏠 🆀 ♻ 🅿

MODERNE KEUKEN · GEZELLIG XX Het Verschil maakt het verschil met de constante kwaliteit die ze bieden. Generositeit en zijn originele knipoog typeren de gerechten van chef Peter. Hij bewerkt ze graag, maar kent ook zijn klassiekers – de americain is top! Dit hedendaags ingerichte burgemeestershuis, met leuk terras, is een huis van vertrouwen!

CUISINE MODERNE · CONVIVIAL XX La qualité d'Het Verschil fait la différence : récemment installés à Lede, où cuisine de bourgmestre a été décorée dans un style contemporain, et assortie de quelques touches vintage, vous dînerez de classiques. Peter Maertens, le chef, a de la personnalité et prouve qu'il connaît son métier. Une maison de confiance !

Lunch 24 € – Menu 37 € – Carte 36/77 €

Hoogstraat 34 – ☎ 0474 98 16 98
– *www.hetverschil.com* – *Gesloten 22 december-2 januari, 1 week Pasen, 1 tot 15 augustus, zaterdagmiddag, woensdag en zondag*

LEEST

Antwerpen – ⊠ 2811 – Mechelen – Atlas n° **4**-A3

🍴 't Witte Goud   🏡 🏵

MARKTKEUKEN • INTIEM ✕✕ Asperges en hoppescheuten zijn het witte goud waar Bruno Iwens o zo graag mee werkt, maar zijn repertoire is uiteraard ruimer dan dat. De seizoenen bepalen wat op uw bord komt, de chef zorgt ervoor dat de eigentijdse bereidingen finesse hebben. Het vernieuwde interieur, lekker strak en helder, is zeer geslaagd!

CUISINE DU MARCHÉ • INTIME ✕✕ 't Witte Goud, littéralement "l'or blanc", ce sont les asperges et les jets de houblon que Bruno Iwens aime préparer... même si son répertoire ne se limite pas à cela. Les saisons dictent le choix des produits, et le chef en tire des préparations fines et contemporaines. Le tout dans un intérieur renouvelé, clair et moderne, bref : très réussi.

Menu 38/88 € ⧡ – Carte 54/76 €

Dorpstraat 5 – ☏ 015 63 62 75 – www.twittegoud.be – Gesloten zaterdagmiddag, maandag en na 20.30 u.

LEMBEEK

Vlaams-Brabant – ⊠ 1502 – Halle – Atlas n° **6**-B3

🍴 In De Molen 🅝   🏡 🅿

TRADITIONELE KEUKEN • BRASSERIE ✕ Verwacht in deze populaire zaak geen luxe, maar ambiance en lekker eten. De patron werkt graag met streekproducten en maakt er een erezaak van alles in huis te bereiden. Het resultaat liegt er niet om: de brasseriegerechten zijn hier om van te smullen. En wat dan gezegd van de (Franse) wijnkaart: impressionant!

CUISINE TRADITIONNELLE • BRASSERIE ✕ Ce n'est pas pour le luxe que l'on vient dans ce restaurant populaire, mais bien pour l'ambiance et les saveurs. Le patron aime travailler les produits de la région et met un point d'honneur à ce que toutes les préparations soient faites maison. Le résultat ? Une savoureuse cuisine de brasserie. Et que dire de la carte des vins (français) : impressionnante !

Lunch 18 € – Carte 30/65 €

Edingensesteenweg 888 – ☏ 02 355 77 69 – www.indemolenlembeek.be – Gesloten zaterdagmiddag en maandag

LEMBEKE

Oost-Vlaanderen – ⊠ 9971 – Kaprijke – Atlas n° **3**-B1

🍴 Hostellerie Ter Heide

KLASSIEKE KEUKEN • ELEGANT ✕✕ Het interieur is licht en sfeervol, het terras aan de tuin is prachtig! De chef bereidt de klassieke keuken op zijn manier – met fond! – en wilt niets anders dan kwaliteitsproducten. Blijf gerust overnachten, in alle comfort en o zo rustig.

CUISINE CLASSIQUE • ÉLÉGANT ✕✕ Cadre raffiné, ambiance chaleureuse, superbe terrasse côté jardin... Une belle entrée en matière ! Le chef propose une cuisine classique à sa façon : beaucoup de savoir-faire et une intransigeance absolue sur la qualité des produits. Chambres confortables, dans une atmosphère propice au repos... Plaisir sur toute la ligne.

Lunch 34 € – Menu 49/62 € – Carte 52/66 €

9 kamers – ♦89/119 € ♦♦89/119 € – ☲ 20 € – ½ P

Tragelstraat 2 – ☏ 09 377 19 23 – www.ter-heide.be – Gesloten zondagavond en maandag

277

NIET TE MISSEN! *LES BONS PLANS!*

Cum Laude, in het mooie Groot Begijnhof, voor zijn heerlijk terras. Bistro Tribunal, waar prachtige stukken kwaliteitsvlees in de koelvitrine liggen. Muntstraat, de place to be om gezellig te eten en te drinken.

Cum Laude, situé au cœur du Grand Béguinage, pour sa superbe terrasse. Bistro Tribunal, pour ses belles pièces de viande exposées en vitrine. L'animé Munstraat, pour manger et boire dans une ambiance conviviale.

LEUVEN · LOUVAIN

Vlaams-Brabant – ✉ 3000 – 99 288 inw. – Atlas n° **6**-C2

Restaurants

⁣ⁿ **EED** Ⓝ (Philippe Heylen)   ⊛ 🛋 🄰🄲 ⤢ ⇆

MODERNE KEUKEN · TRENDY XX De ambitieuze Philippe Heylen zweert bij huis-bereidingen. Zijn keuken draait om een paar goedgekozen producten, waarvan de uiteenlopende smaken elkaar heerlijk aanvullen. Alles klopt. Geen poespas, maar herkenbare smaken die verbazen en intrigeren. In dit strakke, cosy restaurant bent u getuige van jeugdig enthousiasme van de bovenste plank!

→ Ceviche van zeebaars met carpaccio van koolrabi, basilicumolie en bouillon van tomaat. Parelhoen met courgette, boterboontjes, cantharellen en saus met vin jaune. Dessert met aardbeien, bloesems en kruiden.

CUISINE MODERNE · TENDANCE XX L'ambitieux Philippe Heylen est fier de ses préparations maison. Sa cuisine bien huilée est élaborée autour de quelques pro-duits soigneusement choisis, où les saveurs diverses se complètent délicieusement. Pas de chichis, mais des saveurs caractéristiques surprenantes et intrigantes. Dans ce restaurant cosy et élégant, vous découvrirez l'enthousiasme de la jeunesse.

Lunch 30 € – Menu 49/63 € – Carte 74/112 €

Plattegrond: C2-c – *Vaartstraat 14 – ✆ 016 19 06 14 – www.eedleuven.be – Gesloten zaterdagmiddag, zondag en maandag*

🍴○ **d'Artagnan**   🛋 ⴳ 🄰🄲 ⤢ ⇆ 🅿

KLASSIEKE KEUKEN · ELEGANT XxX De levensgenieter in u komt hier aan zijn trekken. Hij zal de stijlvolle omgeving en persoonlijke aanpak appreciëren, net als het achterliggend terras. En dan zeker de klassieke kaart en het creatieve menu, die zorgvuldig en met oog voor smaak worden bereid. De privé-parking, enkel op afspraak, is een extra troef.

CUISINE CLASSIQUE · ÉLÉGANT XxX L'épicurien qui sommeille en vous sera ravi. Il appréciera l'environnement élégant et l'offre personnalisée, tout comme la ter-rasse à l'arrière. Sans parler de la carte classique et du menu créatif, aussi soignés que savoureux. Parking privé uniquement sur réservation.

Lunch 38 € – Menu 50 € – Carte 66/84 €

Plattegrond: B2-c – *Naamsestraat 72 – ✆ 016 29 26 26 – www.restaurantdartagnan.be – Gesloten 23 december-3 januari, 21 juli-15 augustus, zaterdagmiddag, zondag en maandag*

🍴 Cum Laude 🛏 & ⚁ ❄ ⊞ **P**

MODERNE KEUKEN · RUSTIEK XX Dit voormalige hospitaal van het Groot Begijn-hof is met veel stijl ingericht, en geldt eveneens als een populaire locatie voor seminaries. Het restaurant verdient zijn naam: de rijke smaken, de mooie heden-daagse gerechten ... Zeer geslaagd!

CUISINE MODERNE · RUSTIQUE XX Cet ancien hôpital du Grand Béguinage, souvent prisé pour les séminaires, a reçu une belle cure de jouvence. Le res-taurant fait honneur à la mention honorifique qu'indique son nom : les saveurs sont riches, les préparations sont au goût du jour ... Une belle réus-site !

Lunch 37 € – Menu 55 € – Carte 63/99 €

Plattegrond: B3-b – *Groot Begijnhof 14* – ☎ *016 32 95 00*
– *www.facultyclub.be* – *Gesloten 20 juli-16 augustus, zaterdag, zondag en feestdagen*

🍴 Taste 🛏 & ⚁ ❄ ⊞

FRANS CREATIEF · EIGENTIJDS XX Taste wil een ervaring aanbieden, dat begint met het mooie kader en de attente bediening. Details maken hier het verschil. De afgemeten keuken van chef TASTEnhoye balanceert tussen klassiek en crea-tief, en laat smaken soms verrassend goed samengaan. De side dishes – om van te snoepen! – geven een royaal gevoel.

CUISINE FRANÇAISE CRÉATIVE · BRANCHÉ XX Taste, c'est d'abord une expé-rience. Dans un cadre superbe, Bart TASTEnhoye laisse aller son inspiration entre classicisme et modernité, et ose des associations de goûts aussi déroutan-tes que réjouissante. La générosité, accentuée par des plats d'accompagnements, est au rendez-vous : on passe un excellent moment.

Lunch 27 € – Menu 75/95 € – een enkel menu

Plattegrond: C2-k – *Naamsestraat 62* – ☎ *0499 27 74 06 (reserveren noodzakelijk)*
– *www.leuventaste.be* – *Gesloten 7 tot 21 januari, 15 tot 17 april, 10 tot 19 Juni, 26 augustus-9 September, eind december, woensdagmiddag, zaterdagmiddag, zondag en maandag*

🍴 Zarza 🛏 🅰🅲 ⚁

BELGISCH · EIGENTIJDS XX Zarza is mooi en eigentijds, de leuke stadstuin is een absolute troef. De inzet van Belgische producten heeft als doel de smaken zo puur mogelijk te houden. Dat staat verrassing niet in de weg, want de chef kookt creatief en heeft steeds aandacht voor raffinement.

CUISINE BELGE · BRANCHÉ XX Zarza est un joli restaurant contemporain, avec un superbe jardin de ville. La cuisine cherche à conserver toutes les saveurs des produits belges. Un pari réussi pour ce chef, qui allie créativité et raffine-ment.

Menu 35/65 € – Carte 48/69 €

Plattegrond: D2-x – *Bondgenotenlaan 92* – ☎ *016 20 50 05*
– *www.zarza.be* – *Gesloten feestdagen, zondag en na 20.30 u.*

🍴 Bistro Tribunal 🛏

VLEES · BISTRO X Rechters van de aanpalende rechtbank komen graag over de vloer in deze bistro. Hun verdict is unaniem positief, want het kwaliteitsvlees in de koelvitrine en de kreeft in het homarium pleiten voor zichzelf. Ze schitteren in een eerlijke productkeuken boordevol smaak.

VIANDES · BISTRO X Les juges du tribunal voisin fréquentent volontiers ce bis-trot. Leur verdict est unanimement positif, et pour cause : impossible de remettre en cause la qualité de la viande de la vitrine réfrigérée et du homard dans l'homa-rium ! Une cuisine à base de bons produits, qui déborde de saveurs.

Lunch 25 € – Carte 41/92 €

Plattegrond: C2-f – *Vaartstraat 9* – ☎ *016 89 66 55*
– *www.bistrotribunal.be* – *Gesloten feestdagen, maandagmiddag, zaterdag en zondag*

LEUVEN

0 ___ 300 m

BRUXELLES/BRUSSEL
VLAANDEREN · FLANDRE

MECHELEN

CESARB

Ludenscheids

Oude Rondelaan
Rondelaan
Mechelsevest
Den Boschsingel
Oude Mechelsevest

Te Torost
Biddersstraat
Fonteinstraat
Penitentienenstraat
Pereboomstraat

KLEIN BEGIJNH

Biestraat
Galgebergstraat
's-Hertogenlaan
Ten Wijngaard
Den Boschsingel
Wijnpersstraat

Brusselsesteenweg

Mechelsevest
Noormannen
Prediklerenstraat

Brouwersstraat
Donkerstraat
Biddersstraat

Brusselsestraat
Ijse
Brouwersstraat

Singel
Remyvest
Kaboutermansstraat
Goudsbloemstr.

Brusselsestraat
Dirk
Amerikalaan

Monseigneur Van Weyenberghlaan
Monseigneur Van Waeyenberghlaan
St.-Jacobspl.

Tweekleinewegenstraat
Heiestraat
Remes
Edouard
Groefstraat
Tervuursestraat
Kruidtuin
Kapucijnenvoer

a •
Sint-Irma
Universiteit

Tervuursesteenweg
Heiestraat
R23
Tervuursevest
Voorzorgstraat
Bankstraat
Heilige-Geeststraat

gehof
Refu
Minderbroedersstraat
Parijsstraat
Jansenlusstraat

Ran

Groeveldstraat
Bankstraat
Hollestraat
Tervuursevest
Arthur De Greefstr.
Kapucijnenvoer
Janseniusstraat

Van Dalecolle

Adolphe Bastinstr.
Rein.Vandervaerenlaan
Voetviaduct

Ijzerenmolenstraat
Tervuursevest
Redingenstraat
Volmolenlaan
Zwarte Zusterssstr.

Groot Begijnhof

b •

Boudewijnlaan
Ijzerenmolenstraat

Katholieke Universiteit Leuven

Groot Begijnhof
Schapenstraat

Koning
Tervuursevest

Celestijnenlaan
Steengroevenlaan
Kardinaal Mercierlaan
Naamsesteenweg
Erasm

NAMUR

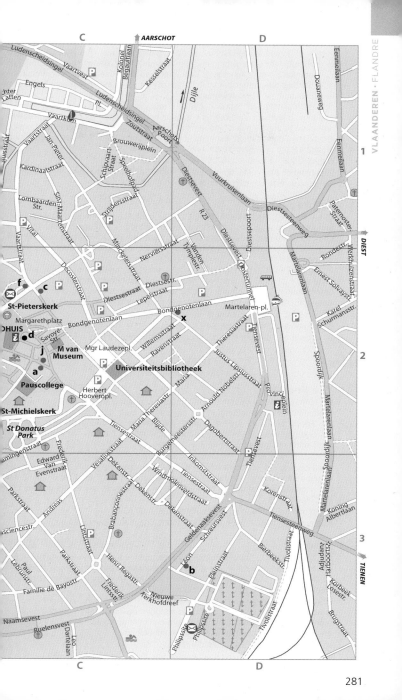

VLAANDEREN · FLANDRE

⅋⃝ **Convento**

MARKTKEUKEN · WIJNBAR ✗ Wijn, daar draait het hier om. Dat wordt ook meteen duidelijk: u komt binnen in de wijnwinkel en passeert rekken vol flessen op weg naar de gezellige bistro. Daar is uiteraard veel aandacht voor de combinatie van het glas en het bord. De toegankelijke marktkeuken smaakt hier eens te lekkerder met een goed wijntje.

CUISINE DU MARCHÉ · BAR À VIN ✗ Ici, tout est une affaire de vin. On le constate immédiatement en pénétrant dans la boutique et en longeant les étagères parées de bouteilles avant d'arriver dans ce bistro agréable. Une grande attention est portée à l'association des mets et des vins. Une cuisine de marché accessible, rendue encore plus savoureuse avec un bon verre.

Lunch 26 € – Menu 40/57 € – Carte 40/67 €

Plattegrond: B1-g – *Mechelsestraat 87* – ✆ *016 41 30 53 (reserveren aanbevolen) – www.convento.be – Gesloten zondag en maandag*

⅋⃝ **Trente**

CREATIEF · HEDENDAAGSE SFEER ✗ Deze contemporaine zaak, in een voetgangersstraat waar het wemelt van de eettentjes, is een gastronomische ontdekking: de frisse keuken interpreteert bekende ingrediënten op een fijnzinnige manier, en wordt bijgestaan door wijnen en bieren die voor een mooie harmonie zorgen.

CUISINE CRÉATIVE · CONTEMPORAIN ✗ Parmi tous les restaurants qui jalonnent cette rue piétonne, celui-ci vous séduira tout particulièrement, d'abord par son décor, contemporain, ensuite – et surtout – par sa cuisine, qui réinterprète les classiques de manière subtile, et propose de beaux accords mets et vins/bières.

Lunch 28 € – Menu 55/80 € – een enkel menu

Plattegrond: C2-a – *Muntstraat 36* – ✆ *016 20 30 30 – www.trente.be – Gesloten 24 december-4 januari, feestdagen, zaterdagmiddag, zondag en maandag*

Hotels

🏚 **The Fourth**

HISTORISCH PAND · ELEGANT Dit imposant gebouw in het hart van de stad heeft een rijke historie achter zich, dat ziet en voelt u, en het zorgt ervoor dat The Fourth heel wat uitstraling heeft. Eens binnen ontdekt u snel dat luxe hier de rode draad is, ook in de prachtige brasserie. Het modern comfort waar men in dit hotel van geniet, is gewoonweg fantastisch.

DEMEURE HISTORIQUE · ÉLÉGANT On ressent immédiatement toute la richesse historique de cet imposant bâtiment installé au cœur de la ville... The Fourth ne manque pas d'allure. Une fois la porte franchie, vous découvrez qu'ici le luxe est une seconde nature, que la brasserie est magnifique, et le confort un souci de tous les instants.

42 kamers – 🛏100/490 € 🛏🛏100/490 € – 🍽 20 €

Plattegrond: C2-d – *Grote Markt 5* – ✆ *016 22 75 54 – www.tafelrond.com*

🏚 **Klooster**

LUXE · GEZELLIG Laat u verleiden door de subtiele harmonie van deze sfeervolle accommodatie: designinterieur in een oud klooster, waarvan sommige gedeelten uit de 17de en 18de eeuw dateren. Er is ook een moderne nieuwbouw die een mooi contrast vormt met de historische panden.

LUXE · COSY Laissez-vous séduire par cet hôtel "reclus" dans un ancien couvent remontant aux 17e et 18e s. Ici, cependant, point de décoration monacale, mais un cadre bel et bien design, avec une extension contemporaine. Un conseil : préférez les chambres avec cheminée... Une belle adresse.

103 kamers – 🛏94/305 € 🛏🛏104/325 € – 🍽 21 €

Plattegrond: B2-a – *Onze-Lieve-Vrouwstraat 18 (via Minderbroedersstraat) – ✆ 016 21 31 41 – www.martinshotels.com*

LICHTAART

Antwerpen – ✉ 2460 – Kasterlee – Atlas n° **4**-C2

✿ **De Pastorie** (Carl Wens)   ⇦ 🏠 🚲 ⊡ 🕭 ⅋ ⇆ 🅿

MODERNE KEUKEN · LUXE XxxX Dit klassiek pand (17de eeuw) is prachtig: het interieur is warm en stijlvol, maar dé eyecatcher is het terras in de tuin. Een genot! De chef combineert klassieke en zeer bewerkte handelingen met precisie, laat volle smaken nuanceren en creëert telkens een rijke smaakervaring. In de kamers kunt u rustig nagenieten.

→ King krab met gel van snijboontjes en dressing van knolgroenten. Zuiglam met asperges en ratatouille. Semifreddo van hazelnootjes, krokantje van cacao en schuim met vanille.

CUISINE MODERNE · LUXE XxxX Cette demeure classique (17e s.) est tout bonnement magnifique : son intérieur élégant, son accueillante terrasse dans le jardin... Irrésistible ! Le chef combine le classicisme et la créativité, joue joliment des nuances de goûts et crée à chaque fois une belle expérience gustative. Quelques chambres sont à disposition pour prolonger le voyage culinaire.

Menu 47/93 € – Carte 91/108 €

4 kamers – �100120 € ♐♐125 € – ⌷ 18 €

Plaats 2 – ☎ 014 55 77 86

– www.restaurantdepastorie.be – Gesloten 26 december-7 januari, paasvakantie, laatste 2 weken van augustus, zondagavond, maandag, dinsdag en na 20.30 u.

LICHTERVELDE

West-Vlaanderen – ✉ 8810 – Atlas n° **2**-C2

⑩ **De Bietemolen** ⓝ   ≼ 🏠 AC ⅋ 🅿

MODERNE KEUKEN · ELEGANT XX Dit klassieke landhuis is mooi gemoderniseerd, zonder te raken aan de eigenheid van het gebouw. De omringende tuin is gewoonweg prachtig! Een jonge equipe brengt vandaag schwung in deze zaak. De keuken is al even frivool: met wereldse invloeden, een interessante opbouw van de gerechten en goed gedoseerde smaken.

CUISINE MODERNE · ÉLÉGANT XX Maison de campagne joliment modernisée et conservant le caractère du bâtiment, entourée d'un beau jardin. Une jeune équipe anime ce restaurant avec brio. Cuisine un tantinet frivole, avec des influences internationales, une belle présentation des assiettes et un excellent dosage de saveurs.

Lunch 24 € – Menu 40/47 € – Carte 55/67 €

Hogelaanstraat 3 (richting Rudderroorde : 3 km) – ☎ 050 21 38 34

– www.debietemolen.be – Gesloten 26 januari-5 februari, 23 juli-8 augustus, zondagavond, maandag, dinsdag en na 20.30 u.

⑩ **Goline** ⓝ   🏠 AC 🅿

MARKTKEUKEN · GEZELLIG X Tiago en Céline doen alles met hun tweetjes in dit intiem huiskamerrestaurant. Hij houdt de kaart bewust beknopt om kwaliteit te kunnen bieden. En dat doet hij, door Portugese invloeden subtiel te verwerken in eigentijdse gerechten. Het zorgt voor interessante interpretaties van gekende smaken. Het keuzemenu is top!

CUISINE DU MARCHÉ · CONVIVIAL X Tiago et Céline tirent toutes les ficelles à eux deux dans ce restaurant intime. La carte est volontairement limitée, gage de qualité. Il introduit subtilement des influences portugaises dans une cuisine contemporaine qui interprète habilement des saveurs familières. Ne manquez pas la formule au choix !

Lunch 22 € – Menu 37 € – Carte 40/63 €

Zwevezelestraat 16 – ☎ 0497 08 68 64 (reserveren aanbevolen) – www.goline.be

– Gesloten maandagavond, donderdagavond, dinsdag en woensdag

LIEFERINGE

Oost-Vlaanderen – ✉ 9400 – Ninove – Atlas n° **03D**-C3

🍴 't Sleutelgat

FRANS CREATIEF · GEZELLIG XX U komt toe aan een landelijk gelegen restaurant, betreedt het gezellig interieur en wordt met veel naturel ontvangen door de gast-vrouw. En dan komt het beste: de klassiek geschoolde chef is geëvolueerd en brengt vernieuwing in zijn gerechten. Zijn keuken is vandaag modern, met fond.

CUISINE FRANÇAISE CRÉATIVE · CONVIVIAL XX Bienvenue dans ce restaurant campagnard, où vous serez accueilli avec le sourire par la patronne, dans un décor convivial. Le meilleur arrive bientôt : le chef, que l'on connaissait plus clas-sique, a fait évoluer sa cuisine et se montre inventif dans ses préparations. En route pour la modernité !

Lunch 33 € – Menu 43/79 € – Carte 70/90 €

Kasseide 78 – ℰ 054 56 63 09 – www.restaurant-sleutelgat.be – alleen lunch behalve vrijdag en zaterdag – Gesloten 24 december-1 januari, krokusvakantie, zondag, maandag en na 20.30 u.

LIER

Antwerpen – ✉ 2500 – Atlas n° **4**-B3

🍴 Numerus Clausus

MARKTKEUKEN · ROMANTISCH XX Heerlijk adresje waar een verzorgde en intieme sfeer hangt, die romantische koppels niet zou mogen teleurstellen. Hier kunt u in alle rust de creaties ontdekken van een chef die de lat hoog legt. Hij gebruikt de beste producten om voor een smaakfestijn te zorgen, dat bewijst het marktmenu.

CUISINE DU MARCHÉ · ROMANTIQUE XX Délicieuse adresse où règne une ambiance intime et distinguée, qui devrait plaire aux couples romantiques. On y découvre les créations d'un chef qui place la barre haut. Seuls les meilleurs pro-duits ont le droit d'entrer dans la cuisine, le menu du marché vous permettra de le vérifier.

Menu 38 € – Carte 53/81 €

Keldermansstraat 2 – ℰ 03 480 51 62 (reserveren) – www.numerusclausus.be – Gesloten 17 tot 21 juni, 2 tot 8 september, 4 tot 10 november, zaterdagmiddag, zondag en maandag

🍴 Petit Cuistot

MODERNE KEUKEN · KNUS XX Een lekker gerecht en een goed glas wijn, daar-voor moet u deze cosy wijnbistro (met leuk terras) bezoeken. De cuistot mijdt onnodige behandelingen en zorgt ervoor dat de groentegarnituren een meer-waarde zijn. Pure eenvoud, dat smaakt!

CUISINE MODERNE · COSY XX Pour un délicieux repas et un bon verre de vin, venez donc découvrir ce bistrot avec sa jolie terrasse. Le cuistot évite la sophisti-cation inutile et soigne particulièrement les accompagnements de légumes. Une savoureuse simplicité !

Lunch 35 € – Menu 40/68 €

Antwerpsestraat 146 – ℰ 03 488 46 56 – www.petitcuistot.be – alleen diner behalve donderdag en vrijdag – Gesloten zondag en maandag

🍴 Salto

MARKTKEUKEN · BISTRO X Deze hippe stadsbistro neemt geen omwegen om zijn gasten te plezieren. De chef geeft zijn eigen twist aan klassieke recepten, zonder overdrijven, maar met zijn gekende gevoel voor smaak. De kaart is klein, maar o zo leuk.

CUISINE DU MARCHÉ · BISTRO X Ce bistrot urbain branché se met en quatre pour le client, et le fait bien. Le chef propose une relecture intéressante – et très personnelle ! – des recettes classiques, avec une certaine aisance pour créer du goût. La carte est petite, mais très attrayante.

Carte 38/64 €

Rechtestraat 18 – ℰ 03 480 30 88 – www.saltolier.be – Gesloten woensdagmiddag, zaterdagmiddag, zondag en maandag

LINKEBEEK

Vlaams-Brabant – ✉ 1630 – Atlas n° **11**-B2

 Noï 🏡 🍽 🛆

THAIS · EXOTISCHE SFEER ✗ In deze voormalige schrijnwerkerij heeft hout plaats gemaakt voor een typisch Aziatische sfeer, en een exotisch terras. De keuken? Bij momenten lekker pikant! Maar wees gerust, de menukaart waarschuwt welke gerechten uw papillen verhitten. Dé aanrader is de formule met de traditionele soep koutiow.

CUISINE THAÏLANDAISE · EXOTIQUE ✗ Dans cette ancienne menuiserie, le ciseau à bois a fait place à une ambiance typiquement asiatique ! La cuisine, pleine de parfums, sait aussi jouer la carte des épices – mais rassurez-vous, sur le menu, des avertissements signalent les plats les plus pimentés. Formule "koutiow" (soupe traditionnelle) à ne pas rater !

Carte 35/44 €

Gemeenteplein 6 – ☏ 02 380 68 60 – www.noi.be – alleen diner in juli en augustus – Gesloten eind december-begin januari, maandagmiddag, dinsdagmiddag, zaterdagmiddag en zondag

LISSEWEGE

West-Vlaanderen – ✉ 8380 – Brugge – Atlas n° **2**-C1

🍴○ **Hof Ter Doest** ⇦ 🦆 ⇇ 🏡 🏠 ⅙ 🛆 **P**

GRILLGERECHTEN · TRADITIONEEL ✗✗ Een 17de-eeuwse kloosterboerderij en een 13de-eeuwse schuur vormen de fraaie setting van dit landelijke grillrestaurant. De familie Dendooven laat u er genieten van lekkers van het land (onder meer eigen runderen en hoenders) en uit de zee (oesters en kreeft uit het vivarium). De luxekamers maken uw ervaring compleet.

GRILLADES · TRADITIONNEL ✗✗ Une ferme monastique du 17e s. et sa grange dîmière du 13e s. : voici le joli cadre de ce grill campagnard tenu par la famille Dendooven. On y profite des bons produits de la terre (bœuf et poulet, notamment) et de la mer (huîtres et homards du vivier). De belles chambres luxueuses viennent compléter cette expérience.

Menu 45 € – Carte 30/77 €

6 kamers 🛌 – †110/130 € ††130/150 € – 2 suites

Ter Doeststraat 4 (Zuid: 2 km, bij de oude abdij) – ☏ 050 54 40 82 – www.terdoest.be – Gesloten laatste week juni, laatste week september en dinsdag

LOCHRISTI

Oost-Vlaanderen – ✉ 9080 – Atlas n° **3**-C2

❀ **D'Oude Pastorie** (Jan Audenaert) 🏡 🍽 **P**

MODERNE KEUKEN · ELEGANT ✗✗ Deze oude pastorij heeft een modern interieur gekregen, minimalistisch en elegant. Het terras is een prachtige plek. Het oog voor detail van chef Audenaert valt meteen op. Hij uit zijn creativiteit graag met groenten en natuurlijke smaken. De gerechten zijn licht en zeer bewerkt. Zijn zoektocht naar nieuwe smaakassociaties boeit telkens weer opnieuw.

→ Lijnmakreel met fijne ratatouille, violet-artisjok en kerrie. Kalfszwezerik met gebakken bloemkool, namekochampignon en dragonaardappeltjes. Bunyol van chocolade met gemarineerde ananas en hazelnoot.

CUISINE MODERNE · ÉLÉGANT ✗✗ Jolie métamorphose pour cet ancien presbytère, qui dévoile désormais un décor minimaliste et élégant, tout en fraîcheur, et une belle terrasse. Le chef Audenaert fait attention au moindre détail ; ses assiettes sont résolument créatives et révèlent des saveurs pures qui privilégient les légumes. Sa quête de nouvelles combinaisons de saveurs est toujours fascinante.

Lunch 35 € – Menu 68 € – Carte 74/88 €

Hijfte-Center 40 (in Hijfte, Noordwest: 3 km) – ☏ 09 360 84 38 – www.doudepastorie.com – Gesloten 24 december-3 januari, 8 tot 18 april, 7 tot 26 juli, zaterdagmiddag, woensdagavond, zondag, maandag en na 20.30 u.

VLAANDEREN · FLANDRE

🏠 ♿ **P**

🍴 **Fleur de Lys**

FRANS MODERN · CHIC XxX Het restaurant van de familie Leys is mooi open gebloeid. Het interieur heeft de elegantie van een chique brasserie, de keuken combineert de klassieke stijl van de vader, de vorige chef, met moderne inspiraties van zoon Xavier, die de teugels heeft overgenomen. Dat levert uitgesproken smaken op die verleidelijk en interessant zijn.

CUISINE FRANÇAISE MODERNE · CHIC XxX Le restaurant de la famille Leys continue de déployer ses ailes. L'intérieur possède l'élégance d'une brasserie chic ; la cuisine combine le style classique du père, l'ancien chef, et les inspirations plus modernes du fils, qui a repris les rênes des fourneaux. Il en résulte une ribambelle de goûts prononcés et séduisants.

Lunch 29 € – Menu 48 € – Carte 57/102 €

Dorp West 89 (N 70) – ✆ 09 355 86 20 – www.fleur-de-lys.be – Gesloten eerste week paasvakantie, laatste week van juli-eerste twee weken van augustus, zondagavond, maandag en dinsdag

LOKEREN

Oost-Vlaanderen – ✉ 9160 – Atlas n° **3**-C2

🍴 **Vos** 🅽

🏠

FRANS MODERN · TRENDY X Het is enigszins apart, een trendy restaurant installeren in het gebouw van een tennisclub. De broers Audenaert gingen de uitdaging aan en schrijven er een succesverhaal. U smult hier namelijk van gerechten die duidelijk de hand verraden van een jonge chef. Hij heeft een uitstekend smaakgevoel, is creatief en beheerst.

CUISINE FRANÇAISE MODERNE · TENDANCE X Un restaurant trendy assez singulier, installé dans le bâtiment d'un club de tennis. Les frères Audenaert ont relevé ce défi avec succès. Une cuisine succulente qui dénote la signature d'un jeune chef. Beaucoup de goût, de créativité et une grande maîtrise.

Lunch 30 € – Menu 42/62 € – Carte 50/61 €

Groenstraat 29 – ✆ 09 348 14 36 – www.restaurantvos.be – Gesloten 23 december-3 januari, 6 tot 12 maart, 10 tot 16 april, 24 juli-6 augustus, zaterdagmiddag, zondagavond, maandag en dinsdag

🏨 **Biznis**

🏸 📺 🆎 🐾 ♨ **P**

BUSINESS · HEDENDAAGS De nabijheid van snelweg E17 en de vergaderzalen zijn troeven die het "biznis"-cliënteel aanspreken, maar iedereen geniet toch vooral van de designkamers van dit trendy hotel. Een combinatie met een etentje in de brasserie of het restaurant, waar lekker klassiek wordt gekookt, mag u niet missen!

BUSINESS · CONTEMPORAIN La proximité de l'autoroute E17 et les salles de réunion plairont à la clientèle d'affaires, mais les chambres design de cet hôtel trendy raviront tout le monde. Ajoutez-y un repas à la brasserie ou au restaurant, où vous dégusterez une délicieuse cuisine classique... A ne pas manquer !

34 kamers 🛏 – 🛏110/170 € 🛏🛏135/195 € – 1 suite

Zelebaan 100 (E 17 afrit 12) – ✆ 09 326 85 00 – www.biznishotel.be – Gesloten 23 tot 29 december en 14 tot 28 juli

LOMMEL

Limburg – ✉ 3920 – Atlas n° **5**-B1

❀ **Cuchara** (Jan Tournier)

🏠 🆎 🐾 ♿

CREATIEF · EIGENTIJDS XX De smaakintensiteit van het product, daar draait het hier om. De creativiteit van de chef uit zich in krachtige, soms verrassende gerechten waarin de harmonie van smaken verbaast door zijn diversiteit. De chef hecht veel belang aan muziek en de natuur, dat merkt u aan het trendy interieur waarin bomen een opvallende rol spelen.

→ Structuren van zeebrasem en kaviaar. Gebakken eend met bosbiet. Bereiding van mikan, pomelo en pompoen.

CUISINE CRÉATIVE · BRANCHÉ ✕✕ Ici, le goût passe avant tout ! La créativité du chef transparaît dans des plats intenses, parfois même surprenants, qui font parler les produits dans une belle harmonie de saveurs. Le chef offre beaucoup d'attention à la musique et à la nature, vous le remarquerez au décor tendance où le bois joue un rôle remarquable.

Lunch 45 € – Menu 87/117 € – Carte 88/123 €

Lepelstraat 3 – ☏ 011 75 74 35 (reserveren noodzakelijk)
– www.cuchara.be
– Gesloten zaterdagmiddag, zondag en maandag

🍴○ **Cocotte**　　　　　　　　　　　　🔾 AC ✖ P

KLASSIEKE KEUKEN · TRENDY ✕✕ Authentieke elementen als glas-in-loodramen worden in dit loungy restaurant aangevuld met modern meubilair. Het interieur straalt warmte uit en oogt fraai. De chef gaat er resoluut de moderne, soms zelfs creatieve toer op: zijn keuken is bewerkt, de smaakverbindingen zijn elegant.

CUISINE CLASSIQUE · TENDANCE ✕✕ Des éléments authentiques – vitraux, par exemple – se combinent avec du mobilier moderne, dans ce restaurant résolument lounge. C'est un endroit chaleureux où le chef cuisine de manière moderne, parfois même créative.

Lunch 35 € – Menu 45/65 € – Carte 64/76 €

Koning Leopoldlaan 94 – ☏ 011 25 41 53
– www.restaurantcocotte.be
– Gesloten eerste week januari, dinsdagmiddag, zaterdagmiddag, zondag en maandag

LONDERZEEL
Vlaams-Brabant – ✉ 1840 – Atlas n° **6**-B2

🍴○ **'t Notenhof**　　　　　　　　🔾 & AC ⇧ P

TRADITIONELE KEUKEN · ELEGANT ✕✕ Bij 't Notenhof voelt men zich meteen op zijn gemak. Dat is deels te danken aan de mooie hof, maar vooral aan de vakkundige patron en de hartverwarmende keuken van mevrouw. Zij geeft haar eigen touch aan rijke, klassieke gerechten en komt wel eens origineel uit de hoek. De meerkeuzelunch is terecht zeer populair.

CUISINE TRADITIONNELLE · ÉLÉGANT ✕✕ 't Notenhof vous met directement à l'aise. C'est sans doute grâce au joli jardin, mais surtout au savoir-faire du patron et à la cuisine chaleureuse de madame. Elle donne sa touche personnelle à une cuisine riche et classique, qui ne manque pas d'originalité. Le menu du déjeuner est très prisé.

Lunch 34 € – Menu 52/67 € – Carte 51/82 €

Meerstraat 113 – ☏ 052 31 15 00
– www.notenhof.be
– Gesloten 16 juli-2 augustus, zaterdagmiddag, dinsdag en woensdag

🏠 **Den Berg**　　　　　　🏡 ⇦ 🌐 🐾 & ✖ 🧖 P

FAMILIAAL · ELEGANT Charmehotel dat hoge toppen scheert. De kamers zijn luxueus en worden gekenmerkt door klassieke vormen in een moderne uitvoering. Het comfort wordt doorgetrokken in de wellness (op afspraak), de vergaderzalen en het restaurant, met knap terras.

FAMILIAL · ÉLÉGANT Cet hôtel de charme frise l'excellence. Les chambres, luxueuses, mêlent habilement classicisme et modernité. Le confort est tout aussi présent dans l'espace bien-être (sur réservation), la salle de réunion et le restaurant, avec sa jolie terrasse.

30 kamers ⌂ – ♦135/155 € ♦♦155/175 €

Bergkapelstraat 98 – ☏ 052 31 53 30
– www.hoteldenberg.be

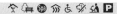

287

LO-RENINGE
West-Vlaanderen – ✉ 8647 – Atlas n° **2**-B2

⅊○ De Hooipiete ⪪ 🏠 ♻ 🅿

TRADITIONELE KEUKEN · GEZELLIG 𝗫𝗫 De familie Vandenberghe runt deze gezellige zaak in het West-Vlaamse polderland al sinds 1979. Zoon Wannes heeft de fakkel overgenomen en brengt wat eigentijdse toetsen aan in de traditionele gerechten. Maar paling blijft dé publiekstrekker.

CUISINE TRADITIONNELLE · CONVIVIAL 𝗫𝗫 Taverne-restaurant traditionnelle œuvrant depuis 1979 en famille dans un site agreste, à la jonction de l'Yser et du canal de Lo. Wannes, le fils, a repris le flambeau et apporte une touche contemporaine à la cuisine traditionnelle des lieux. Spécialité d'anguille.

Lunch 29 € – Menu 47 € – Carte 41/63 €

Fintele 7 (Zuid: 3 km) – ☎ 058 28 89 09 – www.hooipiete.be – Gesloten begin januari, 1 week in maart, 2 weken in september, dinsdag en woensdag

LOVENDEGEM
Oost-Vlaanderen – ✉ 9920 – Lievegem – Atlas n° **3**-B2

⅊○ Fou du Goût 🏠 🍴

KLASSIEKE KEUKEN · BISTRO 𝗫𝗫 U zult helemaal weg zijn van de smaken die chef Cocquyt samenstelt. Hij bedient liefhebbers van de klassieke keuken op hun wenken met producten en gerechten die herkenbaar zijn. Een tafel in dit strak ingerichte restaurant kunt u gemakkelijk online reserveren (aangeraden voor de lunch).

CUISINE CLASSIQUE · BISTRO 𝗫𝗫 Nul doute que les amateurs de cuisine classique seront séduits par le travail du chef, Thomas Cocquyt: que de saveurs et de bons produits dans ses créations ! Côté pratique, on apprécie de pouvoir réserver en ligne.

Lunch 22 € – Menu 54 € – Carte 52/65 €

Kasteeldreef 63 – ☎ 09 336 77 25 (reserveren noodzakelijk) – www.foudugout.be – Gesloten maandagavond, zaterdagmiddag, dinsdag en woensdag

MAASEIK
Limburg – ✉ 3680 – Atlas n° **5**-D1

☺ Bienvenue 🏠

MODERNE KEUKEN · KNUS 𝗫𝗫 Patron John van Leerzem plaatst het product voorop, maar de bereidingswijze hinkt zeker niet achterop: eenvoudig, maar origineel gepresenteerd, creatief en vooral vol van smaak! Het all-inmenu is hier een voltreffer!

CUISINE MODERNE · COSY 𝗫𝗫 Chez John van Leerzem, le chef, ce n'est pas compliqué : la qualité du produit passe avant tout. Une fois cette précision faite, il faut saluer aussi son savoir-faire, qui s'exprime avec simplicité dans des présentations délicieuses et originales. Et le menu " tout inclus " est un must !

Menu 37/65 € – Carte 50/78 €

Markt 20 – ☎ 089 85 28 82 – www.restaurant-bienvenue.be – alleen diner behalve zondag – Gesloten dinsdag en woensdag

🏠 Van Eyck ☆ 🛋 🚲 🔌 🅰 🍴 ♻ 🧖

LUXE · HEDENDAAGS De naam van dit hotel verwijst naar de gebroeders Van Eyck, de kunstschilders die vooral bekend zijn van het Lam Gods. Hun (vermoedelijk) geboortehuis ligt onder de grote, moderne lobby (met glasdak) van dit hotel. Het karakter is historisch, de inkleding is modern: comfortabele kamers en ruime vergaderzalen.

LUXE · CONTEMPORAIN Une partie de cet hôtel abrite la maison natale des frères Van Eyck, Jan et Hubert, parmi les plus célèbres peintres flamands. Les chambres sont confortables, avec une déco épurée. Une âme historique dans un cadre moderne !

33 kamers 🛏 – †99/119 € ††129/159 € – ½ P

Markt 48 – ☎ 089 86 37 00 – www.hotel-vaneyck.eu

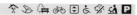

🏛 Kasteel Wurfeld

FAMILIAAL · KLASSIEK Imposant gebouw aan de rand van Maaseik, omringd door een Franse tuin. Weelderige salons, klassieke kamers en terras bij de slotgracht, waarlangs trompetbomen staan. Deftig restaurant met veranda en eigentijdse keuken.

FAMILIAL · CLASSIQUE Aux portes de Maaseik, belle demeure rétro rayonnant sur un parc-jardin à la française. Salons cossus, chambres classiques et terrasse près des douves bordées de catalpas. Côté resto : un décor chic (avec véranda) pour une cuisine résolument contemporaine.

32 kamers 🛏 – ♦95/99 € ♦♦129/139 € – ½ P
Kapelweg 60 (in Wurfeld, West: 2 km) – 𝒞 089 56 81 36
– www.kasteelwurfeld.be

🏠 Het Agnetenklooster

HISTORISCH · PERSOONLIJK CACHET Even tot rust komen in de peis en vree van een voormalig klooster? Gastvrouw Patricia Indekeu stemde er haar ongedwongen B&B op af, met karaktervolle kamers en een fijne tuin.

HISTORIQUE · PERSONNALISÉ Détente assurée... Patricia Indekeu a installé sa maison d'hôtes dans le cadre paisible d'un ancien monastère. Chambres de caractère et joli jardin.

3 kamers 🛏 – ♦80/100 € ♦♦80/100 € – 2 suites
Sionstraat 17 – 𝒞 089 56 43 27
– www.hetagnetenklooster.be

MAASMECHELEN
Limburg – ✉ 3630 – Atlas n° **5**-C2

😊 Magnific 🆕

FRANS MODERN · TRENDY ✗✗ Magnific is robuust en modern, er hangt een loungy sfeertje in deze aangename zaak. De kaart toont dat men hier zijn Franse klassiekers kent, voor het interessante keuzemenu zijn de invloeden internationaler. De chef verwerkt graag moderne technieken in de gerechten en doet dat met gevoel. Het is nooit lukraak, maar altijd beheerst en met smaak.

CUISINE FRANÇAISE MODERNE · TENDANCE ✗✗ Un restaurant moderne et bien rodé, où règne une atmosphère loungy bien agréable. Le chef connaît ses classiques de la cuisine française, comme en témoigne la carte. La formule au choix introduit aussi des influences internationales. Il utilise les techniques modernes avec beaucoup d'à propos. Rien n'est laissé au hasard, tout est maîtrisé et savoureux.

Lunch 30 € – Menu 37/44 € – Carte 45/80 €
Rijksweg 560 – 𝒞 089 21 63 66
– www.magnific.nu – Gesloten zaterdagmiddag en woensdag

🍴 La Strada

ITALIAANS · EIGENTIJDS ✗✗✗ La Strada oogt eigentijds, maar is vooral typisch Italiaans. Chef Pierro is afkomstig uit Umbrië en weet wat van Toscaanse lekkernijen af. Zijn truffelbereidingen zijn top! De inbreng van zoon Valentino zorgt voor extra schwung in de keuken. De charmante ontvangst van gastvrouw Myriame maakt dit familieverhaal compleet.

CUISINE ITALIENNE · BRANCHÉ ✗✗✗ Restaurant contemporain mais fidèle aux traditions de la Botte. Le chef Pierro vient d'Ombrie et connaît tous les délices de la Toscane. Ses préparations à base de truffe sont excellentes. Son fils Valentino apporte le brio de la jeunesse en cuisine. L'accueil charmant de Myriame complète le portrait de ce restaurant familial.

Lunch 35 € – Menu 55/65 € – Carte 43/75 €
Rijksweg 634 (in Opgrimbie) – 𝒞 089 76 69 12
– www.restaurantlastrada.be – Gesloten laatste 2 weken juli, zaterdagmiddag, zondag en maandag

⌂⌂⌂ Terhills Hotel ⇧ ⛨ ⚲ ⊡ ♿ 🅰🅲 ⚲ 🅿

LUXE · DESIGN Het karakter van dit voormalig hoofdgebouw van de mijn van Eisden verraadt een rijke historie, maar het is toch vooral de moderne luxe, het comfort en de prachtige tuin die in het oog springen. In dit boetiekhotel komt zowel de zakenmens als de vakantieganger niets te kort.

LUXE · DESIGN Le caractère de cet ancien bâtiment principal de la mine d'Eisden renferme une riche histoire, mais c'est surtout le luxe moderne, le confort et le joli jardin qui sautent aux yeux. Cet hôtel-boutique attire autant d'hommes d'affaires que de vacanciers.

59 kamers - 🛏149/209 € 🛏🛏149/209 € - 🍽 25 €

Zetellaan 68 (in Eisden) – ☎ 089 73 09 09 – www.terhillshotel.com

⌂⌂ Basil ⛨ 🕸 ⚲

FAMILIAAL · HEDENDAAGS Charmant herenhuis aan het kerkplein van een pittoresk dorpje. Hier vindt u al het nodige comfort, maar dé eyecatcher is de tuin: een idyllisch plaatje, met een prachtige zwemvijver, waar u volledig tot rust komt.

FAMILIAL · CONTEMPORAIN Maison de maître de charme située sur la place de l'église d'un petit village pittoresque. Le décor est idyllique, avec en vedette le jardin, et un charmant étang pour la baignade... Pour une détente totale !

6 kamers 🍽 - 🛏75/95 € 🛏🛏100/120 €

Sint-Pietersstraat 75 (in Leut) – ☎ 0474 26 14 58 – www.hotelbasil.be – Gesloten 23 december-3 januari

MACHELEN
Vlaams-Brabant – ✉ 1830 – Atlas n° **3**-B2

Zie plattegrond Brussel

🍽 Jeroen Storme ⛨ 🏠 ⚲ 🛗 🅿

MARKTKEUKEN · ELEGANT XX Het is verrassend hoe rustig het hier vlakbij de drukke Brusselse ring is. De mooie tuin achter dit grote, strakke restaurant is daarvoor zeker een troef. Sereniteit vindt u ook in de gerechten. Chef Storme is eerder klassiek in zijn technieken en eigentijds in zijn combinaties, maar vooral gul in zijn smaken.

CUISINE DU MARCHÉ · ÉLÉGANT XX À deux pas du Ring de Bruxelles, ce havre de tranquillité ne manque pas de surprendre ! Le beau jardin à l'arrière de ce grand restaurant élégant est un vrai atout. Une sérénité qui se retrouve dans l'assiette du chef Storme, plutôt classique dans son approche, contemporain dans ses associations, et surtout... généreux en matière de saveurs.

Lunch 45 € – Menu 48/65 € – Carte 49/102 €

Plattegrond: 4H1-j – *Heirbaan 210 – ☎ 02 253 54 56 – www.jeroenstorme.be – Gesloten feestdagen, vrijdagavond, zaterdag en zondag*

MALDEGEM
Oost-Vlaanderen – ✉ 9990 – Atlas n° **3**-A1

⌂⌂ Cleythil ⇧ 🕸 ⚲ ⊡ 🅰🅲 ⚴ 🅿

BUSINESS · MINIMALISTISCH Deze eeuwenoude hoeve is omgetoverd tot een aangenaam hotel, waar de kamers strak en eigentijds zijn. Bij het ontbijt geniet u van het zicht op de prachtige tuin, met de beschikbare fietsen kunt u de groene omgeving van dichterbij ontdekken. De keuken van Papinglo is met zijn tijd mee en maakt de verwachtingen helemaal waar.

BUSINESS · ÉPURÉ Cette ancienne ferme remonterait au 12e s. : ses jolis bâtiments blancs, bien ordonnés dans la verdure, abritent des chambres... élégantes et résolument contemporaines ! On profite d'un petit-déjeuner avec vue sur la verdure, et des vélos pour aller explorer les environs. La cuisine de Papinglo, bien dans l'air du temps, comblera toutes vos attentes.

17 kamers 🍽 - 🛏82/150 € 🛏🛏92/160 € – 2 suites

Kleitkalseide 193 (in Kleit, Zuid: 4 km via N 44) – ☎ 050 30 01 00 – www.cleythil.be – Gesloten 15 tot 25 juli

MARKE

⌘ **Vol-Ver** (Sébastien Verveken)

FRANS MODERN · GEZELLIG ✗✗ Verjongen doe je met respect voor de rustieke elementen van het huis, daar is dit restaurant het mooie resultaat van. De chef volgt die visie in zijn keuken. Zijn gerechten zijn combinaties van moderne handelingen en sterke klassieke smaken. De doordachte, diepgaande nuances die hij daarmee creëert, zijn heerlijk.

→ Gebakken tarbot met gerookte paling en prei. Jonge duif met kastanjechampignons en rodewijnsaus. Creatie van chocolade, aardbei en macadamianoot.

CUISINE FRANÇAISE MODERNE · CONVIVIAL ✗✗ Rajeunir une maison implique de respecter sa personnalité originelle : ce restaurant en est un très bon exemple. Le chef applique ce précepte dans sa cuisine, combinaison unique de manipulations audacieuses et de touches élégamment classiques. Un travail tout en équilibre et en profondeur : délicieux !

Lunch 35 € – Menu 45/55 € – Carte 59/74 €

Watervalstraat 23 – ☏ 056 49 85 92 – www.vol-ver.be – Gesloten 3 tot 9 januari, 23 tot 30 juli, zaterdagmiddag, maandagavond, dinsdag, woensdag en na 20.30 u.

🍽 **Rebelle**

MODERNE KEUKEN · EIGENTIJDS ✗ Het oudste huis van Marke heeft een knappe verjongingskuur gekregen. De huiselijke sfeer bleef behouden, met vintage-elementen kreeg het minimalistische decor charme. Wat braafjes, niet? Neen, want de chef verrast met spetterende moderne combinaties en krijgt een wervelwind van smaken op één lijn. Zijn eigen versie van rijstpap is geweldig!

CUISINE MODERNE · BRANCHÉ ✗ La plus ancienne maison de Marke a connu une cure de jouvence. L'atmosphère conviviale subsiste, dans un charmant décor minimaliste orné d'éléments rétro. Mais surtout, le chef surprend avec d'impressionnantes combinaisons modernes très savoureuses. Sa version personnelle du riz au lait est splendide !

Lunch 29 € – Menu 35/55 € – een enkel menu

Rekkemsestraat 226 – ☏ 056 21 94 50 (reserveren aanbevolen)
– www.restaurantrebelle.be – Gesloten 23 december-2januari, 7 tot 15 april, 21 juli- 15 augustus, 28 oktober-4 november, zaterdagmiddag, zondag, maandag en na 20.30 u.

🍽 **Het Vliegend Tapijt**

FRANS MODERN · GEZELLIG ✗ Felix nam Het Vliegend Tapijt over van zijn ouders en geeft het opnieuw vleugels. In de sympathieke eetzaal (onder een vliegend tapijt!) komen God en klein Pierke over de vloer op zoek naar een klassieke keuken met een 21ste-eeuws sausje.

CUISINE FRANÇAISE MODERNE · CONVIVIAL ✗ À la suite de ses parents, Felix a repris ce Vliegend Tapijt ("tapis volant") et lui donnant des ailes. Dans la sympathique salle à manger – sous un tapis volant ! – on apprécie une bonne cuisine classique qui tisse aussi de jolis liens avec le 21e s.

Lunch 25 € – Menu 40/70 € – Carte 55/66 €

Pottelberg 189 – ☏ 056 22 27 45 – www.hetvliegendtapijt.be – Gesloten 25 december-3 januari, eerste 3 weken augustus, zaterdagmiddag, zondag, maandag en feestdagen

NIET TE MISSEN! *LES BONS PLANS!*

M-Eatery, om te smullen van gerijpt vlees dat van de Josper houtskooloven komt. LAM'EAU, dat cachet heeft dankzij de locatie naast de Dijle. Hotel Patershof, dat de glas-in-loodramen en gewelven van deze oude kerk mooi heeft bewaard.

M-Eatery, pour les viandes maturées cuites sur le four à charbon Josper. LAM'EAU, pour sa situation idéale juste à côté de la Dyle. L'Hôtel Patershof, dont les vitraux et les voûtes rappellent qu'on dort là dans une ancienne église.

MECHELEN
Antwerpen – ✉ 2800 – Atlas n° **4**-B3

Restaurants

🍴 **Bistrot Achilles**   🈺 ♿ **P**

KLASSIEKE KEUKEN · GEZELLIG 🍴🍴 Er valt niet te weerstaan aan de charme van de retrotegeltjes die de gang van deze imposante villa decoreren. En dan moet u de mooie glasramen en het gezellige terras nog zien! Achilles is dan ook een bistro met een plus. Dat merkt u aan de zorg van de bereidingen, de boeiende garnituren en de mooie wijnselectie.

CUISINE CLASSIQUE · CONVIVIAL 🍴🍴 Vous ne résisterez pas au charme nostalgique du carrelage qui décore l'entrée de cette imposante villa. Et vous n'avez pas encore vu les vitraux et la jolie terrasse ! Un bistro qui a du cachet, jusque dans les préparations soignées, les accompagnements séduisants et une belle sélection de vins.

Lunch 29 € – Menu 52 € – Carte 54/81 €

Mechelseweg 21 (in Hombeek, West: 3 km) – ✆ 015 26 28 26 – www.bistrotachilles.be – Gesloten, 25 december-8 januari, 16 tot 23 april, 18 tot 25 juni, 24 September-1 oktober, zaterdagmiddag, zondag en maandag

🍴 **LAM'EAU**   🈺 🚫 ♿

MARKTKEUKEN · EIGENTIJDS 🍴🍴 Knipogen naar de brouwerij die hier vroeger huisde en de locatie naast de Dijle geven het eigentijdse 'Lamot aan het water' een zeker cachet. Traditionele recepten krijgen dan weer wat meer nuance en verrassing door subtiele originele ingevingen.

CUISINE DU MARCHÉ · BRANCHÉ 🍴🍴 Quelques clins d'œil à l'ancienne brasserie qui se trouvait là, une situation idéale juste à côté de la Dyle : ce 'Lamot aan het water' contemporain ne manque pas de cachet. Dans l'assiette, recettes traditionnelles parsemées de touches originales et créatives.

Carte 47/57 €

Plattegrond: A1-b – *Van Beethovenstraat 8 – ✆ 015 20 95 30 – www.lameau.be – Gesloten zondag*

ⅈO **M-Eatery**

🛜 AC ⚿

VLEES · BRASSERIE X Eat Meat zou de slagzin kunnen zijn van deze warme
zaak. Wat de origine of rijpingstijd van uw vlees ook is, de cuisson is hier
naar wens dankzij het goede gebruik van de Josper houtskoolovens. Die
gebruikt de chef ook voor meer kosmopolitische en visgerechten.

VIANDES · BRASSERIE X " Eat Meat " pourrait être le slogan de cet établissement
chaleureux. Quelles que soient l'origine ou la durée de maturation de votre
viande, la cuisson est à la carte, grâce à une utilisation judicieuse d'un four à
charbon Josper. Pour les non-carnivores, le chef prépare aussi quelques plats
plus cosmopolites et des poissons.

Lunch 28 € – Carte 44/101 €

Plattegrond: B2-f – *Koning Albertplein 8 –* ✆ *015 33 90 90*
*– www.m-eatery.be – Gesloten 2 weken in januari, 2 weken in augustus,
maandagmiddag, dinsdagmiddag, zaterdagmiddag en zondag*

Rode symbolen wijzen op de bijzondere charme
van de zaak 🏠🏠 XxX.

VLAANDEREN · FLANDRE

Hotels

🏨 Patershof

HISTORISCH · GEZELLIG Naar de kerk gaan was nog nooit zo leuk: dit voormalig kerkgebouw, in het hart van de stad, is omgebouwd tot een cosy hotel met moderne kamers. De authentieke glas-in-loodramen en gewelfstructuren herinneren aan het verleden van het statige pand. De indrukwekkende kerkzaal doet nu dienst als ontbijtruimte.

HISTORIQUE · COSY Cette ancienne église, située en plein cœur de la ville, a été transformée en hôtel confortable : les vitraux et les voûtes d'époque sont là pour nous rappeler ce passé remarquable. On dort dans de jolies chambres modernes, et le petit-déjeuner est servi... devant l'autel !

79 kamers - 🛏94/265 € - 🛏🛏94/265 € - 🍽22 €

Plattegrond: A1-a – *Karmelietenstraat 4* – ☎ 015 46 46 46
– *www.martinshotels.com*

🏨 Vé

BUSINESS · DESIGN Het arty designinterieur laat het niet vermoeden, maar in deze panden huisden vroeger een haringrokerij en een sigarenfabriek! Vandaag geniet u er van modern comfort en een wellness om lekker te relaxen. En dat allemaal aan de gezellige Vismarkt.

BUSINESS · DESIGN L'intérieur design ne le suggère pas, mais ces bâtiments abritaient dans le passe un fumoir à hareng et une fabrique de cigares ! Aujourd'hui, on y profite de tout le confort modern et d'un espace bien-être pour se détendre. Tout ceci sur une placette conviviale...

57 kamers - 🛏79/269 € - 🛏🛏79/289 € - 🍽20 €

Plattegrond: A1-z – *Vismarkt 14* – ☎ 015 70 07 00
– *www.hotelve.com*

MEISE

Vlaams-Brabant – ✉ 1860 – Atlas n° **6**-B2

🍴 Auberge Napoleon

TRADITIONELE KEUKEN · HEDENDAAGSE SFEER ✕✕✕ Auberge Napoleon heeft een rijke geschiedenis achter zich en voegt daar elke dag een mooi verhaal aan toe. Het is vandaag een volledig in het wit gehuld restaurant waar de klassieke keuken met savoir-faire wordt bereid (inclusief zaalbereidingen). Hier geen verrassingen, maar gekende gerechten die keer op keer plezieren.

CUISINE TRADITIONNELLE · CONTEMPORAIN ✕✕✕ Déjà riche d'une longue histoire, l'Auberge Napoleon y ajoute chaque jour un nouveau chapitre. Dans ce restaurant où le blanc domine, l'équipe compose avec un grand savoir-faire une bonne cuisine de tradition. Pas de surprise et vue, mais des plats reconnus qui font le bonheur de tous.

Lunch 33 € – Menu 52 € – Carte 53/138 €

Bouchoutlaan 1 – ☎ 02 269 30 78
– *www.aubergenapoleon.be* – *Gesloten zaterdagmiddag, zondag en maandag behalve feestdagen*

MELDERT

Oost-Vlaanderen – ✉ 9310 – Aalst – Atlas n° **03D**-C2

🍴 't Vertier

VLAAMS · BISTRO ✕ De mozaïeken vloer en de toog herinneren aan het verleden van dorpscafé, maar 't Vertier is vandaag een echte brasserie (met een leuk terras). De chef vermaakt u met Belgische kost die met zorg is bereid, af en toe met wat creativiteit, en steeds goed op smaak is.

CUISINE FLAMANDE · BISTRO X Si le sol en mosaïque et le comptoir rappellent avec élégance son passé de café villageois, 't Vertier est aujourd'hui devenu une vraie brasserie, agrémentée d'une jolie terrasse. La cuisine, légèrement créative, est préparée avec soin. Les goûts, ici, bénéficient de toutes les attentions.

Lunch 18 € – Carte 40/72 €

Dorp 1 – ☏ 0476 51 00 28

– www.tvertier.be – Gesloten 14 tot 22 januari, 10 juni-2 juli, 7 tot 22 oktober, zaterdagmiddag, maandag en dinsdag

MELLE

Oost-Vlaanderen – ✉ 9090 – Atlas n° **3**-B2

🏠 **Lepelbed**

FAMILIAAL · HEDENDAAGS De wielertruitjes aan de muur verraden het meteen: coureurs zijn kind aan huis bij dit karaktervol hotel van broer en zus De Ganck. Zij verwennen hun gasten met een persoonlijke service en heerlijke kamers (de rustigste en recentst opgefriste zijn achteraan).

FAMILIAL · CONTEMPORAIN De nombreux coureurs cyclistes professionnels ont laissé des souvenirs – maillots, par exemple – de leur passage dans ce petit hôtel exploité par un frère et sa sœur. Service personnalisé et chambres confortables (les plus tranquilles et récemment rénovées sont à l'arrière).

19 kamers ⌣ – †100/120 € ††120/135 €

Brusselsesteenweg 100 (N 9) – ☏ 09 231 14 10

– www.lepelbed.be – Gesloten 24, 25 en 31 december

MERELBEKE

Oost-Vlaanderen – ✉ 9820 – Atlas n° **3**-B2

🍴 **De Blauwe Artisjok**

FRANS MODERN · ELEGANT XxX Een mooie villa waar het karakter van het interieur intimiteit uitstraalt, een gastvrouw die voor een stijlvolle bediening zorgt en een chef die de Franse keuken op eigentijdse, genereuze wijze bereidt (het suggestiemenu is top) ... Wat is het goed hier gast te zijn!

CUISINE FRANÇAISE MODERNE · ÉLÉGANT XxX Une belle villa de style, avec un joli jardin sur lequel ouvre une terrasse. On se régale d'une cuisine actuelle généreuse, réalisée à base de produits d'exception. Une qualité proposée à prix doux, en particulier à travers les menus : on est choyé !

Lunch 33 € – Menu 42/60 € – Carte 54/82 €

Plattegrond: 1 – *Gaversesteenweg 182 – ☏ 09 231 79 28*

– www.deblauweartisjok.be – Gesloten

dinsdagmiddag, zaterdagmiddag, zondagavond en woensdag

🍴 **La Traverse** 🅽

KLASSIEKE KEUKEN · BRASSERIE XX La Traverse is een knap voorbeeld van een contemporaine brasserie. Dat geldt zowel voor het sfeervolle decor als voor de kaart, waarop Vlaamse klassiekers geflankeerd worden door actuelere bereidingen. Het gerijpt rundervlees dat de juiste cuisson krijgt op de Josper houtskooloven is een aanrader!

CUISINE CLASSIQUE · BRASSERIE XX La Traverse constitue un bel exemple de brasserie contemporaine, tant par son décor chaleureux que par sa carte, qui mêle les classiques de la cuisine flamande et des plats plus actuels. Le bœuf affiné, cuit à la perfection dans le four Josper, est à conseiller !

Lunch 24 € – Menu 59 € – Carte 47/83 €

Hundelgemsesteenweg 580 – ☏ 09 398 10 90

– www.la-traverse.be – Gesloten zaterdagmiddag en zondag

La clé du sud

LANDHUIS · PERSOONLIJK CACHET Warme terracottakleuren laten een zuiderse wind waaien door de themakamers (Australië, Roussillon, Toscane en Hongarije) van dit moderne B&B. Of wat dacht u van een partij jeu de boules in de prachtig aangelegde tuin, met vijver? De patron pakt ook graag uit met zijn zelfgemaakte chocolaatjes en een mooie bierselectie.

MAISON DE CAMPAGNE · PERSONNALISÉ À part le chant des cigales, tout est réuni pour se sentir au sud, Roussillon, Australie, Toscane ou Hongrie : le bâtiment – moderne – est paré de couleurs terre cuite, et l'on peut faire une partie de pétanque dans le joli jardin (avec étang). Le patron se fera un plaisir de vous faire découvrir ses chocolats maison et une jolie sélection de bières.

4 kamers ☲ – ♦75 € ♦♦85/110 €

Rood Beeldekenstraat 61 (in Bottelare, Zuid: 4 km via Poelstraat)
– ☏ 0475 66 63 19
– www.lacledusud.be

MIDDELKERKE
West-Vlaanderen – ✉ 8430 – Atlas n° **2**-B1

Vlass

CREATIEF · KNUS ☓☓ Een nieuwe naam, een stijlvol gemoderniseerd interieur en heel wat ambitie: Vlass heeft schwung! Het blijft wel een familiale zaak waar creatief wordt gekookt. De laatste technieken worden ingezet om mooie, zeer bewerkte gerechten te creëren. De allianties die sommelier Kenzo voorstelt, zijn verrassend en geslaagd.

CUISINE CRÉATIVE · COSY ☓☓ Un nouveau nom, un décor modernisé, élégance et ambition : Vlass a du panache ! Mais ça reste un restaurant familial ou l'on cuisine de façon créative. Les dernières techniques sont utilisées pour créer de beaux mets, très travaillés. Les alliances que le sommelier Kenzo présente sont surprenantes et réussies.

Lunch 37 € – Menu 70/52 € – Carte 75/145 €

Leopoldlaan 246 – ☏ 059 30 18 37
– www.vlass.be – Gesloten 3 weken in januari, maandag, dinsdag en na 20.30 u.

MOL
Antwerpen – ✉ 2400 – Atlas n° **4**-D2

Hippocampus

MARKTKEUKEN · LUXE ☓☓☓ Mooi landhuis van een captain of industry in een romantisch park. De kaart en menu's zijn een mix van traditie en modern. Eetzalen met een Engelse chic, whiskybar en terras. Elke kamer cultiveert zijn verschil, maar allemaal bieden ze rust, karakter en comfort.

CUISINE DU MARCHÉ · LUXE ☓☓☓ Joli manoir de capitaine d'industrie, dans un parc romantique. Carte et menus conciliant tradition et modernité, salles au chic anglais, bar à whiskies et terrasse agréable. Chaque chambre cultive sa différence, mais toutes offrent calme, caractère et confort.

Menu 39/75 € – Carte 66/95 €
8 kamers – ♦91/127 € ♦♦104/139 € – ☲ 15 € – ½ P

St-Jozeflaan 79 (in Wezel, Oost: 7 km) – ☏ 014 81 08 08
– www.hippocampus.be – Gesloten eerste week van januari, laatste 2 weken van augustus, zondagavond, maandag en na 20.30 u.

Bouffard

CREATIEF · KNUS ☓☓ Het team achter Bouffard is met zijn culinaire filosofie helemaal mee met zijn tijd: ze laten het product primeren en houden van eerlijke smaken. Het sappige dialect van de ober zet de toon voor een smakelijke ervaring in een stijlvolle omgeving.

VLAANDEREN • FLANDRE

CUISINE CRÉATIVE • COSY XX À la tête du Bouffard, une équipe qui adopte une approche bien de notre époque : avant toute chose, priorité au produit – et au produit de qualité. Dans ce décor élégant, le sommelier et son savoureux discours donnent aussi le ton...

Lunch 40 € – Menu 65/50 €

Adolf Reydamslaan 24 – ℰ 014 31 40 70 – www.bouffard.be – Gesloten zaterdagmiddag, zondag en maandag

MOORSEL

Oost-Vlaanderen – ✉ 9310 – Aalst – Atlas n° **3**-C2

🍴◯ **Hostellerie De Biek**

STREEKGEBONDEN • TRENDY XX De mooie houten structuur die het dak ondersteunt, de brute bakstenen muren ... deze voormalige brouwerij heeft karakter. Dat kan ook gezegd worden van de weldoordachte gerechten die de chef voorschotelt, bij voorkeur met streekproducten in de hoofdrol. Neem hier uw tijd en geniet gerust van de knappe, actuele kamers.

CUISINE DU TERROIR • TENDANCE XX La jolie charpente en bois, les murs de briques... Cette ancienne brasserie ne manque pas de caractère. Il en va de même de la cuisine soignée, qui puise dans la tradition et met en valeur les produits de la région. Prenez le temps de profiter des jolies chambres modernes, en toute tranquillité.

Lunch 22 € – Menu 37 € – Carte 52/76 € – een enkel menu in het weekend

16 kamers – †65/70 € ††70/75 € – ☑ 15 € – ½ P

Dorp 3 – ℰ 053 60 76 40 – www.hostelleriedebiek.be – Gesloten 26 tot 30 december, 1 januari, 3 tot 6 maart, zaterdagmiddag, zondagavond, maandag en na 20.30 u.

MUIZEN

Antwerpen – ✉ 2812 – Mechelen – Atlas n° **4**-B3

🏠 **Lithium**

LUXE • DESIGN Design is de rode draad in dit architectonische B&B. Comfort komt hier in zijn modernste vorm, de kwaliteitsmaterialen zorgen voor een luxueus gevoel. En wat dan gezegd van de vele faciliteiten: een wellness, een home cinema, een eigen bos en zelfs een golfgreen in de ruime tuin! Bij Lithium wordt men helemaal zen.

LUXE • DESIGN Le design est le fil rouge de ce B&B, véritable bijou d'architecture moderne. Matériaux de qualité donnant un sentiment de luxe, nombreux équipements : espace bien-être, home-cinéma, forêt privée, et même green de golf dans le jardin... Chez Lithium, on devient zen.

4 kamers ☑ – †139 € ††159 €

Trianonlaan 11 – ℰ 0470 07 59 72 – www.lithium.eu

NEERHAREN

Limburg – ✉ 3620 – Lanaken – Atlas n° **5**-C2

❀❀ **La Source**

CREATIEF • ELEGANT XxxX De bron van lekker eten is een topproduct, dat bewijst Ralf Berendsen. De chef noemt zichzelf een perfectionist en werkt elke dag aan het verbeteren van zijn gerechten. Het is dat enthousiasme dat zijn keuken persoonlijkheid geeft. Chef Berendsen weet herkenbare smaken te verrijken door delicate nuances aan te brengen. Hij voegt graag internationale bereidingen toe en weet daarmee diepgang aan zijn keuken te geven.

Een prachtig gegaarde langoustinestaart geeft hij bijvoorbeeld pittigheid met een fijne vinaigrette van tandoori masala. Dankzij zijn technische beheersing wordt het evenwicht in dergelijke combinaties verzekerd, precisie is hier van groot belang. Omschrijf zijn keuken gerust als moderne elegantie. Dat typeert ook het prachtige landhuis waar La Source in huist. Het is een toonbeeld van sobere moderniteit, strak maar ook gezellig. Een geweldige plek om te genieten van een restaurant dat zijn twee Michelin sterren fier draagt.

→ Langoustines en noordzeekrab met groene paprika, tandoori en masala. Anjouduif met artisjok, morieljes en groene asperges. Appeltaartje " La Source ".

CUISINE CRÉATIVE · ÉLÉGANT XxxX Ralf Berendsen démontre qu'un produit de qualité est la base de toute bonne cuisine. Il se dit perfectionniste et cherche en permanence à améliorer sa cuisine. C'est cet enthousiasme qui offre une telle personnalité à sa cuisine. Il sait enrichir les saveurs reconnaissables de délicates nuances et n'hésite pas à ajouter des influences internationales qui enrichissent sa palette.

Il relève par exemple une queue de langoustine cuite à la perfection d'une subtile vinaigrette de tandoori masala. Sa maîtrise technique lui permet de renforcer l'équilibre de telles saveurs, avec une précision d'horloger. Une cuisine d'une élégance moderne, tout comme la jolie maison de campagne où se loge La Source. Un modèle de sobriété moderne, à la fois élégante et chaleureuse. Le lieu idéal pour profiter d'un restaurant qui porte fièrement ses deux étoiles Michelin.

Lunch 65 € – Menu 115/175 € – Carte 105/153 €

Hotel Hostellerie La Butte aux Bois, Paalsteenlaan 90 – ℰ 089 73 97 77
– www.restaurantlasource.be – Gesloten 31 december-7 januari, 3 tot 11 maart,
22 tot 30 april, 7 tot 25 juli, 13 tot 21 oktober, dinsdagmiddag, zaterdagmiddag,
zondag en maandag

Hostellerie La Butte aux Bois ☆ ⑤ 🛬 🖵 🌐 🦢 🖨 ᕫ 🍸 🛁 🅿

SPA EN WELLNESS · GROTE LUXE In dit sfeervolle landhuis, romantisch gelegen tussen het groen, staan u en uw comfort centraal. De tuin met vijver en prieeltjes, de aangename salons, het bekroonde wellnesscentrum Aquamarijn en het heerlijke ontbijt: een totaalervaring om nooit te vergeten. En vergeet zeker niet lekker klassiek te dineren in Le Bistrot. Magnifiek, een sprookje!

SPA ET BIEN-ÊTRE · GRAND LUXE En pleine nature, ce charmant manoir est empreint de romantisme avec son beau jardin, son étang et ses petits pavillons... Chambres douillettes et confortables, espace bien-être "Aquamarijn", délicieux petit-déjeuner et cuisine classique réalisée avec les meilleurs produits de la région au Bistrot: on aimerait tant rester !

59 kamers – ♦155/405 € ♦♦175/425 € – ☲ 25 € – ½ P

Paalsteenlaan 90 – ℰ 089 73 97 70 – www.labutteauxbois.be

❀❀ **La Source** – Zie restaurantselectie

NEERIJSE
Vlaams-Brabant – ✉ 3040 – Huldenberg – Atlas n° **6**-C2

Baron's House ☆ ⑤ < 🛬 ⑥ AC 🍸 🅿

HISTORISCH · DESIGN In dit historische pand, gevestigd in een koetshuis van een kasteeldomein dat werd omgetoverd tot een luxueus designpareltje, wordt de B van Baron in uw hele verblijf doorgetrokken: een bijzondere B&B, ook bijzonder geschikt voor Business, met Behaaglijke Bedden en een Bekoorlijk Breakfast. Een Buitengewone Belevenis dus.

HISTORIQUE · DESIGN Cette ancienne dépendance du château de Neerijse s'est métamorphosée en un petit bijou de design. Une vraie maison de baron, avec ses chambres confortables, son petit-déjeuner délicieux, et – parce que le baron sait être studieux – des salles de réunion très bien équipées...

7 kamers ☲ – ♦135/165 € ♦♦135/165 €

Kapelweg 6 – ℰ 0468 41 86 79 – www.baronshouse.be

NIEUWERKERKEN
Limburg – ✉ 3850 – Atlas n° **5**-B3

Kasteelhoeve de Kerckhem ☆ ⑤ 🛬 & 🍸 🛁 🅿

HERBERG · KLASSIEK In de bijgebouwen van deze mooie kasteelhoeve uit 1648 zijn fraaie kamers ingericht in plattelandsstijl, u waant er zich in een echte "country club". Op de table d'hôte kunt u de oogst van de eigen biologische moestuin proeven.

VLAANDEREN · FLANDRE

AUBERGE · CLASSIQUE Décoration campagnarde raffinée pour ces chambres dans les dépendances de cette belle ferme-château de 1648. Ambiance "country club" ! La table d'hôte vous permettre de goûter aux joies du potager bio.

10 kamers 🛏 – 🛏105/115 € 🛏🛏125/155 €

Grotestraat 209 (in Wijer, Noordoost: 6 km) – ☏ 011 59 66 20
– www.dekerckhem.com

NIEUWKERKEN-WAAS

Oost-Vlaanderen – ✉ 9100 – Sint-Niklaas – Atlas n° **3**-D1

🕸 **'t Korennaer** (Edwin Van Goethem) 🛖 AC 🍽 🛋

MODERNE KEUKEN · EIGENTIJDS XXX Dit stijlvolle restaurant is koren op de molen van al wie mooi en lekker bemint. Het lichte interieur wordt gekleurd door knappe foto's, de keuken is een voorbeeld van evenwichtige creativiteit. De weldoordachte behandeling van topproducten en nuances van uitgesproken smaken vormen een heerlijk geheel. Sterk!

→ Langoustine met asperges, ponzu en oscietrakaviaar. Kalf uit Lozère met bloemkool, venkel, meiraap en roasted nuts. Aardbeien uit ons dorp met zurkel, limoen en ice-tea.

CUISINE MODERNE · BRANCHÉ XXX Cet élégant restaurant est un régal pour les yeux et les papilles ! Les amoureux de belles choses apprécieront cet intérieur clair et tapissé de photos, dans lequel on profite d'une cuisine sagement créative. De beaux produits bien employés, des nuances de goût et une vraie cohérence : impressionnant.

Lunch 39 € – Menu 75/90 € – Carte 77/116 €

Nieuwkerkenstraat 4 – ☏ 03 778 08 45 – www.korennaer.be
– Gesloten 26 december-9 januari, 1 week paasvakantie, 8 tot 19 juli, 12 tot 23 augustus, herfstvakantie, maandag, dinsdag en woensdag

NIEUWPOORT

West-Vlaanderen – ✉ 8620 – Atlas n° **2**-B2

🕸 **M-Bistro** (Mattias Maertens) 🛖

MODERNE KEUKEN · MINIMALISTISCH X De keuken van deze leuke bistro is straight-to-the-point. De chef zet de kwaliteit van het product in de verf door het precies te bereiden en goed te assaisoneren, met bewerkte garnituren zorgt hij voor een prachtig evenwicht op het bord. Hij beheerst zijn technieken, is wel eens origineel, maar is vooral zeer passioneel.

→ Grietbot met mini pastinaak en lamsoren. Jonge duif met duinasperges, morieljes en jus met thijm. Dessert van Gariguette-aardbei, rabarber en yoghurt.

CUISINE MODERNE · ÉPURÉ X Ce chouette bistrot va droit au but ! Le chef valorise le produit avec des préparations précises et des bons assaisonnements ; ses garnitures, bien travaillées, assurent l'équilibre de l'assiette. Maîtrise, originalité, passion : carton plein.

Lunch 33 € – Menu 50/63 € – Carte 61/88 €

Potterstraat 15 – ☏ 058 59 53 52 – www.mbistro.be – Gesloten woensdagavond, zondag, maandag en na 20.30 u.

🍽 **Flavie's tafel**

VIS EN ZEEVRUCHTEN · GEZELLIG XX De open keuken van chef Valerie (Flavie) staat in een gezellige zaak die opgeleukt is met kleurrijke muurschilderingen. Ze werkt vooral met rigoureus geselecteerde vis en dat smaakt u. Dit is een plek waar u echt geniet van lekker eten.

POISSONS ET FRUITS DE MER · CONVIVIAL XX La cuisine ouverte de Valerie (Flavie) trône au beau milieu de cet agréable restaurant orné de fresques colorées. La chef cuisine surtout du poisson, rigoureusement sélectionné: les assiettes, savoureuses, en témoignent ! La garantie d'un beau moment gustatif.

Carte 47/78 €

Langestraat 115 – ☏ 058 23 73 86 – www.flaviestafel.be – Gesloten laatste 2 weken juni, laatste week september-eerste week oktober, woensdag behalve schoolvakanties, maandag en dinsdag

⬤ La Muse 🏠

FRANS CREATIEF · ELEGANT ✗✗ La Muse heeft heel wat troeven achter de hand. Zo is de elegantie van het moderne decor heel aangenaam. De joviale gastvrouw bevordert dan weer de gezellige sfeer. En dan is er de enthousiaste chef. Hij kookt eigentijds en to-the-point. Hier geen onnodige uitspattingen, maar smaak, puur en echt.

CUISINE FRANÇAISE CRÉATIVE · ÉLÉGANT ✗✗ La Muse ne manque pas d'atouts. A commencer par l'élégance du décor moderne. Le service jovial y apporte une touche de convivialité, tandis que l'enthousiasme du chef se retrouve dans ses préparations judicieuses et contemporaines. Aucun excès inutile, simplement du goût et de l'authenticité.

Lunch 29 € – Menu 49/59 € – Carte 52/87 €

Oostendestraat 13 – ☏ 058 59 49 39
– www.la-muse.be
– Gesloten maandag en dinsdag

⬤ Da Claudio 🏠

ITALIAANS · MEDITERRANE SFEER ✗ Claudio Acquaro is een echte maître-sommelier. Hij selecteert wijnen die de lekkere Italiaanse gerechten uitstekend begeleiden, de typische zuiderse smaken komen hier mooi tot hun recht. Om in schoonheid af te sluiten, kunt u ook een kamer boeken.

CUISINE ITALIENNE · MÉDITERRANÉEN ✗ Claudio Acquaro est un vrai maître-sommelier. Il déniche des vins qui accompagnent les bons plats italiens à merveille. Pour terminer en beauté, vous pouvez obtenir une chambre. Un hommage au sud.

Lunch 20 € – Menu 45/55 € – Carte 49/62 €

Marktstraat 19 – ☏ 058 24 33 74
– www.ristorantedaclaudio.be
– Gesloten 15 tot 30 december, 30 juni-9 juli, zondag en maandag

⬤ Wasserette ⓝ 🏠

MODERNE KEUKEN · TRENDY ✗ De was die aan het plafond hangt te drogen herinnert aan de wasserette die hier ooit huisde. Het maakte plaats voor dit trendy zaakje waar het gezellig eten is. Op de kaart staan interessante gerechten die men in grote of kleine portie kan nemen. Geen chichi, maar goede producten, lekkere bereidingen en leuke wijn. Top!

CUISINE MODERNE · TENDANCE ✗ Le linge qui pend au plafond rappelle l'ancienne laverie. Celle-ci a fait place à un restaurant trendy et convivial. La carte compte des plats alléchants servis en petite ou grande portion. Pas de chichis, mais de bons produits, une cuisine savoureuse et d'excellents vins. A recommander !

Lunch 28 € – Carte 43/68 €

Marktstraat 38 – ☏ 058 59 77 11
– www.de-wasserette.be
– Gesloten 10 tot 17 januari, 1 tot 12 juli, 25 november-12 december, woensdag, donderdag en na 20.30 u.

NINOVE

Oost-Vlaanderen – ✉ 9400 – Atlas n° **3**-C3

⬛ Hof ter Eycken (Philippe Vanheule) 🐑 🏠 🕸 ♿ **P**

KLASSIEKE KEUKEN · ELEGANT ✗✗✗ Kwaliteit, dat is het handelsmerk van dit elegant restaurant. Philippe Vanheule brengt hier al sinds 1986 een klassieke keuken waarin de versheid van de producten (het wild is zelf geschoten!) wordt benadrukt door het evenwicht en raffinement van de bereidingen. De modernere ingevingen van zoon Thomas leveren de finishing touch.

➔ Slaatje van kreeft en ganzenlever met een truffeljus. Gebraden duif met doperwtjes en cantharellen. Crêpe normande.

CUISINE CLASSIQUE · **ÉLÉGANT** XxX Depuis 1986, Philippe Vanheule est à la tête de cette table élégante. Il y propose aujourd'hui une cuisine classique, avec le soutien – et les inspirations plus modernes – de son fils Thomas. Fraîcheur des produits (gibier de sa chasse), raffinement des préparations : la qualité est au rendez-vous !

Lunch 45 € – Menu 73/95 € – Carte 97/110 €

Aalstersesteenweg 298 (Noordoost: 2 km via N 405, 2e lichten rechtsaf)
– ✆ 054 33 70 81 – www.hoftereycken.be – Gesloten krokusvakantie, 1 week
paasvakantie, laatste twee weken van juli-eerste week van augustus,
zaterdagmiddag, dinsdag en woensdag

�Ⅰ○ **De Bakermat**

MODERNE KEUKEN · **MINIMALISTISCH** XxX Een moderne hand heeft deze impressionante villa met smaak gerenoveerd, een plek die de ambitie van het jonge koppel mooi weergeeft. Barbara zorgt voor de attente bediening, chef Kevin presenteert gerechten die onder meer Aziatische en mediterrane invloeden bezitten. Zonder overdrijven, maar met pep en smaak.

CUISINE MODERNE · **ÉPURÉ** XxX Cette impressionnante villa, rénovée avec goût et modernité, témoigne de l'ambition de ses deux jeunes propriétaires. Barbara assure un service attentif en salle; en cuisine, Kevin compose des plats entre Asie et Méditerranée, enlevés et savoureux.

Lunch 43 € – Menu 74 € – Carte 67/89 €

Leopoldlaan 95 – ✆ 054 25 80 25 – www.resto-debakermat.be
– Gesloten zaterdag en zondag

NOSSEGEM

Vlaams-Brabant – ✉ 1930 – Zaventem – Atlas n° **6**-B2

ⅠІ○ **Bistro R**

FRANS MODERN · **BISTRO** X Roland Debuyst laat zich inspireren door Belgische kwaliteitsproducten. Ze vormen de basis van bistrogerechten (ook in tapavorm) die hier af en toe een frisse update krijgen dankzij internationale ingevingen. Deze chef weet wat smaak is. Dat bewijst ook het contemporaine decor, dat bekoort met zijn turquoise kleuraccenten.

CUISINE FRANÇAISE MODERNE · **BISTRO** X Roland Debuyst puise son inspiration dans les produits belges de qualité, qui constituent la base de sa cuisine de bistro (avec également des tapas). Quelques touches internationales leur apportent un vent de fraîcheur. Un chef qui s'y connaît en matière de saveurs. Le décor contemporain aux couleurs turquoises est tout aussi séduisant.

Lunch 30 € – Menu 40/61 € – Carte 40/85 €

Leuvensesteenweg 614 ✉ 1930 – ✆ 02 757 05 59 – www.bistro-r.be – Gesloten
zaterdagmiddag, zondag en maandag

NUKERKE

Oost-Vlaanderen – ✉ 9681 – Maarkedal – Atlas n° **03G**-B3

ⅠІ○ **La Bonnotte**

MARKTKEUKEN · **EIGENTIJDS** X Een lekkere aardappel van het eiland Noirmou-tier, dat is La Bonnotte. Het staat symbool voor de visie van deze moderne zaak met retro-elementen. De chef werkt met goede producten en volgt het markt-aanbod voor zijn up-to-date keuken. De rode draad? Patat, uiteraard.

CUISINE DU MARCHÉ · **BRANCHÉ** X La Bonnotte est une pomme de terre savou-reuse de l'île de Noirmoutier. Un nom qui colle bien à la philosophie des lieux : le chef travaille les bons produits du marché local pour réaliser une cuisine moderne. Le fil rouge de son travail ? La patate, bien sûr.

Menu 32/37 € – Carte 47/62 €

Nukerkestraat 15 – ✆ 055 21 41 28 – www.labonnotte.be – Gesloten zaterdag en
zondag

OEDELEM

West-Vlaanderen – ⊠ 8730 – Beernem – Atlas n° **4**-C1

🏠 De Bergvallei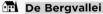

FAMILIAAL · PLATTELANDS Denkt u een roeping als boer te hebben gemist? Proef dan op deze boerderij, waar varkens en koeien worden gefokt, van de charmes van het plattelandsleven. De kalmte van de buiten is bij de prijs inbegrepen, en dit op fietsafstand van Brugge.

FAMILIAL · À LA CAMPAGNE Envie de vous mettre au vert ? Dans cette jolie ferme, les chambres ouvrent sur les champs où paissent les vaches et jouissent du plus grand calme. Le charme de la vie à la campagne à seulement quelques coups de pédales de Bruges...

6 kamers 🖵 – 🛉75 € 🛉🛉100 €

Weg naar Sint-Kruis 7a – ℰ 050 35 25 39 – www.debergvallei.be

OETINGEN

Vlaams-Brabant – ⊠ 1755 – Gooik – Atlas n° **6**-A2

⬤ 't Kreukeltje

MARKTKEUKEN · FAMILIAAL ✕✕ Het Pajottenland culinair ontdekken, daarvoor moet je bij 't Kreukeltje zijn. In deze mooi gerestylede hoeve maakt men er een erezaak van producten in de regio te zoeken, en ze beschikken over een eigen kruidentuin. De moderne aanpak van Belgische gerechten bekoort, de visbereidingen verdienen een speciale vermelding.

CUISINE DU MARCHÉ · FAMILIAL ✕✕ Un passage obligé pour découvrir les trésors culinaires du Pajottenland. Cette ferme joliment restaurée met à l'honneur les produits de la région avec notamment son propre potager. Une cuisine belge version modernisée, où les poissons méritent une mention spéciale !

Lunch 29 € – Menu 42 € – Carte 55/94 €

Lenniksestraat 65 – ℰ 054 56 81 07 – www.tkreukeltje.be – Gesloten 1 tot 7 januari, 8 tot 22 april, 22 juli-9 augustus, zaterdagmiddag, zondagavond, maandag en dinsdag

OLEN

Antwerpen – ⊠ 2250 – Atlas n° **4**-C2

⬤ Pot au Feu

TRADITIONELE KEUKEN · BRASSERIE ✕✕ Het is in een mooie art-decovilla dat Christine Van Deun in de potten roert. Retrodetails maken het interieur er net nog wat knusser, de orangerie en het terras zijn gezellig. De chef zorgt voor hartverwarmende gerechten die lekker traditioneel smaken. De ruime kaart maakt kiezen o zo moeilijk!

CUISINE TRADITIONNELLE · BRASSERIE ✕✕ C'est dans une jolie villa Art déco qu'œuvre Christine Van Deun. Intérieur trendy aux détails rétro, joli bar et orangerie sympa donnant sur la terrasse-jardin. La chef réjouit avec une cuisine délicieuse aux saveurs traditionnelles. La carte étoffée ne rendra votre choix que plus difficile.

Lunch 29 € – Menu 45 € – Carte 37/63 €

Dorp 34 – ℰ 014 27 70 56 – www.brasseriepotaufeu.be – Gesloten 26 december-5 januari, 8 tot 15 april, 13 tot 28 augustus, zaterdagmiddag, maandag en dinsdag

OOSTDUINKERKE

West-Vlaanderen – ⊠ 8670 – Koksijde – Atlas n° **2**-A2

⬤ Eglantier

MODERNE KEUKEN · TRENDY ✕✕ Eglantier heeft zich ontpopt tot een restaurant dat als stijlvol en trendy mag omschreven worden. Moderne technieken en productcombinaties typeren de verzorgde stijl van de chef, die met respect voor het product werkt.

CUISINE MODERNE • TENDANCE XX Trendy et élégant, cet églantier l'est assurément ! Les techniques et associations modernes caractérisent le style soigné du
chef, qui travaille dans le respect des produits.

Lunch 25 € – Menu 49/59 € – Carte 51/79 €

Hotel Hof ter Duinen, Albert I-laan 141 – ℰ 058 51 32 41
– www.bistronomie-eglantier.be – Gesloten 7 januari-10 februari, maandag,
dinsdag en na 20.30 u.

℺ De Normandie ❶   🛱 ᵹ ⇄ **P**

MARKTKEUKEN • FAMILIAAL XX Het lijkt wel of een schip gestrand is aan de duinen, maar vergis u niet: in dit bootgebouw huist een eigentijds restaurant dat
loopt als een trein! De chef gaat er dankbaar om met de verse lekkernijen uit de
zee. Hij behandelt ze zonder overdrijven, maar durft te verrassen met de garnituren. De bereidingen van kreeft zijn terecht populair!

CUISINE DU MARCHÉ • FAMILIAL XX On dirait un navire échoué dans les dunes,
mais ne vous y trompez pas : ce bâtiment en forme de bateau accueille un restaurant contemporain huilé comme un train ! Les délices de la mer sont de toute
fraîcheur. Le chef les accommode sans exagération, mais ose surprendre avec les
accompagnements. Les plats de homard sont toujours très prisés !

Menu 43/63 € – Carte 51/71 €

Koninklijke Baan 1 – ℰ 058 51 81 41 – www.denormandie.be – Gesloten 2 weken in
december, dinsdag en woensdag

🏨 Hof ter Duinen   🏡 🍴 🐾 ⊡ 🛁 **P**

FAMILIAAL • ELEGANT Hof ter Duinen is een gezellig familiehotel dat handig
gelegen is langs de weg tussen de badplaatsen. U komt er tot rust in een prachtige wellness, overnacht in mooie kamers (sommige met bubbelbad) en geniet 's
ochtends van een ontbijt met zicht op de tuin. Dit is tevens een aanrader voor
een gastronomisch weekend!

FAMILIAL • ÉLÉGANT Hotel familial cosy au bord de la route qui relie les localités
balnéaires. Belles chambres (certaines avec jacuzzi), espace relaxation, breakfast
côté jardin, week-ends " gastro ".

21 kamers 🖙 – ♦95/195 € – ♦♦115/205 € – ½ P

Albert I-laan 141 – ℰ 058 51 32 41 – www.hofterduinen.be
– Gesloten 7 januari-10 februari

Eglantier – Zie restaurantselectie

Lisovskaya/iStock

NIET TE MISSEN! *LES BONS PLANS!*

Storm, waar lekkernijen uit de zee recht van de Mibrasa grill komen. Plassendale, om klassiekers te degusteren met zicht op een sluis. De Visserskaai, voor zijn lekkere adresjes en visserskramen om verse grijze garnalen te kopen.

Storm, où les délices de la mer viennent tout droit du grill Mibrasa. Storm, où les délices de la mer viennent tout droit du grill Mibrasa. Plassendale, pour déguster des classiques avec vue sur l'écluse. Le Visserskaai, pour les baraques des poissonniers et leurs crevettes grises toutes fraîches.

OOSTENDE

West-Vlaanderen – ✉ 8400 – Atlas n° **2**-B1

Restaurants

🏵 Bistro Mathilda   🛖 🅰🅒 🍴 ⇔

MARKTKEUKEN • BISTRO ✕✕ Een moderne bistro, dat houdt meer in dan de beschrijving van het interieur. Het betekent ook dat de chef invloeden van andere kookstijlen in zijn bereidingen vermengt, en dat hij aan de slag gaat met verse producten. Eerlijk is geen loos woord. Dat resulteert in lekker eten, de specialiteit van Bistro Mathilda.

CUISINE DU MARCHÉ • BISTRO ✕✕ Un bistro moderne qui ne se résume pas à son intérieur. Le chef tire ses influences d'autres styles culinaires et travaille à partir d'excellents produits. Un repas succulent, voilà ce que vous garantit ce Bistro Mathilda !

Menu 37/69 € – Carte 54/79 €

Plattegrond: A1-g – *Leopold II-laan 1* – ✆ *059 51 06 70*
– *www.bistromathilda.be* – *Gesloten 18 februari-9 maart, 11 tot 27 juni, 18 november-9 december, maandag en dinsdag*

🍽 Mange-Tout

FRANS MODERN • GEZELLIG ✕✕ Interessant adresje aan de Visserskaai waar knappe kunstwerken mooi contrasteren met het sober interieur. De chef geeft de Franse keuken een moderne twist en zweert bij kwaliteitsproducten. Zo werkt hij enkel met vis uit de Noordzee.

CUISINE FRANÇAISE MODERNE • CONVIVIAL ✕✕ Cette adresse, dans le voisinage du Visserskaai, ne manque pas de retenir l'attention ! De belles œuvres d'art contrastent avec la sobriété du décor ; le chef apporte une touche de modernité à la cuisine française, en utilisant d'excellents produits (les poissons viennent uniquement de la mer du Nord).

Lunch 31 € – Menu 45/71 € – Carte 69/84 €

Plattegrond: B1-j – *Visserskaai 22* – ✆ *059 50 07 14*
– *www.restaurantmangetout.be* – *Gesloten zondagavond, maandag, dinsdag en na 20.30 u.*

OOSTENDE

0 ——— 160 m

NOORDZEE

HAVENGEUL

Oostetaketsel

Halvemaandijk

Vuketsel-Str.

Havengeulkaai

NOORDZEE

Promenade

Albert I-

James Ensorhuis **n** **b**

t

Langestraat

c

Stadsmuseum Oostende

Nieuwstraat

Visserspl.

Groentemarkt

Noordzeeaquarium

Wapenpl.

Herstr.

Koninginstraat Van Iseghem

BADPLAATS

t

a

Leopold II-Laan

Hendrik Serruyslaan

g

Wittenonnenstr.

Kerkstraat

Kaaistraat

Visserskaai

j

Janssenslaan

Oostsstraat

Karel Janssenslaan

LEOPOLD PARK

Leopold I-Pl.

Aartshertoginnestr.

St-Petrus-en-Pauluskerk

Vindictivelaan

Amandine (IJslandvaarder)

KONINGSPARK

Konings-straat

Rogierlaan

Euphrosina

d

Beernaertstraat

Jan Pierspien

Zeilschip Mercator

Goedewindhelling Slachthuiskaai

Koningin Astridlaan

Edmond Laponstr.

Koninginnelaan

Alfons Pieterslaan

Gerststr.

Stockholmstr.

Peronstr.

Lijndraaiersstraat

Vaartstr.

Mu. ZEE

Torhoutsesteenweg

Koninginnelaan

Filip Van Maestrichtpl.

Kairostraat

Edith

Iepestraat

Nijverheidstr.

Nieuwpoortsesteenweg

Plantenlaan

Prinsenlaan

Kairostraat

Koninginnelaan

Hospitaalstraat

Cellestraat

Spoorwegstr.

Verenigde

Mercatorlaan

Nijverheidstr.

Leffingestraat

Zilvjalaan Iependreef

NIEUWPOORT

TORHOUT, ROESELARE, VEURNE

🍴 **Storm** 🅝   🅰🅲

FRANS MODERN · DESIGN XX Een storm kan de vissersboten die net voor de deur aanmeren niet stoppen. De ervaren chef beloont hun werk door hun lekkernijen te sublimeren. Hij maakt daarvoor gebruik van de Mibrasa grill en moderne technieken (knipogen naar Azië en Scandinavië). Dankzij het intieme decor en de sympathieke gastvrouw doorstaat u deze culinaire storm in alle rust.

CUISINE FRANÇAISE MODERNE · DESIGN XX Une tempête n'arrête pas les bateaux de pêche amarrés devant la porte. Le chef expérimenté leur fait honneur en préparant une foule de délices, à l'aide de son grill Mibrasa et des techniques modernes (avec un clin d'œil vers l'Asie et la Scandinavie). Rassurez-vous : le décor intime et le service sympathique vous feront traverser cette tempête en toute tranquillité.

Lunch 39 € – Menu 59/69 €

Hendrik Baelskaai 21 – ℰ 059 28 02 61 (beperkt aantal zitplaatsen, reserveren) – www.stormoostende.be – Gesloten woensdag en zondag

VLAANDEREN · FLANDRE

Bentley's 🄽 ⛩

BURGERKEUKEN · TRENDY 🕸 Chic en elegant, het zijn kwaliteiten die men ook met deze trendy Bentley mag vereenzelvigen. En het heeft eveneens wat onder de motorkap steken. De maître en de chef hebben ervaring, dat voelt u. Klassiekers als vol-au-vent en zeebaars in zoutkorst ontvouwen hier al hun troeven, de suggesties zijn dan weer moderner.

CUISINE BOURGEOISE · TENDANCE 🕸 Chic et élégance, voilà qui caractérise bien ce restaurant trendy. Mais ce n'est pas tout. En salle comme en cuisine, c'est l'expérience qui parle. Des classiques comme le vol-au-vent ou le bar en croûte de sel déploient tous leurs attraits, tandis que les suggestions ajoutent plus de modernité.

Lunch 20 € – Menu 36/49 € – Carte 50/80 €

Plattegrond: B1-b – *Van Iseghemlaan 58* – ☏ *059 44 84 20*
– www.bentleysoostende.be – Gesloten dinsdag en woensdag

Plassendale ⛩ 🅿

KLASSIEKE KEUKEN · HERBERG 🕸 Sole meunière, garnaalkroketten, ... Het zijn van die klassiekers waar je sowieso al heerlijk van kunt genieten, maar in dit lieflijke huisje aan de sluis is de belevenis helemaal compleet. Traditioneel genieten voor een aantrekkelijke prijs!

CUISINE CLASSIQUE · AUBERGE 🕸 Sole meunière, croquettes de crevettes, etc. : quelques-uns des classiques proposés par cette charmante maison, dressée au bord d'une écluse. Un cadre idéal pour profiter d'une cuisine traditionnelle à prix doux.

Lunch 29 € – Menu 39 € – Carte 40/71 €

Oudenburgsesteenweg 123 (Oost: 8 km) – ☏ *059 26 70 35 (reserveren aanbevolen) – www.restaurant-plassendale.be – Gesloten krokusvakantie, tweede en derde week juli, herfstvakantie, dinsdagavond, woensdagavond, zondag, maandag en na 20.30 u.*

Hotels

Bero 🖼 🕸 🛗 ⊡ 🦽 🄰🄲 🍽 🧖 🚗

TRADITIONEEL · HEDENDAAGS Gezinnen zitten bij Bero op de juiste plek om te genieten van een week(end)je in het hart van Oostende. De kleinsten amuseren zich in de kinderspeelruimte terwijl de ouders relaxen in de wellness. De kamers zijn ruim en mooi gerenoveerd, heerlijk om uit te rusten na een bezoekje aan de uitgebreide whiskybar.

TRADITIONNEL · CONTEMPORAIN Au cœur d'Ostende, voici l'adresse familiale par excellence ! Les plus petits s'amuseront dans l'aire de jeux, tandis que les parents se détendront au wellness. Les chambres sont spacieuses et agréablement rénovées, idéales pour se reposer après un petit détour par le bar à whiskies.

70 kamers � – ▮90/220 € ▮▮115/220 €

Plattegrond: B1-t – *Hofstraat 1a* – ☏ *059 70 23 35 – www.hotelbero.be*

Andromeda ⊰ 🖼 🕸 🕸 🛗 ⊡ 🧖 🚗

SPA EN WELLNESS · FUNCTIONEEL Voor een kamer met zicht op zee moet u in dit functioneel hotel zijn, dat uittorent boven het strand en het casino. De helft van de kamers geniet namelijk van het mooie panorama. Een relaxerende passage in de wellness is ook zeker een aanrader.

SPA ET BIEN-ÊTRE · FONCTIONNEL Pour une chambre avec vue sur la mer (la moitié d'entre elles offrent ce panorama), direction cet hôtel fonctionnel qui domine la plage et le casino. Ne manquez pas non plus l'espace bien-être, la garantie d'un moment très relaxant.

108 kamers ⊡ – ▮75/250 € ▮▮110/270 € – 1 suite

Plattegrond: A1-t – *Kursaal Westhelling 5* – ☏ *059 80 66 11*
– www.andromedahotel.be

Upstairs

STADSHOTEL · INDUSTRIEEL Een vleugje New York in Oostende. Op een paar passen van het strand dompelt dit urban hotel u namelijk onder in een industriële en vintage sfeer. Het is jong, fris en trendy. Op zondag is er zelfs een brunch met DJ set! Verwacht dus geen luxe, maar een leuke overnachting en een interessante prijs-kwaliteitverhouding.

URBAIN · INDUSTRIEL Un air de New York à Ostende. A quelques pas de la plage, cet hôtel urbain vous plonge dans une atmosphère industrielle rétro, jeune et trendy. Le dimanche, brunch avec DJ ! Pour un séjour amusant en toute décontraction et avec un bon rapport qualité-prix.

95 kamers – †50/100 € ††70/120 €

Plattegrond: A1-c – *Hertstraat 15* – ℰ *059 46 66 66* – *www.upstairshotel.com*

Huyze Elimonica

LUXE · PERSOONLIJK CACHET Met zijn charmante belle époque-uitstraling is Huyze Elimonica een echte 'grande dame' in de koningin der badsteden. Filip en Marc richtten hun geklasseerde herenhuis in met oog voor detail, en ook het ontbijt is tot in de puntjes verzorgd.

LUXE · PERSONNALISÉ Au cœur de la fameuse cité balnéaire, cette maison de maître (1899) distille un charme très Belle Époque ! Filip et Marc en ont repensé l'aménagement avec un raffinement exquis – jusqu'au petit-déjeuner très soigné.

3 kamers ⌂ – †140 € ††155/165 €

Plattegrond: A2-d – *Euphrosina Beernaertstraat 39* – ℰ *0479 67 07 09*
– *www.elimonica.be*

OOSTKAMP
West-Vlaanderen – ✉ 8020 – Atlas n° **2**-C2

Laurel & Hardy

MARKTKEUKEN · KNUS XX Net als een goede mop van een komisch duo tovert de chef van deze lichte, moderne zaak een glimlach op uw gezicht. Hij doet dat met lekkere bereidingen die doordacht zijn, zonder te overdrijven, en bulken van versheid. Bij Stan's Bubbles & Wines kunt u terecht voor een goed glas en tapas.

CUISINE DU MARCHÉ · COSY XX A l'image de l'illustre duo comique, le chef de ce restaurant moderne parviendra à vous faire sourire, grâce à une délicieuse cuisine bien pensée, sans excès et débordant de fraîcheur. Au Stan's Bubbles & Wines, on peut déguster des tapas et un bon verre.

Lunch 26 € – Menu 39/49 € – Carte 53/63 €

Majoor Woodstraat 3 – ℰ *050 82 34 34* – *www.laurel-hardy.be* – *Gesloten woensdagavond en donderdag*

OOSTKERKE
West-Vlaanderen – ✉ 8340 – Damme – Atlas n° **2**-C1

Siphon

TRADITIONELE KEUKEN · RUSTIEK X De Siphon ontpopte zich door de jaren heen tot een bedevaartsoord voor palingeters. Hier trek je dan ook niet heen voor een intiem etentje, maar om paling of grillspecialiteiten te proeven in een kader dat gonst van de bedrijvigheid.

CUISINE TRADITIONNELLE · RUSTIQUE X On vient dans ce restaurant de la campagne flamande pour goûter la spécialité de la maison, les anguilles, ainsi que de bonnes grillades... le tout dans une atmosphère conviviale et animée.

Carte 22/77 €

Damse Vaart-Oost 1 (Zuid: 2 km) – ℰ *050 62 02 02* (*reserveren noodzakelijk*)
– *www.siphon.be* – *Gesloten eerste 3 weken februari, eerste week juli, eerste 2 weken oktober, zaterdag en zondag*

🏠 Het Oud Gemeentehuis 🏹 🦐 🚘 🅿️

HERBERG · GEZELLIG Oostkerke is een pittoresk polderdorpje met heel wat wit gekalkte huizen, maar achter de façade van dit hotel vindt u warme, charmante kamers. Ze behoren tot de beste van de streek! Het restaurant houdt het traditioneel.

AUBERGE · COSY À Oostkerke, charmant village de polder aux façades blanchies à la chaux, cet hôtel est une étape de choix : il renferme des chambres chaleureuses et bien tenues, parmi les meilleures de la région ! Restaurant traditionnel.

9 kamers ⚏ – †100/125 € ††110/135 €

Processieweg 1 – 𝒸 050 60 62 10

– www.hetoudgemeentehuis.be – Gesloten 3 weken januari en eerste week juli

OOSTMALLE

Antwerpen – ✉ 2390 – Malle – Atlas n° **4**-C2

🍴 Haute Cookure 🍴 ♿ 🆎 🍸 ⇄ 🅿️

MODERNE KEUKEN · ELEGANT XxX Een aperitiefje en wat fingerfood? Sla aan de ingang dan eerst rechtsaf, en ontdek wijnbar Vaccin. Vervolgens kunt u in het strakke, designvolle restaurant terecht voor een defilé van heerlijke gerechten. De chef laat uitgesproken smaken mooi samenspelen in gerechten die de laatste mode volgen.

CUISINE MODERNE · ÉLÉGANT XxX Pour un apéritif ou un en-cas, franchissez la porte, puis dirigez-vous à droite, pour découvrir le bar à vins Vaccin. Vous pourrez ensuite apprécier un véritable défilé de délicieux mets. Les saveurs se répondent dans une cuisine diablement tendance !

Lunch 40 € – Menu 50/99 € – Carte 65/95 €

Herentalsebaan 26 – 𝒸 03 322 94 20

– www.hautecookure.be – Gesloten kerstvakantie, 1 week paasvakantie, zaterdagmiddag, woensdag en zondag

OPGLABBEEK

Limburg – ✉ 3660 – Oudsbergen – Atlas n° **5**-C2

🌸🌸 Slagmolen (Bert Meewis) 🕸 ⇄ 🏠 🆎 ⇄ 🅿️

TRADITIONELE KEUKEN · LANDELIJK XxX Een authentieke watermolen waarvan de machinerie zichtbaar is in de elegante eetzaal, en daarachter een prachtig terras in het groen geflankeerd door een paar luxekamers ... Deze Slagmolen is een en al charme! Maar de echte verleiding komt hier in de vorm van traditionele gerechten die Bert Meewis op het bord tovert. Hij laat u vanouds smullen van rijke gerechten die zowel genereus als verfijnd zijn.

De product- en sauzenkennis van chef Meewis zijn absolute troeven. Indien u bijvoorbeeld Bressekip of Anjouduif neemt, dan kan u rekenen op een product van uitzonderlijke kwaliteit en een krachtige jus die heel het gerecht naar boven tilt. Zijn keuken is niet licht, maar zeer smaakvol. Zoals de dame blanche, à la minute gedraaid en o zo smeuïg. Heerlijk! En opteert u om à la carte te kiezen, dan mag u er zeker van zijn dat de porties groter zijn dan in het menu. Het zijn dergelijke zaken die van de Slagmolen een toonbeeld maken van klassiek genieten. Wees maar zeker: hier eet u uw buik helemaal rond!

→ Slaatje van kreeft met appel. Zeetong met tapijtschelpen en handgepelde garnalen. Eigenwijze dame blanche.

CUISINE TRADITIONNELLE · CHAMPÊTRE XxX Un moulin à eau authentique dont on peut encore voir le mécanisme dans l'élégante salle à manger, ainsi qu'une jolie terrasse au vert que complètent plusieurs chambres de luxe... Slagmolen, c'est le charme à l'état pur ! Mais son plus gros atout est sa cuisine traditionnelle signée Bert Meewis. Il régale avec une cuisine riche, aussi généreuse que raffinée.

La connaissance des produits et des sauces dont témoigne le chef Meewis est inestimable. Prenez par exemple le poulet de Bresse ou le pigeon d'Anjou. Vous goûterez un produit d'une qualité exceptionnelle et un jus puissant qui sublime l'ensemble du plat. Sa cuisine n'est pas légère, mais extrêmement savoureuse, comme la dame blanche, préparée sur commande et si onctueuse. Un délice ! Et si vous optez pour un choix à la carte, sachez que les portions sont plus amples qu'avec le menu. Voilà pourquoi Slagmolen résume tous les plaisirs de la tradition à lui seul. Et soyez-en assuré : vous ne repartirez pas l'estomac creux !

Lunch 60 € – Menu 115/135 € – Carte 110/160 €

4 kamers ☐ – †175/195 € ††175/195 €

Molenweg 177 (Oost: 3 km) – ℰ 089 85 48 88 – www.slagmolen.be – Gesloten 23 december-9 januari, 21 tot 27 april, 30 mei, 10 juni, 6 tot 30 augustus, 1 week oktober, zaterdagmiddag, dinsdag en woensdag

OPWIJK
Vlaams-Brabant – ✉ 1745 – Atlas n° **6**-A2

⇱○ **a'Muze**
MODERNE KEUKEN · HEDENDAAGSE SFEER ⅩⅩ Vertoeft u graag in een decor dat zowel chic als trendy is? Geniet u van gerechten die goed doorsmaken, waarin alle ingrediënten zorgvuldig worden verenigd? Dan is dit restaurant een uitgelezen plek voor amusement.

CUISINE MODERNE · CONTEMPORAIN ⅩⅩ Un décor aussi chic que tendance, qu'en dites-vous ? Est-ce que des préparations pétillantes, réalisées avec soin et basées sur des ingrédients savoureux seraient à même de vous séduire ? Si oui, courez visiter ce restaurant : vos papilles vous en seront reconnaissantes.

Menu 30/40 € – Carte 58/69 €

Gasthuisstraat 12 – ℰ 052 35 35 36 – www.a-muze.be – Gesloten zaterdagmiddag, dinsdag en woensdag

OUDENAARDE
Oost-Vlaanderen – ✉ 9700 – Atlas n° **3**-B3

⇱○ **Wine & Dine**
TRADITIONELE KEUKEN · BISTRO Ⅹ Een oud herenhuis restylen en contemporain inrichten, moet met smaak en respect voor het pand gebeuren. Weet u niet hoe? Spring hier dan zeker eens binnen, en geniet ondertussen van een lekkere traditionele maaltijd. Pas op: de hoofdgerechten zijn zeer genereus, al zal de charmante gastvrouw u dat ook wel vertellen.

CUISINE TRADITIONNELLE · BISTRO Ⅹ Maison de maître ancienne modernisée avec respect pour offrir un décor contemporain. Un bon repas traditionnel. La sympathique patronne a du flair, et vous préviendra que les plats sont servis très généreusement...

Carte 51/68 €

Hoogstraat 34 – ℰ 055 23 96 97 – www.wine-dine.be – Gesloten 19 februari-5 maart, laatste week van juli-eerste twee weken van augustus, feestdagen, zondag en maandag

🏠 **Hostellerie La Pomme d'Or**
HERBERG · KLASSIEK Een tweede jeugd voor dit historische poststation, een van de oudste van België (1484), met uitzicht op de Markt en het mooie stadhuis. Prettige kamers. Chique bistro in neoretrostijl (lambrisering, glas-in-lood, parket, stijlmeubelen). Restaurant met aangenaam terras.

AUBERGE · CLASSIQUE Seconde jeunesse pour ce relais historique – l'un des plus vieux du pays (1484) – tourné vers le Markt et son bel hôtel de ville. Chambres avenantes. Bistrot néo-rétro chic (boiseries, vitraux, parquet, sièges de style), restaurant avec belle terrasse.

12 kamers – †70/75 € ††80/110 € – ☐ 15 €

Markt 62 – ℰ 055 31 19 00 – www.pommedor.be

VLAANDEREN · FLANDRE

⌂ De Zalm ⌂ ☝ ⊡ AC � ⌁

HERBERG · HEDENDAAGS Dit hotel staat naast het schitterende raadhuis (1530). Goed onderhouden kamers, modern ingericht. Balken, lambrisering, kaarsluchters en open haard geven het restaurant een warme sfeer. Traditionele keuken.

AUBERGE · CONTEMPORAIN Établissement voisinant avec le superbe hôtel de ville (1530). Chambres bien tenues, décor contemporain. Poutres, lambris, lustres-bougies et cheminée réchauffent l'atmosphère du restaurant. Cuisine bourgeoise.

9 kamers ☲ – ♦100/120 € ♦♦140/160 € – ½ P

Hoogstraat 4 – ℰ 055 31 13 14 – www.hoteldezalm.be – Gesloten 24 tot 31 december en 11 juli-4 augustus

OUD-HEVERLEE
Vlaams-Brabant – ⊠ 3050 – Atlas n° **6**-C2

⫶○ Spaans Dak ⅏ ⌂ ⇔ P

CREATIEF · DESIGN ※※ Gewoonweg heerlijk, het zicht dat men in dit 16de-eeuws landhuis heeft op de vijvers van het Zoet Water. Dankzij de moderne aanbouw kan men er vandaag nog beter van genieten, al is het designinterieur eveneens zeer knap. De keuken is modern en zeer bewerkt, de afwisseling van smaken creëert veel voldoening.

CUISINE CRÉATIVE · DESIGN ※※ Tout simplement magnifique, la vue que ce manoir du 16e s. offre sur les étangs du Zoet Water ! Grâce à l'annexe moderne, on peut encore mieux en profiter, d'autant que l'intérieur design est également attractif. Dans l'assiette, l'alternance de goûts procure beaucoup de plaisir.

Lunch 42 € – Menu 66 € – Carte 65/98 €

Maurits Noëstraat 2 (aan het Zoet Water, Zuidwest: 3 km) – ℰ 016 47 33 33 – www.spaansdak.be – Gesloten maandag, dinsdag en na 20.30 u.

OUD-TURNHOUT
Antwerpen – ⊠ 2360 – Atlas n° **4**-C2

⫶○ Bistro Vin Perdu ⌂ AC P

MARKTKEUKEN · DESIGN ※※ Het mag geen verrassing zijn: in deze moderne bistro - met gezellig terras - kunt u rekenen op een mooie selectie wijnen, ook per glas. De gerechten zijn lekker eigentijds, op basis van uitstekende producten.

CUISINE DU MARCHÉ · DESIGN ※※ Que ce soit dans la salle contemporaine ou en terrasse, partez à la découverte de la cuisine contemporaine que propose ce bistro. Belle sélection de vins, également au verre.

Lunch 25 € – Menu 49 € – Carte 40/66 €

Steenweg op Mol 114 – ℰ 014 72 38 10 – www.vinperdu.be – open tot 00.00 u. – Gesloten zaterdagmiddag, zondag en maandag

OUWEGEM
Oost-Vlaanderen – ⊠ 9750 – Kruisem – Atlas n° **3**-B3

⌘ Benoit en Bernard Dewitte ⅏ ⇔ P

FRANS MODERN · GEZELLIG ※※※ De sfeervolle villa van de broers Dewitte is landelijk gedecoreerd en mooi verbonden met de prachtige tuin. Wat een setting! Chef Benoit brengt hier een fijne versie van de moderne keuken, gestoeld op topproducten wiens smaken heerlijk met elkaar nuanceren. Een opmerkelijke kookstijl die keer op keer verleidt.

→ Zeebarbeel met koolrabi en dille. Rib eye uit Galicië met miso, aubergine en komkommer. Abrikoos met honing, rozemarijn en tijm.

CUISINE FRANÇAISE MODERNE · CONVIVIAL ※※※ La villa cosy des frères Dewitte est décorée dans un style campagnard, en parfaite adéquation avec le magnifique jardin. Quel cadre ! Chef Benoit propose ici une cuisine moderne et subtile, basée sur des produits de top qualité, avec de jolies nuances de goûts. Des préparations remarquables, qui font mouche à tous les coups.

Lunch 54 € – Menu 100/105 € ♀ – een enkel menu

Beertegemstraat 52 – ℰ 09 384 56 52 (reserveren aanbevolen) – www.benoitdewitte.be – Gesloten dinsdagmiddag, zondag, maandag en na 20.30 u.

Vlaams-Brabant – ⊠ 3090 – Atlas n° **6**-C2

Zie plattegrond Brussel

🕄 **Alain Bianchin**　　　🏡 🍽

FRANS MODERN · ELEGANT XX Alain Bianchin etaleert zijn ervaring en vakkennis in dit verzorgd restaurant. Hij werkt graag met paddenstoelen om heerlijke harmonieën van klassieke finesse en modernere smaakcontrasten te creëren. Zijn gerechten zijn niet te ingewikkeld, maar de smaken zijn telkens raak. Het mooi aanbod maakt kiezen hier zeer moeilijk!

→ Zalmforel met verjus en appel. Gegrilde duif met kruidenjus, mousseline van wortel en citroentijm, rabarber-hibiscuschutney. Aardbeien met crémeux van chocolade, amandel en yoghurtroomijs.

CUISINE FRANÇAISE MODERNE · ÉLÉGANT XX Alain Bianchin fait montre de son expérience et de son savoir-faire dans ce restaurant élégant. Il aime utiliser des champignons pour créer de délicieuses harmonies, combinant la finesse classique au contraste de goûts plus modernes. Ses mets ne cherchent pas la complication, et c'est délicieux.

Menu 44/120 € – Carte 94/132 €

Plattegrond: 8J6-m – *Brusselsesteenweg 663 (in Jezus-Eik, Noordwest: 4 km)* – ✆ 02 657 67 88

– www.alainbianchin.be – Gesloten 25 december, 1 tot 5 januari, 5 tot 9 maart, 28 mei-1 juni, 27 augustus-7 september, 12 tot 14 november, zaterdagmiddag, zondag en maandag

🍽 **Le Chalet du Lac**　　　🏡 🅿

BELGISCH · BISTRO XX Een tafel in de veranda of op het terras is hier een must, want het zicht op het meer van Genval is fantastisch! In deze goed geoliede brasserie worden klassiekers van het genre met kennis bereid. Kiest u fish and chips maison met tartaarsaus of een eenvoudigere worst met stoemp; het zal smaken!

CUISINE BELGE · BISTRO XX Si possible, installez-vous dans la véranda ou sur la terrasse : la vue sur le lac de Genval est tout simplement fantastique ! Dans cette brasserie bien rodée, les classiques du genre sont préparés dans les règles de l'art. Fish and chips maison accompagné d'une sauce tartare, ou une simple saucisse avec un stoemp : dans tous les cas, vous allez vous régaler.

Carte 29/64 €

Meerlaan 227 – ✆ 02 688 00 10

– www.lechaletdulac.be – Gesloten dinsdag en woensdag

Limburg – ⊠ 3900 – Pelt – Atlas n° **5**-B1

🏠 **De Floreffe**　　　🕭 🛏 🚲 ♿ 🅰 🍽 🅿

FAMILIAAL · KLASSIEK 's Ochtends bij het uitgebreide ontbijtbuffet waant u zich even in een groot tophotel, maar de persoonlijke toewijding waarmee de gastvrouw u ontvangt, verraadt de charme van een B&B. De kamers achteraan zijn het rustigst. Het restaurant is voorbehouden voor de gasten.

FAMILIAL · CLASSIQUE La propriétaire vous reçoit en ami et cela fait tout le charme de sa maison d'hôtes... Et en goûtant au copieux petit-déjeuner, on se croirait dans un grand hôtel de luxe : l'art de l'accueil, indéniablement. Préférez les chambres sur l'arrière, plus au calme. Le restaurant est réservé aux hôtes.

10 kamers ⌓ – ♦70 € ♦♦95/105 €

Lindelsebaan 248 – ✆ 011 81 83 00

– www.defloreffe.be

PAAL

Limburg – ✉ 3583 – Beringen – Atlas n° **5**-A2

O-lit

FAMILIAAL · ELEGANT De rust van de prachtige omgeving en de kwaliteit van de bedden nodigen uit om meteen onder de dekens te duiken, maar geniet zeker ook van deze oude boerderijwoning. Authentieke elementen zoals smeedijzeren ramen en bakstenen muren smelten mooi samen met het sober modern interieur. De familiale sfeer komt er gratis bovenop.

FAMILIAL · ÉLÉGANT Tout y est : un environnement paisible, des lits de qualité qui invitent immédiatement au sommeil, un charme authentique – fenêtres dans des châssis en fonte, murs en briques – épousant parfaitement le reste du décor, moderne et sobre... sans oublier l'ambiance familiale, qui permet de se sentir chez soi.

4 kamers ⌫ – †85/120 € ††105/140 €

Meldertsesteenweg 220 – ☏ 011 41 51 10
– www.o-lit.be

De PANNE

West-Vlaanderen – ✉ 8660 – Atlas n° **2**-A2

✿✿ **Hostellerie Le Fox** (Stéphane Buyens)

FRANS CREATIEF · ELEGANT XxX Wilt u proeven van de geneugten van de Noordzee? Dan moet u in een zijstraat van de zeedijk van De Panne zijn. U ontdekt er Le Fox, waar de elegantie van het decor en de flair waarmee men u bedient – ook de chef komt wel eens in de zaal – de klasse van deze zaak aantonen. Chef Stéphane Buyens staat bekend als een vurige verdediger van streekproducten. Hij kan dan ook werken met vis dat recht uit de boot komt. Met klassiek vakmanschap en een paar familierecepten weet hij hen te laten schitteren in gerechten met persoonlijkheid.

Zo stoomt hij een prachtige moot zeebaars haast in de perfectie, tot de vis al zijn smaken vrijgeeft. In de kruiden- en tomatensalsa die erbij komt, verwerkt hij dan weer watermeloen om voor een frisse toets te zorgen. Het zijn dergelijke finesses die de fantastische lekkernijen uit de zee in de verf zetten.

Om deze ervaring en uw uitstap naar zee volledig te maken, mag een overnachting in een van de aangename kamers tenslotte niet ontbreken.

→ Toast canibale van langoustines en kaviaar. Tarbot in broodkorst met een beurre nantais. Crêpe normande met calvados.

CUISINE FRANÇAISE CRÉATIVE · ÉLÉGANT XxX Si vous vous sentez l'envie de goûter aux plaisirs de la mer du Nord, vous trouverez votre bonheur dans cette rue qui donne sur la digue de La Panne. Vous y trouverez Le Fox, où l'élégance du décor et le service prévenant (le chef fait même quelques apparitions en salle) dénotent immédiatement le niveau de l'établissement. Le chef Stéphane Buyens est un ardent défenseur réputé des produits régionaux. Il travaille également le poisson, tout droit débarqué du bateau. Il ajoute son savoir-faire classique et plusieurs recettes familiales pour les sublimer avec beaucoup de personnalité.

Par exemple, il cuit une superbe darne de bar à la vapeur à la perfection, jusqu'à ce que le poisson libère toutes ses saveurs. A la sauce à base de légumes et de tomates qui l'accompagne, il ajoute du melon, pour offrir une touche de fraîcheur. Des raffinements qui aiguisent les saveurs extraordinaires des délices de la mer.

Lunch 59 € – Menu 55/115 € – Carte 85/165 €

11 kamers ⌫ – †145/165 € ††195/220 € – ½ P

Walckierstraat 2 – ☏ 058 41 28 55
– www.hotelfox.be – Gesloten 27 januari-7 februari, 23 april-2 mei,
1 tot 17 juli, 1 tot 16 oktober, maandagavond, dinsdag en woensdag

VLAANDEREN · FLANDRE

☺ Au Filet de Sole 🛖

MARKTKEUKEN · GEZELLIG Ⅹ Claude en Sylvie baten dit persoonlijk kustrestaurantje met hun tweetjes uit. Zij in de zaal, hij achter het fornuis. U hebt de keuze uit twee menu's om zijn lekkere marktkeuken te ontdekken. De chef gaat verder dan de klassieke zeetongbereidingen en durft wel eens met modernere, soms internationale bereidingen uit de hoek te komen.

CUISINE DU MARCHÉ · CONVIVIAL Ⅹ Les patrons Claude et Sylvie se partagent les tâches : elle en salle, lui aux fourneaux. Vous découvrirez leur savoureuse cuisine de marché à travers deux formules. Un répertoire qui ne se limite pas à la classique sole et qui n'hésite pas à y ajouter quelques touches plus modernes, voire internationales.

Lunch 22 € – Menu 37/65 € – Carte 39/62 €

Walckierstraat 8 – 𝒞 058 41 16 80
– www.aufiletdesole.be – Gesloten 7 tot 18 januari, 13 tot 25 mei, 7 tot 25 oktober, dinsdag behalve schoolvakanties, woensdag en na 20.00 u.

ⅠⅠ○ La Coupole 🛖 AC

VIS EN ZEEVRUCHTEN · GEZELLIG ⅩⅩ La Coupole is al sinds 1989 een vaste waarde. De sfeer is er ongedwongen en trendy, het is hier gezellig tafelen. Kreeft en vis zijn specialiteiten van het huis en worden geleverd door de broer van chef Bonnez, een kwaliteitsgarantie. Ook de wijn, vooral uit Chili en Californië, verdient zeker een vermelding.

POISSONS ET FRUITS DE MER · CONVIVIAL ⅩⅩ La Coupole est une valeur sûre depuis 1989. On aime s'y attabler dans une atmosphère décontractée et trendy. Les spécialités de homard et poisson sont servies par le frère du chef Bonnez, gage de qualité. À noter : d'excellents vins chiliens et californiens.

Lunch 18 € – Menu 28/65 € – Carte 42/73 €

Nieuwpoortlaan 9 – 𝒞 058 41 54 54
– www.la-coupole.be – Gesloten eerste 2 weken december, eerste week februari, tweede week juni, laatste week september , donderdag en vrijdag behalve schoolvakanties

---

De selectie van deze gids wordt beter dankzij u: uw ontdekkingen en commentaren interesseren ons. Laat ons uw tevredenheid of ontgoocheling weten, en schrijf naar guidemichelingids@michelin.com.

🏠 Villa Select 🏠 ☂ ☜ ⬚ 🌀 🛁 ☐ ⅙ 🛎 🚗

HISTORISCH PAND · AAN ZEE Van een selecte villa gesproken: dankzij de locatie aan de dijk is de zee vanuit de meeste kamers en de ontbijtruimte te bewonderen. Het zwembad en de sauna zijn dan weer heerlijk om een wandeling op de dijk af te sluiten. Dit sierlijke hotel wordt al decennialang door dezelfde familie geleid en heeft alles in huis voor een top verblijf.

DEMEURE HISTORIQUE · BORD DE MER Nous voici dans une villa élégante : sa situation sur la digue permet d'admirer la mer de la plupart des chambres et de la salle du petit-déjeuner. La piscine et le sauna concluent agréablement une promenade sur la digue. Cet hôtel séduisant est tenu par la même famille depuis plusieurs décennies et réunit tous les ingrédients d'un séjour raffiné.

12 kamers ⌷ – 🛇100/250 € 🛇🛇150/300 € – ½ P

Walckierstraat 7 – 𝒞 058 42 99 00
– www.hotelvillaselect.be – Gesloten 6 januari-1 februari, 23 juni-3 juli en 14 tot 24 oktober

⌂ Escale ⟨ ⊡ **P**

FAMILIAAL · PERSOONLIJK CACHET Een heerlijke rustplaats langs de dijk. U overnacht hier in een mooie kamer die is gedecoreerd met Belgische kunstwerken – opteer voor een kamer aan de voorzijde – en 's morgens ontbijt u met een prachtig zicht op strand en zee. Voor goed uitgeruste kamers kunt u ook terecht in de annexe, hotel Villa Anita.

FAMILIAL · PERSONNALISÉ Vive les bains de mer ! Pour une jolie escale au bord de la plage, des chambres décorées d'œuvres d'artistes belges – celles à l'avant offrent une pleine vue sur les flots, tout comme la salle du petit-déjeuner. A l'hôtel Villa Anita, l'annexe, les chambres sont agréables.

11 kamers ☐ – ⋔70/140 € ⋔⋔80/180 €

Zeedijk 73 – ℰ 058 42 00 43 – www.hotelescale.be

PEER
Limburg – ⊠ 3990 – Atlas n° **5**-B1

� L'Uno Coll'Altro 🍴 🏠 ⅋ ⇄ **P**

ITALIAANS · GEZELLIG ✕✕ Het markante interieur brengt u meteen in de sfeer voor een ongekunstelde Italiaanse maaltijd. Geen vaste kaart -behalve de lunchkaart- maar suggesties met vondsten van de markt.

CUISINE ITALIENNE · CONVIVIAL ✕✕ Cuisine transalpine servie dans une vaste salle italianisante. Pas de carte, sauf la petite carte du midi, mais savoureuses suggestions du marché.

Lunch 36 € – Menu 35/50 € – Carte 44/65 €

B&B Sogni D'Oro, Bomerstraat 22 – ℰ 011 63 71 78 – www.lunocollaltro.be
– Gesloten 23 december-6 januari, 26 augustus-13 september,
zaterdagmiddag, maandag, dinsdag en woensdag

⌂ Casa Ciolina 🍴 ⊠ 🅿 🏠 🚲 ⅋ **P**

HERBERG · PERSOONLIJK CACHET Deze oude boerderij is nu een sfeervol en warm gastenverblijf. Prima ontvangst, kamers met een eigen karakter, cocooning ambiance, binnenplaats vol groen en wellness.

AUBERGE · PERSONNALISÉ Ancienne ferme réaménagée avec bonheur et maison d'hôtes d'un genre très chaleureux. Accueil impec, chambres personnalisées, ambiance "cocooning", belle cour-jardin et wellness.

6 kamers ☐ – ⋔139/200 € ⋔⋔189/200 €

Zavelstraat 17 (in Kleine-Brogel, Noord: 6 km) – ℰ 011 72 40 24
– www.casaciolina.be

⌂ Factorij 10 🏠 🚲 & 🄰🄲 ⅋ 🛁 **P**

FAMILIAAL · GROTE LUXE Genieten, dat staat centraal in deze voormalige sigarenfabriek. Het is prachtig gerenoveerd met heel wat natuurlijke elementen, zoals hout, en ademt luxe uit. Het interieur is puur, de omgeving groen en rustgevend. Wandelaars en fietsers kunnen er hun hartje ophalen, en achteraf afsluiten in de heerlijke wellness.

FAMILIAL · GRAND LUXE Le plaisir : voilà pourquoi on visite cette ancienne fabrique de cigares. Elle a été magnifiquement rénovée avec beaucoup d'éléments naturels, comme le bois, et l'ensemble respire le luxe. L'intérieur est pur, l'environnement vert et paisible. Promeneurs et cyclistes y trouvent leur bonheur, et peuvent se reposer avec une visite au magnifique espace bien-être.

6 kamers ☐ – ⋔100/110 € ⋔⋔120/130 €

Spoorwegstraat 14 – ℰ 0498 50 33 85 – www.factorij10.be

⌂ Sogni D'Oro 🔑 🐾 🍴 🄰🄲 ⅋ 🛏 **P**

HERBERG · BIJZONDER Neobarok maison d'hôtes met rustige, romantische kamers die elk hun eigen sfeer hebben. Serre en terras om te ontbijten; siertuin.

AUBERGE · ORIGINAL Maison d'hôtes néo-baroque où vous passerez des nuitées calmes dans des chambres romantiques personnalisées. Véranda et terrasse utilisées au petit-déj' ; jardin d'apparat.

5 kamers ☲ – ♦110 € ♦♦110/160 €

Bomerstraat 24 – ✆ 011 63 71 78 – www.lunocollaltro.be
– Gesloten 23 december-6 januari, 26 augustus-13 september,
zaterdagmiddag, maandag, dinsdag en woensdag
L'Uno Coll'Altro – Zie restaurantselectie

PERK
Vlaams-Brabant – ✉ 1820 – Steenokkerzeel – Atlas n° **6**-B2

🍴○ **Green Room**

FRANS MODERN · KNUS 🍽 Het gezellige interieur en het mooie zicht dat het terras op het groen biedt, zorgen voor een eerste verrassing. En dan komt de wijnkaart ... Een topper! De combinatie met de afgewogen smaken van de eigentijdse gerechten is heerlijk.

CUISINE FRANÇAISE MODERNE · COSY 🍽 L'intérieur élégant et la belle vue sur la verdure depuis la terrasse constituent la première surprise. Puis vient la carte des vins... remarquable ! Ajoutez-y les saveurs équilibrées d'une cuisine contemporaine... Un délice, tout simplement.

Lunch 35 € – Menu 38 € – Carte 49/61 €

Vilvoordsesteenweg 82 – ✆ 02 303 44 41 – www.greenroom.be
– Gesloten 1 tot 9 januari, 15 tot 30 augustus, zaterdagmiddag, zondagavond,
maandag en dinsdag

POPERINGE
West-Vlaanderen – ✉ 8970 – Atlas n° **2**-A3

🍴○ **Pegasus**

FRANS MODERN · KLASSIEK 🍽🍽 Het gevleugelde paard der dichters markeert de ingang van die 18de-eeuws herenhuis. Geef uw ogen de kost aan het klassieke interieur, maar focus vooral op de uitgebreide kaart. Evenwichtige gerechten zijn het resultaat van kwaliteitsproducten in actuele combinaties, en zouden ook u wel eens vleugels kunnen geven.

CUISINE FRANÇAISE MODERNE · CLASSIQUE 🍽🍽 Pégase prend son envol devant l'entrée de ce restaurant occupant une magnifique demeure du 18e s. Tout en vous imprégnant du décor classique (lambris, carrelages anciens), plongez-vous dans l'exploration de la carte : on y trouve une cuisine variée et équilibrée, qui utilise toujours des produits de qualité. Belle terrasse.

Lunch 38 € – Menu 45/90 € – Carte 70/119 €

Hotel Recour, Guido Gezellestraat 7 – ✆ 057 33 57 25 – www.pegasusrestaurant.be
– Gesloten paasvakantie, laatste week juli, kerstvakantie, zondag, maandag en na
20.30 u.

🍴○ **Amfora**

KLASSIEKE KEUKEN · FAMILIAAL 🍽 Het verleidelijke Amfora verwent u heel de dag lang. In het restaurant gebeurt dat met herkenbare klassieke gerechten en lokale specialiteiten die copieus worden geserveerd. 's Namiddags kunt u er terecht voor een vieruurtje. En als uw buikje vol is, kunt u boven genieten van kamers die met zorg worden onderhouden.

CUISINE CLASSIQUE · FAMILIAL 🍽 Chez Amfora, vous serez choyé du matin au soir. Restaurant purement classique... et c'est tant mieux ! Plats reconnaissables, belles spécialités locales, portions copieuses ; et lorsque votre ventre sera rempli, vous pourrez monter profiter de l'une des chambres, entretenues avec beaucoup de soin.

Lunch 16 € – Menu 50 € – Carte 33/69 €

10 kamers – ♦75 € ♦♦85/95 € – ☲15 €

Grote Markt 36 – ✆ 057 33 94 05 – www.hotelamfora.be – Gesloten eind
november-begin december, dinsdag en woensdag

🏠 Recour   🌿 🛎 🕸 🎐 ✦ AC 🛋 🚗

LUXE · PERSOONLIJK CACHET Dit 18de-eeuwse herenhuis is nu een sfeervol hotel met een geslaagde mix van klassiek en modern. Alle vertrekken staan vol snuisterijen en antieke voorwerpen, achteraan vindt u een moderne bijbouw met strak ingerichte kamers en hightech wellnessfaciliteiten.

LUXE · PERSONNALISÉ Maison de notable du 18e s. transformée en hôtel cosy alliant classicisme et bon goût contemporain. Chambres et communs soignés, parsemés de bibelots et d'objets anciens et sur l'arrière une annexe moderne vous propose des chambres design et un espace bien-être hightech.

19 kamers – ♦95/250 € ♦♦95/250 € – ➾ 25 € – ½ P

Guido Gezellestraat 7 – ☏ 057 33 57 25 – www.pegasusrecour.be

Pegasus – Zie restaurantselectie

🏠 Manoir Ogygia   🌿 ⚓ 🛎 ⌦ 🛎 ✦ 🌿 **P**

LUXE · KLASSIEK Charmant hotel in een ommuurd park dat is ondergebracht in een kasteeltje en een landhuis. De persoonlijke inrichting van de kamers is er prachtig, het diner (op reservatie) in het kasteeltje lekker en het verwarmde zwembad (met lounge) in de tuin gewoonweg heerlijk. Een verblijf bij Manoir Ogygia, dat is verwennerij!

LUXE · CLASSIQUE Dans un parc clos, cet hôtel charmant se répartit entre un petit château ancien et un manoir, plus récent. Magnifique décoration personnalisée dans les chambres, bon dîner au château, irrésistible piscine chauffée (avec lounge) dans le jardin... Un vrai bonheur !

10 kamers ➾ – ♦130/210 € ♦♦160/230 €

Veurnestraat 108 – ☏ 057 33 88 38 – www.ogygia.be – Gesloten 1 tot 12 januari, 24 juni-6 juli

PUTTE
Antwerpen – ✉ 2580 – Atlas n° **4**-B3

🍴 Bacchus   🎴 AC

FRANS KLASSIEK · FAMILIAAL X Bij Bacchus koken chefs – vader en zoon! – die met hun vak bezig zijn. Dat zult u merken aan de kwaliteit van de producten, de zorg waarmee de klassieke gerechten worden bereid en de precisie van de smaken. In deze familiezaak zit u goed.

CUISINE FRANÇAISE CLASSIQUE · FAMILIAL X Les chefs de cet établissement familial – père et fils! – sont complètement voués à leur métier. On le remarque à la qualité des produits, au soin avec lequel ils concoctent leurs préparations classiques et à la précision des saveurs. Bacchus nous tend les bras : cela ne se refuse pas !

Menu 38 € – Carte 47/61 €

Mechelbaan 306 – ☏ 015 25 33 53 – www.restaurant-bacchus.be – Gesloten zaterdagmiddag, dinsdag en woensdag

RAMSKAPELLE
West-Vlaanderen – ✉ 8301 – Knokke-Heist – Atlas n° **2**-C1

🍴 't Kantientje   🐝 🎴 ✦ AC

TRADITIONELE KEUKEN · GEZELLIG XxX Dominique Pille roert al meer dan 20 jaar in de potten van zijn eigen kantientje, waar hij nu de hulp krijgt van zijn zoon. De keuken is puur ambachtelijk en traditioneel, met een voorkeur voor vis. Interessante, goed gevulde wijnkaart waaronder heel wat toppers. Deze chique zaak, met knap terras, is een zekerheid.

CUISINE TRADITIONNELLE · CONVIVIAL XxX Dominique Pille œuvre depuis plus de 20 ans déjà aux fourneaux de 't Kantientje, avec désormais l'aide de son fils ; ils concoctent une cuisine "tradition" très artisanale, avec un goût prononcé pour le poisson. La carte des vins est intéressante et bien fournie, avec de nombreux classiques, et l'on peut déguster plats et bons crus sur la belle terrasse... Bref, une valeur sûre !

Carte 50/102 €

Ramskapellestraat 61 – ☏ 050 60 54 11 – www.kantientje.be – Gesloten 14 januari-9 februari, 1 tot 11 juli, maandag en dinsdag

🍴 De Kruier

KLASSIEKE KEUKEN · LANDELIJK 🌿 Wat een plaatje: in de schaduw van een witte molen uit 1897 ligt dit karaktervolle, rustieke restaurant naast een mooi onderhouden tuin. Bij de broers Callant kunt u rekenen op een eerlijke Belgische keuken, een perfecte cuisson en verse producten. Pas op: hier zijn geen menu's.

CUISINE CLASSIQUE · CHAMPÊTRE 🌿 Une vraie carte postale: à l'ombre d'un moulin de 1897, au bord d'un joli jardin, se trouve cet agréable restaurant rustique. Vous pouvez compter sur les frères Callant pour réaliser une délicieuse cuisine belge, soignée et fraîche. Attention: pas de menus.

Carte 40/104 €

Ramskapellestraat 66 – ☎ 050 51 53 13 – www.kruier.be – Gesloten dinsdag en woensdag

🏠 Huyshoeve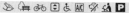

LANDHUIS · HEDENDAAGS U voelt zich meteen thuis op deze hoeve, waar u met open armen wordt ontvangen. Het comfort is modern, de sfeer romantisch en de omgeving o zo rustgevend. Het hotelletje ligt buiten de toeristische drukte, maar op een korte rit van de kust. Met de elektrische fiets, te huur bij het hotel, bent u er meteen.

MAISON DE CAMPAGNE · CONTEMPORAIN On se sent chez soi dans cette ferme romantique et accueillante, qui a su se doter de tout le confort moderne. La situation est idéale, à l'écart de l'agitation touristique. Envie de voir la côte ? Louez un vélo électrique à l'hôtel, la mer est toute proche.

14 kamers 🛏 – 🛏115/165 € 🛏🛏135/165 €

Spelemanstraat 154 – ☎ 050 51 51 25 – www.huyshoeve.com

🏠 Knotwilgenhoeve

LANDHUIS · KLASSIEK Enkel polders omgeven dit B&B, u kunt hier dus echt genieten van rust. Al is een verblijf met de kinderen zeker ook aan te raden: de klassieke kamers zijn zeer ruim, hebben allemaal een terras en in de weide staan dieren te grazen.

MAISON DE CAMPAGNE · CLASSIQUE La tranquillité est au rendez-vous dans ce B&B au milieu des polders. On y trouve des chambres classiques très spacieuses et disposant d'une terrasse, ainsi qu'une prairie où broutent des animaux... les enfants seront ravis !

6 kamers 🛏 – 🛏100 € 🛏🛏100 €

Jonckheerestraat 44 – ☎ 050 51 54 55 – www.knotwilgenhoeve.be

REET

Antwerpen – ✉ 2840 – Rumst – Atlas n° **4**-A3

🌸🌸 Pastorale (Bart De Pooter)

CREATIEF · MINIMALISTISCH 🌿🌿🌿 Pastorale beroert zowel de smaakpapillen als het oog. Kunst hult het stijlvolle decor in een bijzondere sfeer, de typische houtsculptuur van Arne Quinze komt hier volledig tot zijn recht. Het is een eye-catcher, net als het standbeeld in de rustgevende tuin. Chef Bart De Pooter toont zijn kunstzinnig kantje door de borden zeer mooi te dresseren. Het water loopt u meteen in de mond!

De technische beheersing van de chef laat hem toe zijn creativiteit bot te vieren. Hij werkt graag met verschillende aroma's en textuurvariaties die hij op één lijn weet te krijgen. De kwaliteit van het vlees waarmee hij werkt is indrukwekkend. Dat toont hij aan met zijn bereiding van duif, een signatuurgerecht. Hij combineert het perfect rosé gebraden vlees, met de korst mooi goudbruin gebakken, onder meer met gerookte jasmijn en kumquat. De smaken zijn nogal complex, maar het evenwicht van de bereiding maakt het zo gemakkelijk om er van te genieten! De aandacht voor groenten (speciaal vegetarisch menu) is eveneens een meerwaarde, net als het grote aanbod wijnen per glas. Hoezo, koken is geen kunst?

→ Gekonfijte oosterscheldekreeft met houtskoololie, tomaat en watermeloen. Zeetong op de graat gegaard met grijze garnalen, peterselie en spinazie. Witte chocolade met rabarber, yoghurt en kruiden.

CUISINE CRÉATIVE · ÉPURÉ XxxX Pastorale, c'est le plaisir des papilles autant que celui des yeux. Un décor de style, orné d'œuvres d'art qui créent une atmosphère particulière. La sculpture en bois d'Arne Quinze occupe judicieusement l'espace et attire le regard, tout comme la statue qui trône dans le jardin paisible. Le chef Bart De Pooter montre son penchant artistique en décorant très habilement les assiettes. On a immédiatement l'eau à la bouche !

La maîtrise technique du chef lui permet de faire place à sa créativité. Il aime harmoniser les variations d'arômes et de textures. La viande est d'une extraordinaire qualité, comme le démontre l'un de ses plats emblématiques : le pigeon. Il associe une viande à la cuisson rosée parfaite avec une croûte joliment dorée, composée notamment de jasmin fumé et de kumquat. Des saveurs plutôt complexes, mais tellement équilibrées qu'elles se dégustent en toute simplicité. L'attention portée aux légumes (menu végétarien) constitue un atout supplémentaire, tout comme l'offre variée de vins au verre. Qui a dit que la cuisine n'était pas un art ?

Lunch 60 € – Menu 105/195 € – Carte 140/195 €

Laarstraat 22 – ☎ 03 844 65 26 – www.depastorale.be
– Gesloten 26 december-5 januari, 7 tot 24 april,
15 juli-13 augustus, zaterdagmiddag, zondag en maandag

REKEM
Limburg – ✉ 3621 – Lanaken – Atlas n° **5**-C2

‖○ Floc 🍴 ⚹ 🅰🅲 🚫 🅿

FRANS KLASSIEK · KLASSIEK XX Vazen en bloemen fleuren het warme interieur op en leggen de link met Floc, dat onder meer bloemenboeket betekent. Dit is een echte familiezaak, dat voelt u aan de gezelligheid die hier hangt. De chefs gaan klassiek te werk en brengen product op het bord, zoals het hoort. Vergeet op voorhand zeker niet te reserveren.

CUISINE FRANÇAISE CLASSIQUE · CLASSIQUE XX Des vases et des fleurs embellissent l'intérieur de l'établissement, et ce n'est pas un hasard : Floc signifie (entre autres) bouquet de fleurs. On travaille ici en famille, et cela se ressent à la convivialité des lieux. Les chefs travaillent dans une veine plutôt classique, et proposent des portions généreuses. Surtout, pensez à réserver.

Menu 45 € – Carte 54/80 €

Steenweg 8 – ☎ 089 46 66 49 – www.floc.be – Gesloten zaterdagmiddag,
maandag en dinsdag

REKKEM
West-Vlaanderen – ✉ 8930 – Menen – Atlas n° **2**-C3

‖○ La Cravache 🍴 🅰🅲 🚫 🍽 🅿

MODERNE KEUKEN · ELEGANT XxX Koen Devos is een paardenliefhebber en dat laat zich merken in het stijlvolle interieur van deze weelderige villa. Hij kent de klappen van de zweep van de klassieke keuken en dat wordt aangevuld met moderne impulsen van zijn equipe. De verfijnde balans tussen beide ontdekt u het best met de aantrekkelijke menuformules.

CUISINE MODERNE · ÉLÉGANT XxX Vous l'avez deviné : Koen Devos, le patron de La Cravache, est un grand amateur de... chevaux ! On lui doit l'intérieur raffiné et tout en style de cette somptueuse villa. En cuisine, il maîtrise son élément avec une cuisine classique rehaussée des touches de modernité de son équipe. Les formules sont à tester absolument !

Lunch 38 € – Menu 67/75 € – Carte 92/106 €

Gentstraat 215 (Zuidoost: 5 km aan N 43) – ☎ 056 42 67 87 – www.lacravache.com
– Gesloten zaterdagmiddag, zondagavond, maandag en dinsdag

RENINGELST
West-Vlaanderen – ✉ 8970 – Poperinge – Atlas n° **2**-B3

🏠 De Rentmeesterhoeve 🍴 🏡 ≤ 🛏 🚲 🍸 **P**

HISTORISCH · GEZELLIG Een neuriënde gastvrouw bij het ontbijt, huppelende hertjes in de tuin en chique kamers met kroonluchters: in deze kasteelhoeve voelt u zich een heuse *lord* of *lady*. Het domein behoorde dan ook ooit toe aan de betovergrootmoeder van Lady Di! Aan de table d'hôte eet u de lekkerste frietjes van Poperinge en omstreken.

HISTORIQUE · COSY Un domaine qui abrite des chambres raffinées et où les chevreuils gambadent dans le parc... Dans ce cadre bucolique, on se prend pour un "Lord" ou une "Lady" ! Il faut dire que le château a appartenu autrefois à l'arrière-arrière-grand-mère de Lady Di... Anecdote importante : la table d'hôte sert des frites délicieuses.

4 kamers 🛏 – 🛏105/155 € 🛏🛏155/170 €

Reningelstplein 5 – ☏ 0477 37 92 86 – www.rentmeesterhoeve.be

RIEMST

Limburg – ✉ 3770 – Atlas n° **5**-C3

🏠 4 Seasons 🏡 🛏 🍸 **P** 🚫

LUXE · ELEGANT Of het nu winter, lente, zomer of herfst is: deze voormalige mergelschuur (uit 1791) is één en al charme. Ruime, warme kamers, goedlachse gastvrouw en zachte prijzen. Ontspannen kan ook met een spelletje petanque op de privébaan.

LUXE · ÉLÉGANT Peu importe la saison, cette ancienne grange de 1791 est toujours pleine de charme. Chambres chaleureuses et spacieuses, accueil jovial et prix doux. On peut même se détendre en jouant à la pétanque sur le terrain privé.

5 kamers 🛏 – 🛏95 € 🛏🛏110 €

Waterstraat 46 (in Zussen, Zuidoost: 4 km) – ☏ 012 44 00 12
– www.bb4seasons.com – Gesloten maandag en dinsdag

ROESELARE

West-Vlaanderen – ✉ 8800 – Atlas n° **2**-C2

✤✤ Boury (Tim Boury) ♨ 🛏 🏡 🍴 🅰🅲 🍸 ♿ **P**

FRANS CREATIEF · ELEGANT XxxX Tim Boury is een van de uithangborden van de nieuwe generatie topchefs. Samen met gastvrouw Inge zette hij zijn ambitie kracht bij door een rode bakstenen villa helemaal naar zijn hand te zetten. De moderne aanbouw geeft het restaurant extra klasse en in de tuin staat behalve een buitenkeuken ook een grote bar. En dan die luxekamers op het verdiep ... Kosten noch moeite worden hier gespaard om de gast te bekoren.

Boury is een jonge chef die blijft evolueren. Hij focust vandaag nog meer op smaak in al zijn facetten. Creativiteit wordt hier ingezet om klassiek extra punch te geven. Hartzwezeriken van kalf bereidt hij krokant vanbuiten en smeuïg vanbinnen, lekker traditioneel. Maar met garnituren als een gebrande ui die wordt opgevuld met aardappelpuree en morilles in verschillende vormen drukt Boury zijn stempel. Hij is een genereuze chef en presenteert een gerecht regelmatig op verschillende bordjes. Zijn creativiteit uit hij graag met rauwe bereidingen van vis en vlees. Tim heeft van Boury een klinkende naam gemaakt!

→ Tartaar van aubracrund met rode biet en zwarte knoflook. Kalfszwezerik met morieljes, bio-asperges en gebrande aardappel. Creatie met aardbei, rabarber en bulgur.

CUISINE FRANÇAISE CRÉATIVE · ÉLÉGANT XxxX Tim Boury est l'un des fers de lance de la nouvelle génération de grands chefs. Tim, en cuisine, et Inge, en salle, ont mis toute leur ambition pour façonner cette villa en briques rouges à leur image. Le bâtiment moderne donne une certaine classe à ce restaurant, tandis que le jardin dispose d'une cuisine extérieure et d'un bar. A l'étage, des chambres de luxe vous attendent. Vous l'aurez compris, on ne se ménage pas pour séduire les hôtes !

319

Boury est un jeune chef en pleine évolution. Aujourd'hui, il se concentre encore davantage sur le goût sous toutes ses facettes. La tradition est dynamisée par la créativité. Il prépare le ris de veau croquants à l'extérieur et onctueux à l'intérieur, avec toutes les saveurs traditionnelles. Mais il appose son sceau sur les accompagnements, tel un oignon rôti fourré de purée de pommes de terre et de morilles sous différentes formes. Un chef généreux, qui aime présenter un plat sur plusieurs petites assiettes. Il joue aussi de sa créativité dans des préparations crues de viandes et de poissons. Tim s'est déjà construit une solide réputation !

Lunch 57 € – Menu 72/115 € – Carte 99/175 €

3 kamers ☲ – 🛏135/145 € 🛏🛏155/165 €

Rumbeeksesteenweg 300 – ☎ 051 62 64 62 (reserveren noodzakelijk)
– www.restaurantboury.be – Gesloten woensdagavond, zondag, maandag en na 20.30 u.

🍽○ **Ma Passion**   ⚇ � 🚫 ⬦

MODERNE KEUKEN · ELEGANT 🅇🅇🅇 De passie van Kris voor gastronomie en de wijnpassie van Sandra is het geheim van deze vaste waarde. Ze bieden in deze voormalige brouwerij (met gezellig terras) een geslaagde mix aan van klassiek en modern. Zowel qua decor als keuken. De chef laat zich niet beperken door één stijl, maar kiest in functie van smaak.

CUISINE MODERNE · ÉLÉGANT 🅇🅇🅇 Ma Passion ? Celle de la gastronomie pour monsieur, celle des vins pour madame ! Cette ancienne brasserie (avec une belle terrasse) allie l'ancien et le moderne avec beaucoup de bonheur, tant dans le décor que dans l'assiette. Le chef ne s'enferme pas dans un style unique, mais sait s'adapter aux saveurs. Une valeur sûre.

Lunch 43 € – Menu 60 € 🍷/84 € – Carte 69/89 €

Diksmuidsesteenweg 159 – ☎ 051 69 83 18 – www.ma-passion.be – Gesloten laatste week december, zaterdagmiddag, zondagavond, dinsdag en woensdag

🍽○ **Sofie's Choice** 🅝   🚫

MARKTKEUKEN · EENVOUDIG 🅇 Sofie Gaytant heeft voor een intiem huiskamerrestaurant gekozen. Haar gerechten zijn modern maar smaken eerder klassiek, als NorthSeaChef heeft ze speciale aandacht voor vis uit de Noordzee. Sofie's man, Erwin, staat in de bediening en kan als water- en sherrysommelier uitpakken met verrassende combinaties.

CUISINE DU MARCHÉ · SIMPLE 🅇 Sofie Gaytant a opté pour un restaurant de style salon intime. Cuisine moderne mais aux saveurs traditionnelles. En tant que NorthSeaChef, elle porte une attention particulière aux poissons de la mer du nord. Le mari de Sofie, Erwin, assure le service et vous réserve de surprenantes associations, en tant que sommelier d'eau et de sherry.

Lunch 22 € – Menu 45/65 € – Carte 59/68 €

Sint-Amandsstraat 30 – ☎ 051 62 52 42 – www.sofies-choice.be – Gesloten maandag, dinsdag en woensdag

RONSE · RENAIX
Oost-Vlaanderen – ✉ 9600 – Atlas n° **3**-B3

🏵 **Xaler**

FRANS KLASSIEK · GEZELLIG 🅇 Als u de naam van dit sympathieke restaurant omdraait, weet u meteen wat voor sfeer u hier mag verwachten. Chantal en Michel hebben er zin in en dat voelt u meteen. De autodidacte chef bereidt eerder klassieke gerechten met veel zorg, smaak en generositeit. Hier zult u niet snel iets op uw bord laten liggen!

CUISINE FRANÇAISE CLASSIQUE · CONVIVIAL 🅇 Lisez à l'envers le nom de ce restaurant sympathique... et vous comprendrez quelle ambiance y règne ! Chantal et Michel en veulent et ça se ressent. Le chef, autodidacte, apporte beaucoup de soin aux préparations classiques qu'il travaille avec générosité, dans l'amour des belles saveurs. Ici, les clients ne laissent rien dans l'assiette...

Lunch 23 € – Menu 37/60 € – Carte ong. 52 €

Franklin Rooseveltplein 27 – ☎ 055 21 53 17 – www.xaler.be – Gesloten 2 tot 18 januari, 22 juli-9 augustus, zaterdagmiddag, zondagavond, maandag, dinsdag en woensdag

Maison D

FRANS MODERN · GEZELLIG XX D staat voor Delfine, de charmante gastvrouw, en Didier, de chef die jarenlang ervaring heeft opgedaan bij sterrenrestaurants De Karmeliet (Brugge) en Le Château du Mylord (Ellezelles). De gerechten zijn creatief en mooi samengesteld. Kort samengevat: une maison Délicieuse.

CUISINE FRANÇAISE MODERNE · CONVIVIAL XX D comme Delfine, qui assure un accueil charmant, et Didier, le chef qui a pris ses galons dans les grandes maisons étoilées : De Karmeliet à Bruges ou encore le Château du Mylord à Ellezelles. Sa cuisine est aussi créative que subtilement composée. Bref, D comme... délicieux !

Lunch 28 € – Menu 40/62 € – Carte 60/74 €

Charles Vandendoorenstraat 10 – ☏ 055 60 74 65 – www.maison-d.be – Gesloten eerste week januari, 1 week Pasen, laatste week augustus-eerste week september, zaterdagmiddag, zondag behalve feestdagen en iedere tweede zondag van de maand en maandag

ROTSELAAR
Vlaams-Brabant – ✉ 3110

Wald N

MARKTKEUKEN · TRENDY X Lisa en Walter, ook wel Wald genoemd, houden het kleinschalig in hun trendy restaurant. Ze doen alles met twee en dat verklaart wellicht de familiale sfeer die hier hangt. De chef schuwt het werk niet, bereidt veel in huis, en verwerkt lekkers van de markt in uiterst smaakvolle gerechten. Wat een verleidelijk aanbod!

CUISINE DU MARCHÉ · TENDANCE X C'est dans une jolie salle à manger tendance qu'opèrent Lisa et Walter, surnommé Wald. Tout est fait à deux, ce qui souligne l'ambiance familiale. Le chef se retrousse les manches et utilise les délices du marché. Tout est préparé maison. Quelle offre alléchante !

Lunch 35 € – Menu 37/77 €

Hellichtstraat 1 – ☏ 0468 51 22 51 (beperkt aantal zitplaatsen, reserveren) – www.restowald.be – Gesloten zaterdagmiddag, zondag en maandag

RUISBROEK
Vlaams-Brabant – ✉ 1601 – Sint-Pieters-Leeuw – Atlas n° **11**-B2

Zie plattegrond Brussel

De Mayeur - Patrick Vandecasserie

KLASSIEKE KEUKEN · GEZELLIG XX Wilt u nog eens lekker klassiek eten? Dan moet u in de sympathieke villa van Patrick Vandecasserie zijn. De chef heeft een neus voor kwaliteitsproducten en bereidt die zoals de traditie het voorschrijft. Zijn wildbereidingen zijn absoluut top!

CUISINE CLASSIQUE · CONVIVIAL XX À la recherche d'un bon repas classique ? La villa de Patrick Vandecasserie devrait vous convaincre. Le chef déniche d'excellents produits et les travaille dans les règles de l'art : ses préparations de gibier sont tout simplement top ! Une excellente adresse.

Lunch 48 € 🍷 – Menu 65/115 € – Carte 55/117 €

Plattegrond: 5A6-a – *Fabriekstraat 339 – ☏ 02 331 52 61 – www.demayeur.be – Gesloten eind juli-begin augustus, feestdagen, zondag en maandag*

RUISELEDE
West-Vlaanderen – ✉ 8755 – Atlas n° **2**-D2

Tafel 10

MARKTKEUKEN · GEZELLIG XX De filosofie van Tafel 10? Smakelijk koken voor een scherpe prijs. Een aanrader dus voor wie watertandt van verfijnde gerechten. De joviale chef en sympathieke bediening maken het verhaal af.

CUISINE DU MARCHÉ · CONVIVIAL XX La philosophie de ce restaurant chic est simple : allier cuisine fine et prix doux. Une bonne adresse, donc, pour les amateurs de bonnes recettes savoureuses. Sans compter l'accueil sympathique du chef.

Lunch 25 € – Menu 53/68 € – Carte 55/68 €

A. Rodenbachstraat 10 – ☏ 0476 33 62 25 – www.tafel10.be – Gesloten zaterdagmiddag, maandagavond, dinsdag en woensdag

🏠 Droomkerke ☆ 😊 ≼ 🛏 🕅 🚲 🖋 🅿

FAMILIAAL · PLATTELANDS Deze oude boerderij (1781) met bijgebouwen tussen de weilanden is verbouwd tot B&B. Eigentijdse kamers met retroaccent om heerlijk te dromen. Salon, open keuken en sauna.

FAMILIAL · À LA CAMPAGNE Dans les champs, ancienne ferme (1781) avec dépendances, modernisée et convertie en maison d'hôte. Beaux rêves dans des chambres actuelles aux accents rétro. Salon, cuisine ouverte et sauna.

6 kamers ☑ – ♥80/120 € ♥♥100/150 €

Smisseweg 23 (in Doomkerke, Noordwest: 4 km) – ☏ 0473 73 11 63
– www.droomkerke.be – Gesloten 27 juni-7 juli

SCHILDE
Antwerpen – ✉ 2970 – Atlas n° **4**-B2

🍴○ Brabohoeve ⓝ 🛏 🅿

FRANS MODERN · EIGENTIJDS 🕱🕱 Brabohoeve is een luisterrijk restaurant waar het aangenaam toeven is in het modern-chique interieur. Men weet hier maar al te goed hoe je lekker klassiek kookt. Of u nu kwaliteitsvlees of paling in 't groen kiest, u mag er zeker van zijn dat het met kunde is bereid. De modernere suggesties zijn al even verleidelijk!

CUISINE FRANÇAISE MODERNE · BRANCHÉ 🕱🕱 Brabohoeve est un splendide restaurant au décor chic-moderne où il fait bon s'attabler. La cuisine classique est préparée avec un grand savoir-faire. Que vous optiez pour des viandes de qualité ou pour une anguille au vert, vous remarquerez toujours une grande maîtrise. Les suggestions, plus modernes, sont très séduisantes elles aussi !

Lunch 35 € – Menu 58 € – Carte 42/88 €

Noorderlaan 27 – ☏ 03 430 94 95 – www.brabohoeve.be – Gesloten zaterdagmiddag en dinsdag

SCHOTEN
Antwerpen – ✉ 2900 – Atlas n° **4**-B2

🍴○ Gustatif 🛏 ♿ 🖋 ⇄

MODERNE KEUKEN · ELEGANT 🕱🕱 De manier waarop dit statig pand is ingericht met moderne soberheid, getuigt van smaak. Hier is dan ook een ervaren koppel aan de slag dat van aanpakken weet. Uw smaakzin wordt geprikkeld door eigentijdse bereidingen die er eenvoudig uitzien, maar schitteren dankzij de kunde van de chef en de kwaliteit van de producten.

CUISINE MODERNE · ÉLÉGANT 🕱🕱 Il y a du goût dans la décoration sobre et moderne de cette belle demeure : on y retrouve la patte d'un couple expérimenté, qui n'a de leçon à recevoir de personne. Vos sens seront mis en éveil par ces préparations actuelles, présentées sans façon, qui brillent par le talent du chef et la sélection rigoureuse des produits.

Lunch 34 € – Menu 54/72 € – Carte 71/92 €

Churchilllaan 55 – ☏ 03 284 15 16 – www.gustatif.be – Gesloten zaterdagmiddag, dinsdag en woensdag

🍴○ De Linde 🛏 🅰🅲 ⇄ 🅿

KLASSIEKE KEUKEN · MINIMALISTISCH 🕱🕱 U rijdt een bosrijke buurt in, stapt een prachtige villa in art-decostijl binnen en wordt ontvangen door een echte maître. Nog niet onder de indruk? Dan zullen het mooie terras en de lumineuze eetzaal daar wel voor zorgen! In de keuken draait alles rond het product en evenwichtige smaken. Wat kan klassiek genereus zijn!

CUISINE CLASSIQUE · ÉPURÉ 🕱🕱 Un quartier verdoyant, une magnifique villa d'inspiration Art déco, chef expérimenté... Pas encore conquis ? Attendez un peu : la belle terrasse, la salle à manger lumineuse, les assiettes bien équilibrées, qui célèbrent le produit... Délicieux classicisme !

Lunch 30 € – Menu 59 € – Carte 45/89 €

Alice Nahonlei 92 (Oost: 3 km, hoek N 113) – ☏ 0495 16 60 11
– www.restaurantdelinde.be – Gesloten krokusvakantie, midden juli-begin augustus, dinsdag en woensdag

ⅱ○ Villa Doria

ITALIAANS · DESIGN ХхХ Villa Doria is een zaak met klasse. Zo staat er nog een portier voor de deur om uw auto te parkeren. Binnen ontdekt u een stijlvol decor, dit is een restaurant met cachet. En om uw ervaring compleet te maken, eet u er lekker Italiaans. Klassiek bereid, zoals het hoort, en genereus geserveerd. Een vaste waarde!

CUISINE ITALIENNE · DESIGN ХхХ La Villa Doria ne manque pas de classe. Un portier se charge de garer votre voiture, pendant que vous découvrirez un décor élégant avec beaucoup de cachet. Savoureuse cuisine italienne traditionnelle et généreuse. Une valeur sûre !

Lunch 39 € �️ – Carte 53/81 €

Bredabaan 1293 – ☎ 03 644 40 10

– www.villadoria.be – Gesloten 25 december, 1 januari, 3 weken in juli, zaterdag en zondag

SEMMERZAKE

Oost-Vlaanderen – ✉ 9890 – Gavere – Atlas n° **03G**-B2

⌂ Cimbarsaca

HERENHUIS · ROMANTISCH Cimbarsaca (de Karolingische naam van Semmerzake) ademt geschiedenis. Het B&B huist in de burgemeesterswoning uit 1876 die al zijn charme heeft behouden. De vier kamers zijn ruim, landelijk ingericht en hebben allemaal een mezzanine. Tip: het ontbijtbuffet op zondag is de moeite!

MAISON DE MAÎTRE · ROMANTIQUE Cimbarsaca (le nom carolingien de Semmerzake) nous plonge dans l'histoire : le B&B se trouve dans la maison du bourgmestre, datée de 1876, qui a conservé tout son charme. Les quatre chambres sont vastes, décorées à la campagnarde, et ont toutes une mezzanine. Ne ratez pas le buffet de déjeuner, le dimanche.

4 kamers – ♦90 € ♦♦90 € – ☲ 15 €

Dorpstraat 39 – ☎ 0498 24 11 19

– www.cimbarsaca.be – Gesloten 29 juli-11 augustus

SINT-AMANDS

Antwerpen – ✉ 2890 – Puurs-Sint-Amands – Atlas n° **04G**-A3

ⅱ○ Café d'O 🔗

BELGISCH · EIGENTIJDS ХХ Het zicht op de Schelde is hier fantastisch en daar speelt het mooie interieur, dat licht en design is, mooi op in. De chefs houden het voornamelijk bij Belgische klassiekers. Zoals de lekkere paling in 't groen, waarmee ze de kracht van verse bereidingen aantonen.

CUISINE BELGE · BRANCHÉ ХХ La vue sur l'Escaut est fantastique et le bel intérieur, design et léger, n'a rien à lui envier. Les chefs se concentrent principalement sur les classiques belges, comme en témoigne leur anguille au vert, un plat typique de la région. Une leçon de fraîcheur.

Lunch 30 € – Menu 55 € – Carte 60/83 €

Verhaerenstraat 14a – ☎ 052 50 37 60 – www.cafedo.be – Gesloten zaterdagmiddag, maandag, dinsdag en na 20.30 u.

De prijzen voor het symbool ♦ komen overeen met de laagste prijs in laagseizoen en daarna de hoogste prijs in hoogseizoen voor een éénpersoonskamer. Hetzelfde principe voor het symbool ♦♦, hier voor een tweepersoonskamer.

SINT-ANDRIES
West-Vlaanderen – ⊠ 8200 – Brugge – Atlas n° **2**-C1

❀ **Auberge de Herborist** (Alex Hanbuckers) 🛏 🏠 AC ☺ ⇆ **P**

MARKTKEUKEN · ROMANTISCH XXX Als een volleerde herborist plukt chef Han-buckers lekkernijen uit zijn kruidentuin, waar u zicht op hebt vanuit de prachtige orangerie. Hij stelt er fraaie borden mee samen en lost die visuele belofte in met prachtige producten en doordachte combinaties. Verfijning tekent hier de eigen-heid van de keuken.

→ Gebakken langoustines met zuiders slaatje van couscous. Kalfszwezerik met wortel, pinda en specerijen. Rood fruit met yoghurt en citroenverbena.

CUISINE DU MARCHÉ · ROMANTIQUE XXX Herboriste accompli, le chef Hanbuck-ers s'approvisionne dans son jardin, que l'on peut admirer depuis la jolie orange-rie. Il compose de superbes assiettes qui tiennent leurs promesses visuelles grâce à des produits de qualité et d'astucieuses combinaisons. Une cuisine qui se distin-gue par son raffinement.

Menu 54/94 € – Carte 72/120 €

De Watermolen 15 (Zuid: 6 km, via N 32 en rechtsaf na brug over E 40) – ℰ 050 38 76 00 – www.aubergedeherborist.be – Gesloten laatste week december, 20 tot 30 maart, 10 tot 31 juli, zondagavond, maandag en dinsdag

🍴○ **Floris** 🏠 ☺ ⇆

FRANS MODERN · EIGENTIJDS XX Houten en ijzeren natuurelementen maken van Floris een zeer aangename plek om te tafelen. Die naturel tekent ook de keuken van de chef. Hij werkt graag met producten uit de streek en bewerkt ze met zorg en een zekere creativiteit.

CUISINE FRANÇAISE MODERNE · BRANCHÉ XX Un lieu pour le moins agréable, avec ses éléments naturels de bois et de fer. Il en va de même pour la cuisine, principalement à base de produits régionaux préparés avec soin et créativité.

Lunch 29 € – Menu 52/67 € – Carte 52/86 €

Gistelsesteenweg 520 – ℰ 050 73 60 20 – www.florisrestaurant.be – Gesloten 1 tot 6 januari, 20 juli-3 augustus, woensdag en zondag

SINT-DENIJS
West-Vlaanderen – ⊠ 8554 – Zwevegem – Atlas n° **2**-D3

🍴○ **L'Envie** ❀ 🏠

FRANS MODERN · ELEGANT XX De moderne uitvoering van elegantie waarin dit restaurant is gehuld, is uitnodigend. Maar uw goesting zal pas echt opgewekt worden bij het zien van de kaart. De chef toont met zijn creatieve, bewerkte gerechten dat hij ambitie heeft en weet uw verlangen naar lekkere smaken te vervullen. De prachtige wijnkaart is om jaloers op te zijn!

CUISINE FRANÇAISE MODERNE · ÉLÉGANT XX Ce restaurant respire l'élégance et la modernité : c'est un plaisir d'en franchir le seuil. La vue de la carte devrait confir-mer cette impression : le chef décline quelques plats créatifs et ambitieux, qui soi-gneront votre faim de la meilleure des manières. Les vins sont aussi très prisés !

Lunch 40 € – Menu 65/89 € – Carte 77/95 €

Helkijnstraat 38 – ℰ 056 22 19 83 – www.lenvie-restaurant.com – Gesloten 1 tot 17 januari, 2 tot 13 april, 14 augustus-1 september, 24 december, dinsdag, woensdag en na 20.30 u.

SINT-GENESIUS-RODE · RHODE-SAINT-GENÈSE
Vlaams-Brabant – ⊠ 1640 – Atlas n° **11**-B2

🍴○ **Bois Savanes** 🏠 AC ⇆ **P**

THAIS · TRENDY X Bois Savanes is al sinds 1984 een geliefd adres in Sint-Gene-sius-Rode. De eerste generatie heeft ondertussen het roer en de typische Thaise recepten doorgegeven aan hun kinderen, die er een hedendaagse versie van bren-gen. Een van de vele favorieten is de gebakken eend met Thaise basilicum. Mjam!

CUISINE THAÏLANDAISE · TENDANCE ✗ Bois Savanes est une adresse populaire à Rhode-Saint-Genese depuis 1984. La première génération a cédé la toque et les recettes typiquement thaï à leurs enfants, qui les préparent de façon actuelle. Le canard sauté au basilic thaï est un régal.

Menu 30 € – Carte 30/38 €

Waterloosesteenweg 208 – ☎ 02 358 37 78
– www.boissavanes.be
– Gesloten zaterdagmiddag en maandag

⁂○ Chez Eddy 🗺

BELGISCH · BISTRO ✗ De naam van deze bistro is al even sympathiek als het vintage-interieur. Ook de gerechten zijn hier traditioneel en maken het verschil door het serieus waarmee ze worden gemaakt. Verse producten die goed bereid zijn, meer moet dat niet zijn!

CUISINE BELGE · BISTRO ✗ Le nom de ce bistrot est aussi sympathique que son intérieur est vintage ! Les plats, plutôt traditionnels, se démarquent par le sérieux de leur préparation. Des produits frais bien travaillés : que demander de plus ?

Carte 42/54 €

Eigenbrakelsesteenweg 147 – ☎ 02 361 03 31
– www.chezeddy.be

SINT-IDESBALD

West-Vlaanderen – ✉ 8670 – Koksijde – Atlas n° **2**-A2

⁑ Carcasse 🗺

VLEES · EIGENTIJDS ✗ Er hangt een beenhouwerijsfeer in deze eerder brute zaak, het is dan ook het restaurant van topslager Dierendonck. De fantastische kwaliteit van zijn vlees komt hier helemaal tot zijn recht, het wordt zelfs verrijkt door gevarieerde garnituren die soms verrassen en alles lekker smeuïg maken. Hier smult u van kop tot staart!

→ Tataki van West-Vlaams Rood met lente-ui en jus van groene shiso. Gegrilde kalfskotelet met boschampignons. Citroentaartje met jasmijnrijst, kokos en ananas.

VIANDES · BRANCHÉ ✗ Il y a comme une atmosphère de boucherie dans ces parages... Pas étonnant, il s'agit du restaurant du boucher Dierendonck ! Des viandes fantastiques sont enrichies par des garnitures variées, parfois surprenantes, pour un résultat onctueux. Ici, on déguste de la tête à la queue !

Carte 74/157 €

Henri Christiaenlaan 5 – ☎ 058 51 72 49 (reserveren aanbevolen)
– www.carcasse.be
– Gesloten donderdag behalve schoolvakanties, dinsdag en woensdag

⁂○ 8chef 🗺 ⌘

FRANS MODERN · TRENDY ✗ Geen typische tapas bij 8chef, maar originele kleine bereidingen met een Belgische inslag en hier en daar kosmopolitische invloeden. Net als de keuken zorgt ook het interieur met z'n loungesfeer en loftstijl voor een originele, frisse manier van uit eten gaan.

CUISINE FRANÇAISE MODERNE · TENDANCE ✗ Au 8chef, on déguste des petits plats originaux, entre tradition belge et saveurs cosmopolites. Le décor va bien à cette cuisine, avec son air de loft lounge... très international. Pour une sortie pas ordinaire, on dit : "Oui, chef !"

Lunch 30 € – Menu 48/78 € – een enkel menu

Strandlaan 266 – ☎ 0473 98 53 27 (reserveren)
– www.8chef.be
– Gesloten woensdagmiddag, zondagavond, maandag, dinsdag en na 20.30 u.

VLAANDEREN · FLANDRE

Boîte

WERELDKEUKEN · GEZELLIG ☒ In deze leuke boite zou men elke dag willen eten. De ervaren chef geeft namelijk haar eigen interpretatie aan de wereldkeuken. Het is divers, fris, puur, ... Lekker! En wat is het leuk om zelf de groentegarnituren te kiezen en gerechten met de tafelgenoten te delen. Een must-do om ongedwongen te genieten!

CUISINE DU MONDE · CONVIVIAL ☒ On aimerait revenir chaque jour dans cette " boîte " amusante. La chef expérimentée donne sa propre interprétation de la cuisine du monde, avec beaucoup de variété, de fraîcheur et de pureté... Un délice ! Quel plaisir de choisir soi-même les accompagnements de légumes et de partager les plats avec ses convives. Une adresse à ne pas manquer pour passer un bon moment en toute décontraction !

Lunch 25 € – Carte 50/70 €

Oostendelaan 1 – ☎ 0497 37 35 67 – www.uneboiteamanger.be – Gesloten maandag behalve schoolvakanties en dinsdag

Julia

VIS EN ZEEVRUCHTEN · EIGENTIJDS ☒ Een viswinkel (Mare Nostrum) die een visbistro runt, maritiem decor incluis? Dat klinkt niet enkel goed, dat is het ook. Hier ontdekt u hoe verse vis en oesters echt smaken. De ongecompliceerde, genereuze bereidingen maken van Julia de place to be!

POISSONS ET FRUITS DE MER · BRANCHÉ ☒ Un poissonnier (Mare Nostrum) qui dirige un bistrot à poissons, décor maritime inclus? Ça ne sonne pas seulement vrai, ça l'est... jusqu'au bout des écailles ! Poissons du jour, huîtres fraîches : Julia vous régale, sans chichis et avec générosité.

Lunch 34 € – Carte 48/81 €

A. Vanhouttelaan 2 – ☎ 058 62 66 65 (reserveren aanbevolen) – www.julia-baaldje.be – Gesloten dinsdag en woensdag

De New Kokkel

BELGISCH · ESTAMINET ☒ In dit typisch vissershuisje klopt het plaatje. Wat u op uw bord krijgt, is dagvers en door mevrouw lekker klassiek bereid. Mijnheer is de attente gastheer die u helpt bij het kiezen van de gepaste wijn.

CUISINE BELGE · ESTAMINET ☒ Dans cette maison de pêcheurs typique, une seule priorité : la fraîcheur ! Les poissons paraissent encore frétiller dans l'assiette. Madame en cuisine se surpasse, tandis que Monsieur, hôte attentif, vous guide dans le choix du vin.

Lunch 30 € – Menu 45 € – Carte 46/65 €

Strandlaan 6 – ☎ 058 51 15 58 (reserveren aanbevolen) – www.denewkokkel.be – Gesloten 15 tot 30 januari, laatste week juni, eerste week oktober, dinsdag en woensdag

SINT-JAN-IN-EREMO

Oost-Vlaanderen – ✉ 9982 – Sint-Laureins – Atlas n° **3**-B1

De Warande

TRADITIONELE KEUKEN · KLASSIEK ☒☒☒ Van buitenaf lijkt het misschien niet meteen zo, maar hier huist een warm, elegant restaurant waar de keuken op het ritme van de traditie klopt. Dirk Boelens is een gepassioneerde cuisinier die niet raakt aan de essentie van het klassieke koken: generositeit, sterke smaken en een snuifje raffinement.

CUISINE TRADITIONNELLE · CLASSIQUE ☒☒☒ L'extérieur de ce restaurant ne paie pas de mine, et pourtant ! L'intérieur se révèle élégant et chaleureux, tout comme la cuisine qui bat au rythme de la tradition. Dirk Boelens est un cuisinier passionné, qui sait agrémenter les classiques avec une pointe de raffinement, et une grande générosité.

Menu 37/62 € – Carte 58/86 €

Warande 10 (in Bentille, Oost: 7 km) – ☎ 09 379 00 51 – www.restaurantdewarande.be – Gesloten twee weken in februari, eind augustus-begin september, maandagavond, dinsdag en woensdag

SINT-KATELIJNE-WAVER
Antwerpen – ⊠ 2860 – Atlas n° **4**-B3

❀ **Centpourcent** (Axel Colonna-Cesari)   ⚘ 🅰🅲 ⌀ ⇔ 🅿

MODERNE KEUKEN · INTIEM XX Chef Axel en gastvrouw Anneleen gaan voor niets minder dan het beste. Verwacht u dus maar aan een warm welkom en een heerlijke eetervaring, van begin tot einde. Het vakmanschap van de chef is overduidelijk. Hij slaagt er in om zijn originaliteit te beheersen en met enkele ingrediënten topgerechten te bereiden.

→ Gegrilde kingkrabpoten met tijm en knoflooksaus. Onder zoutkorst gebraden zeebrasem met ravioli van gekonfijte tomaat en gebakken artisjok. Avocado en saké met banaan en lychee.

CUISINE MODERNE · INTIME XX Axel et Anneleen recherchent, chaque jour, à faire mieux que le jour précédent. Le chef a cette faculté à bouleverser de simples ingrédients pour offrir la meilleure expérience gustative. Un vrai homme du métier qui maîtrise sa créativité et assure des assiettes de haut niveau. Accueil chaleureux et très professionnel.

Lunch 44 € – Menu 72/98 € – Carte 63/88 €

Antwerpsesteenweg 1 – ✆ 015 63 52 66 – www.centpourcent.be – Gesloten feestdagen, zondag, maandag, dinsdag en na 20.30 u.

SINT-KATHERINA-LOMBEEK
Vlaams-Brabant – ⊠ 1742 – Ternat – Atlas n° **6**-A2

🍴 **NoNon**   🏠 ⌀

FRANS KLASSIEK · BRASSERIE XX Laat onnodig gepruts maar achterwege, meent de chef van dit aangename restaurant. Zijn no-nonsens stijl vertaalt zich in eerder klassieke gerechten die recht door zee zijn: gefixeerd op de smaak van het product en zonder poespas.

CUISINE FRANÇAISE CLASSIQUE · BRASSERIE XX Le chef de cet agréable restaurant n'aime pas les chichis inutiles. Il se fend donc d'une cuisine plutôt classique et sans détours, axée sur le goût des produits, et sans artifices.

Lunch 28 € – Menu 48/54 € – Carte 49/95 €

Sluisvijverstraat 19 – ✆ 053 42 04 72 – www.nonon.be – Gesloten zaterdagmiddag, zondag en maandag

SINT-KRUIS
West-Vlaanderen – ⊠ 8310 – Brugge – Atlas n° **2**-C1

Zie plattegrond Brugge

❀❀ **De Jonkman** (Filip Claeys)   ⚘ 🏠 ⇔ 🅿

CREATIEF · ELEGANT XXX Bij De Jonkman ontdekt men de passie van Filip Claeys voor lokale lekkernijen. Hij is de kleinzoon van een visser en de oprichter van de NorthSeaChefs, een organisatie die mensen aanmoedigt ook minder bekende vissen en bijvangst te gebruiken. Uiteraard werkt hij met vlees en producten als langoustines, maar even graag gebruikt hij hondshaai om zijn gasten te verbazen en te verbluffen.

De kookstijl van chef Claeys is dan ook inventief en origineel. Zijn klassieke kennis toont hij onder meer aan met heerlijke sauzen, maar hij bouwt op een persoonlijke manier verder op die basis. Neem nu zijn gerecht met noordzeekrab, fijn en delicaat, dat dankzij een met koffie geparfumeerde olie en een karaktervolle velouté van krab een opmerkelijke smaaksensatie biedt. Details geven het hoofdproduct extra power. Deze chef beheerst zijn creativiteit. En dankzij de familiale sfeer die in zijn klasserestaurant hangt, dat stijlvol en puur is ingericht, lijkt u hier haast op bezoek te komen bij een goede vriend.

→ Noordzeekrab met koffie en courgette. Tarbot gebakken op de graat met koningskrab en bearnaisesaus. Crêpe normande "ode aan Bob".

CUISINE CRÉATIVE · ÉLÉGANT XXX Vous découvrirez chez De Jonkman la passion de Filip Claeys pour les délices locaux. Il est petit-fils de pêcheur et fondateur de NorthSeaChefs, un groupe qui encourage notamment l'utilisation de pois-

sons moins connus et des prises de pêche accessoires. Il travaille bien sûr les viandes et des produits tels que les langoustines, mais il aime aussi travailler la petite roussette pour surprendre et ébahir ses hôtes.

La cuisine du chef Claeys est à la fois inventive et originale. Il démontre notamment son savoir-faire classique dans de délicieuses sauces, mais il s'agit d'un point de départ vers une démarche plus personnelle. Prenez par exemple son crabe de la mer du Nord, fin et délicat, auquel il ajoute une huile parfumée au café et un velouté de crabe de caractère qui lui apportent une saveur remarquable. Les détails subliment le produit de base. Grâce à l'ambiance familiale qui règne dans ce restaurant élégant et décoré avec goût, vous aurez l'impression de rendre visite à un ami.

Lunch 62 € – Menu 120/150 € – Carte 121/315 €

Maalsesteenweg 438 (Oost: 2 km via N 9) – ☏ 050 36 07 67
– www.dejonkman.be – Gesloten zondag, maandag en dinsdag

⁸³ Goffin (Timothy Goffin)   AC ✁

MODERNE KEUKEN • INTIEM XX Timothy Goffin doet zijn eigen ding in dit koket restaurant. Hij staat alleen in de keuken en werkt met één enkel menu, maar zorgt wel voor een opmerkelijke ervaring. Elk ingrediënt op het bord is weloverwogen, goed afgewogen en precies op smaak. Een heerlijk creatief samenspel, bijgestaan door ronduit fantastische sauzen.

→ Burrata met ijzerkruid, kaviaar en komkommer. Zeeduivel met polenta, wulken en zachte knoflook. Creatie van chocolade, kersen en basilicum.

CUISINE MODERNE • INTIME XX Seul en cuisine, Thimothy Goffin propose un menu unique d'une grande personnalité, et parvient à nous proposer une expérience en tout point remarquable. Chaque élément de l'assiette est réfléchi, pesé, précis ; le tout est accompagné de sauces tout simplement fantastiques.

Lunch 37 € – Menu 53/73 € – een enkel menu

Plattegrond: B2-s *– Maalsesteenweg 2 – ☏ 050 68 77 88*
– www.timothygoffin.be – Gesloten zaterdag, zondag, feestdagen en na 20.30 u

⑩ Bistro Rombaux   🏠

FRANS CREATIEF • GEZELLIG X Pieter-Jan Rombaux en zijn vrouw Tineke doen alles met hun tweetjes. Haar jovialiteit versterkt de huiselijke sfeer die hier hangt, zijn productkeuken draait om pure smaken en sterke kruidingen. Van op het terras ziet u de chef aan het werk en kunt u constateren dat huisbereidingen hier de norm zijn.

CUISINE FRANÇAISE CRÉATIVE • CONVIVIAL X Pieter-Jan Rombaux et sa femme Tineke font tout à deux. Elle renforce l'ambiance familiale avec sa jovialité, lui propose une cuisine de produits qui tourne autour de goûts purs et d'excellents assaisonnements. La terrasse dévoile le chef à l'œuvre : les préparations maisons sont ici la norme.

Lunch 23 € – Carte 50/65 €

Moerkerkse Steenweg 139 – ☏ 050 73 79 49
– www.bistrorombaux.be – Gesloten dinsdagavond, zaterdagmiddag, zondagavond en woensdag

SINT-KWINTENS-LENNIK
Vlaams-Brabant – ✉ 1750 – Lennik – Atlas n° **6**-A2

⑩ August 🅝   🏠 ✁ ♻

MARKTKEUKEN • WIJNBAR XX Groenten geteeld in Lennik, vlees van de lokale hoeveslagerij, zuivelproducten uit Pepingen ... In het restaurant van wijnhandel Huis Vossen staan streekproducten uit het Pajottenland centraal. Het jonge team zet ze mooi in de verf met moderne bereidingen en heeft veel aandacht voor groenten.

CUISINE DU MARCHÉ · **BAR À VIN** ✗✗ Des légumes cultivés à Lennik, de la viande de la boucherie fermière locale, des produits laitiers de Pepingen... Dans le restaurant de la maison de vin Vossen, les produits du Pajottenland occupent une place centrale. La jeune équipe les met en valeur avec modernité et une grande attention aux légumes.

Lunch 25 € – Menu 49 € – Carte 42/66 €

Alfred Algoetstraat 2b – ✆ 02 532 42 20

– www.augustwijnbar.be – Gesloten maandag, dinsdag, woensdag en donderdagmiddag

ⅰ⃝ Sir Kwinten ⠀⠀⠀⠀⠀⠀⠀⠀⠀⠀⠀⠀⠀⠀⠀⠀⠀ 🕸 🍴 🍸 ⇄

MODERNE KEUKEN · **BRASSERIE** ✗✗ Het luxeuze karakter van dit voormalige herenhuis combineert mooi met het moderne meubilair. De gekende sommelier staat er klaar met uitstekend advies, zowel op vlak van wijn als van bier. Dat gaat zeer mooi gepaard met de creatieve kookstijl van de chef. De smaken zijn klassiek, maar krijgen een moderne draai.

CUISINE MODERNE · **BRASSERIE** ✗✗ Sur la place du marché, cette ancienne maison de maître luxeuse se marie bien avec du mobilier plus moderne. Le sommelier vous donne d'excellents conseils (autant sur les vins que sur les bières), qui accompagnent idéalement la cuisine du chef : ce dernier propose des préparations classiques parsemées de modernité.

Lunch 29 € – Menu 42/66 € – Carte 50/78 €

Markt 9a – ✆ 02 582 89 92

– www.sirkwinten.be – Gesloten laatste week december, 9 tot 22 september, zaterdagmiddag, maandag en dinsdag

SINT-MARTENS-BODEGEM

Vlaams-Brabant – ✉ 1700 – Dilbeek – Atlas n° **6**-B2

🕸 Brasserie Julie (Thomas Locus) ⠀⠀⠀⠀⠀⠀⠀⠀⠀ 🍴 ♿ ⇄

BURGERKEUKEN · **DESIGN** ✗✗ Thomas Locus heeft zijn restaurant losser en spontaner gemaakt. Het interieur is op-en-top contemporain en de aanpak to-the-point: geen menu's, maar een à la carte keuze van traditionele gerechten die hij naar zijn hand zet. Een echte productkeuken, waar een paar (top)ingrediënten en creatieve nuances volstaan voor een smaakervaring.

→ Carpaccio van Angus Beef met burrata, tomaat en gremolata. Hoevekip met dragon, artisjok en harissa. Dessert "Julie".

CUISINE BOURGEOISE · **DESIGN** ✗✗ Le restaurant de Thomas Locus est devenu plus détendu et spontané. L'intérieur est tout à fait contemporain et l'approche est efficace : pas de menus, mais un choix de mets traditionnels auxquels il apporte sa touche personnelle. Voilà une vraie cuisine de produits avec quelques nuances créatives, pour un bon moment gustatif.

Lunch 32 € – Carte 52/83 €

Dorpsplein 3 – ✆ 02 460 05 45

– www.brasseriejulie.be – Gesloten maandag en dinsdag

ⅰ⃝ 't Misverstand ⓝ ⠀⠀⠀⠀⠀⠀⠀⠀⠀⠀⠀⠀⠀⠀⠀⠀⠀⠀⠀ 🍴

TRADITIONELE KEUKEN · **GEZELLIG** ✗ Waarom 't Misverstand een welgekende brasserie in de regio is? Neem rustig plaats in de aangename veranda of op het terras, en u zult het snel te weten komen. De chef speelt namelijk niet op de verrassing, maar maakt het verschil door herkenbare gerechten met vakkennis en kwaliteit te bereiden. Duidelijk, toch?

CUISINE TRADITIONNELLE · **CONVIVIAL** ✗ D'où vient la réputation de cette brasserie dans toute la région ? Vous le comprendrez très vite en prenant place dans l'agréable véranda ou à la terrasse. Le chef ne cherche pas à surprendre, mais se distingue par une cuisine reconnaissable, concoctée avec savoir-faire et qualité. Une évidence.

Lunch 13 € – Carte 38/85 €

Dorpsplein 4 – ✆ 02 582 08 63 – Gesloten maandag en dinsdag

VLAANDEREN · FLANDRE

🏠 Louis1924   👒 🦢 🖙 AC 🕍 P

TRADITIONEEL · GEZELLIG Heerlijk logies op een boogscheut van Brussel, ideaal voor wie een avond culinair genieten bij Brasserie Julie wil combineren met een bezoek aan de hoofdstad 's anderendaags.

TRADITIONNEL · COSY Un nid douillet, proche de Bruxelles pour qui veut combiner une soirée délicieusement gastronomique à la Brasserie Julie et une visite à la capitale le jour suivant.

8 kamers 😑 – 👤120 € 👤👤130 €

Lange Veldstraat 19 – ℰ 02 308 40 67 – www.louis1924.be

   🌸 **Brasserie Julie** – Zie restaurantselectie

🏠 Onsemhoeve   🦢 🖙 P

LANDHUIS · PERSOONLIJK CACHET Indrukwekkende vierkantshoeve aan de rand van het Pajottenland. Brussel is niet ver, maar daar merkt u niets van. Hier is niets dat uw rust verstoort! De kamers bieden alle comfort om op uw effen te komen.

MAISON DE CAMPAGNE · PERSONNALISÉ Une ferme impressionnante, située aux portes du Pajottenland, dans un site rural proche de la capitale. Les chambres offrent tout le confort nécessaire, et votre tranquillité est assurée !

4 kamers 😑 – 👤85 € 👤👤110 €

Honsemstraat 2 – ℰ 02 582 91 82 – www.onsemhoeve.be

SINT-MARTENS-LATEM
Oost-Vlaanderen – ✉ 9830 – Atlas n° **3**-B2

🍴⃝ L'homard Bizarre   🏠 👍 AC 🦉 🔄 P

MODERNE KEUKEN · INTIEM XxX Gegrild, gegratineerd, zelfs bizarre … U hebt hier de keuze uit verschillende kreeftbereidingen, die op de kaart geflankeerd worden door goede actuele gerechten. Het interieur van deze villa heeft niets bizars: stijlvol met donkere toetsen.

CUISINE MODERNE · INTIME XxX Grillé, gratiné, parfois tout simplement…bizarre : le homard en voit ici de toutes les couleurs ! Le décor de cette villa n'a rien de bizarre, lui, avec ses couleurs foncées et son indéniable élégance. Jolie terrasse à l'arrière.

Lunch 37 € – Menu 50/65 € – Carte 51/72 €

Kortrijksesteenweg 259 – ℰ 09 281 29 22 – www.homard-bizarre.be – Gesloten maandagavond, dinsdag en woensdag

🍴⃝ Baarle 90   ≤ 🏠 P

MODERNE KEUKEN · EIGENTIJDS XX De ster van Baarle 90 is het prachtige zicht op de Leie, wauw! Chef Jérôme bevestigt dan weer met gerechten waarin hij telkens sterke smaken en een Belgische touch weet te verwerken. Dankzij de foodtruck die voor de deur staat, kunt u hier ook gewoon terecht voor lekkere tapas en een drankje.

CUISINE MODERNE · BRANCHÉ XX Le grand atout de cet établissement reste la magnifique terrasse avec vue sur la Lys. Le chef Jérôme signe des préparations subtiles, agrémentées d'influences belges. Grâce au foodtruck situé devant la porte, vous pourrez aussi simplement y déguster de savoureuses tapas et une boisson.

Lunch 29 € – Carte 55/90 €

Baarle Frankrijkstraat 90 – ℰ 09 281 05 20 – www.baarle90.be – Gesloten krokusvakantie, herfstvakantie, maandag en dinsdag

🍴⃝ Brasserie Boulevard   🏠 👍 🦉 P

KLASSIEKE KEUKEN · BRASSERIE XX Lumineuze zaak, grote eetzaal, spontane en vlotte sfeer: deze luxe brasserie bruist! Sam en Thomas zorgen voor ambiance en kwaliteit onder één dak. Ze schotelen brasserieklassiekers voor die dankzij hun persoonlijke touch naar een hoger niveau worden getild. Hier stapt u voldaan naar buiten!

CUISINE CLASSIQUE · **BRASSERIE** ✕✕ Une grande brasserie baignée de lumière, avec une belle salle bruissant d'animation... Sam et Thomas mêlent plaisir de la table et qualité de la cuisine. Les plats classiques de brasserie sont ici relevés par de petites touches personnelles... Vous ne serez pas déçu !

Carte 47/98 €

Kortrijksesteenweg 175 – ☏ 09 279 12 00 – www.blvd.be – Gesloten feestdagen, zaterdagmiddag en zondag

⫶○ **Brasserie Latem**

FRANS KLASSIEK · **BRASSERIE** ✕✕ In deze stijlvolle brasserie staat het topproduct centraal. De chef focust op de kwaliteit van zijn ingrediënten en geeft ze een meerwaarde. De gerechten zijn genereus, de smaken zitten goed. Dat geldt ook voor de Japanse gerechtjes die in de Izakaya worden geserveerd. En dat is niet alles: ook de wijnen en sigaren zijn hier van topniveau!

CUISINE FRANÇAISE CLASSIQUE · **BRASSERIE** ✕✕ Le chef sélectionne les produits avec soin et sait en tirer le meilleur : ses assiettes ont du caractère et du goût. De plus, les portions sont généreuses. Cela vaut également pour les plats japonais servis dans l'Izakaya. Et ce n'est pas tout : les vins et les cigares sont du même niveau !

Menu 33/65 € – Carte 52/100 €

Kortrijksesteenweg 9 – ☏ 09 282 36 17 – www.brasserielatem.be – Gesloten zondag

⫶○ **d'Oude Schuur**

TRADITIONELE KEUKEN · **KLASSIEK** ✕✕ Warmte en gezelligheid, dat ademt dit karakteristiek boerderijtje uit. De prints aan de muren verraden meteen dat hier veel aandacht wordt besteed aan wijn, en dan vooral goede bourgognes. De chef serveert daar een klassieke keuken bij die wordt aangevuld met modernere invloeden, steeds beheerst en op smaak.

CUISINE TRADITIONNELLE · **CLASSIQUE** ✕✕ Chaleur et convivialité : voici les deux qualités principales de cette ferme typique. Vous verrez, aux images sur les murs, que le vin occupe ici une place très importante – et particulièrement le bourgogne ! Le chef mêle inspirations classiques et touches modernes, avec une vraie maîtrise des goûts.

Menu 50/75 € – Carte 52/105 €

Baarle Frankrijkstraat 1 – ☏ 09 282 33 65
– www.oudeschuur.be – Gesloten paasvakantie, herfstvakantie, woensdag en donderdag

SINT-MICHIELS

West-Vlaanderen – ✉ 8200 – Brugge – Atlas n° **2**-C1

⫶○ **L.E.S.S.**

MEDITERRAAN · **EIGENTIJDS** ✕✕ Love – ervaart u bij het proeven van de lekkere wijnen. Eat – doet u van gerechten die Spaans geïnspireerd zijn, op basis van topproducten. Share – is een aanrader om het gamma lekkernijen te ontdekken. En dat allemaal in een zaak met opmerkelijke graffiti en fluoaccenten. Bij L.E.S.S. geniet u met een – Smile.

CUISINE MÉDITERRANÉENNE · **BRANCHÉ** ✕✕ L. E. S. S. ? Love, Eat, Share & Smile. "Love" comme le sentiment que l'on éprouve en découvrant ce restaurant, "Eat" comme la bonne cuisine espagnole que l'on y déguste, "Share" comme cet instant partagé avec ceux que l'on aime, et "Smile" parce que le cadre, orné de graffitis et de couleurs fluo, donne le sourire. Un moment à part !

Lunch 40 € – Menu 65 € – Carte 40/107 €

Torhoutse Steenweg 479 (verhuis gepland februari-maart naar 't Zand 21 in Brugge) – ☏ 050 69 93 69 – www.l-e-s-s.be – Gesloten 22 december-7 januari, zaterdag en zondag

ⅱ○ Tête Pressée 　　　　　　　　🏠 & AC

FRANS KLASSIEK · DELICATESSEN Ⅹ Ook al bent u geen fan van hoofdkaas, u zal het concept ongetwijfeld appreciëren: gezeten aan de toog kijkt u de chef op de vingers. Creatieve keuken met lokale producten en gerechten om mee te nemen, reservatie aan te raden.

CUISINE FRANÇAISE CLASSIQUE · DELICATESSEN Ⅹ Même si vous n'aimez pas le fromage de tête, vous risquez d'apprécier le concept. Attablé au comptoir, vous regardez le chef travailler sous vos yeux. Cuisine créative avec des produits locaux et plats à emporter. Réservation conseillée.

Lunch 30 € – Menu 49 € – Carte 51/76 €

Koningin Astridlaan 100 – 🕾 0470 21 26 27 (reserveren noodzakelijk)
– www.tetepressee.be – alleen lunch behalve donderdag en vrijdag
– Gesloten paasvakantie, laatste 2 weken juli-eerste week augustus, zaterdag,
zondag en feestdagen

🏨 Weinebrugge 　　　　　🏊 🖸 & AC ⅗ 🖫 P

BUSINESS · FUNCTIONEEL Comfortabel hotel even voor Brugge, tussen een bos en een doorgaande weg naar de stad. Lichte en moderne hal. De kamers zijn perfect voor zowel een busy als een lazy verblijf. Eigentijdse gerechten, geserveerd in een klassieke eetzaal of 's zomers buiten.

BUSINESS · FONCTIONNEL Hôtel tout confort à l'approche de Bruges, entre un bois et un axe important menant en ville. Hall clair et moderne. Chambres parfaites pour les séjours "busy" ou "lazy". Cuisine du moment servie dans une salle classiquement aménagée et l'été en plein air.

46 kamers ⌨ – †80/160 € ††120/180 €

Leikendreef 1 (hoek Koning Albert I laan) – 🕾 050 38 44 40
– www.weinebrugge.be

SINT-NIKLAAS

Oost-Vlaanderen – ✉ 9100 – Atlas n° **3**-C1

ⅱ○ Den Silveren Harynck 　　　🏠 AC ⇔ P

KLASSIEKE KEUKEN · ELEGANT ⅩⅩⅩ Welkom bij de familie Van Landeghem. Moeder Els en zoon Sam zorgen ervoor dat u kunt genieten van het elegante interieur en het mooie terras, vader Luc verwent u met klassieke smaken die hij creatief naar zijn hand zet. Smakelijk!

CUISINE CLASSIQUE · ÉLÉGANT ⅩⅩⅩ Bienvenue chez les Van Landeghem ! Els et Sam, la maman et le fils, vous accueillent et vous aident à profiter au mieux de l'intérieur élégant et de la belle terrasse ; en cuisine, Luc, le papa, vous gâte avec de belles assiettes classiques qu'il agrémente de touches créatives. Bon appétit !

Lunch 40 € – Menu 50/65 € – Carte 62/82 €

Grote Baan 51 (Oost: 5 km via N 70) – 🕾 03 777 50 62
– www.densilverenharynck.be – Gesloten 26 december-3 januari,
10 juli-14 augustus, donderdagavond, zaterdagmiddag, zondagavond, maandag en
na 20.30 u.

ⅱ○ Kokovin 　　　　　　　　　🏠 & P

MARKTKEUKEN · KLASSIEK ⅩⅩ Klassieke recepten krijgen bij Kokovin een frisse invulling dankzij de eigentijdse kookstijl van chef Brouwers. Ook het gerestylede, warme interieur getuigt van goede smaak. Op het schitterende hightechterras kunt u echt genieten van de tuin.

CUISINE DU MARCHÉ · CLASSIQUE ⅩⅩ Cuisine actuelle de saison sur des bases classiques, servie dans un décor chaleureux ou sur la belle terrasse-jardin.

Lunch 35 € – Menu 38/65 € – Carte 56/77 €

Heidebaan 46 (Oost: 3 km via N 70) – 🕾 03 766 86 61 – www.kokovin.be
– Gesloten krokusvakantie, laatste twee weken van juli, zaterdagmiddag,
zondagavond, dinsdag en woensdag

Serwir

BUSINESS • FUNCTIONEEL Dit hotel buiten het centrum beschikt zowel over goed geëquipeerde kamers in eigentijdse stijl als over uitstekende voorzieningen voor vergaderingen en congressen. Serwir is een vaste waarde in de streek! Op het suggestiemenu van brasserie Renardeau staan voornamelijk klassieke gerechten, met hier en daar een originele toets.

BUSINESS • FONCTIONNEL Cet immeuble excentré où vous logerez dans des chambres actuelles bien équipées dispose aussi d'une infrastructure importante pour la tenue de réunions et séminaires. Serwir est une valeur sûre dans la région ! Renardeau propose toutes les spécialités d'une bonne brasserie, mais aussi quelques mets moins habituels dans ce type d'établissement.

79 kamers ⌑ – ♦75/140 € ♦♦80/160 €

Koningin Astridlaan 57 – ℰ 03 778 05 11
– www.serwir.be – Gesloten 24 en 25 december

SINT-PIETERS-LEEUW
Vlaams-Brabant – ✉ 1600 – Atlas n° **11**-B2

Tartufo

ITALIAANS • KLASSIEK ⅩⅩ Een lekkernij, delicaat en smaakvol. De karakteristieken van een truffel zijn helemaal van toepassing op deze stijlvolle zaak, waar vooral met Italiaanse producten wordt gewerkt. Het verzorgde terras achteraan is heerlijk.

CUISINE ITALIENNE • CLASSIQUE ⅩⅩ Tartufo, c'est la « truffe » en italien, et les qualités de ce champignon légendaire – si parfumé et délicat – conviennent parfaitement à ce restaurant élégant, dont le chef affectionne notamment les produits italiens. Autre atout : la terrasse à l'arrière est superbe !

Lunch 30 € – Menu 40/58 € – Carte 45/76 €

Bergensesteenweg 500 (N 6) – ℰ 02 361 34 66
– www.restaurant-tartufo.be – Gesloten 30 december-6 januari, 17 tot 31 juli, zaterdagmiddag, zondag, maandag en na 20.30 u.

De prijzen voor het symbool ♦ komen overeen met de laagste prijs in laagseizoen en daarna de hoogste prijs in hoogseizoen voor een éénpersoonskamer. Hetzelfde principe voor het symbool ♦♦, hier voor een tweepersoonskamer.

SINT-TRUIDEN
Limburg – ✉ 3800 – Atlas n° **5**-B3

L'Angelo Rosso

ITALIAANS • GEZELLIG ⅩⅩⅩ L'Angelo Rosso heeft een geslaagde verhuis achter de rug. De enthousiaste familie Catania ontvangt u vandaag in een chic restaurant met een prachtig tuinterras. De moderne uitvoering van Italiaanse smaken is hier heerlijk. Ze hebben diepgang, de chef gaat fijn te werk. Het keuzemenu is zeer verleidelijk, voor klassiekere gerechten is er de kaart.

CUISINE ITALIENNE • CONVIVIAL ⅩⅩⅩ L'Angelo Rosso a réussi son déménagement. L'enthousiaste famille Catania vous accueille désormais dans un restaurant chic disposant d'une splendide terrasse au jardin. La cuisine italienne modernisée est extrêmement savoureuse. Du beau travail ! La formule au choix est très séduisante, tandis que les plats plus classiques se retrouvent à la carte.

Lunch 30 € – Menu 37/75 € – Carte 47/75 €

Plattegrond: B2-a – *Dorp 156 (Brustem) – ℰ 011 59 16 00*
– www.angelorosso.be – Gesloten 12 tot 16 april, 19 juli- 2 augustus, zaterdagmiddag, dinsdag en woensdag

VLAANDEREN • FLANDRE

⑪◯ De Fakkels   ⊛ 🖼 🛂 ⊗ 🗊 🅿

MARKTKEUKEN • CHIC ✗✗✗ Opvallende lampen met ganzenpluimen, de mooie design lichtinstallatie, de stijlvolle uitstraling ... Dit is een contemporain klasserestaurant! De gepassioneerde chef beheerst de klassieke keuken tot in de puntjes, al speelt hij ook graag met modernere smaaktwisten. Zijn generositeit is alom geroemd, net als de wijnkelder.

CUISINE DU MARCHÉ • CHIC ✗✗✗ Lampes avec plumes d'oie, installation de lumière design, élégance des lieux ... Voici un restaurant contemporain de grande élégance ! Le chef, passionné, maitrise la cuisine classique jusque dans les détails, même s'il se plaît à agrémenter ses plats de touches modernes. Sa générosité est très appréciée, comme sa cave de vins.

Lunch 42 € – Menu 70/79 € – Carte 66/97 €

Hasseltsesteenweg 61 (in Melveren, Noordoost : 3 km via N 722) – ✆ 011 68 76 74 – www.defakkels.be – Gesloten eerste week januari, 1 week paasvakantie, laatste 3 weken augustus, zaterdagmiddag, zondagavond, maandag en dinsdag

⑪◯ De Stadt van Luijck   🖼 ⊗ 🗊

MODERNE KEUKEN • LUXE ✗✗✗ Prachtige plafondschilderingen die ooit voor Leopold II werden gemaakt, het luxe/klassiek decor met een gouden randje, de mooie tuin ... Dit voormalig notarishuis is een lust voor het oog! De producten zijn al even hoogstaand, de creatieve mix van stijlen van de chef combineert jeugdige uitbundigheid met verfijning.

CUISINE MODERNE • LUXE ✗✗✗ Des somptueuses fresques, réalisées pour Léopold II aux notes dorées et au beau jardin, cette ancienne maison de notaire est un régal pour les yeux... et l'assiette est aussi appétissante que le décorum. Le chef modère son exubérance juvénile par son talent, et son raffinement.

Lunch 45 € – Menu 75/100 € – Carte 82/206 €

Schepen Dejonghstraat 12 – ✆ 011 19 09 69 – www.destadtvanluijck.be – Gesloten zaterdagmiddag, zondagavond, maandag, dinsdag

⑪◯ Coco Pazzo   🖼

ITALIAANS • TRENDY ✗✗ Een eeuwenoude kelder is opgesmukt tot dit elegant en modieus Italiaans restaurant. Chef Fabio Mirisola bereidt in zijn keukentje pure gerechten die bulken van de typische Italiaanse smaken. De zacht geprijsde menu's zijn zeer aantrekkelijk, net als de wijnkaart. Tip: achter het restaurant is er een openbare parking.

CUISINE ITALIENNE • TENDANCE ✗✗ Un cadre original que celui de ce restaurant italien contemporain, créé sous les voûtes d'une toute petite cave aménagée avec élégance. Chef Fabio Mirisola y prépare des mets purs, plein de goûts typiquement Italiens. Les menus à prix doux sont très attractifs, tout comme la carte des vins. Parking public derrière le restaurant.

Lunch 28 € – Menu 39/54 € – Carte 43/84 €

Diesterstraat 44 – ✆ 011 88 10 18 – www.cocopazzo.be – Gesloten dinsdagmiddag, zaterdagmiddag, zondagmiddag en maandag

🏠 Hoeve Roosbeek   🛎 🐾 🚲 🛂 ⊗ 🧖 🅿

SPA EN WELLNESS • HEDENDAAGS Van het platteland genieten wordt nog zo prettig als het met een vleugje luxe wordt geserveerd. De weldadige privé-wellness en de verkwikkende rust van de boomgaarden brengen lichaam en geest helemaal in harmonie.

SPA ET BIEN-ÊTRE • CONTEMPORAIN Une certaine idée du luxe champêtre. Cette ancienne ferme s'est muée en hôtel épuré et contemporain, dans le calme vivifiant des vergers alentour. Espace bien-être avec piscine, sauna, hammam ; restaurant sympa... douceur de vivre et harmonie !

6 kamers 🛏 – †90 € ††110 €

Roosbeekstraat 76 (in Zepperen, Noordoost : 8 km) – ✆ 011 78 36 10 – www.hoeveroosbeek.be

Rikkeshoeve

FAMILIAAL · HISTORISCH De Rikkeshoeve is het laatste huis van het dorpje Aalst, erna vindt u niets anders dan weilanden. Een uitgelezen plek dus om te genieten van de charme van een B&B met historisch cachet, met eigen wellness als buur. De uitbater is een gepassioneerde hobbykok en schotelt u graag een marktmenu voor tegen een goede prijs.

FAMILIAL · HISTORIQUE Rikkeshoeve est la dernière maison du hameau d'Aalst, puis ce ne sont que prairies à perte de vue. Idéal pour profiter de cette ancienne ferme, devenue une charmante maison d'hôtes, avec son espace bien-être à côté. Le propriétaire, passionné de cuisine, se fera un plaisir de vous concocter un menu du marché à prix doux.

6 kamers ☲ – ♦65/68 € ♦♦84/94 €

Erberstraat 56 (in Aalst, Zuidoost: 8 km via N 3) – ☏ 0474 31 29 29
– www.rikkeshoeve.be

SNAASKERKE

West-Vlaanderen – ✉ 8470 – Gistel – Atlas n° **02G**-B1

Plat préféré

KLASSIEKE KEUKEN · INTIEM ✗✗ Houdt u van goede Vlaamse producten en bereidingen die de klassieke bistrotoer opgaan? Dan is de kans groot dat uw lievelingsgerecht hier op de kaart staat. Zo niet, probeert chef Gouwy u wel te verleiden tot een nieuwe favoriet, want zijn smaakvolle keuken is er een die plezierd. Niet te ingewikkeld, maar echt lekker.

CUISINE CLASSIQUE · INTIME ✗✗ Aimez-vous les bons produits flamands et les grands classiques du bistrot ? Si oui, il y a de fortes chances que votre plat préféré soit à la carte ! Quoi qu'il en soit, le chef Gouwy fera tout pour vous séduire : sa cuisine, savoureuse, est une vraie source de plaisir. Désarmant de simplicité, et vraiment bon !

Menu 37 € – Carte 37/63 €

Dorpsstraat 71 – ☏ 059 42 81 82
– www.platprefere.com – alleen diner behalve zondag – Gesloten dinsdag en woensdag

STROMBEEK-BEVER

Vlaams-Brabant – ✉ 1853 – Grimbergen – Atlas n° **11**-B2

Zie plattegrond Brussel

't Stoveke (Daniel Antuna)

MODERNE KEUKEN · KNUS ✗✗ De borden bij 't Stoveke zijn elk op zich een ontdekkingsreisje. De chef maakt gebruik van de modernste technieken en zorgt voor intense smaken. Hier pleziert men uw papillen net zozeer als uw ogen! Ook het design interieur en de open keuken ogen zeer mooi. Maak u klaar voor een heerlijke tocht.

→ Gebakken eendenlever en gerookte paling met venkel, sjalot en biersausje. Zeebaars met zeekraal, grijze garnalen, tomatenfondue en champagnesaus. Aardbeien en rabarber met mascarpone, amandelcrunch en pistacheroomijs.

CUISINE MODERNE · COSY ✗✗ Chaque assiette de 't Stoveke est une exploration. Le chef se sert des techniques modernes pour créer la surprise : un plaisir pour les papilles, grâce à des saveurs intenses, mais aussi pour les pupilles ! Le décor design et la cuisine ouverte complètent le spectacle... Un délicieux voyage en perspective.

Lunch 36 € – Menu 67/101 € – Carte 82/132 €

Plattegrond: 2D1-q – *Jetsestraat 52 – ☏ 0476 50 07 29 (beperkt aantal zitplaatsen, reserveren)*
– www.tstoveke.be – Gesloten eind december-begin januari, eind juli-begin augustus, zaterdagmiddag, zondagavond, dinsdag en woensdag

STUIVEKENSKERKE
West-Vlaanderen – ✉ 8600 – Diksmuide – Atlas n° **2**-B2

🏰 Kasteelhoeve Viconia
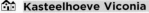

HISTORISCH · FUNCTIONEEL Deze voormalige kasteelboerderij is ronduit indruk-wekkend, wat een prachtig gebouw! Het behoorde vroeger toe aan een klooster-orde en dat verklaart misschien de sereniteit die in de piekfijn onderhouden kamers heerst. Dit is een ideale plek om de mooie polders – het ligt er midden in! – te ontdekken met de fiets.

HISTORIQUE · FONCTIONNEL Cette ancienne ferme-château est impression-nante. Elle appartenait jadis à un ordre religieux, ce qui explique peut-être la sérénité qui se dégage des chambres impeccables. L'endroit idéal pour découvrir les beaux polders (qui l'entourent) à vélo.

23 kamers 🛏 – †62/76 € †† 84/112 € – ½ P

Kasteelhoevestraat 2 – ☎ 051 55 52 30
– www.viconia.be – Open april tot oktober en weekends; gesloten
15 december-15 januari, 25 augustus-15 september en zondag

TEMSE
Oost-Vlaanderen – ✉ 9140 – Atlas n° **3**-D2

🍴 Het Moment

FRANS MODERN · ELEGANT XX Nicolas en Chana hebben de klassieke villa van zijn ouders laten omtoveren tot een elegant restaurant, maar de chef gaat er wel de moderne toer op. Hij gebruikt goede producten om zijn eigentijdse berei-dingen te laten smaken zoals het hoort.

CUISINE FRANÇAISE MODERNE · ÉLÉGANT XX Le chef Nicolas et sa femme, Chana, ont remodelés la villa parentale en un restaurant élégant, où il emprunte les joyeux sentiers de la modernité... Ils utilisent de bons produits dans des pré-parations contemporaines tout simplement irrésistibles.

Lunch 32 € – Menu 37/77 € – Carte 55/117 €

Parklaan 46 – ☎ 03 711 07 72
– www.restohetmoment.be – Gesloten zaterdagmiddag, zondagavond
en maandag

🍴 Wilford T 🆕

FRANS MODERN · EIGENTIJDS XX Stap door expositieruimte Wilford X, bewon-der onderweg zeker de kunstwerken, en ontdek achteraan het serene restaurant rond de open keuken van Tom Vermeiren. Het is hier intiem en cosy. Zo puur de omgeving, zo puur zijn de smaken. De chef laat het product voor zich spreken en geeft ze diepgang met eigenzinnige combinaties.

CUISINE FRANÇAISE MODERNE · BRANCHÉ XX Passez par la salle d'exposition du Wilford X et admirez les œuvres d'art exposées. Découvrez, à l'arrière, un res-taurant à l'ambiance sereine autour de la cuisine ouverte de Tom Vermeiren, qui a le don de mettre en avant la pureté du produit avec des accords personnels en harmonie avec le cadre. Un endroit aussi intime que cosy.

Lunch 30 € – Menu 37/74 € – Carte ong. 65 € - een enkel menu in het weekend

Wilfordkaai 10 – ☎ 0472 69 54 69 (reserveren aanbevolen)
– www.restaurant-wilfordt.be – Gesloten zaterdagmiddag, zondag en maandag

TERVUREN
Vlaams-Brabant – ✉ 3080 – Atlas n° **11**-B2

🍴 De Linde

FRANS · KNUS XX Bij De Linde voelt u het plezier waarmee de patron zijn gasten verwent. Zijn aanpak is warm en tegelijkertijd stijlvol. Die omschrijving typeert eveneens het elegante decor, dat wordt geaccentueerd door mooie kunstwerken. De rijke Franse keuken wordt hier eer aangedaan met gerechten die fond heb-ben. Klasse!

CUISINE FRANÇAISE · COSY XX Chez De Linde, le patron accueille chaleureusement ses hôtes. L'élégance n'est pas incompatible avec la convivialité, comme
en témoigne le décor, accentué de jolis tableaux. La cuisine française démontre
ici un beau savoir-faire. La classe !

Lunch 18 € – Menu 40/60 € – Carte 66/77 €

Leuvensesteenweg 7 – ℰ 02 767 87 42 – www.delindetervuren.be
– Gesloten 2 weken in januari, 3 weken in juli, zaterdagmiddag, maandag en
dinsdag

TESSENDERLO
Limburg – ✉ 3980 – Atlas n° **5**-A2

🏠 AubergInn   ⇔ 🚲 AC 🚭 P

TRADITIONEEL · HEDENDAAGS U wordt verwend in dit frisse B&B, waar het
trendy interieur de authentieke charme van het gebouw onderstreept. Na een
tocht met de fiets kunt u hier genieten van een mooi aanbod speciaalbieren.
Ondertussen heeft de gastvrouw een malse kamerjas klaargelegd, en 's morgens
trakteert ze u op een bio-ontbijt.

TRADITIONNEL · CONTEMPORAIN Une belle maison d'hôtes, dans un élégant
bâtiment de la fin du 19e s. L'intérieur, notamment les chambres et salles de
bains, marie raffinement contemporain et lustre d'antan. La maîtresse de maison
concocte même un délicieux petit-déjeuner bio !

5 kamers ☲ – †125/138 € ††145/158 €

Diesterstraat 39 – ℰ 0478 38 86 77 – www.auberginn.be

TEUVEN
Limburg – ✉ 3793 – Voeren – Atlas n° **5**-D3

🍴 Hof de Draeck   ⇔ 🕭 ⇔ 🕌 ᕃ AC 🚭 ⇔ P

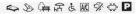

KLASSIEKE KEUKEN · GEZELLIG XXX De familie Duysens heeft zijn restaurant in
het nieuw gestoken, maar aan de klasse van het elegante decor is niet geraakt.
Wit marmer, kaders met gouden randen … Een prachtzaak! De chef respecteert
de precisie van klassieke recepten, maar durft ook modern uit de hoek te
komen. In de gerieflijke kamers slaapt u als een roos.

CUISINE CLASSIQUE · CONVIVIAL XXX Au fil de ses rénovations régulières, le restaurant de la famille Duysens reste un modèle d'élégance et de classe. Marbre
blanc, cadres dorés : magnifiques ! Le chef célèbre la tradition avec des recettes
classiques, auxquelles il ajoute une pincée de modernité. Chambres bien tenues
pour une douce étape.

Lunch 58 € ❢ – Menu 45/75 € – Carte 60/71 €

11 kamers ☲ – †80 € ††150 €

Hoof 15 – ℰ 04 381 10 17 – www.hof-de-draeck.be – alleen diner behalve vrijdag en
zondag – Gesloten 25 februari-15 maart, 12 tot 28 augustus, maandag en dinsdag

TIELRODE
Oost-Vlaanderen – ✉ 9140 – Temse – Atlas n° **03D**-D2

🏠 Arck B&B   ⇔ 🚲

FAMILIAAL · DESIGN Arck, dat is een B&B met persoonlijkheid. Het is dan ook
ingericht door een binnenhuisarchitect die volledig haar zin heeft gedaan. Ze
heeft een licht en strak interieur weten te creëren door design, vintage en uiteenlopende invloeden te combineren. En dat allemaal in een typisch Vlaams dorp.

FAMILIAL · DESIGN Arck est l'exemple parfait du B&B qui a quelque chose en
plus… Le décor, que l'on doit à une architecte d'intérieur, mêle design et vintage
avec légèreté : il ne manque pas de goût. Le tout est installé dans un village flamand on ne peut plus typique.

3 kamers ☲ – †90/100 € ††110/130 €

Kaaistraat 23 – ℰ 0487 20 20 26 – www.arck-bb.be

TIELT
West-Vlaanderen – ✉ 8700 – Atlas n° **2**-C2

⭑○ Shamrock   AC ⇔ P

MODERNE KEUKEN · DESIGN ✗✗ Opmerkelijk aan Shamrock is dat hier geen enkel raam is, al merkt u daar niets van dankzij het doordachte interieur, hip en chic tegelijk. De keuken is al even hedendaags. De chef spant zich merkbaar in om interessante bereidingen te presenteren. In de prachtige wijnbar zit u goed voor een lekker drankje en tapas.

CUISINE MODERNE · DESIGN ✗✗ Il n'y a curieusement aucune fenêtre au Shamrock, mais on le remarque à peine, tans le décor est soigné, à la fois chic et branché. Cuisine contemporaine à la présentation particulièrement recherchée. Joli bar à vin, où l'on déguste un bon verre accompagné de tapas.

Lunch 17 € – Menu 54/57 € – Carte 46/79 €

Hotel Shamrock, Euromarktlaan 24 (aan de ring) – ℰ 051 40 15 31
– www.shamrock.be – Gesloten 15 juli-3 augustus en zondagavond

🏠 Shamrock   ✿ 🛏 ⊡ 🦽 P

BUSINESS · FUNCTIONEEL Dit grote etablissement aan de rand van Tielt staat niet stil. De kamers zijn opgefrist in een moderne stijl, de designvolle juniorsuites verdienen een speciale vermelding. Ook de vergaderzalen zijn tip top in orde.

BUSINESS · FONCTIONNEL Grand établissement situé aux portes de Tielt. Chambres au décor moderne. Mention spéciale pour les suites junior. Salles de réunion impeccables.

41 kamers ⌂ – 🛏70/95 € 🛏🛏115/145 €

Euromarktlaan 24 (aan de ring) – ℰ 051 40 15 31 – www.shamrock.be
– Gesloten 15 juli-3 augustus

Shamrock – Zie restaurantselectie

TIENEN
Vlaams-Brabant – ✉ 3300 – Atlas n° **6**-D2

😊 Bart De Bondt   ⇔

FRANS MODERN · KLASSIEK ✗✗ Bart De Bondt weet hoe je smaken creëert. Hij vertrekt van een klassieke basis en geeft daar als jonge chef zijn eigen interpretatie aan. Probeer zeker eens het Marktmenu uit: een kanjer in keuze en kwaliteit! Het interieur van dit karaktervol huis is klassiek en verzorgd, maar de sfeer is losjes.

CUISINE FRANÇAISE MODERNE · CLASSIQUE ✗✗ Bart De Bondt s'y connaît en matière de saveurs. Le jeune chef épate par sa manière de le revisiter sans complexe la cuisine classique. Essayez le menu du marché pour combiner choix et qualité ! Maison de caractère au décor classique et soigné, mais à l'ambiance décontractée.

Lunch 35 € 🍷 – Menu 37/70 € 🍷

Broekstraat 9 – ℰ 016 82 75 50 – www.bartdebondt.eu – Gesloten 4 en 5 april,
27 tot 29 juli, 31 oktober-2 november, zaterdagmiddag, maandag en dinsdag

⭑○ Melchior

FRANS CREATIEF · EIGENTIJDS ✗✗ Bruin en zwart domineren het fashionable interieur van Melchior, dat ook authenticiteit uitademt dankzij de bakstenen muren en hoge plafonds. De chef heeft bij grote huizen geleerd hoe topproducten bereid moeten worden, en voegt er zijn eigen creatieve toets aan toe met weldoordachte garnituren. Een huwelijk met power!

CUISINE FRANÇAISE CRÉATIVE · BRANCHÉ ✗✗ Le marron et le noir dominent l'intérieur branché du Melchior, dont l'authenticité tient aussi à ses murs en brique et ses plafonds hauts. Le chef a appris dans les grandes maisons comment travailler les produits au mieux ; il apporte à ce savoir-faire une touche de créativité, notamment dans les garnitures. Puissant !

Lunch 32 € – Menu 54/66 € – Carte 60/76 €

Veemarkt 47 – ℰ 016 35 54 74 (reserveren noodzakelijk) – www.melchi-or.be
– Gesloten 24 December-1 januari, 30 april-6 mei, 30 juli-14 augustus,
zaterdagmiddag, zondag en maandag

ⅈ○ De Refugie 🛋 AC 🔄

MODERNE KEUKEN • GEZELLIG XX Chef Van Vlemmeren weet wat hij wil: een smakelijke Franse keuken bereiden tegen aantrekkelijke prijzen, met de nadruk op visbereidingen. Spontane ontvangst door de gastvrouw.

CUISINE MODERNE • CONVIVIAL XX Jean-François Van Vlemmeren réalise une cuisine française des plus exquises, donnant la priorité au poisson, qu'il prépare en grand maître. Quant à sa femme, elle vous accueille chaleureusement, dans un cadre contemporain soigné.

Lunch 32 € – Menu 45/55 € – Carte 40/73 €

Kapucijnenstraat 75 – ℰ 016 82 45 32 – www.derefugie.be – Gesloten
30 december-7 januari, 9 tot 24 juli, zaterdagmiddag, maandagavond, dinsdag en
woensdag

🏠 Nokernote 🐾 🛏 🚲 🛇 🅿 🗙

FAMILIAAL • PLATTELANDS Genieten van de stilte, tussen boomgaarden en wei-den. Dat kan in één van de drie themakamers van deze gerenoveerde hoevestal-ling, of tijdens een rustige fietstocht in de buurt. En 's morgens smullen van con-fituur gemaakt met fruit van eigen kweek.

FAMILIAL • À LA CAMPAGNE Profitez du silence, entre vergers et prairies, au sein de cette ancienne grange transformée avec goût (chambres "Savane", "Le Grand Nord" et "Maghreb") et lors d'une paisible balade à vélo dans les environs. Le matin, le petit-déjeuner est un véritable festival de confitures aux fruits du jardin.

3 kamers ⌁ – 🛉70/90 € 🛉🛉80/100 €

Romeinsebaan 55 (in Vissenaken, Noordwest: 4 km) – ℰ 0495 58 84 47
– www.nokernote.be – Gesloten weekends van november tot februari

Iyulka/iStock

NIET TE MISSEN! *LES BONS PLANS!*

Kasteel Borghof, waar men ontbijt met zicht op de prachtige tuin. Altermezzo, voor de creativiteit van een talentvolle jonge chef. De antiekmarkt op zondag, om een gastronomisch weekend gezellig af te sluiten.

Kasteel Borghof, pour un petit-déjeuner avec vue sur le magnifique jardin. Altermezzo, où un jeune chef talentueux laisse parler sa créativité. Le marché d'antiquités du dimanche, pour conclure un weekend gastronomique.

TONGEREN

Limburg – ✉ 3700 – Atlas n° **5**-C3

Restaurants

ॐ **De Mijlpaal** (Jan Menten) 🕿

CREATIEF • DESIGN XXX Over contrast gesproken: dit restaurant ligt in een voetgangersstraatje te midden het oude centrum, maar pakt binnenin uit met een designinterieur en een creatieve kaart. Jan Menten drukt zijn stempel op deze keuken en laat ingrediënten in harmonie samensmelten. Dit adresje is een mijlpaal voor het smaakpalet!

→ Kreeft met asperges, kwarteleitje en lardo. Zeebaars met inktvis, venkel en zoete paprika. Dessert met aardbeien en munt, citroen en yoghurt.

CUISINE CRÉATIVE • DESIGN XXX Rien n'annonce, dans cette petite rue piétonne du centre ancien, un restaurant aussi design... et une carte aussi créative ! Jan Menten signe une cuisine qui ne ressemble qu'à elle-même, sans jamais oublier l'harmonie des saveurs. C'est un délice.

Lunch 42 € – Menu 60/78 € – Carte 70/98 €

Plattegrond: A1-c – *Sint-Truiderstraat 25* – ☎ *012 26 42 77*
– *www.demijlpaal.org* – *Gesloten 1 week in maart, 2 weken in augustus, 1 week in november, zaterdagmiddag, dinsdag en woensdag*

ॐ **Magis** (Dimitry Lysens) 🕿 ⌀

MODERNE KEUKEN • ELEGANT XX Bij Magis mag het wat meer zijn: eigentijdse gerechten bulken hier van smaak, fraîcheur, karakter en verfijning. Ook de setting is top: een historisch pand met geheel eigentijds interieur en een prachtig terras in de tuin. Bij bistro Bis kunt u terecht voor gerechten met mediterrane en Australische accenten.

→ Pladijs met kokkels, zilte groentjes en algenschuim. Wilde zeebaars in zoutkorst met tomaat en panisse. Aardbeien in combinatie met vlierbloesem en ijzerkruid.

CUISINE MODERNE • ÉLÉGANT XX Au menu : une cuisine contemporaine pleine de saveurs, de fraîcheur, de caractère et de raffinement. Le cadre est tout aussi intéressant : un bâtiment historique à la déco moderne, doublé d'une jolie terrasse côté jardin. Le bistro Bis propose une cuisine aux touches méditerranéennes et australiennes.

Lunch 25 € – Menu 44/93 € – Carte 72/101 €

Plattegrond: A1-f – *Hemelingenstraat 23* – ☎ *012 74 34 64*
– *www.restaurantmagis.be* – *Gesloten 26 december-9 januari, 11 tot 14 april, 11 tot 21 juli, 31 oktober-3 november, zaterdagmiddag, maandag, dinsdag en woensdag*

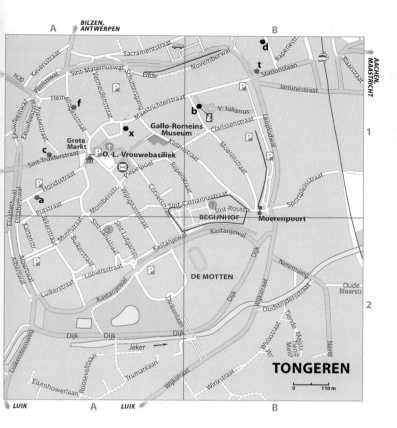

☆ **Altermezzo** (Jo Grootaers) 🛖 ⌘ ⇔ 🅿

CREATIEF · TRENDY XX Altermezzo is lekker trendy, het is een restaurant waar u rustig kunt smullen. Daar zorgt een jonge chef voor die zijn creativiteit graag laat spreken. Hij gaat delicaat en precies te werk om de producten te sublimeren. Verfijnde smaken wisselen elkaar af en creëren een boeiend verhaal waar men niet genoeg van kan krijgen.

→ Makreel met zuring, koolrabi en avocado. Parelhoen uit Challans, asperges en jus met morieljes. Creatie van abrikoos, kerrie en wilde rijst.

CUISINE CRÉATIVE · TENDANCE XX Altermezzo est totalement tendance, et on s'y sent vraiment à son aise. Le jeune chef laisse parler sa créativité, sublimant les produits avec précision. Il crée successivement de la tension, de l'alternance, et joue avec les saveurs. Les goûts raffinés imaginent une histoire captivante dont on ne se lasse jamais.

Lunch 45 € – Menu 60/80 € – Carte 71/125 €

Bilzersteenweg 366 (in Riksingen, Noord: 3 km via N 730) – ℰ 012 74 16 74
– www.altermezzo.be
– Gesloten 4 tot 13 maart, 14 tot 24 april,
15 juli-3 augustus, 28 oktober-6 november, zaterdagmiddag, maandag, dinsdag,
woensdag en na 20.30 u.

VLAANDEREN · FLANDRE

⬭○ Le 54

KLASSIEKE KEUKEN · KNUS �XX Le 54 is een warm restaurant dat fraai is geüpdatet, mooi terras incluis. Hier geen liflafjes, maar een smakelijke productkeuken met zuiderse invloeden. Mevrouw roert met veel passie in de potten, terwijl haar toegewijde man instaat voor een goede service. Een topduo!

CUISINE CLASSIQUE · COSY XX Le 54 est un restaurant chaleureux, avec une belle terrasse, où l'on ne fait pas de chichi, donnant ainsi la vedette à de savoureux produits. Madame, aux fourneaux, exprime toute sa passion pour la gastronomie. L'accueil prévenant de son mari achève de conquérir les clients...

Lunch 25 € – Menu 38/54 €

Plattegrond: A1-a – *Hondsstraat 54 – ☏ 012 39 32 38*
– www.le54.be – Gesloten maandag en dinsdag

⬭○ Lucie & Jimmy

MARKTKEUKEN · EIGENTIJDS XX Jimmy ontvangt u met flair en begeleidt u onder meer in de keuze van de wijnen. Ondertussen maakt Lucie al wat hapjes klaar, zodat u een eerste blik krijgt op haar eigentijdse interpretatie van de Franse keuken. En dan moet uw lekker etentje nog echt beginnen ...

CUISINE DU MARCHÉ · BRANCHÉ XX Après vous avoir accueilli, Jimmy fait tout son possible pour vous aider à choisir le vin qui accompagnera idéalement votre repas ; pendant ce temps, Lucie a préparé quelques amuse-bouche, qui montrent déjà son talent pour réinterpréter la tradition française à sa façon. Et dire que le repas n'a pas encore commencé...

Lunch 29 € – Menu 47/72 € – Carte 57/88 €

Plattegrond: B1-t – *Stationslaan 6 – ☏ 012 23 61 00*
– www.luciejimmy.be – alleen diner behalve vrijdag en zondag – Gesloten dinsdag en woensdag

⬭○ Sjalotte

MARKTKEUKEN · ROMANTISCH XX Het is opmerkelijk dat chef Mathijs dergelijke kwaliteit voor zo'n prijzen kan aanbieden. Hij brengt verfijning op het bord en benadrukt de versheid van zijn producten met juiste cuissons en mooie garnituren. Hier eet u gewoonweg zeer lekker. Het is dan ook niet gemakkelijk om niet meteen het volledige menu te nemen ...

CUISINE DU MARCHÉ · ROMANTIQUE XX Remarquable, le travail du chef Mathijs ! Il donne le meilleur de beaux produits frais dans des préparations raffinées, où les cuissons sont précises et les garnitures harmonieuses, le tout à un prix remarquablement bas. Ici, on mange tout simplement très bien. C'est choisir dans le menu qui sera le plus difficile...

Menu 37/82 € – een enkel menu

2 kamers – 🛏99 € 🛏🛏99 € – ☕ 12 €
Heldenstraat 1 (in Mal) – ☏ 012 24 16 33
– www.maisonsophie.com – Gesloten laatste 3 weken augustus, dinsdag, woensdag en na 20.30 u.

Hotels

🏨 Eburon

LUXE · DESIGN Vanuit Eburon ligt de oudste stad van België voor u klaar om ontdekt te worden. De historische charme van een oud klooster in combinatie met een fris interieur staat garant voor een sfeervol verblijf.

LUXE · DESIGN Du nom de cet antique peuple qui défia César, cet hôtel est parfait pour visiter Tongres, cité connue comme la plus ancienne du pays. Tout le charme historique d'un ancien cloître, marié à la fraîcheur d'un décor contemporain.

51 kamers – 🛏107/209 € 🛏🛏107/209 € – ☕ 19 €

Plattegrond: B1-b – *De Schiervelstraat 10 – ☏ 012 23 01 99*
– www.eburonhotel.be

't huys van Steyns

TRADITIONEEL · KLASSIEK Het mooie herenhuis (1892) waar ondernemer Louis Steyns – de oprichter van schoenenmerk Ambiorix – ooit woonde, is opgefrist met respect voor het verleden. De charme van de hoge plafonds, de parketvloer en andere klassieke elementen is verfijnd met alles wat een moderne gast wenst.

TRADITIONNEL · CLASSIQUE Cette belle maison de maître (1892) est décorée dans le respect scrupuleux du passé. Hauts plafonds, parquets anciens : on profite des mille et un détails de ce classicisme raffiné... Même les férus de modernité seront séduits !

9 kamers – †98/110 € ††98/110 € – ☐ 17 €

Plattegrond: B1-d – *Henisstraat 20* – ✆ *012 69 88 99*
– www.huysvansteyns.be

Caelus VII

TRADITIONEEL · VINTAGE Herenhuis uit 1846 waarin een charmant boetiekhotel is ondergebracht. De kamers zijn in retrostijl ingericht en bieden alle nodige comfort. Vrees niet voor de steile trap: uw koffers worden met de lift naar boven gebracht.

TRADITIONNEL · VINTAGE Maison de maître de 1846 abritant un charmant hôtel de caractère, aux chambres rétro et confortables. N'ayez pas peur des escaliers pentus: l'ascenseur est là pour porter vos valises !

7 kamers – †98/110 € ††98/110 € – ☐ 17 €

Plattegrond: A1-x – *Kloosterstraat 7* – ✆ *012 69 77 77*
– www.caelus.be

Kasteel Borghof

LANDHUIS · GROTE LUXE Een lange oprijlaan leidt u naar dit kasteel, maar het is pas in de tuin dat het al zijn grandeur openbaart. Wauw! En wat dan gezegd van een (rijkelijk) ontbijt op het terras, met zicht op de tuin en de vijver ... Het interieur is een en al luxe, met onder meer afwerking in Belgisch marmer. De wellness? Adembenemend!

MAISON DE CAMPAGNE · GRAND LUXE Une longue allée vous mène vers ce château, mais ce n'est que dans le jardin que toute sa grandeur se révèle. Petit déjeuner (copieux) sur la terrasse, avec une vue sur le jardin et l'étang... L'intérieur se révèle d'un luxe ébouriffant, à l'instar de ces finitions en marbre Belge. Spa splendide.

3 kamers ☐ – †200 € ††240 €

Tomstraat 103 – ✆ *0485 40 43 03*
– www.kasteelborghof.be

TONGERLO

Limburg – ✉ 3960 – Bree – Atlas n° **5**-C1

De Keyartmolen

FAMILIAAL · PERSOONLIJK CACHET Indommelen met het rustgevend geluid van een kabbelend beekje, slapen onder de houten balken van een eeuwenoud pand dat luxueus is ingericht en 's ochtends lekker ontbijten met zicht op de velden ... Wat een beleving! En dan moet u de wellness en de mooie regio nog ontdekken. Leuke plus: dit B&B is ook een paardenhotel.

FAMILIAL · PERSONNALISÉ S'endormir avec le bruit apaisant d'un ruisseau, contempler les poutres en bois d'une maison séculaire luxueuse, profiter au déjeuner d'une magnifique vue sur les champs, aller se prélasser dans l'espace bien-être ou visiter la belle région alentour... Une véritable expérience ! Nec plus ultra : ce B&B accueille également les chevaux.

8 kamers ☐ – †75/85 € ††120/140 €

Keyartstraat 4 – ✆ *089 46 00 47* – *www.keyartmolen.be*

TORHOUT

West-Vlaanderen – ⊠ 8820 – Atlas n° **2**-C2

🍴 Bassud ❶   🛋 🕸 ♿

MODERNE KEUKEN · **EENVOUDIG** 🍴 Bassud, dat is het verhaal van een jong gemotiveerd koppel, een mooie mix van een Scandinavisch en vintage decor, een ... Aanrader! Chef Jan houdt het puur, kookt niet te ingewikkeld, en kruidt zijn gerechten graag met subtiele accenten, zoals een gefermenteerd ingrediënt of rokerige smaken van de houtskooloven.

CUISINE MODERNE · **SIMPLE** 🍴 Bassud, c'est l'histoire d'un jeune couple ambitieux et d'un joli décor scandinave-rétro. Le chef Jan propose une cuisine épurée, sans complications inutiles, qu'il pimente de touches subtiles, comme par exemple un ingrédient fermenté ou les saveurs fumées du four à charbon.

Lunch 27 € – Menu 37/59 €

Zuidstraat 42 – ☎ 050 48 07 07
– www.bassud.be – Gesloten dinsdag, woensdag en na 20.30 u.

TURNHOUT

Antwerpen – ⊠ 2300 – Atlas n° **4**-C2

😊 Amu

MEDITERRAAN · **ELEGANT** 🍴🍴 Chef Marjanne Moonen geeft haar restaurant een vrouwelijke touch. Het decor straalt moderne elegantie uit en dat zorgt voor een intieme sfeer, op het bord komen heerlijke gerechten die mediterrane invloeden verraden: sterke smaken en garnituren die er toe doen. Amu, dat is amusement voor uw smaakpapillen!

CUISINE MÉDITERRANÉENNE · **ÉLÉGANT** 🍴🍴 La chef Marjanne Moonen apporte une touche féminine à son restaurant. Décor moderne et élégant, qui crée une atmosphère intime. Cuisine goûteuse d'influence méditerranéenne, aux saveurs prononcées et aux jolis accompagnements. C'est votre palais qui s' " Amu "-se.

Lunch 29 € – Menu 37/58 € – Carte 51/72 €

Patersstraat 79 – ☎ 014 41 24 89
– www.amu-turnhout.be – Gesloten 1 tot 9 januari, 21 juli-8 augustus, zaterdagmiddag, dinsdag, woensdag

🍴 Savoury   🛋 ♿ 🅿

MODERNE KEUKEN · **ELEGANT** 🍴🍴 Elegante villa in Engelse stijl waar u de keuze hebt tussen het romantische interieur of het terras in het groen. Ook de wijnkelder, waar u kunt apperitieven, is enig mooi. De Franse keuken wordt hier bereid volgens de klassieke regels, de smaken zijn puur, al voegt de chef daar wel eens moderne nuances aan toe. Een ervaring met stijl!

CUISINE MODERNE · **ÉLÉGANT** 🍴🍴 Une élégante villa à l'anglaise, qui offre le choix entre un intérieur romantique et une terrasse verdoyante. La cuisine, résolument française, est préparée dans les règles de l'art et se révèle d'une grande pureté, avec quelques touches modernes par instants. Superbe cave à vins (accessible pour l'apéritif).

Menu 40/90 € – Carte 72/126 €

Steenweg op Antwerpen 106 (West: 2 km via N 12) – ☎ 014 45 12 45
– www.savoury.be – Gesloten 26 december-4 januari, laatste twee weken van juli, zaterdagmiddag, maandag en dinsdag

🍴 CucinaMarangon   🛋

ITALIAANS · **LUXE** 🍴🍴 Geniet van de smakelijke Italiaanse keuken van signore Marangon in een Venetiaanse eetzaal met terras. Bediening door zijn lieftallige signora, wier goedlachsheid en spontaniteit echte troeven zijn voor deze zaak. Bij de enoteca vindt u heel wat lekkers om mee naar huis te nemen. Dit is een vaste waarde, al sinds 1988!

CUISINE ITALIENNE · **LUXE** XX Le signore Marangon vous fera déguster sa délicieuse cuisine italienne dans une salle d'inspiration vénitienne (avec terrasse). Service spontané et souriant de la charmante maîtresse de maison. Vente de vins. CucinaMarangon est une valeur sûre, depuis 1988 déjà !

Lunch 29 € – Menu 42/54 € – Carte ong. 69 €

Patersstraat 9 – ℰ 014 42 43 81 – www.cucinamarangon.be – Gesloten laatste week juli-eerste week augustus, zondag en maandag

VAALBEEK

Vlaams-Brabant – ⊠ 3054 – Oud-Heverlee – Atlas n° **6**-C2

⫯○ **De Bibliotheek** ⇦ 🏠 🔳 ఉ ⇩ 🅿

KLASSIEKE KEUKEN · **TRENDY** XX Boeken kunnen niet ontbreken in een bib, al zijn ze discreet aanwezig in deze lichte, moderne zaak. De chef gebruikt vooral een klassiek receptenboek, de suggesties zijn iets moderner. Generositeit typeert zijn keuken, hij weet hoe je rijke smaken op het bord brengt. De charmante kamers verzekeren een zachte overnachting.

CUISINE CLASSIQUE · **TENDANCE** XX Des livres ne peuvent pas manquer dans une bibliothèque (bibliotheek en néerlandais), même s'ils sont discrets dans cet établissement moderne et lumineux. Côté littérature, le chef utilise surtout un livre de recettes classiques. Sa cuisine détone par sa générosité. Les chambres, charmantes, assurent une nuitée en douceur.

Menu 39/75 € – Carte 53/80 €

7 kamers – ♥74/105 € ♥♥74/115 € – 🖵 13 € – ½ P

Gemeentestraat 12 – ℰ 016 40 05 58 – www.debibliotheek.be – Gesloten 15 tot 31 juli, zondagavond, dinsdag en woensdag

VEURNE

West-Vlaanderen – ⊠ 8630 – Atlas n° **2**-A2

🕸 **Olijfboom** 🏛

TRADITIONELE KEUKEN · **GEZELLIG** X Het weelderige zilverwerk en de verleidelijke flessencollecties tonen meteen de klassieke aard van de Olijfboom aan. De vakkundige chef laat u eveneens vanouds smullen. De smaken zijn rijk en de porties genereus, net zoals de traditie het voorschrijft. Met de indrukwekkende wijnkaart bewijst de patron zijn uitstekende neus voor kwaliteit.

CUISINE TRADITIONNELLE · **CONVIVIAL** X L'argenterie somptueuse et les séduisantes collections de bouteilles plantent le décor classique d'Olijfboom (Olivier). Le chef expérimenté vous réjouira avec des saveurs intenses et des portions généreuses, fidèle à la tradition. La carte des vins impressionnante complètera ce tableau idyllique.

Lunch 21 € – Menu 37/60 € – Carte 48/65 €

Noordstraat 3 – ℰ 058 31 70 77 – www.olijfboom.be – Gesloten 5 tot 23 januari, eerste week van september, zondag, maandag en na 20.30 u.

⫯○ **De Oogappel** 🏠

FRANS KLASSIEK · **BISTRO** X Het is in een pand uit 1760, waarvan de vloeren en kasten nog origineel zijn, dat men dit restaurant in bistrostijl vindt. Het heeft zich opgewerkt tot de oogappel van heel wat smulpapen dankzij zijn eerlijke traditionele keuken. Neem nu de krokant gebakken kalfszwezeriken 'fine champagne' ... Een echte topper van het huis!

CUISINE FRANÇAISE CLASSIQUE · **BISTRO** X Restaurant de style bistrot, dans une maison de 1760 rénovée et préservant revêtements de sol et armoires d'origine. Cuisine traditionnelle très appréciée des gastronomes. Laissez-vous tenter par les croustillants de ris de veau à la " fine champagne ", une valeur sûre de la maison !

Carte 45/61 €

Appelmarkt 3 – ℰ 058 28 86 46 – www.restaurantdeoogappel.be – Gesloten zondag en maandag

🏠 Amaryllis

HISTORISCH · GEZELLIG Amaryllis mag zich dan wel in een karaktervol 18de-eeuws herenhuis bevinden, vanbinnen voelt het als nieuw aan. Daar zitten de moderne, nette kamers voor iets tussen, net als het meticuleuze onderhoud. Dat is lang niet de enige troef: dit hotel ligt in het centrum van de stad, is heel rustig en heeft een tuin én een privéparking.

HISTORIQUE · COSY Amaryllis a beau être une demeure du 18e s., la décoration est celle du 21e s. On y passe une nuit au calme, dans des chambres impeccablement tenues. Autre avantage : l'hôtel se situe en centre-ville et dispose d'un parking privé. Agréable jardin.

14 kamers ⌷ – ♦65/125 € ♦♦110/165 €

Zwarte Nonnenstraat 8 – ☏ 058 31 19 31 – www.hotelamaryllis.be

🏠 Auberge De Klasse

HISTORISCH · GEZELLIG Deze 18de-eeuwse hoeve was ooit een schooltje, en is dus een uitgelezen plek om te leren hoe gezellig nostalgische charme wel is. Authentieke kwaliteitsmaterialen die men vandaag nog weinig vindt, creëren er een echte huiselijke sfeer. Hier komt men dus even thuis, en dat op een boogscheut van de Grote Markt.

HISTORIQUE · COSY Cette ancienne ferme du 18e s. a jadis abrité une école. Aujourd'hui, on apprend surtout à… profiter du confort d'un charme nostalgique. Les robustes matériaux authentiques, rares de nos jours, créent une véritable atmosphère familiale. On se sent ici chez soi, le tout à deux pas du Grote Markt.

3 kamers ⌷ – ♦115/200 € ♦♦115/200 €

Astridlaan 3 (recht tegenover nr 14) – ☏ 0479 76 55 13 – www.aubergedeklasse.be

🏠 't Kasteel & 't Koetshuys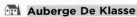

FAMILIAAL · PERSOONLIJK CACHET Een authentiek herenhuis uit 1900 dat al zijn charme heeft behouden, aangevuld met een relaxerende wellness in de kelder en een prachtig aangelegde tuin … In dit B&B komt u werkelijk niets tekort! Zoek zeker ook eens de Djoelsbar in de woonkamer op, want de cocktails van Julie, de dochter des huizes, zijn de moeite.

FAMILIAL · PERSONNALISÉ Une authentique maison de maître de 1900 qui a conservé tout son charme, et que complètent un reposant wellness, dans les caves, et un joli jardin aménagé… Rien ne manque dans ce B&B ! Faites un tour au salon pour découvrir le Djoelsbar, car les cocktails de Julie, la fille de la maison, en valent la peine.

8 kamers ⌷ – ♦85/90 € ♦♦115/145 €

Lindendreef 5 – ☏ 058 31 53 72 – www.kasteelenkoetshuys.be

VILVOORDE

Vlaams-Brabant – ✉ 1800 – Atlas n° **11**-B2

Zie plattegrond Brussel

🍴 Taste

KLASSIEKE KEUKEN · BRASSERIE ✕✕ Taste is het soort brasserie dat gasten onmiddellijk verleidt met zijn fashionable decor. Verwacht u niet aan verrassende combinaties, maar wel aan gerechten die de taste hebben van traditie. Hier spreekt de ervaring van een chef met metier.

CUISINE CLASSIQUE · BRASSERIE ✕✕ Taste est une brasserie qui séduit ses clients d'emblée avec son décor à la mode. Ne vous attendez pas à des combinaisons surprenantes, mais à des mets qui ont le goût de ce qu'ils prétendent. Ici s'exprime l'expérience d'un chef, et d'une table, à l'aise dans ses assiettes.

Lunch 30 € – Menu 54 € – Carte 48/77 €

Leuvensesteenweg 331 (in Peutie) – ☏ 02 311 59 88 – www.brasserietaste.be
– Gesloten 24 december-3 januari, 29 juli-21 augustus, zaterdagmiddag , zondag en maandag

🍴 Spectrum 🍴

MARKTKEUKEN · BRASSERIE 𝕏 Op zoek naar een buitenkans? De prijs-kwaliteit-verhouding van Spectrum behoort tot de beste van Brussel en omstreken! Zijn genereuze traditionele keuken is zeer geliefd. De gerechten kunnen verrassen, maar u vindt hier eveneens een Vilvoordse specialiteit als paardenvlees op de kaart. Het brede spectrum smaken bekoort telkens weer opnieuw!

CUISINE DU MARCHÉ · BRASSERIE 𝕏 Attention, bon plan : le rapport qualité-prix de Spectrum est l'un des plus intéressants de Bruxelles et de ses environs ! On apprécie sa généreuse cuisine traditionnelle, qui fait notamment honneur à la viande de cheval, spécialité de Vilvorde. Qualité des ingrédients – certains originaux –, finesse des recettes... Un véritable festival de saveurs !

Menu 39 € – Carte 38/65 €

Plattegrond: 2_3E1-a – *Romeinsesteenweg 220 (in Koningslo, Zuidwest: 6 km) – ☎ 02 267 00 45 – www.restospectrum.be – Gesloten maandagavond, zaterdagmiddag en zondag*

VLISSEGEM

West-Vlaanderen – ✉ 8421 – De Haan – Atlas n° **2**-C1

🙂 Kok Sur Mer 🍴

FRANS MODERN · GEZELLIG 𝕏𝕏 Een mooie villa in cottagestijl, een pittige gastvrouw en een bevlogen chef: welkom bij Nele en Jean-Philippe. Dit koppel heeft ervaring en dat voelt u. De chef bewijst dat hij de klassieke keuken onder de knie heeft, maar durft er wel zijn eigen interpretatie aan te geven. Neem gerust het keuzemenu, een topper!

CUISINE FRANÇAISE MODERNE · CONVIVIAL 𝕏𝕏 Une belle villa de style "cottage", une maîtresse de maison avenante et un chef inspiré: bienvenue chez Nele et Jean-Philippe. Le couple démontre son expérience avec une cuisine classique bien maîtrisée, à laquelle le chef n'hésite pas à ajouter sa propre patte. N'hésitez pas à opter pour la formule, un excellent choix.

Lunch 28 € – Menu 37/65 € – Carte 48/78 €

Warvinge 49 – ☎ 059 43 09 70 (reserveren aanbevolen) – www.lekoksurmer.be – Gesloten herfstvakantie, eerste 2 weken juli, zondagavond, maandag en woensdag

🍴 Vijfwege 🍴 🅿

TRADITIONELE KEUKEN · RUSTIEK 𝕏𝕏 Smulpapen zijn dol op de paling en het ribstuk van het huis. Voor de lunch is het verstandig te reserveren, want leeg is het hier nooit! Goede bourgognes voor geen geld.

CUISINE TRADITIONNELLE · RUSTIQUE 𝕏𝕏 Adresse où l'anguille (puisée au vivier) et la côte à l'os font la joie des gourmets. Pour déjeuner, pensez à réserver, car ça ne désemplit pas ! Jolis bourgognes à bon prix.

Lunch 35 € – Menu 38/43 € – Carte 31/65 €

Brugsebaan 12 (N 9) – ☎ 059 23 31 96 – www.vijfwege.be – Gesloten laatste week juni, laatste week september, dinsdag en woensdag

VOLLEZELE

Vlaams-Brabant – ✉ 1570 – Galmaarden – Atlas n° **6**-A2

🏠 Hof te Spieringen

HERBERG · GEZELLIG Al van bij de hartelijke ontvangst voelt u dat u in dit charmante B&B in goede handen bent. De gastvrouw haalt met plezier haar kookkunsten boven en werkt graag met mooie producten. De gezellige zithoek met open haard en de prachtige kamers met parket geven een heerlijk gevoel van warmte.

AUBERGE · COSY L'accueil enthousiaste vous donne le sentiment immédiat d'être entre de bonnes mains. L'hôtesse, bonne cuisinière, travaille de bons produits ; le salon avec sa cheminée et les magnifiques chambres parquetées distillent une atmosphère chaleureuse.

5 kamers – 🛏90/100 € 🛏🛏100/110 € – ☕ 15 €

Langestraat 42 – ☎ 0477 32 47 82 – www.hoftespieringen.be – Gesloten 21 december-10 januari

VRASENE
Oost-Vlaanderen – ✉ 9120 – Beveren – Atlas n° **3**-D1

⫶○ **Herbert Robbrecht** 🛐 🍽 ⇆ 🅿

FRANS KLASSIEK · TRADITIONEEL ✗✗✗ Er hangt een familiale sfeer in de elegante villa van Herbert Robbrecht. Zijn eerder klassieke kookstijl uit zich in smakelijke gerechten, met creatieve ingevingen probeert hij af en toe te verrassen. Pas op: hier wordt enkel met menu's gewerkt.

CUISINE FRANÇAISE CLASSIQUE · TRADITIONNEL ✗✗✗ Une ambiance familiale règne dans cette élégante villa d'Herbert Robbrecht. Sa cuisine plutôt classique est très savoureuse, avec parfois quelques trouvailles surprenantes. A noter : menu en formules uniquement.

Menu 50/63 € – een enkel menu

Hogenakker 1 (N 451) – ✆ 03 755 17 75 – www.herbertrobbrecht.be
– Gesloten 22 december-7 januari, 8 tot
18 april, 8 juli-8 augustus, 28 oktober-3 november, zaterdagmiddag,
zondagavond, maandag, donderdag en na 20.30 u.

WAARDAMME
West-Vlaanderen – ✉ 8020 – Oostkamp – Atlas n° **2**-C2

🏠 **De Libellen van Waaroost** ⓝ ⪡ 🗴 🛖 🅰🅲 🍽 🅿

LANDHUIS · PERSOONLIJK CACHET Ergens in het Waaroostpark bevindt zich een charme-B&B. De stilte is er oorverdovend, de kamers zijn ruim en romantisch. Open haarden en kunst geven het decor cachet. In de prachtige tuin is er zowel een vijver als een zwembad, u vindt er zelfs een ondergrondse wellness. Een sprookje? Daar heeft dit B&B veel van weg ...

MAISON DE CAMPAGNE · PERSONNALISÉ Un B&B de charme logé dans le Waaroostpark, où règne le silence. Chambres spacieuses et romantiques. Feux ouverts et œuvres d'art forment le décor. Le joli jardin compte aussi un étang et une piscine, et même un wellness souterrain. Un véritable conte de fées...

3 kamers – 🛏125/149 € 🛏🛏125/149 € – ⌑ 10 €

Woestendreef 9 – ✆ 0489 73 89 89 – www.delibellenvanwaaroost.be

WAASMUNSTER
Oost-Vlaanderen – ✉ 9250 – Atlas n° **3**-C2

⫶○ **Alex** 🛐

FRANS MODERN · CHIC ✗✗ Hip en chic, zo kan je het restaurant van Alex De Witte het best omschrijven. Zijn keuken smaakt eerder klassiek en steunt op kwaliteitsproducten. Dankzij de ruime keuze, ook aan (prestigieuze) wijnen, vindt iedereen hier zijn gading.

CUISINE FRANÇAISE MODERNE · CHIC ✗✗ Chic et branché : tel est le restaurant de Alex De Witte. Sa cuisine, plutôt classique, s'appuie sur des produits de qualité ; le vaste choix à la carte (y compris au niveau du vin) fait que tout le monde y trouve son compte.

Lunch 35 € – Menu 45 € – Carte 57/80 €

Fortenstraat 62 – ✆ 052 39 75 57 – www.alexrestaurant.be

⫶○ **De Verborgen Tuin** 🛐 🅰🅲 ⇆ 🅿

MODERNE KEUKEN · ELEGANT ✗✗ Steven Van Snick heeft zijn Verborgen Tuin van Geraardsbergen naar Waasmunster verhuisd. Het is een elegant restaurant geworden, dat warmte uitstraalt en met mooie kunstwerken is gedecoreerd. Zijn kookstijl is nog altijd even speels en behoudt steeds het evenwicht tussen klassiek en creatief.

CUISINE MODERNE · ÉLÉGANT ✗✗ Steven Van Snick a déménagé son restaurant de Geraardsbergen à Waasmunster. Un nouvel établissement empli d'élégance, à l'atmosphère chaleureuse et paré de jolies œuvres d'art. Sa cuisine reste ludique et garde toujours l'équilibre entre classicisme et créativité.

Lunch 49 € – Menu 65/115 € – Carte 75/120 €

Belselestraat 4 – ✆ 0495 71 52 66 – www.deverborgentuin.be – Gesloten zaterdag
en zondag

⍫○ Roosenberg 🛜 Ⓐ🅺 🍽 ⇄ 🅿

TRADITIONELE KEUKEN · BRASSERIE 🍴 De fine fleur van Waasmunster laat zich graag zien bij Roosenberg. Ze vallen voor de aangename mix van joviaal en chic, van een betrouwbare brasseriekeuken in een elegante setting. Ook de mooie wijnkaart kan op enthousiasme rekenen.

CUISINE TRADITIONNELLE · BRASSERIE 🍴 Roosenberg, c'est presque un rendez-vous mondain, au cadre élégant et chic, mais à l'ambiance conviviale. L'on s'y retrouve autour d'une vraie cuisine de brasserie et d'une jolie carte des vins.

Lunch 35 € – Carte 41/91 €

Patotterijstraat 1 – 🕾 03 722 06 00 – www.roosenberg.be – Gesloten 24 en 31 december

WANNEGEM-LEDE
Oost-Vlaanderen – ✉ 9772 – Kruisem – Atlas n° **3**-B3

🏠 Ledekant 🛏️ ⚙️ 🏊 Ⓐ🅺 🍽 🅿

FAMILIAAL · GROTE LUXE Prachtig B&B dat dankzij een authentiek karakter mooi aansluit op de landelijke omgeving. Elke kamer heeft eigenheid, maar luxe en comfort zijn hier de rode draad. De charme van de gastvrouw en de kwaliteit van de wellness maken het plaatje af.

FAMILIAL · GRAND LUXE Joli B&B au caractère authentique, qui se fond bien dans son environnement champêtre. Chaque chambre a sa personnalité, mais elles offrent toutes luxe et confort. Le charme de la maîtresse de maison et la qualité du wellness complètent le tableau.

4 kamers – 🛉110 € – 🛉🛉110 € – 🍽 15 €

Wannegem-Ledestraat 29 – 🕾 09 328 81 98 – www.ledekant.be
– Gesloten 24 augustus-14 september, 21 december-4 januari, zondagavond en maandag

WAREGEM
West-Vlaanderen – ✉ 8790 – Atlas n° **2**-D3

⛣ Berto (David Bertolozzi) 🛜 Ⓐ🅺 🍽 ⇄ 🅿

FRANS MODERN · GEZELLIG 🍴🍴🍴 Subtiliteit is de regel bij Berto. Moderne accenten geven het decor een fris gezicht, maar raken niet aan het karakter van het oude pand. De chef verrijkt zijn klassieke basis met creatieve ingevingen en zorgt dat de balans tussen de ingrediënten juist zit. Hij is precies en creëert subtiele smaakvariaties.
→ Carpaccio van langoustine met fregola, kippenoestertjes en fondue van tomaat. Gebakken kalfszwezeriken met spinazie, ganzenlever en kreeftensaus. Gepocheerde peer met vanille, chocolade en snickers.

CUISINE FRANÇAISE MODERNE · CONVIVIAL 🍴🍴🍴 Berto aime la subtilité. Cela se voit dans le décor – dont les touches modernes rehaussent le caractère ancien de l'édifice – mais surtout dans la cuisine : appuyé sur un solide classicisme, le chef multiplie les variations créatives... sans jamais sacrifier l'équilibre des saveurs. Tout en subtilité, oui !

Lunch 42 € – Menu 60/120 € 🍷 – Carte 81/136 €

Holstraat 32 – 🕾 056 44 30 15 – www.berto-waregem.be – Gesloten eerste week januari, krokusvakantie, 31 juli-15 augustus, herfstvakantie, feestdagen, donderdagmiddag, zondag, maandag, dinsdag en woensdag en na 20.30 u.

⍫○ Robuust 🅽 🛜 Ⓐ🅺 🍽 ⇄ 🅿

FRANS KLASSIEK · RUSTIEK 🍴🍴 Robuust? De smaken zijn inderdaad krachtig, al countert de chef ze en brengt zij alles in balans dankzij haar moderne interpretatie van Franse recepten. Net als de keuken is dit familiebedrijf toegankelijk. Natuurlijke elementen – mos aan de muren! – en een goede bediening zorgen voor een aangenaam huiskamergevoel.

CUISINE FRANÇAISE CLASSIQUE · RUSTIQUE 🍴🍴 Pourquoi " Robuust " ? Peut-être pour la puissance des saveurs, avec lesquelles la chef parvient à un équilibre subtil pour offrir une réinterprétation moderne de la cuisine française. Un restaurant familial accessible, à l'image de sa cuisine. Les éléments naturels (comme la mousse aux murs !) et le service attentionné contribuent à façonner un sentiment de convivialité.

Lunch 27 € – Menu 57 € – Carte 42/72 €

Wortegemseweg 115 – 🕾 056 61 64 74 – www.restaurantrobuust.be – Gesloten 21 juli-15 augustus, woensdagavond, zaterdag en zondag

WATOU

West-Vlaanderen – ⊠ 8978 – Poperinge – Atlas n° **2**-A3

⊛ Gasthof 't Hommelhof   🛖 ⟳

TRADITIONELE KEUKEN · RUSTIEK ✕✕ Bierliefhebbers zijn aan het juiste adres in het gezellige, rustiek ingerichte Gasthof 't Hommelhof. Stefaan Couttenye, de enthousiaste patron-chef, verwerkt bierspecialiteiten namelijk ook in zijn bereidingen. Ze versterken zijn gulle, traditionele keuken die zo toch net wat anders smaakt. Beer and food pairing zoals het hoort!

CUISINE TRADITIONNELLE · RUSTIQUE ✕✕ Les amateurs de bière ont frappé à la bonne porte : ce restaurant convivial et rustique est le fief de Stefaan Coutteneye, chef et patron de ces lieux, qui n'hésite pas à utiliser toutes sortes de bières comme éléments à part entière de sa cuisine, plutôt traditionnelle au départ. Du « beer and food pairing » dans les règles de l'art !

Menu 37/59 € – Carte 46/59 €

Watouplein 17 – ☏ 057 38 80 24
– www.hommelhof.be – Gesloten donderdagavond, maandag, dinsdag en woensdag behalve in juli-augustus, maandagavond en dinsdag

⊛ Terminus   🐕 ⟳ 🅿

FRANS KLASSIEK · TRADITIONEEL ✕ Terminus is de laatste halte voor de Franse grens. Iets verderop ziet u de boerderij van de familie Verheyde, in het restaurant smult u van hun runderen. Dit is traditionele generositeit van de bovenste plank! De no-nonsense bereidingen toveren meteen een glimlach op uw gezicht. Vraag patron Pieter zeker naar wijnsuggesties, hij is een topsommelier!

CUISINE FRANÇAISE CLASSIQUE · TRADITIONNEL ✕ N'hésitez pas à faire halte ici, juste avant la frontière française ! Vous apercevrez la ferme de la famille Verheyde, dont vous pourrez déguster la viande bovine. La cuisine traditionnelle généreuse suscite la joie. En matière de vin, n'hésitez pas à demander conseil au patron Pieter, qui est un excellent sommelier !

Lunch 14 € 🍷 – Menu 37 € – Carte 29/67 €

Callicannesweg 16 – ☏ 057 38 80 87
– www.restaurantterminus.be – Gesloten 24 en 31 december 's avonds,
25 december en 1 januari

WELLEN

Limburg – ⊠ 3830 – Atlas n° **5**-B3

⍩○ Zoethout   🛖 🐾 ⟳ 🅿

CREATIEF · RUSTIEK ✕✕ Het zachte interieur van deze vierkantshoeve in vakwerk verraadt de hand van een enthousiast jong koppel. U krijgt hier creatieve gerechten voorgeschoteld van een chef die zich amuseert, die uitprobeert en krachtige smaken weet te creëren. Bij Zoethout wordt u getrakteerd op een heerlijke ervaring.

CUISINE CRÉATIVE · RUSTIQUE ✕✕ Une jolie petite ferme, un décor feutré et élégant... et le savoir-faire de jeunes propriétaires passionnés. La cuisine est créative et ludique: on sent que l'on a affaire à un chef aimant s'amuser et expérimenter, pour le plaisir des clients ! Les saveurs sont au rendez-vous, l'expérience délicieuse.

Lunch 40 € – Menu 55/85 € – Carte 82/105 €

Vloeiherkstraat 14 – ☏ 012 21 64 53
– www.zoethout.be – Gesloten 26 december-11 januari, 10 tot
18 april, 17 juli-1 augustus, 6 tot 13 november, woensdagmiddag, zaterdagmiddag, maandag, dinsdag en na 20.30 u.

WEMMEL

Vlaams-Brabant – ⊠ 1780 – Atlas n° **11**-B2

Zie plattegrond Brussel

L'Auberge de l'Isard 🏠 ⇄ 🅿

FRANS KLASSIEK · GEZELLIG XX Wilt u ontsnappen aan de bedrijvigheid van de Heizel en de drukte van de Brusselse Ring? Dan moet u in de chique villa van Roland Taildeman zijn, die zijn restaurant in 1989 opende. Hij pleziert zijn gasten onder meer met een keuzemenu dat meteen in het oog springt. De keuze is ruim en divers, smaak is een constante.

CUISINE FRANÇAISE CLASSIQUE · CONVIVIAL XX Pour échapper aux fourmillements du Heysel et aux bouchons du ring de Bruxelles, rendez-vous dans cette élégante villa de Roland Taildeman, qui a ouvert son restaurant en 1989. Il régale ses hôtes avec, notamment, une formule qui attire l'œil. Choix ample et varié, avec une constante : le goût.

Lunch 29 € – Menu 37/52 € – Carte 46/65 €

Plattegrond: 2C1-u – *Romeinsesteenweg 964* – ☎ 02 479 85 64
– *www.isard.be* – *Gesloten 's avonds op feestdagen, zondagavond, maandag en dinsdag*

Faraya 🏠

LIBANEES · EENVOUDIG X De familie Harika heeft van Faraya een familiale plek gemaakt, zingend vogeltje incluis! Zoals de Libanese traditie het wil, worden de gerechten gedeeld en zijn de authentieke smaken heerlijk. Smeuïge hummus, de typische spicy smaken van de mixed grill, ... Lekker! Het buffet (op zaterdagavond en zondagmiddag) is top.

CUISINE LIBANAISE · SIMPLE X La famille Harika a fait de la Faraya un endroit familial, oiseau chantant inclus ! Comme la tradition libanaise le prescrit, les plats sont partagés et le goût au rendez-vous. Houmous onctueux, effluves épicés du mixed gril... Que c'est bon ! Buffet ouvert le samedi soir et dimanche midi.

Lunch 25 € – Menu 30/35 € – Carte 21/34 €

Plattegrond: 2C1-n – *De Limburg Stirumlaan 200* – ☎ 02 219 94 16
– *www.faraya.be* – *Gesloten zaterdagmiddag*

La table d'Evan 🏠 ⇄ 🅿

MEDITERRAAN · BRASSERIE XX Modern en comfortabel, zonder poespas. Zo is het interieur waarin chef Evan u aan tafel laat gaan. Hij slaagt er in om telkens fantastische producten te vinden, die hij vakkundig bereidt. Zonder te overdrijven, want hij beseft dat kwaliteit voor zichzelf spreekt. Bij Evan zijn uw smaakpapillen aan het feest.

CUISINE MÉDITERRANÉENNE · BRASSERIE XX Moderne et confortable, sans chichis : tel est le décor où œuvre le chef Evan. Il déniche sans cesse d'excellents produits qu'il prépare avec savoir-faire et sans compliquer inutilement ses préparations : il estime – avec raison ! – que la qualité parle d'elle-même. Une fête pour les papilles !

Lunch 35 € – Menu 55/110 € – Carte 72/100 €

Plattegrond: 1B1-j – *Brusselsesteenweg 21* – ☎ 02 460 52 39
– *www.evanrestaurants.be* – *Gesloten eind december, 21 juli-7 augustus, zaterdagmiddag en zondag*

Lavershuis

FAMILIAAL · PLATTELANDS Ontsnap in deze plattelandswoning, langs een rustig veldwegje, aan de drukte van de hoofdstad. Met het Atomium aan de horizon geniet u hier van een duik in het buitenzwembad en een rustpauze in één van de kamers, modern met strak sanitair. Rust aan de poorten van de stad.

FAMILIAL · À LA CAMPAGNE Venez vous réfugier loin du vacarme, dans cette maison de campagne située le long d'un chemin tranquille. Avec l'Atomium à l'horizon, on fait quelques longueurs dans la piscine extérieure, avant de se reposer dans l'une des jolies chambres. Le repos aux portes de la ville.

4 kamers 🖵 – 🛏120 € 🛏🛏160 €

Plattegrond: 1B1-a – *Zavelberg 30* – ☎ 0489 71 56 36
– *www.lavershuis.be*

VLAANDEREN · FLANDRE

WENDUINE

West-Vlaanderen – ✉ 8420 – De Haan – Atlas n° **2**-C1

⊕ Poincaré

FRANS MODERN · GEZELLIG XX Zet u, en laat u in de watten leggen. Mevrouw zorgt ervoor dat u rustig kunt genieten van de gezelligheid die Poincaré typeert, ondertussen overtuigt de chef u met zijn productkeuken. Hij heeft een neus voor kwaliteit en toont dat graag met gerijpt vlees. Elk gerecht wordt afgewerkt met wat verfijning en dat maakt hier het verschil.

CUISINE FRANÇAISE MODERNE · CONVIVIAL XX Au Poincaré, vous allez être gâtés ! Pendant que madame, en salle, s'assure de la satisfaction de tous, monsieur, en cuisine, met beaucoup de soin dans ses préparations. Il combine judicieusement les produits de qualité, comme en témoignent ses viandes maturées. Une finesse qui se retrouve dans chaque plat.

Lunch 27 € – Menu 37 €

Delacenseriestraat 21 – ☎ 050 42 32 78

– www.poincare-restaurant.be

– Gesloten zondagavond in winter, maandag, dinsdag en na 20.30 u.

⊪○ Yelo

CREATIEF · EIGENTIJDS X Om lekker creatief te kunnen koken, moet je technische bagage en een neus voor goede producten hebben. Chef Jessica bewijst dat in dit moderne, sobere restaurant. En dat doet ze met smaak!

CUISINE CRÉATIVE · BRANCHÉ X Pour préparer une cuisine créative, il y a deux prérequis : avoir un bon bagage technique et un nez pour déceler les meilleurs produits. Jessica, la chef, le prouve dans cet établissement tout en sobriété contemporaine. Le goût est au rendez-vous !

Lunch 25 € – Menu 41/71 € – Carte 53/66 €

Pauwaertstraat 13 – ☎ 050 73 63 73

– www.restaurantyelo.be

– Gesloten dinsdag en woensdag

🏠 Guesthouse Astrid chez Bert ⟨ ☆ ⑤ 🅿 ⟩

FAMILIAAL · PERSOONLIJK CACHET Het warme onthaal van Martine en Bert zorgt ervoor dat u zich meteen thuis voelt in hun villa. U geniet er van keurige kamers en een mooie tuin met terras, maar ook van lekker eten. 's Avonds serveert de heer des huizes moderne gerechten, 's ochtends staan onder meer huisgemaakte confituren op de verzorgde ontbijttafel.

FAMILIAL · PERSONNALISÉ Martine et Bert vous accueillent chaleureusement dans leur villa : vous serez tout de suite parfaitement à l'aise ! Profitez ensuite du beau jardin avec terrasse, des chambres bien tenues, mais également d'un bon repas : le soir, le maître des lieux mitonne des plats modernes, et le matin on profite de confitures maison au petit-déjeuner.

7 kamers ⌷ – ♦90/100 € ♦♦105/115 € – ½ P

Astridplein 2 – ☎ 050 41 21 37

– www.hostellerieastrid.be – Gesloten 8 januari-10 februari

en 13 november-9 december

WESTENDE

West-Vlaanderen – ✉ 8434 – Middelkerke – Atlas n° **2**-B1

⊪○ Marquize 🏠

MODERNE KEUKEN · KLASSIEK XX Het is in een van de laatste typische kustvilla's dat Patrick en Heidi hun gasten weten te bekoren. Het decor is er klassiek en warm, hun vriendelijkheid en de familiale sfeer zijn alom gekend. De chef kookt lekker traditioneel en zorgt met iets modernere details voor leuke smaaktwisten. Eten in Westende, dat doe je bij Marquize!

CUISINE MODERNE · CLASSIQUE XX C'est dans l'une des dernières villas côtières traditionnelles que Patrick et Heidi choient leurs hôtes avec beaucoup de convivialité, dans un décor classique et chaleureux. Le chef propose une cuisine traditionnelle savoureuse, avec des touches plus modernes dans les détails. Une adresse incontournable à Westende !

Lunch 32 € – Menu 55/74 € – Carte 66/95 €

Henri Jasparlaan 175 – 𝒞 059 31 11 11 – www.marquize.be – Gesloten 1 week in januari, eerste week maart, laatste week juni, eerste 2 weken oktober, maandagavond, dinsdag, woensdag en na 20.30 u.

Het Zilte Zand ❶   ≼ ⭢ ⌂ ℬ 🅿

FAMILIAAL · ROMANTISCH Deze beschermde Belle Époque villa uit de jaren 1920 is ideaal om te komen uitwaaien aan de kust. Het strand is vlakbij, en na een deugddoende wandeling kunt u relaxen in de wellness en de romantiek van dit B&B opsnuiven. De Franse stijl van de kamers is al even charmant als de gastvrouw. En dan dat ontbijt in de orangerie, met zicht op de polders …

FAMILIAL · ROMANTIQUE Villa Belle Époque des années vingt, idéale pour s'offrir une bouffée d'air frais à la côte. Après une promenade à la plage, toute proche, vous apprécierez le romantisme de ce B&B. Chambres de style français, tout aussi charmantes que la maîtresse de maison. Et que dire du petit-déjeuner dans l'orangerie, avec vue sur les polders...

4 kamers ⌂ – †115/135 € ††125/145 €

Duinenlaan 112 – 𝒞 059 44 04 97 – www.het-zilte-zand.be

WESTERLO

Antwerpen – ✉ 2260 – Atlas n° **4**-C3

⁂ **Colette** (Thijs Vervloet)   ⭢ ⌂

FRANS MODERN · ELEGANT XX Thijs Vervloet dankt zijn passie voor koken aan oma Colette en verfijnde zijn kookkunsten bij gerenommeerde chefs. In deze elegante zaak doet hij hen eer aan. Hier (her)ontdekt men hoe geraffineerd en rijk klassieke smaken wel zijn, hoe belangrijk de kwaliteit van het product is. Bij Colette geniet men van generositeit.

→ Gebakken langoustines met jonge groenten en cantharellen. Krokant gebakken kalfszwezerik met asperges, artisjok en tuinboontjes. Crémeux van witte chocolade, rood fruit en citroen-basilicumsorbet.

CUISINE FRANÇAISE MODERNE · ÉLÉGANT XX Le chef a hérité la passion pour la cuisine de sa grand-mère Colette (à qui le nom du restaurant rend hommage), qu'il a affinée au contact de chefs renommés. Si vous doutiez encore de la délicatesse de la gastronomie traditionnelle, goûtez donc à la cuisine de Thijs Vervloet. La passion des produits s'exprime avec talent !

Lunch 41 € – Menu 82/150 € – Carte 85/115 €

Sint-Lambertusstraat 9 – 𝒞 014 74 94 74 (reserveren noodzakelijk) – www.restaurantcolette.be – Gesloten 23 december-4 januari, 18 juli-9 augustus, feestdagen, zaterdagmiddag, dinsdag en woensdag

⑩ **Orangerie**   ⭢ ⌂ 🅿

KLASSIEKE KEUKEN · BRASSERIE XX Elke tafel van deze Orangerie geniet van een zicht op de mooie tuin, waardoor hier een bijzondere sfeer hangt. De kaart is ruim en verzamelt een aantrekkelijk aanbod traditionele gerechten. De vele huisbereidingen tonen aan dat hier een chef met vakkennis kookt.

CUISINE CLASSIQUE · BRASSERIE XX Chaque table de cet Orangerie profite d'une vue du beau jardin : cela crée une ambiance particulière... La carte, étoffée, rassemble de bons mets traditionnels, et ces multiples préparations maison démontrent le savoir-faire du chef.

Carte 44/73 €

Grote Markt 50 – 𝒞 014 54 40 17 – Gesloten 20 augustus-10 september zondagavond en woensdag

VLAANDEREN · FLANDRE

🏨 Geerts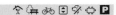

HERBERG · KLASSIEK De familie Geerts heeft hier sinds 1920 een reputatie van gastvrijheid opgebouwd. U moet weten dat de kamers modern en comfortabel zijn, en dat de tuin een wandeling waard is. Dit hotel heeft alles in huis voor een aangename overnachting.

AUBERGE · CLASSIQUE La famille Geerts, qui tient cet hôtel depuis 1920, s'est forgé une belle réputation en matière d'hospitalité. Les chambres sont modernes et confortables, et le jardin mérite assurément une promenade. Tous les ingrédients sont réunis pour un séjour agréable.

18 kamers ☑ – 👤126/150 € 👥👥155/180 € – ½ P

Grote Markt 50 – ☎ 014 54 40 17
– www.hotelgeerts.be – Gesloten 20 augustus-10 september
Orangerie – Zie restaurantselectie

WETTEREN

Oost-Vlaanderen – ✉ 9230 – Atlas n° **3**-C2

🍴 Iesco

CREATIEF · ELEGANT ✕✕ Elegant maar toch hip, modern en ook wel authentiek … Dit herenhuis, met een heerlijk terras in de tuin, is prachtig! De chef werkt met een verrassingsmenu waarin hij moderne product- en textuurcombinaties met zorg op het bord brengt. Interessant en lekker.

CUISINE CRÉATIVE · ÉLÉGANT ✕✕ Elégant et branché, moderne mais authentique… Cette maison de maître, avec une belle terrasse dans le jardin, se joue des paradoxes ! Le chef décline de belles combinaisons de produits et de textures, au fil d'un menu surprise qui ne manque pas de peps. De belles surprises.

Lunch 30 € – Menu 45/65 € – een enkel surprise menu
Stationsstraat 50 – ☎ 0485 60 83 12
– www.hostellerieiesco.com – Gesloten maandagmiddag, zaterdagmiddag en zondag

WICHELEN

Oost-Vlaanderen – ✉ 9260 – Atlas n° **03D**-C2

🍴 The Bayou

BIO · GEZELLIG ✕ Een tafel in het aangenaam restaurant of op het mooie terras gaat hier sowieso gepaard met een prachtig zicht op de Schelde. Heerlijk! Die beschrijving geldt ook voor de keuken, want de chef vertaalt uitstekende ideeën naar eigentijdse gerechten waarin uiteenlopende, wereldse smaken elkaar mooi aanvullen.

CUISINE BIO · CONVIVIAL ✕ Dans ce restaurant, la belle terrasse offre toujours une superbe vue sur l'Escaut. Même satisfaction du côté de la cuisine : le chef traduit ses excellentes idées dans des plats contemporains et joue volontiers des associations de saveurs internationales.

Menu 37/59 € – Carte 36/53 €
Oud Dorp 9 – ☎ 0486 28 93 68
– www.thebayou.be – alleen diner behalve zondag – Gesloten
25 december-11 januari, 26 maart-12 april, maandag, dinsdag en na 20.30 u.

WIJNEGEM

Antwerpen – ✉ 2110 – Atlas n° **4**-B2

🍴 K ⓝ

JAPANS · MINIMALISTISCH ✕✕ De ruwe, industriële look van deze oude moutfabriek wordt binnen vermengd met een loungy sfeer. Het is een verrassende locatie, met op de binnenplaats een cosy terras. Japanse precisie krijgt hier power door mediterrane en Spaanse invloeden. De eigenzinnige twist die wordt gegeven aan typische pure smaken creëert een boeiende smaakervaring.

CUISINE JAPONAISE · ÉPURÉ XX Le décor industriel brut de cette ancienne usine de malt se pare à l'intérieur d'une atmosphère " lounge ". Lieu surprenant, avec une belle terrasse dans la cour intérieure. La précision japonaise est renforcée par des influences méditerranéennes et espagnoles. Des saveurs typiques pures avec une touche personnelle pour un résultat aussi savoureux que réussi.

Lunch 33 € – Carte ong. 70 €

Stokerijstraat 21 – ℰ 03 344 25 90 – www.k-restaurant.be – Gesloten maandag en dinsdag

WOLVERTEM
Vlaams-Brabant – ✉ 1861 – Meise – Atlas n° **6**-B2

ﾠ◯ **Hof ter Imde**   🏡 AC ⇔ 🅿

KLASSIEKE KEUKEN · KNUS XXX Op een boogscheut van de A12 ligt deze oud-Brabantse boerderij, in het landelijke Imde. De eetzaal is ruim en comfortabel, het terras biedt een prachtig zicht op de boomgaard! De chef kookt fijne klassiekers, zowel Belgische als Franse, en presenteert die in een aantrekkelijk keuzemenu (enkel tijdens de week).

CUISINE CLASSIQUE · COSY XXX Une ancienne ferme brabançonne, à la fois en pleine campagne et tout près de l'autoroute A12. La carte est raffinée et reprend les classiques franco-belges, que l'on sert dans une salle à manger vaste et confortable. Petit plus : la terrasse, offrant une belle vue sur le verger. Le menu avec choix (uniquement en semaine) est attirant.

Lunch 38 € – Menu 60/80 € – Carte 67/85 €

Beekstraat 32 (in Imde, Noord: 4 km) – ℰ 052 31 01 01 – www.hofterimde.be – Gesloten 2 tot 8 januari, 8 tot 16 april, 15 tot 31 juli, zaterdagmiddag, zondagavond, maandag en dinsdag

WORTEGEM-PETEGEM
Oost-Vlaanderen – ✉ 9790 – Atlas n° **3**-A3

ﾠ◯ **Bistronoom**   🏡 ⇔ 🅿

TRADITIONELE KEUKEN · KNUS XX De Bistronoom was voor op zijn tijd: 10 jaar voor de bistronomie de restaurantkeukens veroverde, werd hier al het register van de bistro geïnterpreteerd met gastronomische sérieusch. De goede smaak van chef Claessens blijkt ook uit het elegante interieur dat van deze villa een zeer fijne plek maakt.

CUISINE TRADITIONNELLE · COSY XX Bistronoom aura été précurseur : dix ans avant que le concept de la "bistronomie" connaisse le succès que l'on sait, l'adresse réinterprétait déjà le répertoire du bistrot avec le sérieux de la fine gastronomie ! Le chef a du goût, le décor élégant de cette belle villa le démontre.

Menu 30/60 € ☥ – Carte 44/96 €

Waregemseweg 155 (in Wortegem) – ℰ 056 61 11 22 – www.bistronoom.be – Gesloten paasvakantie, eerste 2 weken van september, zaterdagmiddag, dinsdagavond en woensdag

ZARREN
West-Vlaanderen – ✉ 8610 – Kortemark – Atlas n° **2**-B2

🏠 **De Ark van Zarren** Ⓝ   ⇐

FAMILIAAL · ROMANTISCH Rij door de rode poort, langs de kleine vijver en de grazende dieren, en ontdek deze mooie hoeve. Romantiek en landelijke chic worden hier enig mooi verenigd, de natuur wordt als het ware naar binnen gezogen. Het vele antiek in het interieur geeft dit B&B veel cachet. En dan al die zelfgemaakte producten bij het ontbijt … Een haven van rust!

FAMILIAL · ROMANTIQUE Passez la porte rouge, le long du petit vivier et des animaux de pâturage, pour découvrir cette belle ferme, qui réunit agréablement le romantisme et le charme rural. La nature s'invite littéralement à l'intérieur de ce B&B plein de cachet, orné d'antiquités. Sans oublier les produits maison pour le petit-déjeuner… Un havre de paix !

3 kamers ☲ – ♦95/105 € ♦♦110/120 €

Zarren-lindestraat 44 – ℰ 051 63 79 61 – www.arkvanzarren.be

VLAANDEREN · FLANDRE

ZAVENTEM
Vlaams-Brabant – ✉ 1930 – Atlas n° **11**-B2
Zie plattegrond Brussel

⬤〇 Anarchy ⓝ   🔫

MODERNE KEUKEN · EENVOUDIG ✗ Anarchy, het klinkt rebels. Behalve kleurrijke tekeningen is het moderne interieur echter clean. Chef Sébastien en gastvrouw Céline bedoelen met Anarchy dat hier geen regels zijn, enkel plezier telt. Daar zorgen de eigentijdse gerechten voor, die de vakkennis en ervaring van de chef aantonen (lekkere sauzen!).

CUISINE MODERNE · SIMPLE ✗ Un nom qui laisse entrevoir un esprit rebelle, pourtant seuls les dessins colorés tranchent avec l'intérieur moderne, plutôt " clean ". Ce que proclament Sébastien (en cuisine) et Céline (en salle), c'est plutôt l'abandon des règles pour se concentrer sur le plaisir pur. A l'image de la cuisine contemporaine, qui témoigne du savoir-faire et de l'expérience du chef (sauces exquises !).

Lunch 22 € – Menu 35/50 € – Carte 56/69 €

Plattegrond: 4J2-e – *Steenokkerzeelstraat 151* – ☏ *02 721 00 81*
– *www.anarchy.restaurant* – *Gesloten 14 tot 31 januari, 27 tot 31 mei, 2 tot 6 September, zaterdag middag, maandag en dinsdag*

⬤〇 Bovis   🅰🅲

VLEES · BRASSERIE ✗ Simply Meat, dat is de lijfspreuk van Bovis. Hier is vlees nochtans niet simpelweg vlees, maar een erezaak. Wekenlang gerijpt volgens de dry-aging-techniek en geserveerd met handgesneden frietjes (in ossenwit gebakken, of wat dacht u?): eerlijk, puur en vooral... lekker!

VIANDES · BRASSERIE ✗ Avis aux carnivores : ce restaurant voue un véritable culte à la viande, rassise de longues semaines en fonction des pièces et des espèces. Le tout servi avec des frites maison, cuites à la graisse de boeuf... Tout un art !

Carte 47/75 €

Plattegrond: 4J2-b – *Heldenplein 16* – ☏ *02 308 83 43* – *www.bovis-zaventem.be*
– *Gesloten feestdagen, zaterdag en zondag*

⬤〇 Brasserie Mariadal   🚿 🏡 🅰🅲 ↔ 🅿

FRANS MODERN · BRASSERIE ✗ Stelt u zich eens voor: een mooi kasteel met grachten, in een park niet ver van de luchthaven, een verbluffende inrichting en een kaart die tot grote hoogte stijgt met klassieke brasserieschotels en ook meer persoonlijke creaties. Mariadal laat niemand onverschillig! Het meerkeuzemenu is een aanrader.

CUISINE FRANÇAISE MODERNE · BRASSERIE ✗ Imaginez, dans un parc de la cité aéroportuaire, un joli château flanqué de douves, une déco décoiffante, une carte qui monte au créneau avec des classiques de brasserie et des créations plus personnelles... Vous comprendrez que le Mariadal ne laisse personne indifférent ! Menu avec choix, au rapport qualité-prix très favorable.

Menu 38 € – Carte 27/67 €

Plattegrond: 4J2-d – *Kouterweg 2 (gemeentelijk park)* – ☏ *02 720 59 30*
– *www.brasseriemariadal.be*

ZEDELGEM
West-Vlaanderen – ✉ 8210 – Atlas n° **2**-C2

✿ Ter Leepe (Kristof Marrannes)   🅰🅲 ↔ 🅿

CREATIEF · HEDENDAAGSE SFEER ✗✗✗ De hele familie steekt de handen uit de mouwen in dit restaurant. De jonge generatie volgt de moleculaire mode. Moderne aankleding, banquetingzalen en mooi tuinterras.

→ Ceviche van zeebaars met gebakken langoustine, fideua, Mexicaanse kruiden en burrata. Simmenthal rund met morieljes, asperges, doperwtjes en tuinboontjes. Creatie van roze chocolade met aardbeien, rabarber, citrus en basilicum.

CUISINE CRÉATIVE · CONTEMPORAIN XxX Une famille entière met la main à la pâte dans cette maison de bouche où la jeune génération surfe sur la vague moléculaire. Cadre moderne, salles de réceptions, belle terrasse-jardin.

Lunch 53 € – Menu 75/105 €

Torhoutsesteenweg 168 – ℰ 050 20 01 97 – www.terleepe.be
– Gesloten 8 tot 17 januari, 16 tot 25 april, 21 juli-6 augustus,
zondagavond, maandag en woensdag

ZEEBRUGGE
West-Vlaanderen – ⊠ 8380 – Brugge – Atlas n° **2**-C1

⑂○ **Njord** ⓝ ⩤ 🕭 & ✿ 🅿

VIS EN ZEEVRUCHTEN · TRENDY X Ga naar de bovenste verdieping van het markante ABC-gebouw, en geniet. Het zicht dat u hier hebt over de haven, de marine en cruiseschepen is verbluffend! In deze trendy luxezaak geniet u eveneens van lekkernijen van de buren (de vismijn). De rijkdom aan pure klassieke smaken doet niet onder voor de prachtlocatie!

POISSONS ET FRUITS DE MER · TENDANCE X Montez au dernier étage du remarquable bâtiment ABC et profitez. La vue sur le port et les bateaux de plaisance est époustouflante. Restaurant luxueux et trendy où l'on déguste des délices du quartier (la criée). Des saveurs classiques authentiques et parfaite symbiose avec leur magnifique environnement !

Menu 45 € – Carte 40/95 €

Rederskaai 60 – ℰ 050 17 08 80 – www.njord.restaurant – Gesloten donderdag

ZELE
Oost-Vlaanderen – ⊠ 9240 – Atlas n° **3**-C2

⑂○ **Fleur de Lin** 🕭 & ⁇ ✿ 🅿

MODERNE KEUKEN · ELEGANT XxX Een oude vlasfabriek is de biotoop waarin deze elegante, trendy bloem mooi tot zijn recht komt. In de keuken staat een chef met inspiratie die een mooie afwisseling van smaken en texturen creëert. De ingrediënten zijn in balans, ze versterken elkaar. De menu's maken hun naam helemaal waar: hier ontdekt en geniet u.

CUISINE MODERNE · ÉLÉGANT XxX Une ancienne usine à lin sert de décor à ce restaurant élégant et trendy. En cuisine, le chef mêle saveurs et textures en laissant libre cours à son inspiration: les ingrédients, savamment dosés, se complètent à merveille. On se régale au fil de menus qui portent bien leur nom, de "Plaisir" (Genieten) à "Découverte" (Ontdekken).

Lunch 39 € – Menu 50/89 € – Carte 83/117 €

Lokerenbaan 100 – ℰ 052 44 45 00 – www.fleurdelin.be – Gesloten
24 december-3 januari, 26 januari-4 februari, laatste week juli-eerste week
augustus, zaterdagmiddag, zondag en maandag

ZELZATE
Oost-Vlaanderen – ⊠ 9060 – Atlas n° **3**-B1

⑂○ **Den Hof** 🍴 🕭 & ✿ 🅿

KLASSIEKE KEUKEN · EIGENTIJDS XxX Den Hof is voor liefhebbers van de betrouwbare Belgisch-Franse keuken een tuin der lusten. Asperges à la flamande of een duifje met lentegroenten? Wat u ook kiest, het is allemaal even vakkundig bereid.

CUISINE CLASSIQUE · BRANCHÉ XxX Den Hof est pour les amateurs de bonne cuisine belgo-française un jardin des délices. Asperges à la flamande ou pigeon aux légumes printaniers ? Chaque assiette prouve un sérieux savoir-faire.

Menu 49/80 € ⓨ – Carte 50/64 €

Hotel Den Hof, Stationsstraat 22 – ℰ 09 345 60 48 – www.denhof.be
– Gesloten 21 december-6 januari, 1 en 30 mei, 9 en 10 juni, 14 tot 28 juli, 11 tot
18 augustus, maandagmiddag, vrijdagmiddag, zaterdagmiddag, zondag en na
20.30 u.

VLAANDEREN · FLANDRE

VLAANDEREN • FLANDRE

🏠 Den Hof   ☆ ⊗ ⊆ 📧 ⊗ ⅍ 🅿

LUXE · DESIGN Op zoek naar een plek om een evenement te organiseren? Dit familiaal bedrijf blijft uitbreiden en biedt dan ook alles wat u nodig hebt: of het nu seminariezalen zijn, feestzalen, hotelkamers (nieuwe vleugel in het park), appartementen of ondertussen zelfs een oak bar; het is allemaal mooi, modern en fris.

LUXE · DESIGN Vous cherchez un endroit pour organiser un événement ? Cet établissement familial, en développement constant, a tout ce qu'il vous faut : salles de réunion et de réception, chambres bien équipées, agréables appartements et même... un Oak Bar.

36 kamers 🛏 – ∦89/133 € ∦∦101/153 €

Stationsstraat 22 – ☎ 09 345 60 48 – www.denhof.be
– Gesloten 21 december-6 januari, 1 en 30 mei, 9 en 10 juni, 14 tot 28 juli en 11 tot 18 augustus

Den Hof – Zie restaurantselectie

ZILLEBEKE
West-Vlaanderen – ✉ 8902 – Ieper – Atlas n° **2**-B3

⅃○ De Steenen Haene   🏠 ⇄ 🅿

TRADITIONELE KEUKEN · RUSTIEK XX Van buitenaf lijkt dit op een typisch boerderijtje, maar het interieur heeft een knappe verjongingskuur ondergaan. De gezellige sfeer wordt aangewakkerd door de geur van de actieve houtskoolgrill. U proeft het resultaat in smakelijke traditionele bereidingen.

CUISINE TRADITIONNELLE · RUSTIQUE XX Fermette typique où l'on ripaille agréablement en famille, dans un décor joliment modernisé et cosy. La rôtissoire au feu de bois donne un cachet tout particulier à la salle, où l'on sert une délicieuse cuisine traditionnelle.

Lunch 37 € – Menu 47/82 € – Carte 50/103 €

Komenseweg 21 – ☎ 057 20 54 86 – www.desteenenhaene.be – Gesloten 2 tot 10 januari, 25 maart-10 april, 19 augustus-4 september, dinsdag en woensdag

ZOMERGEM
Oost-Vlaanderen – ✉ 9930 – Lievegem – Atlas n° **3**-B2

⅃○ Landgoed Den Oker   🏠 ⇄ 🅿

KLASSIEKE KEUKEN · LANDELIJK XxX Op zoek naar een restaurant dat charme en elegantie uitstraalt? Dan zit u goed bij Landgoed Den Oker. De chef brengt er een keuken die gebaseerd is op rijke klassieke smaken, maar durft ook moderner uit de hoek te komen. De all-inmenu's zijn absoluut de moeite waard.

CUISINE CLASSIQUE · CHAMPÊTRE XxX Vous êtes à la recherche d'une table élégante et pleine de charme ? Vous avez frappé à la bonne porte. La cuisine du chef, classique dans sa conception, sait aussi emprunter les chemins de la modernité. Un conseil : optez pour les menus « tout compris ».

Lunch 53 € ⅁ – Menu 63/90 € ⅁ – Carte ong. 84 €

Stoktevijver 36 (in Ronsele, Noord: 5 km) – ☎ 09 372 40 76
– www.landgoeddenoker.be – Gesloten 1 tot 20 maart, 10 tot 25 juli, 1 tot 20 september, donderdagavond, zondagavond, maandag, woensdag en na 20.00 u.

ZOUTLEEUW
Vlaams Brabant – ✉ 3440 – Atlas n° **6**-D2

⅃○ L'air des Sens 🆕

MARKTKEUKEN · EIGENTIJDS XX Een historisch pand uit 1900, een interieur dat intiem en kunstzinnig is en een ode aan groenten en kruiden. Hier worden uw zintuigen geprikkeld! De chef werkt graag met zelfgekweekte producten en geeft ze power met creatieve bereidingen. Hier ontdekt u al de facetten en kwaliteiten van groenten. Boeiend!

CUISINE DU MARCHÉ • BRANCHÉ ✗✗ Un édifice historique de 1900, un intérieur intime et " arty ", et une ode aux légumes et aux herbes aromatiques. Voilà de quoi stimuler les sens ! Le chef privilégie les produits du cru, qu'il magnifie avec une cuisine créative. Pour découvrir toutes les facettes et les qualités des légumes.

Menu 46/78 € - een enkel menu

Vincent Betsstraat 12 – ☎ 011 59 23 31 (beperkt aantal zitplaatsen, reserveren) – www.lairdessens.be – Gesloten zaterdagmiddag, donderdagavond, zondagavond, maandag, dinsdag en woensdag.

ZWEVEGEM

West-Vlaanderen – ✉ 8550 – Atlas n° **2**-D3

 PassaDia   🐾 🛏 🕸 🐾 🅿

FAMILIAAL • FUNCTIONEEL Een uitzicht om u tegen te zeggen, dat is het minste wat je kan zeggen van de ruime lounge vanwaar u de tijd (en de paarden) voorbij kunt zien gaan. PassaDia is eigentijds en dankzij de familiekamers eveneens een aanrader voor gezinnen.

FAMILIAL • FONCTIONNEL Une ancienne ferme entièrement rénovée, au milieu des champs : du salon, on ne se lasse pas de voir le temps (et les chevaux) passer... Bel esprit contemporain dans les chambres, certaines idéales pour les familles.

5 kamers ⌂ – 🛏82/95 € 🛏🛏96/116 €

Ellestraat 60 – ☎ 0497 25 85 85 – www.passadia.be – Gesloten 21 juli-10 augustus

ZWEVEZELE

West-Vlaanderen – ✉ 8750 – Wingene – Atlas n° **2**-C2

🍴 **Bistro Cuisine Kwizien**   🏠 🅿

MODERNE KEUKEN • BISTRO ✗✗ De gezelligheid van vroeger hangt nog steeds in dit voormalige dorpscafé, ook al ruimden bier en barkrukken plaats voor een modern interieur dat warmte uitstraalt. Steven en Lies vormen er een droomkoppel: hij met zijn eerlijke keuken die het product laat spreken en zij met de naturel waarmee ze gasten ontvangt.

CUISINE MODERNE • BISTRO ✗✗ Cet ancien café de village a conservé l'ambiance de jadis, mais les bières et les tabourets ont cédé la place à un cadre moderne et chaleureux. Steven et Lies forment un duo idéal, lui signant une cuisine savoureuse qui met le produit en valeur, elle assurant un accueil plein de naturel.

Lunch 24 € – Menu 37/62 € – Carte 51/66 €

Bruggestraat 45 – ☎ 051 43 81 78 – www.cuisinekwizien.be – Gesloten eerste 2 weken januari, laatste week juli-eerste week augustus, donderdagavond, zaterdagmiddag, maandagavond, dinsdag en woensdag

WALLONIE
WALLONIË

Parler... *Praten*

Le français est la langue majoritaire en Wallonie, même si certains habitants parlent encore le wallon ou, dans les cantons de l'Est, l'allemand.

Men spreekt Frans in Wallonië, sommigen spreken nog Waals en in de Oostkantons ook nog Duits.

Déguster... *Proeven*

N'importe quel style de cuisine, avec une constante : les produits wallons sont à l'honneur: fromage de Herve piquant, jambon d'Ardenne fumé, délicieux gibier des bois de Chimay...

Wat de kookstijl ook is, de Waalse streekproducten worden in ere gehouden. Dat gaat van pittige Hervekaas, gerookte Ardense ham tot het beste wild uit de bossen van Chimay.

Profiter... *Genieten*

Une fabuleuse promenade en VTT dans les Ardennes, une balade à pied dans les belles cités historiques de la région, une visite des mythiques thermes de Spa...

Een wandeling of fietstocht in de prachtige Ardennen is heerlijk, kuieren in de historische stadscentra gezellig en een bezoek aan de Thermen van Spa relaxerend.

neiljlangan/iStock

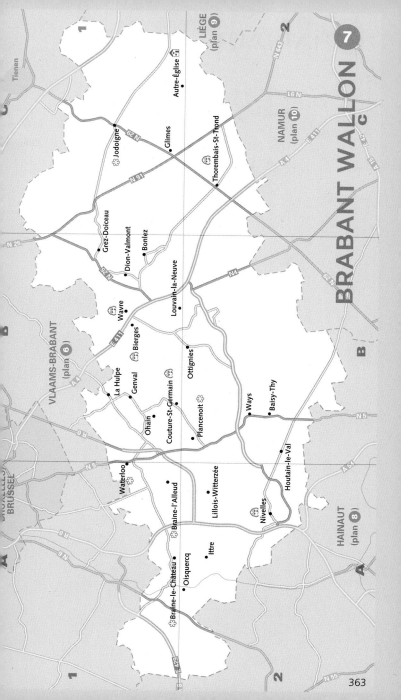

BRABANT WALLON

LIÈGE (plan 9)

NAMUR (plan 10)

VLAAMS-BRABANT (plan 6)

BRUXELLES/BRUSSEL

HAINAUT (plan 8)

Tienen

Autre-Église

Jodoigne
Glimes
Thorembais-St-Trond

Grez-Doiceau
Dion-Valmont
Bonlez
Louvain-la-Neuve

Wavre
Bierges
Ottignies

La Hulpe
Genval
Couture-St-Germain
Plancenoit
Ways
Baisy-Thy

Ohain

Waterloo
Braine-l'Alleud
Lillois-Witterzée
Houtain-le-Val

Nivelles

Ittre

Braine-le-Château
Oisquercq

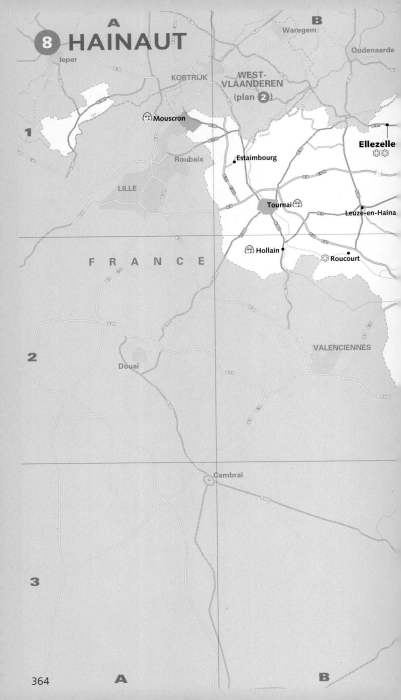

A
B

Ieper

Waregem

Oudenaarde

KORTRIJK

WEST-
VLAANDEREN
(plan 2)

1

Mouscron

Ellezelle

Roubaix

Estaimbourg

LILLE

Tournai

Leuze-en-Haina

F R A N C E

Hollain

Roucourt

VALENCIENNES

2

Douai

3

Cambrai

A
B

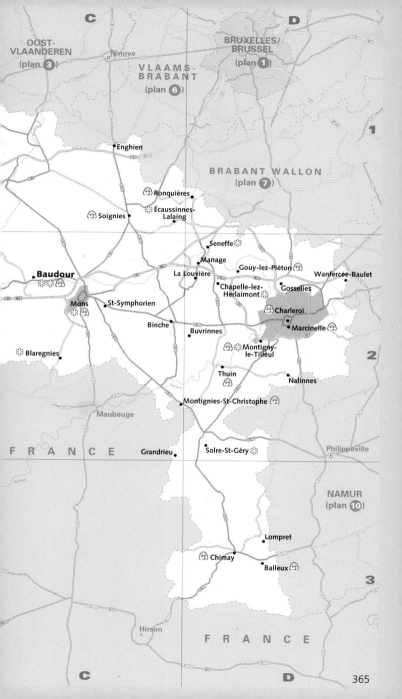

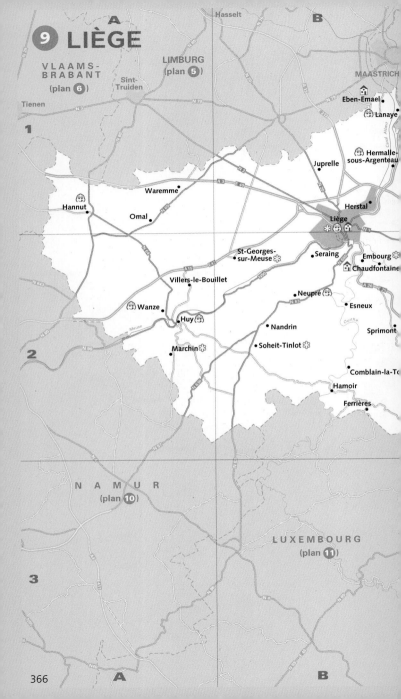

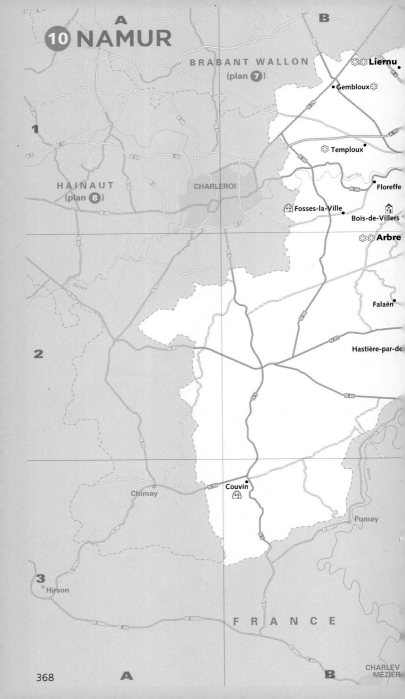

BRABANT WALLON
(plan 7)

✿✿ **Liernu**

● Gembloux ✿

1

✿ Temploux ●

Sambre

● Floreffe

N 90

HAINAUT
(plan 8)

CHARLEROI

😊 Fosses-la-Ville

🏠
Bois-de-Villers

✿✿ **Arbre**

● Falaën

2

Hastière-par-de

N 40

○ Chimay

Couvin
😊

● Fumay

3
○ Hirson

F R A N C E

CHARLEV
MÉZIER

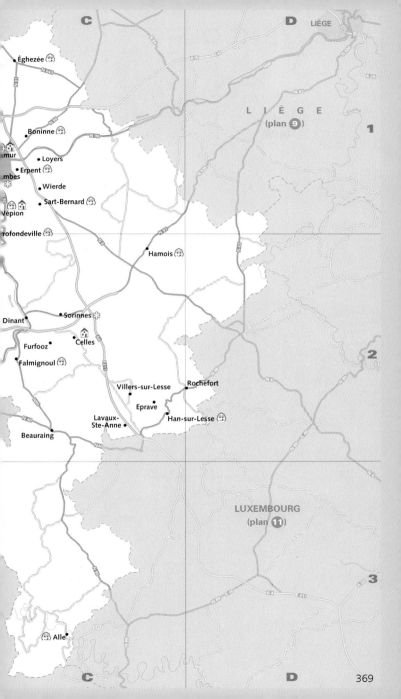

Éghezée

L I È G E
(plan 9)

1

Boninne

mur
Loyers
Erpent
mbes
Wierde
Vépion
Sart-Bernard
rofondeville

Hamois

Dinant
Sorinnes

Furfooz
Celles

Falmignoul

2

Villers-sur-Lesse
Rochefort

Eprave

Lavaux-
Ste-Anne
Han-sur-Lesse

Beauraing

LUXEMBOURG
(plan 11)

3

Alle

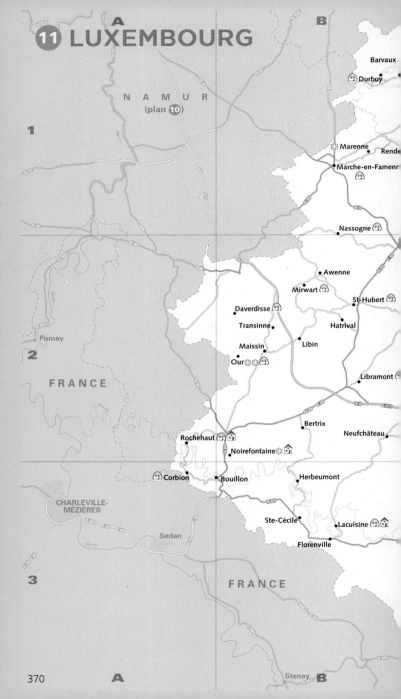

A

B

Barvaux

Durbuy

N A M U R
(plan 10)

Marenne

Rende

Marche-en-Famenr

1

Nassogne

Awenne

Mirwart

St-Hubert

Daverdisse

Transinne

Hatrival

Fumay

Maissin

Libin

Our

Libramont

FRANCE

2

Bertrix

Neufchâteau

Rochehaut

Noirefontaine

Corbion

Bouillon

Herbeumont

CHARLEVILLE-
MÉZIÈRES

Ste-Cécile

Lacuisine

Sedan

Florenville

3

FRANCE

A

B

Stenay

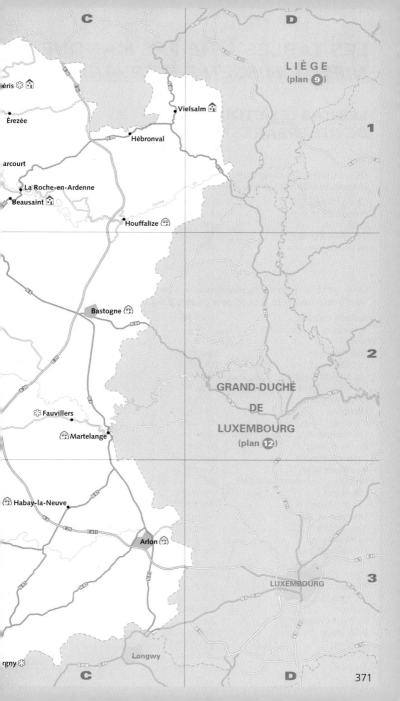

LES TABLES À NE PAS MANQUER
NIET TE MISSEN EETERVARINGEN

LES TABLES ÉTOILÉES
DE STERRENRESTAURANTS

Une cuisine d'exception. Vaut le détour !
Uitzonderlijke keuken. Een omweg waard!

Une cuisine d'une grande finesse. Vaut l'étape !
Verfijnde keuken. Zeker een bezoek waard!

Michelin

BIB GOURMAND 😊
Nos meilleurs rapports qualité-prix
Onze beste prijs-kwaliteitverhoudingen

Michelin

DES TABLES... SELON VOS ENVIES !
ETEN ... NAAR UW GOESTING!

VALEURS SÛRES
VASTE WAARDEN

Ezhukov/iStock

POUR LES AMATEURS DE BONS VINS
OOK VOOR WIJNLIEFHEBBERS

LES COMPTOIRS SYMPAS
GEZELLIGE BISTRO'S

ShotShare/iStock

BIO ET LÉGUMES
BIO EN GROENTEN

POUR LA TRUITE
ZIN IN FOREL?

POUR LE GIBIER
WILDGERECHTEN

DES LIEUX DE SÉJOUR... SELON VOS ENVIES !
OVERNACHTEN VOLGENS UW WENS!

HÔTELS ROMANTIQUES
ROMANTISCHE HOTELLETJES

AUBERGES ARDENAISES
ARDENSE HERBERGEN

Roxiller/iStock

Nikada/iStock

ARCHITECTURES INTÉRESSANTES
BIJZONDERE ARCHITECTUUR

DANS LES BOIS
IN HET BOS

KatarzynaBialasiewicz/iStock

AU CALME
RUSTIG GELEGEN

LES MEILLEURS WELLNESS ET SPA
DE MOOISTE WELLNESSCENTRA

Stockphoto24/iStock

ALLE

Namur – ✉ 5550 – Vresse-sur-Semois – Atlas n° **10**-C3

🕸 Le Charme de la Semois ≼ ⟨🏨 🏠 🅿

CUISINE TRADITIONNELLE · ROMANTIQUE 💥 Qui peut résister aux charmes de la Semois ? Sur les rives de cette jolie rivière, imaginez une auberge ardennaise pétillante, qui offre une jolie vue. Sans aucune concession à la modernité, tout annonce des plaisirs d'antan ! De fait, la cuisine, fièrement traditionnelle, plaira aux plus nostalgiques...

TRADITIONELE KEUKEN · ROMANTISCH 💥 De charmes van de Semois komen helemaal tot hun recht in deze bruisende Ardense herberg. Wat een prachtig zicht! In deze aangename omgeving, omringd door allerhande beeldjes van kippen, geeft de chef een eerbetoon aan de traditionele keuken en de regio. Verwacht dus geen onnodig complexe gerechten, maar onomwonden generositeit.

Lunch 22 € – Menu 37 € – Carte 40/68 €

Hôtel Hostellerie Le Charme de la Semois, rue de Liboichant 12 – ☎ 061 50 80 70 – www.charmedelasemois.com – Fermé janvier sauf les weekends, 24 au 27 juin, 26 au 29 août, 2 au 5 décembre, 9 au 12 décembre et après 20 h 30

🏩 Hostellerie Le Charme de la Semois ⾬ ≼ ⟨🏨 ⌧ 🔲 🧖 🅿

AUBERGE · À LA CAMPAGNE Le Charme de la Semois est une auberge authentique à l'atmosphère familiale et au charme tout ardennais. Les chambres les plus récentes sont particulièrement recommandées, toutes avec terrasse ou balcon et une vue sur la Semois, un jacuzzi et un accès direct à la piscine extérieure. La brasserie, placée sous le signe d'Orval, est un must.

HERBERG · PLATTELANDS Le Charme de la Semois is een authentieke hostellerie, waar de sfeer familiaal is en de charme van de Ardennen haast voelbaar. We raden u de nieuwste kamers aan: allemaal met terras of balkon en zicht op de Semois, een bubbelbad en directe toegang tot het buitenzwembad. Ook de brasserie, volledig in het teken van Orval bier, is een must.

31 chambres ⬚ – 🛏75/90 € 🛏🛏120/150 €

rue de Liboichant 12 – ☎ 061 50 80 70 – www.charmedelasemois.com – Fermé janvier sauf les weekends, 24 au 27 juin, 26 au 29 août, 2 au 5 décembre et 9 au 12 décembre

🕸 **Le Charme de la Semois** – Voir la sélection des restaurants

🏠 Auberge d'Alle ⾬ ≼ ⌯ 🅿

AUBERGE · PERSONNALISÉ À la recherche d'une auberge typiquement ardennaise ? Vous êtes à la bonne adresse dans cet hôtel convivial où les œuvres d'art, omniprésentes, créent un certain cachet. L'environnement vert génère de la tranquillité, que l'on ressent également dans les chambres. L'accueil et la personnalité de Carole, l'hôtesse, sont de vrais atouts.

HERBERG · PERSOONLIJK CACHET Bent u op zoek naar een typische Ardense herberg? Boek dan maar snel een kamer in dit gezellig hotel, waar de alomtegenwoordige kunstwerken voor een zeker cachet zorgen. De groene omgeving biedt heerlijke rust, dat voelt u ook in de kamers. De persoonlijke aanpak van gastvrouw Carole is een echte troef!

14 chambres ⬚ – 🛏139/169 € 🛏🛏159/189 € – ½ P

rue de Liboichant 46 – ☎ 061 21 30 00 – www.aubergedalle.be

ARBRE

Namur – ✉ 5170 – Profondeville – Atlas n° **10**-B2

❀❀ L'Eau Vive (Pierre Résimont) 🦞 ≼ 🏠 ⌯ 🅿

CUISINE FRANÇAISE MODERNE · ROMANTIQUE 💥💥 Prenez-vous à rêver : vous êtes assis à une jolie terrasse au vert, au son de l'eau qui s'écoule paisiblement dans une rivière et un petit moulin à eau... Quel romantisme ! Grâce à la véranda, vous pourriez également profiter de ce décor idyllique dans la salle à manger de ce moulin du 17e s. joliment converti en restaurant. Pendant ce temps, le chef Pierre Résimont séduira vos papilles. Son talent lui permet de vous surprendre avec une simplicité apparente. Sa vision inventive de la cuisine traditionnelle est impressionnante.

Le turbot cuit à la perfection est par exemple accompagné d'une fine pommade de pommes de terre et d'un artichaut frit et poché. De beaux accompagnements, un jus de lomo (porc) et une sauce Dugléré le complètent à merveille. Chaque élément dans l'assiette est un jaillissement de saveur, qui donne à l'ensemble une nouvelle dimension grâce à une riche harmonie. Le chef Résimont maîtrise son sujet et veille à assurer une qualité constante. Pour prolonger le plaisir, il propose également plusieurs types d'hébergement.

→ Truite fumée maison, cresson et choux fleur. Homard breton, asperges blanches, lard confit et raifort. Création de fraise, vanille, pistaches et citron vert.

FRANS MODERN · ROMANTISCH ✗✗ Droom eventjes mee: u zit op een prachtig terras in het groen, terwijl naast u het water rustig kabbelt in een rivier en een watermolentje ... Hoe romantisch! Dankzij de veranda kan u ook in de eetzaal van deze fraai omgebouwde molen (17de eeuw) genieten van dergelijke idyllische taferelen. Ondertussen verleidt chef Pierre Résimont uw smaakpapillen. Hij bezit het talent om te verrassen met ogenschijnlijke eenvoud. Zijn inventieve manier om de klassieke keuken aan te pakken is indrukwekkend.

Precies gebakken tarbot wordt bijvoorbeeld geflankeerd door een fijne aardappelpommade en gefrituurde en gepocheerde artisjok. Een paar mooie garnituren, een jus op basis van lomo (varken) en een Duglérésaus zijn de perfecte aanvullingen. Elke element op het bord barst van de smaak, het geheel krijgt een andere dimensie dankzij die rijke harmonie. Chef Résimont weet goed wat hij doet en staat garant voor constante kwaliteit. Om zijn gasten optimaal te bedienen, biedt hij ook verschillende logeermogelijkheden aan, zodat u deze droom ten volle kunt beleven.

Lunch 45 € – Menu 80/120 € – Carte 98/125 €

route de Floreffe 37 – ☏ 081 41 11 51 – www.eau-vive.be – Fermé Noël, nouvel an, 2 semaines à Pâques, fin juin, deux dernières semaines d'août, samedi midi, mardi et mercredi

ARLON · AARLEN
Luxembourg – ✉ 6700 – 29 274 hab. – Atlas n° **11**-C3

ⓐ Zinc   🚪 🛋 🅿️ 🅿

CUISINE MODERNE · BRASSERIE ✗✗ Il se passe toujours quelque chose dans cette auberge moderne, qu'il s'agisse d'une nouvelle exposition de photos ou de tableaux, ou d'un nouveau menu (alléchant !). Cuisine authentique et chaleureuse, mais aussi créative. Une assiette variée, aux couleurs des produits régionaux.

MODERNE KEUKEN · BRASSERIE ✗✗ Er beweegt altijd wel wat in deze hedendaagse herberg. Dat kan bijvoorbeeld een nieuwe expositie van foto's of schilderijen zijn, of een nieuw (aantrekkelijk!) keuzemenu. De gerechten zijn authentiek en hartverwarmend, al komt de chef ook vernieuwend uit de hoek. Hij brengt variatie op het bord en zet streekproducten graag in de picture.

Lunch 30 € – Menu 37 € – Carte 34/58 €

Hôtel Hostellerie du Peiffeschof, chemin du Peiffeschof 111 (Est par N 844 : 800 m, puis à gauche) – ☏ 063 41 00 50 – www.peiffeschof.be – Fermé 1er au 6 janvier, 13 au 22 avril, 4 au 18 août, jours fériés, samedi, dimanche et après 20 h 30

ⓘⓄ La Régalade   🛋 🅿️ 🔄 🅿

CUISINE DU MARCHÉ · CONVIVIAL ✗✗✗ Calme, langueur et convivialité définissent autant le village de Toernich que La Régalade, dont le décor a reçu une belle cure de jouvence. Le chef sert des plats contemporains, minutieusement préparés et vous régale à un rapport qualité-prix défiant toute concurrence.

MARKTKEUKEN · GEZELLIG ✗✗ Rust en gezelligheid typeren niet alleen het dorp Toernich, maar ook La Régalade, dat een knappe opfrissingsbeurt heeft gekregen. De chef serveert eigentijdse gerechten die minutieus zijn samengesteld, zonder té ingewikkeld te zijn. Hij laat u smullen, en dat voor een uitstekende prijskwaliteitverhouding.

Lunch 25 € – Menu 39/66 € – Carte 65/74 €

Burewee 26 (à Toernich, Sud-Ouest : 5 km) – ☏ 063 22 65 54 – www.laregalade.be – Fermé 1er au 3 janvier, 6 au 17 avril, samedi midi, mardi, mercredi et après 20 h 30

ꭵ🔘 Le Chef est une Femme ⇕

CUISINE DU MARCHÉ · BRANCHÉ 🗶 ... Et elle s'appelle Sandrine. Avec son parte-naire Olivier, elle a offert à cet établissement un décor branché, aux accents noirs et dorés, agrémentés d'une touche féminine. Vous la retrouvez aussi en cuisine, où elle travaille les bons produits de la région, avec une finesse (for-cément) féminine.

MARKTKEUKEN · EIGENTIJDS 🗶 ... En ze heet Sandrine. Samen met haar partner Olivier heeft ze deze zaak een hip interieur gegeven, met zwarte en gouden accenten, en een zekere touche féminine. Die vindt u ook in haar keuken, waar ze lekkers uit de regio met finesse samenvoegt.

Lunch 17 € – Menu 37 € – Carte 39/60 €

rue des Capucins 6 – ℰ 063 57 84 26
– www.lechefestunefemme.com – Fermé 1er au 21 juillet, samedi midi, dimanche soir, mardi et mercredi

🏠 Hostellerie du Peiffeschof ⌂ 🐾 🛏 🛁 🅿

FAMILIAL · CONTEMPORAIN Hostellerie familiale au milieu de la campagne luxembourgeoise. Un endroit agréable où vous serez choyé. Jolies chambres pim-pantes (les plus calmes sont situées à l'arrière) pour un séjour pétri de confort. L'espace bien-être à l'extérieur et le jardin bichonné sont parfaits pour profiter pleinement du calme.

FAMILIAAL · EIGENTIJDS Te midden de Luxemburgse weilanden vindt u deze familiale hostellerie. Het is een aangename plek waar men altijd voor u klaar staat, de fraai opgefriste kamers (de rustigste zijn achteraan) garanderen een comfortabele overnachting. De buitenwellness en de verzorgde tuin zijn ideaal om volledig tot rust te komen.

9 chambres – 🛏105/139 € 🛏🛏109/144 € – ⌷ 17 €

chemin du Peiffeschof 111 (Est par N 844 : 800 m, puis à gauche) – ℰ 063 41 00 50
– www.peiffeschof.be – Fermé 1er au 6 janvier, 13 au 22 avril et 4 au 18 août

🕸 **Zinc** – Voir la sélection des restaurants

AUBEL

Liège – ✉ 4880 – Atlas n° **9**-C1

🍴 Le Bistro d' Ethan ⓃⓃ ← 🛏 ⇕ 🅿

CUISINE DU MARCHÉ · CONVIVIAL 🗶🗶 Une atmosphère de boudoir règne dans ce bistro, qui porte le nom du fils des propriétaires enthousiastes. Une cuisine maison et locale d'un chef habile qui aime les saveurs généreuses. N'hésitez pas à demander au patron une visite de la cave, où vous pourrez même déguster de bonnes choses !

MARKTKEUKEN · GEZELLIG 🗶🗶 Er hangt een intieme boudoirsfeer in deze bistro, die genoemd is naar de zoon van de enthousiaste eigenaren. Huisbereid en lokaal zijn er van groot belang. De vakkundige chef wil niets anders, want de smaken kunnen in zijn ogen niet generus genoeg zijn. Vraag de patron gerust naar zijn wijnkelder, u kunt er zelfs wat lekkers degusteren!

Lunch 28 € – Menu 37/46 € – Carte 43/59 €

route de la Clouse 27 – ℰ 087 55 25 50 – www.bistrodethan.be – Fermé 8 au 15 avril, 22 juillet-8 aout, samedi midi, mardi et mercredi

AUTRE-ÉGLISE

Brabant Wallon – ✉ 1367 – Ramillies – Atlas n° **7**-C1

🏠 Koru Hotel Ⓝ ⌂ 🛏 🕸 🌀 🚲 🛁 🅿

BOUTIQUE HÔTEL · CONTEMPORAIN On va chez Koru pour une expérience " zen ". Au calme dans un petit hameau, on profite de trois jolis jardins : un asia-tique, un australien et une roseraie. Ne manquez pas non plus une détente à l'espace bien-être, avant de vous allonger dans l'une des chambres spacieuses qui vous feront rêver de contrées lointaines.

BOETIEKHOTEL · EIGENTIJDS Bij Koru wacht u een zen-ervaring. Het geniet van de rust van een klein gehucht en beschikt over drie prachtige tuinen: een Aziatische, een Australische en een rozentuin. Bezoek ook zeker de goed uitgeruste wellness, alvorens neer te vlijen in een van de ruime kamers die u doen wegdromen naar verre oorden.

7 chambres – ♦95/115 € – ♦♦115/160 € – ▭ 13 €

rue du Piroy 67 – ☎ 081 36 03 00
– www.koru-hotel.be
– Fermé 23 décembre-3 janvier

AWENNE

Luxembourg – ✉ 6870 – Saint-Hubert – Atlas n° **11**-B2

⫟○ Les 7 Fontaines

CUISINE CRÉATIVE · VINTAGE ✗✗ Ancien relais de poste du 17e s., aux murs couverts de lierre. Feu de cheminée et salons décorés de trophées de chasse. Gastronomie classique-contemporaine.

CREATIEF · VINTAGE ✗✗ Natuurstenen gebouw met klimop. Typische Ardense sfeer, klassiek-eigentijdse keuken met een regionaal accent, open haard, jachttrofeeën in het salon en handtekeningen van celebrities aan de muur.

Lunch 32 € – Menu 37/62 € – Carte 54/80 €

Hôtel L'Auberge du Sabotier, Grand'Rue 21 – ☎ 084 36 65 04
– www.les7fontaines.be
– Fermé lundi et mardi sauf fériés

⌂ L'Auberge du Sabotier

TRADITIONNEL · PERSONNALISÉ Promeneurs attention ! Si vous n'êtes jamais allé dans la forêt de Saint-Hubert, il vous faudra réparer cette erreur. Cette auberge rustique, avec ses chambres bien conçues et ses jolis jardins, est le point de départ idéal pour découvrir ce morceau d'Ardennes.

TRADITIONEEL · PERSOONLIJK CACHET Wandelaars opgelet! Bent u nog nooit in het bos van Saint-Hubert geweest? Zet het dan snel op uw todolijst. Deze rustieke herberg met zijn compacte kamers en lieflijke tuinen vormt de ideale uitvalsbasis om dit stukje Ardennen te verkennnen.

20 chambres – ♦55/125 € ♦♦80/126 € – ▭ 15 € – ½ P

Grand'Rue 21 – ☎ 084 36 65 23
– www.aubergedusabotier.be
– Fermé lundi et mardi sauf fériés

Les 7 Fontaines – Voir la sélection des restaurants

BAILEUX

Hainaut – ✉ 6464 – Chimay – Atlas n° **8**-D3

⊛ L'Attrape Loup

CUISINE TRADITIONNELLE · RUSTIQUE ✗✗ Ce restaurant se trouve un peu à l'écart, le long d'une route forestière. La cheminée et la belle terrasse y créent une ambiance conviviale : on se sent immédiatement comme à la maison. Madame Leloup vous réjouit avec des plats chaleureux, préparés avec soin. Voilà une chef qui a du goût !

TRADITIONELE KEUKEN · RUSTIEK ✗✗ Het restaurant ligt ietwat afgelegen langs een bosweg, maar mede dankzij de open haard en het mooie terras hangt hier een gezellige sfeer waarin men zich meteen thuis voelt. Mevrouw Leloup verblijdt u met hartverwarmende gerechten die ze met veel zorg bereidt. Dit is een chef die weet hoe je smaken creëert!

Menu 37 € – Carte 37/58 €

rue de Rocroi 102 – ☎ 060 21 11 47
– www.attrapeloup.be
– Fermé 8 au 24 juillet, mardi soir, mercredi soir et lundi

BAISY-THY

Brabant Wallon – ✉ 1470 – Genappe – Atlas n° **7**-B2

🍴○ **Le Lieu** Ⓝ ◉   ⌘ 🅿

CUISINE DU MARCHÉ · CONVIVIAL ✕ Entrez dans cette ferme rénovée, admirez la galerie d'art et la torréfaction du café, puis laissez-vous surprendre. Vous n'y trouverez en effet que des menus-surprises. Le chef maîtrise les sensibilités de la cuisine moderne, pour créer de belles harmonies et des saveurs originales. Les gourmets seront ravis !

MARKTKEUKEN · GEZELLIG ✕ Stap deze gerenoveerde hoeve binnen, ga langs de kunstgalerij en koffiebranderij, en laat u verrassen. Hier zijn enkel surprisemenu's, en die maken hun naam waar. De chef beheerst namelijk de gevoeligheden van de moderne keuken. De harmonieën zijn interessant, de smaken origineel. Een geweldige plek voor fijnproevers!

Lunch 40 € – Menu 70 € – menu unique

rue Dernier Patard 1 – 𝒞 02 851 77 36
– www.lelieu.be – Fermé 15 juillet-15 août, samedi midi, dimanche, lundi, mardi et mercredi

BARVAUX

Luxembourg – ✉ 6940 – Durbuy – Atlas n° **11**-B1

🏠 **Manoir l'Ormille**   ✿ 🐎 ⛬ ⑂ ⌘ 🅿

MAISON DE CAMPAGNE · PERSONNALISÉ Fier manoir de 1890 remanié vers 1925 et agrémenté d'un beau parc. Éléments décoratifs intérieurs Art nouveau et Art déco, chambres personnalisées, suites familiales, wellness, breakfast dans l'orangerie.

LANDHUIS · PERSOONLIJK CACHET Statig landhuis uit 1890 dat in 1925 werd verbouwd. Mooi park, binnen elementen in art-nouveau- en art-decostijl, kamers met een persoonlijke touch, familiesuites, wellness, ontbijt in de oranjerie.

5 chambres ⌷ – ♦80/100 € ♦♦90/110 €

rue de Barvaux 40 (à Bomal-sur-Ourthe, Nord-Est : 4 km) – 𝒞 086 43 47 62
– www.ormille.be

BASTOGNE

Luxembourg – ✉ 6600 – Atlas n° **11**-C2

🚉 **Wagon Léo**   🛋 🅰🅲 ♿ 🅿

CUISINE TRADITIONNELLE · BRASSERIE ✕ Un véritable wagon-restaurant que cette institution bastognarde, créée en 1946 à partir d'une ancienne voiture de tramway ! Fenêtres coulissantes, banquettes, ornements de cuivre, etc. : tout y est. On s'y bouscule comme aux heures de pointe, pour profiter de fameux fruits de mer et d'authentiques classiques.

TRADITIONELE KEUKEN · BRASSERIE ✕ Sinds 1946 worden de geheimen van de goede, ouderwetse kookkunst van vader op zoon doorgegeven in dit restaurant dat de sfeer van de Oriënt-Express uitademt. Wagon Léo kiest voor de eerlijke, klassieke keuken. Vooral de zeevruchten, verkrijgbaar in verschillende formules, zijn om duimen en vingers bij af te likken.

Lunch 21 € – Menu 29/44 € – Carte 33/78 €

Hôtel Léo Station, rue du Vivier 4 – 𝒞 061 21 14 41
– www.wagon-leo.com – Fermé 22 décembre-22 janvier et 1er au 11 juillet

🏠 **Léo Station** Ⓝ   ✿ ☐ ♿ 🅰🅲 🅿

TRADITIONNEL · AUBERGE L'histoire du mythique Orient-Express vous intrigue ? Réservez de ce pas une chambre au Léo Station, qui recrée l'atmosphère de cet ancien train de luxe. Au-dessus de chaque lit trône une grande photo rappelant les chemins de fer, dans un confort moderne. Grâce au petit-déjeuner-buffet, vous commencerez la journée en beauté.

TRADITIONEEL · HERBERG Intrigeren de verhalen van de mythische Oriënt-Express u? Boek dan snel een kamer bij Léo Station, dat de sfeer van de voorma-lige luxetrein ademt. Zo hangt boven elk bed een grote foto die herinnert aan de spoorwegen. Het comfort is wel helemaal up-to-date, het ontbijtbuffet belooft een denderende start van de dag!

15 chambres – ♦65/84 € – ♦♦75/94 € – ☐ 15 € – ½ P

rue du Vivier 4 (avec annexes) – ℰ 061 21 14 41 – www.wagon-leo.com

    Wagon Léo – Voir la sélection des restaurants

BATTICE
Liège – ✉ 4651 – Herve – Atlas n° **9**-C1

⫶○ Aux Étangs   🏵 ⇦ 🍴 📶 AC ⇧ P

CUISINE MODERNE · ÉLÉGANT ✕✕ La terrasse dans son écrin de verdure, l'inté-rieur ne manque pas goût... cette maison ne manque pas d'atouts. Dès l'intitulé des plats, on se lèche les babines ; la chef fait en sorte qu'on garde le sourire jus-qu'à la fin du repas...

MODERNE KEUKEN · ELEGANT ✕✕ Het prachtige groen dat deze voormalige boerderij omringt, maakt van een plaatsje op het terras een absolute aanrader. Al moet het verjongde interieur daar niet veel voor onder doen. De omschrijvin-gen op de ruime kaart ogen niet enkel goed, de chef slaagt er ook in hun smaak-potentieel waar te maken.

Lunch 34 € – Menu 60 € ♈/104 € ♈ – Carte 54/122 €

Maison du Bois 66 (Bruyères, Sud-Ouest : 7 km) – ℰ 087 67 49 19
– www.auxetangs.be – Fermé samedi midi, lundi, mardi et mercredi

⫶○ Brasserie des Etangs   🍴 P

CUISINE FRANÇAISE MODERNE · TENDANCE ✕ En découvrant l'intérieur moderne, on s'attend à des surprises, et l'on a bien raison ! Les classiques de brasserie sont ici revisités à la sauce contemporaine, pour notre plus grand plaisir.

FRANS MODERN · TRENDY ✕ Bij het zien van het moderne interieur kunt u al raden wat u hier mag verwachten. Goede brasseriekost, ja, maar dan wel in een eigentijdse uitvoering. En dat geldt ook voor de klassieke gerechten.

Lunch 15 € – Carte 29/70 €

rue Outre-Cour 120 – ℰ 0477 68 76 37 – www.etangsb.be – Fermé première semaine de janvier, semaine de Pâques, samedi et dimanche

🏠 Le Domaine du Haut Vent   🏃 ⅃ AC 🏌 ⚒ P

FAMILIAL · CONTEMPORAIN Que vous soyez dans le bâtiment d'origine en style " cottage " ou dans le nouvel édifice, toutes les chambres offrent un confort opti-mal. Cuisine classique servie dans l'agréable restaurant.

FAMILIAAL · EIGENTIJDS Het maakt niet uit of u een kamer in het originele cot-tagegebouw of in de nieuwbouw boekt, want alle kamers bieden wat u van een moderne slaapplaats mag verwachten. Het restaurant is een gezellige plek om te genieten van klassieke gerechten.

18 chambres – ♦60/80 € – ♦♦78/88 € – ☐ 13 €

rue de Maestricht 100 – ℰ 087 31 08 01 – www.domaineduhautvent.be
– Fermé 22 décembre-6 janvier

BAUDOUR
Hainaut – ✉ 7331 – Saint-Ghislain – Atlas n° **8**-C2

🌸🌸 d'Eugénie à Emilie (Eric Fernez)   🏵 AC ⇧

CUISINE FRANÇAISE CLASSIQUE · INTIME ✕✕ Le chef Eric Fernez a hérité sa passion de la gastronomie de sa grand-mère Eugénie, et la transmet à son tour à sa fille Emilie. Il lui a appris l'importance de la qualité du produit, la générosité de la cuisine traditionnelle et la dimension supplémentaire que peut apporter un bon verre de vin à un plat. Grâce à une connaissance rare de nos jours des tech-niques traditionnelles, il crée des harmonies de saveurs qui vous font voyager dans le passé.

Qui, de nos jours, dispose encore de suffisamment de talent et de finesse pour fourrer une pâte à brioche de pigeon rosé cuit à la perfection et de foie gras, enveloppés dans une feuille de chou vert ? Il faut goûter sa sauce raffinée à base du fond de viande de pigeon pour comprendre ce que signifient les termes « saveurs riches ».

Le décor élégant de ce restaurant et le service attentif (le chef n'hésite pas à faire un tour en salle de temps à autre) complètent admirablement ce tableau traditionnel. Eugénie et Emilie peuvent être fières d'Eric.

→ Langoustines aux haricots, courgette et jus minestrone. Veau du pays : la côte au poêlon, jus tranché au vinaigre de pomme, écrasé de pomme de terre, petits pois et carottes. Crêpe normande, caramélisée et flambée.

FRANS KLASSIEK · INTIEM ✕✕ Van grootmoeder Eugénie kreeg chef Eric Fernez de passie voor lekker eten mee, en die geeft hij op zijn beurt door aan dochter Emilie. Hij leert haar hoe belangrijk de kwaliteit van het product wel is, hoe genereus de klassieke keuken moet zijn en dat een goed glas wijn een extra dimensie kan geven aan een gerecht. Dankzij zijn kennis van klassieke technieken die men vandaag nog weinig vindt, creëert hij smaakharmonieën die u even terugsturen naar het verleden.

Wie bezit vandaag bijvoorbeeld nog het talent en de finesse om een briochedeeg te vullen met perfect rosé gebraden duif en ganzenlever, die omwikkeld zijn door een groen koolblad? Met een geraffineerde saus op basis van duivenfond geeft chef Fernez de omschrijving 'rijke smaken' zijn eigen krachtige invulling.

De stijlvolle omgeving van dit restaurant en de goede bediening – uiteraard komt de chef ook af en toe de zaal in – maken de klassieke ervaring die men hier beleeft volledig. Eugénie en Emilie mogen fier zijn op Eric.

Menu 59/210 € – Carte 114/218 €

place de la Résistance 1 – ℰ 065 61 31 70 – www.eugenie-emilie.be – Fermé 4 au 12 mars, mi-juillet-mi-août, samedi midi, dimanche soir, lundi, mardi et après 20 h 30

😊 **Le Faitout** 🍴 ⚙ AC ⟨⟩

CUISINE TRADITIONNELLE · CONVIVIAL ✕ Vous aimez la viande et possédez un joli coup de fourchette ? Cette adresse est la vôtre ! Délicieuses grillades au feu de bois et mets traditionnels généreux, servis en terrasse, près de la rôtissoire ou dans l'arrière-salle moderne et colorée. En saison, les poissons et fruits de mer sont de la partie, avec un bar qui leur est dédié à l'entrée.

TRADITIONELE KEUKEN · GEZELLIG ✕ Houdt u van rood vlees en hebt u flinke trek? Dan bent u in deze levendige brasserie aan het juiste adres! Dankzij de eerlijke, traditionele kookstijl van de chef schitteren uitstekende producten hier in gerechten die genereus worden geserveerd. Tijdens het seizoen staat er ook nog eens een zeevruchtenbar voor de deur.

Menu 37 € – Carte 34/68 €

place de la Résistance 1 – ℰ 065 64 48 57 – www.lefaitout.be

BEAURAING
Namur – ✉ 5570 – Atlas n° **10D**-C2

🍴⃝ **Le Pont des Anges** 🍴

CUISINE FRANÇAISE MODERNE · ÉLÉGANT ✕✕ Élégance et apaisement, voilà ce que nous inspire ce restaurant aux allures de cottage, avec ses tons blanc et beige. Prenez votre temps pour choisir valeurs sûres ou suggestions de la maison, dans lesquels le chef se laisse aller à davantage de modernité. Pour des plats traditionnels, direction la brasserie avoisinante.

FRANS MODERN · ELEGANT ✕✕ De elegante cottagestijl van dit restaurant heeft met zijn witte en beige tinten iets rustgevends. Neem dus rustig uw tijd om te kiezen uit de vaste waarden en de suggesties, waarin de chef zijn moderne kookstijl wat meer kan uitspelen. Voor traditionele gerechten moet u bij de aangrenzende brasserie terecht.

Menu 37/65 € – Carte 42/65 €

rue de l'Aubépine 33 – ℰ 082 22 62 33 – www.pontdesanges.be – Fermé 16 au 27 janvier, 26 juin-12 juillet, dimanche soir, lundi et mardi sauf jours fériés

BEAUSAINT

Luxembourg – ✉ 6980 – La Roche-en-Ardenne – Atlas n° **11**-C1

 Château de Beausaint ⓝ ⛲ 🛏 🛖 🛝 🅿

DEMEURE HISTORIQUE · RÉGIONAL Splendide château de 1870 entouré de jardins et de forêts, où règne la tranquillité. Le caractère historique du bâtiment se marie à merveille au charme du style Flamant. La convivialité de ce B&B est encore accentuée par le service très personnalisé, qui vous aide par exemple à monter vos bagages au troisième étage (sans ascenseur).

HISTORISCH PAND · REGIONAAL Dit prachtig kasteel uit 1870 wordt omringd door tuinen en bossen. Rust is hier koning. Het historische karakter van het gebouw smelt enig mooi samen met de charme van de Flamantstijl. De warmte van dit B&B wordt versterkt door de zeer persoonlijke service, zoals uw bagage helpen dragen tot het derde verdiep (geen lift).

6 chambres ⌷ – 🚹140/155 € 🚹🚹160/175 €

rue du Taillet 3 – ☎ 0491 39 59 99
– www.chateaubeausaint.be – Fermé 18 août-4 septembre

BELLEVAUX-LIGNEUVILLE

Liège – ✉ 4960 – Malmedy – Atlas n° **9**-C2

 Du Moulin

CUISINE DU MARCHÉ · ROMANTIQUE 𝗫𝗫 Comment résister à l'accueil très chaleureux et à l'ambiance intime du salon où crépite un feu ? Cuisine à la fois moderne et classique, souvent à base de produits régionaux, préparée par le propriétaire – à la bonne humeur communicative – Jean Goire.

MARKTKEUKEN · ROMANTISCH 𝗫𝗫 Hoe kan men weerstaan aan de intieme sfeer, het salon met knetterend haardvuur en de warme ontvangst? De keuken is modern-klassiek, vaak op basis van streekproducten, en wordt voor u bereid door Jean Goire, de praatgrage eigenaar.

Menu 45/65 €

Hôtel du Moulin, Grand'Rue 28 (à Ligneuville, sortie 12 sur E 42) – ☎ 080 57 00 81
– www.hoteldumoulin.be – dîner seulement sauf dimanche
– Fermé 14 janvier-1ᵉʳ février, mercredis et jeudis sauf jours fériés

 Hôtel du Moulin ⛲ 🛏 🛝 🅿

AUBERGE · COSY L'histoire de cet hôtel ardennais typique remonte à 1875, c'est dire si l'on s'y connaît en matière d'hospitalité. Un lieu charmant qui a su conserver tout son charme (belle terrasse à l'arrière). Dans les chambres agréables, vous pourrez profiter d'un confort moderne.

HERBERG · GEZELLIG De geschiedenis van dit typisch Ardens hotel gaat terug tot 1875, men weet hier dus wat af van gastvrijheid. Het is dan ook een hartverwarmende plek die zijn charme heeft weten te behouden (knap terras achteraan). In de aangename kamers merkt u dat hier ook oog is voor modern comfort.

14 chambres ⌷ – 🚹70/82 € 🚹🚹95/130 € – ½ P

Grand'Rue 28 (à Ligneuville, sortie 12 sur E 42) – ☎ 080 57 00 81
– www.hoteldumoulin.be
– Fermé 14 janvier-1ᵉʳ février, mercredi et jeudi

Du Moulin – Voir la sélection des restaurants

 Ne confondez pas les couverts 𝗫 et les étoiles ✿ !
Les couverts définissent une catégorie de confort et de service, tandis que l'étoile couronne uniquement la qualité de la cuisine, quel que soit le standing de la maison.

BERTRIX

Luxembourg – ✉ 6880 – Atlas n° **11G**-B2

🍴○ **Cuisinez-Nous** 🌿 ⇔ 🅿

CUISINE FRANÇAISE CLASSIQUE · TENDANCE ✗✗ Alain et Céline confirment, dans cette belle maison de maître, l'excellente réputation qu'ils ont acquise au restaurant Rosa. Elle, en salle, assure un service attentif ; lui régale grâce à sa bonne maîtrise de la cuisine française.

FRANS KLASSIEK · TRENDY ✗✗ Alain en Céline bevestigen in dit mooie herenhuis de uitstekende reputatie die ze bij restaurant Rosa hebben opgebouwd. Zij met de attente bediening, hij met zijn kennis van de klassieke Franse keuken. Alles wordt hier nog in huis bereid! Het terras bij de imposante oude beuk is een aanrader.

Lunch 26 € – Menu 36/42 € – Carte 45/65 €

rue de la Gare 138 – 𝒞 061 50 24 64 – www.cuisineznous.be – Fermé samedi midi, dimanche soir et lundi

BIERGES

Brabant Wallon – ✉ 1301 – Wavre – Atlas n° **7**-B1

🙂 **Tero** 🌿 ⇔ 🅿

CUISINE BIO · BRASSERIE ✗ Tero est un restaurant avec une philosophie. La cuisine est surtout préparée à base de produits bio et locaux. Les mets, d'une certaine finesse, démontrent à quel point une cuisine saine peut être savoureuse. Ils sont légers, mais en même temps riches. Tout tourne autour de la pureté, comme le décor naturel et lumineux.

BIO · BRASSERIE ✗ Tero is een restaurant met een filosofie. Men gaat hier voor lichte gerechten die liefst met lokale bioproducten worden bereid. De fijne bordjes tonen aan hoe lekker 'gezond eten' wel is. Ze zijn licht, maar tegelijkertijd rijk aan smaak. Hier draait alles om puurheid, dat toont ook het natuurlijke, lumineuze decor aan.

Lunch 15 € – Carte 20/38 €

rue de Champles 56 – 𝒞 010 68 86 94 – www.tero-restaurant.com – Fermé samedi midi, dimanche et lundi

BINCHE

Hainaut – ✉ 7130 – Atlas n° **8**-C2

🍴○ **Cul de Poule** 🌿

CUISINE MODERNE · BISTRO ✗ Un établissement moderne et coloré, dans lequel Arnaud Molle peut donner libre cours à sa créativité, avec une cuisine légère, réalisée à base de bons produits. Il n'hésite pas à expérimenter et renouvelle régulièrement sa carte et son menu.

MODERNE KEUKEN · BISTRO ✗ In deze frisse, kleurige zaak kan Arnaud Molle zijn ei echt kwijt. Dat uit zich in licht creatieve gerechten die samengesteld zijn met goede producten. De chef experimenteert graag en verandert regelmatig de kaart en het menu.

Lunch 25 € – Menu 37 € – Carte 43/67 €

avenue Wanderpepen 44 – 𝒞 064 65 09 73 – www.culdepoule.be – Fermé 2 au 20 janvier, 15 juillet-3 août, dimanche soir, lundi, mardi et mercredi

BLAREGNIES

Hainaut – ✉ 7040 – Quévy – Atlas n° **8**-C2

🕸 **Les Gourmands** (Lydia Glacé et Didier Bernard) 🕸 ⇔ 🅿

CUISINE CLASSIQUE · FAMILIAL ✗✗ Chez Lydia Glacé et Didier Bernard, la cuisine classique s'accommode des saveurs et des produits du moment, de la polenta à la tempura. Chaque ingrédient est soigneusement sélectionné et mis en valeur, notamment par de délicieuses sauces. La cave surprendra même les œnologues avertis.

→ Langoustines et foie gras de canard citron-passion. Volaille et petits gris de Warnant à l'ail doux et ciboulette. Ananas samba et sabayon au champagne.

KLASSIEKE KEUKEN · FAMILIAAL XX Bij Lydia Glacé en Didier Bernard harmonieert de klassieke keuken met de smaken en producten van vandaag, van polenta tot tempura. Elk ingrediënt is met de grootste zorg uitgekozen en maakt dankzij uitgelezen sauzen zijn smaakpotentieel helemaal waar. Zelfs ervaren wijnliefhebbers zullen versteld staan van de wijnkelder.

Lunch 45 € – Menu 60/110 € – Carte 75/116 €

rue de Sars 15 – ✆ 065 56 86 32

– www.les-gourmands.be – Fermé dimanche soir, lundi, mardi et après 20 h 30

BLEGNY

Liège – ✉ 4670 – Atlas n° **9**-C1

⑩ Le Jardin de Caroline

CUISINE DU MARCHÉ · FAMILIAL XX Dès les amuse-bouches, on est fixé : les assiettes sont généreuses... jusqu'au dessert. Mais l'addition réserve aussi une surprise : les prix sont tout doux !

MARKTKEUKEN · FAMILIAAL XX Al bij de amuses wordt de toon gezet: hier wordt u genereus bediend, tot aan de zoetigheden toe. De rekening zorgt gelukkig voor een trendbreuk: u eet hier tegen een zachte prijs!

Menu 35/62 €

rue Saivelette 8 (à Housse, Ouest : 4 km) – ✆ 04 387 42 11

– www.lejardindecaroline.be – Fermé dimanche soir, mardi et mercredi

BOIS-DE-VILLERS

Namur – ✉ 5170 – Profondeville – Atlas n° **10**-B1

☷ Espace Medissey

LUXE · DESIGN Pierre Résimont aurait-il déposé un brevet sur les endroits idylliques ? En tout cas, en voici un de plus, situé en pleine nature, qui dispose d'une belle piscine. À l'intérieur, modernité et design, avec toutes sortes de détails amusants. Service navette entre l'Espace Medissey et le restaurant L'Eau Vive.

LUXE · DESIGN Pierre Résimont lijkt wel een patent te hebben op idyllische plekjes. Ook deze zaak pakt uit met een prachtige ligging in het groen, en een heerlijk zwembad in de tuin. Binnen is het moderniteit alom: designstijl en allerlei leuke snufjes. U kunt hier ook rekenen op een pendeldienst naar restaurant l'Eau Vive.

5 chambres – ♦120/200 € ♦♦120/200 € – ⌷ 15 €

chemin des Seize Pieds 5 – ✆ 081 40 71 80

– www.medissey.be – Fermé Noël-nouvel an, 2 semaines à Pâques, fin juin,
2 dernières semaines d'août, mardi et mercredi

BONINNE

Namur – ✉ 5021 – Namur – Atlas n° **10**-C1

⊛ Michel

CUISINE CLASSIQUE · CONVIVIAL X Le temps semble s'être arrêté chez Michel. Dans un décor classique, on y déguste une cuisine traditionnelle sans artifices qui respire l'authenticité. La carte met à l'honneur les produits wallons, qui sont indiqués par le pictogramme d'un coquelet. Une adresse savoureuse.

KLASSIEKE KEUKEN · GEZELLIG X Bij Michel lijkt de tijd even stil te hebben gestaan. Het interieur is er zeer klassiek, de keuken is al even traditioneel. Hier vindt u dus geen liflafjes, wel smaken die rechtuit en echt zijn. De chef zet de Waalse producten waar hij mee werkt graag in de kijker en duidt ze op de kaart aan met haantjes. Een gezellig adres voor een lekker etentje.

Lunch 20 € – Menu 36/55 € – Carte 43/61 €

rue Arthur Mahaux 3 – ✆ 081 21 54 73

– www.restaurantmichel.be – Fermé 18 au 27 février, 3 au
12 juin, 19 août-5 septembre, dimanche soir d'octobre à juin, lundi et mardi

BONLEZ

Brabant Wallon – ⊠ 1325 – Chaumont-Gistoux – Atlas n° **7**-B1

ⅠⅠ○ 32 Chemin de l'herbe

CUISINE TRADITIONNELLE · AUBERGE ⅩⅠ 32 Chemin de l'herbe est un endroit où l'on se sent immédiatement à l'aise. Cette ferme ancienne séduit par son charme nostalgique. La terrasse permet de profiter du charme rural de la région. Mais surtout, vous y trouverez des produits de qualité préparés en toute simplicité avec savoir-faire. Que demander de plus ?

TRADITIONELE KEUKEN · HERBERG ⅩⅠ 32 Chemin de l'herbe is het soort zaak waar men instant vrolijk van wordt. Deze oude hoeve bekoort met zijn retro-charme, op het terras ervaart men het landelijke karakter van de streek. Maar vooral: hier wacht u een mooie selectie kwaliteitsproducten die goed bereid worden, zonder poespas. Meer moet dat toch niet zijn?

Lunch 18 € – Menu 50 € – Carte 42/59 €

chemin de l'Herbe 32 – ℰ 010 68 89 61
– www.32chemindelherbe.be
– Fermé dimanche soir et lundi

BOUILLON

Luxembourg – ⊠ 6830 – Atlas n° **11**-B3

ⅠⅠ○ La Ferronnière

CUISINE FRANÇAISE MODERNE · AUBERGE ⅩⅩ Ici, on déguste des plats contemporains, inspirés par les saisons, dans des salles à manger, de style cottage. Passez donc une nuit dans les chambres confortables et silencieuses, ou pour profiter du spa. La terrasse délivre une vue imprenable sur le château de Bouillon.

FRANS MODERN · HERBERG ⅩⅩ Wat is het terras met zicht op het kasteel van Bouillon prachtig! Ook de eetzalen in cottage-stijl zijn zeer aangenaam om de eigentijdse gerechten te degusteren waarvoor de chef zich laat leiden door de seizoenen. De combinatie met een overnachting is een aanrader, want de rustige kamers en de wellness zijn heerlijk.

Lunch 27 € – Menu 37/70 € – Carte 40/79 €
13 chambres ⊊ – †95/115 € ††100/145 € – 5 suites – ½ P

Voie Jocquée 44 – ℰ 061 23 07 50
– www.laferronniere.be
– Fermé 7 au 24 janvier, 24 juin-12 juillet, dimanche soir hors saison, mardi midi, lundi et après 20 h 30

🏠 Panorama

FAMILIAL · TRADITIONNEL Comme son nom l'indique, le panorama sur Bouillon est le grand atout de cet hôtel familial (depuis quatre générations !), dominant la ville. Le spa offre une relaxation inespérée, dans un monde brut.

FAMILIAAL · TRADITIONEEL Het panorama over Bouillon is dé troef van dit hooggelegen hotel, zowel in al de kamers als in het eigentijdse restaurant. U geniet ook van de uitstekende zorgen van een familie die hier al vier generaties werkt. En dan die wellness … Heerlijk om volledig tot rust te komen.

25 chambres ⊊ – †90/100 € ††110/130 € – ½ P

rue au-dessus de la Ville 25 – ℰ 061 46 61 38
– www.panoramahotel.be
– Ouvert 29 mars-1er novembre, Noël-nouvel an, Saint-Valentin et week-ends février, novembre et décembre; fermé janvier, 19 juin-5 juillet, mercredi et jeudi sauf vacances scolaires

 Amateurs de bons vins ? Le symbole 🍇 signale une carte des vins particulièrement séduisante.

⛩ Poste   ⚡ ⇇ 🔋 🚗

HISTORIQUE · ROMANTIQUE Napoléon III et Zola ont séjourné dans ce superbe hôtel du 18e s. Cette grande histoire reste prégnante entre ses murs, mais sans que ceux-ci ne soient nullement figés dans le passé : l'établissement sort d'une belle cure de jouvence ! Les chambres au look rétro complètent le charme de cet édifice. Le restaurant romantique et le bar à cocktails méritent une visite.

HISTORISCH · ROMANTISCH Poste is een prachtig hotel uit de 18de eeuw waar Napoleon III en Zola nog hebben gelogeerd. Die rijke geschiedenis laat zich voelen, maar dankzij een grondige renovatie is het interieur helemaal met zijn tijd mee. De retrolook in de kamers vult de charme van het pand mooi aan. Het romantische restaurant en de cocktailbar verdienen een bezoekje.

60 chambres 🖵 – 🛉85/120 € – 🛉🛉115/160 € – ½ P

place Saint-Arnould 1 – ℰ 061 46 51 51
– www.hotelposte.be – Fermé 11 au 29 mars

BRAINE-L'ALLEUD
Brabant Wallon – ✉ 1420 – Atlas n° **7**-A1

⁂ Maison Marit (Dimitri Marit)   ⚭ 🛋 AC ⇔ P

CUISINE FRANÇAISE CLASSIQUE · ÉLÉGANT XxX Dans son élégante demeure, Dimitri Marit régale ses clients avec des assiettes d'un beau classicisme. Il est encore occasionnellement assisté par son père, qui lui a transmis tout son savoir-faire. Volailles et agneaux sont élevés et préparés ici-même dans le respect de la tradition : pourquoi faire compliqué ?

→ Omble chevalier et sauté de chipirons, cébette, courgette et émulsion aigre-douce. Poêlée de homard, fèves des marais, radis et beurre au soja. Ravioles de pomme, glace yaourt-citron et caramel au beurre salé.

FRANS KLASSIEK · ELEGANT XxX In het elegante huis van Dimitri Marit wordt u getrakteerd op heerlijke klassieke smaken. Hij wordt soms nog bijgestaan door zijn vader, die hem zijn vakkennis heeft doorgegeven. Dat merkt u aan het raffinement waarmee zelfgekweekte dieren zoals lammeren en gevogelte worden bereid. Niet te ingewikkeld, maar zo lekker!

Lunch 40 € – Menu 70/105 € – Carte 88/106 €

chaussée de Nivelles 336 (sur N 27 près R0, sortie 24) – ℰ 02 384 15 01
– www.maisonmarit.be – Fermé 24 et 31 décembre, première semaine
de janvier, 8 au 16 avril, 29 juillet-27 août, 30 octobre, dimanche soir, lundi et mardi

⁂ Philippe Meyers   AC

CUISINE CLASSIQUE · CONVIVIAL Xx Philippe Meyers sait mettre en valeur des produits de qualité. Sa cuisine allie simplicité et limpidité : les saveurs sont au rendez-vous. La maîtresse de maison assure un service attentif, pour vous permettre de jouir d'une ambiance décontractée. Le tout au beau milieu des étoiles, puisque une collection de guides Michelin rehausse le décor design.

→ Tartelette d'asperge au saumon fumé, jambon bellota et vadouvan. Rognon de veau en éventail, asperges sautées et crème mousseuse au poivre. Sablé breton, tartare de fruits exotiques, meringue, sorbet passion et mangue.

KLASSIEKE KEUKEN · GEZELLIG Xx Philippe Meyers is een chef die het beste uit topproducten weet te halen. Hij zoekt het niet te ver, weegt alles goed af en stelt heerlijke smaakensembles samen. De attente gastvrouw zorgt ervoor dat u kunt smullen in een relaxe ambiance. En dankzij de collectie Michelingidsen krijgt het designinterieur nog wat extra glans.

Lunch 25 € – Menu 54/80 € – Carte 67/95 €

rue Doyen Van Belle 6 – ℰ 02 384 83 18 – www.philippe-meyers.be – Fermé
2 premières semaines de janvier, 20 août-13 septembre, jours fériés, samedi midi,
dimanche et lundi

‼○ **Brasserie de l'Alliance** 🛖 🆎 🅿

CUISINE TRADITIONNELLE · BRASSERIE ✗ La visite du Lion de Waterloo vous a ouvert l'appétit ? Bonne nouvelle, cette brasserie, logée dans une ancienne ferme, est toute proche. Ouverte toute la journée, tous les jours, elle vous proposera une carte traditionnelle qui privilégie les grillades. La spécialité : le cochon de lait grillé.

TRADITIONELE KEUKEN · BRASSERIE ✗ Hebt u nog trek na een bezoek aan de Leeuw van Waterloo? Goed nieuws: vlakbij ligt deze brasserie, ondergebracht in een oude boerderij. En die is elke dag open, heel de dag lang! U krijgt er een ruime traditionele kaart voorgeschoteld waarop de grillades opvallen. Zo is het gegrilde speenvarken een specialiteit van het huis.

Lunch 17 € – Menu 35 € – Carte 35/60 €
avenue Alphonse Allard 400 – ☏ 02 387 17 20
– www.lalliance.be

BRAINE-LE-CHÂTEAU
Brabant Wallon – ✉ 1440 – Atlas n° **7**-A1

⸙ **Bistro Racine** (Jean Marie Bucumi et Jimmy Collodoro) ஃ

CUISINE MODERNE · BISTRO ✗ Le bistrot de Jimmy et Jean-Marie fait mouche ! Le marché leur sert de guide, et leur cuisine est renouvelée régulièrement. Les préparations sont fines, jamais trop compliquées, et se révèlent d'une grande richesse. Bons vins et prix doux.

→ Œuf cuit à 63°C, célerisotto et truffes. Entrecôte grillée, pommes pont-neuf et jardin d'hiver. Mousse au chocolat-noisette, caramel au beurre salé et crumble de cacao.

MODERNE KEUKEN · BISTRO ✗ De leuke bistro van Jimmy en Jean-Marie is een voltreffer. Het marktaanbod is hun leidraad, waardoor de gerechten vaak veranderen en ingrediënten op hun best op het bord komen. De bereidingen zijn fijn, niet te ingewikkeld, maar de smaken zijn o zo uitbundig. De lekkere wijn en zachte prijzen zijn al even opmerkelijk!

Lunch 25 € – Carte 44/65 €
rue Courte de la Station 2 – ☏ 02 366 10 51
– www.bistroracine.be
– Fermé 21 décembre-10 janvier, 9 au 12 avril, 20 août-7 septembre, samedi midi, dimanche et lundi

BÜLLINGEN
Liège – ✉ 4760 – Atlas n° **9**-D2

🏠 **Haus Tiefenbach** 🍴 🐾 🍷 🖥 💆 🐾 ᵧ♭ 🔁 🍽 🐕 🅿

FAMILIAL · CLASSIQUE Hôtel familial d'une tenue sans reproche, situé au creux d'un vallon agreste, entre prés, sapinières et étang (pêche). Exotisme montagnard au bar et dans quelques chambres. Wellness impressionnant pour se relaxer. Carte traditionnelle présentée dans deux grandes salles, dont une est ornée de vitraux.

FAMILIAAL · KLASSIEK Goed onderhouden familiehotel in een landelijk dal, tussen weilanden, sparrenbossen en een visvijver. De bar en enkele kamers zijn in Alpenstijl ingericht, de wellness is indrukwekkend. Traditionele gerechten worden geserveerd in twee grote eetzalen, waarvan één met glas-in-loodramen.

37 chambres ☲ – 🛏59/103 € 🛏🛏118/166 €
Triererstraße 21 – ☏ 080 64 73 06
– www.haus-tiefenbach.be
– Fermé 2 au 24 janvier, 25 mars-11 avril, 24 juin-18 juillet, lundis et mardis non fériés

BURG-REULAND
Liège – ✉ 4790 – Atlas n° **9**-D3

⫶○ Le Jardin

CUISINE DU MARCHÉ · ÉPURÉ XX Francine Wickler représente la cinquième génération de ce Jardin ! Elle l'a bien remis à neuf, et pas seulement au niveau du décor : la carte propose aujourd'hui des plats aussi bien traditionnels que plus créatifs. Elle arrive à trouver un équilibre entre les deux, et se distingue en particulier par ses spécialités fumées maison.

MARKTKEUKEN · MINIMALISTISCH XX Francine Wickler is al de vijfde generatie die hier restaurant houdt en heeft de zaak grondig geüpdatet. Niet enkel het decor, want op de kaart is er vandaag zowel plaats voor traditie als voor creativiteit. Ze weet een evenwicht te vinden tussen beide en werkt graag met huisgerookte specialiteiten.

Lunch 17 € – Menu 37 € – Carte 48/64 €

Luxemburgerstraße 19 (à Oudler, Ouest : 4 km) – ☏ 080 32 90 03
– www.wickler.be
– Fermé 15 au 30 janvier, lundis et jeudis sauf jours fériés et après 20 h 30

BÜTGENBACH

Liège – ✉ 4750 – Atlas n° **9**-D2

⫶○ Bütgenbacher Hof

CUISINE FRANÇAISE MODERNE · CONVIVIAL XX Passé et présent dialoguent harmonieusement dans ce restaurant au décor joliment rafraîchi. Les combinaisons de produits sont bien actuelles, mais les gestes traditionnels – le tranchage en salle, par exemple – restent bien présents.

FRANS MODERN · GEZELLIG XX Vroeger en nu gaan hier hand in hand. Het interieur is mooi opgefrist en de productcombinaties zijn lekker eigentijds, maar traditionele handelingen als versnijdingen in de zaal zijn nog steeds vaste kost.

Lunch 18 € – Menu 48/73 € – Carte 51/72 €

Hôtel Bütgenbacher Hof, Marktplatz 8 – ☏ 080 44 42 12 – www.hbh.be
– Fermé 17 mars-10 avril, lundi, mardi et après 20 h 30

🏨 Bütgenbacher Hof

SPA ET BIEN-ÊTRE · CLASSIQUE La version revisitée d'un séjour type dans les Ardennes ! La façade à colombages est sa signature, la piscine moderne et le joli wellness ses atouts. Chambres contemporaines confortables.

SPA EN WELLNESS · KLASSIEK Bent u klaar voor een typisch Ardens verblijf, maar dan versie 2.0? De klassieke vakwerkgevel is het uithangbord van dit hotel, het moderne zwembad en de mooie wellness zijn blikvangers. En om uw rustgevend verblijf te vervolledigen, wachten mooi geüpdatete, comfortabele kamers op u.

34 chambres ☲ – ♦85/100 € ♦♦110/170 € – ½ P

Marktplatz 8 – ☏ 080 44 42 12
– www.hbh.be
– Fermé 24 mars-14 avril

Bütgenbacher Hof – Voir la sélection des restaurants

🏠 Eifelland

MAISON DE CAMPAGNE · CONTEMPORAIN Maison paysanne de 1789 transformée en hôtel au début des années 1990, dans un esprit pension de famille. Chambres impeccables, surtout dans la nouvelle aile ; sauna et bain de vapeur en cabine.

LANDHUIS · EIGENTIJDS Het charmant hotelletje van de familie Maraite vormt een praktische uitvalsbasis. De kamers zijn spic en span, vooral de nieuwe vleugel biedt hoog comfort aan een lage prijs. Relaxen kan ook in de sauna en het stoombad.

16 chambres ☲ – ♦63/98 € ♦♦83/116 €

Seestraße 5 – ☏ 080 44 66 70
– www.hoteleifelland.be

Le Vieux Moulin

HISTORIQUE · À LA CAMPAGNE Une carte postale idyllique : un ancien moulin à eau transformé en hôtel de standing sur les rives d'un étang. Quel spectacle ! Vous pourrez aussi profiter des plaisirs de la nature environnante grâce aux délicieuses préparations maison du chef cuisinier.

HISTORISCH · PLATTELANDS Een idyllisch plaatje: deze oude watermolen is omgetoverd tot een karaktervol en gezellig hotelletje, prachtig gelegen aan een vijver. Wat een zicht! De genieten van de omringende natuur kunt u ook ontdekken dankzij de lekkere huisbereidingen van de chef.

9 chambres ⌂ – 🛏140/180 € 🛏🛏140/180 €

Mühlenstraße 32 (à Weywertz, Nord-Ouest : 6 km) – ☏ 080 28 20 00
– www.levieuxmoulin.be

BUVRINNES
Hainaut – ✉ 7133 – Binche – Atlas n° **8**-C2

La Fermette des Pins

CUISINE FRANÇAISE MODERNE · RUSTIQUE X Vous ne regretterez pas d'avoir poussé le voyage jusqu'à cette fermette rustique, plantée au milieu de la campagne. Les adeptes d'une cuisine française généreuse et créative iront au restaurant, tandis que les partisans de la tradition s'assiéront plutôt à la brasserie. Une certitude : tout le monde sera comblé !

FRANS MODERN · RUSTIEK X U zult uw rit naar deze landelijk gelegen, rustieke hoeve niet betreuren. Hier is voor elk wat wils: wilt u genieten van een rijkelijke, creatieve versie van de Franse keuken? Kies dan voor het restaurant. Of hebt u eerder zin in traditionele klassiekers? Dan stapt u toch gewoon de brasserie binnen.

Lunch 22 € – Menu 35/70 € – Carte 36/81 €

rue du Lustre 39 – ☏ 064 34 17 18 – www.lafermettedespins.be – Fermé lundi soir d'octobre à Pâques, mardi et mercredi

CELLES
Namur – ✉ 5561 – Houyet – Atlas n° **10**-C2

Le Saint Hadelin

CUISINE TRADITIONNELLE · CONVIVIAL XX Le Saint Hadelin, c'est une maison ardennaise typique et une ambiance agréable, qui allie à merveille authenticité et modernité, tant dans le décor que dans l'assiette. Que vous optiez pour la carte, plus classique, ou l'ardoise, plus moderne, les saveurs sont toujours au rendez-vous, grâce aux nombreuses préparations maison.

TRADITIONELE KEUKEN · GEZELLIG XX Le Saint Hadelin, dat is gezelligheid in een typisch Ardens huis. Authentiek en modern worden er fraai gecombineerd, zowel in het interieur als op het bord. De kaart is klassieker en het krijtbord moderner, maar dankzij de vele huisbereidingen en smaken die goed naar voor worden gebracht, zijn beide even lekker.

Menu 36 € – Carte 38/59 €

Hôtel Le Saint Hadelin, route de Neufchâteau 21 – ☏ 082 66 64 42
– www.lesainthadelin.be – Fermé 2 au 10 janvier, dernière semaine de juin-première semaine d'août, 2 semaines en septembre, mercredi et jeudi sauf jours fériés

Le Saint Hadelin

MAISON DE CAMPAGNE · ROMANTIQUE Un B&B dans l'un des plus beaux villages de Wallonie. Les chambres, à la fois cosy et romantiques, y jouissent du plus grand calme. Une adresse de charme, parfaite pour un week-end en amoureux.

LANDHUIS · ROMANTISCH Het dorpje Celles is een van de mooiste van Wallonië en laat zich vanuit dit familiale B&B gewillig door u ontdekken. De kamers in dit typische blauwstenen huis zijn modern maar roepen dankzij de gezellige en intieme inrichting toch een licht nostalgisch en zelfs romantisch gevoel op. Vredige nachten gegarandeerd!

7 chambres – ♦75/90 € ♦♦90/95 € – 🛏 13 €

route de Neufchâteau 21 – 𝒞 082 66 64 42
– www.lesainthadelin.be – Fermé 2 au 10 janvier, dernière semaine
de juin-première semaine d'août, 2 semaines en septembre, mercredi et jeudi sauf
jours fériés

Le Saint Hadelin – Voir la sélection des restaurants

CHAPELLE-LEZ-HERLAIMONT
Hainaut – ✉ 7160 – Atlas n° **8**-D2

❀ **Pouic-Pouic** (Philippo Santangelo)　　　　🚹 AC ⇆ 🅿

CUISINE MODERNE · DESIGN 🕱🕱 Une belle maison de maître accueille Pouic-Pouic, dont l'intérieur est plutôt moderne. Le chef maîtrise sa créativité, et bien qu'il ose se montrer original, tout est toujours bien équilibré. Les goûts sont prononcés, mais jamais trop... On ressort de là très satisfait !

→ Paupiette de perdreau au chou vert et foie gras. Canard rôti à l'ail, purée de céleri-rave et myrtilles. Pomme confite et mousse à la verveine.

MODERNE KEUKEN · DESIGN 🕱🕱 De schoonheid van het herenhuis waarin Pouic-Pouic huist, wordt doorgetrokken in het moderne interieur. Chique! De chef weet zijn creativiteit te bedwingen en hoewel hij origineel uit de hoek durft te komen, is alles steeds mooi in evenwicht. De smaken zijn uitgesproken, maar nooit te. Hier stapt u voldaan buiten!

Menu 46/68 €

rue du Chemin de Fer 57 – 𝒞 064 21 31 33
– www.pouicpouic.be – dîner seulement sauf vendredi et dimanche – Fermé
1 semaine carnaval, dimanche soir, lundi et après 20 h 30

Lisovskaya/iStock

LES BONS PLANS! *NIET TE MISSEN!*

La Manufacture Urbaine, où les bières et le pain sont faits maison. Chez Duche, pour manger un bon steak de cheval. Chermanne, avec ses légumes cultivés par le chef et le raffinement de sa cuisine.

La Manufacture Urbaine, waar het bier en het brood huisgemaakt zijn. Chez Duche, om een lekkere paardensteak te eten. Chermanne, voor de zelfgekweekte groenten en de verfijning van de keuken.

CHARLEROI

Hainaut – ✉ 6000 – Atlas n° **8**-D2

Restaurants

Chermanne

CUISINE DU MARCHÉ · CONVIVIAL XX Stéphane Chermanne a du métier. Il sait ce que les saisons ont à offrir, aime cultiver ses propres légumes et les travaille avec raffinement. Dans cet intérieur frais et contemporain, on se régale d'une cuisine qui a du cœur !

MARKTKEUKEN · GEZELLIG XX Stéphane Chermanne is een chef met metier. Hij weet wat lekkers de seizoenen te bieden hebben, oogst zelf graag zijn groenten, en brengt dat allemaal met een zeker raffinement op het bord. In deze frisse, contemporaine zaak smult u van een keuken met fond.

Lunch 22 € – Menu 35/52 € – Carte 46/69 €

Plan: A1-d – *avenue de l'Europe 62* – ✆ *071 12 41 14*
– *www.restaurantchermanne.be*
– *Fermé 1er au 15 janvier, 13 au 20 juin, dimanche et lundi*

La Manufacture Urbaine La Table

CUISINE TRADITIONNELLE · BISTRO X La Manufacture Urbaine est une maison bien rodée. En bas du restaurant gastronomique, se trouve ce bistro sympathique, où l'on peut déguster une bière de la brasserie locale (ou des cocktails à base de bière) tout en découvrant une cuisine variée. La palette s'étend du régional à l'international et du traditionnel au créatif. Une seule constante : la saveur !

TRADITIONELE KEUKEN · BISTRO X Alles draait rond eten en drinken bij La Manufacture Urbaine. Boven is de gastronomische zaak, beneden vindt u deze gezellige bistro. Neem gerust een biertje van de lokale brouwerij (ook biercocktails) alvorens de zeer diverse gerechten te ontdekken. Het gaat van lokaal tot internationaal, van traditioneel tot creatief. En telkens weer vol op smaak!

Menu 35 € – Carte 42/62 €

Plan: A2-b – *place Emile Buisset 10* – ✆ *071 70 20 18*
– *www.manufacture-urbaine.com*
– *Fermé dimanche*

BRUXELLES/BRUSSEL

JEMEPPE-SUR-SAMBRE

BINCHE

BEAUMONT

MARCINELLE

MONS

PHILIPPEVILLE

CHARLEROI

0   200 m

Au Provençal   [AIC]

CUISINE TRADITIONNELLE · INTIME X Ce Provençal s'aventure en réalité dans toutes les régions de France... Classiques immuables, suggestions du marché et vaste choix de desserts, le tout dans la bonne humeur.

TRADITIONELE KEUKEN · INTIEM X Maaltijd volgens de Franse traditie en in een goede sfeer. Onveranderlijke klassiekers, suggesties van de markt, grote keuze aan desserts. De kaart gaat verder dan de Provence alleen.

Lunch 21 € ♈ – Menu 40/60 € – Carte 43/64 €

Plan: A2-v – *rue Puissant d'Agimont 10* – ✆ *071 31 28 37*

– *www.restoauprovencal.be*

– *Fermé fin décembre-début janvier, 2 semaines juillet, mercredi soir, dimanche et jours fériés*

ⅈ○ Chez Duche

CUISINE CLASSIQUE · DE QUARTIER ✗ Christophe Duchêne, dit Duche, a fait de son restaurant de quartier une valeur sûre, et cela depuis 1993. Chez lui la gastronomie française est… une vraie duchesse ! Fraîcheur, générosité, saveurs : tout est réuni pour mettre en valeur des recettes classiques. La spécialité de la maison est la viande de cheval.

KLASSIEKE KEUKEN · BUURTRESTAURANT ✗ Christophe – Duche – Duchêne heeft dit buurtrestaurant sinds 1993 uitgebouwd tot een vaste waarde. Franse klassiekers worden hier dan ook volgens de regels van de kunst bereid, zijn smaakvol en worden rijkelijk geserveerd. De kaart staat vol aanlokkelijke gerechten, maar dé specialiteit is het paardenvlees.

Menu 37 € – Carte 37/57 €

Plan: B1-a – avenue de Waterloo 5 – ℰ 071 31 16 42 – www.chezduche.be – Fermé 2 semaines en mars, 7 au 28 août, samedi midi, dimanche et lundi

ⅈ○ 2 fenêtres

CUISINE ITALIENNE · BISTRO ✗ Deux fenêtres : l'une donnant sur les œuvres artistiques de son mari ; l'autre sur… l'Ombrie ! Telle est en effet la région d'origine de Caterina, la chef, qui a créé un petit restaurant à son image, simple et chaleureux. Elle aime revisiter les recettes apprises de sa propre mère : être bonne cuisinière doit être génétique dans la famille !

ITALIAANS · BISTRO ✗ Twee vensters: het ene biedt een zicht op kunstwerken van haar man, het andere op de Umbriëstreek, waar chef Caterina van afkomstig is. In haar warm gedecoreerd restaurantje herwerkt ze typische Italiaanse gerechten die ze heeft geleerd van haar moeder. Bij elk gerecht hoort een wijnsuggestie. Lekker, zoals bij de mama.

Carte 37/51 €

Plan: B2-a – rue Basslé 27 – ℰ 071 63 43 03 – www.2fenetres.be – Fermé fin juillet-début août, samedi, dimanche et lundi

CHARNEUX

Liège – ⊠ 4654 – Herve – Atlas n° **9**-C1

⊛ Les Fines Gueules   🛋 🗚🄲 🅿

CUISINE FRANÇAISE CLASSIQUE · BISTRO ✗ Au milieu d'un paysage de verdure en pente, apparaît soudain cet établissement moderne. " Fine gueule " ou non, vous apprécierez cette savoureuse cuisine de bistrot, qui ne connait d'autre exigence que la fraîcheur… et la satisfaction des palais.

FRANS KLASSIEK · BISTRO ✗ Te midden van een glooiend groen landschap duikt deze moderne zaak op. De eerder verfijnde bistrogerechten die hier op tafel komen, smaken al evenzeer. Of u nu een echte fijnproever (fine gueule) bent of niet. Verse producten komen tot hun recht dankzij klassieke technieken en genereuze bereidingen.

Lunch 25 € – Menu 29/37 € – Carte 36/63 €

Faweux 794 – ℰ 087 39 89 89 – www.lesfinesgueules.be – Fermé 2 dernières semaines de janvier, 2 dernières semaines de septembre, samedi midi, lundi et mardi

CHAUDFONTAINE

Liège – ⊠ 4050 – Atlas n° **9**-B2

🏨 Château des Thermes   ⚑ 🏖 🛋 🗔 🌐 🛁 🔂 🗚🄲 ⚟ 🧖 🅿

DEMEURE HISTORIQUE · CONTEMPORAIN Un hôtel luxueux (18e s.) tout entier dédié au bien-être ! Cures, soins de balnéothérapie et confort douillet… sans oublier le restaurant chic, où les curistes peuvent allier gourmandise, santé (buffet du midi) et véritable dîner gastronomique.

HISTORISCH PAND · EIGENTIJDS Een echt wellnesshotel! Luxueuze of cosy kamers in de voormalige stallen en de recente aanbouw van dit 18de-eeuwse luxehotel, dat zich nu toelegt op kuren en balneotherapie. Chic restaurant voor een gastronomisch diner. Lekker en gezond lunchbuffet voor kuurgasten.

67 chambres 🖵 – ♦169/590 € ♦♦228/590 € – ½ P

rue de Hauster 9 – ℰ 04 367 80 67

– www.chateaudesthermes.be

CHIMAY

Hainaut – ✉ 6460 – Atlas n° **8**-D3

😊 **Ferme des 4 saisons**   🛱 🕸 ⇆ 🅿

CUISINE TRADITIONNELLE · AUBERGE ⅩⅩ Une carte riche de classiques et de mets de brasserie de première qualité qui vous mettent l'eau à la bouche, un chef inspiré, et un décor authentique modernisé combinant matériaux contemporains et rustiques. Le nouvel élan que Franck et Cathy ont donné à la brasserie parentale se salue !

TRADITIONELE KEUKEN · HERBERG ⅩⅩ Klassiekers en brasseriegerechten waar u spontaan het water van in de mond krijgt, een chef die veel zelf bereidt om echte smaken op het bord te kunnen brengen, en een authentiek decor dat mooi is gemoderniseerd. Franck en Cathy hebben een geslaagde impuls gegeven aan de ouderlijke brasserie, vlakbij de trappistenabdij!

Menu 37 € – Carte 36/83 €

rue de Scourmont 8b (à Bourlers, Sud : 9 km) – ℰ 060 21 42 46 (pour le week-end, réserver)

– www.ferme4saisons.be

– Fermé 4 au 18 janvier, lundi et mardi

😊 **LO'riginal**   🛱

CUISINE CRÉATIVE · DESIGN Ⅹ Des marches en pierre conduisent à la maison du portier du château de Chimay. On pénètre ensuite dans le restaurant, moderne, dont le décor tout en arabesques est traversé de quelques touches design. L'originalité se trouve aussi dans la cuisine, inventive, basée sur de bons produits de la région. Authentique et moderne à la fois !

CREATIEF · DESIGN Ⅹ Via een stenen trap bereikt u de portierswoning van het kasteel van Chimay. U komt er in een modern restaurant terecht waar arabeskdecoraties voor een designtoets zorgen. Best wel origineel, net als de inventieve gerechten waarvoor de chef producten uit de streek gebruikt. Hij verenigt authenticiteit met moderniteit.

Lunch 25 € – Menu 37/60 € – Carte 51/74 €

rue du Four 30 – ℰ 060 21 46 16

– www.loriginalchimay.be

– Fermé 15 au 31 janvier, 1ᵉʳ au 15 septembre, samedi midi, dimanche soir et lundi

🏠 **Le Grand Rêve**   🍽 🗁 🅿

MAISON DE CAMPAGNE · PERSONNALISÉ Le rêve commence dès que l'on aperçoit cette belle villa du 19e s. restaurée fidèlement, et se poursuit sans peine quand on en découvre le décor rétro... Cuisine saisonnière au restaurant. Pourquoi programmer son réveil ?

LANDHUIS · PERSOONLIJK CACHET Uw droomervaring begint bij de aanblik van deze villa uit de 19de eeuw, die met respect voor het origineel is opgeknapt. Vervolgens is er het interieur, dat karakter uitstraalt en in een mooie retrostijl is gehuld. En dan het restaurant met zijn seizoengebonden keuken ... Kon deze droom maar blijven duren.

6 chambres – ♦85/115 € ♦♦90/120 € – 🖵8 € – ½ P

rue de Forges 10 – ℰ 060 21 41 21

– www.legrandreve.be

CLERMONT

Liège – ✉ 4890 – Thimister-Clermont – Atlas n° **9**-C1

⭑○ **Le Charmes-Chambertin**   🍴 ⇄ 🅿

CUISINE MODERNE · ÉLÉGANT ✕✕✕ Dans le décor pittoresque du pays de Herve, une ferme restaurée où l'on déguste une excellente cuisine – alliance de tradition et de modernité –, mise en valeur par un beau choix de vins.

MODERNE KEUKEN · ELEGANT ✕✕✕ Dit is een gerestaureerde boerderij, schilderachtig gelegen in het Land van Herve. Het restaurant heeft een uitstekende klassiek-moderne keuken en een prachtige wijnkelder.

Menu 45/69 €

Hôtel L'Ami du Chambertin, Crawhez 58 – ✆ 087 44 50 37
– www.lecharmeschambertin.be – Fermé dimanche soir, mardi et mercredi

🏠 **L'Ami du Chambertin**   ✿ AC 🅿

LUXE · ÉLÉGANT Design et confort, avec des tonalités de couleurs séduisantes : tous les ingrédients sont réunis pour passer un agréable séjour. Choisissez une chambre sur l'arrière, offrant une belle vue sur les prairies.

LUXE · ELEGANT Design, mooie kleurstellingen en al het nodige comfort: alles is hier aanwezig voor een aangenaam verblijf. Kies voor een kamer aan de achterkant, waar u een fraai zicht hebt op de weiden.

7 chambres – 🛏70/106 € 🛏🛏85/118 € – 🍽13 € – ½ P
Crawhez 58 – ✆ 087 44 50 37 – www.lecharmeschambertin.be
Le Charmes-Chambertin – Voir la sélection des restaurants

COMBLAIN-LA-TOUR

Liège – ✉ 4180 – Hamoir – Atlas n° **9**-B2

⭑○ **Sophie et Nicolas**   ✗

CUISINE MODERNE · INTIME ✕✕ Sophie et Nicolas ont déménagé leur restaurant cosy vers Comblain-la-Tour, où la belle véranda côté jardin saute aux yeux. Sophie est toujours désarmante de charme, Nicolas continue sur son élan : il combine créativité et raffinement, et utilise les herbes de son jardin pour donner un petit plus à ses préparations.

MODERNE KEUKEN · INTIEM ✕✕ Sophie en Nicolas hebben hun gezellig restaurant verhuisd naar Comblain-la-Tour, waar vooral de bijzondere serre aan de tuin opvalt. Sophie is nog steeds haar charmante zelve, Nicolas gaat op hetzelfde elan door: hij combineert creativiteit en verfijning, de kruiden uit zijn tuin geven zijn bereidingen net dat tikkeltje extra.

Lunch 28 € – Menu 37/72 € – Carte 53/62 €
route de Fairon 79 – ✆ 04 384 72 92 – www.sophieetnicolas.be – Fermé le premier lundi du mois, jeudi midi, mardi, mercredi et après 20 h 30

CORBION

Luxembourg – ✉ 6838 – Bouillon – Atlas n° **11**-A3

🏡 **Des Ardennes**   🐾 ⬍ 🛏 AC ✗ 🅿

CUISINE TRADITIONNELLE · FAMILIAL ✕✕ Les années passent et l'attrait de cet établissement ne faiblit pas... Vous le constaterez aisément en savourant sa cuisine de tradition, qui séduit encore davantage associée à un flacon bien choisi – en matière de vins, la maison est experte.

TRADITIONELE KEUKEN · FAMILIAAL ✕✕ Deze hostellerie mag dan wel al decennia meegaan, toch is deze zaak allesbehalve aan het einde van zijn Latijn, dat proeft u wel aan de geurige gerechten. Dankzij het vakkundige advies kunt u een wijntje kiezen waarbij de traditionele gerechten nog beter tot hun recht komen.

Lunch 23 € – Menu 35/60 € – Carte 43/70 €
Hôtel des Ardennes, rue de la Hate 1 – ✆ 061 25 01 00 – www.hoteldesardennes.be
– Ouvert 22 mars-2 janvier; fermé 26 août-1er septembre et après 20 h 30

Hôtel des Ardennes

🏚️ 🌿 🛏️ ✗ ⚐ 🚲 ⬆️ ♨️ 🅿️

FAMILIAL · CLASSIQUE La famille Maqua (la 5ème génération) satisfait ses hôtes depuis plus d'un siècle ! Ils apprécient la chaleur de l'accueil, d'esprit familial, et la tenue des lieux, impeccable. Autre plus : le jardin et sa vue sur les collines boisées alentour.

FAMILIAAL · KLASSIEK Al meer dan een eeuw trekt deze herberg tevreden klanten, de ultieme erkenning voor de warme familiale ontvangst van de familie Maqua (de vijfde generatie!) en het vlekkeloze onderhoud. Het uitzicht op de beboste heuvels maakt van de tuin een echte 'garden with a view'.

29 chambres ⌂ – 🛏️76/111 € 🛏️🛏️100/150 € – ½ P

rue de la Hate 1 – 𝒫 061 25 01 00 – www.hoteldesardennes.be – Fermé 3 janvier-21 mars et 26 au 1ᵉʳ septembre

🍽️ **Des Ardennes** – Voir la sélection des restaurants

COUTURE-SAINT-GERMAIN

Brabant Wallon – ✉️ 1380 – Lasne – Atlas n° **7**-B1

🍽️ Le Petit-Fils

🛏️ ⚙️ 🅿️

CUISINE CLASSIQUE · AUBERGE ✗✗ En passant par une ancienne porte d'abbaye, vous rejoignez cette charmante maison, avec sa véranda et sa belle terrasse ouverte sur la verdure. Il est alors temps de découvrir la cuisine : raffinée, d'inspiration classique, elle joue sur des combinaisons bien pensées et de beaux mariages de saveurs ; relief et harmonie sont au rendez-vous.

KLASSIEKE KEUKEN · HERBERG ✗✗ Via een voormalige abdijpoort komt u bij dit charmant huisje, dat over een veranda en een mooi terras met zicht op het groen beschikt. De keuken is klassiek geïnspireerd, maar tegelijkertijd mooi up-to-date. Weldoordachte combinaties en gebalanceerde smaken zorgen hier voor fijne smaken met reliëf.

Lunch 25 € – Menu 37/72 €

rue de l'Abbaye 13a – 𝒫 02 633 41 71
– www.lepetitfils.be
– Fermé mardi soir, mercredi soir, dimanche et lundi

COUVIN

Namur – ✉️ 5660 – Atlas n° **10**-B3

🍽️ Nulle Part Ailleurs

🕸️ 🔄 ⚙️

CUISINE RÉGIONALE · CONVIVIAL ✗✗ L'hospitalité de la famille Corman vous réjouira. Vous passerez la nuit dans une chambre coquette, dénicherez d'excellentes bouteilles dans la boutique (ou au restaurant) et savourerez une excellente cuisine traditionnelle rehaussée de techniques modernes. Le résultat est remarquable, comme un vrai Bib Gourmand !

REGIONAAL · GEZELLIG ✗✗ De gastvrijheid van de familie Corman is gemeend. Ze laten u heerlijk overnachten in kokette kamers, raden excellente flessen aan in hun wijnwinkel (ook in het restaurant) en koken nog eens lekker voor u. De keuken is klassiek, al is de chef tevens dol op moderne technieken. Het resultaat is opmerkelijk en rijk, zoals een Bib Gourmand hoort te zijn!

Lunch 20 € – Menu 37/55 € – Carte env. 57 €

5 chambres ⌂ – 🛏️80/85 € 🛏️🛏️95 €

rue de la Gare 10 – 𝒫 060 34 52 84
– www.nulle-part-ailleurs.be
– Fermé lundi, mardi et après 20 h 30

Se régaler sans se ruiner ? Repérez les Bib Gourmand 🍽️. Ils vous aideront à dénicher les bonnes tables sachant marier cuisine de qualité et prix ajustés !

DAVERDISSE
Luxembourg – ✉ 6929 – Atlas n° **11**-B2

Le Moulin   🛗 🏠 ⚒ 🍽 **P**

CUISINE MODERNE · CONVIVIAL ✗✗ Profitez d'une escapade ardennaise pour frapper à la porte de cet ancien moulin. L'accueil y est chaleureux, le cadre cosy, les prix mesurés ; à la carte, des saveurs dans l'air du temps et une excellente formule déjeuner ! La terrasse, dans le jardin, est bercée par le chant de la rivière...

MODERNE KEUKEN · GEZELLIG ✗✗ Wie de Ardennen aandoet, moet beslist deze voormalige watermolen bezoeken. U wordt er gastvrij onthaald in een gezellig en verzorgd restaurant, met naast de eigentijdse kaart ook keuzemenu's en een uitstekende lunchformule – alles voor schappelijke prijzen. Er is een terras in de tuin, waar een riviertje doorheen loopt.

Menu 36/58 € – Carte 54/72 €

Hôtel Le Moulin de Daverdisse, rue de la Lesse 61 – ✆ 084 38 81 83
– www.daverdisse.com
– Fermé 2 janvier-1ᵉʳ février, 25 au 30 août, lundi et mardi de novembre à Pâques, lundi midi et après 20 h 30

Le Moulin de Daverdisse   🏡 🐾 🛗 🖼 🎵 🚲 ⬆ ⚒ 🧖 **P**

AUBERGE · PERSONNALISÉ Si vous recherchez la sérénité, venez séjourner dans cet ancien moulin en pierres au caractère sylvestre au beau milieu de la verdure. Romantisme assuré.

HERBERG · PERSOONLIJK CACHET Bent u op zoek naar sereniteit? Boek dan maar snel een kamer in deze voormalige molen. De groene omgeving haalt meteen al de stress van uw schouders! De typische bakstenen buitenmuren verraden het karakter van het pand. Hier logeren gaat gepaard met een vleugje romantiek.

24 chambres ☑ – 🛉95 € 🛉🛉150/170 € – ½ P

rue de la Lesse 61 – ✆ 084 38 81 83
– www.daverdisse.com – Fermé 2 janvier au 1ᵉʳ février, 25 au 30 août et lundi et mardi de mi-novembre à Pâques

🍽 **Le Moulin** – Voir la sélection des restaurants

DINANT
Namur – ✉ 5500 – Atlas n° **10**-C2

La Broche   🅰🅲

CUISINE DU MARCHÉ · CONVIVIAL ✗✗ La Broche, restaurant au cadre intime, est une valeur sûre depuis 1998. Comment peut-il en être autrement : la générosité d'Éric Fieuw donne le sourire. Une cuisine de tradition, rehaussée par quelques touches de modernité. N'oubliez pas de laisser une place pour le dessert, car le chef est aussi maître-pâtissier !

MARKTKEUKEN · GEZELLIG ✗✗ Het intieme La Broche is al sinds 1998 een vaste waarde. Hoe kan het ook anders: de generositeit van Eric Fieuw zorgt telkens weer voor blije gezichten. Hij kookt eerder traditioneel, maar voegt telkens iets moderns toe om de smaken extra punch te geven. En laat zeker een plaatsje over voor het dessert, want de chef is ook een maître-patissier!

Lunch 20 € – Menu 37/45 € – Carte 44/62 €

rue Grande 22 – ✆ 082 22 82 81
– www.labroche.be – Fermé 1 semaine en janvier, 1 semaine en mars, 2 semaines en septembre, mardi et mercredi

Le Jardin de Fiorine   🏠 🛗

CUISINE MODERNE · CLASSIQUE ✗✗ Le jardin de cette maison de maître classique (1885) est un pur bonheur, une oasis de tranquillité avec vue sur la Meuse. En cuisine, un chef expérimenté amateur de produits régionaux, qu'il accommode avec beaucoup de finesse. La cave témoigne de la même qualité.

MODERNE KEUKEN · KLASSIEK XX Het is een echte troef, de tuin van dit klassieke herenhuis (1885), een oase van rust met zicht op de Maas. De keuken is dan weer de speeltuin van een ervaren chef die graag met regionale producten werkt om uit te pakken met zijn verfijning. Zijn neus voor kwaliteit blijkt ook uit de interessante wijnsuggesties.

Lunch 25 € – Menu 37/45 € – Carte 45/62 €

rue Georges Cousot 3 – ℰ 082 22 74 74
– www.jardindefiorine.be
– Fermé vacances de carnaval, dernière semaine de juillet-première semaine d'août, dimanche soir, mercredi et jeudi

⫟◯ Les Amourettes

CUISINE CLASSIQUE · COSY X Fuchsia, bleu turquoise, rouge... C'est un décor haut en couleurs qui abritera vos Amourettes ! On y apprécie une savoureuse cuisine classique. Aux beaux jours, profitez de l'agréable terrasse sur la place. Accueil charmant.

KLASSIEKE KEUKEN · KNUS X Les Amourettes is even lieflijk als z'n naam doet uitschijnen. Een vrolijk, speels interieur en een leuk terrasje op het plein scheppen een fijne setting, de klassieke kaart en de zachte prijzen doen de rest.

Lunch 30 € – Menu 34 € – Carte 45/60 €

Plan: B2-f – *place Saint-Nicolas 11 – ℰ 082 22 57 36*
– Fermé 1 semaine mars, 2 semaines juillet, première semaine d'octobre, dimanche soir et lundi sauf jours fériés

⫟◯ Le Confessionnal 🛏 P

CUISINE TRADITIONNELLE · BISTRO X Cet ancien café convie à un voyage temporel. C'est aujourd'hui un petit restaurant de quartier où l'on honore la cuisine de grand-mère. Le chef travaille uniquement des produits frais et change régulièrement la carte.

TRADITIONELE KEUKEN · BISTRO X In dit voormalig cafeetje wordt u terug in de tijd gestuurd. Het is vandaag een buurtrestaurantje waar grootmoeders keuken eer wordt aangedaan. De chef werkt enkel met verse producten, waardoor de kaart vaak verandert. Hij overtuigt met de typische volle smaken van een 'simpele' keuken die niet vergeten mag worden.

Lunch 22 € – Carte 35/60 €

rue Rémy Himmer 4 – ℰ 082 22 45 22 (réservation conseillée)
– www.leconfessionnal.be
– Fermé lundi soir et mardi

DION-VALMONT

Brabant Wallon – ✉ 1325 – Chaumont-Gistoux – Atlas n° **7**-B1

⫟◯ Via Novi

CUISINE ITALIENNE · CONVIVIAL X Une fermette abrite ce restaurant décoré avec beaucoup de goût, rappelant l'Italie des années 1960. Le chef concocte une cuisine transalpine authentique et savoureuse, revisitée dans le respect de la tradition. Un délice !

ITALIAANS · GEZELLIG X U stapt een fermette binnen en komt terecht in een restaurant dat met smaak is ingericht: het decor straalt het Italië van de jaren zestig uit. De keuken van de chef staat voor authentieke Italiaanse smaken en gerechten, actueel gebracht maar nooit ver weg van de traditie. Lekker!

Lunch 22 € – Menu 40/50 € – Carte 44/69 €

chaussée de Huy 71 – ℰ 010 68 96 86
– www.vianovi.be
– Fermé dernière semaine de décembre, 2 premières semaines d'août, mercredi soir, samedi midi et dimanche

DURBUY

Luxembourg – ✉ 6940 – Atlas n° **11**-B1

⊛ Clos des Récollets ⇦ 🏠 ♻ 🅿

CUISINE MODERNE · COSY XX Le charme pittoresque de Durby se dévoile totalement dans ce restaurant charmant, qui dispose d'une magnifique terrasse. La cuisine, solidement ancrée dans les classiques, se permet aussi quelques techniques plus modernes. Toutes sortes de goûts défilent dans l'assiette ; ajoutez à cela une nuitée pour une expérience complète !

MODERNE KEUKEN · KNUS XX De pittoreske charme van Durbuy komt helemaal tot uiting in dit charmante restaurant, dat over een prachtig terras beschikt. De keuken is klassiek van basis, maar er worden ook vernieuwende technieken gebruikt. Smaken uit diverse kooktradities passeren de revue. De combinatie met een overnachting is een ervaring!

Menu 37/75 € – Carte 56/85 €

8 chambres 🛏 – 🛉108 € 🛉🛉110/135 € – ½ P

rue de la Prévôté 9 – ℰ 086 21 29 69

– www.closdesrecollets.be – Fermé janvier, mardi et mercredi

⊛ La Bru'sserie 🏠 🅿

CUISINE DU MONDE · TENDANCE XX Dans cet établissement chic et branché, Wout Bru embarque vos papilles pour un voyage autour du monde. La carte, étoffée, contient des mets venant de Provence, d'Asie, d'Amérique du Sud, sans oublier la Belgique. On en a l'eau à la bouche, et on n'est jamais déçu. Un monde de goûts intenses et nuancés vous attend !

WERELDKEUKEN · TRENDY XX Van België naar Azië, terug naar Zuid-Amerika en onderweg nog eens langs Spanje en de Provence. Uw smaakpapillen gaan hier op wereldreis! Chef Wout Bru heeft met die invloeden gerechten vol intensiteit en nuance gecreëerd. Het is hier echt smullen in een al even leuke ambiance. La Bru'sserie is relaxed en hip, maar ook chic en luxueus. Een must-do!

Lunch 28 € – Carte 34/80 €

Hôtel Le Sanglier des Ardennes, rue du Comte Théodule d'Ursel 14
– ℰ 086 21 32 62

– www.sanglier-des-ardennes.be – Fermé 9 au 13 janvier

⊛ Durbuy Ô ⇦ 🏠 ⅙ 🅿

CUISINE TRADITIONNELLE · TENDANCE XX Ô, Durbuy ! Ce fringuant restaurant est un beau point de départ pour découvrir la pittoresque bourgade. Dans l'assiette, de délicieux produits locaux donnent le "la" d'une cuisine qui fleure bon la tradition. Et l'on y reste dormir avec grand plaisir !

TRADITIONELE KEUKEN · TRENDY XX O Durbuy, wat is het toch een prachtig stadje. Deze piekfijne zaak is een mooie uitvalsbasis om het te ontdekken. Het interieur bewijst dat een moderne stijl ook gezellig kan zijn, in de keuken kleuren lokale producten de traditionele gerechten. En als u er toch bent, blijf dan gerust slapen.

Lunch 31 € – Menu 37/56 € – Carte 54/65 €

6 chambres 🛏 – 🛉92/112 € 🛉🛉92/112 € – ½ P

Warre 26 – ℰ 086 40 00 43

– www.durbuy-o.be – Fermé 2 premières semaines de juillet, mardi sauf
15 juillet-15 août, mercredi et après 20h

⅋○ Le Sanglier des Ardennes ⇦ 🏠 ⅙ ♻ 🅿

CUISINE MODERNE · ÉLÉGANT XXX Une valeur sûre des Ardennes, à qui Wout Bru a insufflé une nouvelle énergie. Tout comme le décor, la carte a été rafraîchie : les mets sont devenus plus contemporains et le chef y apporte soigneusement sa touche personnelle avec des influences du Sud. Une cuisine qui ne manque pas d'ambition.

MODERNE KEUKEN · ELEGANT XXX Dit chique restaurant is een vaste waarde in de Ardennen, al laat Wout Bru er vandaag een frisse wind door waaien. Net als het interieur is de kaart opgefrist: de gerechten zijn eigentijdser geworden en de chef zet ze naar zijn hand door er zorgvuldig zuiderse invloeden aan toe te voegen. Een keuken met ambitie!

Menu 85/105 € – Carte 56/75 €

Hôtel Le Sanglier des Ardennes, rue Jean de Bohême 6 – ℰ 086 21 32 62
– www.sanglier-des-ardennes.be – Fermé samedi midi, lundi et mardi

 ## Le Fou du Roy

CUISINE FRANÇAISE MODERNE · VINTAGE X Petite maison sympa blottie à une pirouette du pont, au pied du château dont elle fut la conciergerie. Carte-menu jonglant entre tradition et modernité, pour un régal à prix jubilatoire. Expo d'objets "vintage", jolie terrasse, festival de l'écrevisse en été.

FRANS MODERN · VINTAGE X Dit leuk restaurantje bij de draaibrug was vroeger de portierswoning van het kasteel. À la carte-menu met een mix van traditie en modern voor een zacht prijsje. Verzameling oude voorwerpen, mooi terras en rivierkreeftjesfestival in de zomer.

Lunch 22 € – Menu 35 € – Carte 37/60 €

rue du Comte Théodule d'Ursel 4 – ℰ 086 21 08 68
– www.lefouduroy.com
– Fermé mercredi midi, jeudi midi, lundi et mardi sauf juillet et août

Le Saint Amour

LUXE · PERSONNALISÉ Ah, l'amour ! On tombe instantanément sous le charme de cet hôtel, dans lequel chaque chambre est décorée avec juste ce qu'il faut de romantisme. Le Temps d'un Rêve, l'annexe, offre lui aussi des chambres plein de charme. Et au restaurant, l'idylle continue autour de bons plats régionaux. Un établissement qui nous va droit au cœur !

LUXE · PERSOONLIJK CACHET U krijgt spontaan vlinders in uw buik bij het betreden van dit charmante hotel. Al de kamers hebben een romantische noot en zijn met oog voor detail gedecoreerd. Prachtig! Dat geldt ook voor de rustige kamers in de annexe, Le Temps d'un Rêve. Het restaurant bekoort met regionale gerechten. En dat allemaal in ... hartje Durbuy.

14 chambres ⌚ – ♦110/380 € ♦♦120/390 € – ½ P

place aux Foires 18 – ℰ 086 21 25 92
– www.saintamour.be
– Fermé 15 janvier-1er février, mercredis et jeudis de janvier à mars

Le Sanglier des Ardennes

LUXE · RÉGIONAL Le charme nostalgique de Durbuy n'est pas pour rien dans le succès du Sanglier des Ardennes, véritable institution locale. Les nouveaux propriétaires ont créé une nouvelle dynamique, avec de nombreux projets en développement : l'établissement, déjà confortable, promet d'être de plus en plus agréable...

LUXE · REGIONAAL In Le Sanglier des Ardennes ervaart men de charme van het nostalgische Durbuy, dat maakt van dit hartelijk hotel een begrip. De nieuwe eigenaren zorgen voor een nieuwe dynamiek en hebben heel wat projecten in de pijplijn. Het moderne comfort waar men vandaag al uitvoerig van geniet, zal dus nog verbeterd worden.

25 chambres – ♦79/229 € ♦♦79/229 € – ⌚ 15 € – ½ P

rue du Comte Théodule d'Ursel 14 – ℰ 086 21 32 62
– www.sanglier-des-ardennes.be

🍴 **La Bru'sserie · Le Sanglier des Ardennes** – Voir la sélection des restaurants

WALLONIE · WALLONIE

🏨 Victoria

TRADITIONNEL · RÉGIONAL Un escalier ancien mène aux chambres (la suite avec terrasse panoramique est magnifique), dans lesquelles matériaux naturels et poutres habillent un décor plein de caractère, mêlant authenticité et confort moderne... Victoria est une bien élégante dame ! Elle sait aussi cuisiner, comme en témoignent les délicieuses grillades que l'on retrouve au restaurant. Carte variée.

TRADITIONEEL · REGIONAAL Victoria is een bevallige dame. Ze laat u logeren in een karaktervol pand dat contemporaine warmte uitstraalt. Robuuste materialen zoals hout zijn zeer aanwezig in de kamers, die authenticiteit met modern comfort combineren. De suite met panoramisch terras is prachtig! Het loungerestaurant staat bekend voor zijn gulle grillades en ruime kaart.

13 chambres – 🛏80/120 € 🛏🛏80/120 € – 🍽15 € – ½ P

rue des Récollectines 4 – ☎ 086 21 28 68
– www.maisoncaerdinael.be

EBEN-EMAEL
Liège – ✉ 4690 – Bassenge – Atlas n° **9**-B1

🏨 Villa Bayard

HISTORIQUE · GRAND LUXE Les esthètes se sentiront chez eux dans ce noble manoir transformé en maison d'hôtes par Hilde et Roel. Laissez-vous tenter par la table d'hôte ou les cours de cuisine organisés par la maîtresse de maison. En outre, le propriétaire organise des randonnées équestres.

HISTORISCH · GROTE LUXE Als u van mooie dingen houdt, dan zult u zich bij Hilde en Roel helemaal thuis voelen. De adellijke klasse die het geheel uitstraalt, zou de edellieden die er generaties lang huisden, zonder twijfel trots maken. Reserveer zeker voor een memorabele table d'hôtes of kookworkshop bij de pittige gastvrouw.

5 chambres 🍽 – 🛏115/125 € 🛏🛏125/135 €

rue de la Vallée 89 – ☎ 04 380 11 06
– www.villabayard.be

 Le symbole ☞ vous garantit des nuits au calme : juste le chant des oiseaux au petit matin...

ÉCAUSSINNES-LALAING
Hainaut – ✉ 7191 – Écaussinnes – Atlas n° **8**-C1

🌸 Le Pilori (Michel Van Cauwelaert)

CUISINE FRANÇAISE MODERNE · DESIGN XX Mettre en relief le produit lui-même : voilà la mission de ce confortable restaurant. Les préparations sont simples, généreuses et goûteuses, avec même parfois une pointe de modernité... toujours au service du goût ! Et cette exigence s'applique aussi, bien entendu, aux vins.

→ Crabe décortiqué au coulis d'épinard et piments doux. Canette aux olives et purée de pois chiches. Abricots, lavande et mascarpone.

FRANS MODERN · DESIGN XX De kwaliteit van het product voor zich laten spreken, daar gaat het om in dit comfortabel restaurant. De chef kookt niet té ingewikkeld, maar vooral met generositeit en op smaak. Een moderne bereiding kan wel eens, zolang het maar nut heeft. Het moet in de eerste plaats zeer lekker zijn, en dat geldt ook voor de wijnen.

Lunch 37 € – Menu 52/82 € – Carte 62/112 €

rue du Pilori 10 – ☎ 067 44 23 18
– www.pilori.be
– déjeuner seulement sauf jeudi et vendredi – Fermé fin décembre-début janvier,
vacances de Carnaval, dernière semaine de juillet-2 premières
semaines d'août, samedi et dimanche

ÉGHEZÉE

Namur – ⊠ 5310 – Atlas n° **10D**-C1

⊕ **Au Tour du Vin**   ⊗ ⌂ ㅅ

CUISINE FRANÇAISE MODERNE · BISTRO X Tout ici ne tourne pas autour du vin, mais il s'agit tout de même de l'un des atouts principaux de ce bistrot très vivant. Le chef prouve que la cuisine française n'a pas de secret pour lui, et il se permet même de la réinventer selon son envie du moment... Un conseil : une visite au glacier voisin vaut la peine !

FRANS MODERN · BISTRO X Niet alles draait hier rond wijn, maar het is wel een grote troef van deze levendige bistro. De wijnselectie van de gerenommeerde sommelier sluit mooi aan bij de vrij bewerkte bistrogerechten, waarin de chef Franse klassiekers een vernieuwende toets durft te geven Tip: breng het aanleunende ijssalon zeker een bezoekje.

Lunch 20 € – Menu 37/47 € – Carte 42/71 €

route d'Andenne 10 – ☎ 081 34 55 95 – www.autourduvin.be – Fermé 25 décembre, 1ᵉʳ janvier, semaine de Pâques, 2 premières semaines d'août, samedi midi, mardi et mercredi

ELLEZELLES

Hainaut – ⊠ 7890 – Atlas n° **8**-B1

✿✿ **Château du Mylord** (Frères Thomaes)   ⊗ ⌂ㅔ ⌂ ⟳ 🅿

CUISINE MODERNE · ÉLÉGANT XxxX Un nom qui fait rêver, et le rêve devient réalité lorsque l'on découvre le charme de cette élégante maison de campagne anglaise de 1861, logée dans un environnement de choix, et qui possède une superbe terrasse au vert. Les frères Thomaes sont à l'origine de la solide réputation que s'est construite ce restaurant depuis son ouverture en 1981, et où brille toujours au moins une étoile Michelin depuis 1987. Les recettes traditionnelles atteignent un niveau supérieur grâce à une créativité impressionnante.

Le chef Thomaes n'hésite pas à relever les saveurs à l'aide de produits internationaux comme le wasabi ou le mélange de cinq épices. Réputé pour ses accompagnements judicieux, il porte une attention à chaque élément de l'assiette. Les carottes marinées au cumin et aux navets, par exemple, dévoilent à merveille les saveurs d'un agneau délicieusement rôti.

L'assortiment de fromages démontre l'habileté dans le choix de produits de la meilleure qualité. Extraordinaire ! Ce château vous réservera une expérience culinaire du plus haut niveau.

→ Homard de l'Oosterschelde, asperges blanches au Comté, topinambour et béarnaise aux morilles. Ris de veau laqué, crème de patate douce, salade de légumes saumurés et vinaigrette au jus de carotte. Mangue fraîche, soupe à la verveine et craquant d'orange-coco.

MODERNE KEUKEN · ELEGANT XxxX De naam creëert een zekere verwachting en die wordt helemaal waargemaakt eens men de charme van dit sierlijk Engels landhuis uit 1861 ontdekt. Wat een prachtlocatie is dit toch. En dan dat terras in het groen ... Wauw! De broers Thomaes hebben het restaurant sinds de opening in 1981 een uitstekende reputatie bezorgd en worden al sinds 1987 onderscheiden met minstens één Michelin ster. De manier waarop klassieke recepten met creativiteit naar een hoger niveau worden getild, is dan ook indrukwekkend.

Chef Thomaes aarzelt niet om smaken power te geven met internationale producten zoals wasabi of vijfkruidenpoeder. Hij geeft elk element op het bord de nodige aandacht en staat bekend om zijn goedgekozen garnituren. Zo zetten gepekelde wortels met komijn en raapjes de sappigheid van heerlijk gebraden lamsvlees echt in de verf.

Een mooi voorbeeld van de neus die men hier voor topproducten heeft, is dan weer het kaasassortiment. Gewoonweg fantastisch! Verwacht u in deze château maar aan een culinaire ervaring van topniveau.

Menu 85/165 € – Carte 104/217 €

rue Saint-Mortier 35 – ☎ 068 54 26 02 – www.mylord.be – Fermé 23 décembre-9 janvier, 1ᵉʳ au 17 avril, 19 août-4 septembre, dimanche soir, lundi et mardi

EMBOURG

WALLONIE · WALLONIE

Liège – ⊠ 4053 – Chaudfontaine – Atlas n° **9**-B2

🏵 **La Villa des Bégards** (François Piscitello)   ⇦ 🛋 **P**

CUISINE CRÉATIVE · TENDANCE ✕✕ C'est dans une villa discrète, au décor contemporain, qui dispose également de 3 chambres, que le chef Piscitello vous fait découvrir toute la subtilité de son style. Il combine des recettes italiennes avec finesse, et leur apporte toujours un petit plus. Sa créativité lui permet de magnifier les produits, tout en respectant leur goût originel.

→ Risotto à l'orange, moules de bouchot et curry. Bar de ligne, artichaut, bouillon terre-mer et glace d'anchois. Tartare de fraises lambada, sorbet et gelée à la tomate, sablé Breton et crème citron-verveine.

CREATIEF · TRENDY ✕✕ Deze discrete villa is strak en contemporain ingericht, en beschikt eveneens over drie mooie kamers. Chef Piscitello onthult er zijn subtiele kookstijl. Hij combineert Italiaanse smaken met finesse, waardoor hij gerechten weet op te tillen. De pure smaak van het product blijft herkenbaar, maar verrast toch dankzij zijn creatieve inspiraties.

Lunch 45 € – Menu 70/90 € – Carte 70/80 €

3 chambres – ♦95/145 € ♦♦95/145 €

Voie de l'Ardenne 112 – ☏ 04 222 92 34

– www.lavilladesbegards.com – Fermé première semaine janvier, 2 semaines Pâques, 2 semaines fin août, dernière semaine de décembre, samedi midi, dimanche et lundi

🏵 **L'Atelier Cuisine**   🛋 ⇧

CUISINE TRADITIONNELLE · BISTRO ✕ Confort, chaleur, bonne cuisine... L'adjectif " méridional " fait toujours rêver, et il colle parfaitement à la peau de cet agréable restaurant ! Le chef revisite à sa guise les saveurs et parfums de la France et l'Italie. Il travaille de bons produits frais et les magnifie avec de savoureux accompagnements.

TRADITIONELE KEUKEN · BISTRO ✕ 'Zuiders' is een omschrijving die mooi past bij wat u hier mag verwachten. In dit gezellige restaurant laat de chef u de smaken en parfums herontdekken van zowel de Franse als de Italiaanse keuken. Hij laat verse producten hun werk doen, enkel bijgestaan door de juiste kruiden en smakelijke garnituren.

Menu 24/39 € – Carte 33/58 €

Voie de l'Ardenne 99 – ☏ 04 371 31 62

– www.ateliercuisinembourg.be – Fermé première semaine de janvier, dernière semaine de juillet, samedi midi, dimanche soir et lundi

🍴○ **Bonheur Simple**   🛋 🍸

CUISINE THAÏLANDAISE · TENDANCE ✕✕ Le bonheur est parfois fait de choses simples. Des tables agréables dans un restaurant contemporain baigné de sérénité, par exemple. Ou encore les saveurs thaïlandaises authentiques d'une cuisine créative. La simplicité a vraiment du bon...

THAIS · TRENDY ✕✕ Geluk zit hem soms in eenvoudige dingen. Gezellig tafelen in een eigentijds restaurant dat rust uitstraalt, bijvoorbeeld. Of nog: genieten van authentieke Thaise smaken die opvallen in creatieve gerechten. Eenvoud siert ...

Lunch 18 € – Menu 35/55 € – Carte 36/53 €

Voie de l'Ardenne 108 – ☏ 04 367 50 88

– www.bonheursimple.be – Fermé 1er au 23 avril, mercredi midi, dimanche midi et mardi

🍴○ **Les Coudes sur la Table**

CUISINE MÉDITERRANÉENNE · BISTRO ✕ Pas de chichis ici, que ce soit dans le décor de bistrot ou dans l'assiette ! Le chef met le produit à l'honneur dans des recettes entre France et Italie ; la carte évolue au fil du marché et de son inspiration du jour...

414

MEDITERRAAN · BISTRO X Net als het interieur van deze bistro is er op het bord geen plaats voor liflafjes. De chef laat de producten voor zich spreken en gebruikt zowel Franse als Italiaanse recepten, naargelang zijn humeur en het aanbod van de markt.

Menu 37 € – Carte 38/66 €

Au Chession 2a – ℰ 04 272 46 56
– www.lescoudessurlatable.com
– Fermé samedi, dimanche et lundi

🍽️ Robertissimo 🛜 AK ♿ P

CUISINE ITALIENNE · BRANCHÉ X Le soin apporté à la décoration de ce restaurant se retrouve aussi dans l'assiette. Le chef connaît bien les classiques de la cuisine italienne, qu'il exécute à merveille, en utilisant en prime d'excellents produits. Le superlatif n'est pas volé !

ITALIAANS · EIGENTIJDS X De zorg waarmee dit restaurant is ingericht, vindt u ook terug in de gerechten. De chef kent zijn Italiaanse klassiekers en weet dat je daarvoor met goede producten moet werken. Je zou voor minder een superlatief gebruiken ...

Menu 30/36 € – Carte 43/53 €

Voie de l'Ardenne 58b (Ferme des Croisiers) – ℰ 04 365 72 12
– www.lerobertissimo.be

ENGHIEN · EDINGEN
Hainaut – ✉ 7850 – Atlas n° **8**-C1

🏨 Auberge du Vieux Cèdre 🛏️ 🦮 ⚔️ 🍴 🛗 ♿ 🏋️ P

BUSINESS · CONTEMPORAIN Cet hôtel est bien dans l'air du temps. C'est le parfait endroit pour une nuitée au calme, et vous y profiterez d'une excellente situation : à côté du parc d'Enghien, et à quelques pas seulement du centre. Au restaurant, les plats, toujours traditionnels, sont revisités à la mode d'aujourd'hui.

BUSINESS · EIGENTIJDS Dit hotel is fris en modern. U zit hier goed voor een rustige overnachting, en geniet van een uitstekende locatie: naast het park van Edingen en op een steenworp van het centrum. In het restaurant hebt u de keuze uit gerechten die eerder traditioneel zijn, maar dan gebracht zoals men het vandaag verwacht.

29 chambres ⌂ – †75/110 € ††110/135 € – 1 suite – ½ P

avenue Elisabeth 1 – ℰ 02 397 13 00
– www.auberge-vieux-cedre.com
– Fermé 23 décembre-2 janvier

ÉPRAVE
Namur – ✉ 5580 – Rochefort – Atlas n° **10D**-C2

🏨 Auberge du Vieux Moulin 🛏️ 🍴 🛗 AK ♿ 🏋️ P

AUBERGE · CONTEMPORAIN Cette auberge joliment rénovée se trouve au cœur d'un véritable domaine, propice aux mariages et aux réunions. L'hôtel, décoré avec des matériaux traditionnels, est une oasis de charme et de sérénité.

HERBERG · EIGENTIJDS Deze fraai gerenoveerde herberg ligt op een heus domein, waar onder meer getrouwd en vergaderd kan worden. Het hotel is met traditionele materialen ingericht en straalt charme uit, voor een moderner decor kunt u op het domein ook terecht in een designhotel. Wat u ook kiest, van goed comfort bent u hier verzekerd.

18 chambres ⌂ – †79/99 € ††119/179 € – ½ P

rue de l'Aujoule 51 – ℰ 084 37 73 18
– www.eprave.com
– Fermé 23 au 26 décembre et 1er janvier

ÉREZÉE
Luxembourg – ✉ 6997 – Atlas n° **11**-C1

ⅠⅠ○ L'Affenage ⇦ 🐾 🎔 🅿

CUISINE CLASSIQUE · CONVIVIAL ✕✕ Maison de bouche exploitée en famille dans une dépendance de la ferme-château de Blier. Fringante salle à manger contemporaine ; cuisine de même. Chambres amples et douillettes.

KLASSIEKE KEUKEN · GEZELLIG ✕✕ Dit restaurant in een bijgebouw van de kasteelhoeve van Blier wordt door een familie gerund. Zwierige, moderne eetzaal en eigentijdse keuken. Ruime, behaaglijke kamers.

Menu 48/78 € – Carte 53/85 €

9 chambres ⌑ – ♦95/105 € ♦♦105/115 € – ½ P

rue Croix Henquin 7 (à Blier, Sud-Ouest : 3 km) – ℰ 086 47 08 80
– www.affenage.be – dîner seulement – Fermé 1er au 15 mars, 1er au 7 septembre, dimanche et lundi

🏠 Auberge du Val d'Aisne 🏡 🐾 ⇐ 🍽 🅿

TRADITIONNEL · À LA CAMPAGNE Un petit village ardennais typé sert de cadre à cette ancienne ferme (17e s.) pleine de caractère. Chambres paisibles et charmantes. Belle terrasse au bord de la rivière.

TRADITIONEEL · PLATTELANDS Karakteristieke 17de-eeuwse boerderij in een typisch Ardens dorpje. Rustige, sfeervolle kamers. Mooi terras aan de rivier.

8 chambres ⌑ – ♦70/90 € ♦♦85/120 € – ½ P

rue de l'Aisne 15 (à Fanzel, Nord : 7 km) – ℰ 086 49 92 08
– www.aubergeduvaldaisne.be – Fermé janvier

ERPENT
Namur – ✉ 5101 – Namur – Atlas n° **10**-C1

😊 Comptoir de l'Eau Vive 🎔 🆎 🚗

CUISINE BELGE · BISTRO ✕ Une place au comptoir, avec vue sur la cuisine ouverte, ou plutôt à table ? Quel que soit votre choix, vous profiterez de l'ambiance animée de cette belle adresse. La cuisine, moderne et savoureuse, est proposée en formules attrayantes, et certains produits (fromages et vins) sont en vente à la boutique.

BELGISCH · BISTRO ✕ Een plaatsje aan de toog, met zicht op de open keuken, of liever een tafel? U hebt hier de keuze, maar in ieder geval geniet u van de levendige sfeer. De gerechten zijn up-to-date, smakelijk!, en worden aangeboden in aantrekkelijke menuformules. Ook producten als kaas en wijn zijn te koop in deze bruisende boetiek.

Menu 37/55 € – Carte 43/63 €

chaussée de Marche 584 – ℰ 081 30 65 36 – www.comptoirdeleauvive.be – Fermé 1 semaine en janvier, 2 semaines en juillet, 1 semaine fin octobre, mardi soir, mercredi soir, dimanche et lundi

😊 Epices et Nous 🎔 🌣

CUISINE TRADITIONNELLE · CONVIVIAL ✕ Quel que soit votre projet, plats raffinés à savourer longuement ou spécialités de brasserie à dévorer en vitesse, cet établissement a de quoi combler tous vos désirs. Le chef n'a que faire des adjectifs « classique » ou « moderne » : il recherche avant tout la cohérence de l'ensemble et la justesse du goût. Un conseil, enfin : optez pour le menu avec choix.

TRADITIONELE KEUKEN · GEZELLIG ✕ Of u nu uitgebreid en verfijnd wilt tafelen of snel een brasseriegerecht wilt, in deze verzorgde zaak past men zich aan uw wensen aan. Het keuzemenu is alvast een aanrader! Of het nu klassiek of modern is, de kookstijl is niet van belang voor de chef. Er moet samenhang zijn en de smaken moeten juist zitten, dat telt.

Menu 37 € – Carte 38/92 €

chaussée de Marche 561 – ℰ 081 31 32 24 – www.epicesetnous.be – Fermé 1er au 7 janvier, semaine de carnaval, 29 avril-1er mai, 3 semaines en juillet, jours fériés, mardi soir, samedi midi et dimanche

ⓐ **Wine & More** AC P

CUISINE DU MARCHÉ · CONTEMPORAIN X On découvre ce bistro lumineux à l'arrière d'un magasin de vins, avec la possibilité de manger au comptoir face à la cuisine ouverte. Du bon vin (15 euros de droit de bouchon) à choisir dans les rayons de la boutique et des mets originaux et savoureux, une combinaison simple mais gagnante. On se régale, on y revient...

MARKTKEUKEN · HEDENDAAGSE SFEER X Achteraan de wijnwinkel ontdekt u deze lumineuze bistro, waar ook aan de comptoir kan gegeten worden. Originele details voegen fraîcheur toe aan de gerechten, ze zorgen voor dat aangename krokante en geven de smaken nog meer variatie. Lekker en genereus! Goede wijn (15 euro kurkrecht) & lekker eten, een topcombinatie!

Lunch 15 € – Menu 37 € – Carte 41/60 €

chaussée de Marche 496 – ℰ 081 35 43 69
– www.wineandmore.be
– Fermé lundi soir, mardi soir, samedi midi et dimanche

ESNEUX
Liège – ✉ 4130 – Atlas n° **8**-B2

🍴 **L'Air de Rien** 🍷

CUISINE CRÉATIVE · CONVIVIAL XX Vous surprendre par la saveur d'un ingrédient apparemment banal, c'est tout l'art du chef Diffels. Son restaurant est plutôt sobre, mais il met son inventivité au service d'une multitude de petits plats débordants de saveur... l'air de rien !

CREATIEF · GEZELLIG XX Verrast worden door de smaak van een ingrediënt dat doodgewoon lijkt, daar draait de smaakbeleving die chef Diffels u wilt geven om. Zijn restaurant is eerder sober, maar met inventiviteit bereidt hij talloze kleine gerechten waarin de smaken uitbundig zijn. Alsof het niets is ...

Lunch 35 € – Menu 77/85 € – menu unique

chemin Xhavée 23 (Fontin) – ℰ 04 225 26 24 (réservation conseillée)
– www.lairderien.be
– Fermé fin décembre,15 au 25 août, mardi midi, samedi midi, dimanche et lundi

ESTAIMBOURG
Hainaut – ✉ 7730 – Estaimpuis – Atlas n° **8**-B1

🍴 **La Ferme du Château** 🍴 AC 🍷 ↔ P

CUISINE TRADITIONNELLE · FAMILIAL XXX C'est avec beaucoup d'amour que père et mère Collie gèrent ce restaurant depuis 1980. Des éléments rustiques donnent du cachet à l'intérieur, qui a été modernisé, et la terrasse au jardin est magnifique. La beauté des assiettes démontre l'enthousiasme du chef, qui compose à chaque fois un beau menu avec choix.

TRADITIONELE KEUKEN · FAMILIAAL XXX Het is met veel liefde dat vader en moeder Collie dit restaurant sinds 1980 uitbaten. Rustieke elementen geven het gemoderniseerde interieur cachet en het terras aan de tuin is prachtig. De mooi ogende borden tonen het enthousiasme van de chef, die telkens een aantrekkelijk meerkeuzemenu weet samen te stellen.

Lunch 26 € – Menu 59/75 € – Carte 69/158 €

place de Bourgogne 2 – ℰ 069 55 72 13
– www.lafermeduchateau.net
– déjeuner seulement sauf vendredi et samedi – Fermé août, mardi et mercredi

---

Les maisons d'hôtes 🏠 ne proposent pas les mêmes services qu'un hôtel : l'accueil, l'atmosphère, la décoration des lieux font son caractère et son charme, qui reflètent la personnalité de ses propriétaires.

EUPEN

Liège – ✉ 4700 – Atlas n° **9**-C1

Arti'Choc

CUISINE TRADITIONNELLE · CONTEMPORAIN ✗ Arti'Choc est un restaurant agréable qui cultive la tradition : les propriétaires, Katja et Daniel Baratto-Bantz, y veillent chaleureusement. Aux fourneaux, Daniel concocte une cuisine soignée, qui met en valeur toute la fraîcheur des produits qu'il utilise.

TRADITIONELE KEUKEN · HEDENDAAGSE SFEER ✗ Arti'Choc is een gezellig restaurant waar traditie in ere wordt gehouden. Daar waken Katja en Daniel Baratto-Bantz over, de eigenaars die hier voor de nodige warmte zorgen. Chef Daniel kiest resoluut voor een productkeuken. Hij kookt met zorg en laat de versheid van de producten voor zich spreken.

Menu 37 € – Carte 38/70 €

Haasstraße 38 – ☎ 087 55 36 04 – www.artichoc-eupen.be – Fermé carnaval, deuxième semaine de juin, 15 août-6 septembre, mardi, mercredi, jeudi et après 20 h 30

La Bottega

CUISINE ITALIENNE · CONVIVIAL ✗ Ce restaurant sympathique est un bel ambassadeur de la cuisine italienne. Les préparations évitent la complication inutile et se concentrent sur le produit, débordant de saveur. Et bien sûr, la mamma y est pour quelque chose...

ITALIAANS · GEZELLIG ✗ Deze sympathieke zaak is een goede ambassadeur van de Italiaanse keuken. De bereidingen zijn niet te ingewikkeld, maar focussen op het product en zitten boordevol smaak. En uiteraard zit de mamma er voor iets tussen.

Menu 25/60 € – Carte 24/53 €

Gospertstraße 29 – ☎ 087 65 20 78 – www.labottega.biz – Fermé dimanche et lundi

EYNATTEN

Liège – ✉ 4731 – Raeren – Atlas n° **9**-D1

Sel et Poivre

CUISINE CLASSIQUE · AUBERGE ✗✗ Une ferme traditionnelle dans un décor élégant... une combinaison aussi évidente que celle du sel et du poivre dans une assiette ! La terrasse, ornée de plantes, se révèle très agréable. Le chef pimente sa cuisine traditionnelle de touches de modernité ; générosité et saveur sont au rendez-vous.

KLASSIEKE KEUKEN · HERBERG ✗✗ Een klassieke boerderij en een elegant interieur, het is een combinatie die net als die van peper en zout in de smaak valt. Ook het plantrijke terras is een heerlijke plek. De chef brengt met subtiele moderne toetsen pep in zijn klassieke gerechten. Generositeit en smaak zijn hier vaste kost.

Lunch 28 € – Menu 37/70 € – Carte 43/67 €

Aachener Straße 140 – ☎ 087 55 33 08 – www.seletpoivre-eynatten.be – Fermé 24 et 25 décembre, 2 semaines en juillet, mercredi et jeudi

FALAËN

Namur – ✉ 5522 – Onhaye – Atlas n° **10**-B2

La Fermette

CUISINE MODERNE · CONVIVIAL ✗✗ Aux commandes de cette authentique fermette, Sarah Bohet et Michaël Vancraeynest ont su capter l'esprit des lieux et y proposer une cuisine pleine de sens : au charme naturel des pierres répondent les produits de saison, et dans le feu ouvert, entrecôtes et homards sont grillés sous vos yeux.

MODERNE KEUKEN · GEZELLIG XX Sarah Bohet en Michaël Vancraeynest combineren de natuurlijke charme van hun natuurstenen boerderijtje met een hedendaagse seizoenskeuken. De open haard neemt hierbij een centrale plaats in: hier worden liefhebbers van grillspecialiteiten verwend met entrecote en kreeft die voor uw ogen gegrild worden.

Menu 37/60 € – Carte 41/72 €

rue du Château-Ferme 30 – ℰ 082 68 86 68
– www.lafermette.be
– Fermé 2 semaines en mars, mercredis et jeudis non fériés

ⅠO L'artiste

CUISINE CRÉATIVE · RÉGIONAL X En plein cœur des Ardennes, vous entrez dans cette ancienne gare au décor moderne et naturel... et le chef Depuydt apparaît ! Sa cuisine, créative et contrastée, unit originalité et finesse ; les assiettes fourmillent de détails et font la part belle aux produits locaux et aux viandes maturées. Bravo l'artiste !

CREATIEF · REGIONALE SFEER X U zit diep in de Ardennen, betreedt een voormalig stationsgebouw dat modern is ingericht met natuurlijke elementen ... en dan slaat chef Depuydt toe. Wat een contrast met zijn creatieve keuken! Hij verenigt originaliteit en finesse in gedetailleerde gerechten, en werkt graag met lokale producten en gerijpt vlees. Bravo l'artiste!

Lunch 25 € – Menu 37/60 € – Carte 52/67 €

rue de la Gare 85 – ℰ 082 71 19 98
– www.lartiste-falaen.be
– Fermé dimanche soir, lundi et mardi

🏠 L'échappée Belle

MAISON DE CAMPAGNE · CONTEMPORAIN Le décor moderne, orné de quelques matériaux bruts, se marie bien au charme ardennais de cette maison. Les chambres sont confortables et on y goûte un repos bien mérité, après avoir visité les ruines du château-ferme de Falaën.

LANDHUIS · EIGENTIJDS De moderne inrichting, met hier en daar brute materialen, sluit mooi aan bij de Ardense charme van dit huis. Al de kamers bieden een aangename setting om na te genieten van een bezoekje aan het pittoreske Falaën.

4 chambres 🖙 – †85/100 € ††85/100 €

rue de la Gare 10 – ℰ 0477 30 12 83
– www.lechappeebelle.be

FALMIGNOUL

Namur – ✉ 5500 – Dinant – Atlas n° **10**-C2

😊 CCnomie ❶

CUISINE DU TERROIR · CONVIVIAL XX Une certitude : vous ne connaîtrez plus la faim en quittant ce restaurant logé dans une ancienne grange (1800) rénovée de la ferme familiale. Un véritable festin de générosité ! Le chef David souligne habilement les saveurs des produits locaux, avec une cuisine contemporaine aussi étincelante que rassasiante.

STREEKGEBONDEN · GEZELLIG XX Een uitdaging: probeer hier van tafel te gaan met honger. Onmogelijk! In deze modern gerenoveerde schuur (1800) van de familiale boerderij wacht u namelijk een festijn van generositeit! Chef David zet de rijke smaken van lokale producten in de spotlights. Ze schitteren in eigentijdse combinaties die o zo veel voldoening geven!

Lunch 28 € – Menu 37 € – Carte 55/73 €

rue Haute 38 ✉ 5500 – ℰ 082 22 24 95
– www.ccnomie.be
– Fermé fin décembre, 2 dernières semaines de juin, mardi, mercredi et jeudi

FAUVILLERS

Luxembourg – ✉ 6637 – Atlas n° **11**-C2

ⓒⓒ **Le Château de Strainchamps** (Frans Vandeputte)

CUISINE FRANÇAISE MODERNE · ÉLÉGANT ⅩⅩⅩ Croyez-vous aux contes de fée ? Cet élégant et imposant manoir, pétri de l'atmosphère chaleureuse des Ardennes, forme un cadre enchanteur... et la cuisine proposée est à l'unisson, raffinée, classique, avec quelques touches actuelles. Une valeur sûre ! Et les chambres offrent l'occasion de prolonger ce qui pourrait ressembler... à un conte de fée.

→ Croustillants de langoustine et sauce froide au curry. Poulet de Bresse en croûte de sel. Chaud et froid de sabayon aux fruit de la passion et compôte de mirabelle.

FRANS MODERN · ELEGANT ⅩⅩⅩ Een prachtig kasteelsprookje: de elegantie van dit statige herenhuis wordt aangevuld met de warme sfeer van de Ardennen. De keuken blijft in het klassieke register, maar laat niet na eigentijdse, fijne accenten aan te brengen. Dit pareltje is een gevestigde waarde! De kamers bezorgen uw sprookje een happy end.

Lunch 45 € – Menu 65/95 € – Carte 66/110 €

10 chambres 🖙 – †70/150 € ††95/170 € – ½ P

rue des Vennes 29 (à Strainchamps, Nord-Est : 6 km) – ☏ 063 60 08 12 – www.chateaudestrainchamps.com – Fermé 19 décembre-19 janvier, dernière semaine d'avril, 2 premières semaines de septembre, mercredi midi, jeudi midi, dimanche soir, lundi, mardi et après 20 h 30

FERRIÈRES

Liège – ✉ 4190 – Atlas n° **9**-B2

🏠 **A la Ferme**

AUBERGE · CLASSIQUE Ancienne ferme nichée au bord d'une rivière, dans un village touristique proche de Ferrières. Chambres douillettes, dont une avec jacuzzi. Jardin et petite piscine couverte (ouverte de Pâques jusqu'en novembre). Table traditionnelle classiquement aménagée. Véranda et terrasse donnant sur l'Ourthe.

HERBERG · KLASSIEK Voormalige boerderij verscholen langs een rivier, in een toeristisch dorp bij Ferrières. Knusse kamers, waarvan een met jacuzzi. Tuin en overdekt zwembad (open van Pasen tot november). Traditioneel restaurant. Veranda en terras met uitzicht op de Ourthe.

16 chambres 🖙 – †81/91 € ††94/107 € – ½ P

rue Principale 43 (à Sy, Ouest : 9 km) – ☏ 086 38 82 13 – www.hotelalaferme.net – Fermé 2 semaines in januari en mardis et mercredis non fériés sauf vacances scolaires

FLOREFFE

Namur – ✉ 5150 – Atlas n° **10**-B1

ⓒ **Le Relais Gourmand**

CUISINE CLASSIQUE · CONVIVIAL ⅩⅩ Une table typiquement ardennaise, au pied des grottes de Floreffe, en bordure de rivière. On vient y déguster une bonne cuisine traditionnelle, respectueuse des saveurs et des produits. Les habitués et les touristes s'enthousiasment pour les menus, et plus encore pour le "Festival du homard", servi à la belle saison.

KLASSIEKE KEUKEN · GEZELLIG ⅩⅩ Een typisch Ardens adresje aan de voet van de grotten van Floreffe, tegenover de abdij, met een kabbelend riviertje erlangs. Op de borden vindt u verzorgde, eenvoudige, verse gerechten met veel respect voor de natuurlijke smaken van de ingrediënten. Kom hier zeker eens in de zomer voor het "kreeftfestival".

Menu 37/47 €

rue Émile Lessire 1 (N 90) – ☏ 081 44 64 34 – www.relaisgourmand.be – déjeuner seulement sauf vendredi et samedi – Fermé mardi, mercredi et après 20 h 30

FLORENVILLE

Luxembourg – ✉ 6820 – Atlas n° **11**-B3

Le Florentin 🏠 🏨 AC ✨

CUISINE TRADITIONNELLE · BRASSERIE X Des classiques belges et français, comme ces excellents rognons à la bière d'Orval, préparés par deux chefs expérimentés : voilà pourquoi vous devez visiter cet établissement chaleureux. Ne manquez pas non plus les viandes cuites au four Josper. Sans compter la belle terrasse à l'arrière.

TRADITIONELE KEUKEN · BRASSERIE X Genereuze Belgische en Franse brasserieklassiekers die door twee ervaren chefs worden bereid, daarvoor moet u in deze warme zaak zijn. Zoals de kalfsniertjes met Orval, lekker! Ook de vleesbereidingen op de Josper houtskooloven mag u niet missen. Het mooie terras achteraan is een extra troef!

Carte 30/62 €

Hôtel Le Florentin, place Albert 1er 58 – ☏ 061 31 11 23
– www.restaurant-leflorentin.be – Fermé 24, 25 et 31 décembre, mardis non fériés

 Le Florentin 🆕 ✿ 🛏 🎮 🔲 AC 🚴 P

LUXE · CONTEMPORAIN Le Florentin est un hôtel flambant neuf qui a tout pour satisfaire les clients modernes. Chambres spacieuses avec de belles salles de bain, celles à l'arrière disposent même d'une terrasse. Et quel bonheur, le matin, que de profiter des délices préparés à la minute au petit-déjeuner !

LUXE · EIGENTIJDS Le Florentin is een gloednieuw hotel, alles is er dus voorhanden om de moderne gast te plezieren. De kamers zijn ruim en hebben kwaliteitsvolle badkamers, degene aan de achterkant hebben zelfs een eigen terras. En wat is het heerlijk om 's ochtends op het terras te smullen van à la minute bereidingen bij het ontbijt!

17 chambres – ♦95/110 € ♦♦115/132 € – 🍴 15 €

place Albert 1er 58 – ☏ 061 31 11 23 – www.restaurant-leflorentin.be
Le Florentin – Voir la sélection des restaurants

FOSSES-LA-VILLE
Namur – ✉ 5070 – Atlas n° **10**-B1

☺ **Le Castel** 🏠 ✨ P

CUISINE FRANÇAISE MODERNE · CONVIVIAL XX Le Castel, maison classique au plafond coloré, dispose d'une belle véranda, ouverte sur une terrasse, elle-même invitation à profiter du beau jardin. La cuisine de Benjamin Mathy, originale, sent bon l'air du temps, sans se priver d'ajouts surprenants, comme ces touches asiatiques.

FRANS MODERN · GEZELLIG XX Details als een kleurrijk plafond brengen leven in dit klassiek huis, de veranda en het terras zijn aan te raden om van de fraaie tuin te genieten. De keuken van Benjamin Mathy is up-to-date en bij momenten origineel, met een juiste dosering van sterke en subtiele smaken vormt hij lekkere associaties.

Lunch 27 € – Menu 37/70 € – Carte 56/68 €

Hôtel Le Castel, rue du Chapitre 10 – ☏ 071 71 18 12 – www.lecastel.be – Fermé dimanche, lundi et après 20 h 30

 Le Castel ✿ 🐕 🛏 ⚒ 🚲 🎮 P

FAMILIAL · CONTEMPORAIN Au cœur d'un village historique, cet hôtel dispose de chambres fonctionnelles et bien tenues. Aux beaux jours, il fait bon profiter du jardin et de la jolie piscine. L'établissement propose, en outre, des séjours gastronomiques.

FAMILIAAL · EIGENTIJDS Wie sport en spijs wil combineren, is bij Le Castel in goede handen. Dit modern hotelletje in het centrum van een historisch dorp biedt gastronomische verblijven aan én beschikt over een fijn zwembad.

9 chambres – ♦89/165 € ♦♦103/179 € – 🍴 12 € – ½ P

rue du Chapitre 10 – ☏ 071 71 18 12 – www.lecastel.be – Fermé dimanche et lundi
☺ **Le Castel** – Voir la sélection des restaurants

FRANCORCHAMPS

Liège – ✉ 4970 – Stavelot – Atlas n° **9**-C2

Hostellerie Le Roannay

FAMILIAL · CLASSIQUE Le Roannay est aux mains de la même famille depuis 1926 : autant dire que vous êtes entre de bonnes mains ! Les chambres, plutôt classiques, ne manquent pas de charme. L'héliport sert principalement au champ de courses, tout proche. Au Restaurant du Roannay, vous apprécierez une bonne cuisine classique.

FAMILIAAL · KLASSIEK Le Roannay wordt sinds 1926 door dezelfde familie uitgebaat, u bent hier dus in goede handen. De kamers stralen de nodige charme uit dankzij de retro-inrichting. Het hotel heeft zelfs een helihaven, die voornamelijk gebruikt wordt voor het vlakbij gelegen racecircuit. Voor een goed klassiek etentje kunt u terecht bij het Restaurant du Roannay.

16 chambres ⌂ – 🛈139/199 € 🛈🛈139/199 € – 1 suite

route de Spa 155 – 𝒞 087 27 53 11 – www.roannay.com
– Fermé 22 octobre-13 février

FURFOOZ

Namur – ✉ 5500 – Dinant – Atlas n° **10**-C2

La Ferme des Belles Gourmandes

AUBERGE · PERSONNALISÉ Un village ardennais traditionnel et un superbe environnement naturel entourent cette ferme ancienne (18e s.), devenue aujourd'hui un point de départ idéal pour découvrir la région. Il y règne une atmosphère chaleureuse et tant les chambres thématiques que les gîtes offrent un excellent confort. Un conseil : n'hésitez pas à réserver une délicieuse table d'hôte auprès de la patronne !

HERBERG · PERSOONLIJK CACHET Een typisch Ardens dorpje en prachtige natuur omringen deze oude boerderij (18de eeuw), die vandaag een mooie uitvalsbasis is om de omgeving te ontdekken. Er hangt een huiselijke sfeer, en zowel de themakamers als de gîtes bieden goed comfort. Tip: aarzel niet om een lekkere table d'hôte bij de patronne te reserveren!

4 chambres ⌂ – 🛈65 € 🛈🛈75 €

rue du Camp Romain 20 – 𝒞 082 22 55 25 – www.lafermedesbellesgourmandes.be

GEMBLOUX

Namur – ✉ 5030 – Atlas n° **10**-B1

✿ Chai Gourmand (Pierre Massin)

CUISINE MODERNE · CONTEMPORAIN XX Par son talent, son instinct et sa régularité, le chef Pierre Massin a fait de ce restaurant moderne un lieu incontournable de la région. Il excelle au niveau technique, faisant ressortir le meilleur de produits qu'il sélectionne avec une attention particulière. La carte est attractive... et le choix cornélien !

→ Foie gras poêlé à la tomate, balsamique, roquette et parmesan. Poitrine de pintade, bettes, topinambours et jus à l'huile de noix et xérès. Dessert aux fraises, rhubarbe et mascarpone.

MODERNE KEUKEN · HEDENDAAGSE SFEER XX De kookkunsten van Pierre Massin maken van deze moderne zaak een lieveling in de regio. De ambitieuze chef is technisch onderlegd en weet het beste uit topproducten te halen, zonder te overdrijven in complexiteit. Al die fijne, eigentijdse gerechten maken de kaart zeer aantrekkelijk ... en de keuze des te moeilijker.

Lunch 38 € – Menu 60/120 € – Carte 67/94 €

chaussée de Charleroi 74 (déménagement prévu à rue Chainisse 47 à Beuzet)
– 𝒞 081 60 09 88 – www.chaigourmand.be – Fermé fin décembre-début
janvier, juin, samedi midi, mardi, mercredi et après 20 h 30

GENVAL

Brabant Wallon – ✉ 1332 – Rixensart – Atlas n° **7**-B1

ⅠⓄ L'Amandier   🏠 AC P

CUISINE CRÉATIVE · DESIGN XX Ce restaurant gastronomique a pris un coup de jeune, avec pour résultat une explosion de talent et d'enthousiasme. Prenez place en salle ou autour de la cuisine ouverte, dans l'extension moderne, pour découvrir cette cuisine créative, équilibrée et raffinée, réalisée avec de beaux produits. Une réussite !

CREATIEF · DESIGN XX De injectie van jong talent zorgt in deze gastronomische zaak voor heel wat enthousiasme. De keuken wordt gekenmerkt door creativiteit, evenwicht en verfijning. Of u zich in de eetzaal nestelt of rond de open keuken, in de moderne aanbouw: hier geniet u van ijverig culinair geweld.

Menu 50/76 € – menu unique

rue de Limalsart 9 (près du lac) – ✆ 02 653 06 71 – www.amandier.be – Fermé 2 semaines en janvier, 2 dernières semaines d'août, samedi midi, dimanche soir, mardi soir, mercredi et après 20 h 30

ⅠⓄ Brasserie du Lac   🏠 P

CUISINE TRADITIONNELLE · BRASSERIE X Une adresse on ne peut mieux nommée : sa salle – tout en sobriété – ouvre grand sur le lac de Genval ! Au menu, de délicieux fruits de mer et des spécialités de brasserie qui invitent à la convivialité. Excellents desserts.

TRADITIONELE KEUKEN · BRASSERIE X Dat je het niet ver hoeft te gaan zoeken, bewijst Brasserie du Lac. De zilte bekoring van zeevruchtenschotels en hartverwarmende brasseriegerechten dingen er om uw gunst, in een sobere setting met uitzicht op het meer. De desserts zijn top!

Lunch 17 € – Menu 37 € – Carte 41/61 €

avenue du Lac 100 – ✆ 02 652 48 46 – www.brasseriedulac.be

🏰 Château du Lac   ☆ ⇘ ⇐ 🛏 🖼 🌐 🐾 ♨ ✕ 🚲 🔲 AC ⇄ 🏋 P

LUXE · ÉLÉGANT La vue imprenable sur le lac de Genval est la marque de fabrique de cet hôtel. Superbe ! Les installations de conférence et les chambres modernes confortables convaincront le public d'affaires, tandis que les autres s'adonneront à l'excellent centre de bien-être. Et n'oubliez pas de découvrir la carte variée de la brasserie trendy.

LUXE · ELEGANT Het brede zicht op het meer van Genval is het uithangbord van dit hotel. Prachtig! De congresfaciliteiten en de comfortabele, up-to-date kamers overtuigen de zakenmensen, andere gasten genieten ook maar al te graag van de fantastische wellnessfaciliteiten. En vergeet zeker de ruime kaart van de trendy brasserie niet te ontdekken!

122 chambres – 🛏89/499 € 🛏🛏89/499 € – ⌑ 26 €

avenue du Lac 87 – ✆ 02 655 74 50 – www.martinshotels.com

GLIMES

Brabant Wallon – ✉ 1315 – Incourt – Atlas n° **7**-C1

ⅠⓄ Chez Louis   🏠 ♿ ⇄ P

CUISINE CLASSIQUE · CONVIVIAL X De bonnes huîtres et moules en saison (comptoir de fruits de mer de novembre à avril), une belle pièce de viande, les légumes de la région... Dans cette affaire conviviale, on a clairement l'œil pour dénicher les meilleurs produits ! Le homard est proposé toute l'année. Le chef les prépare à sa façon, plutôt traditionnelle, et leur fait honneur.

KLASSIEKE KEUKEN · GEZELLIG X Lekkere oesters en mosselen in het seizoen (zeevruchtenbank van november tot april), een mals stuk vlees, groenten uit de regio ... In deze gezellige zaak heeft men oog voor kwaliteit. Kreeft staat hier zelfs heel het jaar op de kaart. De chef bewerkt ze op zijn eigen, eerder traditionele manier en doet ze eer aan.

Lunch 21 € – Carte 37/62 €

chaussée de Jodoigne 7 – ✆ 010 86 69 77 – www.chezlouis.be – Fermé 8 au 14 avril, 18 août-1er septembre, samedi midi, dimanche soir et lundi

GOSSELIES
Hainaut – ⊠ 6041 – Charleroi – Atlas n° **8**-D2

⟲○ Bulthaup 🛖 ⚿ 🅿

CUISINE MODERNE · CHIC ✕✕ Un concept remarquable : en guise de décor… une salle d'exposition de cuisines ! Le chef, Philippe Stevens, met en pratique tout ce qu'il a appris dans de grands établissements en France et en Wallonie. Résultat : des assiettes amusantes, fort bien préparées et sans cesse repensées. La variété de la carte est aussi un véritable atout.

MODERNE KEUKEN · CHIC ✕✕ Eten in een keukenshowroom, het blijft een opmerkelijk concept! Chef Stevens brengt in de praktijk wat hij leerde in goede Franse en Waalse huizen: producten die je toelachen, knap bereid en hedendaags gebracht. De variatie van de (ruime) kaart is een echte troef.

Carte 53/70 €

route Nationale 5, 193 (accès par rue Pépinière) – ☎ *071 34 72 00 – www.gosselies.bulthaup.be – déjeuner seulement sauf jeudi et vendredi – Fermé samedi et dimanche*

GOUY-LEZ-PIÉTON
Hainaut – ⊠ 6181 – Courcelles – Atlas n° **8**-D2

🕸 Le Mont-à-Gourmet 🛖 ⟐

CUISINE MODERNE · INTIME ✕✕ Dans l'intérieur tendance de ce Mont-à-Gourmet, on vous invite à déguster un bon repas au calme. Premier constat : dans l'assiette, le restaurant tient la promesse de son nom ! Le chef a beaucoup d'idées et renouvelle sa carte toutes les quatre semaines. Les mets prouvent à la fois sa créativité et la facilité avec laquelle il associe des goûts.

MODERNE KEUKEN · INTIEM ✕✕ Het trendy interieur van deze 'berg van culinaire verfijning' nodigt uit om rustig te genieten van een lekker etentje, aan tafel maakt het zijn naam waar. De chef is een vat vol ideeën en vernieuwt om de 4 weken zijn kaart. De gerechten bewijzen zijn zin voor creativiteit en het gemak waarmee hij smaken laat samenspelen.

Lunch 30 € – Menu 37/78 € – Carte env. 60 €

place Communale 12 – ☎ *071 84 74 15 – www.lemontagourmet.be – Fermé 9 au 31 juillet, dimanche soir, lundi et mardi*

GRANDRIEU
Hainaut – ⊠ 6470 – Sivry-Rance – Atlas n° **8**-C2

⟲○ Le Grand Ryeu ⟐ 🅿

CUISINE MODERNE · RUSTIQUE ✕✕ On aime cette vieille ferme villageoise pour son ambiance et ses bons petits plats. Aux fourneaux, le médiatique chef montre son attachement à la modernité ; on n'oubliera pas son incontournable menu mets et vins en 15 services… Pour aller « all the way ».

MODERNE KEUKEN · RUSTIEK ✕✕ In deze oude dorpsboerderij komt men voor ambiance en lekker eten. Achter de stoof staat een mediagenieke chef die houdt van hedendaagse smaken. Zijn menu's vallen zeer in de smaak, en dan zeker het vijftiengangenmenu bijgestaan door de lekkere wijnen, waarmee de gasten graag 'all the way' gaan.

Menu 46/60 €

rue Goëtte 1 – ☎ *060 45 52 10 – www.legrandryeu.be – Fermé dimanche soir, mardi, mercredi et jeudi*

GREZ-DOICEAU
Brabant Wallon – ⊠ 1390 – Atlas n° **7**-B1

⟲○ Gustave 🆀

CUISINE CLASSIQUE · BISTRO ✕ Le bois domine le décor de ce bistrot éminemment sympathique, dont le jovial patron est omniprésent en salle. Il a le nez pour choisir des produits de qualité que le chef agrémente dans des préparations classiques et généreuses. Avec de bons vins pour accompagner tout cela ! Attention : le midi lunch uniquement, menu plus étoffé le soir.

KLASSIEKE KEUKEN • **BISTRO** ⅹ Hout domineert het decor van deze leuke bistro, al zult u vooral oog hebben voor de joviale patron. Zijn neus voor uitstekende wijnen en producten blijkt uit de genereuze, klassieke gerechten die de chef bereidt. Zonder poespas, vol smaak! Pas op: 's middags is er enkel een lunch, 's avonds een meerkeuzemenu.

Lunch 22 € – Menu 50 € – Carte 49/86 €

chaussée de Jodoigne 9 – ☎ 010 81 28 78
– www.restaurant-gustave.be
– Fermé lundi soir, mardi soir, samedi et dimanche

HABAY-LA-NEUVE

Luxembourg – ✉ 6720 – Habay – Atlas n° **11**-C3

Les Plats Canailles de la Bleue Maison   ❀ ⩹ ☆ ⟷ 🅿

CUISINE FRANÇAISE • **ROMANTIQUE** ⅹ La famille Thiry vous accueille chaleureusement dans sa jolie maison en pierres bleues, au charmant décor néo-rustique et avec une belle terrasse au bord de l'eau. Les fils apportent une touche de fraîcheur à une cuisine bien maîtrisée, aux saveurs exquises. Bonne cave.

FRANS • **ROMANTISCH** ⅹ Welkom bij de familie Thiry. Ze ontvangen u hartelijk in hun vrolijk huis in blauwe steen, met een verleidelijk neorustiek decor en prachtig terras aan het water. De input van de zoons des huizes zorgde voor een frisse update van de gerechten. Hun keuken is beheerst en nogal bewerkt, de smaken zijn uitbundig. De wijnkaart is al even interessant!

Menu 37/72 € ☑ – Carte 56/83 €

Hôtel Les Ardillières, rue du Pont d'Oye 7 – ☎ 063 42 42 70
– www.lesforges.be
– Fermé 1er au 17 janvier, 2 au 11 septembre, lundi et mardi

Les Ardillières   ☆ ☜ ⩹ ⫝ 𝄞 ⅃♨ 🅿

AUBERGE • **ÉLÉGANT** Charmant hôtel en pierres du pays blotti au creux d'un vallon boisé, dont la jolie vue profite à toutes les chambres. Accueil aux petits soins.

HERBERG • **ELEGANT** Sfeervol hotel van natuursteen in een bosrijk dal, waarop alle kamers uitkijken. Attente service. Les Ardillières is een van die plekken waar u spontaan verliefd op wordt, een groene oase van rust voor een idyllische escapade.

9 chambres ☑ – ❙90/155 € ❙❙100/170 € – 1 suite

rue du Pont d'Oye 6 (Nord-Est : 2 km) – ☎ 063 42 22 43
– www.lesforges.be
– Fermé 1er au 17 janvier et 2 au 11 septembre
   ✿ **Les Plats Canailles de la Bleue Maison** – Voir la sélection des restaurants

HAMOIR

Liège – ✉ 4180 – Atlas n° **9**-B2

Hostellerie de la Poste   ☆ ❀ 🅿

AUBERGE • **PERSONNALISÉ** Romantique, marocaine, noir et blanc... Chacune des six chambres à thème de cette hostellerie ardennaise possède un caractère bien à elle ! La cuisine a évolué vers le concept bistronomique, mais les classiques ont toujours leur place.

HERBERG • **PERSOONLIJK CACHET** Romantisch, Marokkaans, zwart-wit ... De 6 themakamers in deze Ardense hostellerie zijn verschillend en hebben een eigen persoonlijkheid. De keuken is geëvolueerd naar een bistronomiestijl, maar klassiekers hebben hier nog steeds hun plaats.

6 chambres ☑ – ❙70/90 € ❙❙70/100 €

rue du Pont 32 – ☎ 086 38 83 24
– www.hotel-laposte.be
– Fermé 1er au 10 mars et 1er au 15 juillet

HAMOIS
Namur – ⊠ 5360 – Atlas n° **10D**-C2

🙂 **La Gare d'Hamois**

CUISINE DU MARCHÉ · COSY Ⅹ Vous remarquerez en arrivant que vous êtes ici dans l'ancienne gare d'Hamois, dont la superbe rénovation en a fait un restaurant très soigné. Le chef en perpétuelle évolution sait parfaitement ce qu'il fait, et chaque assiette montre une vraie réflexion dans l'agencement des goûts, qui se combinent et se renforcent mutuellement.

MARKTKEUKEN · KNUS Ⅹ U merkt wel dat u in het vroegere stationsgebouw van Hamois zit, maar de knappe renovatie heeft er een mooi, verzorgd restaurant van gemaakt. De 'stationschef' weet waar hij mee bezig is en blijft evolueren. De smaakcombinaties zijn weldoordacht en tonen zijn vakkennis aan, vol en delicaat balanceren ze heerlijk. Deze zaak zit op het goede spoor!

Lunch 28 € – Menu 37/47 € – Carte 53/68 €

chaussée de Liège 45b – ☎ 083 22 05 49
– www.lagaredhamois.be
– Fermé 6 au 16 janvier, 22 au 30 avril, 19 au 26 juin, 9 au 22 septembre, samedi midi, lundi et mardi

HANNUT
Liège – ⊠ 4280 – Atlas n° **9**-A1

🙂 **Le P'tit Gaby**

CUISINE TRADITIONNELLE · DE QUARTIER Ⅹ La patronne vous accueille avec familiarité, le chef vous propose des plats canailles, on se sent chez soi, immédiatement. La cuisine est généreuse, goûteuse, et l'ambiance excellente. Voilà le type de restaurants que chacun rêve d'avoir en bas de chez soi.

TRADITIONELE KEUKEN · BUURTRESTAURANT Ⅹ Doe niet te moeilijk, maar doe het wel goed; daar lijkt men hier naar te streven. De gastvrouw zorgt voor de familiale ontvangst, de chef trakteert u op traditionele bereidingen die dat tikkeltje extra krijgen door de zorg en generositeit waarmee hij werkt. Dit is het soort restaurant waarvan er meer zouden mogen zijn!

Lunch 26 € – Menu 37/51 € – Carte 61/71 €

rue de Tirlemont 5 – ☎ 019 63 37 72
– www.le-ptit-gaby.be
– Fermé 1 semaine fin janvier, dernière semaine de juillet-première semaine d'août, samedi midi, dimanche soir, lundi et mardi

HAN-SUR-LESSE
Namur – ⊠ 5580 – Rochefort – Atlas n° **10**-C2

🙂 **L'Ôthentique** Ⓝ

CUISINE DU TERROIR · COSY Ⅹ Seules les voûtes en pierre rappellent que ce restaurant intime était autrefois une ferme. Ici, le terroir reste primordial. Le chef déniche ses produits dans la région et les transmute en de délicieux plats. Ne manquez pas la truite, sortie directement de l'aquarium.

STREEKGEBONDEN · KNUS Ⅹ De stenen gewelven verraden het nog enigszins, maar verder blijft er in dit intiem restaurantje niets meer over van de boerderij die hier vroeger was. De terroir staat er wel nog centraal. De chef haalt zijn producten in de regio en zet hun kwaliteit in de verf met lekkere, beheerste gerechten. De forel, recht uit de tank, is een topper!

Lunch 18 € – Menu 35 € – Carte 40/58 €

rue des Grottes 15c – ☎ 084 40 19 39 (réservation conseillée)
– www.othentique.be
– Fermé fin décembre-début janvier, vacances de carnaval, samedi soir, mardi, mercredi et après 20 h 30

HASTIÈRE-PAR-DELÀ
Namur – ⊠ 5541 – Hastière – Atlas n° **10**-B2

Les Heures Claires

FAMILIAL · CLASSIQUE Il est des endroits qui ont une âme, tel est le cas de ces Heures Claires. Parquet, meubles antiques en bois, etc. : les chambres sont jolies, et certaines sont même mansardées. Idéal pour partir à la découverte des bords de la Meuse. Prix raisonnables.

FAMILIAAL · KLASSIEK Planken vloeren, gestoffeerde zetels en houten, antieke meubels met een ziel: bij Les Heures Claires zorgt de nostalgische sfeer ervoor dat u zich meteen op uw gemak voelt. Een ideale uitvalsbasis voor wie langs de oevers van de Maas wil gaan wandelen en interessant geprijsde logies zoekt.

4 chambres ☲ – **†**85 € **††**90 €

rue des Gaux 68 – ☏ 0475 31 44 38 – www.heuresclaires.be

HATRIVAL

Luxembourg – ✉ 6870 – Saint-Hubert – Atlas n° **11**-B2

Gaussignac

FAMILIAL · ÉLÉGANT Michel et Françoise ont pour passion de profiter de la vie... une passion communicative ! Ils ont joliment rénové cette ancienne ferme ardennaise, devenue contemporaine autant que confortable. La table d'hôte est le domaine de monsieur, un chef plein d'énergie.

FAMILIAAL · ELEGANT Voor Michel en Françoise is van het leven genieten het hoogste goed, en die passie willen ze graag met u delen. De kamers zijn netjes en nieuw, op de table d'hôtes bewijst de patron dat hij als chef zijn mannetje kan staan.

5 chambres ☲ – **†**87 € **††**95 € – ½ P

rue de l'Église 37 – ☏ 061 41 29 57 – www.gaussignac.be

HÉBRONVAL

Luxembourg – ✉ 6690 – Vielsalm – Atlas n° **11**-C1

Le Val d'Hébron

CUISINE TRADITIONNELLE · COSY XX C'est avec la même générosité, depuis 1973, que Roger (à l'accueil) et Renée (aux marmites) vous reçoivent dans leur auberge située entre Vielsalm et la Baraque de Fraiture. Prenez place au coin du feu ou près des fenêtres de la salle moderne, et faites votre choix entre les deux menus classico-traditionnels ou parmi la carte.

TRADITIONELE KEUKEN · KNUS XX Met evenveel enthousiasme ontvangen Roger (bij de balie) en Renée (achter het fornuis) sinds 1973 hun gasten in hun herberg tussen Vielsalm en de Baraque de Fraiture. Ga lekker zitten bij de open haard of neem een tafel aan een van de ramen in de moderne eetzaal, en laat u verleiden door de smaakvolle traditionele gerechten.

Lunch 23 € – Menu 37/60 € – Carte 38/59 €

Hébronval 10 – ☏ 080 41 88 73 – www.val-hebron.be – Fermé semaine Carnaval, 2 dernières semaines d'août, mardi, mercredi et après 20 h 30

HERBEUMONT

Luxembourg – ✉ 6887 – Atlas n° **11**-B3

Le Prieuré de Conques

CUISINE TRADITIONNELLE · ÉLÉGANT XX Anguilles au vert, écrevisses à la bordelaise et gibier sont à la carte de cet élégant restaurant avec une salle voûtée.

TRADITIONELE KEUKEN · ELEGANT XX Paling in 't groen, rivierkreeftjes 'bordelaise' en wild staan op de kaart van dit elegante restaurant met een gewelfd plafond.

Lunch 45 € – Menu 49 €

Hôtel Hostellerie du Prieuré de Conques, rue de Conques 2 (Sud : 2,5 km) – ☏ 061 41 14 17 – www.conques.be – dîner seulement sauf dimanche – Fermé 3 au 14 janvier, 24 septembre-1ᵉʳ octobre, lundi

🏠 Hostellerie du Prieuré de Conques ☆ 🕊 ⊰ 🛏 🏠 🛁 🅿

HISTORIQUE · CLASSIQUE Dans un paysage de collines et de forêts, cet ancien prieuré, achevé en 1732, a su conserver tout son charme historique et propose (au Prieuré ou à la Résidence) des chambres personnalisées.

HISTORISCH · KLASSIEK Oude priorij (1732) met park temidden van heuvels en bossen, aan de oever van de Semois met een 400 jaar oude linde. Kamers met een persoonlijke toets.

18 chambres ⌷ – ♦155 € ♦♦170 € – ½ P

rue de Conques 2 (Sud : 2,5 km) – ℰ 061 41 14 17 – www.conques.be – Fermé 3 au 14 janvier, 24 septembre-1ᵉʳ octobre

Le Prieuré de Conques – Voir la sélection des restaurants

HERMALLE-SOUS-ARGENTEAU

Liège – ✉ 4681 – Oupeye – Atlas n° **9**-B1

🛎 Au Comte de Mercy ⇦ 🏠 🍽 ⇔ 🅿

CUISINE FRANÇAISE CLASSIQUE · ÉLÉGANT XX Le restaurant réputé Au Comte de Mercy connaît un nouveau souffle sous la houlette d'Olivier Dniprowskyi. Le décor chaleureux a été rafraîchi avec beaucoup de style et la terrasse en bord de Meuse est à ne pas manquer. Les recettes traditionnelles réinterprétées de façon plus moderne font apparaître des saveurs généreuses avec beaucoup de nuances. Dans le respect des traditions.

FRANS KLASSIEK · ELEGANT XX Het gerenommeerde Au Comte de Mercy heeft een nieuw elan gekregen onder de vleugels van Olivier Dniprowskyi. Het sfeervolle decor werd stijlvol opgefrist, het terras aan de Maas blijft een topper. De moderne impulsen die aan klassieke recepten worden gegeven, voegen nuance toe aan de genereuze smaken. En dat met respect voor het verleden.

Lunch 25 € – Menu 37/45 € – Carte 49/66 €

10 chambres – ♦75/85 € ♦♦95/110 € – ⌷ 15 €

rue du Tilleul 6 – ℰ 04 379 30 79 – www.aucomtedemercy.be – Fermé samedi midi et dimanche soir

HERSTAL

Liège – ✉ 4040 – Atlas n° **9**-B1

🍽 Chez M 🏠 ⅋ 🆎 ⇔

CUISINE MÉDITERRANÉENNE · TENDANCE X Décor tendance et agréable, plats de brasserie actualisés, parfums exotiques : c'est bon, c'est bien, c'est chez M.

MEDITERRAAN · TRENDY X Chez M heeft alles wat een moderne brasserie moet hebben: een trendy en aangenaam interieur, een leuke ambiance en lekker eten. Brasseriegerechten worden hier geüpdatet, hebben wel eens exotische parfums, en zijn goed gekruid.

Lunch 29 € – Menu 37 € – Carte 38/50 €

rue Arnold Delsupexhe 2 A – ℰ 04 240 07 00 – www.chezm.be – Fermé dernières 2 semaines d'août, samedi midi et dimanche

HEUSY

Liège – ✉ 4802 – Verviers – Atlas n° **9**-C2

🍽 La Croustade 🏠 ⇔ 🅿

CUISINE CLASSIQUE · ÉLÉGANT XXX Belle gentilhommière rétro à colombages colorés, dans un quartier chic. Thierry et Pascale ne ménagent pas leurs efforts pour vous faire vivre de délicieux moments de table. Le savoir-faire du chef s'épanouit dans un menu mensuel : des mets classiques, préparés avec des produits de qualité, pour un résultat tout en saveur... et à un prix délicieux.

WALLONIE · WALLONIË

KLASSIEKE KEUKEN · ELEGANT XXX Thierry en Pascale sparen kosten noch moeite om het de gasten naar hun zin te maken in hun fraai landhuis met vakwerk, dat zich in een chique villawijk bevindt. De chef stelt iedere maand een aantrekkelijk menu samen met klassieke gerechten op basis van goede producten, smaakvol uitgevoerd ... en tegen een lekkere prijs!

Menu 39/62 €

rue Hodiamont 13 (par N 657) – ℰ 087 22 68 39 – www.croustade.be – Fermé 1er au 17 janvier, 2 au 18 avril, 13 août-12 septembre, 21 au 31 décembre, samedi midi, dimanche soir, lundi, mardi, mercredi et après 20 h 30

HOLLAIN
Hainaut – ⌂ 7620 – Brunehaut – Atlas n° **8**-B2

Sel et Poivre

CUISINE DU MARCHÉ · BISTRO XX Bienvenue dans le sympathique petit restaurant de Nathalie et Alexis. Leur enthousiasme est communicatif, tout comme la bonne cuisine traditionnelle qu'ils réalisent, à base d'excellents produits et concoctée avec une touche ludique. Ce Sel et Poivre a comme un goût de "reviens-y" !

MARKTKEUKEN · BISTRO XX Welkom in het sympathieke restaurantje van Nathalie en Alexis. Het enthousiasme van dit koppel zorgt voor een gezellige sfeer, de keuken sluit daar mooi bij aan: herkenbare producten worden verwerkt in traditionele gerechten, die de chef met een kwinkslag onder handen neemt. Een adresje waar men met plezier terugkomt.

Lunch 21 € – Menu 37/60 € – Carte 54/69 €

rue de la Fontaine 3 – ℰ 069 34 46 67 – www.seletpoivre.net – déjeuner seulement sauf week-ends – Fermé 26 décembre-4 janvier, semaine de carnaval, 24 juillet-13 août, samedi midi, lundi et mardi

HOUFFALIZE
Luxembourg – ⌂ 6660 – Atlas n° **11**-C1

Le Bistrot des Saveurs

CUISINE RÉGIONALE · RUSTIQUE X Si vous avez oublié le goût des Ardennes, cet établissement est tout indiqué pour réviser vos classiques : truite fumée à la minute, pâté maison, etc. La carte – aux prix doux – propose aussi des recettes plus modernes, à l'image des chambres, impeccables et conjugant ambiance ardennaise et confort contemporain.

REGIONAAL · RUSTIEK X Bent u vergeten hoe de Ardennen smaken? Kom hier dan uw gastronomisch geheugen opfrissen met een forel 'fumée à la minute' of een huisgemaakte paté. U vindt op de aantrekkelijk geprijsde kaart ook moderne invloeden, net zoals op de nette kamers het traditionele Ardennengevoel met het comfort van vandaag wordt verenigd.

Lunch 25 € – Menu 32/36 € – Carte 42/75 €
12 chambres ⌂ – †70/85 € ††79/105 € – ½ P

rue de La Roche 32 (Ouest sur N 280 : 2 km) – ℰ 061 28 81 40 – www.hotelermitage.be – Fermé 8 au 26 janvier, 2 au 13 juillet, 3 au 14 septembre, 3 au 6 décembre et mercredi

La Fleur de Thym

CUISINE FRANÇAISE CRÉATIVE · ÉLÉGANT XX David et Olivia vous invitent pour une expérience contemporaine. L'intérieur de leur restaurant est tendance et intime. David, en cuisine, ose jouer avec les garnitures ; il se distingue par son originalité et son maniement de saveurs explosives...

FRANS CREATIEF · ELEGANT XX David en Olivia nodigen u uit voor een contemporaine eetervaring. Het interieur van hun vernieuwd herenhuis is lekker strak en intiem. David is een chef die durft te spelen met garnituren, is wel eens origineel, en is gekend voor zijn explosieve smaken.

Lunch 28 € – Menu 40/70 € – Carte 54/81 €

route de Liège 34 – ℰ 061 28 97 08 – www.lafleurdethym.be – Fermé début janvier, début juillet, fin août, dimanche soir de novembre à Pâques, lundi et mercredi

429

HOUTAIN-LE-VAL
Brabant Wallon – ✉ 1476 – Genappe – Atlas n° **7**-B2

⫯◯ Chez Ginette

CUISINE TRADITIONNELLE · ESTAMINET ⫲ Estaminet décontracté dans un décor de bois et miroirs, à l'ambiance nostalgique. On y savoure une excellente cuisine belge de tradition, sans prétention, mais généreuse et pleine de saveurs.

TRADITIONELE KEUKEN · ESTAMINET ⫲ Het is een ongedwongen estaminet waar men lekker eet, deze Chez Ginette. De spiegels aan de muren en het vele hout creëren een ambiance 'à l'ancienne' die de stamgasten echt weten te smaken. De keuken is op-en-top traditioneel Belgisch, zonder enige pretentie, maar wel genereus en smaakvol.

Lunch 17 € – Carte 36/56 €

rue de Nivelles 19a – ✆ 067 21 09 00 – www.chezginette.be – Fermé fin décembre et samedi midi

La HULPE
Brabant Wallon – ✉ 1310 – Atlas n° **7**-B1

⫯◯ Mamy Louise

CUISINE TRADITIONNELLE · BRASSERIE ⫲ Une brasserie moderne comme on les aime : ambiance décontractée, bon service et bonne cuisine. Les recettes traditionnelles sont exécutées avec soin et se révèlent vraiment savoureuses.

TRADITIONELE KEUKEN · BRASSERIE ⫲ Een moderne brasserie zoals men het graag heeft: de sfeer is er ontspannen, de bediening goed en het eten lekker. Traditionele recepten worden hier met zorg uitgevoerd en goed op smaak gebracht.

Carte 44/60 €

rue Pierre Broodcoorens 41 – ✆ 02 654 01 71 – www.mamylouise.be – dîner seulement - Fermé samedi midi et dimanche

HUY
Liège – ✉ 4500 – Atlas n° **9**-A2

☺ Cadre Culinaire

CUISINE FRANÇAISE MODERNE · CONVIVIAL ⫲ Le cadre ? Un restaurant sympathique, dont le chef propose des recettes classiques revisitées au goût du jour, et enrichies d'influences internationales. Un travail subtil et mesuré sur le goût, et des combinaisons de saveurs qui fonctionnent à merveille.

FRANS MODERN · GEZELLIG ⫲ Het kader is een gezellig restaurant, waar de chef uw smaakpapillen weet te doen tintelen. Hij doet dat met recepten die klassiek ogen, maar verrijkt worden met moderne, wereldse invloeden. De verschillende smaken zijn subtiel aanwezig, nooit overdreven, maar eens ze samenkomen slaan ze in als ware bommetjes!

Lunch 21 € – Menu 34/53 € – Carte 47/63 €

rue des Rôtisseurs 4 – ✆ 085 25 55 25 – www.cadreculinaire.be – Fermé dimanche, lundi, mardi et après 20 h 30

☺ Les Caves Gourmandes

CUISINE TRADITIONNELLE · RUSTIQUE ⫲ Cette cave est un peu cachée, ce qui fait d'ailleurs son charme. Surprise en entrant : l'ambiance est conviviale et animée ! Le chef propose une cuisine généreuse et soignée, où il impose son style. Et, cela va de soi, la cave est bien fournie. La Boutique Gourmande, le service traiteur, vaut une visite.

TRADITIONELE KEUKEN · RUSTIEK ⫲ Hij ligt een beetje verborgen, de "kelder" waar het attente zaalpersoneel u verwacht, maar daarin schuilt net de charme. In een gemoedelijke sfeer, met de stemmen van uw collega-bourgondiërs op de achtergrond, proeft u er een keuken die klassiek maar bijdetijds is, gul en verzorgd. De traiteurswinkel is een bezoekje waard.

Lunch 24 € – Menu 37/47 € – Carte 44/65 €

place Saint-Séverin 5a – ✆ 085 21 26 23 – www.lescavesgourmandes.be – Fermé 1er au 8 janvier, 17 juillet-3 août, dimanche soir, mardi et mercredi

ITTRE

Brabant Wallon – ✉ 1460 – Atlas n° **7**-A2

🕴🍴 **L'Art de Vivre**   🎍 🍽

CUISINE DU MARCHÉ • **FAMILIAL** 🍴 Comme il est simple de profiter de la vie dans un restaurant décontracté tel que celui-ci. La carte variée compte une foule de plats traditionnels séduisants, remis au goût du jour. Un bel équilibre des produits qui suscite de riches saveurs. Cette ancienne banque (la cave à vins est dans les coffres) réveillera vos papilles !

MARKTKEUKEN • **FAMILIAAL** 🍴 Genieten van het leven is eens zo gemakkelijk in een ongedwongen zaak als dit. De ruime kaart staat vol verleidelijke gerechten die klassiek ogen, al krijgen ze hier een frisse update. De ingrediënten zijn mooi in balans, de smaken hebben fond. In dit voormalig bankkantoor (de wijnkelder is in de kluis) komen uw smaakpapillen tot leven!

Lunch 17 € – Menu 39 € – Carte 33/49 €

rue du Moulin à Vent 10 – 𝒞 067 34 25 35 – www.lartdevivre1460.be – Fermé fin décembre, première semaine d'avril, 2 dernières semaines d'août, samedi midi, dimanche soir et lundi

JAMBES

Namur – ✉ 5100 – Namur – Atlas n° **10**-C1

❄ **La Plage d'Amée** ⟨ 🎍 ♿ 🅰🅲 ✥

CUISINE MODERNE • **ÉLÉGANT** 🍴🍴 Restaurant joliment restylé avec un air de vacances. Vue splendide sur la Meuse, ne manquez pas la jolie terrasse. Le chef ambitieux vous fera rêver avec une cuisine fine et subtile qui laisse libre cours à sa créativité. Pour passer un moment mémorable.

→ Burrata di bufala, condiment de sarriette, caviar d'aubergine fumée et piquillos comme une bruschetta. Chevreuil à la mousseline de céleri-rave, crème de coing au poivre timut et légumes d'automne. Moëlleux au chocolat, bonbon à la poire et sorbet cacao.

MODERNE KEUKEN • **ELEGANT** 🍴🍴 Een vakantiegevoel overvalt u zodra u dit knap gerestyled restaurant binnenstapt. Het zicht op de Maas is er fantastisch! Een plaats op het prachtige terras is dan ook een must. De ambitieuze chef laat u verder wegdromen met gerechten die fijn en bewerkt zijn, waarin hij zijn creativiteit de vrije loop laat. Hier beleeft men oprechte wauw-momenten!

Lunch 22 € – Menu 39/62 €

rue des Peupliers 2 (5 km par rue de Dave ; avant voie ferrée première rue à droite) – 𝒞 081 30 93 39 – www.laplagedamee.be – Fermé samedi midi, lundi et mardi

JODOIGNE

Brabant Wallon – ✉ 1370 – Atlas n° **7**-C1

❄ **Aux petits oignons** (Stéphane Lefebvre) 🎍 ✥ 🅿

CUISINE MODERNE • **INTIME** 🍴🍴 Tout est soigné dans ce restaurant contemporain. Pendant que Laetitia assure le service avec attention, Stéphane apporte sa touche de créativité. Une cuisine qui dégage une formidable harmonie de saveurs, avec un excellent rapport qualité-prix pour les menus. À ne pas manquer !

→ Poitrine de cochon laquée au soja, carottes et pickles. Pigeonneau d'Anjou, morilles, asperges vertes et jus au xérès. Myrtilles, fromage blanc et citron confit.

MODERNE KEUKEN • **INTIEM** 🍴🍴 En of alles piekfijn in orde is in dit eigentijds restaurant! Terwijl Laetitia de service in goede banen leidt, levert Stéphane een knap staaltje creativiteit af. Hij laat verschillende bereidingen en smaken telkens weer een fantastische harmonie vormen. Het maakt de prijs-kwaliteitverhouding van de menu's des te opmerkelijker. Een topper!

Lunch 35 € – Menu 45/65 € – Carte 59/93 €

chaussée de Tirlemont 260 – 𝒞 010 76 00 78 – www.auxpetitsoignons.be – Fermé 21 au 31 décembre, 21 au 25 mars, 6 au 10 juin, 5 au 16 septembre, samedi midi, mardi et mercredi

JUPRELLE

Liège – ✉ 4450 – Atlas n° **9**-B1

⑩ Ô de vie

CUISINE CRÉATIVE · TENDANCE ✕✕ Le chef, Olivier Massart, n'applique pas des recettes sans raison : il met un point d'honneur à créer sans cesse, à être toujours à la recherche de nouvelles saveurs et de nouvelles harmonies. On découvre ses créations dans un décor aussi élégant que la présentation des assiettes.

CREATIEF · TRENDY ✕✕ Olivier Massart is een chef die niet zomaar een recept volgt. Hij is een man die wil creëren en steeds op zoek gaat naar nieuwe smaken en harmonieën. Die creaties ontdekt u in een interieur dat even strak is als zijn manier van dresseren.

Lunch 38 € – Menu 45/115 € – Carte 60/78 €

chaussée de Tongres 98 – ☏ 04 246 41 24 – www.odevie-restaurant.be – Fermé 1ᵉʳ au 15 janvier, 9 au 30 juillet, samedi midi, dimanche et lundi

LACUISINE

Luxembourg – ✉ 6821 – Florenville – Atlas n° **11**-B3

⑱ Au Cœur de Lacuisine

CUISINE RÉGIONALE · FAMILIAL ✕✕ Le cœur de Lacuisine bat pour la bonne cuisine. Chez Ronny et Christel, on privilégie les meilleurs produits régionaux, que l'on traite avec le plus grand soin, jusqu'à ce qu'ils avouent leurs goûts intimes. Les formules s'adaptent à votre appétit du jour.

REGIONAAL · FAMILIAAL ✕✕ Het hart van Lacuisine klopt voor lekker eten, daar zorgen Ronny en Christel voor met hun gezellig restaurant. De chef doet veel moeite om u te plezieren, bijvoorbeeld door goede (regionale) producten te kiezen en alles met zorg te bereiden. Dankzij de interessante formules vindt iedereen een menu naar zijn hart.

Lunch 26 € – Menu 32/45 € – Carte 47/67 €

6 chambres ☲ – ♦82/102 € ♦♦113/153 € – ½ P

rue du Fond des Naux 7 – ☏ 061 51 39 92 – www.aucoeurdelacuisine.be – Fermé 24 et 25 décembre, 1ᵉʳ au 11 janvier, 11 au 21 mars, mardi, mercredi et après 20 h 30

🏠 Le Vieux Moulin de Martué

AUBERGE · PERSONNALISÉ La Semois coule à vos pieds, dans un décor de verdure... La terrasse idyllique de ces anciens moulins à eau est unique ! Le charme de ce B&B s'accentue encore dans les chambres romantiques, impeccables. Tout est réuni pour que le rêve se prolonge.

HERBERG · PERSOONLIJK CACHET De Semois stroomt aan uw voeten, ondertussen kijkt u uit op groene weilanden ... Het idyllische terras van deze oude watermolen is enig! De charme van dit B&B wordt in de romantische kamers versterkt. Alles is piekfijn onderhouden, geen moeite wordt gespaard opdat deze prachtige droom blijft duren.

4 chambres ☲ – ♦100/125 € ♦♦125/135 €

Martué 10 (Sud-Ouest : 1 km) – ☏ 0475 58 00 00
– www.levieuxmoulindemartue.be – Fermé lundi, mardi et mercredi

LANAYE

Liège – ✉ 4600 – Visé – Atlas n° **9**-B1

⑱ L'Echappée Belle ⓝ

CUISINE DU MARCHÉ · INTIME ✕✕ Grégory et Camille vous accueillent dans leur salon. L'atmosphère est conviviale, la terrasse avec vue sur le jardin est superbe. Les produits sont locaux et cela se remarque avec la fraîcheur des saveurs. Le chef crée de belles nuances et des combinaisons fascinantes. Ne manquez pas les formules au choix.

MARKTKEUKEN · INTIEM XX Het lijkt wel of Grégory en Camille u in hun huiskamer ontvangen. De huiselijke sfeer is gezellig, het terras met zicht op de moestuin is heerlijk! Lokale leveranciers zijn er kind aan huis en dat proeft u. Vers staat hier voor smaak, de chef zorgt voor boeiende combinaties en mooie nuances. Zijn keuzemenu's zijn top!

Lunch 29 € – Menu 34/49 €

rue de Lanaye 121 – ℰ 04 379 14 20 (réservation conseillée)
– www.eb-restaurant.be – Fermé première semaine de janvier, 2 premières
semaines de septembre, samedi midi, dimanche soir, lundi et mardi.

LAVAUX-SAINTE-ANNE
Namur – ✉ 5580 – Rochefort – Atlas n° **10**-C2

⫶○ **Lemonnier**   ஃ ⇦ ⌗ 🏠 ⊡ AC ⇔ P

CUISINE MODERNE · COSY XxX Lemonnier est un joli restaurant contemporain de caractère, paré de chambres agréables. Belle terrasse au jardin. Eric et Tristan Martin partagent leur vision de la cuisine moderne, en s'appuyant sur des produits régionaux de premier choix. Chaque ingrédient est soigneusement travaillé pour offrir une cuisine qui valorise les produits.

MODERNE KEUKEN · KNUS XxX Lemonnier is een prachtig restaurant met aangename kamers. Het is karaktervol en contemporain, het terras bij de mooie tuin is heerlijk. Eric en Tristan Martin delen er hun visie op de moderne keuken. Het steunt op geweldige streekproducten en intrigeert, elk ingrediënt is zeer bewerkt. Hier wil men het product eren.

Lunch 38 € – Menu 58/82 € – Carte 66/104 €

9 chambres ⌂ – ♦115/140 € ♦♦130/155 €

rue de la Baronne Lemonnier 82 – ℰ 084 38 88 83 – www.lemonnier.be
– Fermé fin décembre-début janvier, 1 semaine en avril, 1 semaine en septembre,
mardi et mercredi

LEUZE-EN-HAINAUT
Hainaut – ✉ 7900 – Atlas n° **8**-B1

⫶○ **Le Chalet de la Bourgogne**   AC ⇔ P

CUISINE FRANÇAISE CLASSIQUE · ÉLÉGANT XxX Le chef français de cet élégant restaurant connaît bien le répertoire classique de son pays natal, mais il utilise surtout des produits belges. N'hésitez pas d'opter pour le lunch attractif pour le découvrir.

FRANS KLASSIEK · ELEGANT XxX De Franse chef van dit elegant restaurant baseert zich vooral op het klassieke repertoire van zijn vaderlandse keuken, maar gebruikt daarvoor ook heel wat Belgische producten. Hoe goed dat smaakt, kunt u ook gerust met de aantrekkelijke lunch ontdekken.

Lunch 25 € – Menu 44/62 € – Carte 63/72 €

chaussée de Tournai 1 – ℰ 069 66 19 78
– www.le-chalet-de-la-bourgogne.webnode.be – déjeuner seulement sauf
vendredi et samedi – Fermé mercredi

LIBIN
Luxembourg – ✉ 6890 – Atlas n° **11**-B2

🏠 **La Grange de Juliette**   ✿ ⁒ P

AUBERGE · FONCTIONNEL Maison de pays où vous vous endormirez dans de charmantes chambres au nouveau look "néo-rural", dotées de salles d'eau modernes. Espace breakfast bien sympa. Terrasse au jardin. Cuisine familiale de nos grands-mères, mitonnée à partir de produits du terroir.

HERBERG · FUNCTIONEEL Karakteristiek landhuis met sfeervolle kamers in neorustieke stijl en moderne badkamers. Prettige ontbijtruimte. Tuin met terras. Lekker eten uit grootmoeders tijd op basis van streekproducten.

10 chambres ⌂ – ♦70/80 € ♦♦90/110 €

rue Périgeay 125 – ℰ 061 65 55 74 – www.lagrangedejuliette.be – Fermé 7 au
15 janvier et 15 au 30 juin

⌂ L'Albizia

HISTORIQUE · TENDANCE Planchers, hauts plafonds, pierres... Voilà quelques caractéristiques du charme de cette villa des années trente. Les chambres spacieuses offrent le contraste de la modernité. Et que dire du pavillon au jardin, avec piscine chauffée et wellness ? La qualité à prix doux.

HISTORISCH · TRENDY Houten vloeren, hoge plafonds, arduinsteen, ... Het zijn karakteristieken die de charme van deze villa uit de jaren dertig verklaren. De ruime kamers contrasteren enigszins door hun moderne looks. En wat dan gezegd van het paviljoen in de tuin, met verwarmd zwembad en wellnessfaciliteiten. Topkwaliteit voor zachte prijzen!

5 chambres ☲ – †90/110 € ††99/119 €

rue Paul Dubois 73 – ☏ 061 40 16 80 – www.lalbizia.be

LIBRAMONT

Luxembourg – ✉ 6800 – Libramont-Chevigny – Atlas n° **11**-B2

☺ Le 13

CUISINE DU MARCHÉ · CONVIVIAL XX Restaurant tendance qui se marie bien avec la maison de maître dans lequel il se trouve. Le chef expérimenté présente des combinaisons contemporaines, avec une exigence primordiale : la fraîcheur. Ici, priorité aux saisons et aux produits ardennais.

MARKTKEUKEN · GEZELLIG XX Trendy restaurant dat mooi verweven is met het herenhuis waarin het huist. De ervaren chef schotelt hier eigentijdse combinaties voor waarin fraîcheur de rode draad is. Hij verandert regelmatig zijn kaart om in te spelen op de seizoenen en de Ardense lekkernijen. Hier spaart men geen moeite om kwaliteit te serveren.

Lunch 22 € – Menu 34/55 € – Carte 48/72 €

rue des Alliés 17 – ☏ 061 27 81 32 – www.le13.be – Fermé début janvier, Pâques, fin août-début septembre, samedi midi, dimanche soir et lundi

⫯O Fario

POISSONS ET FRUITS DE MER · CONTEMPORAIN X Restaurant sympathique d'esprit scandinave, où il fait bon s'attabler autour de la cuisine ouverte. Le chef étoilé Julien Lahire (Moulin Hideux) et sa sœur Catherine en sont les véritables piliers. Ici le poisson est roi. Huîtres ou créations plus élaborées de la formule au choix vous offriront d'authentiques saveurs de la mer. Exquis !

VIS EN ZEEVRUCHTEN · HEDENDAAGSE SFEER X Sympathieke zaak die Scandinavisch aandoet en waar het gezellig tafelen is rond de open keuken. Nog beter: sterrenchef Julien Lahire (Moulin Hideux) en zus Catherine zijn er de stuwende krachten! Vis is hier koning. Of het nu wat oesters zijn of meer bewerkte creaties uit het interessante keuzemenu, de pure smaken van de zee zijn verrukkelijk!

Menu 29 € – Carte 32/54 €

avenue de Bouillon 78 – ☏ 061 55 02 07 – déjeuner seulement sauf vendredi – Ferme août et dimanche

LES BONS PLANS! *NIET TE MISSEN!*

Riva, une brasserie de luxe où la terrasse offre une vue superbe sur la Meuse. Le Bistrot d'en Face, et son célèbre café liégeois. La Cuisine de Yannick, pour un bon repas traditionnel qui nous ramène dans un passé délicieux.

Riva, een luxebrasserie waar het terras een prachtig zicht biedt op de Maas. Le Bistrot d'en Face, met zijn beroemde café liégeois. La Cuisine de Yannick, voor een lekker traditioneel etentje tussen de herinneringen.

LIÈGE · LUIK
Liège – ✉ 4000 – 196 970 hab. – Atlas n° **9**-B1

Restaurants

❀ **Héliport Brasserie** (Frédéric Salpetier)　　☆ ⌀ ⌂ ♨ **P**

CUISINE FRANÇAISE CRÉATIVE · INTIME XX Dans ce petit château, avec sa belle terrasse, vous serez les témoins d'un mariage réussi entre l'ancien et le moderne. Aux recettes traditionnelles, le chef ajoute sa touche personnelle et son savoir-faire : il en résulte des plats raffinés, aux saveurs intenses. Voilà ce qui peut arriver de meilleur lorsqu'on bouscule la tradition...

→ Anguille au céleri, algues, foie gras et crème au raifort. Ris de veau au caviar d'aubergine, fenouil et béarnaise homardine. Mousse au chocolat, biscuit aux amandes et glace à la citronnelle.

FRANS CREATIEF · INTIEM XX Het geslaagde huwelijk van dit prachtig kasteeltje en de moderne inrichting zet meteen de juiste toon. De chef bewerkt traditionele recepten op zijn eigentijdse, verfijnde manier en creëert intense smaken die ronduit delicieus zijn. Deze genereuze keuken is een prachtvoorbeeld van traditie, maar dan nieuwe stijl.

Menu 55/65 € – Carte 49/75 €

allée de Erables (Château de Colonster à Sart-Tilman, Sud : 9 km par N 633) – ℰ 04 366 28 20 – www.heliportbrasserie.be – Fermé fin décembre, semaine de Pâques, samedi et dimanche

⊛ **Bistro n' Home**　　　　　　　　　　　　☆ ⌀

CUISINE MÉDITERRANÉENNE · BRANCHÉ X Comme son nom l'indique, ce Bistro n'Home combine l'ambiance d'un bistrot branché et le confort d'une soirée à la maison... On s'y sent comme chez soi ! Les assiettes sont réjouissantes, notamment grâce à de judicieux mariages de saveurs et à de subtils jeux sur les textures. Quant au rapport qualité-prix, il vous laissera sans voix.

MEDITERRAAN · EIGENTIJDS X De combinatie van een trendy bistro met een cosy huisgevoel nodigt uit om lekker te tafelen. En dat zult u, want de cohesie tussen de smaken is goed afgewogen en de afwisseling van texturen is plezierig. De chef voegt daar de welbekende gulheid van de mediterrane keuken aan toe en creëert zo een mooi geheel.

Menu 32/62 €

Plan: D1-x – *rue Hors-Château 62* – ℰ *04 221 39 74 – dîner seulement*

435

LIÈGE

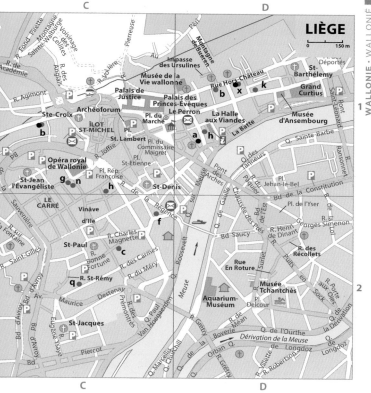

LIÈGE

0   150 m

Le Bistrot d'en Face

CUISINE DU TERROIR · BOUCHON LYONNAIS X Entrez dans un authentique bouchon lyonnais… à Liège ! Le cadre respire la tradition (tout de bois et de pierre), l'accueil se montre chaleureux et la cuisine se fait généreuse. Pour sûr, ici, typique rime avec sympathique !

STREEKGEBONDEN · FRANSE BISTRO X Treed binnen in een echte "bouchon lyonnais", een typische bistro waar ouderwetse gezelligheid centraal staat. Wie hier komt eten, merkt meteen dat de hartelijkheid in even grote porties geserveerd wordt als het eten zelf. De chef is dan ook erg gul, en serveert een hartverwarmende, klassieke keuken.

Lunch 16 € – Menu 30/60 € 🍷 – Carte 35/49 €

Plan: D1-h – rue de la Goffe 8 – 𝒞 04 223 15 84
– www.lebistrotdenface.be
– Fermé 2 dernières semaines d'août, samedi midi, lundi et mardi

Si vous recherchez un hébergement particulièrement agréable pour un séjour de charme, préférez les établissements signalés en rouge : 🏠... 🏰.

Côté Goût [AC]

CUISINE BOURGEOISE · BISTRO X Christophe Goffin s'y connaît, en matière de goût. Il le démontre jour après jour dans son restaurant soigné, situé juste derrière la cathédrale Saint-Paul. Il y décline une cuisine bourgeoise dans les règles de l'art, avec de temps à autre à des préparations plus modernes : une polyvalence très appréciable !

BURGERKEUKEN · BISTRO X Op vlak van smaak is Christophe Goffin een krak. Dat bewijst hij dag na dag in zijn verzorgde zaak, achter de Sint-Pauluskathedraal. De traditionele bourgondische keuken wordt er gekookt zoals het hoort en naar waarde geschat. Hij waagt zich ook af en toe aan modernere bereidingen en bewijst dat hij kan diversifiëren.

Lunch 25 € – Menu 37/65 € – Carte 46/58 €

Plan: C2-c – *rue Sœurs de Hasque 12* – ℰ *04 222 23 50* – *www.cotegout.be*
– *Fermé 3 semaines en juillet, samedi midi, dimanche et lundi*

La Cuisine de Yannick

CUISINE DU TERROIR · BISTRO X La cuisine de Yannick Bougnet est un exemple de belle tradition. Il ne prend aucun détour pour célébrer le goût et ramène à nous tout un passé délicieux. Le service attentif de la patronne, Joelle, et l'ambiance, très familiale, couronnent cette belle expérience.

STREEKGEBONDEN · BISTRO X De keuken van Yannick Bougnet is het typevoorbeeld van hartverwarmende traditie. Hij neemt geen enkele omweg om smaak op het bord te brengen en haalt met zijn genereuze gerechten heerlijke herinneringen aan vroeger op. De frivole bediening van gastvrouw Joelle en de huiselijke ambiance maken het plaatje compleet.

Lunch 15 € – Carte 30/52 €

Plan: D1-k – *En Féronstrée 111* – ℰ *0499 21 42 05* – *Fermé lundi et mardi*

Le Danieli 🏡 ⇔

CUISINE ITALIENNE · TENDANCE X Un bistrot/bar à vins qui fait la joie de ses fidèles. Comment ? Grâce aux généreux efforts de Daniel Demolin, aux commandes depuis 1987. Avec le style qui le caractérise, il mise tout sur l'authenticité des saveurs. Au diable les complications inutiles, place à une assiette véritablement savoureuse.

ITALIAANS · TRENDY X Waarom deze gezellige bistro/wijnbar een trouw cliënteel heeft? De generositeit en pure smaken die zo typisch zijn voor de Italiaanse keuken zijn namelijk kwaliteiten die ook de kookstijl van chef Demolin kenmerken. Hij kookt hier al sinds 1987 en serveert gerechten die gewoonweg heel lekker zijn.

Lunch 19 € – Carte 35/55 €

Plan: D1-b – *rue Hors-Château 46* – ℰ *04 223 30 91* – *www.ledanieli.be* – *Fermé samedi midi et dimanche soir*

Frédéric Maquin ⇔

CUISINE MODERNE · ÉLÉGANT X Chez Frédéric Maquin, à la carte comme au menu, chaque assiette force au respect et atteint un rapport qualité-prix exemplaire. Voici une table de qualité constante dans un quartier en devenir, à 300m de la gare futuriste.

MODERNE KEUKEN · ELEGANT X Bij Frédéric Maquin weet elk gerecht, zowel à la carte als in het menu, respect af te dwingen en een uitstekende prijs-kwaliteitverhouding te bereiken. Een restaurant van constante kwaliteit dat zeer in trek is bij de lokale bevolking.

Lunch 24 € ⵟ – Menu 37/75 €

Plan: A3-z – *rue des Guillemins 47* – ℰ *04 253 41 84 (nombre de couverts limité, réserver)* – *www.fredericmaquin.be* – *Fermé 2 semaines carnaval, 2 semaines en août, samedi midi, lundi et mardi*

ⵔO L'Atelier du Sélys 🏡 ₺ AC ⳣ ⇔ 🍽

CUISINE FRANÇAISE MODERNE · TENDANCE XX Un restaurant en forme d'atelier attractif et tendance, qui propose une belle vue sur la ville et une terrasse agréable. Le chef déploie sa cuisine dans des assiettes variées, aussi bien créatives que d'un grand classicisme, comme en témoignent ces boulets à la liégeoise.

FRANS MODERN · TRENDY XX Het is een knap en trendy atelier, dit restaurant, dat geniet van een prachtig zicht over de stad en een heerlijk terras. De chef leeft zich hier uit in uiteenlopende gerechten, zowel creatieve pareltjes als smaakvolle klassiekers, zoals de onvermijdbare boulets de Liège.

Lunch 19 € – Menu 37/69 € – Carte 41/67 €

Plan: C1-b – *Hôtel Les Comtes de Méan, Mont Saint-Martin 11 – ℰ 04 267 67 34 – www.lescomtesdemean.be*

Ⅰ○ Le Cheverny

CUISINE RÉGIONALE · BISTRO XX Le caractère de l'édifice révèle son passé de café, avant qu'il soit transformé en un agréable restaurant avec une belle terrasse. Le chef apprécie les produits de la région, qu'il travaille fidèlement à la tradition. Difficile de résister à la tentation du homard et du crabe royal, tous droits sortis du vivier !

REGIONAAL · BISTRO XX Het karakter van het pand verraadt een verleden als café, maar het is ondertussen omgevormd tot een aangenaam restaurant met een mooi terras. De chef werkt graag met producten uit de regio en behandelt ze zoals de traditie het voorschrijft. Het is moeilijk te weerstaan aan de kreeft en de koningskrab uit de tank!

Lunch 28 € – Menu 36/47 €

boulevard de Douai 12 ⊠ 4020 – ℰ 04 349 00 22 – www.resto-cheverny.be – Fermé fin décembre, dernière semaine de juillet-première semaine d'août, lundi soir, samedi midi et dimanche

Ⅰ○ Folies Gourmandes

CUISINE DU MARCHÉ · BOURGEOIS XX Le chef Burton fait profiter ses clients d'une bonne cuisine classique, et cela depuis 1988. La finesse de ses préparations témoigne de son savoir-faire, et le menu qu'il propose montre qu'il aime faire plaisir. Quant au jardin, derrière la maison de maître, il est idéal pour un dîner intime.

MARKTKEUKEN · BURGERLIJK XX Chef Burton trakteert zijn gasten al sinds 1988 op de geneugten van de klassieke keuken. De finesse die hij op het bord brengt, is de beste getuige van zijn savoir-faire. Hij wil plezieren, dat bewijst ook het aantrekkelijke keuzemenu. Voor een intiem etentje is de stadstuin, achter dit mooi herenhuis, een heerlijke plek.

Lunch 16 € – Menu 38/51 € – Carte 47/60 €

Plan: C2-q – *rue des Clarisses 48 – ℰ 04 223 16 44 – Fermé semaine de Pâques, 2 semaines en août, dimanche soir et lundi*

Ⅰ○ Riva

CUISINE FRANÇAISE · BRASSERIE X Si l'endroit, design et luxe, vaut le coup d'œil, la vue sur la Meuse emporte le regard. Optez donc pour une place sur la terrasse. Le chef prépare des plats belge, français et méditerranéen, tous maîtrisés. Gardez un petit creux pour le dessert : les gâteaux maison sont un régal.

FRANS · BRASSERIE X Design en luxe worden verenigd in het decor van Riva, maar uw ogen zullen snel afglijden naar de Maas die er langs vloeit. Ga dus zeker voor een plaats op het terras! De chef bereidt zowel typisch Belgische, Franse als mediterrane gerechten en doet dat telkens zoals het hoort. Het aanbod huisgebakken taarten is de moeite.

Menu 32/60 € – Carte 27/76 €

Plan: A3-b – *Esplanade Albert Iᵉʳ 7 – ℰ 04 222 27 23 – www.riva-brasserie.com – Fermé mardi et mercredi*

Ⅰ○ L'Écailler

POISSONS ET FRUITS DE MER · BRASSERIE X Depuis 1983, la marée alimente chaque jour cet écailler à dénicher en secteur piétonnier, entre Opéra et Carré. Ambiance parisienne, grande carte.

VIS EN ZEEVRUCHTEN · BRASSERIE X Deze Parijse brasserie, in de voetgangerszone tussen de Opera en le Carré, krijgt dagelijks verse schaal- en schelpdieren aangevoerd. Grote kaart.

Menu 39 € – Carte 50/71 €

Plan: C1-n – *rue des Dominicains 26 – ℰ 04 222 17 49 – www.lecailler.be – Fermé dimanche en juillet et août*

⏹○ Enoteca   🏠 🔳 ⟷

CUISINE ITALIENNE · INTIME ※ La dolce vita ! Simplicité et gastronomie à des prix imbattables : voilà une adresse qui ne saurait rester secrète. Aussi est-il préférable de réserver. Dès l'entrée, la cuisine ouverte aiguise l'appétit...

ITALIAANS · INTIEM ※ La dolce vita! Eenvoud en smaak tegen onklopbare prijzen: een formule die moeilijk geheim te houden valt; u kunt dan ook maar beter reserveren. Modern interieur met open keuken.

Menu 27/43 € – menu unique

Plan: C1-g – *rue de la Casquette 5 – ☎ 04 222 24 64 (réservation indispensable) – www.enoteca.be – Fermé samedi midi et dimanche*

⏹○ Maison Leblanc

VIANDES · CONVIVIAL ※ Ce rendez-vous de carnivores se trouve au centre de Liège. On pénètre par la boucherie familiale dans cette brasserie moderne, où sont suspendus les accessoires du boucher. Viandes ultrafraîches de qualité, recettes traditionnelles.

VLEES · GEZELLIG ※ Vleesliefhebbers moeten in het centrum van Luik zijn. In deze zaak weet u wat voor vlees u in de kuip hebt. Via de familiebeenhouwerij komt u in de moderne brasserie terecht, waar heel wat slagerij-attributen hangen. Kwaliteitsvlees, vers van het hakblok, komt hier tot zijn recht in traditionele gerechten.

Carte 34/107 €

Plan: C1-h – *rue Lulay des Fèbvres 5 – ☎ 04 223 31 43 – www.maisonleblanc.be – Fermé mardi midi, jeudi midi, dimanche midi et lundi*

⏹○ L'Olivin

CUISINE FRANÇAISE MODERNE · BISTRO ※ Les frères jumeaux Olivier et Vincent Chauveheid ont uni leurs forces autour d'un concept original : un produit principal est préparé par chacun des frères (l'un traditionnel, l'autre plus créatif). A vous de choisir la préparation que vous préférez ! La grande table d'hôte est agréable.

FRANS MODERN · BISTRO ※ Olivier en Vincent Chauveheid hebben elk van hun kant ervaring opgedaan, vandaag combineren de tweelingbroers hun krachten in deze leuke zaak. Hun concept is origineel: de broers maken elk een bereiding van een hoofdproduct (de ene is traditioneel, de andere creatiever) en u neemt wat u verkiest. Boeiend en lekker!

Lunch 25 € – Menu 39 € – Carte env. 60 €

Plan: C2-f – *place Cockerill 10 – ☎ 04 222 00 05 – www.lolivin.be – Fermé mi-juillet-début août, samedi midi, dimanche et lundi*

Hotels

🏨 Les Comtes de Méan   ☆ 🌿 🔳 🆔 📶 🛁 🔁 🔥 🔳 💱 🏋 🅿

GRAND LUXE · CONTEMPORAIN Un complexe hôtelier magnifique. Chambres luxueuses et superbes suites, sans oublier l'impressionnante salle de bal. Assurément, Les Comtes de Méan promet un séjour inoubliable dans la Cité ardente.

GROTE LUXE · EIGENTIJDS Dit prestigieuze project is zeer knap uitgevoerd. Met luxueuze kamers in het nieuwe gedeelte en suites in twee historische panden (authentieke balzaal incluis) staat het dan ook garant voor een onvergetelijk verblijf in "la cité ardente".

125 chambres 🖵 – 🛏160/350 € 🛏🛏180/370 € – ½ P

Plan: C1-b – *Mont Saint-Martin 11 – ☎ 04 222 94 94 – www.lescomtesdemean.be*
L'Atelier du Sélys – Voir la sélection des restaurants

🏨 Ramada Plaza   ☆ 🛏 🛁 🔁 🔥 🔳 💱 🏋 🚗

HÔTEL DE CHAÎNE · ÉLÉGANT Nous sommes à deux pas du centre et du marché de la Batte, le plus grand et le plus ancien de Belgique, qui s'étend le long de la Meuse le dimanche. L'hôtel allie modernité et confort.

KETENHOTEL · ELEGANT Aangenaam ketenhotel met moderne, comfortabele kamers. Het centrum is vlakbij en op zondag staat la Batte voor de deur, de grootste en oudste markt van België, die zich langs de Maas uitstrekt.

149 chambres – †89/250 € ††89/250 € – ☑ 18 €

Plan: B1-g – *quai Saint-Léonard 36* – ☎ *04 228 81 11* – *www.ramadaplaza-liege.com*

Neuvice

HISTORIQUE · CONTEMPORAIN Une oasis de tranquillité, pleine de charme et de caractère, dans le centre historique de Liège. L'hôtel, avec intérieur contemporain, se compose de trois bâtiments du 18e s. – liés par une coursive en bois – autour d'une cour intérieure verdoyante. Produits bio et régionaux au petit-déjeuner.

HISTORISCH · EIGENTIJDS Deze oase van rust in het historische centrum van Luik is charmant en karaktervol. Het hotel is ondergebracht in drie 18de-eeuwse gebouwen – verbonden door een knappe loopbrug – rond een groene binnenplaats, en is hedendaags ingericht. Regionale en bioproducten bij het ontbijt.

12 chambres – †99/150 € ††99/150 € – ☑ 16 €

Plan: D1-a – *En Neuvice 45* – ☎ *04 375 97 40* – *www.hotelneuvice.be*

Hors Château

URBAIN · PERSONNALISÉ Cette bâtisse du 18e s., joliment métamorphosée en hôtel contemporain, compte parmi les chouchoutes des magazines de décoration. Charme et élégance en plein cœur du quartier historique : on comprend cet engouement !

STADSHOTEL · PERSOONLIJK CACHET Dit 18de-eeuwse pand, verscholen in een steegje in het historisch centrum, stond in verscheidene interieurbladen met zijn zeer geslaagde transformatie tot een sfeervol modern hotel.

9 chambres – †78 € ††95/125 € – ☑ 12 €

Plan: D1-x – *rue Hors-Château 62* – ☎ *04 250 60 68* – *www.hors-chateau.be*

LIERNU

Namur – ✉ 5310 – Éghezée – Atlas n° **10**-B1

✿✿ L'Air du Temps (Sang Hoon Degeimbre)

CUISINE CRÉATIVE · DESIGN XXXX C'est dans un petit bout de la campagne namuroise que surgit soudain cette ferme carrée. Un emplacement de choix pour un restaurant exceptionnel (les chambres valent le détour) ! Une élégance contemporaine et une architecture minimaliste en harmonie avec les champs environnants. Sang Hoon Degeimbre a apposé son cachet sur le jardin de cinq hectares. Il élève le concept de « foodpairing » vers de nouveaux sommets.

Les racines coréennes du chef Degeimbre colorent sa cuisine. Ainsi, il utilise la fermentation et joue sur l'acidité. Son attention au détail et sa précision sont le fruit d'une créativité de haut vol. Ses promenades au jardin sont devenues incontournables. Elles lui permettent d'utiliser les meilleurs légumes du moment. Ce jeu de textures et de saveurs s'accompagne notamment d'un jus à lactofermentation dont il a le secret.

Le chef Degeimbre applique sa conception de la cuisine dans les moindres détails. Ainsi, il propose un vaste choix d'eaux minérales pour accompagner le repas. Une cuisine dans l'air du temps, sous sa forme la plus pure.

→ Daurade et gambero rosso, pamplemousse et compotée de rhubarbe à la vanille. Homard breton et jangajji de tomates. Poire nashi, fleur de cerisier et sorbet de thé blanc.

CREATIEF · DESIGN XXXX U bevindt zich op een smal baantje te midden het Naamse platteland, wanneer plots deze vierkantshoeve opduikt. Een prachtlocatie voor een al even fantastisch restaurant (de kamers zijn eveneens de moeite)! Het straalt contemporaine klasse uit, de architectuur is puur en staat steeds in verbinding met de velden die het restaurant omringen. U kijkt uit op een tuin van vijf hectare, waarmee Sang Hoon Degeimbre zijn persoonlijkheid weet te uiten. Hij tilt het begrip foodpairing naar een hoger niveau.

De Koreaanse roots van chef Degeimbre tekenen zijn keuken. Zo werkt hij graag met fermentatie en speelt hij veel met aciditeit. Hij is zeer gedetailleerd en precies, dit is creativiteit van topniveau. Zijn wandeling door de tuin is een klassieker van het huis, waarvoor hij de groenten gebruikt die op dat moment op hun best zijn. Dat samenspel van texturen en smaken wordt onder meer begeleid door een lacto-fermentatie jus, waarmee hij zijn stempel drukt.

Chef Degeimbre heeft een visie en drukt die door tot in de details. Zo biedt hij zelfs een aangepast waterarrangement aan. De moderne tijdgeest komt hier tot uiting in zijn puurste vorm.

Lunch 65 € – Menu 115/165 € – Carte env. 140 €

11 chambres ⌂ – 🛇120/180 € 🛇🛇120/180 €

rue de la Croix Monet 2 – ☎ 081 81 30 48 – www.airdutemps.be – Fermé fin décembre-début janvier, vacances de Pâques, 2 semaine en août, samedi midi, lundi et mardi

LILLOIS-WITTERZÉE
Brabant Wallon – ✉ 1428 – Braine-l'Alleud – Atlas n° **7**-A2

🍴 Tichoux
🏠 🕸 🛋 **P**

CUISINE TRADITIONNELLE · RUSTIQUE 🟡🟡 La cuisine traditionnelle peut être parfois très savoureuse ! Vous le constaterez sans aucun doute avec les plats généreux de Louis Tichoux. Il poursuit la cuisine de son père, dont il a hérité du sens de la qualité. Une valeur sûre !

TRADITIONELE KEUKEN · RUSTIEK 🟡🟡 Wat kunnen traditionele gerechten toch lekker zijn! Deze gedachte zal ongetwijfeld door uw hoofd gaan als u de genereuze bereidingen van Louis Tichoux verorbert. Hij zet de keuken van zijn vader voort en heeft diens oog voor kwaliteit geërfd. Een vaste waarde!

Lunch 25 € – Menu 55 € 🍷 – Carte 37/73 €

Grand'Route 491 – ☎ 067 21 65 33 – www.tichoux.be – Fermé jeudi soir, samedi midi, dimanche soir et mercredi

LOMPRET
Hainaut – ✉ 6463 – Chimay – Atlas n° **8**-D3

🏠 Franc Bois

AUBERGE · FONCTIONNEL Près du clocher d'un village tranquille, maison en pierres du pays où l'on s'endort dans des chambres fonctionnelles récemment rajeunies. Buffet matinal dans un cadre soigné.

HERBERG · FUNCTIONEEL Huis van steen uit de streek, bij de klokkentoren van een rustig dorp. De functionele kamers zijn onlangs opgeknapt. Ontbijtbuffet in een verzorgde setting.

8 chambres ⌂ – 🛇65/80 € 🛇🛇90/120 €

rue Courtil aux Martias 18 – ☎ 060 21 44 75 – www.hoteldefrancbois.be – Fermé week-ends en janvier

LOUVAIN-LA-NEUVE
Brabant Wallon – ✉ 1348 – Ottignies-Louvain-la-Neuve – Atlas n° **7**-B1

🍴 Loungeatude ❶

CUISINE DU MARCHÉ · BRANCHÉ 🟡🟡 Son nom résume bien le concept : restaurant loungy à la décoration trendy et aux couleurs vives. La cuisine est moderne et généreuse, avec une grande attention aux légumes et de belles associations de bières. Le chronolunch plaira aux hommes d'affaires pressés.

MARKTKEUKEN · EIGENTIJDS 🟡🟡 De naam vat het goed samen: dit is een loungy restaurant, trendy ingericht met opvallende kleuren. Wat het eten betreft, gaat het er hier modern aan toe. De chef hecht veel belang aan groenten, toont zich genereus, en biedt interessante bierassociaties aan. De chronolunch zal gehaaste zakenmensen bevallen.

Lunch 28 € – Menu 37/59 € – Carte env. 40 €

Scavée du Biéreau 2 (derrière La Ferme du Biéreau) – ☎ 010 45 64 62 – www.loungeatude.be – Fermé samedi midi et dimanche

La LOUVIÈRE

Hainaut – ✉ 7100 – Atlas n° **8**-D2

⭑⃝ La Table d'Or

CUISINE TRADITIONNELLE · CLASSIQUE XxX Plafond peint, décor dans le style Art déco, une belle terrasse au jardin... Le classicisme à l'état pur, entretenu avec soin. Le chef aime les produits nobles et vous fera goûter les saveurs de la cuisine traditionnelle. La carte des vins est impressionnante !

TRADITIONELE KEUKEN · KLASSIEK XxX Schilderingen aan het plafond, een interieur in art-decostijl, een mooi terras in de tuin ... Deze zaak is klassiek, en wordt met zorg onderhouden. De chef werkt graag met nobele producten en laat u proeven hoe smaakvol de traditionele keuken is. De uitgebreide wijnkaart is indrukwekkend!

Lunch 20 € – Menu 29/95 € – Carte 59/175 €

3 chambres – 🛏85/125 € 🛏🛏85/125 € – 🍽20 €

– ☎ 064 84 80 82

– www.latabledor.com

– Fermé 2 dernières semaines d'août, samedi midi, dimanche soir, lundi, mardi et après 20 h 30

⭑⃝ Céma Passion

CUISINE FRANÇAISE MODERNE · ÉLÉGANT XX Au menu : une cuisine française moderne qui se caractérise par la passion et le raffinement. Le chef est adepte des produits de saison, et cela se sent ! On est entraîné dans un véritable périple gourmand...

FRANS MODERN · ELEGANT XX Passie en verfijning karakteriseren deze keuken, die de moderne Franse toer opgaat. De chef zweert hier bij seizoengebonden producten. Deze elegante zaak neemt u mee op een hartstochtelijk avontuur.

Lunch 28 € – Menu 40/65 € – Carte 56/72 €

avenue Gambetta 63 – ☎ 064 66 38 26 (réservation conseillée)

– www.cemapassion.com

– déjeuner seulement sauf vendredi et samedi

– Fermé 1er au 15 janvier, 1er au 15 septembre, samedi midi et lundi

LOYERS

Namur – ✉ 5101 – Namur – Atlas n° **10D**-C1

⭑⃝ Atelier de Bossimé 🍴 🍽 ♿ 🅿

CUISINE BIO · CONTEMPORAIN X Ludovic Vanackere, le jeune chef, a une vision. C'est ce qui l'a poussé à transformer une écurie de la ferme parentale en ce restaurant moderne, dans lequel il propose une jolie cuisine 100% nature. Les produits locaux sont le carburant de ces assiettes bien pensées, qui se révèlent honnêtes et limpides.

BIO · HEDENDAAGSE SFEER X Ludovic Vanackere is een jonge chef met een visie. Hij heeft een stal van de ouderlijke boerderij omgebouwd tot dit moderne restaurant en voert er een natuurlijke keuken. Lokale en zelfgekweekte producten komen er volledig tot hun recht dankzij weldoordachte bereidingen die bol staan van pure en eerlijke smaken.

Lunch 25 € – Menu 32/74 € 🍷

rue Bossimé 2B – ☎ 0478 13 71 25

– www.atelierdebossime.be

– Fermé fin décembre-début janvier, 2 premières semaines de septembre, samedi midi, dimanche, lundi et mardi

---

 Une bonne table sans se ruiner ? Repérez les Bib Gourmand ☺.

MAISSIN
Luxembourg – ✉ 6852 – Paliseul – Atlas n° **11G**-B2

Aïoli   ⭆ 🐾 🛏 🕸 🅿

MAISON DE CAMPAGNE · CLASSIQUE Cette ancienne ferme (1876) en pierre ardennaise est un endroit excellent pour trouver le repos. Profitez de la vue verdoyante depuis la terrasse. Pierre, le maître des lieux et guide, saura vous conseiller des itinéraires adaptés à vos envies tandis maîtresse Françoise vous gâtera à la table d'hôte. Un havre de sérénité.

LANDHUIS · KLASSIEK Deze voormalige boerderij (1876) in Ardense steen is een heerlijke plek om tot rust te komen. U komt hier niets te kort aan comfort en geniet op het terras van de groene omgeving. Gastheer/gids Pierre geeft u graag advies voor een wandeltocht, gastvrouw Françoise verwent u dan weer aan de lekkere table d'hôte.

3 chambres ⌑ – ♦90/105 € ♦♦90/105 € – 1 suite – ½ P

rue Commandant Henri Calvez 3 – ✆ 061 50 12 42 – www.aioli.be – Fermé 15 janvier-28 février

MALMEDY
Liège – ✉ 4960 – Atlas n° **9**-C2

À la Truite Argentée   🏠 🕸 🅿

CUISINE TRADITIONNELLE · CONVIVIAL X Cette auberge tenue en couple est "la" bonne adresse malmédienne pour se régaler de truites. Des viviers du jardin, elles n'ont qu'un saut à faire pour se coucher dans la poêle ! Généreux menu traditionnel.

TRADITIONELE KEUKEN · GEZELLIG X Deze herberg wordt gerund door een familie. Het is het adres in de streek bij uitstek om te genieten van forel die zo vanuit de kweekvijver in de pan springt! Royaal traditioneel menu.

Menu 47 € – Carte 39/60 €

Bellevue 3 (par avenue Monbijou : 2 km direction Waimes) – ✆ 080 78 61 73 – www.latruite-argentee.be – Fermé lundi soir et mardi soir de novembre à mars, mercredi, jeudi et après 20 h 30

Maison Geron   🛏 🕸 🅿

MAISON DE CAMPAGNE · PERSONNALISÉ Adorable hôtel rural tirant parti d'une maison de maître rénovée sans lui ôter son âme. Cadre intime et chaleureux, chambres personnalisées et breakfast bien comme il faut.

LANDHUIS · PERSOONLIJK CACHET Heel aardig countryhotel in een gerenoveerd herenhuis, waarvan de ziel onaangetast is. Intieme, warme inrichting, kamers met een persoonlijke touch en goed ontbijt.

6 chambres ⌑ – ♦95/155 € ♦♦95/165 €

route de la Ferme Libert 4 (à Bévercé, Nord-Est : 3 km) – ✆ 080 33 00 06 – www.geron.be

MANAGE
Hainaut – ✉ 7170 – Atlas n° **8**-D2

Le Petit Cellier   🏠 🆎 ♻ 🅿

CUISINE TRADITIONNELLE · ÉLÉGANT XXX Les amateurs de classique sont à la bonne adresse. Le chef-patron œuvre depuis 1979 en cuisine et peut compter sur une équipe loyale. Ils ont fait de ce Petit Cellier une valeur sûre où la tradition est à l'honneur. Leurs goûts, typiques et riches, ne déçoivent jamais !

TRADITIONELE KEUKEN · ELEGANT XXX Liefhebbers van klassiek komen hier echt aan hun trekken. De patron-chef roert al sinds 1979 in de potten en kan rekenen op een trouw team. Samen hebben ze van Le Petit Cellier een vaste waarde gemaakt waar de traditionele keuken eer wordt aangedaan. De typische, rijke smaken ontgoochelen nooit!

Menu 35/75 € – Carte 44/94 €

Grand'Rue 88 – ✆ 064 55 59 69 – www.lepetitcellier.com – Fermé juillet, dimanche soir et lundi

MARCHE-EN-FAMENNE

Luxembourg – ✉ 6900 – Atlas n° **11**-B1

😊 Le Baragoû

CUISINE FRANÇAISE CRÉATIVE · BISTRO XX En effet : voilà un bar qui a du goût ! A l'image de l'intérieur relooké, avec le charme de la sobriété. Ou de la cuisine typée du chef Cédric Mignon. Carte succincte mais efficace, une cuisine qui regorge de plaisir et de raffinement. On en redemande !

FRANS CREATIEF · BISTRO XX Smaak verwacht je in een bar à goût, en smaak krijg je! Zo toont het knap gerestylede interieur hier de aantrekkingskracht van soberheid aan. To-the-point typeert ook de geïnspireerde keuken van chef Mignon. Zijn kaart is kort, maar de gerechten zijn af. Hij creëert bordjes vol plezier en verfijning, en daar krijgt men nooit genoeg van!

Lunch 20 € – Menu 37/48 € – Carte env. 50 €

chaussée de Liège 4 – ☏ 084 44 58 68 – www.lebaragou.be – Fermé mardi et mercredi

😊 La Gloriette

CUISINE FRANÇAISE MODERNE · CONTEMPORAIN XX Un cadre authentique et contemporain pour cette maison de maître, restylée avec beaucoup de bonheur. Le chef propose une cuisine au goût du jour avec notamment des mises en bouche créatives. Une cuisine personnelle variée et parfois ludique, qui ne perd jamais de vue l'intensité et les saveurs. Un excellent rapport qualité-prix !

FRANS MODERN · HEDENDAAGSE SFEER XX La Gloriette is puur en contemporain, de restyling van dit herenhuis is geslaagd! De chef is eveneens met zijn tijd mee en pakt meteen uit met creatieve amuses. Het typeert zijn keuken: divers en bij momenten speels. En dat zonder de intensiteit van de smaken uit het oog te verliezen. Daarom is de prijs-kwaliteitverhouding hier dan ook geweldig!

Lunch 26 € – Menu 35/75 € – Carte 50/71 €

rue de Bastogne 18 – ☏ 084 37 98 22 – www.lagloriette.net – Fermé 1 semaine en janvier, 2 dernières semaines d'août- première semaine de septembre, mercredi soir, dimanche soir et lundi

🍴 Les 4 Saisons

CUISINE MODERNE · CONTEMPORAIN XX Cuisine actuelle, que l'on savoure dans une salle à manger chaleureuse ou sous la véranda donnant sur le jardin avec pièce d'eau. Bar moderne et accueillant, menus attirants et bon rapport qualité-prix.

MODERNE KEUKEN · HEDENDAAGSE SFEER XX Restaurant met een gezellige, eigentijdse eetzaal en een moderne serre die uitkijkt op de tuin met terras en waterpartij. Mooie moderne bar. Up-to-date culinair register en bijpassende wijnen. Aantrekkelijke menu's en prijs-kwaliteitverhouding.

Lunch 28 € – Menu 42/50 €

rue de Bastogne 108 (à Hollogne, Sud-Est : 3 km) – ☏ 084 32 18 10
– www.les4saisons.be – Fermé dimanche soir et mercredi sauf jours fériés

🏚 Château d'Hassonville

DEMEURE HISTORIQUE · ROMANTIQUE Grand château (1687) agrémenté d'un parc privé avec étang. Chambres romantiques dans le corps de logis et ses dépendances. Déjeuner dans la serre. Au restaurant, cadre classique et cuisine raffinée. Belle cave.

HISTORISCH PAND · ROMANTISCH Groot kasteel (1687) in een privé-park, met vijver, waar de kamers zowel in het hoofdgebouw als de bijgebouwen romantisch zijn. Ontbijten doet u in de serre, voor een verfijnde maaltijd moet u in het jachtpaviljoen zijn, waar u van een mooi zicht op het park geniet. Rijke wijnkelder en menu-formules inclusief wijn.

20 chambres – 🛏130/180 € 🛏🛏130/180 € – ⌛17 €

route d'Hassonville 105 (Sud-Ouest : 4 km par N 836) – ☏ 084 31 10 25
– www.hassonville.be – Fermé 2 au 16 janvier

Le Manoir

MAISON DE MAÎTRE · CONTEMPORAIN Manoir de standing de 1616 paré d'un look moderne, une combinaison réussie pour cet hôtel. Vous aurez le choix entre les chambres spacieuses et modernes dans le manoir ou celles de l'annexe, résolument actuelles et design. Ne manquez pas la brasserie, pour un bain d'authenticité.

HERENHUIS · EIGENTIJDS De standing van een landhuis uit 1616 opgeleukt met een moderne look, het is een combinatie die het succes van dit hotel verklaart. U hebt er de keuze uit ruime up-to-date kamers in de manoir zelf en resoluut moderne kamers met designelementen in de annexe. Voor wat meer authenticiteit moet u in de brasserie zijn.

11 chambres – 🛏95 € 🛏🛏120/140 € – 🍽10 €

rue du Manoir 2 – ☏ 084 45 55 14 – www.le-manoir.be – Fermé lundi

MARCHIN

Liège – ✉ 4570 – Atlas n° **9**-A2

Arabelle Meirlaen

CUISINE BIO · ÉLÉGANT 🍽🍽🍽 L'atout d'Arabelle, c'est l'intuition. Elle travaille les herbes et légumes de son potager avec inventivité, elle les combine avec raffinement : bref, elle impose sa « griffe » ! À la fois légers et généreux, ses plats se dégustent dans un intérieur lumineux. Une expérience délicieuse.

→ Homard bleu de l'Escaut aux épices ayurvédiques. Pigeonneau de Sohan aux petits pois et aromates. Selon le parfum Nina de Nina Ricci.

BIO · ELEGANT 🍽🍽🍽 Arabelle kookt op intuïtie. Ze bewerkt kruiden en groenten uit haar eigen tuin met inventiviteit, combineert ze met verfijning en geeft zo haar persoonlijke touch. De gerechten zijn licht, maar toch brengt ze generositeit op het bord. Het natuurlijke van haar keuken vindt men zelfs in het lumineuze interieur. Een delicieuse belevenis!

Lunch 50 € – Menu 75/110 € – Carte 75/113 €

chemin de Bertrandfontaine 7 – ☏ 085 25 55 55
– www.arabelle.be – Fermé Noël et nouvel an, 2 semaines de Pâques, 2 semaines début juillet, 1 semaine fin août, samedi midi, dimanche soir, lundi, mardi et mercredi

MARCINELLE

Hainaut – ✉ 6001 – Charleroi – Atlas n° **8**-D2

Le Saint-Charles

CUISINE FRANÇAISE MODERNE · TENDANCE 🍽 Sur le site minier de Marcinelle, qui rappelle le temps où l'on y exploitait le charbon, cet ancien entrepôt restauré avec des matériaux naturels est aujourd'hui un restaurant. Cuisine actuelle savoureuse et soignée, accompagnée de sauces subtiles. La carte des vins et la formule sont à prix doux.

FRANS MODERN · TRENDY 🍽 Op de mijnsite van Marcinelle, die herinnert aan het verleden van steenkoolontginning, is het oude magazijn met natuurmaterialen gerestaureerd tot dit restaurant. Actuele gerechten worden verzorgd en mooi op smaak gebracht met geraffineerde sauzen. Zachte prijzen vindt u in de wijnkaart en het keuzemenu.

Lunch 19 € – Menu 37/60 € – Carte 54/72 €

rue du Cazier 80 – ☏ 071 36 56 26
– www.lesaintcharles.be – déjeuner seulement sauf vendredi et samedi – Fermé 24 décembre-9 janvier, 10 au 15 avril, 10 au 29 juillet et lundi

MARCOURT

Luxembourg – ✉ 6987 – Rendeux – Atlas n° **11**-C1

La Grande Cure

FAMILIAL · COSY Un couple néerlando-danois exploitant un hôtel en Belgique, ce n'est pas si courant... Cet hôtel charmant et joliment décoré est tenu avec beaucoup de passion, tout comme la table d'hôte et ses vins intéressants.

FAMILIAAL • GEZELLIG Een Nederlands-Deens echtpaar dat in België een hotel uitbaat, je hoort het niet elke dag. Ze runnen hun charmante, fris ingerichte hotel met hart en ziel. Evenveel begeestering proeft u aan de table d'hôte en in de interessante wijnen.

24 chambres ⌂ – †70/105 € ††100/170 € – ½ P

Les Planesses 12 – ☎ 084 47 73 69 – www.lagrandecure.be – Fermé 1er au 12 janvier

MARENNE
Luxembourg – ✉ 6990 – Hotton – Atlas n° **11**-B1

☸ **Les Pieds dans le Plat** (Jean-Michel et Max Dienst) ⌂ ⌂ **P**

CUISINE CLASSIQUE • COSY ✕✕ Les Dienst – père et fils – tiennent leur restaurant dans l'ancienne école du village, et ils y célèbrent les classiques de la gastronomie française, avec des touches plus modernes et élaborées du fils Max. Leur leitmotiv : l'accent sur les saveurs authentiques. On ne résiste pas à tant de générosité !

→ Morilles farcies à la volaille jaune et onctueux d'asperge. Poulet de Bresse entier façon "Mère Brazier". Crêpes 'Pieds dans le Plat' flambées, orange et parfait à la vanille.

KLASSIEKE KEUKEN • KNUS ✕✕ In deze opgeleukte dorpsschool geven vader en zoon Dienst u een les in genieten. Laat de spektakelkeuken voor wat het is en focus op echte smaken, dat is hun uitgangspunt. Al wordt de Franse klassieke keuken vandaag wel aangevuld met modernere en meer bewerkte ingevingen van zoon Max. Aan deze smakelijke generositeit valt niet te weerstaan!

Lunch 29 € – Menu 70 € ⌐/135 € ⌐ – Carte 49/90 €

rue du Centre 3 – ☎ 084 32 17 92 – www.lespiedsdansleplat.be – Fermé fin décembre-début janvier, 2 dernières semaines de septembre, jeudis soir non fériés, mercredi soir, lundi et mardi

MARTELANGE
Luxembourg – ✉ 6630 – Atlas n° **11**-C2

☺ **Brasserie N4**

CUISINE FRANÇAISE CRÉATIVE • TRADITIONNEL ✕✕ Frédéric Bolis attache beaucoup d'importance au produit et démontre, entre autres savoir-faire, une grande maîtrise des cuissons. Et s'il garde toujours la tradition à l'esprit, il sait la bousculer avec des traits originaux, mais toujours respectueux des saveurs. N'hésitez pas à réserver l'une des jolies chambres...

FRANS CREATIEF • TRADITIONEEL ✕✕ Maak u klaar voor duizelingwekkende smaken. Chef Bolis verliest de traditie niet uit het oog, maar voegt dankzij originele toetsen dat tikkeltje extra toe qua smaakbeleving. Kies in dit huiselijk familiebedrijf een eigen tafel bij het raam om te genieten van het zicht op de Ardennen. Uitrusten kan in een van de verzorgde kamers.

Lunch 19 € – Menu 35 € – Carte 46/62 €

10 chambres – †64/74 € ††74/114 € – ⌂ 10 € – ½ P

La Roche Percée 1 (Nord : 2 km sur N 4) – ☎ 063 60 04 28
– www.brasseriegrilln4.be – Fermé lundis et mardis sauf fériés

MIRWART
Luxembourg – ✉ 6870 – Saint-Hubert – Atlas n° **11**-B2

☺ **Auberge du Grandgousier** ⌂ ⌂ ⌂ ⌂ ⌂ **P**

CUISINE TRADITIONNELLE • RUSTIQUE ✕✕ Cette auberge familiale en moellons et colombages vous convie à un repas de saison sous les poutres d'une salle rustique. Bon choix de menus, spécialité de gibier, truite au bleu en direct du vivier, comme le homard. Chambres bien tenues ; planchers sonores.

TRADITIONELE KEUKEN • RUSTIEK ✕✕ Familieherberg met breukstenen en vakwerk. In de rustieke eetzaal met balken worden seizoengebonden gerechten geserveerd. Diverse menu's, wild, forel en kreeft uit het homarium. Goed onderhouden karaktervolle kamers. Het ultieme Ardennengevoel.

Menu 37/70 € ⌐ – Carte 51/84 €

9 chambres ⌂ – †75/88 € ††90/98 € – ½ P

rue du Staplisse 6 – ☎ 084 36 62 93 – www.grandgousier.be – Fermé 2 janvier-14 février, 17 juin-4 juillet, 2 au 19 septembre, jeudi midi de février à juin, lundi soir, mardi, mercredi et après 20 h 30

imageBROKER/hemis.fr

MONS · BERGEN

Hainaut – ✉ 7000 – 94 964 hab. – Atlas n° **8**-C2

Restaurants

⓼ **Le Comptoir de Marie**   ⌘ A/C ⟷

CUISINE ESPAGNOLE · CONVIVIAL ✗ Installez-vous au comptoir noir et admirez le spectacle. Le chef démontre son talent derrière les fourneaux, assure le service et vous parle de ses plats variés. Grâce à son savoir-faire et à l'aide de produits de qualité, les tapas sont délicieuses. Un tourbillon de saveurs !

→ Encornets en tagliatelles, façon carbonara. Jambon ibérico bellota et pain à la tomate. Joue de bœuf en 2 cuissons et escargots.

SPAANS · GEZELLIG ✗ Zet u aan de zwarte toog en geniet van het spektakel. De chef toont wat hij aan achter het fornuis, maar bedient u ook en geeft uitleg bij zijn gevarieerde gerechtjes. Dankzij bereidingen die to the point zijn en het gebruik van topproducten, zijn de tapas hier overheerlijk. Een wervelwind van smaken!

Lunch 30 € – Menu 45 € – Carte 45/75 €

Plan: B1-m – *rue d'Enghien 8* – ☏ *065 87 29 49* – *www.lecomptoirdemarie.be* – *Fermé dimanche et lundi*

⓽ **La Table du Boucher**   A/C ⟷

VIANDES · VINTAGE ✗✗ Un must pour tout amateur de viande ! Le patron, Luc Broutard, ne travaille que des produits de qualité, dont certains proviennent des mêmes fournisseurs que Joël Robuchon, et vous pouvez lui faire confiance ! Steak tartare préparé devant vous, grillades délicieusement tendres...

VLEES · VINTAGE ✗✗ Brasseriekeuken in haar smakelijkste vorm. Een keuze maken uit de verleidelijke suggesties of het menu is geen sinecure. Naast enkele vissuggesties staan hier vleesgerechten op het menu om van te watertanden. Patron Luc Broutard is gepassioneerd door vlees en deelt sommige leveranciers met de legendarische chef Robuchon.

Menu 37 € – Carte 39/179 €

Plan: B1-a – *rue d'Havré 49* – ☏ *065 31 68 38* – *www.latableduboucher.be* – *Fermé lundi et mardi*

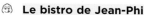

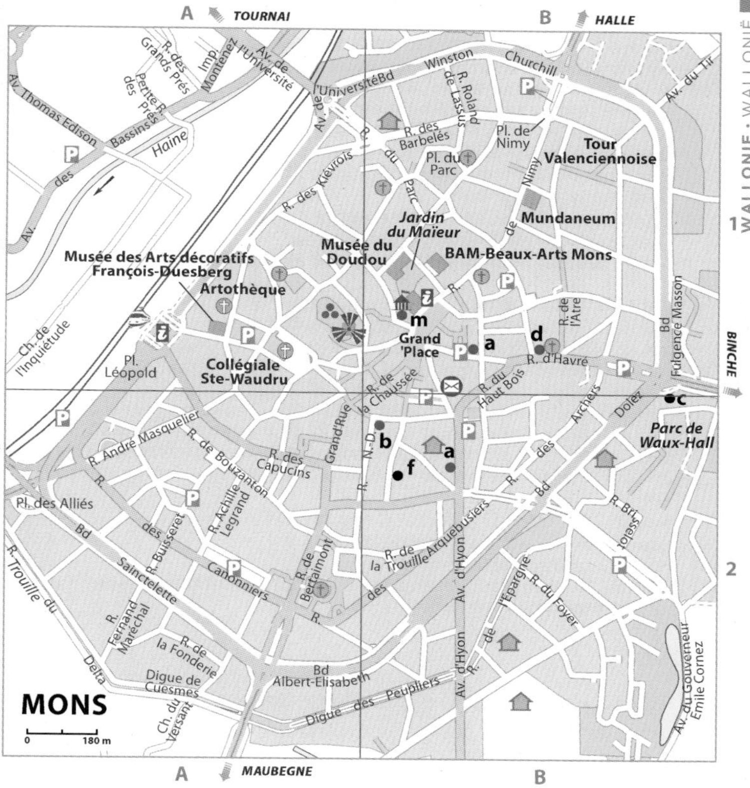
A
TOURNAI
B
HALLE
1
2
VALENCIENNES, LE GRAND-HORNU
BINCHE
MAUBEGNE
MONS
0
180 m
Tour Valenciennoise
Mundaneum
Jardin du Maïeur
Musée du Doudou
BAM-Beaux-Arts Mons
Musée des Arts décoratifs François-Duesberg
Artothèque
Collégiale Ste-Waudru
Grand 'Place
Parc de Waux-Hall
Pl. Léopold
Pl. des Alliés
Pl. de Nimy
Pl. du Parc
Av. Thomas Edison
Av. de l'Université
Bd Winston Churchill
Av. du Tir
R. des Kiévrois
R. du Parc
R. de Nimy
R. des Barbelés
R. Roland de Lassus
R. de la Chaussée
R. du Haut Bois
R. d'Havré
R. de l'Atre
Bd Fulgence Masson
R. des Archers
R. Dolez
R. des Capucins
R. André Masquelier
R. de Bouzanton
R. Achille Legrand
R. Buisseret
R. des Canonniers
R. de Bertaimont
R. de la Trouille
R. des Arquebusiers
Av. d'Hyon
R. de l'Epargne
R. du Foyer
R. Brisselot
Bd Sainctelette
R. Fernand Maréchal
R. de la Fonderie
Digue de Cuesmes
Ch. du Versant
Bd Albert-Elisabeth
Digue des Peupliers
Av. du Gouverneur Emile Cornez
Ch. de l'Inquiétude
R. Trouille du Delta
Grand'Rue
R. N.-D.
a
b
c
d
f
m

Le bistro de Jean-Phi

CUISINE FRANÇAISE MODERNE • BISTRO X Bistrot moderne décontracté et animé de Jean-Philippe Watteyne. Le chef propose une cuisine convaincante, tant par les associations de produits que par les techniques utilisées, sans jamais franchir les limites du bon goût. Une délicieuse cuisine de brasserie, plus créative dans le menu Bib que dans le menu-carte.

FRANS MODERN • BISTRO X De moderne bistro van Jean-Philippe Watteyne is een ongedwongen, bruisende zaak. De chef brengt gerechten op het bord die interessant zijn, zowel de productcombinaties als de gebruikte technieken. Al zoekt hij het zeker niet te ver. Een heerlijke bistrokeuken, die creatiever is in het Bib-menu dan het à la carte menu.

Lunch 25 € – Menu 29/37 €

Plan: B2-b – *rue des Fripiers 22b* – *065 87 57 87*
– *www.le-bistro-de-jeanphi.be*
– *Fermé 25 juillet-15 août, lundi, mardi et mercredi*

Il fait beau ? Repérez le symbole et attablez-vous en terrasse…

⊕ La Madeleine

POISSONS ET FRUITS DE MER · BRASSERIE ※ Tous les délices de la mer dans votre assiette : ici, poissons et crustacés rivalisent de fraîcheur et de qualité ! Il y a une certaine logique à cela : cette brasserie raffinée était autrefois... une poissonnerie. À noter : le menu Bib est particulièrement intéressant.

VIS EN ZEEVRUCHTEN · BRASSERIE ※ Al het lekkers uit de zee komt hier op uw bord. De vis en zeevruchten, vers en kwaliteitsvol, worden ook aangeboden in een aantrekkelijk Bib menu met ruime keuze. Deze voormalige viswinkel is vandaag een verzorgde brasserie.

Lunch 28 € – Menu 37 € – Carte 40/89 €

Plan: B2-a – *rue de la Halle 42* – ☎ *065 35 13 70*
– *www.lamadeleine.be* – *Fermé samedi midi, dimanche soir et lundi*

ⅼ○ Les Gribaumonts   🕅 🕊 ⇄

CUISINE FRANÇAISE CRÉATIVE · CONTEMPORAIN ※※ Un sommelier passionné est un atout précieux, comme le prouve ce restaurant. Nicolas sélectionne les vins qui accompagnent les plats et mettent en valeur la cuisine contemporaine soignée de Lisa.

FRANS CREATIEF · HEDENDAAGSE SFEER ※※ Een gepassioneerde sommelier is een meerwaarde, dat wordt bewezen in dit eigentijdse restaurant. Nicolas kiest namelijk wijnen die de verzorgde, eigentijdse gerechten van chef Lisa elegant begeleiden en versterken. Laat u dus zeker verleiden door een lekker glaasje.

Lunch 27 € – Menu 46/90 € – Carte 60/95 €

Plan: B1-d – *rue d'Havré 95* – ☎ *065 75 04 55*
– *www.lesgribaumonts.be*
– *Fermé 26 décembre-3 janvier, 22 au 27 avril, 30 juillet-13 août, mercredi soir, samedi midi, dimanche et lundi*

Hotels

🏠 Dream!   ⚒ 🕸 🕅 ᴸᴳ 🖭 🕭 ᴬᴷ ⇄ ♨ Ⓟ

HÔTEL PARTICULIER · DESIGN Cet établissement marie un édifice néogothique de caractère (19e s.) avec un intérieur design minimaliste... et a conservé ses formes typiques, y compris une splendide « tracerie ». Une alliance réussie ! Les chambres sur le thème de la Belgitude sont réussies ; on peut se détendre au wellness et profiter d'une cuisine italianisante au restaurant.

STADSPALEIS · DESIGN De samensmelting van een minimalistisch designinterieur met een karaktervol neogotisch gebouw (19de eeuw) dat zijn typische vormen heeft behouden, inclusief prachtig maaswerk ... Wat een droomhuwelijk! Ook de Belgische themakamers zijn de moeite, net als de wellness en de Italiaans getinte gerechten in het restaurant.

62 chambres – 🛏65/113 € 🛏🛏65/113 € – 🍴 13 € – 2 suites

Plan: B2-f – *rue de la Grande Triperie 17* – ☎ *065 32 97 20*
– *www.hoteldream.be*

🏠 St James   🖭 🕭 Ⓟ

MAISON DE MAÎTRE · CONTEMPORAIN Cette maison de maître du 18e s. a été joliment rénovée avec quelques touches design : l'ensemble est bien dans l'air du temps. Noir et blanc dans le bâtiment principal, tons bruns dans la dépendance : de beaux atouts pour une nuitée tout en douceur...

HERENHUIS · EIGENTIJDS Herenhuis uit de 18de eeuw dat mooi is gerenoveerd, met hier en daar designelementen, en nu helemaal met zijn tijd mee is. In het hoofdgebouw overheersen zwart en wit, de dependance is in bruine tinten gedecoreerd. Een knap decor voor een rustige overnachting.

21 chambres – 🛏79/105 € 🛏🛏79/109 € – 🍴 12 €

Plan: B1-2-c – *place de Flandre 8* – ☎ *065 72 48 24*
– *www.hotelstjames.be*

MONTIGNIES-SAINT-CHRISTOPHE

Hainaut – ⊠ 6560 – Erquelinnes – Atlas n° **8**-C2

😊 **Lettres Gourmandes** 😤 🅰🅲 🅿

CUISINE FRANÇAISE CRÉATIVE • COSY 🛇🛇 Depuis les fourneaux de son restaurant contemporain, Christophe écrit des lettres vraiment gourmandes, faisant partager son amour infini de la gastronomie. Sa passion ? Réinterpréter la cuisine classique à sa façon et concocter une assiette à la page. Son credo ? Le produit frais, joliment mis en valeur.

FRANS CREATIEF • KNUS 🛇🛇 Chef-kok Christophe stuurt u vanuit de keuken van zijn moderne zaak een heerlijke culinaire liefdesbrief. Wie hem leest, ontdekt dat hij zijn hart heeft verpand aan de hedendaagse interpretatie van de klassieke keuken. Vers is hierbij zijn credo, dat mooi tot zijn recht komt in de bijdetijdse kookstijl van de chef.

Lunch 23 € – Menu 37/55 € – Carte 58/74 €

route de Mons 52 – ✆ 071 55 56 22

– www.lettresgourmandes.be

– Fermé 20 décembre-16 janvier, 1 semaine Pâques, 27 juin-18 juillet, dimanche soir, lundi, mardi et mercredi

MONTIGNY-LE-TILLEUL

Hainaut – ⊠ 6110 – Atlas n° **8**-D2

🕸 **L'Éveil des Sens** (Laury Zioui) 🕸 😤 🅰🅲 ↔ 🅿

CUISINE CRÉATIVE • INTIME 🛇🛇 Que ce soit dans l'intimité du restaurant ou sur la belle terrasse verdoyante, ce repas ne vous laissera pas indifférent ! La cuisine, généreuse, éveillera vos sens. Les racines marocaines du chef colorent son inventivité ; l'harmonie des saveurs et des associations témoignent de sa personnalité.

→ Risotto d'épeautre, petits pois et saucisson lyonnais. Tajine de homard et ris de veau, légumes confits et huile d'argan. Soufflé chaud à la charteuse.

CREATIEF • INTIEM 🛇🛇 Een tafel in het intieme restaurant of op het prachtige terras, tussen kruiden en groenten, zal u niet onberoerd laten. Maar het is de rijke keuken die uw zintuigen echt zal prikkelen. De Marokkaanse roots van de chef kleuren zijn inventiviteit, de harmonie van smaken en combinaties getuigen van persoonlijkheid.

Lunch 38 € – Menu 45/125 € – Carte 82/128 €

rue de la Station 105 (à Bomerée, Sud-Est : 3 km) – ✆ 071 31 96 92 (réservation conseillée)

– www.l-eveildessens.be

– Fermé 24 décembre-1er janvier, 1 semaine Pâques, fin juillet-début août, jours fériés, dimanche soir, lundi et mardi

😊 **De Vous à Nous** 😤 🅰🅲 🛇 ↔ 🅿

CUISINE MODERNE • CONTEMPORAIN 🛇🛇 Associer addition légère et... véritable cuisine de dégustation empreinte d'originalité : tel est le pari relevé par cette adresse. Pas besoin de se limiter au menu pour bénéficier d'un bon rapport qualité-prix, on peut se reposer sur la carte... tout en profitant d'un vrai savoir-faire et d'une belle générosité.

MODERNE KEUKEN • HEDENDAAGSE SFEER 🛇🛇 Een keuken die smaakvol en origineel is koppelen aan een zachte rekening: dat is de uitdaging van dit aangenaam restaurant. U hoeft zich niet tot het menu te beperken voor een goede prijs-kwaliteitverhouding, u kunt zich gerust à la carte laten gaan om te profiteren van de vakkennis en generositeit van de chef.

Lunch 25 € – Menu 34/39 € – Carte 47/59 €

rue de Grand Bry 42 – ✆ 071 47 47 03

– www.devousanous.net

– Fermé samedi midi, dimanche soir et mardi

WALLONIE · WALLONIE

‖○ Le Val d'Heure

CUISINE FRANÇAISE CRÉATIVE · CONVIVIAL XX La vue sur la rivière confère à cet établissement une ambiance particulière. En cuisine, le chef laisse parler sa créativité, mais ses assiettes démontrent aussi une bonne maîtrise technique. À noter les délicieux légumes, issus du potager maison, qui participent pleinement de la qualité du repas...

FRANS CREATIEF · GEZELLIG XX Het zicht op de kabbelende rivier zorgt ervoor dat er een zekere sfeer hangt in deze sympathieke zaak. De chef brengt zijn creatieve ideeën mooi op het bord en toont aan dat hij technisch onderlegd is. De pure smaken van groenten, afkomstig uit de eigen moestuin, spelen daar een voorname rol in.

Lunch 30 € – Menu 48/62 € – Carte 53/65 €

rue de la Station 25 (à Bomerée, Sud-Est : 3 km) – 𝒞 071 51 65 35
– www.levaldheure.be – Fermé début janvier, jours fériés, dimanche soir et lundi

‖○ La Cuisine des Boschman

CUISINE CLASSIQUE · AUBERGE X Ce bâtiment de caractère du 19e s. joliment rénové nous invite à venir déguster une savoureuse cuisine classique. Les saisons sont au menu : il n'y a plus qu'à choisir !

KLASSIEKE KEUKEN · HERBERG X De manier waarop dit karaktervol pand uit de 19de eeuw is opgefrist, nodigt uit om te genieten van de eerder klassieke gerechten die hier worden geserveerd. Neem zeker een kijkje naar het menu om te ontdekken wat voor lekkers het seizoen te bieden heeft.

Lunch 25 € – Menu 42/50 € – Carte 32/55 €

rue de l'Église 38 – 𝒞 071 47 41 48 – www.legrandryeu.be – Fermé samedi midi, dimanche soir et lundi

MOUSCRON · MOESKROEN
Hainaut – ✉ 7700 – Atlas n° **8**-A1

⊛ Au Petit Château

CUISINE FRANÇAISE CLASSIQUE · CONTEMPORAIN XX C'est plus une grande villa, rafraîchie dans un style contemporain, qu'un "petit château", mais l'effort apporté aux menus fait pardonner l'exagération ! Service appliqué dirigé par une patronne qui a de la personnalité.

FRANS KLASSIEK · HEDENDAAGSE SFEER XX Hoewel het meer een ruime, mooi opgefriste villa is dan een "petit château" (kasteeltje) maken de goed verzorgde menu's deze overdrijving ruimschoots goed! Attente bediening onder leiding van een gastvrouw met karakter.

Lunch 27 € – Menu 37/74 € – Carte 56/145 €

boulevard des Alliés 243 (à Luingne, Est : 3 km sur N 58) – 𝒞 056 33 22 07
– www.aupetitchateau.be – Fermé 21 au 31 janvier, 10 au 31 juillet, dimanche soir, lundi soir, mardi et mercredi

‖○ Carpe Diem

POISSONS ET FRUITS DE MER · CONVIVIAL XX Carpe Diem ou « cueillir le jour » sur l'agréable terrasse de ce restaurant français, où poissons et fruits de mer s'offrent, d'une fraîcheur absolue, dans un menu au fil de l'eau, à l'instar de cet excellent Parmentier de barbue, agrémenté de son jus de crustacés. Réservez !

VIS EN ZEEVRUCHTEN · GEZELLIG XX De dag plukken met een bezoek aan een gezellig restaurant (met een leuk terras), waar de kaart Frans kleurt en de chef heel wat aandacht heeft voor vis en zeevruchten. Heerlijk! Probeer zeker een van de zeevruchtenschotels uit (op voorhand te reserveren).

Lunch 24 € – Menu 49/59 € – Carte 38/65 €

chaussée du Risquons-Tout 585 – 𝒞 056 34 65 72
– www.restaurant-carpediem.com – Fermé samedi midi, dimanche et lundi

‖○ Dar el Siam

CUISINE THAÏLANDAISE · ROMANTIQUE XX Vous l'aurez deviné en découvrant les bambous de la terrasse : Dar el Siam va vous faire voyager. L'intérieur, intime, vous plonge dans les Mille et Une Nuits ; le chef vous propose des plats thaïs dont les parfums et épices vous feront rêver d'horizons lointains...

THAIS · **ROMANTISCH** ✗✗ De bamboe aan het terras verraadt het al: bij Dar el Siam gaat u op reis. Het intiem interieur neemt u mee naar de verhalen van Duizend-en-een-nacht, terwijl de chef u trakteert op Thaise gerechten die u met hun parfums en pittigheid zullen doen wegdromen naar verre horizonten.

Lunch 15 € – Menu 30/43 € – Carte 31/62 €

chaussée de Dottignies 93 (à Luingne, Est : 3 km par N 58) – ℰ 056 33 48 11
– www.darelsiam.com – Fermé samedi midi, mardi soir et mercredi

✗○ **La Cloche**   ⅙ ᴀᴋ ⇔

CUISINE TRADITIONNELLE · **BRASSERIE** ✗ Flamands, Wallons, Français... tous se rassemblent ici dans le même but : profiter d'un agréable repas traditionnel à bon compte. On ne peut qu'être charmé par les lieux : nappes en damier rouge et blanc, poutres en bois... Nostalgie, nostalgie !

TRADITIONELE KEUKEN · **BRASSERIE** ✗ Wie hier binnenstapt, kan niet anders dan gecharmeerd zijn door de wit-rood geblokte tafelkleedjes, de doorleefde houten balken, kortweg de gezelligheid van vroeger. Ook de chef neemt u mee naar grootmoeders tijd, met genereuze traditionele gerechten waar u een fris, regionaal gebrouwen biertje bij kunt drinken.

Lunch 12 € ⍠ – Menu 25/40 € – Carte 30/55 €

rue de Tournai 9 – ℰ 056 85 50 30 – www.lacloche-resto.be

🏠 **Alize**   ⁂ ᴊ⬚ ⬚ ⅙ ᴀᴋ 🚗

BUSINESS · **CONTEMPORAIN** Bâtisse hôtelière moderne dans les parages de la Grand Place. Facilités de parking, fitness, sauna et chambres d'un bon confort fonctionnel.

BUSINESS · **EIGENTIJDS** Modern hotel in de buurt van de Grote Markt. Parking, fitnessruimte, sauna en kamers met goed en functioneel comfort.

62 chambres ⌑ – ⍾71/240 € ⍾⍾71/240 €

passage Saint-Pierre 34 – ℰ 056 56 15 61 – www.hotelalize.be

NALINNES

Hainaut – ✉ 6120 – Ham-sur-Heure-Nalinnes – Atlas n° **15**-D2

✗○ **La Brasserie**   ⍾ ⇔ 🅿

CUISINE TRADITIONNELLE · **BRASSERIE** ✗ Cette grande brasserie se divise en différents espaces et une belle terrasse... heureusement que le service est très efficace ! La cuisine, typique du genre, est basée sur d'excellents produits.

TRADITIONELE KEUKEN · **BRASSERIE** ✗ Deze grote brasserie omvat verschillende gezellige ruimtes en een mooi terras, maar dankzij de goed geoliede bediening loopt alles vlot. Dat geldt ook voor de keuken, waar typische brasseriegerechten met goede producten worden bereid.

Carte 37/58 €

route de Philippeville 7 – ℰ 071 22 04 15 – www.labrasserie-nalinnes.com

LES BONS PLANS! *NIET TE MISSEN!*

NE5T, pour l'ambiance luxueuse et le délicieux wellness. Attablez-vous, son menu fantastique et son ambiance plutôt trendy. Brasserie du Quai, pour déguster des huîtres au bord de la Meuse.

NE5T, om te genieten van luxe en de zalige wellness. Attablez-vous, voor zijn geweldig keuzemenu en hippe uitstraling. Brasserie du Quai, om oesters te degusteren op de oever van de Maas.

NAMUR · NAMEN

Namur – ⊠ 5000 – 110 632 hab. – Atlas n° **10**-C1

Restaurants

😊 Attablez-vous   🛜 🕅 🅿

CUISINE FRANÇAISE CRÉATIVE · TENDANCE XXX Ce restaurant est la preuve qu'on a parfois tout à gagner à obéir à un ordre ! On s'attable donc ici sans broncher, découvrant un décor élégant et coloré, à l'ambiance plutôt trendy. Dans l'assiette, une cuisine originale d'inspiration française et de belles saveurs. Verdict : on a bien fait de s'attabler !

FRANS CREATIEF · TRENDY XXX Wat is het heerlijk om hier te tafelen! Fleurige accenten geven het elegante decor een hippe uitstraling, op de borden hetzelfde verhaal: Frans geïnspireerde gerechten worden met een eigentijdse hand bewerkt en mooi op smaak gebracht.

Lunch 28 € – Menu 37/70 € – Carte 57/73 €

Tienne Maquet 16 – 𝒞 081 20 10 23
– www.attablezvous.be
– Fermé samedi midi, mercredi et jeudi

🍴 L'Espièglerie   🕸 🅰🅲 ⇔ 🅿

CUISINE MODERNE · ROMANTIQUE XXX Dans un décor de voûtes anciennes et de briques apparentes, vous profiterez d'un confort moderne qui se marie merveilleusement avec les éléments authentiques. Choisissez un menu pour découvrir une cuisine riche en saveurs. Beau choix de bières et de vins de Bordeaux.

MODERNE KEUKEN · ROMANTISCH XXX Bij L'Espièglerie eet u onder oude gewelven, tussen blote bakstenen muren, maar in modern comfort dat zich stijlvol vermengt met authentieke elementen. De menu's zijn een interessante optie om de rijke bereidingen te ontdekken die het moeten hebben van sterke smaken. De selectie bieren en bordeauxs is eveneens interessant!

Lunch 25 € – Menu 39/62 € – Carte env. 68 €

Plan: C2-x – *Hôtel Les Tanneurs, rue des Tanneries 13 – 𝒞 081 24 00 24*
– www.tanneurs.com

🍴⃝ Brasserie du Quai

CUISINE TRADITIONNELLE · BRASSERIE XX La Meuse est la grande star de cet établissement contemporain, et quelle vue ! Laissez-vous séduire par une table sur la terrasse et dégustez sans tarder l'un des plats de brasserie traditionnels. Le goût et la fraîcheur sont ici au rendez-vous, le beau banc d'écailler le prouve.

TRADITIONELE KEUKEN · BRASSERIE XX De Maas is de grote ster van deze contemporaine zaak, wat een zicht ! Ga dus zeker voor een plaats op het terras om te smullen van de traditionele brasseriekost. Smaak en fraîcheur zijn hier op de afspraak, daar laat de mooie zeevruchtenbank geen twijfel over.

Lunch 17 € – Menu 37 € – Carte 32/59 €

Plan: D2-d – *rue du Quai 9* – 𝒞 *081 65 70 03*
– *www.brasserieduquai.be*
– *Fermé 24 et 31 décembre le soir*

🍴⃝ Bistro Phil

CUISINE MÉDITERRANÉENNE · BISTRO X Le bistro trendy de Phil Garcia dégage une atmosphère décontractée qui convient à merveille à son style de cuisine, qu'il décrit volontiers comme " bistrophilie ". Il mêle habilement les influences espagnoles et méditerranéennes pour créer des saveurs captivantes avec beaucoup de créativité. Un vrai rayon de soleil dans l'assiette !

MEDITERRAAN · BISTRO X Er hangt een relaxte sfeer in de trendy bistro van Phil Garcia. Het past perfect bij zijn kookstijl, die hij graag omschrijft als bistrophilie. Spaanse en mediterrane invloeden gebruikt hij op een doordachte manier, zijn creativiteit maakt de smaken des te interessanter. Bij Bistro Phil lijkt de zon altijd te schijnen!

Lunch 19 € – Carte 48/61 €

Plan: B3-c – *avenue de la Plante 4* – 𝒞 *081 64 04 44*
– *www.bistrophil.be*
– *Fermé samedi midi et dimanche*

🍴⃝ Parfums de cuisine

CUISINE TRADITIONNELLE · INTIME X Ils aiguisent l'appétit, les parfums qui s'échappent des cuisines ouvertes de ce mignon bistro-gastro au cœur de Namur. On ressent la patte d'un chef expérimenté. Eric Lekeu est seul en cuisine, concentré sur ses saveurs. Ici, on se délecte d'une cuisine de tradition revisitée !

TRADITIONELE KEUKEN · INTIEM X Stap dit warm en intiem restaurantje binnen, ietwat verstopt in het centrum van Namen, en ruik. Uit de keuken komen geuren die u meteen zullen doen watertanden! De ervaren Eric Lekeu staat alleen in zijn keuken en serveert niets alvorens het bulkt van de smaak. De manier waarop hij traditionele gerechten herbekijkt, zorgt voor veel voldoening!

Lunch 29 € – Menu 39/67 € – Carte env. 73 €

Plan: C2-e – *rue du Bailly 10* – 𝒞 *081 22 70 10 (réservation conseillée)*
– *www.parfumsdecuisine.be*
– *Fermé dimanche et lundi*

🍴⃝ Pépite - Cave à manger

CUISINE CRÉATIVE · ÉLÉGANT X Pépite dispense une touche féminine, lumineuse et vintage. Pour résumer : c'est un endroit cosy pour partager de bons petits plats, point trop complexes, mais créatifs et utilisant d'excellents produits locaux. L'offre de vins au verre est aussi variée qu'intéressante.

CREATIEF · ELEGANT X Pépite heeft een vrouwelijke touch, het is lumineus en ietwat vintage. Kortweg: dit is een gezellige plek om lekker eten te delen. De gerechten zijn niet te complex, de smaken verraden de savoir-faire van een creatieve chef en het gebruik van uitstekende lokale producten. Het wijnaanbod is al even gevarieerd als interessant.

Lunch 25 € – Menu 39/42 € – Carte env. 45 €

Plan: C2-b – *rue Notre Dame 44* – 𝒞 *081 22 91 81*
– *www.pepite-resto.be*
– *Fermé mercredi midi, samedi et dimanche*

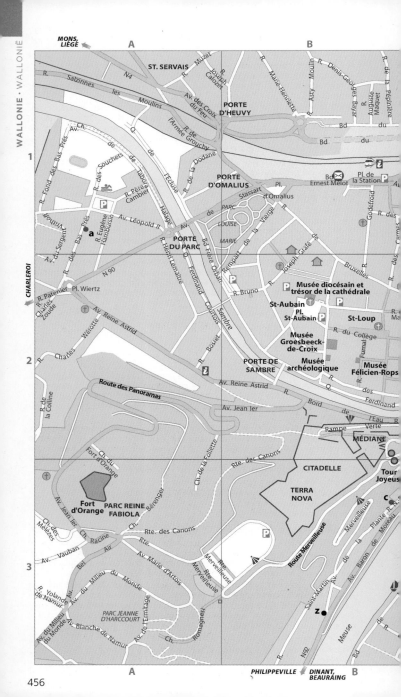

NAMUR

0 ──────── 240 m

R. Nanon

R. de Bomel

R. d'Arquet

Chaussée de Louvain

R. de la Montagne

R. de Léanne

Piret-Pauchet

Chaussée de Louvain

N91

R. du Pont de Louvain

PORTE DE BOMEL

R. Félix Ravaison

R. de la Montagne

R. Cartier

Ch. des

R. de Coquelet

R. Bel

R. Horizon

PORTE DE FER

Pl. Léopold

R. du Temple

R. Saint-Fiacre

R. de Coquelet

Gare

R. Borgnet

Bd

R. Galliot

Dewez

Cauchy

PORTE DU MANÈGE

Bd d'Herbatte

1

R. des Dames Blanches

Rogier

Pepin

Bd

Bourgeo

Cauchy

Fresque des Wallons

Musée des Arts anciens du Namurois

R. de l'Étoile

des

Av. Albert

1er

N80

PORTE DES CADETS

d

R. Émile Cuvelier

Théâtre Royal

du

Lombard

Jean-Baptiste Brabant

R. Saint-Nicolas

R. Courtenay

Av. Comte de Smet de Naye

Beffroi Jean-tiste

R. Julie Billiart

Pl. d'Armes

Pl. l'Ilon

x

R. Basse Neuville

Rivage de Meuse

Charles Lamquet

2

Marché Légumes

e

Halle al'Chair

Maison de la culture

Bd Isabelle Brunell

Q. de Meuse

PORTE DES ARDENNES

R. Mazy

R. des Roses

Courtois

Bd Isabelle Brunell

PORTE DU CONFLUENT

R. du Grognon

LE GROGNON

Parlement Wallon

Q. de Meuse

R. du Pont des Ardennes

R. Mazy

R. du Commandant-Tlor

Av. du Prince

de

Liège

b

Q. de Meuse

R. Mazy

Pl. Joséphine Charlotte

R. d'Enhaïve

PORTE DE MEUSE

Q. de Meuse

R. Mazy

Bluets

JAMBES

Opré

Bovesse

des

Champêtre

ÉLYSETTE

Verte

Van

Gouverneur

R. d'Enhaïve

3

Meuse

Tilleux

Av. du Bourgmestre Jean Materne

du

R. Mazy

Coppin

Renée

Prinz

Av. du Dave

R. d'Enhaïve

Av. du Bourgmestre

R. Bailly

de

Liège

de la

R. de Plage

lixte

Mottiaux

PARC REINE ASTRID

parc Astrid

R. Jean

Materne

R. de Porcelaine

Chaussée

Montagne

Sainte-Barbe

C

D

457

🍴 Les Sens du Goût ◻

CUISINE DU MARCHÉ · INTIME 𝕏 Tout d'abord, l'élégance chaleureuse du décor prouve que Ludovic Widart a du goût. Cela vaut également, bien sûr, pour sa cuisine, qui peut être décrite comme une version créative de la cuisine française. Une expérience passionnante – et c'est encore mieux à la table du chef, la " chef's table " !

MARKTKEUKEN · INTIEM 𝕏 Ludovic Widart heeft smaak, dat bewijst hij met de stijlvolle inrichting van zijn restaurant. U voelt zich er meteen thuis, zeker als u hem aan het werk kunt zien vanaf de chef's table. Hij staat alleen in de keuken, maar weet met zijn creatieve versie van de fijne Franse keuken telkens een prikkelende ervaring te bieden.

Menu 39/59 € – Carte 66/76 €

Plan: A1-a – *rue des Bas Prés 52 (Salzinnes)* – ☎ *081 73 46 34*
– *www.lessensdugout.be* – *Fermé 1er au 8 janvier, 5 au 14 mai, 1er au 17 septembre, samedi midi, dimanche et lundi*

Hotels

🏨 NE5T ☆🦢🛏🏊▣🖥💿🗘♨🅰🆑💈🅿

SPA ET BIEN-ÊTRE · PERSONNALISÉ Pour une soirée, on vient volontiers faire son Nid dans cette sympathique maison ardennaise, perchée sur la citadelle de Namur. Les six suites, spacieuses, sont aménagées dans différents styles (rétro, urban chic, etc.) et ont leur propre salon. Le centre de bien-être est un vrai délice (uniquement des formules espace bien-être inclus le week-end) !

SPA EN WELLNESS · PERSOONLIJK CACHET Een oord van charme en luxe waar u zich met plezier zult nestelen! De zes ruime suites zijn in verschillende stijlen ingericht (retro, urban chic, etc.) en hebben allemaal een eigen salon. De uitgebreide wellness is zalig (in het weekend enkel packages met wellness). Deze Ardense woning op de Citadel van Namen neemt u mee naar een droomwereld!

6 chambres – 🛏195/490 € 🛏🛏200/500 € – ☲ 19 € – ½ P

allée de Menton 26 (Ouest : 3 km) – ☎ *081 58 88 88* – *www.ne5t.com*

🏨 The Royal Snail ☆🏊♨▣🅰💈🗘🅿

BUSINESS · COSY Une belle nuit à deux pas du centre-ville : voilà ce qui vous attend dans ce charmant boutique-hôtel. Les chambres marient décoration design et couleurs chaleureuses ; à l'extérieur, la petite piscine devrait attirer votre attention... Restaurant l'Agathopède est moderne de l'assiette jusqu'au décor.

BUSINESS · GEZELLIG Een aangename overnachting op een boogscheut van het stadscentrum, dat mag u in dit boetiekhotel verwachten. De kamers zijn een combinatie van design en warme kleuren, maar het is vooral het kleine buitenzwembad dat in het oog springt. Bij restaurant l'Agathopède gaat het er modern aan toe, zowel op het bord als in het decor.

27 chambres – 🛏98/183 € 🛏🛏108/183 € – ☲ 18 € – 3 suites

Plan: B3-z – *avenue de la Plante 23* – ☎ *081 57 00 23* – *www.agathopede.com*

🏨 Les Tanneurs ☆▣🅰💈🅿

HISTORIQUE · À THÈME Bonnes chambres diversement agencées, dans un ensemble de caractère (11 maisons du 17e s.) au passé de tannerie. Le Grill des Tanneurs est réputé à Namur pour ses viandes rôties directement en salle. Le menu de Tante Jeanne est un must... à prix doux, ce qui ne gâche rien.

HISTORISCH · THEMATISCH Hotelcomplex van elf 17de-eeuwse huizen, waarin vroeger de leerlooiers woonden aan wie het zijn naam ontleent. Prima kamers die verschillend zijn ingericht. Le Grill des Tanneurs is in heel Namen bekend om zijn in de eetzaal geroosterde vlees. Het menu van Tante Jeanne is een echte aanrader en erg scherp geprijsd.

35 chambres – 🛏60/150 € 🛏🛏90/200 € – ☲ 13 € – ½ P

Plan: C2-x – *rue des Tanneries 13* – ☎ *081 24 00 24* – *www.tanneurs.com*

L'Espièglerie – Voir la sélection des restaurants

NANDRIN

Liège – ⊠ 4550 – Atlas n° **9**-B2

⫶○ Jacob's   🛋 ♿ **P**

VIANDES · BRANCHÉ ⫶ Les teintes sombres créent une ambiance élégante dans ce restaurant moderne. Une atmosphère délicieuse, tout comme la viande de qualité (et le homard!) sortie du four à bois Josper. Le paradis des carnivores !

VLEES · EIGENTIJDS ⫶ Chique, hoe donkere tinten sfeer creëren in dit moderne restaurant. Lekker, hoe het kwaliteitsvlees (en kreeft!) smaakt na een passage in de Josper houtskoolovens. Jacob's, waar carnivoren thuis zijn.

Lunch 24 € – Carte 35/123 €

route du Condroz 211 – ℰ 085 31 37 44 – www.jacobs-restaurant.com – Fermé samedi midi, mardi et mercredi

NASSOGNE

Luxembourg – ⊠ 6950 – Atlas n° **11**-B1

🕸 Le Barathym   🛋 ♿

CUISINE DU MARCHÉ · CONVIVIAL ⫶ Une ambiance agréable, tant en terrasse – à l'ombre du clocher – qu'à l'intérieur, dans cet établissement aux allures de café de village modernisé... On déguste une bonne cuisine de saison, qui agrémente la tradition de touches actuelles : on redécouvre ainsi les recettes de nos grands-mères !

MARKTKEUKEN · GEZELLIG ⫶ Gezelligheid vindt u zowel op het terras als binnen, waar het decor wat weg heeft van een gemoderniseerd dorpscafé. De traditionele, seizoengebonden gerechten worden opgesmukt met moderne accenten. 'Op grootmoeders wijze', maar dan de jaren tweeduizend versie. Het keuzemenu is top, en dat voor een vriendenprijsje!

Menu 37 € – Carte env. 57 €

rue du Parvis 10 – ℰ 084 31 44 84 – www.lebarathym.be – Fermé 19 novembre-18 janvier, 3 au 19 juillet, 24 septembre-4 octobre, mercredi et jeudi

⫶○ Beau Séjour   🖙 **P**

CUISINE MODERNE · INTIME ⫶⫶⫶ Un restaurant moderne comme on les aime. Intérieur tout confort et agréable, et en cuisine des chefs fidèles à la maison depuis des années. Les grands classiques côtoient des plats plus recherchés pour les plus aventureux. Intéressante formule " tout compris ".

MODERNE KEUKEN · INTIEM ⫶⫶⫶ Beau Séjour is een mooi voorbeeld van een modern restaurant. Het interieur is er comfortabel en zeer aangenaam, in de keuken staan chefs die al jarenlang trouw zijn aan de zaak. Ze combineren tijdloze klassiekers met meer bewerkte gerechten voor wie iets avontuurlijker is. De all-inmenu's zijn de toppers van het huis.

Lunch 35 € – Menu 48/75 € – Carte 62/74 €

Hôtel Beau Séjour, rue de Masbourg 30 – ℰ 084 21 06 96 – www.lebeausejour.be – Fermé 3 au 18 janvier, 3 au 19 juillet, 24 septembre-4 octobre, mercredi et jeudi

🏠 Beau Séjour   🏕 🐾 🖙 🖳 🛋 ♿ 🎱 **P**

FAMILIAL · CLASSIQUE Un charmant hôtel en pierre apparente situé au cœur du village et tenu par la même famille depuis 1962. Chambres confortables ; joli jardin et piscine couverte.

FAMILIAAL · KLASSIEK Dit hotel in een karakteristiek pand wordt al sinds 1962 door een familie gerund. Actuele kamers met goed comfort. Ligging in het centrum van het dorp.

23 chambres ⌂ – †95/115 € – ††105/125 € – ½ P

rue de Masbourg 30 – ℰ 084 21 06 96 – www.lebeausejour.be – Fermé 3 au 18 janvier, 3 au 19 juillet, 24 septembre-4 octobre, mercredi et jeudi

Beau Séjour – Voir la sélection des restaurants

NEUFCHÂTEAU
Luxembourg – ✉ 6840 – Atlas n° **11**-B2

ⅰ◎ Les Ateliers de la Mer

POISSONS ET FRUITS DE MER · CONTEMPORAIN ⅹ C'est la passion qui a réuni David Martin, chef de La Paix (2 étoiles) et deux marchands de crustacés. Ici s'étalent, iodés, les atouts de la mer. On y trouve un service traiteur, une poissonnerie et quelques tables pour déguster ces délices. La cuisine moderne du chef renforce la fraîcheur des produits.

VIS EN ZEEVRUCHTEN · HEDENDAAGSE SFEER ⅹ Passie heeft topchef David Martin en twee schaaldierenhandelaars bij elkaar gebracht. In deze leuke zaak spelen ze de vele troeven van de zee uit. U vindt er zowel een traiteur, een viswinkel als een paar tafels om van al dat lekkers te proeven. De moderne hand van de chef zet de versheid van de producten kracht bij.

Lunch 25 € – Menu 55/70 € – Carte 54/66 €

Chausée de Recogne 54 – ☎ 061 55 01 62 – www.lesateliersdelamer.be – déjeuner seulement sauf vendredi – Fermé 25 août-16 septembre, dimanche et lundi

NEUPRÉ
Liège – ✉ 4120 – Atlas n° **9**-B2

☺ l'Apropos 🏡 ♻ P

CUISINE MÉDITERRANÉENNE · TENDANCE ⅹ L'Apropos s'est refait une beauté. L'intérieur est chaleureux, égayé de tableaux colorés. Le chef Fournier y partage son goût pour les cuisines du monde, méditerranéenne, asiatique ou nord-africaine, qu'il marie avec talent et un beau sens de l'équilibre.

MEDITERRAAN · TRENDY ⅹ l'Apropos is in een nieuw jasje gestoken. Het interieur is er gezellig, de kleurrijke schilderijen brengen leven in de zaak. Chef Fournier deelt met hier zijn liefde voor internationale ingrediënten en bereidingen. Of het nu mediterraan, Aziatisch of Noord-Afrikaans is; hij bereidt en combineert het allemaal met kunde en veel gevoel voor evenwicht.

Lunch 29 € – Menu 37/59 € 🍷 – Carte 47/62 €

rue Bonry 146 (angle N 63) – ☎ 04 382 13 00 – www.lapropos.be – Fermé fin décembre-début janvier, 2 dernières semaines de mai, 2 premières semaines de septembre, lundi et mardi

NIVELLES
Brabant Wallon – ✉ 1400 – Atlas n° **7**-A2

☺ L'Avenue ♻

CUISINE FRANÇAISE CRÉATIVE · CONVIVIAL ⅹⅹ Installé dans un intérieur contemporain et intime, on observe la brigade en action en cuisine à travers une baie vitrée. Ici, on n'a rien à cacher : les bons produits sont la norme et presque tout est fait minute. Optez pour les menus, parfaits pour découvrir des recettes classiques et très goûteuses.

FRANS CREATIEF · GEZELLIG ⅹⅹ Vanuit het knusse, eigentijdse interieur ziet u de keukenbrigade achter een glazen wand aan het werk. Men heeft hier dan ook niets te verbergen: er wordt met goede producten gewerkt en er wordt zoveel mogelijk à la minute bereid. De keuzemenu's zijn toppers om de smakelijke, eerder klassieke gerechten te ontdekken.

Lunch 21 € – Menu 31/45 € – Carte 47/61 €

avenue Général Jacques 1 – ☎ 067 87 88 70 – www.avenue-restaurant.be – Fermé mardi soir, samedi midi, dimanche soir et lundi

☺ Il était une fois...

CUISINE MODERNE · FAMILIAL ⅹⅹ Imaginez : il était une fois un restaurant familial, aux abords de Nivelles, avec des menus alléchants qui permettaient de faire son choix parmi les plats à la carte. Les préparations, soignées et modernes, laissaient transparaître la qualité des produits. Une belle histoire, réécrite chaque jour avec passion.

MODERNE KEUKEN · **FAMILIAAL** ⅩⅩ Er was eens een familiaal restaurant net buiten Nijvel. Gasten kregen er de keuze uit een ruime kaart, waarmee ze hun eigen menu's konden samenstellen. De chef stak er veel werk in zijn gerechten, was geïnspireerd, en kookte met moderne hand ... Het is een prachtig verhaal, dat hier elke dag opnieuw met passie wordt geschreven.

Lunch 18 € – Menu 36/52 € – Carte env. 55 €

Chaussée de Mons 30 – 𝓒 *067 68 53 78*
– *www.il-etait-une-fois-toi-et-moi.be*
– *Fermé 2 dernières semaines de décembre, 2 premières semaines de juillet, mardi midi, samedi midi, dimanche et lundi*

dis-moi où ?

CUISINE CLASSIQUE · **CONTEMPORAIN** Ⅹ Ce sympathique restaurant propose une cuisine copieuse et savoureuse, avec même une jolie pointe de raffinement. Les produits sont d'une grande fraîcheur et les accompagnements délicieux. Dis-moi où ? Nulle part ailleurs !

KLASSIEKE KEUKEN · **HEDENDAAGSE SFEER** Ⅹ Dit gezellig restaurantje verwelkomt u voor een keuken die niet alleen gul en smakelijk is, maar ook verfijnd uit de hoek kan komen. In sommige van de klassiek geïnspireerde gerechten zijn de producten zo vers en de garnituur en saus zo smakelijk, dat u zich misschien zult moeten inhouden om geen 2de portie te bestellen!

Lunch 21 € – Menu 37/55 € – Carte 36/57 €

rue Sainte-Anne 5 – 𝓒 *067 64 64 64*
– *www.dis-moiou.be*
– *Fermé samedi midi, dimanche et lundi*

ⅠⅠ○ Cigalon

CUISINE LYONNAISE · **BOUCHON LYONNAIS** Ⅹ Un véritable bouchon lyonnais au cœur de Nivelles ? Assurément ! Ce sympathique bistrot propose des plats traditionnels, tels que le cassoulet, qui n'ont rien à envier à leurs modèles hexagonaux. Le chef se montre généreux en matière de saveurs et la carte des vins est à prix doux (spécialité de Beaujolais).

LYONEES · **FRANSE BISTRO** Ⅹ Een echte bouchon Lyonnais, hartje Nijvel? Wees daar maar zeker van! In deze sympathieke bistro eet u traditionele gerechten, zoals cassoulet, die niet moeten onderdoen voor wat men in Frankrijk eet. De chef is kwistig met smaken, en biedt eveneens een zacht geprijsde wijnkaart aan (Beaujolais als specialiteit).

Lunch 25 € – Menu 25/39 € – Carte 37/57 €

rue de Bruxelles 32 – 𝓒 *0475 53 17 37*
– *www.cigalon.net*
– *Fermé mercredi*

ⅠⅠ○ Divino Gusto

CUISINE DU MARCHÉ · **COSY** Ⅹ Divino Gusto, le "goût divin" dans un cadre d'une belle simplicité. La cuisine est à l'image des propriétaires, souriante, soignée et généreuse. Ici, pas de chichi, mais des plats bien dans leur époque, joliment exécutés et présentés. Pour le vin, des suggestions originales.

MARKTKEUKEN · **KNUS** Ⅹ Divino Gusto, de goddelijke smaak: verheven van naam maar down-to-earth qua sfeer. De glimlach van de goedgemutste uitbaters schemert door in de doordachte, genereuze keuken. Hier geen franje, maar een hedendaagse keuken die goed gemaakt en mooi gepresenteerd wordt. Verrassende wijnsuggesties.

Lunch 23 € – Menu 39/57 € – Carte 55/65 €

square des Nations Unies 4a – 𝓒 *067 55 58 09*
– *www.divinogusto.be*
– *Fermé samedi midi et dimanche*

 Budget serré ? Profitez des menus déjeuners (déj.) à prix ajustés.

NOIREFONTAINE
Luxembourg – ✉ 6831 – Bouillon – Atlas n° **11**-B2

⁂ Le Moulin Hideux (Julien Lahire)

CUISINE FRANÇAISE MODERNE · ROMANTIQUE XXX Au cœur de la forêt ardennaise, le nom de ce restaurant a de quoi faire frémir... Mais ne vous y trompez pas : c'est un lieu magnifique, où l'étoile brille depuis 1958 ! Julien Lahire perpétue aujourd'hui la tradition en cuisine, avec des préparations d'un superbe classicisme. Avec finesse, il associe des goûts robustes et subtils, ajoutant sa propre « patte » à la longue histoire des lieux.

→ Tomate confite au thym, citron et miel, frivolités du potager. Canette au tabac de la Semois. Soufflé au fruit de la passion.

FRANS MODERN · ROMANTISCH XXX Dit elegant restaurant voelt zich helemaal thuis in de Ardense bossen. Het is een prachtige plek waar al sinds 1958 een ster prijkt! Julien Lahire zet de traditie van topgastronomie verder met op-en-top klassieke gerechten. Hij verenigt robuuste en subtiele smaken met finesse en geeft de familietraditie zijn eigen touch.

Lunch 40 € – Menu 76/86 € – Carte 67/102 €

Hôtel Auberge du Moulin Hideux, route du Moulin Hideux 1 (Sud-Est : 2,5 km par N 865) – ☎ 061 46 70 15 – www.moulinhideux.be – Ouvert mi-mars - mi-décembre ; fermé jeudi midi et mercredi

🏚 Auberge du Moulin Hideux

LUXE · ÉLÉGANT Cette demeure raffinée tient son nom du wallon "l'y deux molins" (les deux moulins), qui rappelle sa vocation passée. Ici règne un esprit gentilhommière très chic, et le magnifique parc est un parfait décor pour une douce villégiature...

LUXE · ELEGANT De naam van deze verbouwde molen komt van het Waalse "l'y deux molins" (de 2 molens). Het geraffineerde interieur straalt ouderwetse klasse uit en het prachtige park maakt de setting voor uw droomverblijf compleet.

10 chambres – 🛏175/195 € 🛏🛏205/255 € – ⌓ 20 € – 2 suites

route du Moulin Hideux 1 (Sud-Est : 2,5 km par N 865) – ☎ 061 46 70 15 – www.moulinhideux.be – Ouvert mi-mars - mi-décembre ; fermé jeudi midi et mercredi

⁂ **Le Moulin Hideux** – Voir la sélection des restaurants

OHAIN
Brabant Wallon – ✉ 1380 – Lasne – Atlas n° **7**-B1

🍽 Auberge de la Roseraie

CUISINE FRANÇAISE · RUSTIQUE X Ce restaurant établi dans une fermette du 19e s. vaut pour sa cuisine française, son décor contemporain – mais avec des éléments rustiques – et la verdure de sa terrasse à l'ombre de l'église. Intéressant menu "tout compris" en semaine.

FRANS · RUSTIEK X Dit restaurant in een 19de-eeuws boerderijtje valt in de smaak vanwege de Franse keuken, het eigentijdse interieur met rustieke accenten en het groene terras bij de kerktoren. Interessante all-in-menu's tijdens de week.

Lunch 19 € – Menu 39/49 € – Carte 45/67 €

route de la Marache 4 – ☎ 02 633 13 74 – www.aubergedelaroseraie.be – Fermé fin décembre, 6 au 14 août, dimanche soir et lundi

OISQUERCQ
Brabant Wallon – ✉ 1480 – Tubize – Atlas n° **7**-A2

🍽 La Petite Gayolle

CUISINE TRADITIONNELLE · COSY XX Le nom désigne une cage à oiseaux, mais rassurez-vous : pas de vacarme ici ! Dans un intérieur agréable (rustique d'un côté, moderne de l'autre), on profite d'un service fluide et efficace. Cuisine modernisée, qui porte une attention particulière aux légumes. La carte indique même les plats plus légers (maximum 450 calories).

TRADITIONELE KEUKEN · KNUS XX De naam verwijst naar een vogelkooi, maar verwacht hier geen herrie. De bediening is vlot en zowel de rustieke zaal als de moderne aanbouw zijn aangenaam. De gerechten zijn wat gemoderniseerd, met extra aandacht voor groenten. Op de kaart is er zelfs een speciale aanduiding voor lichte gerechten (maximum 450 calorieën).

Lunch 22 € – Menu 35/59 € – Carte 36/65 €

rue du Bon Voisin 117 – 𝒞 067 64 84 44 – www.lapetitegayolle.be – Fermé 2 dernières semaines d'août-première semaine de septembre, jeudi soir, dimanche soir et lundi

OMAL

Liège – ⊠ 4252 – Geer – Atlas n° **9**-A1

⅋○ L'Isola 🛖 ⁒ 🅿

CUISINE MÉDITERRANÉENNE · DESIGN XX Derrière la pizzeria du père (attention, ne vous trompez pas de porte !), vous découvrirez ce restaurant confortable, ou œuvre Renato Scanu, un chef qui apporte à la cuisine française moderne une belle touche méditerranéenne.

MEDITERRAAN · DESIGN XX Achter de pizzeria van z'n vader (let op dat u zich niet van deur vergist) ontdekt u het comfortabel restaurant van Renato Scanu. Hij is een chef die de moderne Franse keuken van een mediterrane touch voorziet.

Menu 52/62 €

chaussée Romaine 18 – 𝒞 019 58 77 27 – www.lisola.be – Fermé samedi midi, lundi et mardi

OTTIGNIES

Brabant Wallon – ⊠ 1340 – Ottignies-Louvain-la-Neuve – Atlas n° **7**-B2

⅋○ Le Chavignol 🛖 ⤶

CUISINE DU MARCHÉ · ROMANTIQUE XX Depuis 1989, le Chavignol est une affaire de passion. Marie, l'hôtesse habille de ses œuvres d'art un intérieur d'une grande élégance. Carmelo, lui, met beaucoup d'enthousiasme dans ses préparations et le fait avec finesse. Le respect du produit : voilà son crédo !

MARKTKEUKEN · ROMANTISCH XX Le Chavignol is al sinds 1989 een passioneel verhaal. Marie, de spontane gastvrouw, creëert eveneens de fraaie kunstwerken die het stijlvolle decor kleur geven. Carmelo steekt dan weer veel bezieling in zijn gerechten en brengt finesse op het bord. Hij is een chef die de pure smaken van zijn producten respecteert.

Lunch 32 € – Menu 38/54 € – Carte 57/74 €

rue de l'Invasion 99 – 𝒞 010 45 10 40 – www.lechavignol.com – Fermé lundi, mardi, mercredi et après 20 h 30

OUR

Luxembourg – ⊠ 6852 – Paliseul – Atlas n° **11**-B2

❀❀ La Table de Maxime (Maxime Collard) ⇔ ⌖ 🛖 🅿

CUISINE MODERNE · ÉLÉGANT XXX Bienvenue à Our, petit village ardennais typique au beau milieu de la nature, devenu un haut-lieu de la gastronomie grâce au talentueux Maxime Collard. Formé, entre autres, au Karmeliet, où il fut second, il a affiné son style propre dans sa région natale. Le restaurant est logé dans une ancienne ferme rénovée, où le rustique côtoie le design, avec à l'arrière, une jolie terrasse.

Le chef Collard est un fin technicien, mais il n'en abuse jamais inutilement. Il se limite à quelques produits qu'il prépare avec beaucoup de précision. La caille des Dombes, par exemple, est servie rosée et juteuse. Les textures de carottes, de gnocchis délicieusement tendres et de raviolis fourrés à la caille se complètent à merveille. Un jus à base de colza et d'agrumes leur apporte une touche d'élégance.

La cuisine moderne de Maxime Collard regorge de parfums et de nuances. Chaque ingrédient est utilisé avec beaucoup d'à-propos, chaque bouchée est convaincante. Un moment de pur bonheur !

→ Cuisses de grenouille à l'ail des ours, ris de veau aux épices tandoori, couscous aux herbes vertes et bisque de homard. Caille des Dombes en feuille de bette, cuisse confite , raviole croustillante et jus monté au colza et agrumes. Fraises Mara des bois, rhubarbe pochée à l'hibiscus, biscuit aux amandes et crème chibouste.

MODERNE KEUKEN · ELEGANT XXX Welkom in Our, een typisch Ardens dorpje dat omringd wordt door natuur. Het is uitgegroeid tot een pleisterplaats voor foodies dankzij de talentvolle Maxime Collard. Hij ging onder meer in de leer bij De Karmeliet, waar hij souschef was, en verfijnde zijn eigen stijl in zijn geboorteregio. Hij liet er een boerderij renoveren tot een restaurant waar rustiek en design elkaar omarmen, met daarachter een fraai terras.

Chef Collard is technisch onderlegd, maar pakt daar niet onnodig mee uit. Hij beperkt zich tot een paar producten en bereidt die met veel precisie. Kwartel uit de Dombes komt bijvoorbeeld mooi rosé en sappig op het bord. Texturen van wortel, heerlijk zachte gnocchi en ravioli gevuld met kwartel passen er perfect bij. Een jus met koolzaad en citrus geeft deze bereiding elegantie.

De moderne keuken van Maxime Collard is vol parfums en nuances. Over elk ingrediënt is zeer goed nagedacht. Elke hap is raak. Aan tafel gaan bij Maxime, dat is een moment van puur geluk!

Lunch 38 € – Menu 50/80 € – Carte 79/109 €

15 chambres ⌂ – ♦105/125 € ♦♦120/140 €

Our 23 – ℰ 061 23 95 10 – www.maximecollard.be – Fermé 1ᵉʳ au 23 janvier,
24 juin-9 juillet, 2 au 5 septembre, lundi, mardi et après 20h30

Les Terrasses de l'Our

CUISINE TRADITIONNELLE · DESIGN XX Comme on pourrait le supposer, dîner sur cette terrasse, au bord de l'eau, est un moment divin. L'intérieur, paré de matériaux naturels dans un esprit typiquement ardennais, séduit, au même titre que la cuisine : gibier, truite et jambon de la région sont préparés dans les règles de l'art... se régale.

TRADITIONELE KEUKEN · DESIGN XX U raadt het al: het terras aan het water is heerlijk! Door het gebruik van natuurlijke materialen kan ook het interieur van deze toegankelijke zaak bekoren. Het is typisch Ardens, net als de traditionele gerechten. Topproducten als wild, forel en ham komen uit de regio en worden bereid volgens de regels van de kunst.

Lunch 23 € – Menu 35 € – Carte 38/64 €

Hôtel Les Terrasses de l'Our, rue de la Lesse 1 – ℰ 061 24 20 00
– www.lesterrassesdelour.be – Fermé 1ᵉʳ au 23 janvier,
24 juin-9 juillet, 2 au 5 septembre, mardi, mercredi et après 20 h 30

Les Terrasses de l'Our

MAISON DE CAMPAGNE · CONTEMPORAIN Dans le même esprit que le décor du restaurant, les chambres de cet agréable hôtel s'accordent à merveille avec la belle région environnante. Elles ne manquent pas de personnalité, en particuliers celles ayant un balcon du côté de la rivière... Pour une immersion complète en Ardenne, optez pour la demi-pension.

LANDHUIS · EIGENTIJDS De natuurlijke interieurelementen zorgen ervoor dat de kamers van dit aangename hotel mooi aansluiten bij de prachtige omgeving. Ze hebben persoonlijkheid, en dan zeker die met een balkon aan de kant van de rivier. De halfpension formule is een aanrader voor een echt Ardens verblijf.

14 chambres ⌂ – ♦105/165 € ♦♦120/180 € – ½ P

rue de la Lesse 1 – ℰ 061 24 20 00 – www.lesterrassesdelour.be – Fermé 1ᵉʳ
au 23 janvier, 24 juin-9 juillet, 2 au 5 septembre, mardi et mercredi

Les Terrasses de l'Our – Voir la sélection des restaurants

OUREN

Liège – ✉ 4790 – Burg-Reuland – Atlas n° **9**-D3

🏚 Dreiländerblick   🎋 🐾 🚗 🛖 🎣 🅿

AUBERGE · CLASSIQUE Accueillante hôtellerie au cœur d'un village transfrontalier où se glisse l'Our. Chambres douillettes, salon-cheminée, espace bien-être et terrasse ombragée. Repas traditionnel sous les voûtes d'une salle classiquement aménagée ou dehors, face à la vallée.

HERBERG · KLASSIEK Vriendelijke herberg in het hart van een grensdorp waar de Our doorheen stroomt. Knusse kamers, lounge met open haard, wellnessruimte en schaduwrijk terras. Traditionele maaltijd in een klassieke gewelfde eetzaal of buiten, met uitzicht op het dal.

13 chambres 🛏 – 🛏71/102 € 🛏🛏71/102 € – 1 suite – ½ P

am Schlossberg, Ouren, 74 – 𝒞 080 32 90 71 – www.hoteldreilaenderblick.be
– Fermé 1er janvier-1er février, 23 juin-12 juillet et 22 septembre-11 octobre

PEPINSTER

Liège – ✉ 4860 – Atlas n° **9**-C2

🍴 Au Pot de Beurre   🍽 🆔 ⇔

CUISINE TRADITIONNELLE · CONVIVIAL 🍽 Si vous cherchez une cuisine traditionnelle savoureuse, vous êtes à la bonne adresse ! Dans cet agréable restaurant familial, le chef ne cache pas son penchant pour les champignons des bois, qu'il sait accommoder de belle façon. Des chambres vous accueilleront également en toute simplicité.

TRADITIONELE KEUKEN · GEZELLIG 🍽 Zoekt u een adresje voor goede, eerlijke traditionele gerechten? Dan bent u bij dit gezellige familiebedrijf op de juiste plaats! De chef heeft een voorliefde voor boschampignons en pakt daar graag mee uit. Logeren kan hier in bescheiden kamers.

Lunch 25 € – Menu 37/47 € – Carte 47/63 €

3 chambres 🛏 – 🛏50/65 € 🛏🛏50/65 €

rue Neuve 116 – 𝒞 087 46 06 43 – www.aupotdebeurre.be – Fermé 2 au 11 janvier,
26 mars-5 avril, 5 au 25 septembre, lundi, mardi et mercredi

🏚 Lafarques   🎋 ⟨ 🚗 🔲 ⇔ 🅿

LUXE · ÉLÉGANT Superbe maison à colombages de style anglo-normand, entourée d'un joli parc, Lafarques ne manque pas de caractère ! Ce charme se manifeste également dans les belles chambres. Bons plats modernes au restaurant.

LUXE · ELEGANT Een sierlijk vakwerkhuis, in Anglo-Normandische stijl, omringd door een prachtig park ... Wat heeft Lafarques karakter! Die heerlijke charme komt ook helemaal tot uiting in de mooie kamers. En dan dat restaurant, een even aangename plek, waar u lekker moderne gerechten krijgt voorgeschoteld ...

8 chambres – 🛏129/165 € 🛏🛏129/195 € – 🛏 20 €

chemin des Douys 20 (Goffontaine, Ouest : 4 km par N 61) – 𝒞 087 84 01 77
– www.lafarques.be

PETIT-RECHAIN

Liège – ✉ 4800 – Verviers – Atlas n° **9**-C2

🍴 La Chapellerie   🎏 ⇔ 🅿

CUISINE DU MARCHÉ · CONVIVIAL 🍽🍽 Carte attrayante et bon menu en phase avec l'époque dans cette maison de maître au passé de chapellerie. Salle relookée en gris et blanc, véranda moderne et cour-terrasse. Chapeau aussi pour l'accueil chaleureux !

MARKTKEUKEN · GEZELLIG 🍽🍽 Aantrekkelijke kaart en lekker menu, goed bij de tijd, in deze oude hoedenwinkel. De eetzaal is gerestyled in grijs en wit. Moderne serre en patio. Hoedje af voor het gastvrije onthaal!

Lunch 30 € – Menu 37/45 €

chaussée de la Seigneurie 13 – 𝒞 087 31 57 41 – www.restaurantlachapellerie.be
– Fermé fin décembre-début janvier, 1 semaine en avril, 3 semaines fin août-début
septembre, samedi midi, lundi soir, mardi, mercredi et après 20 h 30

PLANCENOIT
Brabant Wallon – ✉ 1380 – Lasne – Atlas n° **7**-B2

❀ **La Ligne Rouge** ⟨ 🛋 ♻ **P**

CUISINE FRANÇAISE MODERNE · **COSY** ✕✕ La qualité est le fil rouge de ce restaurant lumineux, agrémenté d'une belle terrasse avec vue sur la verdure. Vous y trouverez aussi le potager du chef, témoignage de son attention aux produits. Il sublime leur qualité grâce à des préparations maîtrisées et des sauces goûteuses.

→ Haddock et caviar à la fine gelée de cerfeuil musqué. Quasi de veau de Corrèze aux girolles boutons et déclinaison d'aubergine. Croustillant noisette cacaoté, crémeux de chocolat au lait, sorbet à la menthe du jardin.

FRANS MODERN · **KNUS** ✕✕ Kwaliteit loopt als een rode draad door deze lumineuze zaak, die beschikt over een terras met een prachtig zicht op de natuur. U vindt er ook de kruidentuin van de chef, een indicatie van zijn aandacht voor het product. Hij zet hun kwaliteit in de verf met rijke, technisch zeer beheerste bereidingen. Zijn sauzen zijn gewoonweg geweldig!

Lunch 27 € – Menu 47/73 € – Carte 60/76 €

chaussée de Charleroi 38 – ☎ 02 385 05 31
– www.lalignerouge.be
– Fermé samedi midi, dimanche et lundi

PROFONDEVILLE
Namur – ✉ 5170 – Atlas n° **10**-C1

☺ **La Cuisine d'un Gourmand** ⟨ 🛋 ❌ ♻

CUISINE CRÉATIVE · **CONTEMPORAIN** ✕✕ L'ambitieux John Maes est un vrai gourmand. Sa passion ? Dénicher les meilleurs produits de la région, laisser parler sa créativité et faire plaisir ou surprendre avec beaucoup de finesse. Une qualité exceptionnelle à prix doux. L'intérieur sobre et moderne s'accompagne d'une belle vue sur la Meuse. A ne pas manquer !

CREATIEF · **HEDENDAAGSE SFEER** ✕✕ De ambitieuze John Maes is een echte gourmand. Hij doet niets liever dan uitstekende producten in de regio kopen, er zijn creativiteit op botvieren en zowel plezieren als verrassen met zijn finesse. Dit is topkwaliteit voor zachte prijzen! Het pure interieur, sober en modern, wordt aangevuld met een prachtzicht op de Maas. Niet te missen!

Lunch 25 € – Menu 37/75 € – Carte 41/74 €

avenue Général Gracia 8 – ☎ 081 57 07 75 (réservation conseillée)
– www.lacuisinedungourmand.be
– Fermé 2 semaines en décembre, dimanche soir, lundi, mardi et après 20 h 30

☺ **Cœur de Bœuf** 🛋 ❌ ♻ **P**

GRILLADES · **BRASSERIE** ✕ Le four à braise Josper tourne à plein régime dans cette brasserie familiale. Le chef y cuit ses plats de viande, mais aussi des plats anciens comme la tête de veau en tortue. Le tout avec minutie et respect des saveurs traditionnelles. N'hésitez pas à emporter la carte à la maison, elle réserve d'amusantes surprises.

GRILLGERECHTEN · **BRASSERIE** ✕ De Josper houtskooloven draait overuren in deze familiale brasserie. De chef gebruikt hem om traditionele vleesgerechten te bereiden, al kookt hij ook graag oude gerechten zoals kalfskop en tortue. Hij doet dat minutieus en met respect voor de klassieke smaken. Neem achteraf gerust de menukaart mee naar huis, die staat vol leuke weetjes!

Lunch 25 € – Menu 37/45 € – Carte 34/69 €

avenue du Général Gracia 23 – ☎ 081 26 56 05
– www.coeurdeboeuf.be
– Fermé mardi et mercredi

Un important déjeuner d'affaires ou un dîner entre amis ?
Le symbole ♻ vous signale les salons privés.

REMOUCHAMPS

Liège – ✉ 4920 – Aywaille – Atlas n° **9**-C2

Royal H.-Bonhomme   ⇦ 🏠 🏰 🍽 🔁 **P**

CUISINE CLASSIQUE • ROMANTIQUE XX Le vrai charme ardennais et une atmo-sphère toute particulière... Depuis deux siècles, huit générations d'aubergistes se sont succédé ici, insufflant au lieu sa belle âme romantique. Magnifique pergola en fer forgé, cadre empreint de nostalgie au restaurant... L'endroit idéal pour savourer une belle spécialité maison, telle le homard.

KLASSIEKE KEUKEN • ROMANTISCH XX Deze herberg is doordrenkt van de Ardense charme en dankt zijn flair aan zijn geschiedenis: 8 generaties zorgden hier al meer dan 2 eeuwen (!) voor een gastvrije ontvangst. De prachtige, met smeedijzer versierde pergola maakt het romantische plaatje compleet. Nostalgisch restaurant, specialiteit: kreeft.

Lunch 28 € – Menu 37/58 € – Carte 43/85 €

12 chambres ⌂ – 🛏70/85 € 🛏🛏99/135 € – ½ P

rue de la Reffe 26 – ☎ 04 384 40 06 – www.hotelbonhomme.be – Fermé semaine carnaval, première semaine de juillet, dernière semaine d'octobre, première semaine de décembre, mercredi, jeudi et après 20 h 30

🍽 Umami   🏰 🔥 🄰🄲 🔁 **P**

FUSION • TENDANCE XX Le nom ne laisse pas de doute : les influences asiatiques sont de la partie ! Le chef en parsème ses plats, d'inspiration belge et française : c'est réussi, les saveurs se montrent parfois surprenantes. Superbe terrasse, avec vue sur les forêts ardennaises.

FUSION • TRENDY XX De naam laat het al raden: hier kookt een (vrouwelijke) chef die graag Aziatische invloeden gebruikt. De fusie met Belgische en Franse bereidingen is geslaagd, de smaken komen wel eens verrassend uit de hoek. Het contemporaine decor en het terras, met zicht op de Ardense bossen, zijn prachtig.

Lunch 23 € – Menu 29/45 € – Carte 36/71 €

R Hotel, square Philippe Gilbert 1 – ☎ 04 247 55 55 – www.r-hotel.be

🍽 La Tête de Boeuf   🏰 🍴

GRILLADES • COSY X Un édifice ardennais, un intérieur cosy et un chef derrière son grill ouvert : bienvenue à la Tête de Bœuf. Sur le feu, des viandes de grande qualité et de races bovines variées, servies avec de délicieuses préparations maison.

GRILLGERECHTEN • KNUS X Een Ardens pand, een cosy interieur en een chef achter zijn open grill: welkom bij La Tête de Bœuf. Op het hete vuur ligt kwaliteitsvlees van verschillende runderrassen, dat wordt geserveerd met lekkere huisbereidingen.

Lunch 26 € – Menu 39/55 € – Carte 45/82 €

Deigné 25 (Nord : 4 km) – ☎ 04 263 68 98 (réservation conseillée) – www.latetedeboeuf.be – Fermé lundi midi, samedi midi, mardi et mercredi

🏨 R Hotel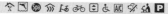

BUSINESS • DESIGN Près de l'autoroute mais entouré de nature, avec des salles de réunion, mais aussi une offre étendue de vélos (magasin dédié au sous-sol) ... R Hotel attire autant les hommes d'affaires que les familles. Autres atouts : les chambres modernes et le bel espace bien-être.

BUSINESS • DESIGN Vlakbij de autosnelweg maar toch omgeven door natuur, vergaderfaciliteiten maar eveneens een uitgebreid fietsaanbod (fietswinkel in de kelder) ... R Hotel spreekt zowel zakenmensen als families aan. De modern uitgeruste kamers en mooie wellness zijn troeven waar iedereen met plezier gebruik van maakt.

53 chambres ⌂ – 🛏95/250 € 🛏🛏105/260 €

square Philippe Gilbert 1 – ☎ 04 247 55 55 – www.r-hotel.be

Umami – Voir la sélection des restaurants

WALLONIE · WALLONIË

RENDEUX
Luxembourg – ✉ 6987 – Atlas n° **11**-B1

ⅰ○ **Au Moulin de Hamoul** ⪡ 🏠 ⟳ **P**

CUISINE CLASSIQUE · ÉLÉGANT ⅩⅩ Au bord de l'Ourthe, ancien moulin à eau réaménagé où l'on goûte de sages menus oscillant entre tradition et goût du jour. Salles spacieuses et actuelles ; terrasse agréable.

KLASSIEKE KEUKEN · ELEGANT ⅩⅩ In deze oude watermolen aan de Ourthe kunt u kiezen uit een aantal mooie menu's, die traditie en moderniteit combineren. Ruime, eigentijdse eetzalen en aangenaam terras.

Lunch 27 € – Menu 38/56 € – Carte 48/66 €

rue de Hotton 86 (à Rendeux-Bas) – 𝒞 084 47 81 81 – www.moulindehamoul.com – déjeuner seulement sauf vendredi et samedi – Fermé vacances de Noël, fin juin, fin août-début septembre, lundi, mardi et après 20 h 30

🏠 **Le Clos de la Fontaine** ⪢ 🛏 AC 🚫

AUBERGE · TRADITIONNEL Hébergement rustique soigné dans une ancienne ferme en pierres et colombages donnant sur un beau jardin. Poneys, chèvres, lapins et volailles au pré. Produits "maison" au petit-déj'.

HERBERG · TRADITIONEEL Rustiek en verzorgd logies in een oude boerderij met vakwerk en een mooie tuin. Pony's, geiten, konijnen en hoenderen in de wei. Ontbijt met huisgemaakte producten.

5 chambres 🍵 – ♦100/120 € ♦♦100/120 €

rue de la Fontaine 2 (à Chéoux) – 𝒞 084 47 77 01 – www.leclosdelafontaine.be – Fermé dernière semaine de juin-première semaine de juillet et deuxième week-end de septembre

ROBERTVILLE
Liège – ✉ 4950 – Waimes – Atlas n° **9**-D2

ⅰ○ **Hôtel des Bains** ⪡ 🛏 🏠 🚫 **P**

CUISINE MODERNE · ÉLÉGANT ⅩⅩ Les grandes fenêtres et la terrasse offrent une jolie vue sur le lac, l'intérieur du restaurant est entièrement renouvelé. Le chef aime travailler les produits – bien frais – de la région, et signe des recettes contemporaines, variées et colorées.

MODERNE KEUKEN · ELEGANT ⅩⅩ De grote ramen en het terras bieden een prachtig uitzicht op het meer, binnen is het restaurant helemaal vernieuwd. De chef werkt graag met al het lekkers dat de streek te bieden heeft en serveert zijn ingrediënten – vers, divers en kleurrijk – in hedendaagse gerechten.

Carte 43/76 €

Hôtel des Bains, Haelen 2 (Sud : 1,5 km, au lac) – 𝒞 080 67 09 10 – www.robert-hotels.com – Fermé dimanche soir, lundi et mardi

🏠 **Hôtel des Bains** ⛲ ⪡ 🛏 🖼 🌊 🕍 🔁 🚫 ⛷ **P**

AUBERGE · COSY Une situation privilégiée sur la rive du lac de Robertville et un parc y donnant directement accès... C'est charmant ! La plupart des chambres, confortables et aménagées avec goût, offrent une vue fantastique sur le lac. L'eau est encore présente au spa et au centre de bien-être.

HERBERG · GEZELLIG Dit charmant hotel bevindt zich op een oever van het meer van Robertville, dat u kunt bereiken via een park. Een toplocatie! Een groot deel van de kamers, die gerieflijk en smaakvol zijn, bieden een prachtig zicht op het meer. Water speelt ook een hoofdrol in de spa en de wellnessruimte.

12 chambres 🍵 – ♦115/180 € ♦♦120/250 €

Haelen 2 (Sud : 1,5 km, au lac) – 𝒞 080 67 09 10 – www.robert-hotels.com – Fermé dimanche et lundi

Hôtel des Bains – Voir la sélection des restaurants

🏠 **La Romance du Lac** ⪢ ⪡ 🛏 🚫 **P**

FAMILIAL · CONTEMPORAIN Pavillon en bois, verre et métal bâti par un menuisier pour son accueillante épouse. Chambres en rez-de-jardin, véranda, terrasse, sauna, étang et pelouses au bord du lac. La location d'une Vespa est possible.

FAMILIAAL · EIGENTIJDS Dit vrijstaande huis van hout, glas en metaal is door een timmerman gebouwd voor zijn gastvrije echtgenote. Gelijkvloerse kamers, veranda, terras, sauna, vijver en gazons aan het meer. U kunt hier ook een Vespa huren om de omgeving te ontdekken.

5 chambres ☄ – 🕯60/65 € 🕯🕯85/95 €

rue du Barrage 19 (à Ovifat) – ☎ 080 44 41 63
– www.laromancedulac.be

La ROCHE-EN-ARDENNE

Luxembourg – ✉ 6980 – Atlas n° **11**-C1

🍴○ **Le Saint Michel**

CUISINE CLASSIQUE · BISTRO X Un bistrot convivial à l'ancienne, dans le centre de la ville. Derrière les plats qui sont énumérés sur le grand écriteau, on trouve la patte d'un chef expérimenté, qui sait agrémenter la tradition et lui donner un maximum de goût.

KLASSIEKE KEUKEN · BISTRO X Gezellige bistro uit de oude doos, in het centrum van de stad. Achter de gerechten die op het grote krijtbord staan beschreven, schuilt de hand van een zeer ervaren chef die nog weet hoe rijk en vol de klassieke keuken moet smaken.

Menu 30 € – Carte 42/58 €

rue de l'Église 17 – ☎ 084 47 88 90
– Fermé mardi et mercredi

ROCHEFORT

Namur – ✉ 5580 – Atlas n° **10**-D2

🍴○ **La Calèche**

CUISINE FRANÇAISE MODERNE · ÉLÉGANT XxX Un restaurant romantique, des salons au décor chaleureux, une jolie pergola au jardin, une belle cave (à visiter)... À La Calèche, le style est omniprésent. Optez par exemple pour une formule pour déguster une cuisine traditionnelle savoureuse. D'excellents produits, des accompagnements soignés et une sauce goûteuse. Que demander de plus !

FRANS MODERN · ELEGANT XxX Het romantische restaurant, de warm ingeklede salons, de mooie pergola in de tuin, de fraaie wijnkelder (te bezoeken) ... Bij La Calèche eet u in stijl. Kies gerust een van de menuformules om te smullen van de traditionele gerechten. Een mooi hoofdproduct, verzorgde garnituren en een lekkere saus. Meer moet dat niet zijn!

Menu 38/75 € – Carte 52/94 €

Hôtel La Malle Poste, rue de Behogne 46 – ☎ 084 21 09 86
– www.malleposte.net – dîner seulement sauf dimanche – Fermé 7 au
31 janvier, 23 juin-4 juillet, 26 août-6 septembre

🏠🏠 **La Malle Poste**

LUXE · COSY Un séjour dans cet ancien relais de poste (1653) constitue une expérience romantique. Vous tomberez certainement sous le charme des chambres spacieuses qui marient à merveille l'ancien et le moderne. Piscine et espace relaxation. Breakfast de qualité.

LUXE · GEZELLIG Een verblijf in dit voormalige poststation (1653) is een romantische belevenis. U zult ongetwijfeld onder de charme vallen van de ruime kamers waarin klassiek en modern mooi samengaan, dankzij voorzieningen als een zwembad en een wellness kunt u lekker relaxen. En wat kan een vers eitje bij het ontbijt toch smaken ...

24 chambres ☄ – 🕯80/230 € 🕯🕯110/270 €

rue de Behogne 46 – ☎ 084 21 09 86
– www.malleposte.net – Fermé 7 au 31 janvier
La Calèche – Voir la sélection des restaurants

ROCHEHAUT

Luxembourg – ⌧ 6830 – Bouillon – Atlas n° **11**-A2

🕸 Taverne de la Fermette   🛜 🅿

CUISINE TRADITIONNELLE · RUSTIQUE ⅹ Simplicité : voilà le premier mot qui nous vient en tête en découvrant cette brasserie ardennaise, installée dans un charmant village au bord de la Semois. De bons produtis locaux – dont certains proviennent de la ferme familiale –, une cuisine de tradition et de saveurs : tout, ici, regorge d'authenticité !

TRADITIONELE KEUKEN · RUSTIEK ⅹ Eenvoud siert, dat bewijst deze typische Ardense brasserie. Lokale producten, onder meer van de eigen boerderij, schitteren hier in al hun puurheid. Ze worden verwerkt in traditionele gerechten en behouden hun eigenheid en smaak. Hier vindt u een eerlijke keuken, een rasechte Bib Gourmand!

Menu 30 € – Carte 35/54 €

Hôtel L'Auberge de la Ferme, place Marie Howet 3 – ☏ 061 46 10 05
– www.aubergedelaferme.com – Fermé 8 au 25 janvier et 11 au 14 mars

ⅼⓄ Auberge de la Ferme   🕸 🍴 🛜 🌱 ♻ 🅿

CUISINE CLASSIQUE · ÉLÉGANT ⅩⅩⅩ Michel Boreux est fier de sa région, et il le démontre avec talent dans ce restaurant chaleureux. Avant de déguster sa cuisine classique mis au jour, profitez d'un apéritif dans la cave à 17h, entouré de 45.000 bouteilles de vin (véridique) !

KLASSIEKE KEUKEN · ELEGANT ⅩⅩⅩ Michel Boreux is fier op zijn streek, dat bewijst hij in dit knusse restaurant. De chef maakt veel in huis en pakt graag uit met zijn zelfgekweekte runderen. Voor u van zijn geüpdatete klassieke bereidingen smult, kunt u om 17 uur genieten van een aperitief in de kelder, omringd door maar liefst 45.000 wijnflessen!

Menu 37/75 € – Carte env. 67 €

Hôtel L'Auberge de la Ferme, rue de la Cense 12 – ☏ 061 46 10 00
– www.aubergedelaferme.com – Fermé 8 au 25 janvier, 11 au 14 mars, lundi midi, mardi midi, mercredi midi et dimanche soir sauf vacances scolaires

🏘 Auberge de la Ferme   🕸 🐾 🍴 🚲 ⬆ 🌱 ♨ 🅿

TRADITIONNEL · COSY Ces maisons en pierres traditionnelles de la région ont été joliment rénovées. Cela vaut pour tous les établissements (hôtels et restaurants) de cette entreprise familiale qui forment presque un petit village dans le pittoresque Rochehaut. Vivement conseillé pour un grand bol d'oxygène, ou pour une clientèle d'affaires.

TRADITIONEEL · GEZELLIG Typische stenen huizen uit de regio die binnenin zeer mooi zijn gerenoveerd volgens de moderne normen. Deze omschrijving past bij de verschillende hotels (veel kamers met whirlpool) en restaurants van dit familiebedrijf, dat zowat een eigen dorp vormt in het pittoreske Rochehaut. Een absolute aanrader om eens uit te blazen of te vergaderen!

44 chambres ⌸ – ♦115/155 € ♦♦170/250 €

rue de la Cense 12 – ☏ 061 46 10 00 – www.aubergedelaferme.com
– Fermé 8 au 25 janvier et 11 au 14 mars

🕸 **Taverne de la Fermette · Auberge de la Ferme** – Voir la sélection des restaurants

RONQUIÈRES

Hainaut – ⌧ 7090 – Braine-le-Comte – Atlas n° **8**-C1

🕸 Bell'Arrivo   🛜

CUISINE ITALIENNE · SIMPLE ⅹ Difficile de le deviner en voyant la façade, mais cet ancien café propose désormais une excellente cuisine italienne. Le produit joue ici le rôle principal, et le chef met beaucoup de soin pour le mettre en valeur. N'oubliez pas de réserver : Bell'Arrivo est une adresse très courue dans les parages...

ITALIAANS · **EENVOUDIG** ⅗ Aan de façade te zien zou men het niet meteen verwachten, maar in dit voormalig café wordt zeer lekker Italiaans gekookt. Het product speelt uiteraard de hoofdrol en de chef weet dat met veel zorg te accentueren. Vergeet zeker niet te reserveren, want Bell'Arrivo is uitgegroeid tot een lieveling van de buurt.

Carte 22/57 €

rue de Nivelles 30 – ☏ 067 41 11 19
– www.bellarrivo.be
– Fermé lundi et mardi

ROUCOURT

Hainaut – ✉ 7601 – Péruwelz – Atlas n° **08G**-B2

❀ **L'impératif** (Benoît Neusy)   ⌕ ⇦ ⪪ ⛬ ▣ ⇄ **P**

POISSONS ET FRUITS DE MER · **HISTORIQUE** ⅹⅹⅹ Cet Impératif a de l'allure ! Le chef Neusy vous reçoit dans une maison pleine de caractère, entourée d'un beau domaine, et vous fait profiter de son originalité et de son savoir-faire. Il excelle particulièrement dans les préparations de poissons et de crustacés, auxquels il apporte une savoureuse touche méditerranéenne. Les chambres sont aussi un « must ».

→ Salade aux cèpes et homard. Saint-pierre au risotto de céleri-rave et moules. Poire Belle Hélène revisitée.

VIS EN ZEEVRUCHTEN · **HISTORISCH** ⅹⅹⅹ Wat heeft L'impératif allure! Chef Neusy ontvangt u in een karaktervol huis dat omgeven is door een mooi domein (ook de kamers zijn een must), en laat u genieten van zijn originaliteit en vakkennis. Hij blinkt uit in vis- en schaaldiergerechten waar hij graag mediterrane frisheid aan geeft.

Lunch 49 € – Menu 78/98 € – Carte 81/105 €

10 chambres ⌷ – ♟95/130 € ♟♟130/155 €

rue d'Arondeau 29 (Château d'Arondeau) – ☏ 069 34 30 70
– www.domainedorandeau.com
– Fermé mercredi midi, samedi midi, dimanche soir, lundi et mardi

SAINTE-CÉCILE

Luxembourg – ✉ 6820 – Florenville – Atlas n° **11**-B3

⅟○ **Hostellerie Sainte-Cécile**   ⇦ ⅙ ⛬ 🏠 **P**

CUISINE TRADITIONNELLE · **ROMANTIQUE** ⅹⅹ Prenez place dans l'agréable décor qui dégage un je-ne-sais-quoi de romantique, qui doit beaucoup aux beaux tableaux de la patronne. Elle vous accompagne au cours d'un repas traditionnel, mais relevé de subtiles touches modernes. Le menu au choix est vivement recommandé !

TRADITIONELE KEUKEN · **ROMANTISCH** ⅹⅹ Het romantische decor van deze hostellerie heeft een eigen ambiance dankzij de mooie schilderijen van de patronne. Zij begeleidt u tijdens uw traditioneel etentje, dat net wat interessanter wordt door de subtiele moderne toetsen die de chef toevoegt. Het keuzemenu is een topper qua aanbod en smaak!

Menu 33/65 € – Carte 51/71 €

14 chambres – ♟70 € ♟♟90 € – ⌷14 €

Hôtel Hostellerie Sainte-Cécile, rue Neuve 1 – ☏ 061 31 31 67
– www.hotel-sainte-cecile.com
– Fermé mardi midi et dimanche soir sauf en juillet-août, lundis non fériés et après 20 h 30

 À la réservation, faites-vous bien préciser le prix et la catégorie de la chambre.

SAINT-GEORGES-SUR-MEUSE

Liège – ✉ 4470 – Atlas n° **9**-B2

❄ **Philippe Fauchet**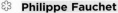

CUISINE CRÉATIVE · CONVIVIAL ✕✕ Chercher, tester, confronter les saveurs, se remettre en question jour après jour... Voici le processus qui a permis à Philippe Fauchet d'affirmer sa personnalité culinaire et de canaliser ses élans créatifs, pour le meilleur. Ce restaurant, intime et chaleureux, en est le meilleur témoignage !

→ Bar de ligne et chou-rave mariné, fenouil, amandes fraîches et jeunes pousses. Pigeonneau rôti aux cerises, confit d'aubergine et olives noires et jus corsé. Fruits rouges parfumés au sucre verveine, meringue à la rose, agastache et émulsion au yaourt.

CREATIEF · GEZELLIG ✕✕ Op zoek gaan, proberen, en uiteindelijk een eigen stijl ontwikkelen. Het resultaat van die ontwikkeling ontdekt u in dit intiem restaurant. Chef Fauchet heeft zijn creativiteit weten te kanaliseren en betrekt lokale producten in een evenwichtig samenspel van smaken en texturen. Dit is een keuken met persoonlijkheid.

Lunch 45 € – Menu 65/125 € – Carte 71/112 €

rue de Warfée 62 – ☎ 04 259 59 39
– www.philippefauchet.be – Fermé samedi midi, dimanche soir, lundi et mardi

SAINT-HUBERT

Luxembourg – ✉ 6870 – Atlas n° **11**-B2

🕭 **Ancien Hôpital**

CUISINE DU MARCHÉ · DESIGN ✕✕ Bienvenue dans la capitale Européenne de la chasse ! Dans ce restaurant design aux murs rustiques, dégustez des recettes classiques revues au goût du jour. Pas de combinaisons complexes, mais très soignées. Les chambres sont au diapason : modernes et plein de caractère.

MARKTKEUKEN · DESIGN ✕✕ Welkom in de Europese hoofdstad van de jacht! In dit designvolle restaurant, dat mooi contrasteert met de rustieke muren, geniet u van klassieke gerechten die met originele toetsen op smaak worden gebracht. Geen complexe combinaties, maar zeer verzorgde gerechten. In de kamers hetzelfde beeld: modern en karaktervol.

Lunch 25 € – Menu 34/60 €

6 chambres ☺ – ♥95/120 € ♥♥110/150 €

rue de la Fontaine 23 – ☎ 061 41 69 65
– www.ancienhopital.be – Fermé 7 janvier-15 juillet, mardi soir, mercredi et jeudi

SAINT-SYMPHORIEN

Hainaut – ✉ 7030 – Mons – Atlas n° **8**-C2

🍽 **Maxens**

CUISINE MODERNE · TENDANCE ✕✕ Restaurant sobre décoré de sculptures, dans lequel on s'attendrait à une cuisine plutôt classique... raté ! Le chef Grulois a opté pour une partition contemporaine, à base de produits de qualité, avec une recherche permanente de combinaisons surprenantes.

MODERNE KEUKEN · TRENDY ✕✕ In een sober restaurant dat met sculpturen is verfraaid, verwacht u misschien een klassieke keuken. Chef Grulois gaat echter voor eigentijdse gerechten, op basis van mooie producten, waarin hij op zoek gaat naar verrassende combinaties.

Lunch 38 € – Menu 56/80 €

chaussée du Roi Baudouin 117 – ☎ 065 84 59 45
– www.maxens.be – Fermé mardi soir, mercredi soir, samedi midi, dimanche soir et lundi

---

Envie de partir à la dernière minute ? Visitez les sites Internet des hôtels pour bénéficier de promotions tarifaires.

SANKT-VITH

Liège – ⌧ 4780 – Atlas n° **9**-D3

❀ **Zur Post** (Eric Pankert)   ⌛ ⇦ 🏠 AC ⇧

CUISINE MODERNE · **BOURGEOIS** XX Depuis trois générations la famille Pankert régale les gourmets ! La carte reflète cette expérience digne de confiance : produits de qualité et préparations soignées, dans une veine classique revisitée avec invention. Et à l'heure de dormir, direction... le lit à baldaquin de votre chambre.

→ Œuf soufflé "surprise" à la mousseline de bintjes et jambon de gibier, pousses d'épinards. Ris de veau croustillant, ravioli aux champignons, céleri et truffe. Millefeuille aux pommes et calvados.

MODERNE KEUKEN · **BURGERLIJK** XX Al drie generaties lang onthaalt de familie Pankert gastronomen. De keuken reflecteert deze betrouwbaarheid, met mooie producten in verzorgde creaties, klassiek geïnspireerd maar origineel uitgevoerd. Op uw kamer kunt u nagenieten in uw sfeervol hemelbed.

Lunch 45 € – Menu 54/98 € – Carte 88/126 €

8 chambres ⌂ – ♟129/179 € ♟♟129/179 €

Hauptstraße 39 – ℰ 080 22 80 27

– www.hotelzurpost.be

– Fermé 3 semaines en janvier, 1 semaine en juin, 1 semaine en septembre, dimanche soir, lundi, mardi et après 20 h 30

❀ **Quadras** (Ricarda Grommes)   � AC ⌿ ⇧ P

CUISINE CRÉATIVE · **TENDANCE** XX La touche féminine de Ricarda Grommes se ressent à la première bouchée. Quelques détails subtils font que les goûts se combinent d'une façon naturelle et élégante. Créativité et raffinement sont au rendez-vous, son style de cuisine est résolument moderne et vous assure une expérience délicieuse.

→ Sole à l'ananas, épinard, cocos et chou-rave. Veau rôti au poivron, lardo di Colonata et aubergine. Tartelette au citron.

CREATIEF · **TRENDY** XX De stempel die Ricarda Grommes op Quadras drukt, herkent u meteen bij de eerste hap die u neemt. Met subtiele details zorgt ze ervoor dat uitgesproken smaken op een natuurlijke, elegante manier samenspelen. Ze koppelt creativiteit aan raffinement, heeft een resoluut moderne stijl, en bezorgt u een heerlijke ervaring.

Lunch 44 € – Menu 66/94 € – Carte 80/90 €

Malmedyer Straße 53 – ℰ 080 22 80 22

– www.quadras.restaurant

– Fermé 24 février-9 mars, 2 premières semaines d'août, dimanche, lundi et jeudi

⅞○ **Pip-Margraff**   ⇦ 🗔 🕸 🛁

CUISINE CLASSIQUE · **COSY** XX Cet hôtel-restaurant familial est une adresse de confiance, depuis 1876. Les clients y viennent avec plaisir pour déguster des mets plutôt classiques. Le chef respecte les saisons : le gibier est une spécialité en saison. Les chambres sont parfaitement tenues, tout comme l'espace bien-être.

KLASSIEKE KEUKEN · **KNUS** XX Dit familiehotel-restaurant is al sinds 1876 een betrouwbaar adres. Gasten komen er graag over de vloer om te genieten van gerechten die eerder klassiek zijn. De chef respecteert de seizoenen, wild is dus een zekerheid wanneer het beschikbaar is. Ook de kamers zijn piekfijn uitgedost, net als de wellness.

Lunch 23 € – Menu 33/70 € – Carte 52/77 €

30 chambres ⌂ – ♟80/90 € ♟♟120/140 € – 3 suites – ½ P

Hôtel Pip-Margraff, Hauptstraße 7 – ℰ 080 22 86 63

– www.pip.be

– Fermé dimanche soir et lundis non fériés

SART-BERNARD
Namur – ⊠ 5330 – Assesse – Atlas n° **10D**-C1

⊛ **Uppkök**   🛜 🕸 🅿

CUISINE FRANÇAISE CRÉATIVE · BRANCHÉ ✗ Le nom devrait vous mettre la puce à l'oreille : ici, le design est roi ! Mais Uppkök séduit surtout par le naturel que l'on trouve dans ses assiettes. Le chef, attentif à l'origine de ses produits, les agrémente avec ce qu'il faut de créativité. Tous les goûts sont bien perceptibles, mais une fois unis, ils créent encore plus de profondeur.

FRANS CREATIEF · EIGENTIJDS ✗ Zoals de naam doet vermoeden, is hier wel wat design te vinden. Maar Uppkök heeft vooral iets natuurlijks, en dat geldt ook voor wat op het bord komt. De chef heeft aandacht voor de afkomst van de producten en behandelt die met creativiteit. Alle smaken zijn duidelijk waarneembaar, maar krijgen samen nog meer diepgang.

Lunch 22 € – Menu 37/62 € – Carte 51/83 €

chaussée Nationale 4, n° 19 – ☎ 081 51 20 23 – www.uppkok.be – Fermé samedi midi, dimanche et mercredi

SENEFFE
Hainaut – ⊠ 7180 – Atlas n° **8**-D2

❀ **Au Gré du Vent** (Stéphanie Thunus)   ⇚ 🛜 🕸 ⇗ 🅿

CUISINE DU MARCHÉ · CHAMPÊTRE ✗✗✗ Bonne adresse dans la campagne hennuyère, où un couple enthousiaste a aménagé ce restaurant moderne ; qui dispose également d'un hôtel agréable (Au Fil De l'Eau). Stéphanie Thunus fait partie des meilleures femmes chefs de Wallonie : elle vous surprendra avec sa cuisine, raffinée et habile. Un vent de fraîcheur !

→ Langoustine en 3 préparations : à la coque, bonbon croustillant et en tartare et caviar. Ris de veau du Limousin, céleri-rave, asperges vertes rôties et fregola. Ananas au chocolat dulcey et cacahuète.

MARKTKEUKEN · LANDELIJK ✗✗✗ Adresje op de Henegouwse boerenbuiten, waar een enthousiast koppel dit moderne restaurant en hotel Au Fil De l'Eau hebben opgestart. Stéphanie Thunus behoort tot het select kransje vrouwelijke chefs uit Wallonië, en verrast u met haar krachtige keuken in de vorm van weldoordachte, verfijnde gerechten. Een frisse wind!

Lunch 38 € – Menu 45/80 € – Carte 82/130 €
6 chambres – 🛏110/120 € 🛏🛏110/120 € – ⌑ 15 €

rue de Soudromont 67 – ☎ 064 33 66 01 – www.resto-augreduvent.be – Fermé samedi midi, dimanche soir, lundi, mardi et après 20h30

 Amateurs de bons vins ? Le symbole ⊛ signale une carte des vins particulièrement séduisante.

SERAING
Liège – ⊠ 4100 – Atlas n° **9**-B2

🍴○ **Au Moulin à Poivre**   🛜 🕸 🅿

CUISINE CLASSIQUE · ROMANTIQUE ✗✗✗ Décor vénitien, belle terrasse avec vue sur le parc... L'endroit est fait pour les âmes romantiques ! Un même couple préside aux destinées de ce restaurant depuis 1982. Elle, en salle, est le charme incarné ; lui, aux fourneaux, réalise une délicieuse cuisine qui respecte les classiques.

KLASSIEKE KEUKEN · ROMANTISCH ✗✗✗ Romantische geesten kunnen hier hun hart ophalen: karaktervol, Venetiaans decor dat voor een warme sfeer zorgt, en achteraan een prachtig terras met zicht op een park. De gastvrouw is één en al charme, de chef eerbiedigt de klassieke keuken. Zij gaan, al sinds 1982, samen als peper en zout.

Lunch 34 € – Menu 43/54 € – Carte 50/71 €
*rue de Plainevaux 30 – ☎ 04 336 06 13 – www.aumoulinapoivre.be
– Fermé 2 premières semaines d'août, jours fériés, dimanche soir, lundi et mardi*

474

SOHEIT-TINLOT

Liège – ✉ 4557 - Tinlot – Atlas n° **9**-B2

🏵 **Le Coq aux Champs** (Christophe Pauly) 🏡 🖑 **P**

CUISINE FRANÇAISE CRÉATIVE · DESIGN XxX Christophe Pauly est un véritable orfèvre... Entre précision et raffinement, le chef parvient à sublimer chaque produit – tous de grande qualité –, à travers un subtil travail sur les textures et les saveurs, avec une préférence pour les nuances aigres-douces. L'intérieur modernisé, dans un style épuré, s'accorde à merveille avec ses ambitions.

→ Langoustines marinées et rôties aux agrumes, verveine et concombre. Cochon Duke of Berkshire aux lentilles et sabayon acidulé. Peps de pomme à l'oseille, yaourt et meringue aux herbes.

FRANS CREATIEF · DESIGN XxX Christophe Pauly levert hier een knap staaltje verfijning en precisiewerk. De belofteville chef weet topproducten naar culinaire hoogtes te brengen dankzij een keuken waarin hij graag nuances creëert met zoet en zuur. Het gemoderniseerde interieur, dat een zekere puurheid uitstraalt, sluit mooi aan bij zijn ambitie.

Menu 40/85 € – Carte 69/124 €

rue du Montys 71 – 𝒞 085 51 20 14 – www.lecoqauxchamps.be – Fermé 1er au 7 janvier, 3 au 11 mars, 7 au 22 avril, 4 au 19 août, 22 au 25 décembre, 29 au 31 décembre, mercredi midi, samedi midi, dimanche, lundi et jours fériés

SOIGNIES

Hainaut – ✉ 7060 – Atlas n° **8**-C1

😊 **L'Embellie** 🏡 🍴

CUISINE MODERNE · CONVIVIAL XX Pol et Géraldine ont depuis 1992 (déjà !) une passion commune pour le poisson et les crustacés. Certains éléments anciens donnent du cachet à l'intérieur, tandis que la cuisine est bien dans l'air du temps. Le chef ajoute des techniques modernes à une partition plutôt classique, et le fait avec soin. Et il n'oublie jamais une chose : le plaisir du client passe avant tout.

MODERNE KEUKEN · GEZELLIG XX Pol en Géraldine laten hun gasten al sinds 1992 genieten van hun passie voor vis en schaaldieren. Oude stijlelementen geven het sfeervolle decor wat meer cachet, maar de keuken is mooi met zijn tijd mee. De chef vult zijn klassieke basis zorgvuldig aan met modernere handelingen. Nooit te gek, maar steeds zeer plezierig.

Lunch 30 € – Menu 37/53 € – Carte 56/71 €

rue de la Station 115 – 𝒞 067 33 31 48 – www.restaurantlembellie.be – Fermé fin juillet-début août, mercredi soir, samedi midi, dimanche soir, lundi et après 20 h 30

🍴 **Le Bouchon et l'Assiette**   🦐 🏡 🍴 **P**

CUISINE DU MARCHÉ · FAMILIAL XX Une petite ferme en briques dans un cadre de verdure, tout le charme de la campagne ! Surprise à l'intérieur : on découvre un bel espace lumineux et contemporain. Dans ce restaurant familial, les plats généreux sont préparés à la minute, avec originalité. Carte des vins tout simplement impressionnante.

MARKTKEUKEN · FAMILIAAL XX Een bakstenen boerderijtje in een groene omgeving, landelijke charme ten top! Maar eens binnen ontdekt u een lumineus, modern decor. Verrassend! In deze familiezaak komen genereuze gerechten op het bord, die à la minute en met een zekere originaliteit zijn bereid. De wijnkaart? Die is gewoonweg indrukwekkend.

Lunch 30 € – Menu 45/90 € – Carte 49/72 €

chemin du Saussois 5a (par N 6 : 2 km direction Mons, puis 2e rue à gauche) – 𝒞 067 33 18 14 – www.bouchonetlassiette.com – Fermé dimanche soir, lundi soir, mardi soir et mercredi

SOLRE-SAINT-GÉRY

Hainaut – ✉ 6500 – Beaumont – Atlas n° **8**-D2

❀ **Hostellerie Le Prieuré Saint-Géry** (Vincent Gardinal) 🕸 ⬅ 🏵
🏠 ✜ 🅿

CUISINE CRÉATIVE · ROMANTIQUE 💥💥 Cet ancien prieuré a tout
pour plaire : haute cuisine évolutive, service prévenant, ambiance intime dans
plusieurs salles de caractère, cour-terrasse avec vue sur jardin, bons vins au
verre... Chambres et suites au charme romantique. Poutres et murs en moellons
dans certaines.

→ Dos de cabillaud cuit au lard confit, asperges et sabayon au vin rouge et écha-
lote. Canard légèrement fumé, fèves des marais et aigre-doux de cerises à la
kriek. Macaron praliné, abricot et glace à la fève de tonka.

CREATIEF · ROMANTISCH 💥💥 Deze voormalige priorij heeft veel te bieden, zoals
een eigentijdse keuken en een goede selectie wijnen per glas, een sfeervol interieur, een terras met zicht op de tuin en een attente bediening. Romantische
kamers en suites, sommige met balkenplafond en breukstenen muren.

Lunch 38 € – Menu 65/95 € – Carte 75/145 €

6 chambres – 🛏99 € 🛏🛏99 € – 🍽 20 € – 2 suites

rue Lambot 9 – 𝒞 071 58 97 00 – www.prieurestgery.be
*– Fermé 24 décembre-9 janvier, 27 mai-5 juin, 27 août-4 septembre, jeudi midi,
samedi midi, lundi et mardi*

SORINNES

Namur – ✉ 5503 – Dinant – Atlas n° **10**-C2

❀ **Hostellerie Gilain** (Alain Gilain) ⬅ 🏵 ⬅ 🏠 ✜ 🅿

CUISINE FRANÇAISE MODERNE · ÉLÉGANT 💥💥 Alain Gilain a indubitablement
trouvé sa voie dans la tradition gastronomique belge, qu'il enrichit aussi de touches plus contemporaines. Amateurs de finesse, laissez-vous guider par ses pro-
positions, avant de profiter de l'une des chambres – toutes confortables – pour
prolonger cette plaisante étape.

→ Homard au court-bouillon, à la citronnelle et petits pois. Ris de veau aux
asperges, chiffonnade d'épinards et cèpes. Pavlova aux fraises de Wépion.

FRANS MODERN · ELEGANT 💥💥 Alain Gilain is een ambassadeur van Waalse
producten. Hij zet hun kwaliteit in de verf met gerechten die zowel fijn als genereus zijn, hij eerbiedigt de culturele traditie, maar is niet verlegen om die creatief
te benaderen. Dineren in deze romantische hostellerie is een ervaring, die nog
mooier wordt in combinatie met een overnachting.

Lunch 42 € – Menu 65/98 € – Carte 88/117 €

6 chambres 🍽 – 🛏125/155 € 🛏🛏142/160 €

*rue de l'Aiguigeois 1 (à Liroux, Est : 6 km, près E 411, sortie 20) – 𝒞 083 21 57 42
– www.hostelleriegilain.com – Fermé 1er au 8 janvier, 24 février-13 mars,
10 et 11 avril, 17 au 31 juillet, 30 et 31 octobre, dimanche soir de fin novembre à fin
mars, lundi, mardi et après 20 h 30*

LES BONS PLANS! *NIET TE MISSEN!*

La Cour de la Reine, pour ses valeurs sûres telles que l'éternelle sole meunière. Le Radisson Blu Palace, dont le funiculaire privé relie les thermes de Spa. L'Auberge, pour son ambiance et son décor typiquement locaux !

La Cour de la Reine, voor zijn vaste waarden zoals een lekkere zeetong meunière. Radisson Blu Palace, dat via een kabelspoor verbonden is met de Thermen. De Auberge, vanwege de typische setting en sfeer!

SPA

Liège – ⊠ 4900 – Atlas n° **9**-C2

Restaurants

😊 La Cour de la Reine   ⇦ 🏠 🚲 🍽 🛏 ⛵

CUISINE FRANÇAISE MODERNE · DESIGN XX Bienvenue dans cette maison de maître ayant conservé toute sa grandeur, qui s'enorgueillit d'un restaurant « lounge » et coloré, et d'une véranda dernier cri. Surprenant ! À la carte, on trouve des valeurs sûres telles que l'éternelle sole meunière, mais aussi des touches de bistronomie. Chambres agréables pour l'étape.

FRANS MODERN · DESIGN XX Loungy restaurant in een statig herenhuis, waar glitters de muren in allerlei kleuren hullen, aangevuld met een moderne veranda. Verrassend! Op de kaart staan zowel vaste traditionele waardes als bistronomie-gerechten. Die zijn moderner, maar hebben dezelfde fond van smaken. Achteraf kunt u nagenieten in fijne kamers.

Lunch 25 € – Menu 37/64 € – Carte 38/67 €

14 chambres ☲ - 🛏70/110 € 🛏🛏80/120 € – ½ P

Plan: A1-b – *avenue Reine Astrid 86* – ☎ 087 77 52 10 – www.lareine.be – *Fermé 3 premières semaines de janvier, jeudi midi, lundi et mardi*

😊 L'O de Source   🍽

CUISINE DU MARCHÉ · TENDANCE X De l'extérieur, c'est un restaurant traditionnel ; une fois passée la porte, se révèle un établissement branché. On s'y sent à l'aise, en grande partie grâce aux soins de notre hôtesse, Karine. Quant au chef, Xavier, il nous gâte avec des mets plutôt raffinés, qu'il rythme avec d'intéressantes combinaisons de goûts.

MARKTKEUKEN · TRENDY X Van buitenaf lijkt L'O de Source een traditionele zaak te zijn, maar binnen ontdekt u een hip restaurant dat gehuld is in paarse tinten. Gastvrouw Karine zorgt voor de goede bediening, chef Xavier bereidt gerechten met een zekere verfijning. Hij voegt interessante smaaktwisten toe en zorgt zo voor spanning.

Lunch 26 € – Menu 37/55 €

Plan: B1-c – *place Pierre Legrand 2* – ☎ 087 22 11 39 – www.lodesource.be – *Fermé mardi midi, dimanche et lundi*

🍴 Manoir de Lébioles

CUISINE CRÉATIVE · LUXE XxX En ce manoir œuvre un chef qui signe une cuisine personnelle, dans l'air du temps, à base de produits de grande qualité. Décor chic et moderne, avec une jolie terrasse panoramique.

CREATIEF · LUXE XxX Eigentijdse keuken van een chef-kok die er een eigen stijl op nahoudt en graag met edele producten werkt. Chic, modern interieur en mooi panoramaterras.

Lunch 42 € – Menu 48/95 € – Carte 99/109 €

Hôtel Manoir de Lébioles, Domaine de Lébioles 1 (à Creppe, Sud-Ouest : 4 km) – ℰ 087 79 19 00 – www.manoirdelebioles.com – Fermé 6 au 24 janvier, lundi, mardi et après 20 h 30

🍴 L'Art de Vivre

CUISINE MODERNE · CONVIVIAL XX Maison de notable cultivant l'art de vivre par un cadre plaisant et une belle carte actuelle, avec un zeste de créativité. Les menus sont alléchants.

MODERNE KEUKEN · GEZELLIG XX In dit herenhuis verstaat men "de kunst van het leven": het interieur is prettig en de eigentijdse gerechten barsten van de smaak. Het menu is het proeven waard.

Lunch 28 € – Menu 50/70 € 🍷 – Carte 65/79 €

Plan: A1-f – *avenue Reine Astrid 53 – ℰ 087 77 04 44 – www.artdevivre.be – dîner seulement sauf weekend – Fermé 2 semaines en janvier, 2 semaines en juillet et lundi*

🍴 L'Auberge

CUISINE FRANÇAISE · BRASSERIE XX Un décor de cuir, de bois et de miroirs... Une atmosphère traditionnelle donc, pour une cuisine française très typique. Plat du jour et formule déjeuner en semaine.

FRANS · BRASSERIE XX Een traditionele setting met leer, hout en spiegels vormt het decor voor een typisch Franse keuken. Dagschotel en lunchmenu tijdens de week.

Lunch 25 € – Menu 39/59 € – Carte 43/80 €

Plan: A1-a – *Hôtel L'Auberge, place du Monument 3 – ℰ 087 77 44 10 – www.hotel-thermes.be – Fermé 2 premières semaines de janvier*

🍴 Le Grand Maur

CUISINE CLASSIQUE · INTIME XX On aime la douce ambiance romantique de ce Grand Maur, tenu par de jeunes propriétaires dont la philosophie tient en quelques mots : « Votre plaisir est le nôtre ! » Le chef revisite la tradition et met en valeur une belle sélection de produits nobles. Trois chambres à disposition pour l'étape.

KLASSIEKE KEUKEN · INTIEM XX Er hangt een romantisch sfeertje in het statig pand waar Le Grand Maur naar is verhuisd. De jonge uitbaters beschikken nu ook over drie kamers en blijven er hun filosofie trouw: "Uw plezier is het onze". De chef voert klassieke recepten precies uit en verrijkt ze graag door nobele producten te gebruiken.

Menu 29/42 €

3 chambres 🛏 – 🛌95/120 € 🛌🛌95/120 €

Plan: A2-z – *rue de Barisart 209 – ℰ 087 77 36 16 – www.legrandmaur.com – dîner seulement sauf samedi – Fermé dimanche et lundi*

Hotels

🏨 Manoir de Lébioles

HISTORIQUE · PERSONNALISÉ Manoir fastueux (1910) surnommé le petit Versailles ardennais. Intérieur d'époque relooké avec classe, chambres au design raffiné, spa complet, parc-jardin à la française et vue bucolique.

HISTORISCH · PERSOONLIJK CACHET Dit weelderige kasteel (1910), ook wel het 'Versailles van de Ardennen' genoemd, biedt een smaakvol gerenoveerd interieur, designkamers, complete spa, Franse tuin en landelijk uitzicht.

16 chambres – ♦199/549 € ♦♦199/549 € – ⬜ 19 €

Domaine de Lébioles 1 (à Creppe, Sud-Ouest : 4 km) – ☏ *087 79 19 00*
– www.manoirdelebioles.com – Fermé 6 au 24 janvier

Manoir de Lébioles – Voir la sélection des restaurants

🏨 Radisson Blu Palace   ☆ ⓦ 🌀 ℔ 🖸 ㅆ ⒶⒸ ⅍ 🐧 🚗

SPA ET BIEN-ÊTRE · CONTEMPORAIN Un funiculaire privé relie cet hôtel de luxe aux thermes de Spa. Chambres tout confort, junior suites avec terrasse et vue sur la ville. Cuisine régionale et internationale à la brasserie.

SPA EN WELLNESS · EIGENTIJDS Een privékabelbaan verbindt dit moderne luxehotel met de Thermen van Spa. De kamers zijn comfortabel, op de terrassen van de junior suites hebt u een mooi zicht op de stad. De brasserie is vernieuwd en serveert zowel internationale als regionale gerechten.

119 chambres ⬜ – ♦120/235 € ♦♦120/235 € – 1 suite – ½ P

Plan: A1-x – *place Royale 39 –* ☏ *087 27 97 00*
– www.radissonblu.com/palacehotel-spa

🏨 L'Auberge   ☆ 🖸 ⅍ 🚗

AUBERGE · CONTEMPORAIN Derrière la façade de style alsacien, un hôtel moderne basé sur le thème de l'eau. Rien de surprenant à cela : l'Auberge se trouve au cœur de la ville thermale ! On y trouve tout le confort nécessaire, à cinq minutes à pied des thermes.

HERBERG · EIGENTIJDS Achter de gevel in typische Elzasstijl huist een modern hotel met water als thema. Dat mag niet verbazen, want L'Auberge ligt in het hart van de thermenstad. U geniet er van alle comfort en bent maar vijf minuten wandelen verwijderd van de thermen.

12 chambres ⬜ – ♦79/169 € ♦♦99/169 € – ½ P

Plan: A1-a – *place du Monument 3 –* ☏ *087 77 44 10 – www.hotel-thermes.be*
– Fermé 2 premières semaines de janvier

L'Auberge – Voir la sélection des restaurants

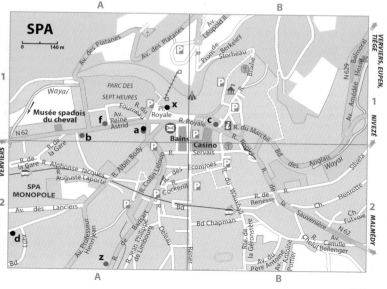

🏠 La Chamboise

LUXE · ROMANTIQUE Une maison d'hôtes où vous serez dorloté ! Françoise est aux petits soins et cultive le sens du détail : musique, soirée aux chandelles et même... une bouillotte dans votre lit quand il fait froid !

LUXE · ROMANTISCH B&B waar u heerlijk in de watten wordt gelegd, daar zorgt gastvrouw Françoise voor met haar oog voor detail: muziek, kaarsjes bij het slapengaan en een kruik in bed als het koud is!

3 chambres ⌷ – ♦130/190 € ♦♦130/190 €

avenue Fernand Jérôme 44 (à Nivezé, Nord-Est : 4 km) – ☎ 087 47 46 80
– www.lachamboise.be – Fermé 1er au 15 juillet

🏠 L'Étape Fagnarde

FAMILIAL · PERSONNALISÉ Cette ancienne maison de notable vous loge dans des chambres personnalisées, offrant calme et ampleur. Sens de l'accueil, breakfast de qualité, sauna et jardin avec terrasse.

FAMILIAAL · PERSOONLIJK CACHET Dit oude herenhuis beschikt over grote, rustige kamers met een persoonlijke touch. Goed onthaal en lekker ontbijt. Sauna en terras in de tuin.

6 chambres ⌷ – ♦105/125 € ♦♦130/150 €

Plan: A2-d *– avenue du Dr Pierre Gaspar 14 – ☎ 087 77 56 50 – www.ef-spa.be*

🏠 Villa des Fagnes

FAMILIAL · CLASSIQUE En retrait de Spa, cette maison de caractère (splendide toit de tuiles rouges et noires) est un havre de paix. Ce ne sont pas les deux chiens qui veillent sur la maison qui viendront perturber le calme des lieux...

FAMILIAAL · KLASSIEK De deugddoende kalmte van de omgeving is het enige dat dit net B&B binnensijpelt: hier geen verkeer, geen lawaai, enkel rust. Twee honden waken over het huis.

5 chambres ⌷ – ♦105/310 € ♦♦115/350 €

chemin Henrotte 94 (Est : 2 km par avenue Marie-Henriette) – ☎ 087 77 54 74
– www.villa-des-fagnes.com

SPRIMONT

Liège – ✉ 4140 – Atlas n° **9**-B2

🍽️ Didier Galet

CUISINE MODERNE · ÉLÉGANT 🕸🕸🕸 Le confort des hôtes est primordial dans ce restaurant élégant. On le remarque à l'accueil chaleureux de la charmante hôtesse des lieux et à la cuisine du chef, qui travaille des produits de haute qualité à l'aide de techniques modernes très soignées.

MODERNE KEUKEN · ELEGANT 🕸🕸🕸 Het comfort van de gast is primordiaal in dit elegant restaurant. Dat voelt u aan de manier waarop de charmante gastvrouw u ontvangt en de heer des huizes voor u kookt. Hij gebruikt moderne technieken en bewerkt zijn topproducten met zorg.

Menu 40/90 € – menu unique

rue du Grand Bru 27 (sur N 30, direction Liège) – ☎ 04 382 35 60
– www.didier-galet.be – Fermé 1 semaine à Pâques, 1 semaine fin juin, 2 dernières semaines d'août, dimanche soir, lundi, mardi et après 20 h 30

STAVELOT

Liège – ✉ 4970 – Atlas n° **9**-C2

🍽️ Le Val d'Amblève

CUISINE FRANÇAISE CLASSIQUE · ÉLÉGANT 🕸🕸🕸 Le Val d'Amblève s'est refait une beauté... avec beaucoup de réussite ! La terrasse au jardin est exquise. Le chef démontre sa maîtrise des nouvelles tendances, mais glorifie les saveurs classiques.

FRANS KLASSIEK · ELEGANT XxX Le Val d'Amblève is volledig in het nieuw gestoken. De update is geslaagd, het is hier gezellig tafelen. Dé aanrader blijft wel een plaatsje op het terras aan de tuin. De chef bewijst dat hij goed op de hoogte is van de nieuwe tendensen, maar zweert bij klassieke smaken.

Lunch 53 € – Menu 58/110 € – Carte 73/86 €

Hôtel Le Val d'Amblève, route de Malmédy 7 – ☏ 080 28 14 40
– www.levaldambleve.com – Fermé 20 décembre-20 janvier et lundi

Le Val d'Amblève

LUXE · CONTEMPORAIN Chambres raffinées dans deux demeures rétro et une dépendance design à façade en bois de cèdre. Sens de l'accueil, espace bien-être avec vue sur la vallée, jardin de repos.

LUXE · EIGENTIJDS Sierlijke kamers in twee oude panden en een dependance in designstijl met gevel van cederhout. Gastvrij onthaal, wellnessruimte met uitzicht op het dal en rustgevende tuin.

17 chambres ⌂ – ♦125/150 € ♦♦125/150 € – 1 suite – ½ P

route de Malmédy 7 – ☏ 080 28 14 40 – www.levaldambleve.com
– Fermé 20 décembre-20 janvier

Le Val d'Amblève – Voir la sélection des restaurants

STOUMONT

Liège – ✉ 4987 – Atlas n° **9**-C2

🍽 Zabonprés

CUISINE DU MARCHÉ · CHAMPÊTRE X Cette fermette "perdue" en bord d'Amblève semble sortie d'un conte de Perrault. Au charme bucolique du lieu, s'ajoute l'attrait d'une cuisine traditionnelle savoureusement revisitée, avec le respect des saisons et... du porte-monnaie !

MARKTKEUKEN · LANDELIJK X Dit idyllische boerderijtje aan de oever van de Amblève lijkt regelrecht uit een sprookje te komen. Daarbij komt nog de smakelijke modern-traditionele keuken met respect voor de seizoenen... en voor uw portemonnee!

Menu 37/60 € – Carte 42/66 €

Zabonprés 3 (Ouest : 4,5 km sur N 633, puis route à gauche) – ☏ 080 78 56 72
– zabonprés.com – Fermé 21 septembre-21 mars sauf vendredis soir et weekends,
Noël, samedi midi, lundi et mardi

TEMPLOUX

Namur – ✉ 5020 – Namur – Atlas n° **10**-B1

☆ l'Essentiel (Raphaël Adam)

CUISINE FRANÇAISE CRÉATIVE · COSY XxX Cette ancienne tannerie, installée dans une vallée idyllique, est devenue un restaurant plein de charme. Le décor est romantique et chaleureux à souhait ; le chef maîtrise les bases classiques de la cuisine, mais n'hésite pas à se montrer plus créatif, en jouant notamment avec les goûts et l'équilibre des plats. Profiter : voilà ce qui compte ici.

→ Duo de langoustines à la betterave acidulée, chou blanc et aux amandes. Parmentier de ris de veau et homard. Charlotte aux pommes et mirabelles, glace caramel au beurre salé.

FRANS CREATIEF · KNUS XxX Deze ex-looierij ligt in een idyllisch dal en is vandaag een restaurant met cachet. Het romantische decor straalt warmte uit. Prachtig! De chef heeft de klassieke keuken onder de knie, maar komt ook creatief uit de hoek. Hij speelt met smaakcontrasten en doet dat evenwichtig en precies. Genieten, dat is hier van belang.

Lunch 35 € – Menu 54/65 € – Carte 70/83 €

rue Roger Clément 32 (2,5 km par chemin du Moustier) – ☏ 081 56 86 16
– www.lessentiel.be – Fermé fin décembre-début janvier, 1 semaine à
Pâques, 2 semaines en juillet, dimanche et lundi

THEUX

Liège – ✉ 4910 – Atlas n° **9**-C2

ⅱ◯ Le Pré des Oréades   🍴🚪 🏠 AC P

CUISINE FRANÇAISE MODERNE · FAMILIAL ✕✕ Un jeune couple a imprimé son style tout en élégance sur ce restaurant : ils ont rafraîchi l'intérieur, tout en gardant la chaleur des lieux. Le chef vous fait découvrir les produits locaux de manière fine et délicate, et la longue carte montre bien son envie de faire plaisir à ses clients.

FRANS MODERN · FAMILIAAL ✕✕ Een jong koppel heeft dit restaurant mooi naar zijn hand gezet: ze hebben het interieur modern opgefrist, maar hebben de warmte van deze plek weten te behouden. De chef laat u lokale producten ontdekken en doet dat op een fijne, delicate manier. De ruime keuze toont zijn wil om zijn gasten te plezieren.

Lunch 27 € – Menu 40/55 € – Carte 55/68 €

chaussée de Spa 87 – ☎ 0475 33 77 01 – www.lepredesoreades.be – Fermé première semaine de janvier, samedi midi, mardi soir et mercredi

THOREMBAIS-SAINT-TROND

Brabant Wallon – ✉ 1360 – Perwez – Atlas n° **7**-C2

😊 Kookin ◍   🏠 P

CUISINE MODERNE · DESIGN ✕ Cette ancienne ferme d'apparence anodine dévoile ses trésors à l'intérieur. Un décor cosy et chaleureux (vous pourrez même acheter les meubles au magasin attenant). Le chef se présente comme un " tailleur de pâtes ", même si sa cuisine n'est pas typiquement italienne. Les pâtes fines composent une cuisine créative et convaincante. Surprenant, audacieux et réussi !

MODERNE KEUKEN · DESIGN ✕ Deze oude hoeve is eerder anoniem, maar onthult binnen al zijn troeven. Het designinterieur is warm en cosy, bij de aanleunende meubelwinkel kunt u alles zelfs kopen. De chef zegt maatwerk met pasta te leveren, maar kookt niet typisch Italiaans. De fijne deegwaren worden ingezet in creatieve bereidingen met fond. Het is verrassend, gewaagd en geslaagd!

Lunch 24 € – Menu 37/49 €

chaussée de Charleroi 40 – ☎ 081 34 49 97 – www.kookin.be – Fermé lundi et mardi

THUIN

Hainaut – ✉ 6530 – Atlas n° **8**-D2

😊 Les Vrais Soudeurs   🏠 🍽 ⇄

CUISINE FRANÇAISE MODERNE · CONTEMPORAIN ✕ Le chef, autodidacte, partage sa passion débordante pour la cuisine en vous proposant des saveurs étonnantes et d'excellents produits, à des prix très doux ! Une carte des vins avec plus de 200 références, une jolie terrasse verdoyante pour siroter son verre... Que demander de plus ?

FRANS MODERN · HEDENDAAGSE SFEER ✕ De liefde voor het koken proeft u hier op uw bord. De chef, autodidact, werkt met veel toewijding en overdondert u met ongelooflijke smaken, uitmuntende producten en zeer zachte prijzen. En dan hebt u ook nog eens de keuze uit meer dan 200 wijnen. Het mooie terras, in het groen, maakt het plaatje compleet.

Lunch 20 € – Menu 37 € – Carte 30/52 €

avenue de Ragnies 14 – ☎ 0479 45 53 18 – www.vraissoudeurs.be – dîner seulement sauf vendredi – Fermé première semaine de janvier, 2 premières semaines d'août, dimanche, lundi et mardi

TORGNY

Luxembourg – ✉ 6767 – Rouvroy – Atlas n° **11**-C3

🏵 **Auberge de la Grappe d'Or** (Clément Petitjean) 🕄◁◁ 🕄 🕄 🕄

CUISINE CRÉATIVE · ÉLÉGANT XxX Clément Petitjean aime son terroir et lui **P** fait honneur avec sa cuisine créative. Un style audacieux mais jamais brutal, original par son utilisation des fleurs et des herbes aromatiques. Le menu terroir (sauf le vendredi et samedi soir) est hautement recommandé, tout comme une nuitée dans cette belle auberge traditionnelle habilement remise au goût du jour.

→ Truite saumurée à l'aspérule odorante, condiment frit au malt et gelée de maitrank. Pigeonneau rôti, compotée d'endives fumées au pain de campagne et cacahuètes. Rhubarbe confite aux épices douces et sorbet au vin rouge.

CREATIEF · ELEGANT XxX Clément Petitjean draagt zijn terroir hoog in het vaandel en dat tekent ook zijn creatieve keuken. Zijn stijl is gedurfd, maar bruuskeert niet. Hij komt origineel uit de hoek met bloemen en kruiden. Het menu terroir (niet op vrijdag- en zaterdagavond) is top. Net als een overnachting in deze mooie geüpdatete, karakteristieke herberg.

Lunch 38 € – Menu 40/118 € – Carte 74/86 €

10 chambres ☑ – †110/115 € ††140 € – ½ P

rue de l'Ermitage 18 – ℰ 063 57 70 56 – www.lagrappedor.com – Fermé lundi et mardi

🏠 **L'Empreinte du Temps** 🕄 🎲

AUBERGE · COSY Façade pittoresque en pierres blondes (1803) et séduisant décor rustico-moderne pour ce petit hôtel occupant l'ex-école.

HERBERG · GEZELLIG Hotelletje in een oude school met een mooie gevel van lichte natuursteen en een geslaagd modern-rustiek interieur.

11 chambres ☑ – †84/180 € ††108/220 €

rue Escofiette 12 – ℰ 063 60 81 80 – www.lempreintedutemps.be – Fermé dernière semaine d'août-première semaine de septembre, lundi et mardi

TOURNAI

Hainaut – ✉ 7500 – Atlas n° **8**-B1

🍴 **la petite Madeleine** 🕄 🎲

CUISINE CLASSIQUE · CONVIVIAL XX Les Tournaisiens se pressent dans ce restaurant ! On comprend aisément pourquoi lorsqu'on découvre la charmante hôtesse, la convivialité du décor et les délices mitonnés par le chef. La beauté des assiettes reflète son ambition, la variation des goûts reflète son talent. Une adresse à ne surtout pas manquer.

KLASSIEKE KEUKEN · GEZELLIG XX Dit is het lievelingsadres van heel wat Doornikse gastronomen. Zij genieten er van de charme van de gastvrouw, de gezelligheid van het vernieuwde interieur en de lekkernijen van de chef. De schoonheid van de borden weerspiegelt zijn ambitie, de afwisseling van eigentijdse smaken bewijst zijn talent. Een aanrader!

Lunch 31 € – Menu 59/69 € – Carte 58/84 €

rue de la Madeleine 19 – ℰ 069 84 01 87 (réserver) – www.lapetitemadeleine.be – Fermé dernière semaine de décembre, première semaine de Pâques, 2 dernières semaines d'août, mercredi soir, samedi midi, dimanche soir et lundi

🍴 **La Paulée Marie-Pierre**

CUISINE FRANÇAISE CLASSIQUE · TRADITIONNEL XX Cet établissement sympathique tire son nom d'une fête populaire bourguignonne, et ce n'est pas un hasard : les vins français prestigieux sont ici à l'honneur, à des prix accessibles ! Ils se marient à merveille avec des plats traditionnels. Les suggestions sont plus contemporaines.

FRANS KLASSIEK · TRADITIONEEL XX Deze sympathieke zaak is niet toevallig vernoemd naar een wijnfeest in de Bourgogne. Prestigieuze Franse wijnen zijn scherp geprijsd en harmoniëren mooi met traditionele gerechten. Verkiest u iets hedendaags? Kies dan één van de suggesties.

Lunch 29 € – Menu 46/60 € – Carte 45/60 €

chaussée de Bruxelles 234 (Est : 3 km sur N 7) – ℰ 069 36 00 88 – www.lapaulee.be – déjeuner seulement sauf vendredi et samedi – Fermé mi-juillet - mi-août, samedi midi et mercredi

d'Alcantara

AUBERGE · CLASSIQUE La musique sert de fil rouge à cet hôtel, installé dans une maison de maître du 17e s. Toutes les chambres ont bénéficié d'un décor personnalisé, et le déjeuner se fait à son propre tempo (choix entre formule express ou relax).

HERBERG · KLASSIEK Muziek is de rode draad door heel dit stadshotel, dat in een 17de-eeuws herenhuis is ondergebracht. De kamers hebben een persoonlijke touch en ontbijten doet men op eigen ritme (keuze uit expres- en relaxformule).

35 chambres ⌂ – †91/105 € ††122/132 € – 1 suite

rue des Bouchers Saint-Jacques 2 – ℰ 069 21 26 48
– www.hotelalcantara.be – Fermé 24 décembre-2 janvier

TRANSINNE
Luxembourg – ✉ 6890 – Libin – Atlas n° **11**-B2

La Barrière de Transinne

CUISINE FRANÇAISE MODERNE · ÉLÉGANT XxX La riche histoire de cette maison contraste avec l'intérieur, bien dans l'air du temps. Le chef privilégie les produits de la région et suit les saisons pour rendre l'assiette toujours plus savoureuse. L'hôtel sera soucieux de votre confort, tout comme celui de votre toutou (" dog friendly ").

FRANS MODERN · ELEGANT XxX De rijke geschiedenis van dit huis is voelbaar, al is het elegante interieur mooi met zijn tijd mee. De chef werkt graag met producten uit de streek en speelt in op de seizoenen om zoveel mogelijk smaak op het bord te krijgen. Het hotel heeft zowel oog voor uw comfort als dat van uw hond (dog friendly).

Lunch 19 € – Menu 37/55 € 🍷 – Carte 41/76 €
27 chambres – †70/140 € ††80/150 € – ⌂ 12 € – ½ P

rue de la Barrière 4 – ℰ 061 65 50 37
– www.barrieredetransinne.be – Fermé 1er au 15 janvier, mardi midi, dimanche soir, lundi et après 20 h 30

VERVIERS
Liège – ✉ 4800 – Atlas n° **9**-C2

Le Coin des Saveurs

CUISINE MODERNE · BRANCHÉ XX Michel Norga aime retrousser ses manches ; vous en aurez la preuve avec ce décor qu'il a contribué à rénover. En cuisine, il montre une minutie de tous les instants, et nous gratifie de préparations bien abouties, avec des combinaisons créatives et maîtrisées. Dégustez-les en terrasse si le temps le permet !

MODERNE KEUKEN · EIGENTIJDS XX Michel Norga is een man die graag de handen uit de mouwen steekt, dat merkt u aan het smaakvolle interieur dat hij mee heeft verbouwd. Zijn bereidingen bewijzen zijn oog voor detail. Hij bewerkt de producten uitvoerig en toont zich beheerst en creatief in zijn combinaties. Het terras is heerlijk om daar van te genieten.

Lunch 28 € – Menu 37/46 € – Carte 45/61 €

avenue de Spa 28 – ℰ 087 23 23 60 – www.lecoindessaveurs.be – Fermé 1 semaine à Pâques, 2 dernières semaines de juillet, 1 semaine en novembre, samedi midi, lundi, mardi et après 20 h 30

VIELSALM
Luxembourg – ✉ 6690 – Atlas n° **11**-C1

L'Auberge du Notaire

AUBERGE · CONTEMPORAIN On ne passe plus les actes en cette maison de notaire devenue hotel de charme. Boiseries à l'accueil, plancher dans les chambres, salle à manger bien stylée et terrasse-jardin.

HERBERG · EIGENTIJDS Er worden geen akten meer verleden in dit notarishuis dat nu een sfeervol hotel is. Gelambriseerde entree, kamers met parket, gestileerde eetkamer en tuinterras.

9 chambres ⌂ – †120/139 € ††130/149 €

rue du Général Jacques 11 – ℰ 080 78 56 70 – www.aubergedunotaire.be – Fermé lundi et mardi

VILLERS-LE-BOUILLET

Liège – ✉ 4530 – Atlas n° **9**-A2

🍴○ **Un temps pour Soi**

CUISINE DU MARCHÉ · ROMANTIQUE ✕✕ On passe un bon moment dans ce restaurant au décor rustique arrangé au goût du jour, où le temps semble s'être arrêté. La cuisine est guidée par les saisons, et déclinée en formules attrayantes. Venez vous faire dorloter !

MARKTKEUKEN · ROMANTISCH ✕✕ Neem de tijd om uzelf te verwennen. Dit karakteristieke pand – met een opgefrist, rustiek interieur – leent zich graag voor een aangenaam moment. De gerechten hebben de seizoenen als leidraad en worden in aantrekkelijke menu's aangeboden. Kon de klok maar even stil blijven staan ...

Lunch 22 € – Menu 50 € ❦/50 € – Carte env. 57 €

Thier du Moulin 46 (Sud : 4 km par N 684) – ✆ 085 25 58 55
– www.untempspoursoi.be – Fermé 13 août-4 septembre, samedi midi, dimanche soir et lundis non fériés

VILLERS-SUR-LESSE

Namur – ✉ 5580 – Rochefort – Atlas n° **10**-C2

🍴○ **Du Four à la Table**

CUISINE FRANÇAISE CRÉATIVE · CONTEMPORAIN ✕✕ Avec sa poêle ou avec son four, le chef Laurent Van de Vyver saura vous convaincre avec une cuisine créative, à base de produits locaux de qualité. Il y ajoute une finesse sans chichis inutiles. Le tout dans un décor élégant et chaleureux, tout comme la jolie terrasse.

FRANS CREATIEF · HEDENDAAGSE SFEER ✕✕ Of het nu uit de oven of de pan komt, chef Laurent Van de Vyver zal u weten te bekoren met zijn creatieve aanpak van lokale kwaliteitsproducten. Hij doet dat met de nodige finesse en zonder poespas. Elegantie typeert ook het warme decor, dat net als het terras een aangename dineeromgeving vormt.

Menu 37/49 €

Hôtel Beau Séjour, rue des Platanes 16 – ✆ 084 37 71 15 – www.beausejour.be
– dîner seulement jusqu'à 20 h 30 – Fermé dernière semaine de
décembre-2 premières semaines de janvier, fin juin-début juillet, dimanches non fériés et lundi

🍴○ **Auberge du Bief de la Lesse**

CUISINE TRADITIONNELLE · CONVIVIAL ✕ Vieille ferme (18ᵉ s.) au décor nostalgique chaleureux, façon bistrot rustique. Flambées en salle dès les premiers frimas, tonnelle côté jardin, petit choix noté à l'ardoise.

TRADITIONELE KEUKEN · GEZELLIG ✕ Oude boerderij (18de eeuw) met een warm, nostalgisch interieur in rustieke bistrostijl. Eetkamer met open haard, tuin met pergola en kleine keuze op een lei.

Carte env. 36 €

rue du Bief 1 – ✆ 084 37 84 21 – www.biefdelalesse.com – Fermé fin
décembre-début janvier et lundis et mardis non fériés

🏠 **Beau Séjour**

LUXE · PERSONNALISÉ Au cœur du village, hostellerie s'ouvrant sur un jardin fleuri dès les premiers beaux jours et doté d'un étang de baignade (en été), avec vue sur le château. Chambres au décor chaleureux, bref : un vrai plaisir !

LUXE · PERSOONLIJK CACHET Uw verblijf in dit gezellige hotel kan niet anders dan plezierig zijn. De warme inkleding van de kamers bekoort, de tuin bloeit enig mooi en de zwemvijver biedt verfrissing bij warm weer. En dat allemaal met zicht op het kasteel.

13 chambres – ♦60/120 € ♦♦70/120 € – ⌂ 15 € – ½ P

rue des Platanes 16 – ✆ 084 37 71 15 – www.beausejour.be – Fermé dernière
semaine de décembre-2 premières semaines de janvier et fin juin-début juillet
Du Four à la Table – Voir la sélection des restaurants

WAIMES
Liège – ✉ 4950 – Atlas n° **9**-D2

❀ **La Menuiserie** (Thomas Troupin)   🏠 ♿ ℀ ♻ **P**

CUISINE MODERNE • CONVIVIAL ✕✕ Il subsiste quelque chose de l'ambiance chaleureuse de cette ancienne salle des fêtes... La maîtresse de maison surgit en un clin d'œil avec ses conseils avisés pour vous guider à travers la belle carte des vins. Quant à la cuisine, elle se révèle créative et savoureuse, à prix doux. Fête garantie !

➙ Pithiviers de cochon et bettes du jardin. Ris de veau à la truffe et jus réduit à la réglisse. Crêpe soufflée aux pommes et cidre de Lierneux.

MODERNE KEUKEN • GEZELLIG ✕✕ De gezellige sfeer van de voormalige feestzaal is hier wat blijven hangen. De gastvrouw durft grappig uit de hoek te komen en geeft vakkundig advies bij de interessante wijnkaart. De ingrediënten komen tot hun recht in gerechten die best creatief zijn, maar vooral enorm smaakvol, en zacht geprijsd. Feest gegarandeerd!

Menu 45/115 € – Carte 58/174 €

*Champagne 12 (à Champagne, Nord-Est : 4 km) – ℰ 080 44 44 85
– www.lamenuiserie.eu – dîner seulement sauf vendredi – Fermé dimanche, lundi et jours fériés en semaine*

🍴 **Au Cheval Blanc**   🛏 🏠 ℀ ♻ **P**

CUISINE CLASSIQUE • BISTRO ✕ Au Cheval Blanc il y a de la convivialité dans l'air ; le bois dont est fait ce grand chalet n'y est pas pour rien ! Une cuisine de tradition bien maîtrisée, simple et bonne, où les saveurs sont bien en place : voici ce qui vous y attend.

KLASSIEKE KEUKEN • BISTRO ✕ Bij Cheval Blanc hangt er heel wat gezelligheid in de lucht, daar speelt het vele hout waarmee deze grote chalet is vernieuwd zeker een rol in. De 'eenvoud' van de traditionele keuken wordt hier beheerst. Alles steekt goed in elkaar en zowel de smaken als de generositeit zijn telkens op het rendez-vous.

Carte 34/61 €

rue Centre 20 – ℰ 080 67 93 63 – www.robert-hotels.com – Fermé mardi

🏠 **Cyrano**   ✿ 🛋 🛴 **P**

AUBERGE • CONTEMPORAIN Juste un peu de nez suffit, n'en déplaise à Cyrano, pour flairer ce charmant hôtel, aux chambres fonctionnelles et agréables. En plus, il est idéalement situé pour les cyclistes. Vous pourrez déguster un repas gastronomique (uniquement sur réservation) au restaurant. La cuisine de Chez Gerty, la brasserie, est plus traditionnelle et regorge de saveurs.

HERBERG • EIGENTIJDS Neust u naar een leuk hotel dat ideaal is gelegen voor fietsers, en waar de kamers functioneel en aangenaam zijn? En hebt u dan graag de keuze tussen een restaurant waar u (enkel op reservatie) kunt genieten van een gastronomisch etentje en een moderne brasserie (Chez Gerty) die goede traditionele kost aanbiedt? Dan is Cyrano net wat u zoekt.

16 chambres – ♦65/73 € ♦♦65/86 € – ☲ 12 € – ½ P

rue de la Gare 23 – ℰ 080 67 99 89 – www.cyrano.be

🏠 **La Trouvaille**   ✿ 🐾 ⪦ 🛏 **P**

MAISON DE CAMPAGNE • ROMANTIQUE Un village pittoresque, une ferme, des chambres rustiques... un tableau parfait pour une escapade en amoureux dans les Ardennes ! Et à vous de jouer pour mettre le tout en musique : un piano à queue vous tend les bras... Cuisine de saison à la table d'hôte.

LANDHUIS • ROMANTISCH Rustieke gastenkamers in een boerderijtje in een pittoresk dorpje: de Ardense idylle is hier compleet! De bijhorende soundtrack kan u zelf verzorgen op de vleugelpiano. Op de table d'hôte serveert de chef een seizoengebonden keuken.

5 chambres ☲ – ♦65 € ♦♦85 €

*route de Grosbois 7 (à Thirimont, Sud-Ouest : 3 km) – ℰ 080 67 86 42
– www.latrouvaille.org*

WANFERCÉE-BAULET
Hainaut – ⊠ 6224 – Fleurus – Atlas n° **8**-D2

℁○ **Eddy Vraie**

CUISINE CLASSIQUE · TRADITIONNEL ℁ Le chef Eddy n'a pas volé son nom de famille, lui qui valorise les saveurs puissantes et authentiques. Avec lui, au diable les chichis ! Et grâce aux portions généreuses, impossible de rester sur sa faim.

KLASSIEKE KEUKEN · TRADITIONEEL ℁ Chef Eddy heeft zijn achternaam niet gestolen. Hij gaat voor echte, sterke smaken die op klassieke wijze worden gebracht. Van liflafjes moet hij niets hebben. En dankzij de genereuze porties komt u hier werkelijk niets tekort.

Lunch 25 € – Menu 45 € ♀/60 € ♀ – Carte 41/59 €

route de Namur 64 – ℰ 071 81 48 94 – www.eddyvraie.be – Fermé les soirs des jours fériés, samedi midi, dimanche soir et mercredi

WANNE
Liège – ⊠ 4980 – Trois-Ponts – Atlas n° **9**-C2

☺ **La Métairie** ⇦ ◈ 🏠

CUISINE RÉGIONALE · AUBERGE ℁℁ Une ferme ardennaise rénovée, dont le charme rustique invite à savourer la délicieuse cuisine régionale et de saison du chef. Mention spéciale au menu du mois, bien gourmand. Pour l'étape, de jolies chambres dans l'ancienne grange.

REGIONAAL · HERBERG ℁℁ Oude Ardense boerderij in een nieuw jasje met een sober, rustiek karakter. Smakelijke seizoengebonden keuken met streekgerechten. Het maand-menu is een aanrader. De kamers in de voormalige schuur zien er tiptop uit.

Menu 37/55 € – Carte 48/63 €

12 chambres 🖙 – ♦95/105 € ♦♦100/120 €

Wanne 4 – ℰ 080 86 40 89 – www.lametairie.be – Fermé 4 au 10 janvier, 10 au 21 mars, 23 juin-4 juillet, 1er au 12 septembre, mercredi de janvier à mars, lundis et mardis non fériés et après 20 h 30

WANZE
Liège – ⊠ 4520 – Atlas n° **9**-A2

☺ **Lucana** 🐾 🏠 ✿ ⇦ **P**

CUISINE ITALIENNE · TENDANCE ℁℁ Un restaurant italien moderne et très plaisant ! L'ambiance est agréable tant à l'intérieur qu'en terrasse. Le chef vous fera profiter des délices de la tradition transalpine, et régalera vos papilles avec de belles associations de saveurs. Vinothèque bien fournie, formules à prix doux.

ITALIAANS · TRENDY ℁℁ Modern Italiaans restaurant waar u zult genieten. Of het nu binnen is of op het terras achteraan, hier hangt een prettige sfeer! De chef laat u genieten van al de geneugten van de Italiaanse traditie en doet uw smaakpapillen trillen met zijn combinaties. De vinotheek is uitgebreid, de menu's zacht geprijsd.

Menu 37/69 € – Carte 50/72 €

chaussée de Tirlemont 118 – ℰ 085 24 08 00 – www.lucana.be – Fermé dernière semaine de décembre, 1 semaine à Pâques, 3 dernières semaines de juillet, samedi midi, dimanche soir, mardi et mercredi

🏩 **Naxhelet** 🏠 ◈ ⇦ 🛏 🖼 📶 🏠 🔥 ➠ ⅓ 🔥 🆑 ✿ ⇦ 🛎 **P**

GRAND LUXE · CONTEMPORAIN Envie de luxe ? Réservez donc une chambre dans cette jolie ferme restaurée. Le bâtiment a conservé son authenticité, à laquelle il associe confort et élégance, jusque dans les salles de bains. Vous vous détendrez dans un agréable wellness ou en jouant une petite partie au golf voisin... Relaxant !

GROTE LUXE · EIGENTIJDS Zin in luxe? Boek dan een kamer in deze prachtig gerestaureerde vierkantshoeve. Het gebouw heeft zijn authenticiteit behouden en combineert dat met comfort en elegantie, tot in de badkamers toe. Ter ontspanning kunt u hier ook terecht in een heerlijke wellness, of u kunt een balletje slaan op het omringende golfterrein.

35 chambres – ♦140/420 € ♦♦160/435 € – 🖙 20 € – ½ P

rue Naxhelet 1 – ℰ 085 82 64 08 – www.naxhelet.be

WAREMME

Liège – ✉ 4300 – Atlas n° **9**-A1

🛜 ⇌ **P**

⬦○ **Le Petit Axhe**

CUISINE DU MARCHÉ · CONVIVIAL ✕✕ Le voyage à travers la belle campagne Liégeoise, le service charmant de la patronne, les gourmandises du chef Claes : ici, on se fait plaisir du début à la fin. Vous êtes entre les mains d'un chef expérimenté, vous le remarquerez au raffinement de ses préparations. Une expérience délicieuse dont vous profiterez encore longtemps !

MARKTKEUKEN · GEZELLIG ✕✕ De reis door het mooie Luikse platteland, de charmante bediening van de gastvrouw, de lekkernijen van chef Claes: hier geniet u van begin tot einde. U bent in de handen van een ervaren chef en dat merkt u aan het raffinement die zijn smaakvolle gerechten typeren. Een heerlijke ervaring waarvan u nog zult nagenieten.

Menu 37 € ▼/70 € – Carte 72/80 €

rue de Petit-Axhe 12 (Sud-Ouest : 2 km) – ℰ 019 32 37 22 – www.lepetit-axhe.be – Fermé 1 semaine à Paques, 3 semaines fin juillet-début août, semaine de Toussaint, mercredi soir, samedi midi, dimanche soir, lundi, mardi et après 20 h 30

⬦○ **Fab's**

🛜

CUISINE FRANÇAISE MODERNE · BISTRO ✕ Fabian Neyrinck a donné un habillage plus tendance à son bistro, mais c'est dans l'assiette qu'il révèle toute sa personnalité. Le chef revisite les recettes françaises (et les classiques de la cuisine de brasserie) dans une interprétation moderne et crée d'intéressantes associations de saveurs. Sa grande spécialité est le poisson.

FRANS MODERN · BISTRO ✕ Fabian Neyrinck heeft het interieur van zijn bistro wat trendyer ingekleed, maar het zijn uiteraard de borden die het hem hier doen. De chef bekijkt het Frans receptenboek (ook bistroklassiekers) met zijn moderne bril en creëert interessante smaakassociaties. Hij pakt graag uit met zijn specialiteit: vis.

Lunch 25 € – Menu 37 € – Carte 40/64 €

place du Roi Albert 1er 3 – ℰ 019 69 73 97 – www.fabs-restaurant.be – Fermé samedi midi, dimanche et lundi

WATERLOO

Brabant Wallon – ✉ 1410 – Atlas n° **7**-A1

✿ **Little Paris** (Arold Bourgeois)

🛜 **P**

CUISINE LYONNAISE · BISTRO ✕ Une excellente adresse que ce petit bistro moderne, où le chef Arold donne une tournure personnelle originale à la cuisine de bistro typique. Satisfaction garantie ! Pas de chichis, le chef mise sur la puissance de chacun de ses produits, qu'il prépare avec doigté. Une simplicité apparente qui regorge de saveur. La carte des vins confirme son flair pour dénicher des produits de qualité.

→ Fricassée de petits gris à l'ail des ours, croquette de jambon serrano et artichaut violet. Maigre sauvage grillé sur peau, jus de langoustine et petit pois frais. Gratin d'ananas confit à la vanille.

LYONEES · BISTRO ✕ Wat is dit modern bistrootje een geweldig adres! Chef Arold geeft typische bistrogerechten een eigen originele draai en zorgt zo voor veel voldoening. Hij gelooft niet in liflafjes, maar in de kracht van enkele ingrediënten die met gevoel zijn bereid. Wat eenvoudig lijkt, bulkt van de smaak. De wijnkaart bevestigt zijn neus voor topkwaliteit.

Lunch 17 € – Carte 39/63 €

chaussée de Bruxelles 89 – ℰ 02 354 84 57 – www.little-paris.be – Fermé samedi, dimanche et lundi

⬦○ **L'Opera**

🍸 🛜 ❤ ⇌ �̷ **P**

CUISINE ITALIENNE · ÉLÉGANT ✕✕✕ L'ampleur et l'élégance de ce restaurant impressionnent, et ce sentiment est encore accentué par l'embellissement, mais le vrai spectacle se trouve dans l'assiette ! Le chef réalise de belles recettes italiennes en utilisant des produits de première qualité ; le lunch est conseillé, avec son buffet d'antipastis...

ITALIAANS · **ELEGANT** XxX De allure en elegantie van L'Opera maakt indruk, en dankzij een upgrade is het zelfs nog wat gezelliger geworden. Maar het echte spektakel vindt u op het bord, want de chef gebruikt topproducten en laat Italiaanse klassiekers excelleren. De lunch is een aanrader, met een aantrekkelijke keuze uit het antipastibuffet.

Lunch 25 € – Menu 50 € – Carte 47/66 €

chaussée de Tervuren 178 – 𝒞 02 354 86 43 – www.lopera.be – Fermé 3 premières semaines d'août, samedi midi et dimanche

De bouche à oreille

CUISINE BOURGEOISE · **BISTRO** XX La qualité de ce restaurant s'est transmise de bouche à oreille. Le chef travaille d'excellents produits qu'il propose à prix doux (ne manquez pas la formule déjeuner). Une cuisine qui coule de source, complications. Le plaisir sur toute la ligne. Vous êtes averti !

BURGERKEUKEN · **BISTRO** XX De kwaliteit van deze moderne zaak deed snel de ronde, en terecht. De chef werkt met uitstekende producten die hij aan scherpe prijzen aanbiedt (de lunch met keuze is top). Zijn gerechten zijn niet te ingewikkeld, maar wel doeltreffend. Hier smult u van bordjes vol plezier, vertel het maar door!

Lunch 21 € – Menu 39 € – Carte 43/60 €

chaussée de Bruxelles 79 – 𝒞 0472 83 85 23 – www.deboucheaoreille.be
– déjeuner seulement sauf vendredi et samedi – Fermé samedi midi et mercredi

La Cuisine au Vert

CUISINE CLASSIQUE · **CONTEMPORAIN** XX On est d'emblée attiré par le cadre verdoyant et en particulier le jardin, grâce aux grandes baies vitrées. Cuisine traditionnelle savoureuse. La formule déjeuner est une bonne façon de découvrir une cuisine accessible.

KLASSIEKE KEUKEN · **HEDENDAAGSE SFEER** XX De groene omgeving en meer bepaald de tuin vallen meteen in het oog dankzij de ruime glaspartijen. Wat de keuken betreft, gaat het hier traditioneel aan toe. De lunchformule is een interessante optie (met keuze) om de toegankelijke gerechten te ontdekken. Fans van lekker eten vinden hier ongetwijfeld hun gading.

Lunch 25 € – Menu 35 € – Carte 36/69 €

Hôtel Le Côté Vert, chaussée de Bruxelles 200g – 𝒞 02 357 34 94
– www.cotevert.be
– Fermé dernière semaine de décembre-première semaine
de janvier, 20 juillet-18 août, lundis fériés, samedi et dimanche

Mamy Louise

CUISINE TRADITIONNELLE · **TENDANCE** X A deux pas d'un ancien couvent, ce qui fut jadis une école pour religieuses s'est offert un lifting réussi, d'acier et de verre : on y déguste des recettes classiques, préparées avec soin et gourmandise, dans un décor moderne.

TRADITIONELE KEUKEN · **TRENDY** X Deze voormalige nonnenschool, in een nieuwe wijk rond een oud klooster, is dankzij een renovatie met veel staal, glaspartijen en modern meubilair op-en-top contemporain. In die mooie setting geniet u van klassieke recepten die met zorg zijn bereid, steeds goed geassaisoneerd en genereus.

Menu 37 € – Carte 41/61 €

allée des Artistes 4 bte 2 – 𝒞 02 354 54 22
– www.mamylouise.be – Fermé lundi

La sélection de ce guide s'enrichit avec vous : vos découvertes et vos commentaires nous intéressent ! Coup de coeur ou coup de colère, écrivez-nous sur notre site Michelin Restaurants : restaurant.michelin.fr

ⅰ○ Momo la crevette ☎

POISSONS ET FRUITS DE MER · SIMPLE ✗ La crevette, et de nombreux autres délices de la mer, jouent les vedettes dans cet agréable restaurant. Le chef sait mettre leur fraîcheur en valeur. La modernité, ici, n'est jamais gratuite : elle surgit seulement quand elle renforce l'expérience gustative. Chez Momo, c'est la pureté des saveurs qui prime.

VIS EN ZEEVRUCHTEN · EENVOUDIG ✗ De crevette en heel wat andere lekkernijen uit de zee zijn de sterren van deze leuke zaak. De chef weet hun versheid te benutten door ze juist te garen en komt enkel met moderne bereidingen uit de hoek indien het de smaakbeleving versterkt. Bij Momo draait alles om de puurheid van de smaak.

Lunch 16 € – Menu 36 € – Carte 48/71 €

*chaussée de Bruxelles 202 – ☎ 02 351 21 00
– www.momolacrevette.be – Fermé dimanche soir*

🏠🏠 Le Côté Vert ☆ 🐾 🛏 ♨ 🖥 & 🄰🄲 🏋 🅿

BUSINESS · CONTEMPORAIN Toute la verdure de Waterloo s'offre à vous dans cet hôtel impeccable. Grâce à l'offre familiale, vous ne manquerez de rien et passerez un agréable séjour dans des chambres confortables et modernes. Les œufs à la minute au petit-déjeuner sont la cerise sur le gâteau.

BUSINESS · EIGENTIJDS De groene kant van Waterloo toont in dit piekfijn onderhouden hotel al zijn charmes. Dankzij de familiale aanpak komt u hier niets tekort. Men bedient u met zorg, de mooie up-to-date kamers verzekeren een comfortabele overnachting. De à la minute bereide eitjes maken het ontbijt net dat tikkeltje aangenamer.

56 chambres 🖙 – 🛏120/170 € 🛏🛏135/185 €

*chaussée de Bruxelles 200g – ☎ 02 354 01 05
– www.cotevert.be – Fermé dernière semaine de décembre-première semaine de janvier*

La Cuisine au Vert – Voir la sélection des restaurants

🏠🏠 Grand Hôtel ☆ 🛏 ♨ & 🄰🄲 🏋 🅿

BUSINESS · FONCTIONNEL Cette ancienne raffinerie de sucre du 19e s. est aujourd'hui un agréable hôtel. Grandes chambres, confortables et modernes ; bar au cadre cosy et un joli panaché de recettes classiques et de mets plus originaux au restaurant La Sucrerie. Au Martin's Waterloo, annexe du Grand Hôtel, les chambres sont bien pensées et rehaussées d'une touche colorée.

BUSINESS · FUNCTIONEEL Dit weelderige hotel deed in het verleden dienst als suikerfabriek. Nu vindt u er grote, moderne kamers, een bar en een mooi terras. Restaurant La Sucrerie slaat eveneens een brug tussen vroeger en nu met hedendaags geïnterpreteerde streekgerechten. Voor ingenieuze kamers met een kleurrijke toets moet u bij de buren van Martin's Waterloo zijn.

108 chambres 🖙 – 🛏80/350 € 🛏🛏90/370 €

chaussée de Tervuren 198 – ☎ 02 352 18 15 – www.martinshotels.com

WAVRE · WAVER
Brabant Wallon – ✉ 1300 – 33 806 hab. – Atlas n° **7**-B1

🐾 Mamy Louise ☎ & 🄰🄲 ⇄ 🅿

CUISINE TRADITIONNELLE · BRASSERIE ✗ Un bâtiment neuf multifonctionnel, tout de bois, de verre et d'acier, qui accueille un restaurant, mais aussi un bar à cocktails avec terrasse, et des salons et salles de réunion. La carte, tout aussi variée, propose une excellente cuisine de brasserie, où salade gastronomique et canard confit sont proposés... à prix doux.

TRADITIONELE KEUKEN · BRASSERIE ✗ Multifunctionele nieuwbouw opgetrokken in hout, glas en staal. Behalve het restaurant vindt u hier een lounge, cocktailbar met terras, salons en vergaderzalen. Ook de kaart is ruim en gevarieerd, met uitstekende brasseriegerechten – gaande van een gastronomisch slaatje tot gekonfijte eendenbout – aan zachte prijzen.

Menu 37 € – Carte 42/63 €

*chaussée de Bruxelles 410 (Zoning Nord, Nord-Ouest : 3 km sur N 4)
– ☎ 010 24 21 74 – www.mamylouise.be – Fermé samedi midi et dimanche*

WALLONIE · WALLONIË

Un Altro Mondo

CUISINE ITALIENNE · CONVIVIAL ❌ C'est derrière un magasin de décoration que vous dénicherez cet agréable restaurant. Luca et Caroline s'emploient à choyer leurs hôtes, qui devront néanmoins trancher entre le menu moderne ou la cuisine italienne authentique à la carte. Mais qu'ils se rassurent : l'un et l'autre sont savoureux.

ITALIAANS · GEZELLIG ❌ Het is even zoeken naar dit sfeervolle restaurant dat ietwat verstopt is achter een decoratiewinkel, maar het is de moeite waard. Luca en Caroline steken er al hun energie in het plezieren van hun gasten, al geven ze hen wel kopbrekers: het moderne menu of de authentieke Italiaanse gerechten à la carte? Maar wees gerust: het zal smaken!

Menu 37/65 € – Carte 53/66 €

chaussée de Louvain 406 – ☎ 010 24 35 95 – www.unaltromondo.be – Fermé août, samedi et dimanche

La Planche d'Ailleurs Ⓝ

GRILLADES · SIMPLE ❌ Buffle, crocodile et autruche ? Exotisme garanti ! Si vous êtes moins aventureux, vous trouverez également votre bonheur avec une cuisine classique qui privilégie les grillades. Pas de sophistication inutile, ici, ce sont les saveurs qui priment.

GRILLGERECHTEN · EENVOUDIG ❌ Buffel, krokodil en struisvogel? Het is eens wat anders dan een rundsentrecote! Indien u geen zin hebt in een exotisch avontuur, kunt u hier ook terugvallen op traditionele gerechten die veelal op de grill worden bereid. Verwacht u dus niet aan fijnzinnigheid, maar aan sterke smaken die voor veel voldoening zorgen.

Lunch 15 € – Carte 43/56 €

chaussée de Bruxelles 1 – ☎ 010 22 53 76 – www.laplanchedailleurs.be – Fermé samedi midi, dimanche et lundi

Le Resto des Halles

CUISINE CLASSIQUE · BAR À VIN ❌ Sur cette route bordée de toutes sortes de magasins, arrêtez-vous chez ce marchand de vins et pénétrez directement dans le bistrot à vins. Surprenant ! Installez-vous pour déguster un excellent verre de vin et des plats sans fioritures, qui sont tout simplement très goûteux. Le chef n'a pas son pareil pour travailler les bons produits.

KLASSIEKE KEUKEN · WIJNBAR ❌ U rijdt op een baan omgeven door allerhande winkels, stapt het magazijn binnen van een wijnhandelaar en komt terecht in deze wijnbistro. Verrassend! U kunt hier terecht voor een uitstekend glas wijn en no-nonsense gerechten die gewoonweg zeer smaakvol zijn. De chef weet hoe je kwaliteitsproducten onder handen neemt.

Lunch 18 € – Menu 40 € – Carte 42/54 €

chaussée de Louvain 509 – ☎ 010 81 08 21
– www.restodeshalles.be
– Fermé 15 juillet-15 août, dimanche et lundi

WAYS
Brabant Wallon – ✉ 1474 – Genappe – Atlas n° **7**-B2

Au milieu de nulle part

CUISINE DU MARCHÉ · CONVIVIAL ❌❌ C'est près du centre de Genappe que ce trouve ce restaurant joliment rafraîchi. Les allures modernes de l'intérieur reflètent sur la cuisine : la diversité des méthodes de préparation et la présentation bien pensée caractérisent les plats goûteux.

MARKTKEUKEN · GEZELLIG ❌❌ Het is dicht bij het centrum van Genappe dat u dit fraai gerestylede restaurant aantreft. De moderne uitstraling van het interieur straalt ook in de keuken: diverse bereidingsmethodes en een doordachte presentatie typeren de smakelijke gerechten.

Lunch 26 € – Menu 37/50 € – Carte 41/58 €

rue Emile Marcq 3 – ☎ 067 77 37 98
– www.aumilieudenullepart.be
– Fermé fin décembre, lundi midi et samedi midi

WÉPION

Namur – ✉ 5100 – Namur – Atlas n° **10**-C1

⊕ Chez Chen ≤ 🛋 🆎 ⇔ 🅿

CUISINE CHINOISE · **CONTEMPORAIN** ✕✕ Si nous sommes bien au cœur de la Belgique, cette table – tenue par la famille Chen, mère et fille en salle, père en cuisine – nous fait résolument voguer vers la Chine. Par les quelques touches asiatiques de son décor – contemporain et soigné –, mais surtout par les raffinements et les parfums de sa cuisine.

CHINEES · **HEDENDAAGSE SFEER** ✕✕ U zit hier aan de prachtige oevers van de Maas, maar de familie Chen neemt u mee op reis naar China. Het interieur, dat sober en modern is, heeft hier en daar een Aziatische toets. Maar het is vooral vader Chen die u met zijn geraffineerde gerechten doet wegdromen naar het heerlijke Verre Oosten.

Lunch 19 € – Menu 31/59 € – Carte 24/61 €

chaussée de Dinant 873 – ✆ 081 74 74 41
– www.chezchen.be
– Fermé mi-février-début mars, 2 semaines en septembre, lundi et mardi

⊕ L'O à la Bouche 🛋 🆎

CUISINE MODERNE · **CONVIVIAL** ✕ Des tables proches les uns des autres, un bruit de fond caractéristique... Cette brasserie pétille ! L'ambiance est de la partie, tout comme la bonne cuisine. Le chef aime travailler le risotto et personnalise des plats de brasserie typiques en leur apportant un peu de profondeur. Des nuances qui font la différence!

MODERNE KEUKEN · **GEZELLIG** ✕ Tafeltjes dicht bij elkaar, altijd wat rumoer ... Deze brasserie bruist! Ambiance is dus vaste kost, net als lekker eten. De chef werkt graag met risotto en zet typische brasseriegerechten naar zijn hand door ze meer diepgang te geven. Met subtiele nuances weet hij het verschil te maken en zeer smaakvol te koken.

Lunch 21 € – Menu 37 € – Carte 53/63 €

rue Armand de Wasseige 1 – ✆ 081 58 34 83 (réservation indispensable le midi)
– www.loalabouche.be – Fermé mercredi soir, samedi midi, dimanche et lundi

ⅣO Carré d'Herbes 🛋 🅿

CUISINE MODERNE · **ÉLÉGANT** ✕✕ Elle est chaleureuse, cette grande maison de maître en bordure de Meuse, où des éléments naturels apportent de la couleur au décor. Le chef réalise ici son rêve et utilise d'excellents produits qu'il travaille avec talent. Attention : pour atteindre le parking, passez par la rue arrière.

MODERNE KEUKEN · **ELEGANT** ✕✕ Dit groot herenhuis aan de Maas straalt warmte uit, natuurelementen geven het moderne interieur kleur. De chef maakt hier zijn droom waar en pakt uit met topproducten die hij in bewerkte gerechten verwerkt. De smaken zijn eerder klassiek en heerlijk divers. Pas op: de parking bereikt u via de achterliggende straat.

Lunch 20 € – Menu 37/65 € – Carte 62/75 €

chaussée de Dinant 780 – ✆ 081 34 48 19 – www.carredherbes.be – Fermé
dimanche soir, lundi et mardi

🏠 Le Manoir Ivoire 🚪 🚭 🛏

HISTORIQUE · **PERSONNALISÉ** Ne vous laissez pas décourager par la façade un peu austère de cette maison de maître : l'intérieur, avec son lambris, ses carrelages en mosaïque et ses plafonds décorés, est un véritable bijou ! Les chambres entremêlent Belle époque et esprit de cottage à l'anglaise, et certaines d'entre elles donnent sur la Meuse. Une adresse pleine de charme.

HISTORISCH · **PERSOONLIJK CACHET** Trek niet te snel conclusies bij het zien van dit herenhuis, want binnenin ontdekt u een pareltje. De lambrisering, de mozaïeken vloer, het plafondstukwerk ... Het authentieke interieur is een en al karakter! De combinatie van Belle Epoque- en Engelse cottagestijl hult de kamers - sommige met zicht op de Maas - in charme.

4 chambres 🖾 – ♦115/160 € ♦♦115/160 €

chaussée de Dinant 642 – ✆ 0477 52 75 60 – www.manoir-ivoire.com

WÉRIS

Luxembourg – ✉ 6940 – Durbuy – Atlas n° **11**-C1

 Le Cor de Chasse (Mario Elias) 🍴 🏠 🈯 ⇄ 🅿

CUISINE CRÉATIVE · **ÉLÉGANT** XxX Le caractère de cette ferme se fond à merveille dans cette campagne pittoresque, tandis que l'intérieur élégant s'accorde habilement avec la modernité. Le chef Elias propose son interprétation d'une cuisine créative : des associations de goûts et de textures qui surprennent et intriguent, de préférence avec des produits locaux. La chasse est ouverte !

→ Langoustines en trois préparations 'collection 2019'. Veau limousin à l'aubergine cuit au barbecue, petits pois et joue de veau inspiration carbonara. Fraises au fenouil, bulgur, chocolat blanc et yaourt.

CREATIEF · **ELEGANT** XxX Het karakter van de hoeve is typisch voor de pittoreske omgeving, het strakke interieur rijmt mooi met de moderniteit. In deze prachtige setting biedt chef Elias zijn interpretatie van de creatieve keuken: combinaties van smaken en texturen die verrassen en intrigeren, bij voorkeur met lokale producten. De jacht is open!

Lunch 37 € – Menu 62/80 € – Carte 90/105 €

Hôtel Le Cor de Chasse, rue des Combattants 16 – ☎ 086 21 14 98
– www.lecordechasse.be – Fermé 2 premières semaines de janvier, 1 semaine à Pâques, 2 premières semaines de juillet, lundi midi et jeudi midi de septembre à juin, mardi et mercredi

 Le Cor de Chasse 🏡 🍴 🛠 🅿

MAISON DE CAMPAGNE · **CONTEMPORAIN** Une demeure de caractère dans un village pittoresque de Wallonie. Les chambres y sont confortables et bien tenues. Ambiance très ardennaise.

LANDHUIS · **EIGENTIJDS** Het pittoreske dorpje Wéris is als een van de mooiste van Wallonië uw bezoek meer dan waard. Verblijven kan in dit karaktervolle huis, waar een uitgesproken Ardennengevoel hangt. Ideaal voor wie een gastronomische escapade organiseert.

14 chambres – 🛏115 € 🛏🛏155 € – 🍽 13 € – ½ P

rue des Combattants 16 – ☎ 086 21 14 98 – www.lecordechasse.be – Fermé 2 premières semaines de janvier, 1 semaine à Pâques, 2 premières semaines de juillet, lundi midi et jeudi midi de septembre à juin, mardi et mercredi

 Le Cor de Chasse – Voir la sélection des restaurants

WIERDE

Namur – ✉ 5100 – Namur – Atlas n° **10**-C1

🍴 **Le D'Arville** 🍴 🏠 🛠 🈯 🦽 🅿

CUISINE MODERNE · **COSY** XxX Une jolie ferme du 19e s. en brique rouge, mariant avec justesse le rustique et le moderne, tandis que sa terrasse, avec ses tables en bois, offre une jolie vue sur la campagne environnante. La cuisine ? Une version créative des recettes régionales, savoureuse grâce aux nombreuses préparations maison. Quant aux chambres de Barabas, elles offrent un confort moderne.

MODERNE KEUKEN · **KNUS** XxX De bakstenen boerderij (19de eeuw) is karaktervol, maar het interieur en het terras in het groen zijn lekker contemporain. De houten tafels zijn een plezier om aan te eten! Op het bord komt een creatieve aanpak van de regionale keuken. De vele huisbereidingen garanderen hier sterke smaken. Bij Barabas wacht u een overnachting in modern comfort.

Lunch 39 € – Menu 54/75 € – Carte 74/81 €

5 chambres – 🛏80/100 € 🛏🛏125/150 € – 🍽 12 € – ½ P

rue d'Arville 94 – ☎ 081 46 23 65 (réservation conseillée) – www.ledarville.be – Fermé 25 décembre-9 janvier, 12 au 27 août, samedi midi, dimanche soir, lundi et mardi

GRAND-DUCHÉ DE
LUXEMBOURG

GROßHERZOGTUM
LUXEMBURG

GRAND DUCHÉ DE LUXEMBOURG 12

LUXEMBOURG (plan 11)

Bastogne

DEUTSCHLAND

Arlon

Longwy

FRANCE

Huldange
Wilwerdange
Wemperhardt
Troisvierges
Urspelt
Roder
Clervaux
Drauffelt

Vianden
Lipperscheid
Esch-sur-Sûre
Wallendorf-Pont
Erpeldange
Grundhof
Beaufort
Müllerthal
Echternach

Gaichel
Hobscheid
Ansembourg
Bourglinster
Mertert
Steinfort
Nospelt
Walferdange
Roodt-sur-Syre
Ahn
Strassen
Findel
Bertrange
Sandweiler
Schouweiler
Luxembourg
Oetrange
Stadtbredimus
Roeser
Remich
Soleuvre
Huncherange
Frisange
Ellange
Lasauvage
Bettembourg
Mondorf-les-Bains
Esch-sur-Alzette
Dudelange

Thionville

LES TABLES À NE PAS MANQUER

LES TABLES ÉTOILÉES

❀ ❀

DES TABLES... SELON VOS ENVIES !

VALEURS SÛRES

LES PLUS BELLES CARTES DE VINS LUXEMBOURGEOIS

Michelin

LES PLUS BELLES TERRASSES

TABLES ROMANTIQUES

LES PLUS BELLES BRASSERIES

TERROIR LUXEMBOURGEOIS

DES LIEUX DE SÉJOUR... SELON VOS ENVIES !

HÔTELS ROMANTIQUES

AUBERGES TYPIQUES

AU BORD DE L'EAU

Mpc92/Fotolia.com

EN FAMILLE

LES MEILLEURS WELLNESS ET SPA

AHN · OHN
Wormeldange – Atlas n° **12**-B3

⅏○ Mathes   🕸 ⌖ 🏠 AC ⇔ P

CUISINE TRADITIONNELLE · CHIC XxX Cet établissement, établi de longue date en bord de Moselle vigneronne, propose une carte axée sur les poissons. La déco réussit un joli compromis entre tradition et goût du jour. Terrasses agréables, vues séduisantes, sens de l'accueil. Une adresse sympathique !

TRADITIONELLE KÜCHE · CHIC XxX Dieses seit langem am weinbewachsenen Moselufer etablierte Haus bietet eine auf Fisch ausgerichtete Karte. Die Einrichtung ist eine hübsche Mischung aus Tradition und Moderne. Angenehme Terrassen, schöner Ausblick, freundlicher Empfang. Eine sympathische Adresse!

Lunch 42 € – Menu 74/138 € – Carte 76/86 €

*39 route du Vin ⊠ 5401 – 𝒞 76 01 06 – www.restaurant-mathes.lu
– Fermé 27 décembre-10 janvier, 29 octobre-8 novembre, dimanche soir de septembre à avril, lundis et mardis non fériés*

ANSEMBOURG · AANSEBUERG
Helperknapp – Atlas n° **12**-A2

🏠 Temps d'Or   ⌖ 🛏 🛖 ﹪ P

DEMEURE HISTORIQUE · ÉLÉGANT Ce magnifique château, dissimulé dans les bois, offre le calme absolu, ainsi qu'une magnifique vue sur la vallée. Le comte vous mène vers votre chambre, charmante et pleine de caractère, ce qui ajoute du cachet de votre expérience.

HISTORISCHES GEBÄUDE · ELEGANT Dieses wunderschöne Schloss liegt versteckt im Wald und bietet absolute Ruhe und einen überwältigenden Blick ins Tal. Der Graf führt Sie persönlich in Ihr bezauberndes, charaktervolles Zimmer, was Ihren Aufenthalt zu einem besonderen Erlebnis macht.

6 chambres – ♦150/450 € ♦♦150/450 € – ⌷ 18 €

Vieux Château ⊠ 7411 – 𝒞 26 10 25 95 – www.tempsdor.com – Fermé 15 décembre-1ᵉʳ février et 20 août-1ᵉʳ septembre

BEAUFORT · BEFORT
Atlas n° **12**-B2

🏠 Meyer   ⚘ 🐾 🛏 🖾 🛖 ⅃ᵒ 🚲 🔲 🏋 🚗

FAMILIAL · CLASSIQUE L'hôtel convivial de la famille Meyer a été fondé en 1928, mais il n'a pas pris une ride : il est toujours confortable et parfaitement entretenu. Même exigence au restaurant, dont les préparations sont largement inspirées par la cuisine française.

FAMILIÄR · KLASSISCH Das eindrucksvolle Hotel am Ortseingang wurde 1928 von der Familie Meyer gegründet. Man übernachtet in guten und komfortablen, tadellos gepflegten Zimmern. In dem ebenfalls empfehlenswerten Restaurant wird eine französisch inspirierte Küche angeboten.

33 chambres ⌷ – ♦71/110 € ♦♦105/175 € – ½ P

120 Grand-Rue ⊠ 6310 – 𝒞 83 62 62 – www.hotelmeyer.lu – Ouvert de Pâques à mi-novembre

BERTRANGE · BARTRÉNG
Atlas n° **12**-A3

🍴 L'Atelier du Windsor   🕸 AC ﹪ ⇔ P

CUISINE CLASSIQUE · CONVIVIAL X Cet atelier, chaleureux et spontané, est un chouette endroit pour découvrir la cuisine de Jan Schneidewind. Elle est basée sur la qualité des produits, cuits avec précision et accompagnés d'une bonne garniture. Le chef expérimenté propose une cuisine sans prétention à déguster en toute décontraction. Cerise sur le gâteau : les prix doux !

KLASSISCHE KÜCHE · FREUNDLICH X Dieses einladende, spontane Atelier ist ein toller Ort, um die Küche von Jan Schneidewind zu entdecken. Oberstes Gebot ist die Qualität der Produkte, die höchst präzise zubereitet und von einer schönen Beilage begleitet werden. Der Chefkoch bietet eine schnörkellose Küche, die man in einem zwanglosen Ambiente genießen kann. Und das Tüpfelchen auf dem i sind die günstigen Preise!

Lunch 20 € ☕ – Menu 37/70 € – Carte 41/75 €

5 rue des Mérovingiens (à Bourmicht) ✉ 8070 – ✆ 26 39 93
– *www.windsor.lu*
– *Fermé lundi soir, samedi midi et dimanche*

BETTEMBOURG · BEETEBUERG
Esch-sur-Alzette – Atlas n° **12**-A3

🍽️ ## Cibo's

CUISINE FRANÇAISE MODERNE · BRANCHÉ XX Le bâtiment de la piscine de Bettembourg est devenu un rendez-vous de gourmets. Dans l'ancienne cantine, Cibo's propose une carte alléchante, au goût du jour. Sa cuisine a de la profondeur, et de la suite dans les idées. Et, bonne nouvelle : les portions sont copieuses !

FRANZÖSISCH-MODERN · HIP XX Das Gebäude des Schwimmbads von Bettembourg hat sich zu einem Gourmet-Tempel entwickelt. In der früheren Kantine bietet das Cibo's eine attraktive zeitgemäße Speisekarte. Seine Küche zeichnet sich durch Tiefe und eine konsequente Umsetzung seiner Ideen aus. Und eine weitere gute Neuigkeit: Die Portionen sind großzügig!

Lunch 29 € – Menu 44/66 € – Carte 54/68 €

rue James-Hillard Polk 10 ✉ 3275 – ✆ 26 52 95 60 0
– *www.cibos.lu*
– *Fermé fin décembre, lundi soir, mardi soir et dimanche*

BOURGLINSTER · BUERGLËNSTER
Junglinster – Atlas n° **12**-B2

🏵️ ## La Distillerie (René Mathieu)

CUISINE CRÉATIVE · ÉLÉGANT XXX Il y a une ambiance bien particulière dans cet élégant restaurant du château de Bourglinster. Déjà, il ne manque pas de cachet, mais en plus il offre une vue magnifique ! Le chef, inventif, aime travailler les légumes et nous réserve de jolies surprises ; sa maîtrise technique se révèle aussi dans les bonnes sauces qu'il concocte.

→ Cueillette sauvage : fumet végétal et condiments, herbes et fleurs. Saint-pierre cuit à la nacre, herbes anisées, huile de lin et laurier. Création de violette, rose, cassis et framboise.

KREATIV · ELEGANT XXX In diesem eleganten Restaurant im Schloss Burglinster erwartet Sie eine ganz besondere Atmosphäre. Es ist äußerst stilvoll und bietet zudem noch eine herrliche Aussicht! Der einfallsreiche Küchenchef arbeitet besonders gern mit Gemüse und bereitet den Gästen einige schöne Überraschungen. Seine meisterhaft beherrschte Technik kommt auch in seinen hervorragenden Saucen zum Ausdruck.

Lunch 60 € – Menu 140 € ☕/225 € – Carte 72/111 €

8 rue du Château ✉ 6162 – ✆ 78 78 78 1 *(réservation conseillée)*
– *www.bourglinster.lu*
– *Fermé 24 décembre-10 janvier, 26 août-12 septembre, 28 octobre-6 novembre, mercredi midi, lundi, mardi et après 20 h 30*

Brasserie Côté Cour – Voir la sélection des restaurants

 Question de standing : n'attendez pas le même service dans un X ou un 🏠 que dans un XXXXX ou un 🏛️.

ⅱ◯ **Brasserie Côté Cour**

CUISINE CRÉATIVE · RUSTIQUE ✗✗ Dans la cour du château, cette brasserie nostalgique a installé sa terrasse sur les remparts du mur d'enceinte... Produits régionaux et légumes sont travaillés avec attention, en utilisant des techniques modernes. À chaque service, vous pourrez aussi opter pour l'option végétarienne, très attrayante.

KREATIV · RUSTIKAL ✗✗ Die nostalgische Brasserie im Schlosshof hat ihre Terrasse auf der Wehrmauer eingerichtet. Regionale Produkte und Gemüse werden mit modernen Techniken sorgfältig verarbeitet. Zu jedem Gang können Sie auch eine sehr verführerische vegetarische Option wählen.

Menu 55 € – Carte 58/68 €

Restaurant La Distillerie, 8 rue du Château ✉ *6182 –* ☎ *78 78 78 1*
– www.bourglinster.lu – Fermé 24 décembre-10 janvier, 26 août-12 septembre,
28 octobre-6 novembre, mercredi midi, lundi, mardi et après 20 h 30

CLERVAUX · KLIERF

Atlas n° **12**-A1

🏰 **Le Clervaux**

LUXE · ÉLÉGANT Un magnifique hôtel au cœur d'une petite ville des Ardennes luxembourgeoises. Attention les yeux : de la salle à manger aux chambres, design et extravagance sont les maîtres mots ! Surtout, ne manquez pas le grand centre de bien-être et les deux restaurants...

LUXUS · ELEGANT Ein wunderschönes Hotel im Herzen einer Kleinstadt in den Luxemburger Ardennen. Alles, vom Speisesaal bis hin zu den Zimmern, ist von Extravaganz und Designerstil geprägt. Den großen Wellnessbereich und die beiden Restaurants dürfen Sie sich auf keinen Fall entgehen lassen!

22 chambres ⌷ – 🛏155/475 € 🛏🛏165/495 € – ½ P

9 Grand-Rue ✉ *9710 –* ☎ *92 11 05 – www.le-clervaux.com*

DRAUFFELT · DRAUFELT

Clervaux – Atlas n° **12**-A1

ⅱ◯ **Yves Radelet**

CUISINE FRANÇAISE MODERNE · CONVIVIAL ✗✗ Yves Radelet est un chef plein de fougue, et bouillonnant d'idées : il affine ses propres fromages, mature sa viande et trouve encore le temps de... (bien) cuisiner. Plats classiques à la carte, menu plus inventif. Sachez-le : si vous venez en train jusqu'à cette grange rénovée, votre ticket est remboursé !

FRANZÖSISCH-MODERN · FREUNDLICH ✗✗ Yves Radelet ist ein Küchenchef voller Elan, der vor Ideen sprüht: Er veredelt seinen eigenen Käse, reift sein Fleisch und findet dabei immer noch die Zeit, (gut) zu kochen ... Die Speisekarte ist klassisch gehalten, das Menü dagegen einfallsreicher. Und noch ein Tipp: Wenn Sie mit dem Zug anreisen, wird Ihnen sogar das Ticket erstattet!

Menu 49 € – Carte 42/59 €

11 Duerefwee ✉ *9746 –* ☎ *26 90 36 57 – www.yvesradelet.com – dîner*
seulement sauf dimanche – Fermé 25 décembre-2 janvier, 5 au 16 septembre,
lundi et mardi

DUDELANGE · DIDDELENG

Atlas n° **12**-A3

😊 **Parc Le'h**

CUISINE MODERNE · BRASSERIE ✗ Cette brasserie trendy, parée de bois et d'éléments naturels, est en parfaite osmose avec le parc qui l'environne ! Le lieu est parfait pour profiter de la délicieuse cuisine moderne préparée par le chef : il n'a pas son pareil pour assaisonner ses produits et les marier harmonieusement.

MODERNE KÜCHE · BRASSERIE ✗ Die trendige, mit viel Holz und natürlichen Elementen geschmückte Brasserie fügt sich perfekt in den Park, der sie umgibt, ein – der ideale Ort, um die köstliche moderne Küche des Chefkochs zu genießen. Die Art, wie er seine Produkte verarbeitet und sie harmonisch kombiniert, ist nicht zu toppen!

Lunch 21 € – Menu 37 € – Carte 46/70 €

1 rue de la Forêt ✉ *3471 –* ✆ *51 99 90*
– www.restaurant-parcleh.lu
– Fermé dimanche soir en hiver et lundi

ECHTERNACH · IECHTERNACH
Atlas n° **12**-B2

⅋◯ **Au Vieux Moulin** ⛬ 🛏 ⚒ 🛎 🅿

CUISINE TRADITIONNELLE · ÉLÉGANT ✗✗✗ Dans cet ancien moulin intimement lié à son environnement naturel, la cuisine suit évidemment le rythme des saisons, dans la tradition française. Le poisson, le homard et le gibier sont les spécialités de la maison.

TRADITIONELLE KÜCHE · ELEGANT ✗✗✗ Die alte Mühle ist seit jeher eng mit der Natur verbunden und serviert traditionelle französische Küche, die sich selbstverständlich nach der Jahreszeit richtet. Die Spezialitäten des Hauses sind Fisch, Hummer und Wildgerichte.

Menu 40/83 € – Carte 56/89 €

Hôtel Au Vieux Moulin, Maison 6 (à Lauterborn, Sud-Ouest : 3 km) ✉ *6562*
– ✆ *72 00 68 1*
– www.hotel-au-vieux-moulin.lu
– Fermé 9 décembre-7 février, mardi midi, lundi et après 20 h 30

🏨 **Eden au Lac** 🎱 ⚑ 🛥 ⟨ ⛬ 🖼 🕙 🛀 ⅃♭ 🚲 🔌 🅰🅲 ♨ 🅿

GRAND LUXE · TRADITIONNEL Cet hôtel au décor traditionnel, entouré de nature, regarde depuis son promontoire les étangs d'Echternach ainsi que la villa Romaine. Pour profiter de la vue, laissez-vous donc séduire par une des chambres avec balcon panoramique. Cuisine classique au restaurant, et bel espace bien-être.

GROSSER LUXUS · TRADITIONELL Das Hotel mit traditioneller Inneneinrichtung liegt mitten in der Natur und blickt von seinem Felsen aus auf die Echternacher Seen und die römische Villa hinab. Um die Aussicht zu genießen, sollten Sie daher eines der Zimmer mit Panoramabalkon wählen. Restaurant mit klassischer Küche und schöner Wellnessbereich.

60 chambres 🖵 – 🛏156/206 € 🛏🛏175/303 € – 3 suites – ½ P

Oam Nonnesees (au dessus du lac) ✉ *6474 –* ✆ *72 82 83*
– www.edenaulac.lu
– Ouvert 12 avril-12 novembre

🏘 **Bel Air** ⚑ 🛥 ⟨ ⛬ 🖼 🕙 🛀 ⅃♭ 🚲 🔌 ♨ 🚗

LUXE · CLASSIQUE Cet établissement confortable, niché dans une vallée verdoyante, est entouré d'un parc qui invite à se ressourcer. De même le bel espace bien-être, les chambres au calme, le piano-bar à l'ambiance "lounge" et le restaurant dont le cadre design ouvre sur les pelouses, parterres et pièce d'eau du jardin...

LUXUS · KLASSISCH Das komfortable Haus liegt in einem grünen Tal und ist umgeben von einem Park, der zur Erholung einlädt. Ebenso ansprechend sind der schöne Wellnessbereich, die ruhigen Zimmer, die Pianobar mit Lounge-Atmosphäre und das Restaurant im Designerstil, das zu den gepflegten Rasenflächen, den Blumenbeeten und dem Wasserbecken im Garten hinausgeht.

38 chambres 🖵 – 🛏118/218 € 🛏🛏132/232 € – ½ P

1 route de Berdorf ✉ *6409 –* ✆ *72 93 83*
– www.belair-hotel.lu

🏚 Au Vieux Moulin ☆ 🛬 ⅃ᴓ ⅍ 🅿

AUBERGE · À LA CAMPAGNE Une nature verdoyante, une petite cascade à l'entrée... Ce Vieux Moulin, c'est un petit coin de paradis luxembourgeois ! Le bâtiment lui-même renferme ce charme typique de la région, avec ses meubles en bois et ses rideaux à fleurs – mais certaines chambres sont très contemporaines... et toujours paisibles.

GASTHOF · AUF DEM LAND Grüne Natur, ein kleiner Wasserfall am Eingang... Diese Alte Mühle ist ein paradiesisches Eckchen von Luxemburg! Das Gebäude selbst versprüht mit seinen Holzmöbeln und seinen geblümten Vorhängen den typischen Charme der Region – wobei einige Zimmer sehr zeitgemäß sind... und immer friedvoll.

11 chambres ⌷ – 🛏120/150 € 🛏🛏120/160 € – 2 suites

Maison 6 (à Lauterborn, Sud-Ouest : 3 km) ⌧ 6562 – 🖉 72 00 68 1
– www.hotel-au-vieux-moulin.lu – Fermé 9 décembre-7 février, mardi midi et lundi

Au Vieux Moulin – Voir la sélection des restaurants

ELLANGE · ELLÉNG

Mondorf-les-Bains – Atlas n° **12**-B3

🍽 La Rameaudière ⅄ 🕋 ⟳ 🅿

CUISINE CLASSIQUE · ÉLÉGANT ⅍⅍ Dans l'ancien hall de la gare du village, on déguste une cuisine classique pleine de saveurs. Les spécialités du chef Daniel Rameau: foie gras, homard et pigeon... rien que ça ! L'été, les tables sont dressées sur la terrasse fleurie, à l'ombre des arbres fruitiers.

KLASSISCHE KÜCHE · ELEGANT ⅍⅍ In der ehemaligen Wartehalle des Dorfbahnhofs genießt man eine sehr schmackhafte klassische Küche. Spezialitäten des Chefs Daniel Rameau sind Köstlichkeiten wie Foie gras, Hummer und Taube. Im Sommer werden die Tische auf der blumengeschmückten Terrasse im Schatten der Obstbäume gedeckt.

Lunch 45 € – Menu 57/79 € – Carte 52/89 €

10 rue de la Gare (à Ellange-Gare, Sud-Est : 1 km) ⌧ 5690 – 🖉 23 66 10 63
– www.larameaudiere.lu – Fermé 1ᵉʳ au
15 janvier, 3 au 9 juillet, 21 août-3 septembre, 30 octobre-5 novembre et lundis et mardis non fériés

ERPELDANGE-SUR-SÛRE · IERPELDENG OP DER SAUER

Atlas n° **12**-A2

😊 Dahm 🛬 🕋 ⅃ 🅿

CUISINE RÉGIONALE · TRADITIONNEL ⅍⅍ Le restaurant élégant avec sa carte raffinée, ou bien la brasserie moderne qui met l'accent sur les produits luxembourgeois ? Où que vous preniez place, optez pour le menu : c'est un incontournable ! Le chef offre un large choix de mets actuels, et l'on passe un très bon moment.

REGIONAL · TRADITIONELLES AMBIENTE ⅍⅍ Bevorzugen Sie eher das elegante Restaurant mit seiner französischen Speisekarte oder die moderne Brasserie, in der der Schwerpunkt auf Luxemburger Produkten liegt? Egal, wo Sie Platz nehmen, Sie sollten sich für das Menü entscheiden, es ist das absolute Muss! Angeboten wird eine große Auswahl an zeitgemäßen Gerichten in angenehmem Ambiente.

Lunch 15 € – Menu 37 € – Carte 54/83 €

Hôtel Dahm, 57 Porte des Ardennes ⌧ 9145 – 🖉 81 62 55 1 – *www.hotel-dahm.com*
– Fermé 26 décembre-6 janvier

🏚 Dahm ☆ 🐾 🛬 🚲 ▣ ⅃ 🦵 🛎

FAMILIAL · CLASSIQUE Aux portes des Ardennes, ce bel hôtel dispose de chambres spacieuses, simples mais parfaitement entretenues. Le restaurant ? C'est la cerise sur le gâteau !

FAMILIÄR · KLASSISCH Das schöne Hotel am Rand der Ardennen verfügt über geräumige Zimmer, die zwar schlicht, aber tadellos gepflegt sind. Das Restaurant ist das Tüpfelchen auf dem i!

25 chambres ☷ – 🛏81/102 € 🛏🛏122/138 €

57 Porte des Ardennes ⊠ 9145 – ℰ 81 62 55 1 – www.hotel-dahm.com
– Fermé 26 décembre-6 janvier

🍴 **Dahm** – Voir la sélection des restaurants

ESCH-SUR-ALZETTE · ESCH-UELZECHT
Atlas n° **12**-A3

🍴 **Bosque FeVi** 🏠 & ⅏ ♻ 🅿

CUISINE MÉDITERRANÉENNE · CONTEMPORAIN 🗙🗙 Changement de nom et d'atmosphère pour ce Pavillon : l'intérieur est devenu résolument moderne (la paroi ondulée est remarquable), mais les racines espagnoles du chef sont toujours bien présentes. Sa cuisine, riche et contemporaine, a des accents méditerranéens ; on se régale notamment de tapas chauds et froids.

MEDITERRAN · ZEITGEMÄSSES AMBIENTE 🗙🗙 Ein neuer Name und ein neues Ambiente: Das Interieur dieses Pavillons ist nun ausgesprochen modern (die gewellte Wand ist bemerkenswert), aber die spanischen Wurzeln des Küchenchefs sind noch immer sehr präsent. Er bietet zeitgemäße Gerichte mit mediterranen Akzenten in großzügigen Portionen. Empfehlenswert sind insbesondere die warmen und kalten Tapas.

Menu 35/71 € – Carte 57/74 €

Hôtel The Seven, 50 Park Gaalgebierg (suivre rue du Parc jusqu'au bout - au-dessus du stade Emile Mayrisch) ⊠ 4142 – ℰ 54 02 28 703 – www.fevi.lu – Fermé samedi midi, dimanche soir et lundi

🍴 **La Maison Lefèvre** 🏠 🅿

CUISINE FRANÇAISE MODERNE · CONTEMPORAIN 🗙🗙 Derrière la façade magnifique de cette maison de maître se cache une belle brasserie de luxe. Tout ici a du style, à commencer par la patronne, qui vous accueille avec beaucoup d'enthousiasme. La cuisine est sur le même lignée : à grand renfort de produits locaux et de légumes, le chef impose tranquillement son style, éminemment moderne.

FRANZÖSISCH-MODERN · ZEITGEMÄSSES AMBIENTE 🗙🗙 Hinter der herrlichen Fassade dieses Herrenhauses verbirgt sich eine schöne Luxusbrasserie. Ein Lokal mit Stil, angefangen bei der Inhaberin, die Sie mit Begeisterung empfängt. Im Einklang dazu steht die Küche: Der Chefkoch verwendet viele heimische Produkte und lokales Gemüse und versteht es, den ausgesprochen modernen Gerichten seinen Stempel aufzudrücken.

Lunch 28 € – Menu 55/65 € – Carte 49/69 €

138 boulevard J.F. Kennedy ⊠ 4171 – ℰ 26 53 05 04 – www.lamaisonlefevre.lu
– Fermé dimanche soir et lundi

🏨 **The Seven** 🌳 🦢 ⋖ 🛁 🔲 🎿 🅿

LUXE · DESIGN Au milieu d'un parc, les sept étages de cet hôtel luxueux abritent des chambres design et une offre de services complète. Cerise sur le gâteau : la splendide vue qu'on a sur les alentours, où dominent le vert et le calme...

LUXUS · DESIGN Dieses mitten in einem Park gelegene luxuriöse Hotel verfügt auf seinen sieben Etagen über ansprechende Zimmer mit Designereinrichtung und bietet einen umfassenden Service. Besonders hervorzuheben ist der herrliche Blick auf die von viel Grün und Ruhe geprägte Umgebung.

14 chambres – 🛏125/350 € 🛏🛏125/350 € – ☷ 18 € – 1 suite

50 Park Gaalgebierg (suivre rue du Parc jusqu'au bout - au-dessus du stade Emile Mayrisch) ⊠ 4142 – ℰ 54 02 28 – www.thesevenhotel.lu

Bosque FeVi – Voir la sélection des restaurants

ESCH-SUR-SÛRE · ESCH-SAUER

Atlas n° **12**-A2

🏨 Hôtel de la Sûre

🏊 🚴 🍃 🏃 🚵 🎿 🐕 🏋️

SPA ET BIEN-ÊTRE · CLASSIQUE Dans un charmant village, cet imposant édifice de style régional est idéal pour la pratique de nombreuses activités nature, et dispose d'un impressionnant spa-wellness. C'est aussi un véritable " hôtel-bibliothèque " avec des milliers d'ouvrages tapissant les murs et échangés avec les clients ! Au restaurant, cuisine française et spécialités régionales sur la belle terrasse.

SPA UND WELLNESS · KLASSISCH Das angenehme und komfortable Hotel mit dem beeindruckenden Rock Spa Wellness ist der ideale Ort zum Entspannen. Leseratten werden begeistert sein: Wenn Sie zwei Bücher bringen, können Sie eines mitnehmen! Verpassen Sie auf keinen Fall das Restaurant, in dem Sie regionale Küche und eine schöne Terrasse erwartet.

38 chambres ⊊ – 🛏️45/100 € 🛏️🛏️79/202 € – ½ P

1 rue du Pont ✉ 9650 – 🕿 83 91 10 – www.hotel-de-la-sure.lu – Fermé 12 décembre-27 janvier

FINDEL

Luxembourg – Sandweiler – Atlas n° **12**-B2

🍽️ Airfield 🆕

🍴 🏡 📶 🔄 🅿️

CUISINE MODERNE · CONVIVIAL XX Ancien pavillon de chasse de la famille grand-ducale, à proximité de l'aéroport, converti en un hôtel fonctionnel proposant deux ambiances pour se restaurer, une brasserie et un restaurant plus confortable. Une cuisine créative qui réjouit et un véritable plaisir. Une grande maîtrise et surtout délicieusement moderne !

MODERNE KÜCHE · FREUNDLICH XX Das ehemalige Jagdschloss der großherzoglichen Familie in der Nähe des Flughafens wurde in ein funktionelles Hotel verwandelt, das zwei Speiselokale anbietet: eine Brasserie und ein komfortableres Restaurant. Kreative Küche, die überzeugt, ein echter Genuss. Meisterhafte Technik und vor allem herrlich modern!

Carte 43/78 €

7 chambres – 🛏️165/250 € 🛏️🛏️165/250 € – ⊊ 15 €

6 rue de Trèves ✉ 2632 – 🕿 28 83 95 1 – www.airfield.lu – Fermé 23 décembre-7 janvier, 25 août-12 septembre, dimanche et lundi

FRISANGE · FRÉISÉNG

Atlas n° **12**-B3

🍃 Lea Linster

🦞 🍃 🍷 🏡 🚭 🔄 🅿️

CUISINE FRANÇAISE MODERNE · ÉLÉGANT XXX Léa Linster est une célébrité en cuisine comme en dehors : en découvrant son luxueux restaurant, on comprend mieux pourquoi ! L'intérieur confortable et la magnifique terrasse forment un cadre idéal pour déguster une belle cuisine de produits, aux saveurs légères et intenses. Un délice.

→ Terrine de foie gras de canard, rhubarbe et fleur de sureau. Turbot rôti, sauce au vin jaune. Chocolat jivara à la pêche et aux noisettes et amandes.

FRANZÖSISCH-MODERN · ELEGANT XXX Léa Linster ist eine Berühmtheit, in der Küche wie außerhalb, und wenn man ihr luxuriöses Restaurant entdeckt, versteht man besser, warum! Der komfortable Innenraum und die wunderschöne Terrasse bilden den idealen Rahmen, um die erlesene Küche aus erstklassigen Produkten zu genießen. Die Aromen sind fein und doch intensiv – einfach köstlich!

Menu 129/179 €

17 route de Luxembourg ✉ 5752 – 🕿 23 66 84 11 – www.lealinster.lu – dîner seulement sauf samedi et dimanche – Fermé lundi et mardi

GAICHEL · GÄICHEL

Hobscheid – Atlas n° **12**-A2

⁇ Auberge de la Gaichel ⊟ ⌂ **P**

CUISINE TRADITIONNELLE · CONVIVIAL ⅄ Cette charmante auberge ne désemplit pas, et on a envie de dire que ce n'est pas une surprise : les recettes, traditionnelles, sont savoureuses, et le rapport qualité-prix est attractif. Par beau temps, optez pour la terrasse, avec vue sur le parc.

TRADITIONELLE KÜCHE · FREUNDLICH ⅄ Der zauberhafte Gasthof ist immer gut besucht, und das ist keineswegs überraschend, denn die traditionellen Rezepte sind lecker, und das Preis-Leistungs-Verhältnis ist attraktiv. Bei schönem Wetter kann man auf der Terrasse den Blick in den Park genießen.

Lunch 17 € – Menu 31/39 € – Carte 33/50 €

Hôtel Auberge de la Gaichel, Maison 7 ⊠ 8469 Eischen – ☏ 39 01 29
– www.lagaichel.lu – Fermé mardi soir

La Gaichel ⋔ ⅏ ⋜ ⊟ ⅄ ⅓ **P**

TRADITIONNEL · PERSONNALISÉ Cet hôtel prestigieux (1852) est entre les mains de la même famille depuis six générations. Vous serez époustouflés par le charme et la quiétude des lieux... Chaque chambre a sa propre personnalité et toutes bénéficient d'un balcon, offrant une belle vue sur le parc autour de l'hôtel.

TRADITIONELL · INDIVIDUELL Der renommierte Gasthof (1852) ist seit sechs Generationen im Besitz derselben Familie. Sie werden überrascht sein vom Charme und von der Ruhe dieses Ortes. Jedes Zimmer hat einen eigenen Stil, und alle Zimmer verfügen über einen Balkon mit schönem Blick in den Park rund um das Hotel.

12 chambres ⊑ – ♥135/270 € ♥♥155/270 €

Maison 5 ⊠ 8469 Eischen – ☏ 39 01 29
– www.lagaichel.lu – Fermé 1er janvier-1er février

Auberge de la Gaichel ⋔ ⊟ **P**

AUBERGE · COSY Bâtisse nostalgique et typée, rénovée intérieurement en accentuant le côté "cosy". Communs douillets et chambres mignonnes, toutes personnalisées.

GASTHOF · GEMÜTLICH Charakteristisches nostalgisches Gebäude. Die Innenräume wurden renoviert, wobei das Ambiente jetzt besonders gemütlich ist. Behagliche Gemeinschaftsräume und reizende, individuell gestaltete Zimmer.

16 chambres ⊑ – ♥75/125 € ♥♥95/125 € – 1 suite – ½ P

Maison 7 ⊠ 8469 Eischen – ☏ 39 01 29
– www.lagaichel.lu

Auberge de la Gaichel - Voir la sélection des restaurants

GRUNDHOF · GRONDHAFF
Beaufort – Atlas n° **12**-B2

⊛ Brimer ⌂ AC ⅄ **P**

CUISINE TRADITIONNELLE · CLASSIQUE ⅄⅄⅄ Un repas délicieux sans se ruiner ? Les Brimer prouvent avec panache que c'est possible. Leur formule magique : de bons produits cuisinés avec originalité, générosité et saveur. Madame excelle dans la cueillette des champignons les plus délicieux...

TRADITIONELLE KÜCHE · KLASSISCHES AMBIENTE ⅄⅄⅄ Sie haben Lust auf ein köstliches Essen zu moderaten Preisen? Die Familie Brimer beweist, dass das möglich ist. Ihr Erfolgsrezept: erstklassige Produkte, die originell und sehr geschmackvoll in großzügigen Portionen zubereitet werden. Die Hausherrin sammelt übrigens die leckeren Pilze...

Menu 37/65 € – Carte 52/101 €

Hôtel Brimer, 1 route de Beaufort ⊠ 6360 – ☏ 26 87 87 1
– www.hotel-brimer.lu – Ouvert mars-fin novembre ; Fermé après 20 h 30

🏠 Brimer ✿ ⬚ 🏊 🀸 🛁 🚲 ⬆ 🎿 🅿

FAMILIAL · CLASSIQUE Aux portes de la "Petite Suisse luxembourgeoise", ce très bel hôtel est tenu par la même famille depuis plus d'un siècle. Accueil prévenant et centre de remise en forme au top !

FAMILIÄR · KLASSISCH Dieses sehr schöne, am Rande der "Kleinen Luxemburger Schweiz" gelegene Hotel wird seit über 100 Jahren von derselben Familie geführt. Zuvorkommender Empfang und hervorragendes Wellness-Center!

28 chambres ⌑ – ♦110/138 € ♦♦130/138 € – 2 suites – ½ P

1 route de Beaufort ⊠ 6360 – ℰ 26 87 87 1 – www.hotel-brimer.lu – Ouvert début mars-fin novembre

🍴 **Brimer** – Voir la sélection des restaurants

HOBSCHEID · HABSCHT

Habscht – Atlas n° **12**-A2

🍴 Aal Schoul 🏠

CUISINE DU TERROIR · CONVIVIAL X Le meilleur du terroir luxembourgeois, voilà à quoi vous pouvez vous attendre dans cette école de village joliment rénovée. Le chef porte une attention particulière aux saisons et à la qualité des produits (locaux, pour l'essentiel), qu'il agrémente avec soin. Le résultat ? Une cuisine généreuse, qui n'a pas peur de surprendre.

REGIONAL · FREUNDLICH X Das Beste der luxemburgischen Regionalküche erwartet Sie in dieser hübsch renovierten Dorfschule. Der Küchenchef legt viel Wert auf die Jahreszeiten und die Qualität der Produkte (die überwiegend aus regionaler Erzeugung stammen), die er sehr sorgfältig zubereitet. Das Ergebnis ist eine großzügige Küche, die auch vor Überraschungen nicht zurückschreckt.

Lunch 23 € – Menu 60 € – Carte 43/59 €

rue d'Eischen ⊠ 8372 – ℰ 28 85 09 – www.aal-schoul.lu – Fermé 22 août-4 septembre, samedi midi, lundi et mardi

HULDANGE · HULDANG

Troisvierges – Atlas n° **12**-A1

😊 K restaurant 🏠 ♿ 🆎 🎿 ⇆ 🅿

CUISINE BOURGEOISE · TRADITIONNEL XX Une salle moderne ? Plus classique et élégante ? La terrasse ? Dans cet imposant établissement, vous avez le choix entre différentes ambiances. Le nombre impressionnant de mets prouve également qu'il y en a pour toutes les envies. Les mets classiques, de brasserie et plus élaborés sont préparés avec générosité et le plus possible à la minute. Vos papilles vous remercieront.

BÜRGERLICHE KÜCHE · TRADITIONELLES AMBIENTE XX Ein moderner Gastraum? Eher klassisch-elegant? Oder die Terrasse? In diesem eindrucksvollen Haus haben Sie die Qual der Wahl. Die beeindruckende Anzahl an Speisen beweist ebenfalls, dass hier für jeden Geschmack etwas zu finden ist. Die klassische Küche, die Brasseriegerichte und die gehobeneren Speisen werden in großzügigen Portionen und möglichst frisch zubereitet. Ihr Gaumen wird erfreut sein!

Menu 37 € – Carte 37/84 €

2 rue Stavelot (à Burrigplatz) ⊠ 9964 – ℰ 97 90 56 – www.krestaurant.lu – Fermé 24 décembre-1er janvier et lundi

HUNCHERANGE · HËNCHERÉNG

Bettembourg – Atlas n° **12**-A3

🍴 De Pefferkär 🍴 ♿ 🆎 ⇆ 🅿

CUISINE FRANÇAISE MODERNE · CLASSIQUE XXX La patronne insuffle à sa cuisine une énergie revigorante, n'hésitant pas à jouer avec les textures et les techniques modernes, tandis que le patron-sommelier vous convie à découvrir quelques vins locaux de qualité (belle carte de 700 références). Une bonne adresse.

FRANZÖSISCH-MODERN · KLASSISCHES AMBIENTE ✕✕✕ Während die Patronne voller Energie am Herd steht und mit Texturen und modernen Techniken spielt, empfiehlt Ihnen der Patron und Sommelier gute regionale Weine (die Karte umfasst über 700 Weine). Eine schöne Adresse.

Lunch 24 € – Menu 42/71 € – Carte 50/90 €

49 route d'Esch ⊠ 3340 – ℰ 51 35 75 – www.de-pefferkaer.lu – Fermé 1ᵉʳ au 7 janvier, 12 au 26 août, samedi midi, dimanche soir et lundi

LASAUVAGE · ZOWAASCH
Differdange – Atlas n° **12**-A3

Le Presbytère

TRADITIONNEL · COSY Les chambres fonctionnelles sont installées en partie dans l'ancien presbytère, mais aussi dans l'annexe plus récente. On y profite du charme de la situation et du calme de l'environnement verdoyant. Vous pouvez même vous échapper dans la bibliothèque pour y lire un livre, où goûter de bons plats classiques au restaurant.

TRADITIONELL · GEMÜTLICH Die funktionell eingerichteten Zimmer liegen teilweise im ehemaligen Pfarrhaus, aber auch im neueren Anbau. Genießen Sie die reizvolle Lage und die Ruhe der üppig grünen Umgebung. Sie können sich auch in die Bibliothek zum Schmökern zurückziehen oder sich im Restaurant mit guten klassischen Gerichten verwöhnen lassen.

10 chambres ⌂ – †85/105 € ††110/130 € – ½ P

1 rue de la Crosnière ⊠ 4696 – ℰ 26 58 62 1 – www.presbytere.lu

LIPPERSCHEID · LËPSCHT
Bourscheid – Atlas n° **12**-A2

Leweck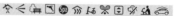

SPA ET BIEN-ÊTRE · CLASSIQUE Hôtel de standing combinant loisirs sportifs et bien-être. Près de la moitié des chambres sont des junior suites. Salles de séminaires, jardin, vue sur la vallée et le château. Diner traditionnel dans une salle au chic alpin. Brasserie contemporaine.

SPA UND WELLNESS · KLASSISCH Hotel der gehobenen Kategorie mit Sportangeboten und Wellnessbereich. Mehr als die Hälfte der Zimmer sind Juniorsuiten. Konferenzräume, Garten und Blick auf Tal und Schloss. Traditionelle Gerichte im eleganten Speisesaal mit alpenländischem Dekor. Die Brasserie ist modern.

51 chambres ⌂ – †125/400 € ††145/420 €

Lëpschter-Dellt (contrebas E 421) ⊠ 9378 – ℰ 99 00 22 – www.sporthotel.lu

L. Rouvrais/Es Cuisine/Photononstop

LES BONS PLANS! *NIET TE MISSEN!*

Parc Beaux-Arts, pour la beauté des lieux et l'emplacement idéal de l'hôtel. Roma, où les pâtes maison sont délicieuses. L'annexe, et ses plats traditionnels revisités.

Parc Beaux-Arts, voor een overnachting op een prachtige locatie. Roma, waar de zelfgemaakte pasta geweldig zijn. L'annexe, en zijn frisse aanpak van traditionele gerechten.

LUXEMBOURG · LËTZEBUERG

115 227 hab. – Atlas n° **12**-B3

Ville-Haute

❀ **Clairefontaine** (Arnaud Magnier)   🏵 AC ⟷

CUISINE FRANÇAISE CRÉATIVE · ÉLÉGANT XXX Arnaud Magnier interprète le répertoire classique avec audace et créativité, mais l'on dirait tout aussi bien qu'il est un créateur qui sait puiser aux racines de la cuisine française. Qui de l'œuf ou de la poule, quoi de la tradition ou de l'avant-garde... sinon la qualité ? Jolis accords mets et vins. Cadre élégant.

→ Carpaccio et tartare de Saint-Jacques au céleri et à la truffe. Poularde de Bresse contisée à la truffe et cuite en vessie, farce au foie gras et purée aux truffes. Soufflé au Grand Marnier et madeleines à l'orange.

FRANZÖSISCH-KREATIV · ELEGANT XXX Arnaud Magnier interpretiert das klassische Repertoire mit einer gewissen Kühnheit und Kreativität, aber er versteht es auch, die Wurzeln der französischen Küche miteinzubeziehen. Ob Tradition oder Avantgarde... die Qualität stimmt! Speisen und Weine harmonieren schön, der Rahmen ist elegant.

Lunch 59 € – Menu 104 € – Carte 82/126 €

Plan: C2-v – *9 place de Clairefontaine* ✉ *1341* – ℰ *46 22 11*
– *www.restaurantclairefontaine.lu*
– *Fermé Noël-nouvel an, première semaine de janvier, 1 semaine à Pâques, 2 dernières semaines août-première semaine septembre, jours fériés, samedi et dimanche*

❀ **La Cristallerie**   🏵 AC 🍴

CUISINE FRANÇAISE MODERNE · CLASSIQUE XXX En ce qui concerne le décor, cette Cristallerie incarne à merveille le classicisme et l'élégance. Quelle allure ! En cuisine, le chef prouve qu'une créativité bien maîtrisée est un précieux atout, lorsqu'elle s'appuie sur des produits de grande qualité. Ses préparations, bien équilibrées, s'habillent parfois d'influences asiatiques.

→ Cuisses de grenouilles poêlées aux épices satay. Coeur de ris de veau aux asperges sauvages. Douceur de café, à la pomme, gingembre et pêche blanche.

514

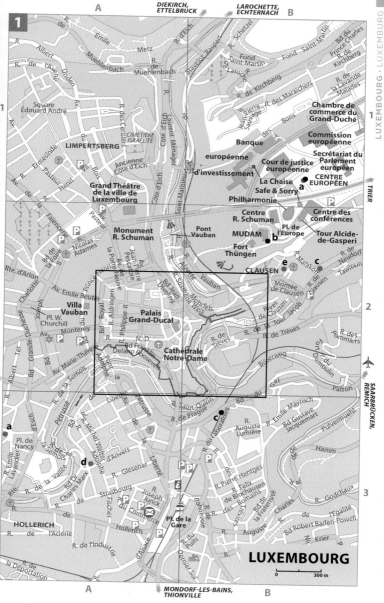

1

A DIEKIRCH, ETTELBRÜCK LAROCHETTE, ECHTERNACH B

R. de Emile
R. de l'Ave. Unden
R. Albert
R. de Muehlenbach
Metz
R. de Muehlenbach
R. d'Eich
Stavelot Bastart
R. Schetzel
Fond Saint-Martin
Fond Saint-Martin
Bd du Prince Charles
R. de Kirchberg

Square Édouard André

1

Av. de la Faïencerie
Pasteur Henri
Ernesinde
R. des Cerisiers
CIMETIÈRE ISRAELITE
Côte d'Eich
Ancienne Côte d'Eich
Laurent Ménager
R. Jean-Pierre Sauvage
R. Pierre Krier
R. des Maraîchers
R. des Bons
R. de Kirchberg
R. de la Lavande
Malades

Chambre de commerce du Grand-Duché

LIMPERTSBERG

Grand Théâtre de la ville de Luxembourg

Banque européenne d'investissement

Commission européenne

Cour de justice européenne

Secrétariat du Parlement européen

La Chaise
Safe & Sorry
Philharmonie

CENTRE EUROPÉEN a

TRIER

Av. Pasteur
R. Nicolas Adames
Bd de la Foire
Rte. d'Arlon

Monument R. Schuman

Av. de la Porte Neuve
Pescatore
Jean-Pierre
R. Sosthène Weis
Bd Jean Ulveling
Mohrfels
Côte d'Eich
Saint-Mathieu

Pont Vauban

Centre R. Schuman

MUDAM

Fort Thüngen

Centre des conférences

Pl. de l'Europe

Tour Alcide-de-Gasperi

R. de Neudorf
Tawioun
R. Malakoff

CLAUSEN

e

c

2

Villa Vauban

Pl. W. Churchill

Av. Monterey

Av. Marie-Thérèse

Charlotte
Av. Grande-Duchesse

Av. de la Semois

Bd Royal
R. Aldringen
R. Philippe II
Bd Franklin Delano Roosevelt

Palais Grand-Ducal

N-D

Cathédrale Notre-Dame

R. de Trèves
Rives de Clausen
R. de la Tour Jacob
Montée de Clausen

Biesserweg

R. des Pommiers
Fort du Dumoulin
R. du Fort

SAARBRÜCKEN, REMICH

2

LUXEMBOURG

a

Pl. de Nancy
R. Emile Lavandier
R. de la Semois
Rte. de la Vallée
Bd d'Esch

R. Goethe
Pétrusse
R. de Prusse
R. Michel Welter
Adolphe
d'Anvers
R. Gleséner
R. Saint-Quirin
R. de Prague

c

Auguste Lumière
R. du Laboratoire
Bd Gustave Jacquemart
Bd Emile Mayrisch
Pulvermuehl
Patton
Hamm

3

HOLLERICH
R. de l'Acièrie
R. de la Déportation
R. de l'Industrie
Hollerich
d'Alsace
R. Dr. Charles Marx
R. Strasbourg
R. Fischer
R. du Commerce
R. Joseph Junck

d

Pl. de la Gare

R. Bonnevoie
R. du Puits
Dernier Sol

R. Pierre Hentges
R. Félix de Blochausen
Bd des Romains
Bd de la Fraternité
Auguste Charles
Bd Robert Baden-Powell
R. Godchaux
de l'Égalité
Krier
Nic

3

LUXEMBOURG

0 ——— 300 m

A MONDORF-LES-BAINS, THIONVILLE B

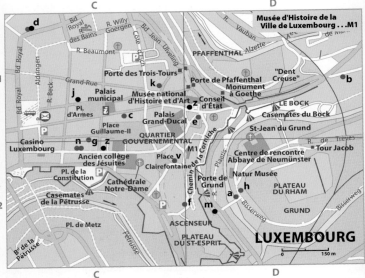

FRANZÖSISCH-MODERN · KLASSISCHES AMBIENTE XxX Das Interieur der Cristallerie ist ein Paradebeispiel für eleganten Klassizismus – welch eine Pracht! In der
Küche stellt der Chef unter Beweis, dass gut beherrschte Kreativität ein absoluter
Trumpf ist, wenn sie sich auf erstklassige Produkte stützen kann. Seine ausgewo-
genen Gerichte lassen bisweilen asiatische Einflüsse erkennen.

Menu 58/228 € – Carte 123/198 €

Plan: C1-j – *Hôtel Le Place d'Armes, 18 place d'Armes (1er étage)* ✉ 1136
– ✆ 27 47 37 421 – www.la-cristallerie.com – *Fermé 25 décembre-2 janvier,
17 au 25 février, 14 au 22 avril, 28 juillet- 19 août, samedi midi, dimanche et lundi*

☺ **La Bergamote**   ✗

CUISINE MODERNE · BRANCHÉ XX Avez-vous jamais goûté à la bergamote ? La
subtilité et la fraîcheur de ce petit agrume se retrouve dans la cuisine de ce restaurant moderne. Le soleil pétille dans l'assiette : vitello tonnato, gambas sauvages à la plancha ou côte de cochon noir ibérique, avec aussi des touches françaises et modernes.

MODERNE KÜCHE · HIP XX Haben Sie schon einmal Bergamotte probiert? Die
Feinheit und die Frische dieser kleinen Zitrusfrucht finden sich in der Küche dieses modernen Restaurants wieder. Die Sonne strahlt auf dem Teller: Vitello tonnato, gegrillte Wildfang-Riesengarnelen oder Kotelett vom schwarzen Iberico-
Schwein, auch mit französischem und modernem Touch.

Lunch 30 € – Menu 37 € – Carte 49/69 €

Plan: A3-a – *2 place de Nancy* ✉ 2212 – ✆ 26 44 03 79 – www.labergamote.lu
– *Fermé fin décembre, jours fériés, samedi midi, dimanche et lundi*

⭑○ **Le Bouquet Garni**   ☆ ✦ ⌂ soir

CUISINE FRANÇAISE CLASSIQUE · ROMANTIQUE XX Cette demeure du 18e s. est
pleine de charme. Les pierres naturelles apparentes et les plafonds bas créent
une ambiance agréable. Le bouquet garni souligne la puissance de la cuisine classique. Le chef se concentre sur l'essentiel, sans complications inutiles pour nous
offrir un menu attrayant.

FRANZÖSISCH-KLASSISCH · ROMANTISCH XX Dieses Haus aus dem 18. Jh. besitzt viel Charme. Der unverputzte Naturstein und die niedrigen Decken schaffen eine einladende Atmosphäre. Das Bouquet Garni unterstreicht den kraftvollen Charakter der klassischen Küche. Der Chefkoch konzentriert sich auf das Wesentliche und bietet den Gästen ein attraktives Menü ohne unnötigen Schnickschnack.

Lunch 32 € – Menu 55 €

Plan: D1-e – *32 rue de l'Eau* ✉ *1449* – 𝒞 *26 20 06 20* – *www.lebouquetgarni.lu* – *Fermé jours fériés, dimanche et lundi*

🍴○ **Plëss**

CUISINE CLASSIQUE · BRASSERIE XX Plëss : en luxembourgeois, la « place »... une référence évidente à la place d'Armes. C'est là, au cœur de la ville, que se trouve cette belle brasserie contemporaine, où la rôtisserie joue un rôle central. Cuissons grillées ou à la plancha, préparations plutôt classiques. Un vrai « Plëss-ir » !

KLASSISCHE KÜCHE · BRASSERIE XX Plëss ist der luxemburgische Ausdruck für „Platz" – ganz offensichtlich eine Anspielung auf die Place d'Armes. Hier, im Herzen der Stadt, befindet sich nämlich diese schöne zeitgemäße Brasserie, in der der Grill eine zentrale Rolle spielt. Man kann wählen zwischen Gegrilltem und Gerichten à la plancha oder eher klassischen Zubereitungen. Ein echtes „Plëss-ir"!

Lunch 44 € – Menu 56 € – Carte 59/81 €

Plan: C1-j – *Hôtel Le Place d'Armes, 18 place d'Armes* ✉ *1136* – 𝒞 *27 47 37 411* – *www.hotel-leplacedarmes.com*

🍴○ **Roma**

CUISINE ITALIENNE · CONVIVIAL XX Premier restaurant italien du pays en 1950, Roma continue à défendre avec brio la cuisine authentique, en proposant des pâtes maison, dans le respect des traditions. Les festivals thématiques et la carte variée transforment chaque repas en festin.

ITALIENISCH · FREUNDLICH XX Das Roma war 1950 das erste italienische Restaurant des Landes und verteidigt weiterhin auf brillante Art die authentische Küche mit selbstgemachter Pasta, ganz in der alten Tradition. Die thematischen Festivals und die abwechslungsreiche Weinkarte verwandeln jedes Essen in ein Festmahl.

Carte 41/61 €

Plan: C2-g – *5 rue Louvigny* ✉ *1946* – 𝒞 *22 36 92* – *www.roma.lu* – *Fermé dimanche soir et lundi*

🍴○ **Amélys** ⓝ

CUISINE FRANÇAISE CRÉATIVE · ROMANTIQUE XX Cette brasserie lumineuse plaît à tout le monde. On peut y manger tout au long de la journée, avec toujours autant de délices. La carte variée réunit les classiques et les modernes, avec toujours une touche surprenante du chef. Délicieux brunch, le dimanche.

FRANZÖSISCH-KREATIV · ROMANTISCH XX Diese helle Brasserie wird jedem gefallen! Hier kann man den ganzen Tag durchgehend essen und echte Köstlichkeiten genießen. Auf der abwechslungsreichen Speisekarte stehen klassische und moderne Gerichte, die vom Chefkoch immer mit einem kleinen überraschenden Akzent interpretiert werden. Sonntags leckerer Brunch.

Lunch 29 € – Menu 34 € – Carte 52/83 €

Plan: C1-d – *Hôtel Le Royal, 12 boulevard Royal* ✉ *2449* – 𝒞 *24 16 16 737* – *www.restaurant-amelys.lu*

🍴○ **Thai Céladon**

CUISINE THAÏLANDAISE · INTIME XX Les amateurs de cuisine thaïlandaise seront ravis de retrouver au Céladon cette fraîcheur et ces saveurs originales qui transportent en Asie... À noter : les végétariens apprécieront sans nul doute l'assortiment sans viande.

THAILÄNDISCH · INTIM XX Liebhaber der thailändischen Küche werden von der Frische und den originellen Geschmacksnoten des Céladon begeistert sein, die zu einer Reise nach Asien einladen... Besonders bemerkenswert ist auch das fleischlose Angebot für Vegetarier.

Menu 47/57 € – Carte 42/51 €

Plan: C1-k – *1 rue du Nord* ✉ *2229* – 𝒞 *47 49 34* – *www.thai.lu* – *Fermé jours fériés, samedi midi et dimanche*

Giallo 🛖 AC ◇

CUISINE ITALIENNE · DESIGN XX Une chute d'eau sur 2 étages : voici la première chose que l'on découvre dans ce bel intérieur design. Il faut le dire : Giallo a du style ! L'ambition culinaire est aussi au rendez-vous, servie par de remarquables produits. La moindre des choses, me direz-vous, lorsque l'on veut servir une authentique cuisine italienne.

ITALIENISCH · DESIGN XX Ein Wasserfall über zwei Etagen ist das Erste, was in diesem schön designten Interieur ins Auge fällt. Das Giallo hat einfach Stil! Und auch in kulinarischer Hinsicht wird einiges geboten, getragen von Produkten von bemerkenswerter Qualität. Das Mindeste, was man erwarten kann, so werden Sie sagen, wenn man eine authentische italienische Küche servieren möchte ...

Lunch 18 € – Carte 45/63 €

Plan: C1-c – 24 rue du Curé ✉ 1368 – ℰ 26 20 00 27 – www.giallo.lu – ouvert jusqu'à 23 h – Fermé dimanche soir, lundi soir et jours feriés

Al Bacio AC

CUISINE ITALIENNE · BRANCHÉ X Presto, presto ! L'animation caractéristique des villes italiennes sert de décor à ce restaurant très prisé. On vient ici se régaler d'une cuisine authentique pleine de fraîcheur. La carte se renouvelle régulièrement selon le marché. Le menu thématique (le soir uniquement) vaut le détour !

ITALIENISCH · HIP X Presto, presto! Die typische lebhafte Atmosphäre der italienischen Städte bildet das Dekor dieses sehr beliebten Restaurants, in dem man eine überaus frische und unverfälschte italienische Küche genießen kann. Die Speisekarte wechselt regelmäßig je nach Marktangebot. Das thematische Menü (nur abends) ist einen Umweg wert!

Lunch 15 € – Menu 39/42 €

Plan: C2-n – 24 rue Notre-Dame ✉ 2240 – ℰ 27 99 48 81 – Fermé fin décembre-début janvier, vacances de Pâques, 3 dernières semaines août, jours feriés, lundi soir, mardi soir et dimanche

L'annexe 🛖

CUISINE DU MARCHÉ · CONVIVIAL X Autour de vous, l'animation d'un quartier convivial. Devant vous, des plats goûteux à faire pâlir de jalousie n'importe quelle brasserie. Le chef propose des mets de brasserie traditionnels, parfois un peu plus élaborés, aussi séduisants que généreux. Et quel délice de manger ici en terrasse !

MARKTKÜCHE · FREUNDLICH X Rund um Sie herum die Atmosphäre eines belebten Viertels. Vor Ihnen schmackhafte Speisen, die jede Brasserie vor Neid erblassen lassen würden. Der Küchenchef bietet traditionelle Brasseriegerichte, die manchmal etwas aufwendiger zubereitet werden, aber immer verführerisch und üppig sind. Ganz besonders angenehm isst man auf der Terrasse!

Lunch 13 € – Menu 33/42 € – Carte 36/59 €

Plan: D2-f – 7 rue du Saint Esprit ✉ 1475 – ℰ 26 26 25 07 – www.lannexe.lu – Fermé 24 décembre-1er janvier, samedi midi et dimanche

Yamayu Santatsu ◇

CUISINE JAPONAISE · ÉPURÉ X Ne vous fiez pas à la sobriété de l'intérieur, vous dégusterez ici les meilleurs sushis de Luxembourg-ville. Le patron les prépare à la minute au bar à sushi, à base de poisson extra-frais et avec une subtile délicatesse. Une valeur sûre depuis 1989.

JAPANISCH · GERADLINIG X Lassen Sie sich von dem minimalistischen Ambiente nicht abschrecken, hier genießen Sie das beste Sushi von ganz Luxemburg-Stadt. Der Inhaber bereitet sie ultrafrisch an der Sushitheke zu und verwendet dafür nur frischesten Fisch. Feine, raffinierte Speisen – seit 1989 eine beliebte Adresse!

Lunch 16 € – Carte 28/61 €

Plan: C2-n – 26 rue Notre-Dame ✉ 2240 – ℰ 46 12 49 – Fermé fin décembre-début janvier, dernière semaine juillet-deux premières semaines août, jours fériés, dimanche et lundi

🏠🏠🏠 Le Place d'Armes

GRAND LUXE · ÉLÉGANT Associez un noble bâtiment ancien – sur une jolie place du vieux Luxembourg –, du mobilier de style et des touches déco pointues : vous obtiendrez cet établissement très séduisant, aussi chaleureux que confortable. On y réside avec l'envie de s'y installer...

GROSSER LUXUS · ELEGANT Das Hotel liegt am belebtesten Platz des Stadtzentrums – und ist dennoch eine echte Oase der Ruhe! Das komplett renovierte ehemalige Stadtpalais besitzt einen besonderen alt-luxemburgischen Charme, ohne dabei steif zu wirken. Ein Muss!

28 chambres – 🛏170/420 € 🛏🛏170/420 € – ⍻ 26 € – 12 suites

Plan: C1-j – *18 place d'Armes* ✉ 1136 – ☎ 27 47 37
– *www.hotel-leplacedarmes.com*

❀ **La Cristallerie · Plëss** – Voir la sélection des restaurants

🏠🏠🏠 Le Royal

GRAND LUXE · CLASSIQUE Cet hôtel de luxe n'a pas usurpé sa « royauté ». Le staff est très attentionné. Les chambres, confortables, sont décorées dans un style design et contemporain. Le restaurant La Pomme Cannelle est un atout indéniable.

GROSSER LUXUS · KLASSISCH Dieses Luxushotel wird seiner "Königswürde" voll und ganz gerecht. Die Mitarbeiter sind sehr aufmerksam. Die komfortablen Zimmer sind in modernem Design gehalten. Restaurant La Pomme Cannelle ist zweifellos ein Trumpf.

199 chambres – 🛏180/600 € 🛏🛏180/600 € – ⍻ 31 € – 9 suites

Plan: C1-d – *12 boulevard Royal* ✉ 2449 – ☎ 24 16 16 1
– *www.leroyal.com*

Amélys – Voir la sélection des restaurants

🏠🏠 Parc Beaux-Arts

HISTORIQUE · ÉLÉGANT Mieux vaut un bon voisin qu'un ami lointain... Ce charmant hôtel jouxte le musée d'Art et d'histoire et le palais grand-ducal, avec lesquels il partage le goût des belles choses et de la distinction. Chaque chambre a son propre caractère, toutes sont spacieuses et lumineuses. Pour les amateurs d'un certain art de vivre !

HISTORISCH · ELEGANT Ein guter Nachbar ist wichtiger als ein ferner Freund... Das bezaubernde Hotel liegt neben dem Museum für Kunst und Geschichte und dem Großherzoglichen Palast. Mit seinen Nachbarn teilt es seine Vorliebe für Schönheit und stilvolles Ambiente. Jedes Zimmer besitzt einen eigenen Charakter, alle sind geräumig und hell. Eine ideale Adresse für eine gehobene Lebensart!

11 chambres – 🛏180/520 € 🛏🛏180/520 € – ⍻ 20 €

Plan: D1-z – *1 rue Sigefroi* ✉ 2536 – ☎ 26 86 76 – *www.goereshotels.com*

🏠🏠 Simoncini

BUSINESS · DESIGN Un drôle d'oiseau dans le paysage hôtelier luxembourgeois traditionnel, que cette adresse branchée, mi-hôtel, mi-galerie d'art. L'art s'invite jusque dans les chambres, ce qui crée une belle ambiance. L'établissement, qui plus est central, est idéal pour un city-trip.

BUSINESS · DESIGN Die trendige Adresse ist halb Hotel, halb Kunstgalerie und bildet damit eine reizvolle Ausnahme in der traditionellen luxemburgischen Hotellandschaft. Die Kunst ist allgegenwärtig bis hinauf in die Zimmer und sorgt so für eine ansprechende Atmosphäre. Das Haus befindet sich noch dazu in zentraler Lage – eine ideale Unterkunft für einen Städtetrip!

35 chambres ⍻ – 🛏100/220 € 🛏🛏140/260 €

Plan: C2-z – *6 rue Notre-Dame* ✉ 2240 – ☎ 22 28 44
– *www.hotelsimoncini.lu*

 Question de standing : n'attendez pas le même service dans un 🏠 ou un 🏠 que dans un 🏠🏠🏠🏠 ou un 🏠🏠🏠.

Grund

🖧 🖧 **Mosconi** (Ilario Mosconi)

CUISINE ITALIENNE · ÉLÉGANT XxX C'est en 1986 que le Luxembourg a découvert les talents du chef Ilario et de la maîtresse de maison Simonetta Mosconi. Ils ont quitté leur Lombardie pour ouvrir le restaurant Domus à Esch-Sur-Alzette. En 2000, ils ont déménagé dans le quartier du Grund à Luxembourg-ville, dans un bâtiment monumental qui marque une nouvelle étape dans leur parcours. L'intérieur chic de ce restaurant classique correspond à l'expérience qu'ils cherchent à offrir, avec une jolie terrasse au bord de l'Alzette. La recette du succès de Mosconi ? Une simplicité apparente qui réjouit ses hôtes.

Le riche passé culinaire italien est ici présenté dans toute sa splendeur. Le chef Ilario parvient d'emblée à vous surprendre avec la qualité exceptionnelle de ses produits. Où les déniche-t-il donc ? Il décrit sa propre cuisine comme simple et authentique, nous avons envie d'ajouter qu'elle est aussi parfaitement exécutée ! La fraîcheur du produit s'accompagne de sauces délicates, de fabuleuses pâtes fraîches maison et de subtils accompagnements. Tout paraît si simple, mais ne vous y trompez pas : c'est bien à un festival de saveurs que vous êtes conviés !

→ Tartare de sardines marinées et citron confit. Veau à la milanaise, asperges vertes et jus de veau à la crème de truffe blanche. Caramalle à la sicilienne, sauce à l'orange et pistaches.

ITALIENISCH · ELEGANT XxX 1986 konnte Luxemburg die Talente von Chefkoch Ilario und Hausherrin Simonetta Mosconi entdecken. Sie haben ihre lombardische Heimat verlassen, um das Restaurant Domus in Esch-sur-Alzette zu eröffnen. Der Umzug im Jahr 2000 in ein monumentales Gebäude im Viertel Grund markierte eine neue Etappe in ihrem Werdegang. Das schicke Interieur dieses klassischen Restaurants spiegelt die kulinarische Erfahrung wider, die sie anbieten möchten. Daneben gibt es auch eine hübsche Terrasse am Alzette-Ufer. Wie lautet nun das Erfolgsrezept des Mosconi? Offensichtliche Einfachheit, die die Gäste erfreut.

Die reiche kulinarische Vergangenheit Italiens wird hier in ihrer ganzen Pracht präsentiert. Küchenchef Ilario gelingt es auf Anhieb, Sie mit der ganz außergewöhnlichen Qualität seiner Produkte zu überraschen. Wo er sie wohl ausfindig macht? Er beschreibt seine Küche selbst als einfach und unverfälscht, und wir möchten gerne hinzufügen, dass sie auch perfekt ausgeführt ist! Die Frische des Produkts wird von köstlichen Soßen begleitet, sagenhaften hausgemachten frischen Nudeln und delikaten Beilagen. Alles erscheint so einfach, aber täuschen Sie sich nicht, hier erwartet Sie ein Feuerwerk der Aromen!

Lunch 50 € – Carte 100/140 €

Plan: D2-a – 13 rue Münster ⊠ 2160 – ✆ 54 69 94

– *www.mosconi.lu*

– *Fermé 24 décembre-début janvier, semaine de Pâques, 3 dernières semaines août, jours fériés, samedi midi, dimanche et lundi*

🍃 **Kamakura**

CUISINE JAPONAISE · ÉPURÉ XX L'authenticité est le maître-mot dans ce restaurant minimaliste, fondé en 1988, et qui ne fait aucune concession à l'Occident ! Les spécialités de saison comme le thon frais et le bœuf Kobe (wagyu) dégagent de délicieux arômes, beaucoup de finesse et des saveurs variées.

JAPANISCH · GERADLINIG XX Authentizität ist das oberste Gebot in diesem minimalistischen Restaurant, das 1988 gegründet wurde und keine Kompromisse an die westliche Gastronomie eingeht! Die saisonalen Spezialitäten wie frischer Thunfisch und Kobe-Rind (Wagyu) bestechen mit herrlichen Aromen, viel Raffinesse und vielfältigen Geschmacksnoten.

Lunch 15 € – Menu 37/65 € – Carte 47/79 €

Plan: D2-h – 4 rue Münster ⊠ 2160 – ✆ 47 06 04

– *www.kamakura.lu*

– *Fermé fin décembre-début janvier, vacances de Pâques, 2 dernières semaines août-début septembre, jours fériés, samedi midi et dimanche*

La Pipistrelle

FAMILIAL · PERSONNALISÉ Le bâtiment qui abrite ce joli B&B a été creusé dans les rochers. On le remarque subtilement dans les chambres, réparties sur quatre étages. Le mariage des antiquités et du design lui donne un cachet supplémentaire. La charmante maîtresse des lieux et l'emplacement idéal (à côté du lift qui vous emmène à la ville haute) ajoutent encore au plaisir.

FAMILIÄR · INDIVIDUELL Das Gebäude, in dem dieses hübsche B&B untergebracht ist, wurde in die Felsen gehöhlt. Das ist auch in den Zimmern zu spüren, die auf vier Stockwerke verteilt sind. Die Verbindung aus Antiquitäten und Designerelementen sorgt für zusätzlichen Charme. Die reizende Hausherrin und die ideale Lage (in der Nähe des Aufzugs in die Oberstadt) sind weitere Pluspunkte.

4 chambres – ♦180/235 € ♦♦180/235 € – ☐16 €

Plan: D2-m – *26 Montée du Grund* ✉ *1645* – *☎ 621 300 351*
– *www.lapipistrelle.lu*

Gare

La Cantine du Châtelet

CUISINE DU MARCHÉ · ÉLÉGANT XX La salle à manger " lounge " et son ambiance branchée, côté gauche ? Ou celle de droite, plus classique ? Dans cette cantine, vous pourrez même choisir votre ambiance. Une cuisine créative, aux influences internationales et délicieusement variée. Le tartare et le risotto sont les incontournables de la carte, mais le chef montre véritablement son savoir-faire avec la formule au choix.

MARKTKÜCHE · ELEGANT XX Gehen Sie lieber links in den Speisesaal im Lounge-Stil mit seiner trendigen Atmosphäre? Oder bevorzugen Sie den klassischeren Raum rechts? In dieser „Kantine" haben Sie die Qual der Wahl. Angeboten wird eine herrlich vielfältige, kreative Küche mit internationalen Einflüssen. Das Tatar und das Risotto sind die Highlights der Speisekarte, aber so richtig zeigt der Chefkoch sein meisterhaftes Können beim Menü mit Wahlmöglichkeiten.

Lunch 29 € – Menu 37/55 € – Carte 43/67 €

37 chambres ☐ – ♦135/155 € ♦♦155/175 € – ½ P

Plan: A3-d – *2 boulevard de la Pétrusse* ✉ *2320* – *☎ 40 21 01*
– *www.chatelet.lu* – *Fermé 22 décembre-1er janvier, lundi soir, samedi midi et dimanche*

Sofitel Le Grand Ducal

BUSINESS · LUXE Ambiance feutrée, décors très design, luxe et confort... Cet établissement présente tous les atouts d'un grand hôtel international, mais avec un argument unique : une belle vue sur la ville et les jardins verdoyants de la vallée de la Pétrusse.

BUSINESS · LUXUS Gehobenes Ambiente, Designer-Stil, Luxus und Komfort... Das Hotel bietet neben den Vorteilen eines internationalen Grandhotels ein einzigartiges Markenzeichen: einen herrlichen Blick über die Stadt und die grünen Gärten des Petrusstals (in einigen Zimmern kann man die Aussicht sogar von der Badewanne aus genießen).

126 chambres – ♦155/640 € ♦♦155/640 € – ☐32 € – 2 suites

Plan: B3-c – *40 boulevard d'Avranches* ✉ *1160* – *☎ 24 87 71*
– *www.sofitel.com*

 Les maisons d'hôtes 🏠 ne proposent pas les mêmes services qu'un hôtel : l'accueil, l'atmosphère, la décoration des lieux font son caractère et son charme, qui reflètent la personnalité de ses propriétaires.

Belair

🏮 Brasserie des Jardins ⓝ   🏠 ♿ 🆎

CUISINE TRADITIONNELLE · BRASSERIE ✗ Le genre de brasserie moderne que l'on rêve d'avoir près de chez soi. Tenue avec beaucoup de professionnalisme, elle dispose d'une agréable terrasse, mais surtout : une cuisine traditionnelle préparée avec beaucoup de savoir-faire et d'attention. Les touches de modernité du chef sont toujours bien maîtrisées. Des produits de qualité, entre de bonnes mains !

TRADITIONELLE KÜCHE · BRASSERIE ✗ Die Art von moderner Brasserie, die man gerne in seiner Nähe haben würde. Das sehr professionell geführte Lokal verfügt über eine angenehme Terrasse, der Hauptvorzug ist aber seine traditionelle Küche, die technisch perfekt und mit viel Sorgfalt zubereitet wird. Die modernen Akzente, die der Chefkoch hinzufügt, sind immer virtuos beherrscht. Qualitätsprodukte in guten Händen!

Lunch 18 € – Menu 37 € – Carte 43/62 €

27b boulevard Marcel Cahen ✉ *1311 –* ☎ *26 25 93 48*
– www.brasseriedesjardins.lu
– Fermé 24 et 31 décembre

🍽 Schéiss   🏠 ♿ 🔄 🅿

CUISINE CLASSIQUE · DESIGN ✗✗ L'atmosphère " lounge " et colorée de Schéiss en fait un lieu agréable pour profiter d'une vision personnelle du classicisme. Les découpes sont encore exécutées en salle et la carte propose des plats plutôt traditionnels, mais auxquels le chef réussit à donner une tournure moderne savoureuse.

KLASSISCHE KÜCHE · DESIGN ✗✗ Das farbenfrohe Lounge-Ambiente des Schéiss lässt die Gäste eine individuelle Variante des klassischen Stils genießen. Der Zuschnitt wird immer noch im Saal ausgeführt, und die Speisekarte enthält eher traditionelle Gerichte, aber der Chefkoch versteht es, sie mit schmackhaften modernen Akzenten aufzupeppen.

Lunch 32 € – Carte 57/84 €

142 Val Sainte-Croix ✉ *1370 –* ☎ *24 61 82*
– www.scheiss.lu
– Fermé samedi, dimanche et jours fériés

🍽 Thailand   🍽 🔄

CUISINE THAÏLANDAISE · CONTEMPORAIN ✗✗ Au cœur de Belair, table exotique engageante, se distinguant par sa ribambelle de recettes thaïlandaises, son cadre moderne dépouillé et son service prévenant.

THAILÄNDISCH · ZEITGEMÄSSES AMBIENTE ✗✗ Exotisches Restaurant im Herzen von Belair. Hervorzuheben ist die Vielzahl an thailändischen Gerichten, die moderne Einrichtung und der zuvorkommende Service.

Menu 50/57 € – Carte 42/72 €

72 avenue Gaston Diderich ✉ *1420 –* ☎ *44 27 66 – www.thai-belair.lu*
– Fermé samedi midi et lundi

Clausen

☸ Les Jardins d'Anaïs ⓝ   🛏 🍷 🏠 🍽 🔄 🧖 🅿

CUISINE FRANÇAISE MODERNE · ÉLÉGANT ✗✗✗ Un restaurant d'une classe indéniable. Service attentif. L'élégance discrète du décor et la délicieuse véranda ne manquent pas de charme. Le chef expérimenté poursuit cette aventure raffinée avec une cuisine aux saveurs traditionnelles, étudiée jusque dans les moindres détails. La qualité est omniprésente, jusqu'aux jolies chambres de luxe !

→ L'œuf parfait iodé au caviar, toast Melba d'herbes, petit pois et crème de haddock fumé. Ris de veau au croustillant de fruit à coques, poireau et asperges vertes au vin jaune. Baba au rhum et diplomate aux fruits confits.

FRANZÖSISCH-MODERN · **ELEGANT** XxxX Das Restaurant besitzt ganz eindeutig Klasse! Aufmerksame Bedienung. Die diskrete Eleganz des Dekors und die reizende Veranda verströmen echten Charme. Der erfahrene Chefkoch setzt dieses raffinierte Abenteuer fort mit einer Küche mit traditionellen Geschmacksnoten. Qualität ist allgegenwärtig, bis hin in die hübschen, luxuriösen Zimmer!

Lunch 41 € – Menu 80/135 € – Carte env. 100 €

7 chambres ☲ – 🛉150/200 € 🛉🛉250/375 €

Plan: B2-e – *2 place Sainte Cunégonde* ✉ *1367* – ☏ *28 99 80 00*
– *www.jardinsdanais.lu* – *Fermé samedi et dimanche*

🙂 Bick Stuff

CUISINE BOURGEOISE · **CLASSIQUE** X On ressent un diner dans ce restaurant familial comme un retour à la maison. Virginie et Denis Laissy ont un but : vous faire profiter d'un bon repas dans une atmosphère décontracté. Chef Denis vous concocte des mets classiques et reconnaissables, mais il y ajoute également ses propres accents. Le menu avec choix est à conseiller.

BÜRGERLICHE KÜCHE · **KLASSISCHES AMBIENTE** X Bei einem Abendessen in diesem Familienbetrieb fühlt man sich, als wäre man nach Hause gekommen. Virginie und Denis Laissy haben nur ein Ziel: Sie in einer entspannten Atmosphäre mit gutem Essen zu verwöhnen. Küchenchef Denis zaubert klassische Gerichte auf den Tisch, die er jedoch mit einer eigenen Note versieht. Das Menü mit schöner Auswahl ist besonders zu empfehlen.

Lunch 19 € – Menu 36/46 € – Carte 52/80 €

Plan: B2-c – *95 rue de Clausen* ✉ *1342* – ☏ *26 09 47 31* – *www.bickstuff.lu*
– *Fermé fin décembre, semaine de Pentecôte, 2 semaines en août, jeudi soir, samedi midi, dimanche soir et lundi*

🍴 Um Plateau   🕸 🏠 ♿ 🛋

CUISINE MODERNE · **CHIC** X On apprécie l'ambiance « lounge » et la décoration chic et intime de ce restaurant. Après un bon verre de vin dans l'animation du bar, on profite de bons produits qui brillent par leur simplicité. Franchise du goût, précision des préparations : on en redemande.

MODERNE KÜCHE · **CHIC** X Man schätzt die Lounge-Atmosphäre und die schicke, intime Dekoration dieses Restaurants. Nach einem guten Glas Wein in der pulsierenden Bar genießt man erstklassige Produkte, die durch ihre Schlichtheit überzeugen. Klare Aromen, präzise Zubereitung – da greift man gerne zu!

Lunch 28 € – Carte 39/66 €

Plan: D1-b – *6 Plateau Altmünster* ✉ *1123* – ☏ *26 47 84 26* – *www.umplateau.lu*
– *Fermé samedi midi et dimanche*

Kirchberg

🍴 Oro e Argento   🆎 🅿

CUISINE ITALIENNE · **INTIME** XxX Belle table transalpine installée dans un hôtel de luxe. Carte italienne au goût du jour avec grand choix, riche décor intérieur à connotations vénitiennes, atmosphère intime et service stylé.

ITALIENISCH · **INTIM** XxX Schönes italienisches Restaurant in einem Luxushotel. Saisonbedingte italienische Küche mit reicher Auswahl, elegante Innenausstattung mit venezianischem Touch, intime Atmosphäre und geschulter Service.

Lunch 41 € – Menu 52/80 € – Carte 58/82 €

Plan: B1-a – *Hôtel Sofitel Europe, 6 rue du Fort Niedergrünewald (Centre Européen)* ✉ *2015* – ☏ *43 77 68 70* – *www.sofitel.com* – *Fermé samedi midi et dimanche*

Question de standing : n'attendez pas le même service dans un X ou un 🏠 que dans un XxXxX ou un 🏨🏨.

⛊ Sofitel Europe 🏱 🐾 ⅃♨ ⊡ ⅙ AC 🏖 🚗

BUSINESS · CONTEMPORAIN En plein quartier institutionnel européen, hôtel au plan ovale audacieux, avec atrium central. Chambres spacieuses très confortables (récemment rénovées). Bref : le luxe ! Et pour un repas traditionnel, rendez-vous dans le décor de chalet de bois du restaurant Le Stübli.

BUSINESS · MODERN Mitten im Viertel der europäischen Institutionen steht das Hotel in gewagter Ovalkonstruktion mit einem Atrium in der Mitte. Geräumige, sehr komfortable Zimmer (wurde kürzlich renoviert). Kurzum: Luxus pur! Und für ein traditionelles Essen lädt das Restaurant Le Stübli mit seinem rustikalen Ambiente mit viel Holz ein.

105 chambres – 🛏150/650 € 🛏🛏150/650 € – ⌑ 29 € – 4 suites – ½ P

Plan: B1-a – *4 rue du Fort Niedergrünewald (Centre Européen)* ⊠ *2015*
– ℰ 43 77 61
– www.sofitel.com

Oro e Argento – Voir la sélection des restaurants

⛊ Meliã 🏱 🐾 ⪡ 🐾 ⅃♨ ⊡ ⅙ AC 🏖

BUSINESS · FONCTIONNEL Le premier hôtel de cette chaîne espagnole au Bene-lux, à côté du centre de congrès. Chambres chaleureuses, confortables et fonc-tionnelles. Certaines chambres offrent une belle vue sur la ville.

BUSINESS · FUNKTIONELL Das erste Haus der spanischen Hotelkette in den Beneluxländern steht neben dem Kongresszentrum. Gemütliche, komfortable Zimmer mit zweckmäßiger Einrichtung. Einige Zimmer bieten einen schönen Blick über die Stadt.

160 chambres ⌑ – 🛏95/550 € 🛏🛏100/570 € – 1 suite

Plan: B2-b – *1 Park Dräi Eechelen* ⊠ *1499* – ℰ *27 33 31*
– www.melia-luxembourg.com

Merl

🍴 Tomo 🔲 AC ⊅

CUISINE ASIATIQUE · SIMPLE 𝕏 Ne soyez pas effrayés par les photos qui illus-trent les plats de la carte : vous êtes au bon endroit pour déguster une excellente cuisine japonaise et chinoise. Les saveurs sont authentiques, parfois contrastées mais toujours harmonieuses. N'hésitez pas à choisir une place au comptoir pour admirer le chef à l'œuvre.

ASIATISCH · BÜRGERLICH 𝕏 Lassen Sie sich nicht abschrecken von den Fotos, die die Gerichte auf der Speisekarte illustrieren, Sie sind hier genau am rich-tigen Ort, um eine hervorragende japanische und chinesische Küche zu ent-decken. Die authentischen Geschmacksnoten sind manchmal kontrastreich, aber immer harmonisch aufeinander abgestimmt. Zögern Sie nicht, einen Platz an der Theke zu wählen, von dort können Sie den Küchenchef bei der Arbeit beobachten.

Lunch 11 € – Carte 23/54 €

287 route de Longwy ⊠ *1941* – ℰ *26 44 15 31*
– www.tomosushibar.lu – Fermé dimanche

MERTERT · MÄERTERT
Atlas n° **12**-A2

🕲 Joël Schaeffer 🍴 AC ⊕

CUISINE RÉGIONALE · COSY 𝕏𝕏 Découvrez tous les délices que le Luxembourg a à offrir ! Le chef a un faible pour les spécialités locales, qu'il prépare avec des produits frais de première qualité. Autre atout : l'établissement est agréable, au cœur d'un port fluvial qui constitue un excellent point de départ pour explorer le Grand-Duché.

REGIONAL · GEMÜTLICH XX Entdecken Sie alle Köstlichkeiten, die Luxemburg zu bieten hat! Der Küchenchef hat ein Faible für lokale Spezialitäten, die er aus frischen Produkten bester Qualität zubereitet. Ein weiterer Vorzug: Das Haus liegt reizvoll mitten an einem Binnenhafen, der einen hervorragenden Ausgangspunkt für die Erkundung des Großherzogtums bildet.

Lunch 17 € – Menu 36/68 € – Carte 57/67 €

1 rue Haute ⊠ 6680 – ☏ 26 71 40 80
– www.joel-schaeffer.lu – Fermé semaine carnaval, dimanche soir et lundi

MONDORF-LES-BAINS · MUNNEREF
Atlas n° **12**-B3

🍴○ **De Jangeli**   🕸 🛏 🖥 ₺ 🅰 ⌀ 🚗

CUISINE MODERNE · CONVIVIAL XX Au menu de ce restaurant élégant et lumineux, une cuisine fraîche, actuelle et variée, que l'on accompagne d'un verre, choisi dans la belle carte. Le menu avec choix (seulement en semaine) est très attractif. Les plats explosent de couleurs et de saveurs.

MODERNE KÜCHE · FREUNDLICH XX In diesem eleganten und hellen Restaurant wird eine frische, moderne und vielfältige Küche geboten, die begleitet wird von einer schönen Weinkarte. Sehr interessant ist das Wahlmenü (nur unter der Woche). Die Gerichte strotzen geradezu vor Farbe und Geschmack.

Menu 30/49 €

Hôtel Parc, Domaine thermal, avenue Dr Ernest Feltgen (Accès par impasse Emile Didderich) ⊠ 5601 – ☏ 23 66 66 66 – www.dejangeli.lu – dîner seulement sauf vendredi et dimanche – Fermé 17 décembre-8 janvier

🏨 **Parc**   🏠 🏊 🛏 ⅃ 🅗 🔟 🍷 💇 🍴 🚴 ⬆ ₺ 🅰 ⌀ 🛎 🚗

LUXE · GRAND LUXE Entièrement rénové récemment, cet hôtel s'est doté de belles infrastructures ! Trois niveaux de confort dans les chambres (dont trente suites), superbe espace bien-être, accès direct au parc thermal (compris dans le prix). Exquis, et reposant.

LUXUS · GROSSER LUXUS Das Hotel wurde komplett renoviert und bietet nun noch mehr Komfort und moderne Ausstattung! Drei Zimmerkategorien (darunter 30 Suiten), ein hervorragend ausgestatteter Wellnessbereich, direkter Zugang zum „Thermal Park" (im Preis inbegriffen). Exquisit - und erholsam.

108 chambres ⊡ – ♦175/285 € ♦♦210/320 € – 22 suites – ½ P
Domaine thermal, avenue Dr Ernest Feltgen ⊠ 5601 – ☏ 23 66 66 66
– www.mondorf.lu – Fermé 22 décembre-3 janvier
De Jangeli – Voir la sélection des restaurants

MÜLLERTHAL · MËLLERDALL
Waldbillig – Atlas n° **12**-B2

🍴○ **Heringer Millen**   🖥 🅿

CUISINE RÉGIONALE · BRASSERIE X On travaille ici des produits luxembourgeois à la manière française, avec une pointe d'influences internationales. Les baies vitrées offrent une jolie vue sur la nature et sur les enfants qui jouent : un bonheur pour toute la famille. L'été, installez-vous sur la terrasse pour profiter de la magnifique vue sur la vallée.

REGIONAL · BRASSERIE X Hier werden Luxemburger Produkte auf französische Art mit einem Hauch internationaler Einflüsse verarbeitet. Durch die riesigen Glasfenster genießt man einen schönen Blick in die Natur und auf die draußen spielenden Kinder - eine ideale Adresse für Familien. Im Sommer hat man von der Terrasse eine tolle Aussicht aufs Tal.

Lunch 16 € – Carte 37/61 €

1 rue des Moulins ⊠ 6245 – ☏ 26 78 47 17 – www.heringermillen.lu
– Fermé 23 décembre-1ᵉʳ février, dimanche soir, lundi et mardi

NOSPELT · NOUSPELT

Kehlen – Atlas n° **12**-A2

🏡 Bonifas

CUISINE MÉDITERRANÉENNE · AUBERGE 🗶🗶 Au cœur d'un petit village rural, cette auberge a été reprise par un jeune couple motivé. Cela se voit : la déco est contemporaine et le chef a enrichi le répertoire classique de la maison d'influences méditerranéennes. La formule lunch comme le menu-carte sont fort intéressants, et le service très plaisant !

MEDITERRAN · GASTHOF 🗶🗶 Ein motiviertes junge Paar hat dieses Gasthaus im Herzen des ländlichen kleinen Dorfes übernommen. Und das erwartet Sie: Die Einrichtung ist zeitgenössisch und der Chef hat das klassische Repertoire des Hauses mit mediterranen Einflüssen bereichert. Das Mittagsangebot wie auch die Menü-Karte sind wirklich interessant, der Service sehr freundlich.

Lunch 15 € – Menu 37 € – Carte 49/66 €

4 Grand-Rue ✉ *8391* – 𝄐 *26 31 36 92*

– www.bonifas.lu

– Fermé 2 premières semaines de janvier, 2 premières semaines de septembre, jours fériés, mercredi midi, samedi midi et mardi

OETRANGE · ÉITER

Contern – Atlas n° **12**-B3

🏵🏵 Ma Langue Sourit (Cyril Molard)

CUISINE MODERNE · TENDANCE 🗶🗶🗶 Un nom qui en dit long sur l'ambition de ce restaurant intime et trendy. L'objectif avoué est de vous faire plaisir avec des sensations gustatives réjouissantes. Cyril Molard est l'homme de la situation pour relever ce défi. C'est un chef passionné qui ne laisse rien au hasard. Chaque détail est étudié, sans aucun excès.

Dès l'arrivée des mises en bouche, on est séduit par leurs délicieux parfums. Par exemple, les raviolis de radis japonais sont fourrés de chair de crabe finement préparée ; une sauce de concombre et diverses herbes aromatiques associées à des olives noires complètent cette effusion de saveurs intenses.

Par son talent, Cyril Molard réussit à créer un tumulte de saveurs à base de quelques ingrédients. Il n'hésite pas à faire un petit tour en salle de temps à autre, de même que les autres chefs de son équipe. N'hésitez pas à leur tirer la langue, ce qu'ils prendront comme un compliment pour le plaisir qu'ils vous auront procuré.

→ Pâté en croûte de volaille et foie gras, confiture de pomme et réglisse. Pièce d'agneau à l'artichaut, poire, estragon et condiment anisé. Tartelette du jardin.

MODERNE KÜCHE · TRENDY 🗶🗶🗶 Ein Name, der so einiges über die Ambitionen dieses intimen und trendigen Restaurants verrät. Erklärtes Ziel ist es, Ihnen mit tollen Geschmackserlebnissen eine Freude zu bereiten. Cyril Molard ist genau der richtige Mann, um diese Herausforderung anzunehmen. Er ist Küchenchef aus Leidenschaft, der nichts dem Zufall überlässt. Jedes Detail ist durchdacht, ohne jegliches Übermaß.Kaum angekommen, werden Sie von köstlichen Appetithäppchen verführt. So sind beispielsweise Ravioli von Japanischem Rettich mit fein zubereitetem Krabbenfleisch gefüllt; eine Sauce aus Gurke und diversen würzigen Kräutern, kombiniert mit schwarzen Oliven, vervollkommnet diese Fülle an intensiven Aromen.

Dank seines Talents gelingt es Cyril Molard, aus wenigen Zutaten ein wahres Geschmacks-Spektakel zu kreieren. Er lässt es sich nicht nehmen, hin und wieder einen kleinen Rundgang durchs Restaurant zu machen, ebenso wie die anderen Leiter seines Teams. Scheuen Sie sich nicht, ihnen die Zunge herauszustrecken – sie werden das als Kompliment auffassen für den Genuss, den sie Ihnen verschafft haben!

Lunch 47 € – Menu 85/105 € – Carte 95/101 €

✉ *5331* – 𝄐 *26 35 20 31* – *www.mls.lu* – *Fermé fin décembre-début janvier, 3 dernières semaines d'août-début septembre, dimanche et lundi*

REMICH · RÉIMECH
Atlas n° **12**-A3

🍴○ Domaine la Forêt   🎴 ⬅ 🏡 🅿

CUISINE CLASSIQUE · ÉLÉGANT 🎋🎋 Ce restaurant classique et élégant offre une vue saisissante sur la vallée de la Moselle luxembourgeoise. Claude Wallerich, le chef, y réalise une cuisine goûteuse, respectueuse de la tradition, qui vous emmène à la découverte des produits de la région. En plus, on profite d'une très belle cave à vins !

KLASSISCHE KÜCHE · ELEGANT 🎋🎋 Dieses klassisch-elegante Restaurant bietet einen atemberaubenden Blick auf das Tal der luxemburgischen Mosel. Chef Claude Wallerich kocht hier schmackhaft und mit Respekt vor der Tradition und lässt Sie die Produkte der Region entdecken. Dazu gibt es einen sehr schönen Weinkeller!

Lunch 40 € – Menu 66 € – Carte 50/71 €

Hôtel Domaine la Forêt, 36 route de l'Europe ✉ *5531 –* ☎ *23 69 99 99*
– www.foret.lu
– Fermé lundi

🏨 Domaine la Forêt   ⚡ ⬅ 🖼 🕸 🛋 ♨ ♿ 🔄 🆎 ✂ 🧗 🅿

AUBERGE · CONTEMPORAIN Ce Domaine vous invite à la détente et à la remise en forme dans ses installations contemporaines (wellness, notamment). À noter : la salle du restaurant, en demi-cercle, offre une vue sur la vallée frontalière.

GASTHOF · MODERN Dieses eindrucksvolle Anwesen mit modernen Einrichtungen (insbesondere einem Wellness-Center) lädt zu Entspannung und Fitness ein. Der halbkreisförmige Speisesaal des Restaurants bietet einen herrlichen Blick auf das Tal an der deutsch-luxemburgischen Grenze.

18 chambres ⌨ – 🛏110/120 € – 🛏🛏140/180 € – ½ P

36 route de l'Europe ✉ *5531 –* ☎ *23 69 99 99*
– www.foret.lu

Domaine la Forêt – Voir la sélection des restaurants

RODER · RUEDER
Clervaux – Atlas n° **12**-A1

🍴○ Manoir Kasselslay   🎴 ⬅ 🦞 🛗 🏡 ✂ 🔄 🅿

CUISINE CLASSIQUE · COSY 🎋🎋 Cette auberge, familiale et douillette, recèle une cuisine de belle allure, réalisée à partir de produits du terroir biologiques. Pendant la semaine, essayez la sympathique formule bistro, au bon rapport qualité prix. Nombreux plats végétariens. Quelques chambres pour passer la nuit.

KLASSISCHE KÜCHE · GEMÜTLICH 🎋🎋 Der gemütliche Familienbetrieb bietet eine schön präsentierte Küche, die aus regionalen Bioprodukten zubereitet wird. Unter der Woche sollten Sie das ansprechende Bistromenü mit besonders günstigem Preis-Leistungsverhältnis ausprobieren. Zahlreiche vegetarische Gerichte. Zur Übernachtung stehen einige Zimmer zur Verfügung.

Lunch 30 € – Menu 37/69 € – Carte 49/93 €

6 chambres ⌨ – 🛏105/115 € – 🛏🛏145/160 € – ½ P

✉ *9769 –* ☎ *95 84 71*
– www.kasselslay.lu
– Fermé 27 décembre-9 janvier, 17 février-5 mars,
26 août-13 septembre, dimanche soir, lundis et mardis non fériés et après
20 h 30

Un classement passé en rouge désigne une maison particulièrement charmante : 🏨.

527

ROESER · RÉISER

Atlas n° **12**-B3

🕸 **Fani** (Roberto Fani) 🗚

CUISINE ITALIENNE · CHIC 𝕏𝕏𝕏 Roberto Fani travaille avec soin et précision : ses préparations, créatives et toujours maîtrisées, rendent le meilleur de produits de bonne qualité. Ne vous laissez pas tromper : l'apparente simplicité des plats cache une technique très pointue... Quant au décor, il unifie élégance et éléments design, tout en sachant se faire oublier !

→ Homard et burrata au sabayon de pistache et caviar. Filet de bœuf en cuisson douce à 62°C dans une huile aux herbes aromatiques. Concert de citron d'Amalfi.

ITALIENISCH · CHIC 𝕏𝕏𝕏 Roberto Fani arbeitet sorgfältig und mit viel Präzision. Seine technisch meisterhaft zubereiteten kreativen Gerichte bringen die hochwertigen Produkte hervorragend zur Geltung. Aber lassen Sie sich nicht täuschen: Hinter der scheinbaren Einfachheit der Kreationen verbirgt sich eine hervorragende Technik ... Die Inneneinrichtung, die Eleganz und Designerstil vereint, bleibt immer dezent im Hintergrund.

Lunch 40 € – Menu 65/85 € – Carte 74/94 €

51 Grand Rue ⊠ 3394 – ℰ 26 65 06 60 (réservation conseillée) – www.fani.lu – Fermé 25 décembre-2 janvier, semaine de Pâques, 5 au 30 août, jours fériés, dimanche et lundi

ROODT-SUR-SYRE · RUED-SIR

Betzdorf – Atlas n° **12**-B2

ⓘⓄ **Restauberge Péitry** 🗚 🆔 🎝 ⇄ 🅿

CUISINE FRANÇAISE MODERNE · BRANCHÉ 𝕏 Au premier étage de cette grange classée du 18e s., on trouve une table séduisante ! Le chef a roulé sa bosse dans plusieurs bonnes maisons de Belgique, et propose ici une sympathique cuisine moderne, avec de fréquents hommages à la tradition.

FRANZÖSISCH-MODERN · HIP 𝕏 Im ersten Stock dieser denkmalgeschützten Scheune aus dem 18. Jh. erwartet Sie ein verführerisches Restaurant! Der Chefkoch hat in verschiedenen renommierten Häusern in Belgien Erfahrung gesammelt und bietet hier eine ansprechende moderne Küche mit starken traditionellen Wurzeln an.

Lunch 27 € – Menu 37/54 € – Carte 47/76 €

18 route de Luxembourg ⊠ 6910 – ℰ 26 78 75 98 – www.peitry.lu – Fermé samedi midi, dimanche soir et lundi

SANDWEILER

Atlas n° **12**-B3

ⓘⓄ **Christophe Petra Wäissen - Haff** 🗚 ♿ 🅿

CUISINE PROVENÇALE · CONTEMPORAIN 𝕏𝕏 Envie d'un petit cocktail ? Installezvous au bar, cosy et confortable. Un petit creux ? Montez au restaurant : le cadre, lumineux et moderne, et la cuisine du sud, fraîche et goûteuse, de Chef Petra achèveront de vous séduire.

PROVENZALISCH · ZEITGEMÄSSES AMBIENTE 𝕏𝕏 Lust auf einen kleinen Cocktail? Machen Sie es sich in der behaglichen, komfortablen Bar gemütlich! Sie haben Hunger? Dann auf ins Restaurant: Der helle, moderne Rahmen und die frische und schmackhafte mediterrane Küche von Chefkoch Petra werden Ihnen gefallen!

Lunch 35 € – Menu 55 € – menu unique

30 rue Principale ⊠ 5240 – ℰ 26 70 14 11 – www.whp.lu – Fermé samedi midi, dimanche soir et lundi

Question de standing : n'attendez pas le même service dans un 𝕏 ou un 🏠 que dans un 𝕏𝕏𝕏𝕏 ou un 🏨🏨.

SCHOUWEILER · SCHULLER
Dippach – Atlas n° **12**-A3

🕸 Guillou Campagne (Pierrïck Guillou)

CUISINE FRANÇAISE CLASSIQUE · **ROMANTIQUE** XX La famille Guillou est connue pour son hospitalité : chaque visite dans leur restaurant est un véritable moment de plaisir ! Le chef est connu pour réaliser de belles préparations classiques, telles qu'on n'en voit plus de nos jours... Ses plats, d'apparence simple, regorgent de saveurs !

→ Fleurs de courgette à la mousse de homard et jus de bœuf. Noisettes de chevreuil, poire confite et airelles. Moëlleux à l'orange et glace au lait d'amande.

FRANZÖSISCH-KLASSISCH · **ROMANTISCH** XX Die Familie Guillou ist bekannt für ihre Gastfreundschaft: Jeder Besuch in ihrem Restaurant ist ein echtes Vergnügen! Vom Chef weiß man, dass er schöne klassische Gerichte zaubert, wie man sie heute nur noch selten findet. Seine einfach wirkenden Kreationen sprühen vor Aromen!

Lunch 37 € – Menu 75 € – Carte 59/115 €

17 rue de la Résistance ⊠ 4996 – ☏ 37 00 08 – www.guilloucampagne.lu
– Fermé 24 décembre-3 janvier, 1ᵉʳ au 14 août, samedi midi, dimanche soir, lundi et mardi

🕸 Toit pour Toi

CUISINE MODERNE · **CONVIVIAL** X Un décor avec du caractère et du charme, accentué par un éclairage intime... Voilà qui fleure bon le romantisme ! On retrouve de la passion dans les préparations du chef, qui travaille tout en raffinement et en finesse, créant notamment de savoureuses petites sauces pour renforcer les saveurs et créer de belles harmonies.

→ Carpaccio de filet de veau cuit, sauce au thon et câpres. Côte à l'os de bœuf maturée, sauce béarnaise et pommes paille. Baba au rhum.

MODERNE KÜCHE · **FREUNDLICH** X Ein Ambiente mit viel Charakter und Charme, das mit einer intimen Beleuchtung noch betont wird – eine Adresse für Romantiker! Leidenschaft prägt die Gerichte des Küchenchefs, der alles raffiniert und fein verarbeitet. Hervorzuheben sind insbesondere seine leckeren kleinen Saucen, die die Aromen unterstreichen und schöne Harmonien schaffen.

Menu 115 € – Carte 81/98 €

2 rue du IX Septembre ⊠ 4995 – ☏ 26 37 02 32 (réservation conseillée)
– www.toitpourtoi.lu – dîner seulement ; ouvert jusqu'à 23 h
– Fermé 21 décembre-8 janvier, 10 au 26 août, mercredi et jeudi

SOLEUVRE · ZOLWER
Sanem – Atlas n° **12**-A3

🍽️ La Petite Auberge

CUISINE CLASSIQUE · **COSY** XXX Du classique, pur et honnête : voilà ce qu'on propose dans cette auberge pas si petite que ça. Le chef utilise des recettes anciennes, qu'il exécute impeccablement. Pas de chichis, de grigris, mais des goûts costauds et de vraies sauces goûteuses. La passion pour le vin se dévoile dans la cave.

KLASSISCHE KÜCHE · **GEMÜTLICH** XXX Ehrliche klassische Küche in ihrer reinsten Form, das erwartet Sie in diesem gar nicht so kleinen Gasthof. Der Chefkoch verwendet traditionelle Rezepte, die er tadellos zubereitet. Keine Schnörkel, kein Tamtam, sondern ausgeprägte Aromen und wirklich leckere Saucen. Die Leidenschaft für gute Tropfen kann man im Weinkeller gut erkennen ...

Lunch 49 € – Menu 69 € 🍷/90 € – Carte 57/79 €

1 rue Aessen (CR 110 - route de Sanem) ⊠ 4411 – ☏ 59 44 80
– Fermé 23 décembre-14 janvier, 9 au 17 juin, 11 août-2 septembre, jours fériés, dimanche et lundi

STADTBREDIMUS · STADBRIEDEMES

Atlas n° **12**-B3

🏠 l'Écluse 　　　　　　　　　　　　　　　　　　　　　　　　　　⚜ ⬗ 🛏 🗙 🏠 🛁 🚲 🖥 ♿ 🍽 🏋 🚗

LUXE · DESIGN L'Ecluse est un des meilleurs hôtels au bord de la Moselle ! L'intérieur design est décoré de béton et de bois massif, les chambres sont spacieuses. En façade, vous jouirez d'une magnifique vue sur la Moselle et, à l'arrière, sur les vignobles. Cela vaut également pour le restaurant, ou l'on déguste des produits du terroir.

LUXUS · DESIGN L'Ecluse ist eines der besten Hotels an der Mosel! Die stilvoll designten Innenräume sind mit Beton und Massivholz gestaltet, und die Zimmer sind geräumig. Nach vorne genießt man eine wunderschöne Aussicht auf den Fluss, nach hinten blickt man auf die Weinberge. Das Gleiche gilt für das Restaurant, in dem man regionale Produkte kosten kann.

35 chambres ⌑ – ♦85/145 € ♦♦105/165 €

29 Wäistrooss ✉ 5450 – ☎ 23 61 91 91 – www.hotel-ecluse.lu

STEINFORT · STENGEFORT

Atlas n° **12**-A2

🍴 Apdikt 　　　　　　　　　　　　　　　　　　　　　　　　　　⟷

CUISINE CRÉATIVE · BRANCHÉ XX On ne s'y attend pas en voyant la façade traditionnelle, mais Apdikt est un établissement branché qui joue sur la surprise : le chef travaille seulement un menu surprise, pour laisser libre cours à sa créativité. Les combinaisons de goûts sont remarquables, l'harmonie est permanente.

KREATIV · HIP XX Man würde es beim Anblick der traditionellen Fassade nie vermuten, aber das Apdikt ist ein trendiges Lokal, das ganz auf Überraschung setzt: Der Küchenchef bietet nur ein Überraschungsmenü an, um seiner Kreativität freien Lauf lassen zu können. Die Kombinationen der Geschmacksnoten sind bemerkenswert, und alles ist harmonisch abgestimmt.

Menu 75 € – menu surprise unique

1 rue des Martyrs ✉ 8442 – ☎ 26 30 50 87 – www.apdikt.eu – dîner seulement – Fermé vacances scolaires, 21 juillet-17 août, dimanche et lundi

STRASSEN · STROOSSEN

Atlas n° **12**-A3

🍴 Two 6 Two 　　　　　　　　　　　　　　　　　　　　　　　　AC P

CUISINE MODERNE · BRASSERIE XX Au Two 6 Two on découvre le meilleur de deux mondes : en bas, un concept store où l'on vend notamment des vêtements et du design, en haut un établissement tout aussi tendance et à la mode. La cuisine navigue librement entre influences internationales et inspirations contemporaines. La créativité du chef se ressent surtout dans les mets à la carte.

MODERNE KÜCHE · BRASSERIE XX Im Two 6 Two kann man zwei Welten entdecken: unten ein Concept Store, in dem insbesondere Kleider und Designartikel verkauft werden, oben ein ebenso trendiges und hippes Lokal. Die Küche jongliert gekonnt zwischen internationalen Einflüssen und zeitgemäßen Akzenten. Die Kreativität des Chefkochs kommt vor allem in den Gerichten à la carte zum Ausdruck.

Lunch 30 € – Menu 37 € – Carte 48/76 €

262 route d'Arlon (Ouest : 5 km sur N 6) ✉ 8010 – ☎ 26 11 99 97 – www.smets.lu – Fermé dimanche et lundi

🍴 Bistronome 　　　　　　　　　　　　　　　　　　　　　　　🍴 ⟷ P

CUISINE FRANÇAISE CRÉATIVE · BISTRO X Envie de découvrir la cuisine "bistronomique" ? Le chef, Jean-Charles Hospital, interprète cet art culinaire de manière originale et ravit ses fidèles ! Des créations inventives, généreuses et savoureuses à souhait : il n'y a pas de secret...

FRANZÖSISCH-KREATIV · BISTRO ⅞ Haben Sie Lust, die gehobene Bistroküche zu entdecken? Der Küchenchef Jean-Charles Hospital interpretiert diese Kochkunst auf originelle Art und begeistert seine Stammgäste mit einfallsreichen, großzügigen und überaus schmackhaften Kreationen - das ist kein Geheimnis!

Menu 42 € – Carte 60/83 €

371 route d'Arlon (Ouest : 6 km sur N 6) ⊠ 8011 – ℰ 26 31 31 90
– www.bistronome.lu – Fermé 1 semaine fin décembre, 1 semaine à Pâques, jours fériés, dimanche et lundi

TROISVIERGES · ELWEN
Atlas n° **12**-A1

😊 **Les Timandines** ⇦ 🅿

CUISINE TRADITIONNELLE · CONTEMPORAIN ⅩⅩ Les enfants du couple de propriétaires – Timoé et Amandine – ont inspiré l'enseigne de cette jeune maison ! Au menu : une cuisine traditionnelle revisitée avec raffinement, au rythme des saisons ... Pour l'étape, quelques chambres simples et bien tenues.

TRADITIONELLE KÜCHE · ZEITGEMÄSSES AMBIENTE ⅩⅩ Das jugendliche Haus wurde nach den Sprösslingen der Eigentümer, Timoé und Amandine, benannt. Angeboten wird eine raffiniert interpretierte traditionelle Küche, die sich an den Jahreszeiten orientiert. Für die Übernachtung stehen einige einfache, gepflegte Zimmer zur Verfügung.

Lunch 15 € – Menu 37/70 € – Carte 44/66 €

7 chambres � – ♦55 € ♦♦82 €

23 rue d'Asselborn ⊠ 9907 – ℰ 26 90 97 04 – www.lestimandines.lu – *Fermé première semaine de janvier, 2 premières semaines de septembre, dimanche soir et jeudi*

URSPELT · UERSPELT
Clervaux – Atlas n° **12**-A1

🏨 **Château d'Urspelt** 🏋 🛏 🎵 🔼 ⅙ 🔄 🧖 🅿

HISTORIQUE · COSY Ce majestueux château offre une belle image de l'élégance associée au Grand-Duché... Après une nuit passée dans l'une des chambres romantiques, la journée débute en douceur, autour du copieux petit-déjeuner. Au restaurant, la formule menu-carte offre un choix attractif.

HISTORISCH · GEMÜTLICH Das majestätische Schloss spiegelt die mit dem Großherzogtum verknüpfte Eleganz schön wider. Nach einer Nacht in einem der romantischen, in warmen Farben eingerichteten Zimmer kann man den Tag mit einem üppigen Frühstück beginnen. Im Restaurant bietet die Menü-Karte eine attraktive Auswahl.

56 chambres – ♦80/140 € ♦♦90/150 € – ⊇ 22 € – 3 suites – ½ P

Am Schlass ⊠ 9774 – ℰ 26 90 56 10 – www.chateau-urspelt.lu

VIANDEN · VEIANEN
Atlas n° **12**-B2

🏨 **Belle-Vue** 🏋 🔲 💿 🎵 ⅙ 🔼 🚭 🚗

TRADITIONNEL · CLASSIQUE Ambiance typique de la région pour cet hôtel sympathique, décoré avec beaucoup de bois, comme une éloge de la tradition. La carte sert une cuisine classique, et traditionnelle. Chambres plus récentes dans le nouveau bâtiment. Espace bien-être et belle piscine.

TRADITIONELL · KLASSISCH Viel Holz, eine hübsche rustikale Brasserie und gepflegte Zimmer garantieren in diesem ansprechenden Hotel im regionalen Stil einen angenehmen Aufenthalt.

55 chambres ⊇ – ♦80/150 € ♦♦100/160 €

3 rue de la Gare ⊠ 9420 – ℰ 83 41 27 – www.hotelbv.com

WALFERDANGE · WALFER
Luxembourg – Atlas n° **12**-B2

⛩○ **Hostellerie Stafelter**   ⬅ 🏠 ⊞ ⅍ ⇆

CUISINE DU MARCHÉ · CONTEMPORAIN ✕✕ Tom Brosius est l'âme gastronomique de cet hôtel moderne et raffiné. Il cuisine de bons produits du marché, attentif aux saisons, et aux goûts de sa clientèle, d'où un menu végétarien qui a belle allure. On y passe des nuits confortables.

MARKTKÜCHE · ZEITGEMÄSSES AMBIENTE ✕✕ Tom Brosius ist der gastronomische Geist dieses modernen, eleganten Hotels. Bei der Wahl der frischen Produkte vom Markt lässt er sich von den Jahreszeiten leiten – und vom Geschmack seiner Gäste: Er bietet nämlich auch ein sehr schönes vegetarisches Menü an. Hier verbringen Sie komfortable Nächte!

Lunch 27 € – Menu 49/56 € – Carte 51/63 €

8 chambres – 🛇115/135 € 🛇🛇135 € – ⌷ 15 €

rue de Dommeldange 1 ⌧ 7222 – ☏ 20 33 97
– www.hostellerie-stafelter.lu
– Fermé 23 décembre-2 janvier, 17 au 26 février, 7 au 16 août,
18 août-3 septembre, dimanche et lundi

WALLENDORF-PONT · WUELENDUERFER-BRÉCK
Reisdorf – Atlas n° **12**-B2

🏠 **Dimmer**   ⛩ 🛏 🏠 ⅃♬ ⅍ 🚲 ⊞ ⅏ 🅿

FAMILIAL · À LA CAMPAGNE Hôtel de longue tradition familiale (1871), près du pont sur la Sûre qui vous amène en Allemagne. Chambres à jour, miniwellness, sauna, fitness, canoës, tennis et VTT. Restaurant se complétant d'un estaminet et d'une terrasse braquée vers la rivière.

FAMILIÄR · AUF DEM LAND Das Haus mit Familientradition seit 1871 liegt in der Nähe der Sauer-Brücke, an der Grenze zu Deutschland. Moderne Zimmer, kleiner Wellnessbereich, Sauna, Kanufahrten, Tennisplatz und Mountain-Biking. Restaurant mit Schenke und Terrasse am Fluss.

28 chambres – 🛇55/65 € 🛇🛇74/99 € – ⌷ 14 € – 1 suite – ½ P

4 Grenzwee ⌧ 9392 – ☏ 83 62 20
– www.hoteldimmer.lu
– Ouvert mars-novembre

WEMPERHARDT · WÄMPERHAART
Clervaux – Atlas n° **12**-A1

⛩○ **Le Luxembourg**   🄰🄲 🅿

CUISINE CRÉATIVE · ÉLÉGANT ✕✕ Le Luxembourg vous convie à un voyage gastronomique, intense et intime, dans un décor élégant de gris et de miroirs, sous la baguette du chef Pit Wanderscheid, aux créations influencées par ses séjours en Asie du sud-est. Belle cave vitrée.

KREATIV · ELEGANT ✕✕ Das Restaurant Le Luxembourg lädt zu einer intensiven und intimen kulinarischen Reise in einem eleganten Ambiente mit Grautönen und Spiegeln ein. Unter der Leitung von Pit Wanderscheid genießt man die von seinen Aufenthalten in Südostasien beeinflussten Kreationen. Schöner verglaster Weinkeller.

Lunch 65 € – Menu 89/119 € – Carte 93/111 €

Op der Haart 24 ⌧ 9999 – ☏ 26 90 19 09 (réservation conseillée)
– www.leluxembourg.lu
– Fermé lundis, mardis et après 20 h 30

Les maisons d'hôtes 🏡 ne proposent pas les mêmes services qu'un hôtel : l'accueil, l'atmosphère, la décoration des lieux font son caractère et son charme, qui reflètent la personnalité de ses propriétaires.

WILWERDANGE · WILWERDANG
Troisvierges – Atlas n° **12**-A1

☺ ## L'Ecuelle   🏠 **P**

CUISINE TRADITIONNELLE · CONVIVIAL XX À deux pas de la frontière belge, un restaurant pimpant et soigné, au décor contemporain. La carte est variée et attractive... sans compter le petit plus bien sympathique : truites et saumons sont fumés sur place !

TRADITIONELLE KÜCHE · FREUNDLICH XX Ganz in der Nähe der belgischen Grenze liegt dieses schmucke, gepflegte Restaurant mit zeitgemäßem Interieur. Die Karte ist vielfältig und attraktiv – besonders zu empfehlen sind die selbst-geräucherten Forellen und Lachs!

Lunch 17 € – Menu 37/85 € – Carte 57/79 €

34 Hauptstrooss ✉ *9980* – ✆ *99 89 56* – *www.ecuelle.lu* – *Fermé lundi soir, mardi soir et mercredi*

LEXIQUE...

WOORDENLIJST
LEXIKON
LEXICON

A

à louer	te huur	zu vermieten	for hire
addition	rekening	Rechnung	bill, check
aéroport	luchthaven	Flughafen	airport
agence de voyage	reisagentschap	Reisebüro	travel bureau
agencement	inrichting	Einrichtung	installation
agneau	lam	Lamm	lamb
ail	knoflook	Knoblauch	garlic
amandes	amandelen	Mandeln	almonds
ancien, antique	oud, antiek	ehemalig, antik	old, antique
août	augustus	August	August
Art déco	Art deco	Jugendstil	Art Deco
artichaut	artisjokken	Artischocke	artichoke
asperges	asperges	Spargel	asparagus
auberge	herberg	Gasthaus	inn
aujourd'hui	vandaag	heute	today
automne	herfst	Herbst	autumn
avion	vliegtuig	Flugzeug	aeroplane
avril	april	April	April

B

bac	veerpont	Fähre	ferry
bagages	bagage	Gepäck	luggage
bateau	boot	Boot, Schiff	ship
beau	mooi	schön	fine, lovely
beurre	boter	Butter	butter
bien, bon	goed	gut	good, well
bière	bier	Bier	beer
billet d'entrée	toegangsbewijs	Eintrittskarte	admission ticket
blanchisserie	droogkuis	Wäscherei	laundry
bœuf	rund	Siedfleisch	beef
bouillon	bouillon	Fleischbrühe	clear soup
bouteille	fles	Flasche	bottle

536

C

café	koffie	Kaffee	coffee
café-restaurant	café-restaurant	Wirtschaft	café-restaurant
caille	kwartel	Wachtel	partridge
caisse	kassa	Kasse	cash desk
campagne	platteland	Land	country
canard, caneton	eend	Ente, junge Ente	duck
cannelle	kaneel	Zimt	cinnamon
câpres	kappers	Kapern	capers
carnaval	carnaval	Fasnacht	carnival
carottes	wortelen	Karotten	carrots
carte postale	postkaart	Postkarte	postcard
céleri	selder	Sellerie	celery
cerises	kersen	Kirschen	cherries
cervelle de veau	kalfshersenen	Kalbshirn	calf's brain
chambre	kamer	Zimmer	room
champignons	champignons	Pilze	mushrooms
change	wissel	Geldwechsel	exchange
charcuterie	charcuterie	Aufschnitt	pork butcher's meat
château	kasteel	Burg, Schloss	castle
chevreuil	ree	Reh	roe deer (venison)
chien	hond	Hund	dog
chou	kool	Kraut, Kohl	cabbage
chou de Bruxelles	spruitjes	Rosenkohl	Brussel sprouts
chou rouge	rode kool	Rotkraut	red cabbage
chou-fleur	bloemkool	Blumenkohl	cauliflower
citron	citroen	Zitrone	lemon
clé	sleutel	Schlüssel	key
collection	collectie	Sammlung	collection
combien ?	hoeveel?	wieviel?	how much?
commissariat	commissariaat	Polizeirevier	police headquarters
concombre	komkommer	Gurke	cucumber
confiture	confituur	Konfitüre	jam
coquille St-Jacques	St Jacobsschelpen	Jakobsmuschel	scallops
corsé	krachtig	kräftig	full bodied
côte de porc	varkenskotelet	Schweinekotelett	pork chop
côte de veau	kalfskotelet	Kalbskotelett	veal chop
courgettes	courgetten	zucchini	courgette
crème	room	Rahm	cream
crêpes	pannenkoeken	Pfannkuchen	pancakes
crevaison	bandenpanne	puncture	Reifenpanne
crevettes	garnalen	shrimps	Krevetten
crudités	rauwkost	raw vegetables	Rohkost
crustacés	schaaldieren	shellfish	Krustentiere

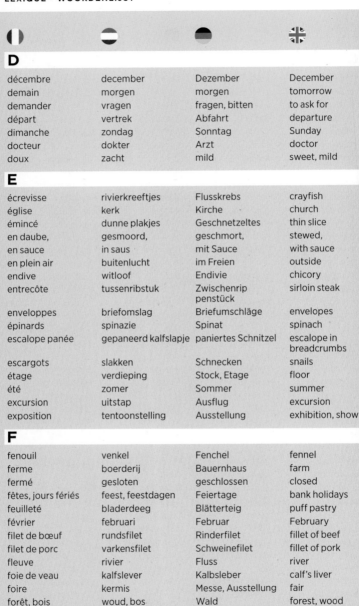

D

décembre	december	Dezember	December
demain	morgen	morgen	tomorrow
demander	vragen	fragen, bitten	to ask for
départ	vertrek	Abfahrt	departure
dimanche	zondag	Sonntag	Sunday
docteur	dokter	Arzt	doctor
doux	zacht	mild	sweet, mild

E

écrevisse	rivierkreeftjes	Flusskrebs	crayfish
église	kerk	Kirche	church
émincé	dunne plakjes	Geschnetzeltes	thin slice
en daube, en sauce	gesmoord, in saus	geschmort, mit Sauce	stewed, with sauce
en plein air	buitenlucht	im Freien	outside
endive	witloof	Endivie	chicory
entrecôte	tussenribstuk	Zwischenrippenstück	sirloin steak
enveloppes	briefomslag	Briefumschläge	envelopes
épinards	spinazie	Spinat	spinach
escalope panée	gepaneerd kalfslapje	paniertes Schnitzel	escalope in breadcrumbs
escargots	slakken	Schnecken	snails
étage	verdieping	Stock, Etage	floor
été	zomer	Sommer	summer
excursion	uitstap	Ausflug	excursion
exposition	tentoonstelling	Ausstellung	exhibition, show

F

fenouil	venkel	Fenchel	fennel
ferme	boerderij	Bauernhaus	farm
fermé	gesloten	geschlossen	closed
fêtes, jours fériés	feest, feestdagen	Feiertage	bank holidays
feuilleté	bladerdeeg	Blätterteig	puff pastry
février	februari	Februar	February
filet de bœuf	rundsfilet	Rinderfilet	fillet of beef
filet de porc	varkensfilet	Schweinefilet	fillet of pork
fleuve	rivier	Fluss	river
foie de veau	kalfslever	Kalbsleber	calf's liver
foire	kermis	Messe, Ausstellung	fair
forêt, bois	woud, bos	Wald	forest, wood
fraises	aardbeien	Erdbeeren	strawberries
framboises	frambozen	Himbeeren	raspberries

frit	gefrituurd	frittiert	fried
fromage	kaas	Käse	cheese
fromage blanc	plattekaas	Quark	curd cheese
fruité	fruitig	fruchtig	fruity
fruits de mer	zeevruchten	Meeresfrüchte	seafood
fumé	gerookt	geräuchert	smoked

G

gare	station	Bahnhof	station
gâteau	koek	Kuchen	cake
genièvre	jenever	Wacholder	juniper berry
gibier	wild	Wild	game
gingembre	gember	Ingwer	ginger
grillé	gegrild	gegrillt	grilled
grotte	grot	Höhle	cave

H

habitants	inwoners	Einwohner	residents, inhabitants
hebdomadaire	wekelijks	wöchentlich	weekly
hier	gisteren	gestern	yesterday
hiver	winter	Winter	winter
homard	kreeft	Hummer	lobster
hôpital	ziekenhuis	Krankenhaus	hospital
hôtel de ville, mairie	gemeentehuis	Rathaus	town hall
huile d'olives	olijfolie	Olivenöl	olive oil
huîtres	oesters	Austern	oysters

I-J

interdit	verboden	verboten	prohibited
jambon (cru, cuit)	ham (rauw, gekookt)	Schinken (roh, gekocht)	ham (raw, cooked)
janvier	januari	Januar	January
jardin, parc	tuin, park	Garten, Park	garden, park
jeudi	donderdag	Donnerstag	Thursday
journal	krant	Zeitung	newspaper
jours fériés	vakantiedagen	Feiertage	bank holidays
juillet	juli	Juli	July
juin	juni	Juni	June
jus de fruits	fruitsap	Fruchtsaft	fruit juice

L

langoustines	langoustine	Langustinen	Dublin bay prawns
langue	tong	Zunge	tongue

lapin	konijn	Kaninchen	rabbit
léger	licht	leicht	light
légumes	groenten	Gemüse	vegetable
lentilles	linzen	Linsen	lentils
lièvre	haas	Hase	hare
lit	bed	Bett	bed
lit d'enfant	kinderbed	Kinderbett	child's bed
lotte	zeeduivel	Seeteufel	monkfish
loup de mer	zeewolf	Seewolf, Wolfsbarsch	seau bass
lundi	maandag	Montag	Monday

M

mai	mei	Mai	May
maison	huis	Haus	house
manoir	kasteeltje	Herrensitz	manor house
mardi	dinsdag	Dienstag	Tuesday
mariné	gemarineerd	mariniert	marinated
mars	maart	März	March
mercredi	woensdag	Mittwoch	Wednesday
miel	honing	Honig	honey
moelleux	soepel	weich, gehaltvoll	mellow
monument	monument	Denkmal	monument
morilles	morieljes	Morcheln	morels
moules	mosselen	Muscheln	mussels
moulin	molen	Mühle	mill
moutarde	mosterd	Senf	mustard

N

navet	knol	weisse Rübe	turnip
neige	sneeuw	Schnee	snow
Noël	Kerstmis	Weihnachten	Christmas
noisettes	nootjes	Haselnüsse	hazelnuts
noix	nootjes	Nüsse	nuts
nouilles	noedels	Nudeln	noodles
novembre	november	November	November

O

octobre	oktober	Oktober	October
œuf	ei	Ei	egg
office de tourisme	toerismebureau	Verkehrsverein office	tourist information
oignons	uien	Zwiebeln	onions
ombragé	schaduwrijk	schattig	shaded
oseille	zuring	Sauerampfer	sorrel

540

P

pain	brood	Brot	bread
Pâques	Pasen	Ostern	Easter
pâtisseries	gebak	Feingebäck, Kuchen	pastries
payer	betalen	bezahlen	to pay
pêches	perziken	Pfirsiche	peaches
peintures, tableaux	schilderijen	Malereien, Gemälde	paintings
perdrix, perdreau	patrijs, jonge patrijs	Rebhuhn	partridge
petit-déjeuner	ontbijt	Frühstück	breakfast
petits pois	erwtjes	Erbsen	green peas
piétons	voetgangers	Fussgänger	pedestrians
pigeon	duif	Taube	pigeon
pintade	parelhoen	Perlhuhn	guinea fowl
piscine	zwembad	Schwimmbad	swimming pool
plage	strand	Strand	beach
pneu	autoband	Reifen	tyre
poireau	prei	Lauch	leek
poires	peren	Birnen	pears
poisson	vis	Fisch	fish
poivre	peper	Pfeffer	pepper
police	politie	Polizei	police
pommes	appelen	Äpfel	apples
pommes de terre	aardappelen	Kartoffeln	potatoes
pont	brug	Brücke	bridge
poulet	kip	Hähnchen	chicken
pourboire	drinkgeld	Trinkgeld	tip
poussin	kuikentje	Küken	young chicken
printemps	lente	Frühling	spring
promenade	wandeling	Spaziergang	walk
prunes	pruimen	Pflaumen	plums

Q - R

queue de bœuf	ossenstaart	Ochsenschwanz	oxtail
raifort	mierikswortel	Meerrettich	horseradish
raisin	druif	Traube	grape
régime	dieet	Diät	diet
renseignements	inlichtingen	Auskünfte	information
repas	maaltijd	Mahlzeit	meal
réservation	reservering	Tischbestellung	booking
réservation souhaitée	reserveren aanbevolen	Tischbestellung ratsam	booking essential
résidents seulement	enkel hotelgasten	nur Hotelgäste	residents only
ris de veau	kalfszwezeriken	Kalbsbries, Milken	sweetbread
riz	rijst	Reis	rice

R

rognons	niertjes	Nieren	kidneys
rôti	gebraad	gebraten	roasted
rouget	poon	Rotbarbe	red mullet
rue	straat	Strasse	street
rustique	rustiek	rustikal, ländlich	rustic

S

saignant	kort gebakken	englisch gebraten	rare
St-Pierre	zonnevis	Sankt-Peters Fisch	John Dory (fish)
safran	saffraan	Safran	saffron
salle à manger	eetkamer	Speisesaal	dining-room
salle de bain	badkamer	Badezimmer	bathroom
samedi	zaterdag	Samstag	Saturday
sandre	snoekbaars	Zander	perch pike
sanglier	everzwijn	Wildschwein	wild boar
saucisse	verse worst	Würstchen	sausage
saucisson	worst	Trockenwurst	sausage
sauge	salie	Salbei	sage
saumon	zalm	Lachs	salmon
sculptures sur bois	houtsculpturen	Holzschnitzereien	wood carvings
sec	droog	trocken	dry
sel	zout	Salz	salt
semaine	week	Woche	week
septembre	september	September	September
service compris	dienst inbegrepen	Bedienung inbegriffen	service included
site, paysage	landschap	Landschaft	site, landscape
soir	avond	Abend	evening
sole	tong	Seezunge	sole
sucre	suiker	Zucker	sugar
sur demande	op aanvraag	auf Verlangen	on request
sureau	vlier	Holunder	elderbarry

T

tarte	taart	Torte	tart
thé	thee	Tee	tea
thon	tonijn	Thunfisch	tuna
train	trein	Zug	train
tripes	pensen	Kutteln	tripe
truffes	truffels	Trüffeln	truffles
truite	forel	Forelle	trout
turbot	tarbot	Steinbutt	turbot

V

vacances, congés	vakantie	Ferien	holidays
vendredi	vrijdag	Freitag	Friday
verre	glas	Glas	glass
viande séchée	gedroogd vlees	Trockenfleisch	dried meats
vignes, vignoble	wijngaard	Reben, Weinberg	vines, vineyard
vin blanc sec	droge witte wijn	herber Weisswein	dry white wine
vin rouge, rosé	rode wijn, rosé	Rotwein, Rosé	red wine, rosé
vinaigre	azijn	Essig	vinegar
voiture	wagen	Wagen	car
volaille	gevogelte	Geflügel	poultry
vue	vergezicht	Aussicht	view

INDEX DES LOCALITÉS

LIJST VAN STEDEN

Uw mening interesseert ons.
Wat vindt u van onze producten?

Geef uw mening op

satisfaction.michelin.com